Wu Zetian

624—705

悠悠千载无字碑，是非功过任评说。

女皇武则天（上）

刘清越 著

山西出版传媒集团　山西人民出版社

图书在版编目（CIP）数据

女皇武则天：上、下册／刘清越著.—太原：山西人民出版社，
2020.1

ISBN 978-7-203-11085-9

Ⅰ.①女…　Ⅱ.①刘…　Ⅲ.①武则天（624－705）－传记
Ⅳ.①K827＝421

中国版本图书馆 CIP 数据核字（2019）第 223967 号

女皇武则天：上、下册

著　　者：刘清越
责任编辑：秦继华
复　　审：赵虹霞
终　　审：姚　军
装帧设计：子不语

出 版 者：山西出版传媒集团·山西人民出版社
地　　址：太原市建设南路 21 号
邮　　编：030012
发行营销：0351—4922220　4955996　4956039　4922127（传真）
天猫官网：https://sxrmcbs.tmall.com　电　　话：0351—4922159
E－mail：sxskcb@163.com　发行部
　　　　　sxskcb@126.com　总编室
网　　址：www.sxskcb.com

经 销 者：山西出版传媒集团·山西人民出版社
承 印 厂：凯德印刷（天津）有限公司

开　　本：710mm×1000mm　1/16
印　　张：35.75
字　　数：620 千字
印　　数：1—4000 套
版　　次：2020 年 1 月　第 1 版
印　　次：2020 年 1 月　第 1 次印刷
书　　号：ISBN 978-7-203-11085-9
定　　价：78.00 元（上、下）

如有印装质量问题请与本社联系调换

前　言

中国历史上，先后曾有六七位女人临朝执政，但只有武则天跃上了皇帝宝座，享受了"万国衣冠拜冕旒"的殊荣。成为历史上唯一的女皇帝。

如果说武则天最初经人举荐入宫是偶然的，那么她能够位居九五则是自己拼搏、斗智的结果。她用计除掉了所有反对自己的人，甚至连亲骨肉也不放过。但是，她的政绩还是光耀千古的。她掌理朝政近半个世纪，社会稳定，经济发展，做过许多有益于民生的事。稳固和发展了"贞观之治"，把历史推进一大步，并对后来的"开元盛世"起到了承前启后的作用。因此，当代著名史学家郭沫若认为武则天承前启后、继往开来的历史功绩将彪炳千秋！

不过，在男性的权力社会中，武则天的"大逆不道"，挑战了中国封建社会几千年来的男权主义，让男人们在一个女人的统治下觉得羞耻，觉得愤怒，觉得无法接受。因此千百年来，人们对她的评价总是褒贬不一，有的称她为淫荡凶狠的女人，有的赞她为明察善断的君主，更有人说她是个为了权力不择手段的女人，是个野心勃勃的阴谋家。不论人们如何评价，中国历史上也只有武则天这么一个女性皇帝。

然而，身为女人的武则天也有她自己的无奈。十四岁便进宫做了才人，唐太宗死后，尚且是青春年华的武则天被送入感业寺。要在寺院中度过余生。这对于一个初尝人生的少女来说，寺院中清苦生活怎能不是一种残酷的刑罚？不过，武则天没有认命，她要反抗，她要靠自己去改变命运。所以当武则天再次遇见唐高宗时，她便凭借着自己的青春美貌和智慧抓住了这个人生的转折点。

重新进宫以后，后宫的勾心斗角、尔虞我诈给了武则天磨炼的机会，同时也教会了她一个道理：生存是艰难的。如果不想被打败，就要学会去打败别人。

为了巩固自己的权位，打击异己，武则天在朝堂上设铜匦，接受全国的告密信，还下令全国，对于进京告密的人，沿途各地州县必须给予照顾，按照五品官待遇接待。对于告密的人，不分等级，一律接见，如果属实还给予奖励，即使不真也不加追究。通过这个途径，武则天得到了一批酷吏，最有名的是周兴、来俊臣，利用酷吏将反对她的李姓宗室和原来的贵族势力基本扫荡干净，为她登上

女皇武则天

皇位铺平了道路。

　　称帝后的武则天，具有驾驭臣僚的非凡能力。这一点，当她还是才人时就已经显现出来。唐太宗有一匹难以驯服的宝马叫狮子骢，非常暴烈，没有人敢骑。武则天说，只要给她三件东西，一铁鞭，二铁挝，三匕首，就可以制服这匹马。"铁鞭击之不服，则以挝挝其首，又不服，则以匕首断其喉。"这充分表现了武则天的倔强性格和刚毅气质，她正是用治烈马的方法来驾驭群臣，维持了半个世纪的强力统治。

　　一生唯我独尊、敢做敢当的武则天，不仅心狠手辣，而且行事往往常人难以理解。树碑立传，自古以来已成惯例。然而，作为大周皇帝的武则天，冲破男尊女卑的罗网，打碎封建时代的桎梏，除掉所有的反对者，一跃登上皇帝宝座，生前唯我独尊，治国安邦，死后却为自己立了一块没有任何文字的"无字碑"。武则天这一非常之举，的确给后人出了一道难题，因为没有任何人能够猜出这位女皇的真正用心。

　　对于武则天为什么要立这块"无字碑"？国学大师翦伯赞这样认为："武则天自认为她在位时，扶植寒弱，打击豪门，发展科举，奖励农桑。继贞观之治，启开元全盛，政绩斐然，彪炳史册，远非一块碑文所能容纳，留下空碑一座，以示自己功高盖世。"

　　武则天，作为中国历史上唯一的女皇帝，她集才貌、睿智、果敢于一身，经历了感情的错综纠葛，在是非不清的深宫后院，从一个小小的宫女，直至后来的妃子、皇后，乃至一代君王。她的一生是历经曲折坎坷、艰难险阻而不屈不挠、拼搏向上的一生；是面对男权社会封建礼法而大胆革命、弃旧图新的一生。作为女皇的武则天，绝对是一个铁腕人物，然而作为女人，她也不乏情意缠绵，柔情若水的一面。铁腕与柔情在武则天的身上得到了完美的统一。本书遵循"大事不违史，小事不拘泥"的原则。着力去展现武则天非同寻常的传奇一生，力求将一个活生生的武则天还原于世人面前。

目　录

第一章　翠微宫内　绝处逢生

天授元年九月九日，适逢重阳佳节。秋高气爽，金风飒飒。天空湛蓝澄碧如同大海，几朵雪白的云团像数面风帆，在静谧的海面上随意游动。火红的太阳从东方天际露出了欣喜的笑脸，向大地万物播散挥洒着令人陶醉的温暖。

六十七岁的武太后头戴皇冠，身着龙袍，精神矍铄，容光焕发，左有睿宗皇上，右有上官婉儿，在几位宰执大臣的陪同下，健步登上了洛阳宫的则天门城楼。

睿宗皇上手捧传国玉玺，缓步走到母后面前，双膝跪地，两手半举过头顶，将玉玺恭呈武太后。然后，率领诸位宰相们对端坐于龙椅之上的武太后行三拜九叩大礼，口中喊道："恭祝吾皇万岁，万岁，万万岁！"

肃立于则天门外广场上的王公大臣、各州刺史和数万名民众刹那间跪了一片，"皇上万岁、万万岁"的吼声山呼海啸，直逼云霄。

武太后慢慢地站起身来，跨前一步，庄严地向文武百官，向天下子民宣布：从今天开始，改唐为周，大周皇朝诞生了。改元为天授元年。自己应万民之请，即登大宝之位，称"神圣皇帝"。改睿宗为嗣皇帝，赐姓武氏，以睿宗的太子为皇太孙。

则天门城楼外的广场上，再一次腾起了山呼雷鸣般的呼喊声："大周朝万岁"！"神圣皇帝万岁，万万岁！"

听着这一浪高过一浪的欢呼声，这位中国历史上前无古人，后无来者的女皇帝微笑着，看起来仍是那么平静而又安详。

但是，此时此刻，她的心里却正在滚动着飙风迅雷、狂涛巨浪。

这是一个庄严神圣的时刻，一个可以使人激动得发狂的时刻。

为了这一刻的到来，自己披荆斩棘，出生入死，玩命般地拼斗了五十余年。这五十年，充满了厮斗、阴谋、明枪、暗箭、圈套、陷阱、血腥杀戮，但自己终于走过来了，或者说挺过来了。从才人、昭仪、皇后、天后、太后、圣母神皇到神圣皇帝，一步一个脚印，甚至是一步一个血印，终于攀上了神州大地政治权力的最高峰，达到了自己人生理想的终极目标。

从此以后，朝堂上挡在自己面前几十年的那张翠帘可以撤走了，自己可以堂而皇之地向满朝文武，向天下臣民发号施令了。可以淋漓尽致地不受任何约束地发挥自己的智慧和才干了，可以随心所欲地按照自己的意志来治理改造这个国家了。

几十年前，长安市井中流传着的，那本险些要了自己生命的《密记》说得不错："三代之后，女主武王当有天下。"

这是天意，是任何人也无法逆转的，连英武神纵的太宗皇帝也无可奈何的天意！

曾几何时，徐敬业举兵造反时，那位名动华夏的大诗人、大才子骆宾王在《讨武曌檄》的最后，曾声嘶力竭地向苍天发问："试看今日之域中，竟是谁家之天下？"此时此刻可以大声回答了："今日之域中，乃武曌之天下！"

从今以后，天上地下，唯我独尊！四海九州，谁人比肩？

那时，时值七月，位于大唐都城西南六十里的终南山，一片青葱苍翠，翁郁勃发。挺拔的白杨、婀娜的垂柳、墨绿的松柏、龙钟的老槐和一丛丛一蓬蓬的碧竹幽篁，在徐徐吹拂的山风中欢歌起舞，摇曳多姿。

虽然是三伏盛夏，溽暑酷热难耐，但是唐太宗的行宫翠微宫修建于半山腰里，亭台楼阁雕梁画栋掩映在万木覆盖的绿荫之中，小桥流水，曲径飞花。喷火般的烈日被密密层层的枝柯碧叶抵御着，遮蔽着，吸收着，过滤着，那种要把大地烤焦似的骄悍的炽热，早已经减弱了不少。更加上唐太宗居住的寝宫含风殿里，各处用金盆铜洗储贮了许多冰块。户牖洞开，清风徐来，大殿里竟像初春时那样凉爽怡人，舒适惬意。

然而，已经病入膏肓的大唐天子李世民，此时却再也顾不了天气的寒暑，住所的冷热。他自知快要走到生命的尽头，已经来日无多了。

这是他中风病的第二次发作。两年以前，也就是贞观二十一年五月，他第一次发病，左臂麻木，口眼歪斜，语言不清，便是来翠微宫养的病。经过御医们的精心调治和妃嫔下人们的细致呵护，三个月以后，夏去秋来，天高气爽，病体一时痊愈，即返回长安。

到了今年五月，中风再次发作，他又带领着皇太子李治、众妃嫔和几位亲近大臣，再次来到翠微宫养病疗疾。可是，这一次病势来得凶猛，御医们使尽了浑身的解数，病情丝毫不见减轻，而且渐渐加重。

唐太宗平躺在御床上，面色赤红，额头上布满了细碎的汗珠，大口大口地喘着粗气，胸腹部在剧烈地起伏着。

他早意识到了自己病将不起，也许这是一种血统病，是从娘胎里带来的，父皇高祖当年就是因这种病逝世的。也许这是命，是天意。自己这一生纵横天下，叱咤风云，扫平了九州四海，建立了大唐一统江山。又励精图治，拨乱反正，创造了一个海晏河清的"贞观盛世"。文治武功都将垂芳建绩于千秋史册，自己定会成为前无古人的一代明君圣主，这是毫无疑问的。自古福寿不能双全，自己得到了天下的至尊至崇，也享尽了人间的荣华富贵，五十三岁骑鹤西归，也算得上是轰轰烈烈一生了。

太宗对自己的生命不再抱什么希望，但是对他亲手缔造的大唐江山却是十二个不放心。他要拼尽最后一点力气，保住李唐帝业的千秋万代，他决不允许像秦、隋那种二世亡国的悲剧，在他的大唐帝国重演。这些日子，他身子不能动，平静地躺卧在御床上，脑子里却一直是狂涛巨浪，翻江倒海。他在仔细地搜寻着威胁大唐安危的潜在隐患和每一点不安全的蛛丝马迹，多方采取着对李氏皇权的加固措施。

就在几天前，他突然降诏，将战功显赫的开国元勋，英国公、中书门下三品、人子詹事兼左卫率李勣贬为叠州都督，逐出朝廷，远离京师，到偏远的边陲为地方官。这对于功高位尊，一直大权在握的李勣来说，简直是一场不测之祸。满朝文武皆大惑不解，有人猜测，这是老皇帝在为未来的新皇帝"清君侧"。因为李勣并非陇西李氏的族人，他本姓徐，名世勣，字茂公，是瓦岗军李密的旧部。因降唐之后战功卓著，被唐高祖李渊赐姓李。又因名字中间一个"世"字与李世民的"世"字犯讳，遂改名李勣。皇上对他已生疑忌防范之心，在新君嗣立的非常时期，这样的人不能留在朝廷中执掌兵权。李勣本人也感到惶恐，无罪遭贬，而且变生仓促，让他丈二和尚摸不着头脑。但是他不敢多问一句，甚至连家也没敢回，带上几个随从即刻动身，马不停蹄地向叠州昼夜赶去。

唐太宗深藏不露的用心谁也没有猜透。他其实是在生命垂危之时，最后上演了一次帝王驭臣之术，也是他一生中驾轻就熟、得心应手的擒纵用人之术。在殿内无人之时，他极秘密地对太子李治叮嘱道："李勣其人，文韬武略超凡出众，满朝文武无一人能出其右，是将来辅佐你登基坐天下的第一人选。但你年幼，于他无恩，恐日后难以收为心腹。故朕先将他贬官偏远之地，待你即位之时，宜速将其复官招入朝廷，以示恩宠。此乃为父留给你的一位擎天保驾之臣，切勿轻失。"太子李治听着父皇这般良苦的用心，两眼蓄满了热泪，口中却说不出一句话来，只是一个劲儿地点头，唯唯领命。

现在，唐太宗微微睁开紧闭着的两眼，用浑浊的目光看看侍立在床前的李治。他觉得时间不多了，已到了最后的关头，该是安排后事的时候了。他喘息着吃力地说道："雉奴（李治乳名），快召你舅父长孙无忌和褚遂良进殿见驾。"

李治答应一声，快步走出殿去。不多一会儿，长孙无忌、褚遂良匆匆地赶来。见皇上疲惫不堪、奄奄一息的样子，两位老臣心如刀绞，急忙跪伏在地，热泪滚滚而下。

太宗微阖上眼睛，稍稍定了定神，几乎是一字一顿地说道："二位爱卿，汝等皆为社稷重臣。朕今悉以后事托付公辈。太子仁孝，乃庶民社稷之福。但自幼性情懦弱，公辈所知，要掌稳圜柄，使我大唐江山千秋万代，尚需卿等和衷共济，善加辅佐！"

两位老臣以头碰地，早已泣不成声。

太宗歇息片刻，又对太子说道："无忌、遂良乃朕肱股之臣，其忠肝义胆，与日月同在。有二人在，汝勿忧天下。"

嘱咐完太子，太宗似乎还不太放心，想了想又对褚遂良说道："无忌一生尽忠于朕，我有天下，多其力也。朕归天之后，汝与无忌要同心勠力，勿令谗人间之。"

褚遂良老泪纵横，苍白的鬓发胡须簌簌抖动，泣声道："陛下放心，老臣纵使肝脑涂地，也要与无忌辅佐大唐江山千秋永固。"

唐太宗点点头，让他们退下起草传位诏书，便又一次轻轻地闭上了眼睛，像是陷入了更加深沉的思虑之中。

大殿里静得出奇，太子李治肃立床前，连自己胸腔中心跳的"咚咚"声都听得清清楚楚。

沉默有顷，太宗霍然睁开眼睛，急促地说道："雉奴，快，快宣武才人武媚进殿。"

李治吃了一惊，在这个大变在即的非常时期，许多朝廷重臣都在殿外等候召见。后宫的众多妃嫔，尤其是皇上特别宠幸的杨妃和徐妃，也都在眼巴巴地等着见皇上最后一面，与皇上说几句掏心窝子的话。可皇上谁也不见，却偏偏要宣召这个他平日并不太喜欢，甚至是有点冷落的武才人。这是为什么？莫非……李治不敢问，也不敢想下去，慌忙到殿外传旨。

老皇上此时的心思，当儿子的哪里能想得到？这个小小的才人武媚，多少年来一直是太宗皇帝的一块心病。随着他病情的日益加剧，特别是在大限就要到来的时候，这块心病便显得愈发严重，时时刻刻困扰着他，咬噬着他的心，使他五内如沸，焦虑不安。

武媚是已故荆州大都督武士矱的二女儿。

贞观十年七月，唐太宗的结发之妻长孙皇后去世，他陷入了一种巨大的悲痛之中。他失去了一位相濡以沫、备受宠爱的贤内助，每次回到后宫里，都感到心里空荡荡的，常常神思恍惚，怔忡发愣。总觉得再也寻觅不到这样的知音了。

数月之后，德妃杨氏对太宗说，她有一本家姊姊，也就是原荆州都督武士矱之妻，膝下三女，个个如花似玉。特别是二女儿，更是风姿绰约，丽质天成，可以备御后宫。

太宗开始并不太在意，天下女人，丰姿秀色的大有人在。可一旦选入后宫，却往往是空有其表，绝少灵气，就像一个花瓶似的，不过是多摆设了一具浓艳玲珑的空壳。

后来，杨德妃不断在他耳边吹风，又说这女子如何聪颖机灵，秀外慧中。太宗便动了心，传旨宣召武家二女儿入宫。

太宗皇帝初见这个年仅十四岁的小女子，眼前为之一亮。只见这女孩子纤柔而又丰腴，亭亭玉立，双鬓稍宽，下颏秀美，两弯细眉下一双大眼睛神采飞扬，开阖之间透露着一般女子所没有的精明与强干。明眸皓齿，体态妩媚，稚嫩可人，简直就是一朵娇艳欲滴，含苞未放的小花蕾。

唐太宗喜出望外，当即揽于怀中，百般抚爱，并赐号武媚，封为才人。从此，宫里上上下下，便称这位新来的才人为武媚娘。

唐代的后宫制度规定，设皇后一人，总领后宫，地位最高。其次是四妃，即贵妃、淑妃、德妃和贤妃各一人，这四人称夫人，正一品。妃之下依次是九嫔：即昭仪、昭容、昭媛、修仪、修容、修媛、充仪、充容、充媛各一人，正二品；九嫔之下有婕好九人，正三品；美人九人，正四品；然后才是才人九人，正五品；才人之后，尚有宝林二十七人，御女二十七人，采女二十七人，分别为正六品、正七品、正八品。也就是说，大唐皇帝仅有名号的御妻就有一百二十二人，其他随时可以幸御的宫女侍婢则数不胜数，统称佳丽三千。

在皇上众多的妻妾之中，才人属于地位较低的女官，除了在皇帝一时心血来潮时要为其侍寝外，主要负责天子的宴寝服御之事。

武媚娘初入后宫便封了才人，虽然品位低了些，而且为皇帝侍寝，仰承天恩雨露也不过三两回的事。但是，这个涉世未深的小女子却雄心勃勃，她深信，凭着自己的花容月貌和绝顶聪慧，一定会一步一步地攀登上妃嫔的位子，甚至会摘下那顶灿烂夺目的皇后桂冠。

然而，此后残酷的事实却无情地粉碎了她的梦想。一晃十三年过去了，她像是被钉在了才人的位子上，连一步也未曾前进。不仅如此，除了在她入宫的头几个月，皇上临幸过她几次外，十几年来竟是雨露未沾，刚刚绽放的花蕾便遭受了旷日持久的干旱和焦渴，似乎已开始枯萎、凋零……

"一入深宫里，年年不见春"，历代帝王的深宫后苑之中，无数的妙龄佳人坐守空帷，寂寞终生，以泪洗面直至白头的历史悲剧她听说过，但是她从来没想到这样的事会落在自己的头上。莫非，自己也要在像汉代班婕妤诗"弃捐箧笥中，恩情中道绝"的哀叹声中了此一生？她当然不相信，更不甘心。可是，经过了不知多少个漫漫长夜的苦思冥想，她始终没有弄明白自己受冷落、遭遗弃的真正原因。她不知多少遍地问自己，我究竟错在哪里？

其实，她并没有错。男女之情是这个世界上最扑朔迷离，最让人无法捉摸的事。

太宗李世民开始着实喜欢过这个才貌双全、聪慧过人的小妮子，赐名"武媚"二字也足见他对她的宠爱。"武媚"者，"妩媚"也。多少娇艳，多少风情，多少柔婉，多少旖旎都包含在这两个字之中。试想古往今来，天下的男人有几个不对这二字折腰，不曾为它所俘获呢？

但是，唐太宗对武媚娘却很快便宠衰爱弛了，这里面的真正原因，也许只有他自己才知道。

一个偶然的机会，唐太宗得到了一匹宝马，名曰狮子骢。此马体态雄伟，四肢强健，神俊高大，疾驰如飞。唯一不尽如人意之处，就是性情极其暴烈，来到皇宫已经两个多月，有经验的驯马老手换了一个又一个，却都对它无可奈何。

太宗皇帝一生爱马成癖，无意中得到这样一匹名马，恨不得即刻便跨上它的后背，风驰电掣般地纵马飞奔，岂能让它如此长期地悠闲于槽枥之间。

一天早朝之后，他约了几位半生驰骋沙场的老将军们来后苑御马厩，商量如何制服这匹烈马。

老将军们都是驭马高手，大家你一言我一语，提出了各种驯马方案，却是众说纷纭，莫衷一是。

　　恰在这个时候，武媚路过这里，听了将军们的议论，不仅脱口说道："妾能制服它。"

　　唐太宗听了，不禁一怔，一个花骨朵般的鲜嫩女子，手无缚鸡之力，如何制服得了这样的烈马？便面显疑色地问道："小武媚如何制法？"

　　媚娘嫣然一笑："妾制服此马，只需三样东西。一是铁鞭，二是铁挝，三是匕首。以铁鞭击之不服，就用铁挝挝其首。如果还不服，那就用匕首割断它的喉咙。"

　　一言既出，众将军们不禁大惊失色，一片哗然。太宗皇帝也在心中暗暗惊讶。他再也想不到，与自己同榻而眠，数度春风的一个柔弱女孩，外表是如此婉丽，如此娇艳，性格却如此刚烈，手腕又是如此狠毒。天知道，在她艳丽的娇躯里边，长的是一颗什么样的心？

　　见皇上和大臣们一时无言，武媚又进一步解释道："再好的骏马，也是为人主乘骑的。制服了则用之，制不服则杀之，事情原本就该这样……"

　　见她还要说下去，太宗忙打断她的话，苦笑着说道："好好好，没想到，小武媚却原来是一位烈丈夫，朕的后宫里，难得有了一位巾帼须眉。"

　　也许就是从那天之后，太宗皇上很少再去武才人的寝宫。究竟为什么，连太宗自己也说不清楚，仅仅是因为那么几句不经意说出来的话吗？恐怕没有那么简单。反正太宗再不愿与这位烈性少女同床共枕。有几次他曾强迫自己去安抚一下这位干渴已久的寂寞佳人，但走到半路里又折向了其他寝宫。

　　或许，男女之间的最佳搭配，该是刚柔互补，阴阳相济。唐太宗刚强英武，性如山石烈火。一生闯刀丛，钻剑树，在枪林箭雨，在铁火血腥中摸爬滚打了大半生。如今虽已天下归一，但仍须一刻不停地对付内部的敌对势力，警惕四夷的入侵之敌。每日都如履薄冰，天天都有惊涛骇浪。

　　回到后宫，他需要全身心的放松，需要温暖的呵护，细腻的体贴，需要安逸、舒适和纵情惬意的宣泄。就像一个劳累了一天的庄稼汉，回到家里需要一铺暖烘烘的热炕；一个浪迹天涯的游子，归来后最渴盼的是一个温柔之乡；一艘万里远航的巨轮，返航后急需停泊于一个宁静而温馨的港湾。

　　太宗皇上所需要的，是像长孙皇后那样温顺贤惠的淑女，而像武才人这样性情刚强如男子汉的女人，自然会被渐渐冷落。

　　仅仅是被冷落，对于武媚来说还算不上是大的厄运。要命的是，后来长安城里发生了一件大事，使这位运交华盖的年轻才人几遭灭顶之灾。

女皇武则天

渐渐步入老年的唐太宗，身体每况愈下。他每日不管上朝还是下朝，思虑最多的就是如何确保李唐帝业传之千秋。可偏偏在这个时候，太白星居然在大白天里当空出现。

历代的星相家们都认为，太白星是杀伐之灾星，古人多以其喻兵戎之事。

太史官发现了这一星相凶兆，连夜入宫叩见太宗，秘奏说"灾星示兆，女主与冒"，直说得年老多病的太宗皇上心惊肉跳。

无独有偶，几乎就在同时，长安城及陇西民间也在到处流传着一本《秘记》。书中有句话："唐三世之后，女主武王代有天下。"《秘记》的传闻，给太史官的奏报提供了极有力的佐证，而说得更加具体，使本来已十分紧张的太宗皇帝更加坐立不安。

唐太宗变得极为多疑，甚至有些风声鹤唳，草木皆兵了。

有一天，他在宫中举行了一个盛大宴会，邀请一批将军和朝中元老聚饮。宴会气氛极其热烈，推杯换盏，觥筹交错，人们一个个酒酣耳热，大呼小叫。老皇上也非常高兴，为了使宴会更加活跃，便传旨众人开怀畅饮，不须拘泥君臣之礼，亦可猜拳行令。今日的酒令，太宗独出心裁，让赴宴者逐个自报各人的小名。轮到左武卫将军李君羡了，他犹豫了一会，有些扭捏地红着脸说道："末将的乳名不雅，唤作'五娘'。"

一句话刚说完，满大厅里立时爆发了一片哄堂大笑。有人笑着高喊："同朝为官这么多年，今日才知道，原来李大将军是个女人，这可是我们大唐军中的花木兰了。"也有人指着李君羡黑铁塔般的身躯取笑道："五娘，五娘，好一位窈窕淑女，粉面佳人。"

太宗皇上也笑得髭须乱颤，连连说道："这是哪里来的女子？竟能如此健壮。"

在宴会的热闹气氛中，太宗只觉得有趣，未及多想。可宴会之后，仔细想来，却顿生疑窦。

这李君羡的官职是左武卫将军，封爵为武连县公，原籍又是武安县人，一连好几个"武"字，小名又叫"五娘"，与"武娘"谐音。莫非……太宗心中"格登"一下，禁不住突突乱跳起来。"女主武王代有天下"的谶语，莫非应在此人身上？对了，"五娘"不正是女主吗？如今他执掌皇宫北面的玄武门宿卫大权，实在太危险。

于是，宴会的第二天，太宗突然传旨，将李君羡调任华州刺史。

李君羡对自己被调离京师的原因全然不知，还以为是一种正常调动。到华州之后，不知检点，竟与一个自称精通道家不食五谷修炼之术的人搅在了一起，打得火热。不久，有御史弹劾他"与妖人交往，图谋不轨"。太宗抓住这一口实，断然下令将其处死。

在《秘记》流言到处传播的日子里，后宫的武媚娘终日提心吊胆，就像在刀尖上过日子一般。自己不幸姓武，又是女身，"女主武王"简直就是直接冲着自己来的。倘皇上一念及此，自己这个早就被冷落了的小才人，立时便会身首异处。

现在好了，李君羡稀里糊涂地做了自己的替死鬼，她长长地舒了一口气，暗暗庆幸终于躲过了一场血光之灾。

但她并没有轻松几天，一场让她更加触目惊心、毛骨悚然的大劫难便降临了。

唐太宗枉杀了李君羡之后，太白星白昼出现的现象并没有消逝。他对"女主武王"的事仍然耿耿于怀，放心不下，他要千方百计除去这一隐患，以阻止父子两代开创的大唐基业旁落他人之手。

一日早朝之后，他将太史令李淳风秘密召至他的寝殿，屏退左右后，低声问道："《秘记》所言之事可是真的？"

李淳风抬眼看着这位忧心忡忡的老皇上，沉重地点点头，一字一顿答道："臣据天象推算，其兆已成，其人已生，而且就在陛下宫内。从今不逾三十年，此人当有天下，诛杀李氏子孙殆尽。"

李淳风乃是享誉四海的天文学家，他博览群书，精通天文、历法和阴阳之学，尤其擅长占卜，在当时已是蜚声天下的星象卜筮大师，算无遗策，合若符契。听他一说，太宗悚然变色，一张脸变得阴沉而又狰狞。

他立即传旨，将后宫所有妃嫔侍婢全部集合起来，每百人列成一队，让李淳风指出"有天子气"的宫人在哪一队中。李淳风不假思索，用手指了东面一队，说："就在此百人之中。"

太宗又将该队一分为二，每五十人一队。李淳风又指了指南边的五十人，说："在此队之中，请皇上自去辨识。"他自然不能说得太具体，那样会泄露天机。

太宗的目光变得像寒剑一般凶残犀利，杀气毕露。还辨识什么，将她们全部杀死，自能斩草除根，不留祸患。

"来人那，将这些灾星拉出去，统统诛杀！"太宗一声断喝，五十名妃嫔宫女顿时魂飞魄散，就像一群蜷伏在鹰隼利爪下的雏鸡，浑身抖颤，哭声震

女皇武则天

天。武媚娘恰在这五十人之中，她只觉得像一桶冰水兜头浇遍了全身，眼前发黑，金星乱冒。她没有哭喊，只紧紧地闭上了眼睛，两行热泪簌簌地滚了下来。

这时，却见李淳风急忙跪地禀道："启奏皇上，天之所命，必无禳避之理。多杀滥杀恐枉及无辜。且据天象，此人既在宫内，又是陛下眷属。再过三十年以后，自当衰老。老则仁慈，虽然代主易姓，而对陛下的子孙，或许不会杀戮太重。今日若将她杀了，上苍会让她即刻复生。三十年以后正当少壮，性必刻毒，彼时杀戮陛下子孙，定无孑遗。"

这一席话，直说得太宗皇帝不寒而栗。李淳风的话他不能不信。只好仰天长叹一声，挥挥手让宫人们散去，一串浑浊的泪水却涌出了双眶。

躺在病床上的太宗皇帝，虽说已近乎弥留状态，但他的头脑却异常清醒。回想着这些前尘往事，一件件，一幕幕，就像发生在昨天一样历历在目。那个取大唐而代之的"女主武王"，那个将杀戮李氏子孙殆尽的凶残的大敌至今未除，让他死不瞑目。经过几年的观察，他几乎已经认定，这个潜藏的敌人必是性情刚强、心狠手辣的武媚娘无疑。他要做最后的挣扎，拼尽最后一点力气，为子孙后代除掉这个祸根。为此，他让李治去宣媚娘进殿。他已经思虑了好长时间，再也不能心慈手软，操妇人之仁。自己活着的时候，这个"女主武王"翻不了天；自己一旦归西，恐怕她就会兴风作浪。今天便杀死她，一切会了一百了，把一个平平安安的大唐江山稳稳地交给皇太子，他这一生也就算是善始善终了。

武媚娘跟随皇太子李治，揣着一颗忐忑的心，悄手悄脚地来到御榻前，惶惶然匍匐在地。在跪拜的一瞬间，她向龙床上偷扫了一眼。她不敢相信，这个瘫卧在床上，就像一堆赘肉似的了无生气的臃肿躯体，就是当年那个横扫千军，挥手之间让江山易姓、风云变色的千古令主、一代雄杰。她感到厌恶，感到憎恨，更感到一种深深的悲哀和莫可名状的敬畏。似乎这个濒临死亡的肉体仍然充满着无限的威慑力，让她惶恐战栗。

"是武媚吗？"太宗没有睁眼，轻声问道。

"是，万岁，臣妾武媚奉诏见驾。"

"嗯，武媚，你进宫侍奉朕几年了？今年多大了？"，

"回万岁的话，臣妾十四岁进宫，于今已经十二年多了，今年二十六岁。"武媚娘小心翼翼地回答着，她不知道皇上在这个时候问这些干啥。

太宗睁开了眼睛，仔细地盯视了她一阵。啊，还是那么美艳，还是那么

娇嫩，才二十六岁，仍然是一朵光彩照人，馥郁盛开的鲜花。可惜啊，可惜了这花却是一朵罂粟花，美则美矣，却有剧毒，朕不能不把你连根拔掉。

"武媚，这十几年来，朕对你恩情如何？"

"皇上对臣妾有天高地厚之恩，贱妾做牛做马，结草衔环，也不足以报答陛下于万一。"话说得言不由衷，媚娘的心里一阵阵酸疼，一串串泪珠纷纷洒落。

太宗在喉咙里"哼"了一声，像是干咳，又像是冷笑："假话！这不是你心里的话。朕知道，你心里在恨着朕呢。十几年了，你一直做个小小的五品才人，许多与你同时进宫的，早都升为正一品正二品的夫人、九嫔了。再说了，你小小年纪，十几年来夜夜独守空帏，冷衾孤枕，宫门寂寞，长夜难耐呀！你能不怨恨朕？你一个小小的女儿家，心机再深，能骗得了朕吗？"

这些话，几乎句句都是武媚娘心里要说的话。老东西，要死的人了，眼光还是这么毒！

媚娘不敢多想，忙以头碰地，泣声说道："万岁爷如此说，可要冤煞贱妾了。当日贱妾进宫，原只想做个宫女侍婢。陛下一开金口，便封臣妾为才人，还亲赐臣妾名号，如此浩荡天恩，臣妾没齿不忘，还怎敢心怀怨怼？才人乃正五品，官爵还算低吗？许多男人战场杀伐、科场奋争半辈子，还爬不到这样的高位呢。再说了，这些年来皇上临幸妾宫虽说不多，但贱妾毕竟仰承过天恩雨露，如此天大的荣宠，就是一次，也令贱妾终生受用不尽。后宫之内佳丽三千，就是皇上龙体再康健，精力再充沛，也不可能雨露均沾呀。比起多数采女、宫人，贱妾已经万分知足了，还求万岁明鉴。"说罢又叩头不止。

尽管对这个武才人的伶牙俐齿、能说会道，太宗皇上早已知之甚深。但是，对刚才的一席话，不能不承认她说的多是实情。或许有几分是她的真心话。不过在这个时候，他不能耳软，更不能心软。一着不慎，将会铸成千古大错。

太宗略加思索，又冷冰冰地说道："好了，恩也罢，怨也罢，爱也罢，恨也罢，这一切都要结束了。武媚，朕病势日重，终将不起，已是行将就木之人。虽说'人之将死，其心也善；鸟之将亡，其声也哀'，但朕是大唐皇帝，为了这万里江山不易主，不改姓，却不敢以小善而铸大恶。你是朕的人，朕死以后，你该如何了断？"

武媚娘只觉得天旋地转，心中一片冰凉。她听得出来，老皇上终于要动手杀人了。现在已到了生死关头，自己已走到了鬼门关，一脚门里，一脚门外。在这九死一生的节骨眼上，一句话说不好，立时便会命丧黄泉。

她抹了抹满脸的泪水，字斟句酌地说道："万岁，臣妾活着是万岁的人，死了也是万岁的鬼。倘有一天，陛下真的龙驭上宾，臣妾宁愿在柩前自尽，以身殉主。"

太宗冷眼瞅了瞅武媚，仍不放心地说道："可是等到那个时候，朕却什么也不知道了。"

武媚娘被逼到了死角里，再无退路。看来今日便是死期，自己到底没有逃脱被杀的厄运。她把心一横，'嘣嘣嘣'磕了三个响头，声泪俱下地哭道："万岁既如此不放心臣妾，臣妾即刻去投缳自尽，留个囫囵尸身，也好到天国再侍候皇上。"

说着，猛地站起身来，向殿外走去。

唐太宗本来打定主意要杀她，但没想到她自己提出来要杀身殉主，而且义无反顾，毫无矫揉造作之态，他的心灵受到了深深的震撼。这个女孩子毕竟没有罪，她是无辜的。这些年来，自己本来就冷落了她，有负于她，临终之时怎能再痛下狠手，枉杀无辜呢？他又想起几年前李淳风的规谏：天之所命，必无禳避之理。唉！还是尽人力而听天命吧。

他忙说道："慢着。"

武媚娘犹豫着停住了脚步，便听太宗又说道："朕躬还没到灯尽油干的时候，倘若朕还能康复过来，你却先自枉送一条性命，岂不是朕的罪过？"

一阵死里逃生的狂喜骤然袭上了武媚的心头，"英雄气短，儿女情长"，人心都是肉长的。她以攻为守，用生命做赌注的最后一搏，终于赢得了皇上的恻隐之心，她又一次闯过了鬼门关。

她把生的喜悦深深地掩藏起来，却瞪着一双困惑的眼睛，不知所措地看着太宗，意思像是问："那，那我该怎么办才对呢？"

"武媚，休要怪朕无情。为了江山社稷，也为了皇家的名声，你就落发为尼，到感业寺出家去吧。"老皇上终于想出了一个两全其美的办法。武媚一旦出家，远离红尘，一个天天诵经向佛的小尼姑，再怎么说，也不可能谋夺我大唐的一统天下。他无力地摆摆手，示意武媚退去，苍老疲惫的病脸上，浮现出了一丝苦涩的笑。

第二章　奉旨落发　安之若素

武媚娘奉旨落发为尼，当天便简单地收拾了个细软包裹，恋恋不舍地缓步登上了一辆破旧的宫车。她回头望望那巍峨的宫阙，两扇正在关闭的宫门隆隆地响动着，就像一串闷雷在她的心头滚过。一时百感交集，泪花在她的双睚里转了几圈，终于没有滴落下来，又被强抑着咽回了肚里。

再见了，皇宫禁苑的琼楼玉阁；再见了，帝王家纸醉金迷的豪奢生活。这里，靡费了她十三年的青春年华，吞噬了她作为一个豆蔻少女的童贞和无数欢歌笑语，埋葬了她出人头地、成龙成凤的梦想和抱负，最后像丢弃一只破鞋似的，将她无情地驱赶了出来。她还能卷土重来，再温旧梦吗？怕比登天还难。但是，在内心的深处，她从来就没怀疑过，而且直至现在仍然认定，这里就是她的家，是她武媚的最终归宿。就是横着刀山，隔着火海，她也一定要闯回来，一定！

宫车辚辚地碾过几条街道，在长安城朱雀大街的西南隅停了下来。

这里有一个破旧颓败的小寺庙，游人稀少，门前冷落。临街五间低矮的屋宇，虽说也是青砖灰瓦，飞檐斗栱，明柱落地的殿堂式建筑，但却因为时代久远，多年失修，墙体风化得很厉害，屋瓦上长满了青苔和衰草。暗红色的大门油漆剥落，斑斑驳驳，星星点点，就像癞痢头上的秃疮。门楣上悬着一块发了白的横匾，上面镌刻着三个褪了色的大字"感业寺"。似是有家雀在门匾的上端做了窝，门匾上还粘着一粒粒或陈旧或新鲜的雀粪。

一个五十多岁的老尼，满脸堆笑地迎出来，领着武媚走进内院。绕过砖砌的照壁，沿着一条多年踩踏得很光滑的碎石甬路，很快便来到了一幢较为高大的正殿前，十几个年龄不等的女尼正在打坐诵经，咕咕哝哝的诵经声伴随着一缕缕香烟从门窗内飘散出来，给这座死气沉沉的尼姑庵多少增添了一点生气。

转过大殿东侧的一个小角门，她们来到后院。老尼领着她走进了一间低矮潮湿的平房，不无歉意地笑笑说："媚娘，这里以后就是你的家了。寒寺清贫，住舍简陋，你是锦衣玉食惯了的主儿，还得慢慢地适应啊。"话声里没有揶揄的味道，而是充满了同情和关照。武媚冷冰冰的心里升起了一丝温暖，冲她点点头，苦笑一下道："多承师太关照。"说着便放下包裹，动手收拾起这个小小的寝室。

第二天，寺院里为她举行落发剃度的仪式。一切都循例进行，主持师太焚香掌烛，与众尼姑们虔诚地诵读了一段经文，然后满脸肃穆地问媚娘：

"武媚，你可情愿皈依我佛？"

"弟子情愿。"武媚答道。心里却说，不情愿又能怎样？

"佛家的生活，归结起来只有清、贫、苦三个字。既要出家为尼，就得接受沙门十戒。这十戒是……"

不等她说完，武媚却接口道："一不杀生，二不贪财，三不淫，四不妄语，五不饮酒，六不涂饰香鬘，七不歌舞观听，八不眠坐高广艳丽床座，九不食非时食，十不蓄金银财宝。"这是她昨天夜里刚刚读过的，早已熟记在心。当时一边读着，一边愤愤然想道：什么狗屁十戒，这不是扼杀人性的枷锁，让人永不翻身的桎梏吗？一辈子这样活着，简直生不如死。

听她炒豆似的一口气把十戒说完，中间不稍停顿，众女尼们都吃了一惊。

那位主持老师太来感业寺快四十年了，像这样不肯循规蹈矩的女孩子，还从来没有遇到过。既是要受戒出家，就该老老实实地听着，怎能这样反客为主，抢碟子摸碗的？看来，这是个不好驾驭、难以驯化的刺儿头。不过，对她的聪慧伶俐，几乎是过目成诵的记性，她又着实有些喜欢。

她淡淡地一笑说道："既然你都知道了，那就开始剃度吧。"

当锋利的剃刀在武媚的头上飞舞，那一绺绺油亮水滑、光可鉴人的飘逸秀发纷纷落地，一片片泛青光亮的头皮被无情地暴露出来时，连老师太的心里都在一阵阵紧缩，一种莫名的惋惜、同情和无奈油然而生。

过去，也曾经有几个不曾生育的妃嫔来这里落发出家。每到这个时候，她们不是碰头打滚地号啕大哭，就是呜咽抽泣得浑身痉挛，有的甚至夺门而出，寻死觅活。

这个武媚娘眼下的表现，却又一次让她出乎意外，大感惊讶。她静静地坐在那里一动不动，双眼轻闭着，白皙娇嫩的脸上安谧而又漠然，看不出一丝表情，就像一尊连呼吸都没有的象牙雕像。那些秀美光洁的青丝似乎不是她的，而是从别人的头上刮剃下来的。主持师太深感不解，这女孩难以窥测的内心里究竟在想些什么？

肤发受之父母，岂可轻弃？尤其是年轻女子，自古便把青丝秀发视作第二生命。自幼便熟读经史的武媚娘，对这些道理怎能不知？但是她更知道，自己与别人不一样，是从阎王爷的生死簿上侥幸漏网的劫后余生。不断发就得断头。今日剃了发，以后还会重新长出来，她坚信，总有一天，她仍会云鬓雾鬟，秀发飘飘。但是，如果掉了脑袋，却永远不会再长出个脑袋来。自己暂时遁入空门，不过是在韬光养晦，削掉一茬头发算得了什么？她当然可以处变不惊，安之若素了。

落发受戒的剃度仪式结束了，武媚娘从此正式度身佛门，开始了缁衣横卷、青灯古佛的漫长生涯。她一天到晚不说也不笑，除了跟随众人参禅打坐，就是做些洒扫庭院，烧香供佛的杂事，空闲时便读读经书。虽说每日糙米淡蔬，清汤稀饭，与皇宫里的珍馐佳馔有着天壤之别，不几天的工夫，便让她花容憔悴，玉肌消瘦。但是，对这份清苦她早有思想准备，还能够忍受得了。最让她无法忍受的，是漫漫长夜的那种孤独、寂寞和无休止的烦躁、怨尤。

夜深人静，万籁无声。整个寺庙空空荡荡，冷冷清清，被深邃无边的黑暗包围着，吞噬着。偶尔传来的沉闷单调的钟声，更给这破落的寺庙增添了几分孤寂和凄凉。蝇头萤火般的青灯，给她那小小的卧室带来不了多少光明，在幽幽的灯光下，她捧着一本破旧发黄的经卷，呆呆地出神。偶或间抬手摸摸光溜溜的脑袋，心中就像被刀子剜了一下，眼泪刷刷地淌了下来。只有在这个时候，在这间没有任何人窥视的斗室里，她才能尽情地痛哭一场，任凭泪水流淌。在白天，内心的创伤只能深深地掩藏起来，靠自己慢慢地抚平和治愈，她不想把软弱和痛楚示人，去换取那些廉价的同情和无益的怜悯。

"天将降大任于斯人也，必先苦其心志，劳其筋骨，饿其体肤……"不知多少次，她在内心里默念着古圣先哲的这几句话，这也是童年时对自己抱着殷切期望的父亲反复告诫自己的话。莫非，这就是冥冥之中，上苍对自己命运的有意打磨？

于是，在幽暗昏黄的青灯下，在这个沉闷得令人窒息，让人几乎发狂的深夜里，她突然想起了早已谢世的父亲，想起了自己的身世和童年，思绪像插上了双翅，冲破了这古刹老寺的重重禁锢，无法遏止地飞回了二十多年以前……

武媚的父亲武士彠是山西文水人，生前曾任工部尚书、荆州大都督，又封应国公，是大唐帝国的开国功臣。但在他年轻的时候，家境却十分贫寒。为了糊口，他只好担起豆腐挑子，走街串巷叫卖。当时民间有句俗话："人生三大苦，打铁、撑船、磨豆腐。"然而，靠着他的嘴勤腿勤、精打细算，武士護居然把这副累死累活的豆腐挑子，挑得红红火火，积攒了不少银子。他用这些银子做本钱，与邑人许文宝做起了倒卖木材的生意。时值隋朝末年，炀帝到处修建行宫别苑，各地官府也大兴土木，木材价格飞涨。武士護看准市场走向，囤积居奇，得以暴富。

俗语云，"穷汉子乍富，挺腰凸肚"。武士護可不是这种人一阔脸就变的浅薄之辈，也不是那种只图安享富贵的守财奴。当泼天富贵一夜间降到这个曾经引车卖浆者身上的时候，头脑活络、胸藏大志的武士護，却开始考虑着如何把他的才能和财富，投向官场这个能赚取更大利润、更长远利益的大贵领域。于是他毅然弃商从政，花钱在太原府谋得了一个小小的官职——鹰扬府队正。

不久，隋朝的世袭贵族唐公李渊，被隋炀帝任命为并州、河东抚慰大使，在太原一带讨伐历山飞等反隋武装。李渊率军奔走于汾、晋之间，经常路过文水。作为乡间豪绅的武士護，看准了李渊绝非池中之物，便有意地巴结讨好，屡屡把他请到家中，盛宴招待，并慷慨解囊，资助李渊的军队。很快，两人便成了无话不谈的莫逆之交。

此时，隋炀帝的穷奢极欲、横征暴敛，已引得山河震荡，天下大乱。农民起义和各种反隋暴动此伏彼起，遍及全国。武士護和李渊的幕僚们，既瞅准了隋朝将亡的大势，也摸清了李渊不甘久为人臣的心思，便极力劝他起兵反隋。有一天，武士護对李渊神秘地说道："我昨夜做了个梦，梦见唐公已入西京，骑苍龙升为天子。公若举兵，大事必成。"当时李渊只冲他微微一笑，什么也没说，但内心里却已将他引为心腹死党。

数月之后，李渊公然竖起了反隋大旗。武士護变卖了全部家产，将亿万资财无偿地捐助给李渊义军，并始终追随李渊鞍前马后，攻城掠地，一直打进长安。

李渊登基坐殿，建立大唐，也没有亏待这位破家相助的老朋友，拜他为光禄大夫，任戍守京城的禁军将领——并钺将军。不久又擢升为工部尚书，封应国公。并列为十四名太原首义功臣之一。

就在武士護平步青云、春风得意的时候，他留在老家的结发之妻相里氏却突然暴病而亡，留下了两个嗷嗷待哺的儿子武元庆、武元爽。

中年丧妻，乃人生三大不幸之一。为了抚慰这位患难之交的老部属，唐高祖李渊亲自当起了"月下老人"。考虑到武士護出身寒微，李渊便想为他物色一位有贵族血统的女子为妻，以提高其社会地位。经再三斟酌，李渊选中了前朝贵族杨达的女儿。

杨达是隋朝皇族的宗室，又做过隋朝的宰相，德高望重。如今虽然杨达已经病故，前朝宰相的家境已大不如以前。但是在人们的心目中，其血统却是高贵的，仍然是豪门大户。正是像武士彟这样的寒门新贵择偶的理想目标。

杨达的这位女儿，自幼笃信佛教，矢志不嫁，如今已经三十多岁了。虽说徐娘半老，但毕竟是大家闺秀，依然风姿绰约，品貌颇佳。

一天早朝之后，李渊单独对武士彟说道："朕已为卿觅得一位佳偶，乃前朝遂宁公杨达之女，奕叶亲贵，志才贤明，可以辅德。"当朝天子亲自做媒，说的又是豪门高贵之女，武士彟自然受宠若惊，慌忙跪地谢恩。杨氏虽说年轻时不肯嫁人，但大唐皇帝亲自指婚，她也不敢不从。

武德三年，由唐高祖做媒。唐高祖女儿桂阳公主主婚，武士彟与杨氏喜结伉俪。

婚后，杨氏为武家一连生下了三个女儿，二女儿便是武媚。

武媚出生一年多以后，武士彟调任利州都督。到任不久，便听说名扬天下的星相大师袁天罡，从故乡成都奉旨去长安朝见皇上，将途经利州。

武士彟当然不会放过这个绝好的机会。袁天罡一到利州，立刻被约请到都督府。盛筵之后，武士彟提出要为家人相面，袁天罡欣然同意。

先是为两个儿子元庆、元爽看相。袁天罡只随便看了看，便让他们退出去，对士彟说道："贵公子官运尚可，皆可官至刺史，只是结局不大妙啊。"

接着又为他的长女看相，袁天罡也只是淡淡说道："此女可嫁一显贵夫婿，然而日后的生活却不甚如意。"

袁天罡乃大名鼎鼎、轰动朝野的奇人异士，凡给人看相，每言必中，毫厘不爽。今天说的，有喜有忧，并非只是一味地"隐恶扬善"。虽说武士彟有些扫兴，却只能报之以苦涩的一笑。

最后轮到二女儿了，奶妈把武媚抱了出来，而此时小武媚却穿了一身男孩子的服装。

袁天罡往这个婴孩脸上只扫了一眼，慌忙站了起来，而显惊异之色。他又让奶妈把孩子放在地上，让她走几步。小武媚冲着大人们笑笑，开始在地上蹒跚挪步。袁天罡在旁看着却怔住了，眯着一双吃惊的眼睛，半晌才说道："这位小郎君龙睛凤颈，日角星瞳，乃大贵之相啊。"说完，又围着小武媚转了一圈，嘴里发出了一声惊叹："天罡看相半生，尚未见过如此富贵相貌，简直贵不可言。可惜是个男孩，若是女孩，将来必定君临天下。"

女皇武则天

一句话石破天惊，把武士矱吓得脸色发白。这孩子恰恰是个女孩。幸亏你这位名噪天下的大相士也有疏忽的时候，竟没有仔细地分辨一下这孩子是男是女。

他急忙让奶妈把武媚抱走，挥退屋内的所有下人，又惊又喜地问袁天罡道："大师的话，莫非戏言？"

"如何是戏言？"袁天罡满脸肃穆，"山人相命绝无戏言。小郎君虽是男孩，将来也必是一代风云人物，要比你都督大人尊贵荣宠得多。在下谬称星相家，不知为多少王公权贵看过相，有机缘能看到这样的贵相，也实在是三生有幸。"

袁天罡告辞走了，却在武士矱的心里留下了无法平息的狂飙巨浪。"君临天下"，这可是要做皇帝，做天子，莫非我武家真有这样的福分？自古至今，历代帝王都是男人，哪有女人做皇帝的？

武士矱半信半疑，但是这毕竟在他心里燃起了巨大的希望。从此，他把光耀门第、振兴武氏宗族的全部期待都寄托在了小武媚的身上。在小武媚刚刚咿呀学话的时候，杨氏便教她吟诵古诗，认字读书。到她四五岁的时候，武士矱便请了当地最有学问的塾师，在家中教她熟读经史子集。

贞观六年，武士矱调任天下四大重镇之一的荆州大都督。

此时的大唐皇帝早换上了太宗李世民，而李渊已成了养尊处优并无实权的太上皇。

在皇权争夺的血腥屠杀中，老于世故、军权在握的武士矱，却巧妙地避开了最高层权力倾轧的矛盾漩涡，又很快赢得了新皇帝的宠信。他在荆州任上，"宽力役之事，急农桑之业"，"奸吏豪右，畏威怀惠"，政绩斐然。连李世民对他的"善政"也不能不刮目相看，正在打算着进一步擢拔重用。

可是，就在他志得意满、将要出将入相的时候，京中传来了太上皇李渊驾崩的噩耗。想到李渊对自己的天高地厚之恩，武士矱如丧考妣，痛不欲生，因哀恸成疾，最后竟呕血而死。这年小武媚才十二岁。

武士矱一死，武家立时塌了天，杨氏母女很快便沦入了十分尴尬难堪的境地。

武士矱前妻的两个儿子元庆、元爽，以嫡长子的身份，霸去了父亲留下的所有家业财产，对继母和三个妹妹整天指桑骂槐，肆意凌辱。杨氏母女成了寄人篱下、遭人白眼的乞食者，就像落入鸡群的凤凰，备受啄剥之苦。母女们终日忍气吞声，以泪洗面。

这种是非成堆、争斗不息的家庭内战，给武媚幼小的心灵里注入了仇恨之火。她极度地憎恶和仇视两个同父异母的哥哥，憎恶这个欺小凌弱的家庭，憎恶身边所有谄上傲下的人，甚至憎恶整个不公平的世俗社会。她咬着牙暗下决心，一定要出人头地，像父亲那样建功立业，执掌大权，为母亲和姊妹，也为自己报仇雪耻。

可是父亲是男人，这个世界好像所有升官发财的机会都是为男人创造的，从来与女人无缘。男人可以通过沙场征战，科场拼搏，甚至以金钱贿买来取得功名官爵，乃至拜相封侯。而女人呢，只配供男人玩乐和泄欲，生儿育女，相夫教子。这是为什么，是哪个混蛋男人规定了这种混蛋的伦理道德？

仇恨和苦难的磨炼使小武媚一夜之间长大了，她不再像一般女孩子那样成天关注着穿红着绿，涂脂抹粉。她日日夜夜都在思虑着如何成龙成凤，变做人上之人。

她想起了母亲曾经向自己透露过，星相大师袁天罡说自己有富贵之相。她深信袁天罡的话不会是信口开河，肯定有他的道理。她更坚信世上没有走不通的路，她一定要闯出一条奔向尊贵显达的通道，攀上权势煊赫的高峰。

为了改变这种难堪的生活处境，杨氏开始为女儿物色婆家。不久，大女儿带着少得可怜的嫁妆，匆匆地嫁给了越王府功曹贺兰越石。

当杨氏又试探着与二女儿武媚商量婚事的时候，这位心比天高，眼下又命如草芥的十四岁的女孩子，却似乎早已胸有成竹。

她对杨氏嘻嘻一笑："孩儿的婚事不用母亲操心。我的婆家早就有了，在皇宫里，在帝王家。"

杨氏一下子目瞪口呆，这孩子不是在说疯话吧？不错，这些日子人们都在传言，长孙皇后病逝后，当今皇上有意要在各地选美。二女儿出落得亭亭玉立，玉肤冰肌，照说中选入宫也不是没有可能。可是，这位前朝宰相的女儿，对九重宫阙内的肮脏和险恶知道得太多了。那里是繁华似锦的人间天堂，又是险不可测的虎穴狼窝。自古以来，有成千上万的红颜少女在这里被玩弄，被遗弃，被吞噬，悲苦终生，永无出头之日。

然而，小武媚的心里却不是这么想的。父亲生前对自己的殷切期盼，希望自己能够光宗耀祖、振兴武氏家族的叮嘱，早已在她幼小的心灵中盘根错节，形成了一股势不可挡的强劲动力。要想改变武氏家族的境况，摆脱她们母女目前的窘境，甚至实现袁天罡那渺茫虚幻，而又有着巨大吸引力的预言，就必须千方百计去探寻和攀登政治权力的高峰。而在这个世界上，作为一个

女皇武则天

女孩子，要实现这个梦想，只有一条路可走，那就是跻身皇宫，侍君伴驾。小武媚也知道，这是一条漫长修远而又充满艰难险阻的路，但又是这个世界上最简短最容易达到目的的捷径，就看你如何走法，你的能力、天赋和命运如何？

于是，小武媚鼓动如簧之舌，又哭又闹又厮缠，甚至以绝食相威胁，立逼着母亲利用两朝皇室的关系，去皇宫说项。她早就听说过，太宗皇上的杨德妃，是前朝隋炀帝的女儿，也是母亲杨氏的本家堂妹，原本太宗三弟齐王李元吉之妃，太宗杀元吉得到她之后甚为宠爱。

杨氏被逼无奈，只好硬着头皮入宫去见堂妹。杨德妃早就听说过武家二女儿不仅艳名四播，而且"素多智计，兼涉文史"，十分聪慧。经过她多次枕边风的鼓吹，终于引燃了皇上的好奇和猎艳之心。

一道"征美令"下达武府，如巨石投进平湖，立时引起了各种反映，有企羡，有嫉妒，有惊愕，有恐惧，有哭也有笑。母亲杨氏哭得昏天黑地，哀痛欲绝。小武媚却搂着她的脖子，顽皮地嬉笑着说："见天子庸知非福，如何做儿女悲态？母亲且安居家中，静候女儿佳音就是了。"说罢，竟头也不回地随内廷太监走出府外，笑盈盈地升轿而去。

侍君伴驾的梦想终于实现了，而且一入宫便受宠幸，被封了个正五品的才人。小武媚雄心勃勃，正准备向人生的最高坐标冲刺。但万万没有想到，太白星的白日出现和那本《秘记》的流传，就像一场掀天揭地的狂风暴雨，将这只刚刚起飞的雏凤的双翅，给一下子摧折了。从此颓然落地，一蹶不振，一跌就跌了十三年。

十三年之后，仍然没有转机，没有希望，她竟被逐出了皇宫，扔到了这个冷冷清清的破庙里。

武媚娘又一次情不自禁地以手抚顶，光秃秃的脑壳让她打了个冷战。纷乱的思绪一下子从遥远的过去回到了现实。

残酷的现实无情地告诉她，眼下她只是一个苟活于世的小尼姑。是的，她还活着，几天前她险些被老皇帝杀死，成了深宫禁苑里的冤魂孤鬼。她毕竟活下来了，这是不幸中的万幸。可是，这样活着与死了有什么分别？这哪里是什么寺庙？这是一座人间的坟墓，是一口大活棺材。自己不过是一具行尸走肉，是老皇上的一个还喘着气的殉葬者。

她在几天以前就听说过，那个断送了自己青春和梦想的老皇帝已经晏驾，悬在自己头顶上，时时都可以取自己性命的那柄利剑终于摘掉了。皇太子李治已经登基称帝，是的，自己似乎也曾隐隐约约地听到了，从隔着几条街道的皇城内传来的，新皇帝枢前即位时的黄钟大吕、悠悠仙乐和人们山呼万岁的雀跃欢腾之声。

想到李治，武媚的双眼忽然放出了光泽。她长长地舒了一口气，轻轻地闭上了眼睛，那种潜藏于胸膛深处的勃勃雄心，又像一股暗火被一阵清风重新吹燃，火苗子在一蹿一蹿地升高。

李治，啊，李治，昔日的皇太子，今日至尊至贵的大唐新君，你可是我武媚的生命、武媚的未来，武媚今生今世的全部希望！

这些年来，她与李治情深意笃，心心相印。那些月下偷情、花前幽会的甜情蜜意，那些山盟海誓的肺腑之言，那些甜吻，那些轻抚，那些癫狂，那些颤震，那些欲仙欲死的滋味，此时都一下子漫涌到了这个小尼姑的眼前……

当初，武媚娘受到了太宗皇帝的长期冷遇，但她却不甘寂寞，不肯向蹩脚的命运认输。像她父亲年轻时一样，头脑活络、工于心计的武媚开始了更加长远、更加缜密的盘算。

在老皇帝眼前失宠了，这已是无可挽回的事实，怨天尤人和黯然神伤都徒劳无益、于事无补。她必须为自己重新寻找一条生路，准确地说是一条继续攀登之路。

好在老皇帝比自己大着近三十岁，他不会千秋万岁的，总有一天要先自己而去。因此，她把目光投向了未来的新皇帝，她必须未雨绸缪，在那里寻找一把可靠的保护伞，找一个攀缘向上的坚强的支撑物。

父亲当年散尽了亿万家产，孤注一掷，全部投入了"官场""政界"，获得辉煌的成功。自己也必须从现在起就开始投资。当然，自己唯一的资本，就是这个娇嫩诱人的身躯、如花似玉的脸蛋和一颗滚烫灼热的心。

未来的皇帝自然要从诸皇子中产生，按照传统的嫡长继承制，肯定要从长孙皇后所生的三个嫡子中产生，那就是长子承乾、四子魏王泰、九子晋王治。而此时，长子承乾早已被立为太子，已成了法定的皇位继承人。唐太宗对太子寄予极大的希望，先后派房玄龄、魏徵、于志宁、张玄素等名臣硕儒作东宫师傅，进行精心培养。看来以后入承大统已是不争的事实。

但是独具慧眼的武媚对这位东宫太子却不屑一顾，据她的观察和见闻，早已认定这位太子爷是个扶不起的阿斗，不成器的主儿。

李承乾不仅先天跛足，不具备帝王之"相"。更重要的是他性情乖戾，放荡不羁，种种荒诞不经的行径令人啼笑皆非，实在不成体统。

他身为皇储，东宫里赵姬燕女、绝色佳丽应有尽有。这位太子爷除了终日在脂粉堆里鬼混之外，却又偏偏喜好男色。在宫内蓄养着一名十二三岁的乐童，为其取名"称心"，夜夜专席，肆行龙阳之乐。

作为太子，不研究治国方略，不思安邦爱民之策，却偏爱旁门左道，奇风异俗。常常把自己打扮成突厥酋长，让手下人穿上胡服讲着胡语，终日在一块胡闹厮混。更加让人不可思议的是，皇宫里山珍海味、肉林酒池他不稀罕，偏要让他的手下在夜深人静之时，到农户中偷盗牛羊，砸开店铺抢来劣酒，在东宫里大碗喝酒，大块吃肉，胡天胡地，闹得不亦乐乎。对这些怪诞的行为，他颇有新解。有一次乘着酒兴，曾对下人们说道："孔圣人讲过，'食色，性也'。对于女色，男人们都知道，'妻不如妾，妾不如妓，妓不如偷'，偷情时那种战战兢兢的滋味最销魂。其实以我看来，吃的东西又何尝不是如此，'精不如粗，粗不如偷'，偷来的酒肉最好吃。"

他从小便不爱读书，只喜射猎，对师傅们苦口婆心的劝谏不仅置若罔闻，而且怀恨在心。有一次，因为师傅张玄素多劝了他几句，竟暗中指使豪奴，在张师傅回府的路上将他截住，打得口鼻流血，奄奄一息。

像这样一个放荡顽劣、五毒俱全的流氓胚子，怎么配当国之储君呢？

武媚从内心里深信不疑，以唐太宗的英明天纵，雄才大略，断不会把一统江山、传国大宝交到这种人手里。眼下是皇上还被蒙在鼓里，不知道他的种种劣迹。一旦得悉，他的末日也就到了。

再看魏王李泰，这倒是个难得的人才。不仅长得英挺魁梧，神俊风流，颇有乃父之风。而且机警干练，聪慧过人。

他看准了太子的不学无术和荒唐透顶，已经使皇上渐生嫌弃之心。便趁机粉墨登场，反其道而行之：你好男色吗？我却连女色也不近，心无旁骛地司文经武；你好荒唐嬉戏吗？我却偏偏雅好文学，在府中组织起一个文学班子，并编著了一部甚有价值的《括地志》；你对师傅大不敬甚至大打出手吗？我却尊师重儒，礼贤下士，任何时候都虚怀若谷。

李泰的所作作为，很快便赢得了许多大臣的交口称赞，也博取了皇上的欢心，优给赏赐，屡加褒奖。

但是，武媚却与他们君臣看法不一样。她冷眼旁观，总觉得这位皇四子太矫揉造作，太装腔做势，太虚伪，也太猴急，她总觉得假得太过分的东西不会太久，迟早都要漏馅，就像纸罩包不住火，雪里埋不住人一样。踮着脚尖走路，还能走得了多远？凭直觉，她仍然不相信唐太宗最终会将大位传给李泰。

最后，她终于将目光盯在了晋王李治的身上。李治此时还只有十六七岁，为人宽厚仁慈，温文尔雅。说起话来略带羞涩，做起事来有条不紊，对上谦恭有礼，对下温和体贴。虽说性情有些懦弱，有些优柔寡断，但治世之君，并非开国之主，最根本的还是"仁德"二字，要以德服人，以德治天下。

她几乎已经断定，未来的新皇帝，非此子莫属。

于是，她开始有意地向晋王李治靠拢。抽出些空闲，便往宫城内的晋王府中跑，当然是以讨教经史学问为名，与晋王李治、晋王妃王氏一块研经读史，赋诗填词。好在太宗皇上从来不找她，她有的是时间泡在晋王府里。晋王府的上上下下，从王妃到宫女，都对这位美丽聪颖、通情达理的武才人颇有好感。

一来二去，她与李治从相识到相知，从文友诗侣到异性知音，慢慢地产生了一种不可名状的情愫。但是他们谁也不肯说破。媚娘作为一个过来人，更是准确地把握着尺寸和火候，绝不越雷池一步。很长时间里，他们只是一对志同道合的朋友，或者是一对互相尊敬的姐弟。

有一天，屋内无人，他们把话题扯远了，从经史谈到政治，谈起了经邦济世的治国之道。武媚轻声问道："殿下对将来有何打算？"

李治愣了一下，微微一笑说道："做个安分守己的王爷，忠心辅佐皇上，为大唐江山社稷尽些绵薄之力罢了。"

武媚把声音压得更低："只怕树欲静而风不止，安分守己的王位也坐不牢稳。"

"这话从何谈起？"李治急切地问道。

"晋王难道不知，太子和魏王各树朋党，明争暗斗，正在进行着一场你死我活的皇位角逐战。将来不管鹿死谁手，都有可能重演一次上一代的玄武门悲剧。城门失火，殃及池鱼，晋王怕也难免遭受株连之灾。"

对两位皇兄觊觎大位的争斗，李治当然有所耳闻。但他既生性柔弱，又从来没有入继大统的奢望，便懒得去过问这些事。听武媚这样一说，倒有些惊觉起来，便问道："依武才人之见，我该如何处之？"

"天下者，天下人之天下。何况晋王爷也是皇后所生的嫡亲皇子，难道就与执掌天下无缘？"武媚凤眼眯眯，微微一笑说道。

一言既出，李治惊得心口突突乱跳，这可是他以前连想都不敢想的事。

女皇武则天

迟疑了半晌，才小心翼翼地问道："武才人莫非是教我也去结党拉派，收买心腹，像乌眼鸡似的与二位皇兄抢夺太子之位？"

武媚忙摇头止住晋王，缓缓说道："以晋王平素的为人，何须如此？有道是'无为而治'。您千万不可加入这场角逐，只需'两耳不闻窗外事，一心只读圣贤书'，静观待变。眼下的局势，不争不夺，淡泊自处，便是当前最能稳操胜算的争夺。以臣妾看来，那两位都是成事不足、败事有余的浅薄之辈，不久便会两败俱伤，晋王定可坐收渔人之利。不过，晋王也不能一味坐等，不争不抢并非不闻不问。有一个人一定要曲意结好。其实，此人本来就对晋王您深有好感。"

"是谁？"

"您的舅父长孙无忌。此人乃两朝元老、朝廷首辅，又是当今皇上几十年来笃信不疑的心腹大臣，他的话可是一言九鼎啊。"

李治吃惊地睁大了双眼，像不认识似的重新打量着武媚。他简直不敢相信，一个小小的才人，一个皇宫里不起眼的弱女子，怎么会有如此精髓的见识，如此深沉的城府？

更令人难以置信的是，当然武媚并不知道，就在几天以前，长孙无忌曾到过晋王府，同自己密谈过一次。虽然话说得没有这么直露，有些隐隐约约，闪闪烁烁，但那意思却与武媚今天的说法如出一辙。

想到这里，李治冲武媚神秘一笑，不无感激地说道："小王谨受武才人指教。"

此后，事态的发展与武媚预料的完全一样。

贞观十七年，太子承乾感到来自魏王的威胁和皇上的日益冷淡，便联络心怀不满的汉王李元昌、吏部尚书侯君集等人，密谋刺杀魏王李泰，然后发动宫廷政变，欲重演当年玄武门骨肉相煎的旧戏。可惜他志大才疏，缺德无能，阴谋泄露。太宗皇上忍无可忍，将承乾废为庶人，圈进高墙严加看管。

嫡长子被废，自然该轮到李泰了。太子之位对他似乎已经唾手可得。

可是聪明反被聪明误，精明过头的魏王李泰，此时又怕皇上立晋王为太子。一天夜里，他竟闯到晋王府，阴沉着脸威胁李治道："你与汉王元昌素来友善，今汉王与太子谋反败露，而你却安然无事，你以为能长此下去吗？"

晋王李治极度惶恐，这事不能跟毫无主见的王妃说。在这个极为敏感的非常时期，找舅父长孙无忌又有联络朝臣之嫌，他只能找武才人商量。武媚见他忧心忡忡的样子，却"扑哧"一下乐了："这是天赐良机于晋王，李泰的太子梦完了。"见李治茫然不解，她又解释道："以皇上的禀性和才略，他决不会把大位传给一个垂涎欲滴、急于抢班夺权的人，为后世留下一个因争皇位而兄弟阋墙、自相残杀的样板。那样岂不是要告诉后人，大唐的帝位可以径求而得？只是这件事晋王千万不要对外人说起，也不要主动向皇上告发。等皇上再三诘问时，方可如实禀报。"

数日之后，皇上见李治每次上朝都是忧形于色，神情木讷，下朝后便匆匆离去，跟谁也不说一句话，觉得很纳闷，便单独召见李治，问他有什么心事。开始李治只推说身体不适，并没有什么大事。经皇上再三盘问，李治突然放声大哭，把事情的经过原原本本地告诉了皇上。

唐太宗再一次龙颜震怒，想不到外表谦恭有礼的李泰，居然也是一个阴谋家。若是他将来当了皇上，恐怕承乾、李治都将死无葬身之地，其他兄弟怕也难保全。

他终于下了决心立李治为太子。这日早朝后，群臣退去，太宗将李治、长孙无忌、房玄龄、褚遂良留下，然后说道："朕欲立晋王李治为太子，汝等以为如何？"

长孙无忌应声说道："老臣谨奉圣命，有异议者，臣请斩之。"太宗转身对李治道："你舅父已同意你为储君，还不赶快上前拜谢。"待李治施礼后，太宗又对众人说："公等虽说同意朕的意见，但不知外臣们如何看法？"

房玄龄、褚遂良几乎是同声说道："晋王仁孝，天下属心久矣。愿陛下亲自询问朝中百官，若有不同意者，臣等愿以死谢罪。"

这样，李治终于不显山不露水地登上了太子之位，成了鹬蚌相争中的得利渔翁。

从此，他更加感激武才人。不仅把她视为红颜知己，而且更看成是自己的良师益友，每日每时都心心念念，有些一日不见如隔三秋的感觉了。

贞观二十年五月，唐太宗突然身患中风之疾，病势来得突然而凶猛。为了养病，太宗决定移驾长安西南的终南山翠微宫。太子李治、近臣长孙无忌、房玄龄和皇上的众多妃嫔们都随驾前往。

这期间，太子李治除了每日替父皇处理各种军国机务之外，便入侍药膳于御榻之前，从不离左右。才半个多月的时间，李治的脸庞便消瘦了一圈，浓黑的鬓发中居然钻出了几根银丝。皇上见太子如此孝顺，既感到温暖熨帖，又有些不太忍心，便命太子暂出游观。李治跪在病榻前，泣声说道："'父母在，不远游'，草民百姓尚且如此。父皇有病在身，儿臣却去游山玩水，这与禽兽何异？"

太宗心里一阵热辣辣的，只好命人将寝殿右侧的别院收拾出来，让太子居住，好就近事奉。

从此，李治与武媚几乎是天天见面，朝夕相处，偶尔肌肤相擦，眉目传情，两颗心禁不住激情荡漾，浪滚波翻。

这日中午，李治亲自侍候父皇用过膳，见他已静静地睡去，便让侍立一边的宫女为皇上打着扇，自己悄手悄脚地退了出去。

已经六月初了，天气十分闷热，近一个月不分昼夜的操劳，已让李治有些吃不消了，他想趁皇上熟睡的当儿，回自己的别院好好睡个午觉。

他慢慢地向西走去，偶一抬头，却见一片茂密的松林中闪出一位娉婷女子，藕荷色的纱衫，墨绿色的绸裤，高耸的胸脯，柔和的腰身，微凸的美臀，周身都散发着一种成熟女性让人无法抵御的诱惑。是武媚，年轻太子心中的偶像、女神。

虽然他们几乎天天见面，但在这一刻，不知道为什么，这位美貌而略带忧郁的少妇的身影一映入他眼中，竟如掠水惊鸿，让他一颗心狂跳不已。

像有一股巨大的磁力，李治情不自禁地向她走去，两个人迅速地没入松荫之中。

在这个赤日炎炎的夏日，整个翠微宫空落落的，人们都躲到凉爽的室内去了。除了头顶上的鸣蝉在一片声地噪叫，四下里寂然无声。

两个身体慢慢地靠近了，武媚伸出一双纤手，嫩笋般的手指在李治清癯的脸庞上轻柔地抚摸着，又把他的头揽到了胸前，在满头黑发中仔细地搜剔着那一两根新生的银丝。她幽幽地叹口气："晋王，这些日子你瘦多了，你可要保重身体啊。"

一股酸酸的甜甜的感激的暖流，从李治后背升起，迅速地浸淫到四肢百骸，在全身扩散，他再也控制不住自己的身心……

他忽然感到自己又回到了童年，偎靠在母亲的怀抱里，是那样温暖、那样香甜，那样安全可靠。

事实上，现在的李治虽然已经二十岁了，而在心理上却仍然是一个没"断奶"的大孩子。

他是长孙皇后所生的三个儿子中最小的一个，从小便备受母亲宠爱。母后的早逝，给了他极大的精神刺激。此后，越来越激烈的宫廷斗争，兄弟之间无情的明争暗夺，使他像只受惊的家雀，终日惶恐不安，便愈加留恋那种甜蜜温馨的、时时都受到母亲呵护的童年。当这种温暖的母爱再也寻求不到的时候，他便开始暗暗地眷恋起那些比自己年龄大、比自己成熟，意志坚定而有主见，丰盈硕美的成熟女性了。这可能就是现代人所说的，那种具有恋母情结的、性情柔弱的男人常见的一种自慰方式，与他的父皇喜欢娇柔温顺的小女人恰恰相反。

然而，他所暗恋的这种女人，在晋王府里却找不到。那几个妃子虽说个个花容月貌，但却都是些没有头脑没有心计，只能供人玩赏的宠物。而在比他大四岁的武才人身上，却具备了他暗恋的一切。

一次得手，便再也难以中止。从此以后，在李治的别院里，在武媚的寝室内，在后苑的花间亭台下，在终南山的密林竹丛中，到处都留下了他们云雨交欢、鱼水游戏的踪迹。

李治不止一次对她信誓旦旦："我继位之后，一定封你为妃。若违此誓，天必……"

她笑了，急忙用手掩住了他的嘴巴。她相信这个大孩子，这是他发自肺腑的誓言。

在她被老皇帝撵出皇宫的时候，作为太子的李治没有说一句话。但是她不怪他，那是她让他那样做的。在那个时候他若是出面求情，她会更加危险，于他也极为不利。

现在好了，这个大孩子已经成了南面称尊的新皇帝，再没有任何人能阻挡他将自己接进宫去。我武媚九死一生，终于等到了这一天。她相信，自己重新进宫的日子已经不远了。

她轻轻合上了那本古旧的经卷，吹熄昏暗的油灯，在一片漆黑中躺到床上，带着一丝多年来难得的微笑，很快便进入了甜甜的梦乡……

第三章　叛佛养晦　伺机回宫

在无休止的期待、烦燥、失望又重新燃起希望之火的循环往复中，孤独冷落的感业寺，送走了流金烁火的酷暑盛夏，送走了碧云天、黄花地，北雁南飞的金秋十月，迎来了又一个朔风频吹、雪花飘零的严冬。

武媚娘在苦苦地等待着，等待着从那近在咫尺又遥似天涯的皇城禁苑中传来喜讯，可是她一次又一次失望了。虽然她相信，他们的爱是真诚的，是刻骨铭心的。那超越世俗伦常而又闪烁着"罪孽"光芒的爱情之火，不会在短暂的燃烧之后轻易熄灭，不会是昙花一现。

然而，她又不能不担心，这个乍登皇位的大孩子懦弱而又谦卑，心中没有主见。他敢不敢冒天下之大不韪，冲破强大的世俗偏见，把一个被皇家扫地出门，已经削发为尼的女人，而且还曾经是他父皇的小妾重新接回宫去？他如今当了皇上，又有无数的绝色美人被选进三宫六院，还能思念她这个半老徐娘，先帝弃妇吗？每念及此，她便从心底感到一阵彻骨的寒冷。

不行，她不能这样守株待兔般地傻等，必须主动出击，已经煮熟的鸭子，决不能让它飞走了。

她天天都在思虑着如何给新皇帝传书。于是，她又想起当年荐自己入宫的太宗的杨德妃，如今自然已是皇太妃了。对了，应该找她，她与当今皇上的关系不错。

但是，自己身入空门，如同置身囚笼，不要说进不得皇宫，就连寺外也难得出去一趟。

该让谁当这个鸿雁传书的信使呢？她想起了一个最合适的人选，那就是她的大姐。大姐早年因家境落魄，匆匆忙忙地嫁给了越王府功曹贺兰越石。几年之后，他们生下一个儿子，取名贺兰敏之。不久又生了一个女儿，叫贺兰敏若。丈夫虽说官职低些，年龄大些，但夫妇二人相亲相爱，小日子过得和和美美。不料几年后，贺兰越石忽得暴病而亡，姐姐又过起了同母亲一样的孤儿寡母的孀居生活。那时候，武媚在宫中倍受冷落，家中的事不能管也管不了，姐姐只好把母亲接到自己家中，祖孙三人相依为命。

武媚出家为尼之后，一直瞒着家里，她羞于向家人启齿，更怕母亲为自己伤心。

可现在顾不了这么多了，她找到那位主持师太，向她诉说着自己的思家之苦，恳请寺里送信给她姐姐，让姐姐来看看她。这不算什么难事，寺里清规戒律再严，让家中的女眷来探视一下还是允许的。

姐姐来了，姊妹俩像两个苦瓜，经历不同，命运都是一样的苦。她们抱头痛哭了一场。武媚拭拭泪说："事到如今，咱姊妹们要想跳出火坑，只有一条路可走。"

姐姐问："还有什么路？"

武媚咬着牙说："说什么我也要再次入宫。"接着，她把自己与当年的太子，如今的皇上的关系向姐姐和盘托出，让姐姐去宫中找杨太妃。姐姐自然喜出望外，满口答应。

武媚掀起缁衣，从贴身的白绫衫上撕下了一片衣襟，铺在一张旧香案上。接着，她把右手食指送到樱唇中，拧眉狠狠地咬了一口，立时鲜血滴沥。

她挥手疾书，转眼间白绫襟上出现了二十八个血字：

> 看朱成碧思纷纷，
> 憔悴支离为忆君。
> 不信比来常下泪，
> 开箱验取石榴裙。

落款却是一行蝇头小字：断发人武媚血书《如意娘》。

血书捎出去了，却如石沉大海，再无消息。暮鼓晨钟，日出月落，冬去春来，又是一年。冰河解冻了，草木抽绿了，忙碌着在佛殿里筑巢的紫燕又开始绕梁呢喃，翩跹飞舞。春光明媚，万物复苏。但武媚的心却早已结成了一个冰坨子，已经冷透了。看来这世上的男人，没有一个好东西。这个看似仁爱多情的李治，也不过是个拈花惹草而又薄情寡义的风流天子，他早把自己当做一时偷欢的"旧姘头"忘掉了，扔弃了。

其实，她是误会和冤枉了李治。

她哪里知道，作为大唐新天子的高宗李治，日日夜夜，每时每刻都在牵肠挂肚地思念着她。

初登大宝，诸事缠身，他需要拿出十二分的精力来处理这些军国大事。

女皇武则天

但当他一份一份地阅读批复那些错综纷杂的奏疏的时候，眼前却不断地浮现出她的面容；国遭大丧，他要守制。但当他孤身一人凝望着父皇的灵位，从灵前那两支白蜡熠熠燃烧的烛光里，他却又看到了她晃动的倩影；夜阑更漏，月华似水，他搂着润如凝脂的妃嫔的娇躯躺在龙榻上，却大瞪着两眼睡不着，思绪早飞向了朱雀大街的感业寺……

他心急如焚，天天都渴盼着见到武媚，见到他心灵中的"母亲""大姐"、师友和情人。特别是杨太妃把那封血书交给他以后，他几乎是口念心想，夜不成寝。

但是他没有机会，虽然贵为天子也不敢造次。他在苦思冥想着寻找一个冠冕堂皇的理由。

他终于找到了，在父皇周年忌日的时候，他要降尊纡贵，亲往感业寺拈香祭奠，为父皇的在天之灵祈求冥福。他扳着指头等着这个日子。

这一天终于到来了。

旗罗伞扇、前呼后拥的皇家仪仗，浩浩荡荡地来到了朱雀大街，一向冷冷清清的感业寺一片欢腾。这是百年不遇的盛事，庶民百姓从四面八方纷至沓来，寺前人山人海，万头攒动，人们都想一睹新皇帝的风采。

寺内的众僧尼们更是欣喜若狂，她们万分感激新天子的浩荡皇恩，小寺一经当今皇上光临，以后必定万方朝拜，香火旺盛。她们更为今上的一片孝心而深受感动，人人都毫不怀疑，新皇上是为老皇上祈福而来。

只有武媚娘一个人心里清楚，皇上是为她而来的。这一天终于盼到了，他总算没有忘记她，谢天谢地。

她强自抑住那颗狂跳的心和就要涌出的泪水，面无表情地向老尼请了病假。她不能与众女尼一道去迎接圣上，不能显得太迫不及待。凭多年的经验，她知道太容易得到的东西，也最容易被漠视，被遗弃。她要看看这位昔日的情郎，对自己情有多深，爱有多切。

一番官样文章的焚香祭奠之后，高宗李治便遣散了众人，独自一人来到了客房。

主持老尼忙着几个年轻的小尼前来侍候，先服侍皇上洗漱更衣，又端上香茗，摆上果馔，几个人跑前跑后，忙得不亦乐乎。

高宗皇上打量了一下几个年轻尼姑，思量了一会，终于忍不住问道："去年从宫内来宝寺修行的武才人现在何处，怎么不来见朕？从一进这座寺庙，高宗皇上便四处搜索，眼光在这些年龄不等的女尼们脸上睃来睃去，却一直没见到武媚。他心下有些发慌，莫不是朕来晚了，她出了什么事？但祭奠大事未了，他不好贸然询问。

好容易捱过了祭奠仪式，他以为一到客房，武媚便该来侍驾了，没想到还是几个生面孔，便只好直截了当地发问了。

那老尼忙答道："阿弥陀佛，禀告皇上，武才人今日身子不爽，一直在自己的寝室里躺着。老尼这就去传唤。"说完小跑着巅出了客房。

听说武媚没出什么大事，高宗皇上略略放心，端起茶杯慢慢地品啜着。

过了吃盏茶的功夫，那老尼一脸惶恐地回来了，结结巴巴地对高宗皇上说："禀皇上，武才人说她身患疾病，不能亲来见驾。还，还说……"

"还说什么？"

"还说如今缁衣秃发，秽形陋质，已非昨日黄花。相见之下，恐亵渎圣目。"

高宗皇上内心一阵酸痛，他知道武媚是在怨恨自己，便站起来说道："既是武才人有病在身，朕就过去看她吧。烦请老师太前面引路。"

那老尼吃了一惊，小小的做了尼姑的才人，何许身份，竟能让当今天子屈驾枉顾？然而，她从两个人刚才的言语表情中似乎也看出了一些眼高眉低，自然不敢怠慢，忙引着皇上向后院走去。

老尼把高宗皇上送进武媚的寝室，便识趣地为他们带上门，悄悄地离去了。

高宗皇上像是一时适应不了这间斗室里的昏暗，迷着眼睛打量了半晌，才看清了立身于床前的武媚，他一下子愣住了。

这就是那个丰满健美、艳光四射的武媚吗？红润光泽的花容凋谢了，变得青黄憔悴，眼角已增添了许多细细的鱼尾纹；满头黑发不见了，只有一顶破旧的尼冠罩着个光秃秃的脑袋；一袭宽大的佛衣遮住了她身上的所有凹凸和曲线，也就湮灭了所有的青春和生命的气息。

高宗皇上紧跨几步，猛地冲过去，将她紧紧地搂在怀里。"武才人，武媚，你受苦了。可是朕没想到你会苦成这个样子"，一边说着，两行热泪刷刷地流下来。武媚木然地站在那里，不动也不说。

"武媚，都是朕不好，朕该早来看你……"武媚还是没有说话。

"武媚，武媚！你怎么了？莫不是病得厉害？"高宗皇上急了，摇晃着武媚的身子，高声地嚷着。

见武媚对他仍是不理不睬，禁不住痛苦地摇摇头，长长地叹口气道：

女皇武则天

"唉！朕也是身不由己啊，朕的心都碎了。'不信比来常下泪，开箱验看石榴裙'，还用看什么石榴裙吗？就看看你这张脸，这个形销骨立的样子，就知道你吃尽了苦楚，受尽了委屈，你这都是为了朕啊……"

听他诵念着自己用血写的诗句，武媚再也抑制不住，把脑袋拱在他的怀里，呜呜地哭了起来，声泪俱下，涕泗交流。

高宗皇上抚摸着她颤抖的双肩，没有急于劝慰，任凭她放声痛哭，尽情宣泄。

待她渐渐平息下来以后，高宗拥着她坐在床上，用一双热唇吻干了她脸上残存的泪珠，深情地说道："武媚，还记得那年朕对天起的誓吗？朕一旦当了皇帝，一定要立你为妃。"武媚抬眼看了看他，轻轻地点了下头。

"武媚，朕决不食言。朕不只是想你，朕更需要你。特别是坐上这个皇位之后，多少事扰得朕焦头烂额，寝食不安。朕常常想，若是有武才人在朕身边，替朕出出主意，做朕的女张良、女孔明，朕怎能遭这样的罪？"高宗皇上在急切地表白着。

见他还是像个大孩子似的，单纯而又直露，武媚娇嗔地"扑哧"一笑："陛下在挖苦贱妾。贱妾一介女流，何德何能？别说做什么辅德辅政的张良、孔明，今生今世就是能出得这感业寺，也算是重见天日了。"

"武媚，你还是信不过朕，朕对天起誓，一有机会，便立马把你接进宫去。"

"那，这机会何时才能有呢？是猴年还是马月？"

"武媚，不瞒你说，具体的日子还定不下。先帝殡天，朕要守制三年，这是祖宗定下的成例。你又曾是先帝的人，朕要接你进宫，总得等守丧期满。当然，所谓三年，不过是二十七个月。还有一年多的时间，到那时，找个让人信服的理由，你便可以堂而皇之地进宫了。你还要多体谅朕的苦衷才是。"

说的都是实在话，武媚不是糊涂人，自然不会再胡搅歪缠。便对他嫣然一笑说："只要皇上不变，武媚再受一年苦也无妨。"

高宗皇上见心上人终于笑了，顿时心花怒放。当下一歪身子，将武媚压在了身下。长满胡须的嘴巴火团一般印在了她的樱唇上。

这是一个久违了的热吻，长期以来被压抑的情与爱，都融化在这个长长的热吻里。……

尽管此时的武媚更渴盼着那一刻的到来，但她却必须在火山爆发的前夕，果断地控制住事态的发展。现在，她毕竟还是一名小尼姑，虽然曾经与皇上有染，但毕竟没有任何名分。不能让他得到的太容易，必须把他的胃口吊足，自己才可能尽快地返回宫中，实现自己儿时的梦想。

"皇上，不行，在这里不行，这里是佛门净土，你就不怕唐突了佛祖，亵渎了菩萨？"

"什么亵渎？这怎能是亵渎呢？我们这是最圣洁的相亲相爱。佛教密宗不是也在佛像前供奉男女交接的欢喜佛吗？正当的男欢女爱乃是人生之大伦，佛祖不会怪罪的。"说着，他又动手去褪武媚的麻裤。

武媚却霍地站了起来，严肃地说道："不，皇上，臣妾若是一旦有孕怎么办？难道能在这尼姑庵里生儿育女不成？真到了那一天，武媚不但再不能进宫，恐怕连这条命都难保。天下人千夫所指，吐口唾沫都会把臣妾淹死。那时就连皇上也会遭人诟谤，再也无能为力了。"

几句话，就像一瓢凉水，将高宗皇上的欲火霎时浇灭。他慢慢地站起身来，叹口气说："你说得对，是朕莽撞了，咱们只好再耐心地等一年了。唉，当皇上虽说富有四海，也不能为所欲为啊。"

皇上无可奈何地走了，又回到了那座咫尺天涯的宫城里去了。武媚经过了一次感情风暴的袭击，更陷入了度日如年的渴盼之中。

还有一年多，三四百个日日夜夜，什么时候才能熬到头？

其实没用了一年，连一个月还不到，武媚娘便等来了一个意想不到的好消息。

那天早上，感业寺的大门刚刚打开，庭院佛堂的洒扫事宜还没干完，一辆宫车便缓缓地停在了大门前。

两个宫人走进寺内，指名要见武媚。

武媚认得她们，还在东宫的时候，她们便是王皇后（当时的太子妃）的贴身宫女。武媚不敢轻慢，忙将她们让进自己的寝舍，疑疑惑惑地问："不知二位大姐，找小尼有何赐教？"

两个宫人不敢托大，轻轻侧身一揖，陪着笑道："是王皇后命小婢子们来看望武才人。"

"王皇后？小尼乃世外之人，离宫经年，落魄如此，怎敢劳国母顾念。"

宫人冲武媚一笑："皇后知才人在这里过得清苦，特命小婢子们送来些食物、果品、衣饰和银两，还望才人笑纳。"

武媚看着随来的几个太监搬进的食盒、果筐、绫罗衣衫和金钗银钿诸多头饰，登时把这间小屋摆了个满满登登，心中更加大惑不解。

女皇武则天

待太监退出去，一个宫女压低声音对武媚说道："皇后有懿旨，命才人从即日起重新蓄发。"

虽然是轻轻的一句话，却如千钧霹雳震得她心里发慌。是喜是忧一时吃不准。为什么是皇后的懿旨而不是皇上的圣旨？重新蓄发便意味着要以女人的身份重返红尘。是要自己入宫吗？这不可能，世上的女人哪个不吃醋？王皇后怎么会情愿让自己回宫，凭空增添一个争宠的情敌？她了解这个当年的太子妃，心眼比针鼻儿都窄，典型的小肚鸡肠，她绝不会如此宽容和大度。那么，她要干什么？莫不是皇上与自己在这里幽会东窗事发，她嫌自己离皇上太近，待蓄发之后，要把自己远嫁到穷乡僻壤，天涯海角？

一想到这里，武媚顿时心惊肉跳，不寒而栗。但她却不敢抗旨不遵。要知道，一个母仪天下的皇后，不用说要让她嫁人，就是要她一条性命，都比捏死一只小鸡还容易。她只得双眼含泪，唯唯说道："小尼谨遵皇后懿旨。"

这一次，精明的武媚可是猜错了。也许是因为屡屡的打击使她成了惊弓之鸟，稍有点响动就会风声鹤唳，草木皆兵。

其实，王皇后背着高宗皇上命她蓄发，既不是要加害于她，也不是出自宽厚和仁慈，而是由后宫里一场愈演愈烈的争宠战引发的。

这位王皇后出身于世家大族，父母皆为李唐王室的姻亲。其曾祖母便是唐高祖李渊的妹妹同安长公主。当年，同安长公主见她这个重孙女长得美貌出众，便将她引荐给唐太宗。太宗一见，确是貌美如仙，便将她许配给自己的九皇子李治。

李治被立为太子后，她便成了太子妃。等到李治登基称帝，改元永徽之后，她也就顺理成章地披上了凤冠，成了一人之下、万人之上的皇后娘娘。

与武媚娘相比，这位外貌美丽，却头脑简单，心智平庸的王皇后，简直是命运的宠儿。她不需争也不用抢，坐享其成，毫不费力地便登上了皇后的宝座。

不过，她也有不尽如人意的地方，嫁给李治多年了，却至今未生一儿半女。能为"国母"，却难为人母，苍天可真会捉弄人啊。

而年轻的皇上，此时却已经有了四个儿子。长子李忠，次子李孝，三子李上金，四子李素节。前三个儿子倒无所谓，他们都是后宫里地位卑微的宫女们所生，对王皇后构不成什么威胁。

最要命的是四子素节，他是萧淑妃所生。这萧淑妃可是王皇后的劲敌。论品位，淑妃只比皇后低一级，只要再上爬一步，就可取皇后而代之；论资格，萧淑妃也是晋王府旧人。那时候王皇后做王妃，而萧淑妃已是良娣；论容貌，萧淑妃的妖冶美艳，绝不在王皇后之下。而论媚人之术，在床笫之上邀欢取宠的本事，则不知胜过王皇后多少筹。

在未生儿子之前，李治的感情天平就已经向萧淑妃倾斜了。如今一生儿子，那更是夜夜侍寝，专房专宠。皇上几乎再也不到皇后宫中过一夜。

王皇后惶骇了，感到既恐惧又生气。这个狐狸精，不光用媚术勾走了皇上的魂，独霸天恩雨露。而且开始在自己这个皇后面前做骄做态，趾高气扬。甚至依仗着皇上的宠爱，对皇后宫里的侍女也敢颐指气使，吆三喝四。简直不把自己这个皇后放在眼里。更加上她那个儿子李素节天生聪颖，小小年纪便能日诵古诗赋五百余首。皇上对他备加宠爱，简直视若掌上明珠。这就更使这个狐狸精得意忘形，不知天高地厚了。

萧淑妃也确是在顺风扬帆，利用自己的优势，向皇后宝座发起了猛烈的进攻。每天夜里，她把皇上伺候得骨软筋酥、销魂荡魄之后，就频频吹送枕头风，缠着皇上立素节为太子。天长日久，高宗皇上心里便真的有了这个念头。王皇后已感到自己的座位在摇晃，甚至有些岌岌可危了。一旦素节立为太子，"母以子贵"，不用说，这皇后的宝座，还不是那个狐狸精的？

她恨自己这个不争气的肚皮，恨这块貌似肥美、却不长五谷的盐碱地。

她不能怨皇上，帝王家历来以子嗣昌盛、后继有人为千年大计。一个女人不生育，就是在民间也是"七出"的罪名，更何况一个没有子嗣的皇后？看来，自己败在萧淑妃的手下，恐怕是早晚的事。她不敢想象，自己一旦从皇后的宝座上跌下来会是个什么样子？打入冷宫，食粗粝，穿破衣，独宿独眠，孤寂落寞，以泪洗面直至白头？还是被捏造个什么罪名，横遭杀害，甚至株连九族？

每想到这里，王皇后便感到后脊梁飕飕地直冒凉气，她感到了大难就要临头的绝望和无助。

就在这个时候，她突然看到了一线生机。

那天，皇上去感业寺进香，王皇后虽然没去，却派出了自己的贴身宫婢随驾侍候。回来后，她问她们皇上都做了些什么，宫婢们便如实地对她说了。

一听说皇上同武媚独处一室两个多时辰，一股怒气和妒火立时升腾而起。

堂堂大唐天子，后宫里佳丽成群，美女如云，却跑到尼姑庵里去拈花惹草，偷鸡摸狗。一代帝王与个小尼姑偷情，简直是伤风败俗，太不成体统。

这个武媚原本就与皇上有情，她在为太子妃时就多少知道一点，但却不

女皇武则天

知道会如此情深意切，以至于远离红尘的佛门净土也不能分隔他们。这世上，唯有一个"情"字，最让人说不清，道不明。"情"的力量，可以移山填海，可以翻天覆地，可以让人生死不顾，以身相殉。

但转念一想，这或许是一件好事。以武媚与皇上的这份情意，足可以击败萧淑妃的专房专宠。自己何不主动劝皇上把她接进宫来，光明正大地再续旧欢？一方面，皇上和武媚都会感激自己这个牵红绳的"月下老人"。另一方面，自己与武媚联为一体，还愁不把那个姓萧的打个晕头转向，落花流水？哼，到那个时候，看这个狐媚子还能如此张狂？

王皇后心中一阵阵激动，她为自己的这条妙计而欣喜若狂；今天看来，这条妙计简直和后人说的"为了打鬼，借助钟馗"毫无二致。

第二天一早，她便打发两个宫人来到感业寺见武媚，传达她密令蓄发的懿旨。

而对这些扑朔迷离的后宫内幕，一直蜗居于弹丸小寺中的武媚怎么会猜得透？这道懿旨，反而使她又陷入了祸福未卜、吉凶难测的不安之中。

数月之后，武媚又长出了满头秀发，虽然还没像原来那样长发飘逸、潇洒风流，却也短发齐耳，油黑闪亮，显示出了女人的韵味和魅力。不管怎么说，从今以后，她又是个乌云罩婵娟的真正女人了。

武媚抚摸着那一绺绺柔软光滑的短发，对着一面菱花铜镜看了一遍又一遍，一大串泪珠却顺着她的眼睑、鼻翼吧嗒吧嗒地滴落下来。

入夜之后，月华东升，繁星闪烁，清凉的夜风吹拂着古柏老松那密密匝匝的针叶，伴和着发自墙角草丛里的虫鸣蛩唱，奏响了一曲轻柔恬淡、催人入眠的乐章。

武媚合上经卷，深深地打个哈欠，准备上床睡觉。就在这个时候，却听寺门处响起了叫门声。

接着，便是寺门被打开的"吱扭"声，有人进院的脚步声。声音越来越近，竟渐渐转到了后院，来到了自己的门前。

还是上次来的两个宫女，随着主持老尼走进屋来，对武媚说道："武才人，皇后娘娘让您去伴她讲经诵佛，轿子现候在门外，请才人更衣。"武媚深觉怪异，这王皇后从何时开始潜心向佛了？但这是懿旨，她不好多问，赶紧换了一身上次皇后赐给的宫中穿戴，坐了一乘小轿，一路转街走巷，进了后宫。

在皇后寝殿的左侧，早已收拾出一个临时寝室。虽说稍简单些，也是素雅洁静，绮窗绣户。茶几、机凳、坐榻、梳妆台等一应俱全，靠墙一张宽大的红木床上，锦衾缎褥铺放得整整齐齐，令人不解的是，床头上居然并排摆放着两个绣花枕头，让武媚看得脸红耳热。

武媚扫视了一眼屋内的摆设，也顾不得多想，忙向坐在绣榻上的王皇后伏下身去，叩首说道："小尼武媚叩见皇后，祝皇后娘娘千岁千千岁。"

王皇后笑容可掬，忙命赐座，然后笑盈盈地说道："武才人，咱们分手一年多了。这一年多你受苦了，我知你虽然身入空门，而凡心未消，尘缘未了，特接你进宫来散散心，解解闷儿。"

武媚抬眼看看皇后，猜度着她接自己进宫的真正用意，口里却问道："娘娘不是让小尼来陪您诵经参禅吗？小尼度入佛门不久，对佛理禅义参悟甚浅，尚请娘娘多多包涵。"

王皇后神秘一笑："那不过是对寺里众尼说的话。今日请你来，是让你见一个人，以偿百年宿债。你先在这里坐一会儿，我去那边看看。"说完，不等武媚开口，便抽身走出屋外，到自己的寝殿里等候。

今天一大早，她便在上朝的路上截住了高宗，让他今晚去自己寝宫。皇上如今的心思都在萧淑妃身上，还有那个宝贝儿子素节，很不情愿去皇后宫里过夜，便推说今日政务繁忙，晚上还有许多奏折要批阅，恐怕要很晚了。

皇后却说："不管多晚，皇上今夜无论如何要过去一趟，哪怕是略坐一会儿也好。因为臣妾要送给皇上一份意外之喜。"

高宗皇上并不信她的，你深居后宫，整天大门不出，二门不迈，能有什么意外之喜？

晚膳之后，他便独自躲在御书房里，批阅各地奏疏。心想今夜哪里也不去，就在书房的御榻上睡一宿算了。

可是经不住宫女们的再三催促，推脱不过，只好向皇后的寝宫慢慢踱来。

皇后接着皇上，也不多说，便领他来到了左侧的寝室。

高宗猜不透她要干什么，满腹狐疑地走进屋内。却见当地立着一位宫人，满头短发披散，既不挽髻理鬓，也不戴珠插翠，这是后宫里不常见的事，甚觉诧异。待走上前仔细辨认，不觉大吃一惊。是武媚？这不可能，她怎么会在这里？又怎么会满头秀发呢？

"武媚，是你吗？你可是武才人？"声音里半是惊喜，半是惶惧，莫不是皇后从哪里弄了个与武媚酷肖的女人来。

在皇后走出去的一刹那，武媚便似乎猜到了点什么，此时她倒不十分惊诧，但却抑制不住内心的万分激动，声音颤颤地说道："贱妾武媚给皇上请安，恭祝吾皇万岁万万岁。"说着就要跪下磕头。

高宗皇上也顾不得众人在场，上前一把扶住武媚，连声说道："深更半夜的，又是在后宫里，毋须行此大礼。你，你怎会在这里？这，这头发又是怎么事？你近来可好吗？"一连串的发问，简直有些语无伦次了。

王皇后笑着说道："都是臣妾安排的。皇上，天色不早了，臣妾告退。臣妾向皇上贺喜，祝贺有情人终成眷属。"说着，王皇后向众宫女扫视了一眼，便纷纷退出屋外。

这可真是个天大的意外之喜。俗话说，新婚不如久别。高宗皇上再也按捺不住烧得他发狂的欲火，也不顾得嘘寒问暖，卿卿我我了，上前猛地抱起武媚，迅速地滚倒在那张大床上，接着便是一阵劈头盖脸的雨点般密集的狂吻。

……

武媚在皇宫里住了两天两夜，又被悄悄地送回感业寺。从此以后，每隔些日子，那抬绿尼小轿便去一趟感业寺，被遗弃、冷落和干涸了若干年的武媚娘，终于又得到了甘美雨露的定时浇灌，黑发长得越来越长，脸色也越来越丰润了，出水芙蓉、带露海棠似的重新绽开了。

这一天到底盼到了，永徽三年三月，为先帝守制的丧期已满，高宗皇上终于脱去了孝服。

在王皇后的催促下，高宗皇上即刻下诏，将女尼武媚迎进宫内。这只被摧折双翅的金凤凰，经历了千般磨难，万般酸辛，终于又羽翼渐丰，雄心勃勃地试探着要振翮高飞了。

第四章　藏锋埋芒　厚积薄发

二次进宫的武媚娘完全成熟了。一番火坑，一番苦海，历经劫难之后，她似乎已经脱胎换骨，与当年那个十四岁入宫的小武媚相比，简直判若两人。

她没有了那种天真无邪、异想天开的稚气，更没有了那种睥睨一切，咄咄逼人的骄娇之气。

她不再锋芒毕露，而是小心翼翼地收敛起所有的棱角，把许多心事都深埋在心灵的最底层。经验告诉她，聪明的猎手，要想接近猎物，顺利地猎取猛兽，就必须严密地隐蔽和伪装好自己，稍有疏忽，便有可能被猛兽撕碎，吞噬。

更何况，自己瞄准的猎物是如此之庞大。深宫大内之中表面上平平静静，事实上又是如此的风浪迭起，险像环生。这是一场看不见刀光剑影，却处处充满血腥的持久战。要想万无一失地猎取这个令万人折腰、百世瞩目的神秘的猎物，就必须首先保护好自己，把自己包藏得严严实实。

她在不动声色地又是坚定不移地向着自己猎取的目标挺进。

她的第一个阶段性的目标便是向王皇后靠拢。入宫不久，她便把王皇后的心思看得雪亮。她在拉自己加盟，想利用自己的异军突起，彻底打败对她已构成严重威胁的萧淑妃。

这个好办，自己尽量地投其所好就是了。眼下，她与皇后的目标是一致的。

于是，她每天早晚各一次，到王皇后的寝宫里去磕头问安。尽管她的年龄比皇后还大，却一直谦卑地行着小妹甚至是女儿之礼，一口一个"母后"地叫着。

"武媚，可不能这样称呼。咱们都是伺候皇上的人，该姊妹相称才是。"

"皇后本来是母仪天下的'国母'，小婢子叫一声母后有何不可？"武媚说得振振有词，在情在理，把王皇后奉承得舒舒服服。

就这样，她每天都是皇后宫中的座上客，阿谀奉迎，低三下四，竭尽全力讨好王皇后。用不了多久，她便与王皇后好得像无话不说的亲姊妹一样了。

女皇武则天

"武媚，你回宫不久，好多事不知道，有句话我不能不提醒你。"王皇后神秘兮兮地说道。

"有啥话母后尽管明示，小婢子无不从命。就是小婢子做错了啥事，母后骂也骂得，打也打得。"

王皇后用手指了指萧淑妃寝宫的方向，愤愤然说道："那个狐狸精可是蛇蝎心肠，一肚子坏水，你要小心她才是。皇上对你情深意笃，那狐狸精早打翻了醋坛了。你要提防她在皇上面前搬弄是非，挑拨离间。最好劝皇上不要常去她的寝宫，以防她那根长疮的舌头无事生非。"

"婢子明白，我会尽量按母后的话去做。"

武媚果然说到做到，皇上去萧淑妃那里过夜的次数越来越少，后来夜里便干脆不去了。实在想儿子了，也只是白天过去逗弄着玩耍一阵，便匆匆地离去。

其实，也用不着武媚多说萧淑妃的坏话，她的到来，本身就像块磁性极强的大磁铁，已经牢牢地把皇上连魂都吸附在了自己的身上。

在她的身上，年轻的皇上不仅获得了生理上的巨大满足，而且得到了心理上的最大平衡和慰藉。和她在一起，因处理国事而身心疲惫的他，就像倚在一棵绿荫匝地的大树上，感到清爽馨香，感到安全可靠，感到一切都有了主心骨。许多颇感棘手的事情，经她三言两语的点拨，立时便豁然明朗，茅塞顿开了。

他已经离不开她了，不管是黑夜还是白天，他甚至想完全融化在她的身上。在如此情况下，哪里还有闲心旁顾，到处去布洒雨露？

第一个回合她们胜利了，王皇后无限欣喜地看到，那个不可一世的萧淑妃，被无情地逐出了皇上的龙榻，像只斗败的小公鸡，变得萎靡不振，忧心忡忡了。

王皇后心花怒放，她无比得意于自己亲手谋划的这场战争的胜利，她也分外感谢武媚娘的通力协作。

于是，她多次在高宗皇上面前为武媚唱赞歌，吹法螺，提议皇上册封武媚，授以品位。

这自然正中皇上下怀。高宗皇上便立即应诺，做了个顺水人情，命人择取了个上好日子，册封武媚为昭仪。

昭仪可是正二品的身份，入九嫔之列，这与昔日的五品才人相比，已自不可同日而语了。自古以来，历代皇上的许多嫔嫱宫人，苦苦奋斗挣扎一辈子，对这样的品位也只能是望洋兴叹。

但是，武媚对此并没有露出多少得意之色。一方面，当个昭仪当然不是她的终极目标，未来的路还很长很长；另一方面，她清楚自己现在更需要把尾巴夹紧，万不能露出半点骄矜之色。她现在还势单力薄，孤掌难鸣。在后宫之中，她应该有一个班底，有一股势力，有一个由宫女和太监组成的强大的阵容。

这些人应该成为她的心腹，成为她生死不渝的追随者，关键时刻能拼着性命也为她所用。平时则能成为她安设在后宫各处的耳目，随时向她通报情况，这样她才能时时处处掌握主动，永远立于不败之地。

她把这些定为自己的第二个目标，并开始悄悄地向这个目标挺进。

她首先瞄准了皇后宫里的太监和宫女。

武昭仪从清苦的寺庙入宫，自然是穷得身无分文，如今却倍受宠爱，高宗皇上有意眷顾她，不时地赏赐她些金银、玉器和绸缎之类。按说，就她眼前的境况，也很需要积蓄些钱财，家中的母亲和大姐、外甥，日子过得拮据，也需要她的接济。

但武昭仪却没有这么做，每次领到赏赐，她都毫不犹豫地全部散发给宫女和太监们，还不时地与下人们唠唠嗑儿，拉一些家长里短。堂堂的二品昭仪，能把这些下人们当人看，拿正眼儿瞅瞅他们就已经不错了。像她这样折节礼下，待他们如同兄弟姐们一样亲热，还不时地拿自己并不宽余的银钱接济他们，这在等级森严的皇宫里，可是从没见过的新鲜事儿。用不了多久，整个后宫里已经颂声鹊起。宫女太监们都常在一起议论，说这位新来的武昭仪仁德慈爱，是菩萨心肠。不拿大，不摆谱儿，不以主子的身份欺人压人。有事儿没事儿的，他们也都愿意与武昭仪搭着说几句话，拉关系，套近乎。

尤其是皇后宫里的下人们，那感触格外深切。王皇后是名门大户出身，一生下便是主子，从小便颐指气使惯了。在她看来，下人们不过是些奴才，是些专供她役使的会说话的牛马畜牲。在他们面前，她从来都是冷着个脸，高高在上，睬也不睬。下人们每日里战战兢兢地小心伺候，一不留神，轻则叱骂，重则鞭笞。那年春天，一个十四岁的小宫女，不小心摔碎了她一个心爱的花瓶，又正赶上她心绪不佳，竟命人将那个小宫女活活地乱棍打死，扔进御河了事。

如今武昭仪一来，像是给后宫里带来了一阵和暖的春风。宫女太监们的心，就像寒冬腊月圈火盆儿似的，争着抢着往她这边靠拢。

女皇武则天

一天早上，武昭仪照例给皇后请过安后，便打算回自己的寝宫。刚转过一个墙角，忽听见从东面那片松竹林里，传来了隐隐的抽咽声。她感到奇怪，便悄悄地走过去，却是皇后宫里的小太监小壮子，正抱着一棵柏树，一边哭一边往树干上不停地撞脑袋，脸上挂满了泪珠子，两只眼睛肿得像个铃铛。

她吃了一惊，忙问出了啥事？小壮子越发哭得上气不接下气，却一时说不出话来。她见这里也不是说话的地方，便轻声道："小壮子，这里不便说话，有什么事到我那里说去。天掉下来有地接着，就是事儿再大，咱们办不了，不是还有皇上吗？"说完转身回宫去了。

不一会儿，小壮子也悄手悄脚地来到武昭仪的寝宫，一进门便"扑通"跪在地上，连连磕头。武昭仪让宫女们把他扶起来，亲热地说道："有什么事就说吧，照直说，就像在家里一样。"

小壮子哽哽咽咽地诉说了原委。

他老家在扬州乡下，十二岁净身入宫，今年已经十六岁了。家中母亲有病，久治不愈。父亲靠给人家扛活，维持全家生计，哪还有钱给母亲看病，便东家借西家挪，一年来拉下了一屁股债。

日子本来就无法过了，偏偏又祸不单行。去年春上，父亲给人家耕水田，又被水牛顶成重伤。为了疗伤治病，只好借了高利贷。

前几天家里捎信儿来，说高利贷连本带利，越滚越大，眼看着是还不上了。狠心的高利贷主竟将只有十四岁的妹妹绑走了，说是一个月内还不上钱，便把妹妹卖给人贩子顶债。父亲万般无奈，才捎信让他想想法子，要是他也没有法子，一家人便只有上吊喝药的分儿了。

听他说完了，武昭仪舒了口气，这不是什么太难办的事。便问道："你家共欠了人家多少钱？"

"回昭仪的话，高利贷已滚到了五十多两，再加上给母亲治病花的钱，总共有七八十两了。"

"就这么点钱啊？我还以为是欠了个金山、银山，就要弄得家破人亡。小户人家可真不容易啊。"

她忙命宫女封好二百两纹银，亲手交给小壮子说："你快捎回家去，先把你妹妹救出来。剩下的给你父母治病。以后再有什么难处你就说，咱们慢慢想办法。"

小壮子看着这么多白花花的银子，惊得瞪圆了双眼。愣怔半晌，突然直挺挺地跪在当地，流着泪哭道："武昭仪，您是俺全家的活命菩萨，是小壮子的再生父母。小壮子这条命从此就是武昭仪的了，当牛做马，上刀山下火海，小壮子都听武昭仪的。

武昭仪让他起来，笑着说道："些须银两，别看得太重。人活在世上，谁没有个七灾八难，都需要别人帮一把。只是宫里的事太复杂，这事就别出去声张了。"

小壮子连连称是，千恩万谢而去。

王皇后陶醉在打败萧淑妃的胜利中，着实高兴了些日子。可是她得意了没有许久，便发现事情有些不对味儿。

原以为萧淑妃失宠，被逐出龙榻以后，该由自己这位皇后来填补空白，皇上该回到自己身边了，最起码也得与武昭仪分享皇上的雨露恩爱。

然而事实却让她大失所望，皇上冷落了萧淑妃，对她这位皇后仍然提不起半点兴趣，没有一丝儿热乎劲儿。眼看着自己花费心血引荐给皇上的武昭仪，宵宵鸾凤交颈，独自包揽了皇上的全部宠幸和溺爱。到头来，自己仍然是独守空房，冷衾孤枕。

她又一头跌进了醋缸里，而这一次的酸味更浓，心灵的创伤更重，因为这缸醋是她自己酿造的。

仅仅是拈酸吃醋也还好说，尤其可怕的是，一个偶然的机会，让她发现了一桩秘密，武昭仪的小腹已开始微微隆起，腰肢开始变粗，连来问安时往下蹲身子都有些吃力。武媚莫非有喜了？这对武媚来说是天大的喜事，对自己来说弄不好却是灭顶之灾。

这一发现直如五雷轰顶，让她胆裂心碎。她无论如何也没想到武媚会怀上龙种。她侍候先帝十二三年，又正是青春年少，生育旺盛的年龄，却一直没怀过身孕。原以为她也与自己一样，天生是个不下蛋的母鸡，起码在这方面对自己不会形成威胁。可万万没有想到，事情会弄成这个样子。这可真应了"前门驱狼，后门进虎"那句老话了。

其实，她这是聪明反被聪明误。她忽略了一个普通的常识。虽说武媚侍候过太宗皇帝十几年，但那时候她备受冷落，除了十四岁初入宫时，被偶尔幸御过三两次，以后便一直是孤雁单飞，独眠独宿。

王皇后一下子被打懵了，一连两三天卧床不起。懊恼、焦虑、恐惧、愤怒而又无可奈何……

昨天夜里，她又整整一宿不曾合眼。武昭仪高高凸起的大肚子，竟像一座大山压得她喘不过气来。这可怎么办？倘若武昭仪再生下个龙子，那可比萧淑妃危险得多。到那时别说再难沾上皇帝的雨露之恩，就连这顶皇后桂冠也得拱手让人，再往下，那就更不堪设想了……

她躺在床上翻来覆去煎熬了一宿，什么办法都想了，条条路都行不通，她感到束手无策，一筹莫展了。只好挣扎着爬起身来，让下人服侍着梳洗穿戴。过一天算一天吧，能有什么法子？

就在这个时候，她的母亲柳氏却意外地进宫来了。

柳氏虽说也是世家大族出身，却像个穷人中偶然富起来的暴发户一样浅薄而庸俗。自从女儿当了皇后，她便像走亲串户一样，有事没事便进宫来。自以为是皇帝老子的丈母娘，对宫人们要威风，摆架子，呵斥训骂，比皇后还要骄横。

她既是宫里的常客，王皇后又心情不好，一见面便没好气地问道："一大清早的，你怎么又来了？"

柳氏大咧咧地坐在正北的一张圈椅里，不满意女儿对自己的态度，气哼哼地说道："自己女儿的家，我啥时来不行？"全然不把皇家的规矩放在眼里。

王皇后无奈，便不再理她，抬腿要到院里去。

"你先别走，我今天来是有事找你。"柳氏急忙拦道。她又看了看屋内的宫女们，搭拉下眼皮说："你们都先出去，我跟皇后有话要说。"俨然是这宫里的正主儿。

宫女们出去了，柳氏放低了声音："听说那个二进宫的小尼姑已身怀六甲？这么大的事儿，你怎么也不愠不火的？"

"人家有福，肚皮挣气，我着急上火有什么用？唉，都是这没出息的肚子，我还算个女人吗？"母亲的话戳着了女儿的心窝子，王皇后一肚子委屈，两个眼圈都发红了。

"为这事你舅父专门找我商议。他说这可是天大的事，当初萧淑妃因生了个皇子而得到专宠，如今武媚正在走红，若是再生个儿子，岂不被宠到天上去。到那时，怕你这权倾六宫的位子要被她挤了去。你可不能没事人似的，一天里只知道吃饭睡觉绕弯儿。你……"

"行了行了，这些我都知道。可这肚子不做活，送子娘娘不来送子，我又有什么办法？"王皇后不耐烦地打断了母亲的话，忧心如焚地说道。

"可你舅舅有个绝妙的主意，能保你稳做六宫之主。特意让我来跟你商量。"

"舅舅有办法？什么办法？"王皇后双眼放出了希望之光，急切地问道。

"你舅舅说，你自己不能生育，可不一定就不能有儿子。你可立皇长子李忠为螟蛉之子，那不就有儿子吗？李忠既成了你皇后的儿子，又是长子，顺理成章便是太子，到那时，子以母贵，母以子荣，你这个皇后的座位就是铁打铜铸的了，谁还敢窥伺？再说了，李忠的生母是个宫人，地位卑微，断不能与你争宠。那李忠为人厚道，是你给了他平步青云的机会，等于平白送给了他一个万里江山。他自然会对你感恩戴德，什么时候也会将你当亲生母亲对待。"

柳氏一口气说完，王皇后兴奋地叫了起来："哎呀，这可真是好主意，我怎么就没有想到呢？我阿舅到底是朝中宰相，真正是老谋深算，胸有城府。"

"你舅还说，宫里的事，李忠生母那边，都由你自己去办，朝廷中的事，由他去活动，就不用你管了。"

王皇后连连点头。

几天以后，王皇后先把收李忠为义子的事告知了皇上，皇上并不反对，李忠反正是自己的亲骨肉，既有生母，又有当皇后的义母疼他，有何不好？他并没往深处细想王皇后的用心。

接着，王皇后又把李忠的生母刘氏召来，当面告知此事。刘氏自然是受宠若惊，千恩万谢。于是，王皇后让人择了个好日子，正式收李忠为子。从此，王皇后再也不用为自己的肚子生气发愁了。

与此同时，王皇后的舅父柳奭也在外廷开始了紧锣密鼓的精心策划和频频活动。

柳奭既是国舅，又在朝中任中书令，是宰相班子的重要成员。他精明强干，工于心计，处事谨慎而又有决断。他心里非常清楚，自己能在几年的功夫爬上宰辅之位，与外甥女乃当今皇后有直接关系，没有皇后，也就没自己的今天，一荣俱荣，一损俱损嘛，必须千方百计保住和巩固皇后的地位。

因此，平日在朝中，他除了与那些元老重臣们尽量搞好关系外，还冷眼旁观，时时都密切注视着后宫里每一点细微的变化。

当他得知武媚因外甥女的引荐而重新入宫时，便为这位没有头脑的外甥女的鲁莽而跌脚叹息，这不是明摆着开门揖盗、引狼入室吗？

当看到武媚被封为昭仪，越来越受到皇上宠爱的时候，他的心情也越来越沉重。当听说武昭仪已经怀孕，就像一记重锤狠狠地击在了他心上。他本能地预感到，外甥女的皇后宝座遇到麻烦了，弄不好要在武昭仪身上翻船。对这位武媚娘的心计和手段，还在太宗皇上在位的时候，他便略知一二。连

女皇武则天

雄才大略的老皇上都服她几分，而且时时处处对她设防，足见这个女人不同凡响。

经过几天的深思熟虑，他想出了让皇后收李忠为义子的妙招儿。虽非己出，但毕竟皇后有了自己名正言顺的儿子。

第一步计划已经顺利完成，他马上在宰相们之间进行频繁而不露声色的串通。

他首先说服了首辅顾命大臣，司空长孙无忌，接着又取得了三位宰相褚遂良、韩瑗、于志宁的一致同意，要立李忠为太子。

他所活动的这些人，正是朝廷中的元老集团。他早就看准了，此时的皇上恰恰被这个元老集团牢牢地控制着。

在立李忠为太子，保住皇后这件事上，这些太宗朝的元老们与柳奭是一致的。受老皇帝的影响，对新入宫的武昭仪，他们都保持着一种本能的警惕。唐太宗临终之前，曾拉着高宗和王皇后的手，对长孙无忌和褚遂良说道："佳儿佳妇，多多拜托。"这些话，至今还音犹在耳。因此，这些人一致拥立李忠为太子，按着"有嫡立嫡，无嫡立长"的祖宗定制，高宗也就没什么可说了。

永徽三年七月，高宗下诏，正式立陈王李忠为太子。

此时，武昭仪虽已有身孕，却还没有生下来。她明知这是王皇后的人在做手脚，是冲自己来的，却也没有法子。现在只能一言不发，默默地忍受，静观待变。等着看吧，会笑的人，应该笑到最后。

王皇后在舅父柳奭帮助下，没费很大的劲儿就打了一个漂亮仗，她自以为皇后的地位从此可以高枕无忧了，不免有些自鸣得意。

她高兴得太早了。

高宗皇上虽然册立了李忠为太子，但是爱的天平，却没有向王皇后那边倾斜，武昭仪专房专宠的地位，一点儿也没有改变。

在此以前，为了平衡皇后的心理，武昭仪还有意地劝说皇上，偶尔去皇后宫里过一夜，如今皇上却连个影子也不见了。

时间一长，王皇后又觉得心烦意乱，惊慌不安起来。自己是皇后，是六宫之主，又是皇上的结发之妻，不仅应该得到皇上的宠爱，而且应该得到皇上的尊重。这可倒好，被漠视冷落，弃如弊屦。这个低贱的先帝弃妇，淫荡的小尼姑，看不出竟是一条中山狼，刚刚钻出布袋就要吃人了。比当初的萧淑妃更狡猾更凶残十倍。

想到萧淑妃，王皇后心里一动。这个昔日情敌，如今已被武媚打得落花流水。她从夜夜侍寝的被宠幸的峰顶，一下子抛落到被遗弃的深谷，反差之大，天渊之别，恐怕心中的苦恼、怨恨比自己更大，更甚。为了对付武昭仪，自己该主动地化干戈为玉帛。武媚曾经是自己对付萧淑妃的盟友，转眼间却成了仇敌。那么，萧淑妃这个往日的仇敌，为什么就不能变成盟友呢？这个世界上，本来就没有永远不变的敌人或朋友。在共同反对武昭仪这件事上，两人有共同的利益，应该成为盟友。

于是，这两个女人很快便走到了一起，打得火热。

"妹妹，以前都是姐姐不好。姐姐心眼小，见妹妹生了个皇子，便使醋性子，对妹妹横竖看不上眼。这世上的事就怕比着看，不比不知道，一比吓一跳。自从那个小尼姑、破烂货入宫以后，才知道还是妹妹为人厚道，心地善良。"王皇后首先做出姿态，不停地检讨自己。

萧淑妃心里话，还不是你把她弄进宫来的？现在搬着石头砸在了自己脚上，这是自做自受，活该！她感到心里升起了一种报复性的满足和快感。

但一想自己的境遇，便再也高兴不起来了。皇后是在拉自己，这可是个好机会。该借着她六宫之主的势力，先打垮那个狐狸精，最好是将她置于死地。皇上的宠爱还会转到自己身上。这也算是借水行舟，借马跑一蹬。到那时，再跟你这个不下蛋的老母鸡一争高低。

想到这里，她赶忙说道："皇后可别这么说，那时候也是贱妾不懂事，仗着自己生了个儿子，皇上常到我宫里去，便晕晕乎乎地不知道天高地厚。今天，贱妾要专门向皇后赔礼道歉。"说着，就要跪下磕头。

王皇后赶忙把她拦住，说："妹妹别这样，从今以后，咱俩就是亲姊妹，不管谁对谁错，都是自己姐们间的事。那个小尼姑才是咱的死对头。我听说，这个贱货不光勾走了皇上的魂儿，夜夜把皇上箍在她的身上，还不停地嚼舌头，净说咱姐俩的坏话。"

"皇后，你得想想法子，可不能让她这么永远受宠。她若是长期这样，可没有咱俩的好日子过。她有嘴，莫非咱俩就没有嘴？她能说，咱就不能说？"

"对了，妹妹，从今往后，咱也要多向皇上吹吹风，让皇上好好地防着这个狐狸精才是。"

从那天以后，两个人争着向皇上说武昭仪的坏话，百般诋毁，喋喋不休。

这些话，很快便传到了武昭仪的耳朵里。如今的武昭仪，在整个后宫的太监宫女们眼里，是一个体恤下人、慈悲慷慨的活菩萨，有什么话都想跟她说，满宫里都是她的眼睛和耳朵，王、萧二人的一举一动，就像置于她的监控之下一样。

但是，她却装做什么也不知道，她要以静制动，后发制人。在皇上面前，她什么也不说，尤其是关于王、萧二人的坏话，更是从来不提。有时候还劝皇上到皇后或萧淑妃的宫中去，说是应该雨露均施。当然这只是做做表面文章，点到为止。

她不屑于表面上的以牙还牙，以眼还眼。如果自己也整天向皇上打小报告，唠唠叨叨地告王、萧二人的黑状，同那两个女人还有什么区别？充其量也不过是民间小户人家的姑嫂斗法，妻妾厮打。那会让皇上感到同样粗俗，同样卑劣猥琐，弄得不好，会一块儿厌弃。

她表面上不动声色，暗地里却留心观察着皇上每一点细微的变化。她见皇上与平时一样，对自己一日不见，便食不甘味；一夜不幸，便辗转难眠。每来到自己宫里，便眉开眼笑，显得浑身舒坦。她知道皇上并不相信那两张乌鸦嘴。在这场你死我活的争斗中，自己的沉默取得了胜利。

武昭仪估计得不错，在皇上的眼里，王、萧二人争先恐后地在自己面前说武昭仪的坏话，一个比一个唠叨不休，但始终也没说出点大事，全是些鸡毛蒜皮，恶意的诋毁和诽谤是那样赤裸裸的，一切都不加掩饰，都那样令人生厌。他觉得这两个人已经被妒火烧得发疯了，是两个嫉妒狂。因此，便更有意地躲着她们，眼不见，心不乱，免得整日聒耳挠心。

但是，萧淑妃有一次说了一件事，却让高宗皇上心里格登了一下。他虽然不尽相信，却总觉得是块心病，不弄明白，心里老是憋得慌。

这天夜里，与武昭仪一番尽情的云雨交欢之后，不经意地问道："媚娘，听说你的出生还有一段颇为离奇的故事？"

"什么故事？臣妾倒没听说过。"武昭仪颇感意外。

"有人说，你父亲当年奉命出任利州都督，乘船赴任时，泊舟江潭，忽有一条黑龙从潭中跃出，与你被吓昏过去的母亲交欢。后来，你母亲到利州数月之后，便生下了你，可有此事？"

武昭仪突然格格大笑，翻身坐了起来，面色严肃地对高宗说道："皇上，臣妾是武德八年生于这长安城的，今年整整三十岁。我父亲去利州上任是贞观三年的事，那时候臣妾都已经五岁了，怎么能平空里生出这么个荒诞不经的'黑龙感孕'之说。别的不说，臣妾入宫是贞观十三年，那年是十四岁，这个皇上知道得一清二楚。臣妾若是贞观三年以后出生，入宫时莫非还不足十岁？"

　　谣言不攻自破，高宗皇上心里一阵轻松，又多少有些歉意，忙说道："朕不过随便问问，没有也就罢了。不过还有一件事，朕若不说出来，就如骨鲠在喉，也是对昭仪用心不真。"

　　"皇上有什么话尽管说，臣妾自入宫来什么大事没经过，还能被一两句话压趴了。"

　　"听说在你小的时候，袁天罡曾给你相过命。那时你身着男装，袁天罡以为你是个男孩。他说你凤颈龙睛，目角瞳星，长大后富贵无比。若是个女孩，将来定可君临天下……"

　　高宗话还没有说完，武昭仪一骨碌爬起身来，赤条条地跪在了他面前："皇上，不用说了，这些事是谁捏造出来的，臣妾心里一清二楚。这可是在要臣妾的命，是要把臣妾打入万劫不复的十八层地狱。"

　　"你说是她们捏造的，莫非并无此事？"

　　"皇上，这纯是无稽之谈，是低劣而又恶毒的造谣中伤。你想想，袁天罡乃是当今蜚声海内的第一流的星相大师。天文地理、生死祸福无不一目了然。连人的生前身后，几十年乃至几百年的事都能洞若观火，毫厘不爽，怎么会面对面地把一个女孩子看成一个男孩子。一件男装就可以改变人的性别，瞒过他的眼睛，他还算什么星相大师，岂不是连个凡夫俗子都不如吗？"

　　她越说越激愤，不得不停下来喘口气，调整一下自己的情绪，继续说道："皇上，这可是件天大的事。什么'黑龙感孕'？这世上只有当皇上的是天子，是龙种。硬把臣妾说成是龙种，其用心不是昭然若揭吗？第二个故事就更加露骨，竟借袁天罡的口，说贱妾将来要君临天下。这不是明目张胆地在挑拨离间，借刀杀人吗？当年先帝在时，民间流传着的那本《密记》，就险些要了臣妾的命，让臣妾死无葬身之地。如今，那些恨臣妾入骨髓的人，又故技重演，无非是说臣妾有谋逆篡国之心，要将臣妾千刀万剐，诛灭九族。皇上若是信她们的，杀死臣妾就是了，那样可以一了百了，永绝后患。"说道，竟呜呜地大哭起来。

　　这些年，武媚娘受了多少委屈和磨难，高宗都知道得清清楚楚。如今跟了自己，你恩我爱，如鱼得水，正要过几天舒心的日子，却又平白无辜地遭此污枉之灾，她能不心碎吗？看着她裸体跪在自己面前，哭得浑身颤抖，热泪满腮，高宗皇上顿觉得心里被插进了一把刀子，一阵阵铰疼。

　　忽然，他眼前又出现了王皇后、萧淑妃在自己面前诋毁武媚时，那种唾沫乱飞、咬牙切齿的样子。这两个争风吃醋、嚼烂舌头的女人。人家武昭仪可从来没说过你们半句坏话，你们为什么如此不依不饶，非要置人家于死地呢？皇后不正，非六宫之福、皇家之福。长此下去，这后宫里还能有一天安稳日子过吗？

既无德又无才，怎能为六宫之主？高宗皇上的心里突然闪过了要重立皇后的念头。但只是一闪而已，他现在还什么也不能说。

他轻轻地把武昭仪的光身子揽过来，亲切地拥在怀里，为她擦拭着脸上的泪水，柔声说道："这些事朕并不信，若是有半点相信，也就不来问你了，你又何必当真呢？这些没有影的事，往后朕再也不提，谁也不再提了。好了，好了，咱们先睡觉吧。"

武媚觉得皇上已相信了她的话，事情该适可而止了。自己不能再过分地争究下去，起码现在不能。有理也须饶人，这样会给皇上留下个通情达理、豁达大度的印象，或许，这是以守为攻，退一步进两步的最聪明的做法。

废立皇后的想法一旦产生，便在高宗脑子里整天萦绕。但是，他与王皇后毕竟是十多年的结发夫妻，这又是件能引起举国震动的大事，皇后没有大错，岂敢轻易提出。

但是，对这个小心眼，小算计，却又心底阴暗的女人（起码高宗皇上现在是这样看她），高宗皇上是彻底地厌烦了。他把她冷在后宫里，不理也不睬，好几个月不见她一面。一个男人如果腻味了一个女人，就像对一块发了霉变了味的腐肉，看一眼都感到恶心。

王皇后偷鸡不成反蚀一把米，算是一头栽到了臭水沟里。她的失宠已是不争的事实，连宫中婢女下人们都看得明明白白。可是并没有人同情她。在你得意的时候，天天仰着头像个鹿似的，把谁都不放在眼里，对下人全不当人待，不是骂就是打，毫无怜恤之心，连点人味都没有。这样的人就该倒霉，这是天理报应。

她的舅父，中书令柳奭大人，此时心里也凉了半截，这个不争气不成器的外甥女，眼见得是个立不起来的软枕头，现在失宠，不久就会失势，这恐怕已是难以挽回了。得赶紧与她脱钩，再搅和在一块，不但沾不上光，弄不好还会沾了血在身上，甚至落个家破人亡。宫廷斗争历来是残酷无情的，充满了血腥味。

一日早朝，议罢几件军国大事，高宗问道："众爱卿还有何事要奏。"

柳奭迟疑了一下，还是走出班列奏道："启奏皇上，臣已老迈，近日又身体不适，自感力绌，恳请辞去中书令之职。"

　　高宗皇上听完，略沉默了一下，心想，这位老国舅到底混迹官场久了，深谙盈虚伸缩之术。既能识得进退，也便省得抓破脸面，让朕落个罢黜故旧老臣的恶名。于是便顺水推舟地敕准了他的请求，降为吏部尚书。仍在朝班中为他保留了一席之地。这样，既解除了他的宰相之职，又卖他一个老面子，一举两得。

　　高宗皇上答复得如此干脆，朝中大臣一片愕然。他们似乎从中嗅到了一点什么气味，感到了一种山雨欲来风满楼的征候……

第五章　以牙还牙　出谋易后

王皇后、萧淑妃大势已去，武昭仪在这场后宫权力的角逐中拔得了头筹，占尽了上风。那顶璀璨耀眼、绚丽多彩的皇后桂冠，似乎伸手便可以摘到。

是一鼓作气，乘胜追击，还是稳打稳扎，步步为营？武昭仪为此颇费了一番心思。

狗急了会跳墙，兔子急了也会蹬鹰。王皇后惨淡经营这么些年，她的势力不会仅仅局限在深宫后苑之内。就像一棵盘根错节的老树，它的根系四通八达，肯定早就伸插蔓延到外廷去了。满朝文武中谁是支持她的，谁是反对她的，自己还没有弄清楚。

要刨倒一棵大树，免不了要斩断大大小小的根须，伤害树皮树冠，甚至要株连周围的许多树木，真正的枝枝叶叶总关情。弄得不好，会惹起众怒，欲速不达。

现在到了生死存亡的关键时刻，一着不慎，将会满盘皆输。武昭仪抖擞起十二分精神，小心翼翼地把握着重拳出击的机会。

她决定先放对手一马，对败下阵去的王皇后不加理睬，既不吹枕边风说坏话，也不睚眦必报盛气凌人，权当以前什么事也没有发生。

她要集中精力经营自己的势力，巩固和扩大已取得的战果。同时向朝廷中甩出几张试探性的牌，探试一下朝臣中的舆论走向，看看自己的支持率究竟有多高，自己在这场斗争中的胜算有多大。

她首先鼓动高宗皇上，以褒奖开国功臣为名，降诏加赠屈突通等十三名当年追随李渊于太原首义的元勋功臣的官爵。她的父亲武士彟名列第七，并被追封为并州大都督、周国公。

朝中的许多大臣都很明白，这道诏书是专门为武昭仪发的。什么表彰武德功臣，还不是为了提高武昭仪的门第？虽说武士彟生前已官至三品都督，但他毕竟是豆腐小贩和木材商出身，门第低贱，充其量不过是个寒门新贵，贱民中的暴发户而已。

这在世俗观念十分重视门阀地位的当时来说，对许多人都是阻碍其飞黄腾达的枷锁，对武昭仪也是如此，武昭仪要想爬上皇后的高位，就必须设法改变她门第低贱卑微的现实，跻身于豪门大族的行列。她的目的达到了，父亲是奠定大唐基业的功臣，又被封为周国公，武昭仪便是王公权贵之女，门第已够显赫荣耀了。

那些元老重臣们虽然看出了武昭仪的用心，但却无可奈何。皇上要褒赏开国功臣，没有他们便没有大唐帝国的今天，你能反对吗？

武昭仪这张牌打得隐蔽而又高明，绝妙无比。连位高权重的长孙无忌也只能望空而叹了。他苦笑着对褚遂良说道："这位当年被先帝逐出皇宫的小才人，其能量可是今非昔比了。已经要越过后宫的高墙，开始向外廷蔓延了。"

第一张牌得手，见朝廷中没有多大的反响，武昭仪立即准备甩出第二张牌。

她要着手提高自己的名分，既然不能一步登上皇后之位，为什么不先进位皇妃，做个一品夫人呢？这样做又向皇后的位子靠近了一步，却没有直接当皇后的风险，想必不会引起朝廷太大的波动。

当天夜里，她把这一想法跟高宗说了，高宗当然同意，他现在也急于提高武昭仪的名分和地位，有许多事他都需要跟她商议，从她那里讨得主意，好对付那个控制着他的元老集团。

但是，高宗皇上却有些犹豫，嗫嚅着说道："其实朕也早有此意。不过依照祖上成例，四夫人有定制，贵妃、淑妃、德妃、贤妃各一人，眼下都有人占着，该怎么办呢？"

武昭仪却不以为然地笑了，娇嗔地说道："祖宗成例还不是当时的皇上定的，陛下身为当朝天子，一代君王，对这些陈规旧制就不能有丝毫改动？"

"怎么改法？"

"在四妃之前再设一宸妃就是了。"

"宸妃？好名号，好主意。朕原说你可做子房、孔明一类人物，这世上没有难倒你的事情，朕没有看错人。"

"皇上答应了？"

"这事明天早朝就办。"

武昭仪一阵喜悦，翻身爬在了高宗身上，忘情地狂吻起来。"宸妃"，这是她苦心冥思想出来的一个特殊的封号。"宸"字自古便表示与天子有关的事，比贵、淑、德、贤要高得多。那个朝不保夕的王皇后一旦被废，由"宸妃"取而代之将是顺理成章、水到渠成的事。

女皇武则天

第二天一早，高宗皇上兴致勃勃地来到朝堂，议过几件大事之后，便提出了要立武昭仪为宸妃。说罢抬眼看看长孙无忌和褚遂良。长孙无忌没有吭声，冷漠的脸上毫无表情，只用眼扫了一下韩瑗。

身为侍中，也就是宰相首辅的韩瑗早就跃跃欲试了。见长孙无忌递过了眼色，忙走出班列，朗声说道："妃嫔自古有定数。皇后之下设四妃，乃高祖及先帝太宗定下的制度，万万不可更动。今日凭空增设一宸妃，有违祖宗成例，断不可行。"

"就是祖宗成例，朕就不能稍加改动？"高宗皇上老大不高兴，冷着脸问道。

新近才接替柳奭就任中书令的来济接口说道："祖宗成例，事关国体，不能轻易变更。即使要改，也需经过朝廷缜密商讨，万不可草率行事。还望皇上收回成命。"来济说得义正词严，脸色绯红。

高宗皇上看看他们，心中打鼓了。现在，公然站出来反对设立宸妃的只有韩瑗和来济两个人，而事实上，站在他们背后的，却是那个势力强大的元老集团。这些人受先帝影响既大又深，对武昭仪抱有极强的成见。只要事关武昭仪的升迁，他们都会一齐反对。这一点，高宗皇上心里一清二楚，至明至亮。

高宗皇上感到一阵阵怒气上升。这些恃功弄权、倚老卖老的家伙，什么事都要管着朕，什么都要说了算。朕这个皇帝莫非只是个摆设？你们真要把朕当成阿斗吗？

生气归生气，他却不知道现在该怎么办？这个集团太强大，自己孤家寡人很难和他们抗衡。唉，如果这会儿武昭仪就坐在自己身边多好，面对这样棘手的事，她一定会有办法。

现在是非收回成命不可了，看这个阵势，自己硬要坚持的话，他们会以死相谏的。

高宗皇上无可奈何，只好怏怏不乐地说道："既然如此，此事以后再议罢，散朝。"

他嗒然若丧，忧心忡忡地向后宫走去。该如何向武昭仪说呢？她可是一盆火似的在等待着好消息呢。她听了这个结果以后会怎样呢？是黯然神伤，痛哭流涕？是悲怆难抑，痛不欲生？还是撒泼打滚，同自己大吵大闹？

高宗皇上怀里像揣了个蹦蹦跳跳的小兔子，惴惴不安地来到了武昭仪的寝宫。进门后一句话也不说，耷拉着脑袋坐在那里，活像个做错了事的大孩子。

一看他的脸色，武昭仪就知道发生了什么事。

完全出乎高宗皇上的意料，她比他想象的要冷静得多。她转身到东壁厢，给高宗沏了一杯茶，端到他面前说道："皇上，这不算什么大事，当不当这个妃子还不是一样？再说了，这十几年来，臣妾经过的波折、坎坷、惊涛骇浪数不胜数，这点小小的挫折算什么。臣妾早有准备，这事如果一帆风顺，倒有点不正常了。"

她不但不哭不闹，不气不恼，反而过来安慰自己，高宗皇上只觉得心中一阵阵发热。他感激地看看武昭仪，突然把她揽过来，抱置在自己的双膝上，脸偎脸地说道："武媚，谢谢，谢谢你这么体谅朕。这件事，朕早晚要办，非办不可。"

从这天以后，武昭仪对此事只字不提，心安理得地坐在昭仪的位子上，过起了平平静静的后宫生活。

暗地里，她却让下人去打听朝堂上那日到底发生了什么事？

是韩瑗、来济首先发难。那么，这个韩瑗、来济又有什么来头呢？他们为什么要反对自己？他们的背后还有什么大人物？

很快，她便把他们的底细弄得清清楚楚。

韩瑗出身京兆府，世属长安名门望族。太宗时，年纪轻轻便做到兵部侍郎，且袭父爵为颍川公。永徽四年加封同中书门下平章事，跻身于宰相班子。去年，以四十九岁的年纪，担纲侍中要职，成为大唐朝的首辅宰相。除了长孙无忌、褚遂良几个顾命老臣之外，他已是大唐朝廷中最显赫的风云人物。

少年得志，仕途顺利，年龄不大便身居高位，怪不得如此嚣张。不仅如此，他还是长孙无忌的表妹夫，深得长孙大人的青睐和赏识，一直受到这位权倾朝野的国舅大人的特殊关照，因此，早就成了他死心塌地的追随者。

来济何许人？又是一个出身名门望族的。其父来护曾任隋朝左翊卫大将军、荣国公。来济十八岁中进士，太宗朝官至中书舍人。永徽四年封同中书门下，位列宰相。翌年又加封银青光禄大夫。不久前接任柳奭任中书令兼检校吏部尚书，年仅四十六岁，人称才俊之士。有一点不出武昭仪所料，这个来济也是长孙无忌的心腹死党，与韩瑗并称长孙门下双杰。

这两个人的来历弄清了，他们反对自己的原因也便不言自喻了。武昭仪感到了巨大的压力和威胁。原来，与自己作对的，是一个势力强大到不能再大的反对集团！这可是横亘在自己通往皇后之路上的一座大山。要想登上皇后的宝座，就必须铲平这座大山。这太难了，几乎是不可的。但武昭仪生来的脾气就是向不可能挑战。必须铲平它，不管它有多高、多险、多硬！

当然，现在时机尚不成熟。眼下自己必须蛰伏下来，窥测时机，不出手则已，一出手就要击中要害，出奇制胜。

武昭仪暂时平静下来了，她要不显山不露水地等待观望。好在恰恰这个时候，她生下了自己的第一个儿子，高宗皇上大喜过望，为儿子取名李弘。武昭仪借此机会，静卧深宫，将养产后虚弱的身子，满心喜悦地终日侍弄着娇儿。

但是树欲静而风不止，她的对手却又在磨刀霍霍。

武昭仪得宠又生贵子，在她咄咄逼人的攻势面前，王皇后已经束手无策。她感到皇后这个母仪天下的宝座，如今已是一条四处漏水的破船，正载着她在一片汪洋中慢慢下沉。她挣扎、她呼救，她祷告天地祈求鬼神都无济于事。

就在这个时候，她听说了武昭仪讨封宸妃受挫的事，心里立即燃起了一线希望，就像看到了一把救命的稻草。

她要抓住这个机会进行反扑，要置武昭仪于死地，恨不得亲手扼住她的喉咙，将她活活掐死，然后再剥她的皮，吃她的肉。

可是怎样才能置她于死地呢？她想找舅父柳奭讨个办法，但舅父已被贬官，早成了惊弓之鸟，哪里还敢跟她胡掺和。

没有办法，她只好捎信让母亲柳氏进宫。明知道母亲也是个绣花枕头，除了一肚子糠秕没有什么高招妙计。但是她现在势单力薄，宫里宫外除了柳氏和萧淑妃这两个女人，她还能同谁商议？

接到女儿的口信，柳氏连夜进了后宫。王皇后见母亲来，赶紧把萧淑妃请来，三个人躲进一间密室，屏退了所有的宫女下人，你一言我一语地谋划着"倒武"大计。

想不到柳氏还真带来了"锦囊妙计"。她胸有成竹地对二人说道："我知道你们让我这个老婆子进宫，是想把武媚那个骚蹄子整死。这个不难，包在我老婆子身上。"

"怎么整治法？"两个人同时睁大了眼睛。

"用厌胜术，只要你们同意，这次武媚必死无疑。"

"厌胜术？"王、萧二人惊得倒抽一口凉气。

厌胜是指因憎恨某人而作图画形象，或刻作人身，刺心钉眼，系手缚足等方式，欲令被咒之人痛苦而死。这是朝廷明令禁止的，属于不赦之大罪，一旦泄漏，便是杀身之祸。可是现在已到了鱼死网破的时候了，只要能杀死武媚，王、萧二人什么也顾不得了。

"这法子灵吗？"萧淑妃问道。厌胜术她过去听说过，它包含着蛊术、厌魅、巫蛊、鬼胜、邪道诸般邪术，据说可以借鬼神的力量置人于死命。但这只是听说，究竟有没有那么大的神通她却不知道。

"百灵百验，不管是祈福还是致灾，都屡验不爽。我们家旁边住着一位巫婆，我没事常到她家走动。亲眼看着她为人做法，一年总有十次八次，还没有一次失手。"柳氏说得神乎其神。

"那我们该做些什么？"王皇后迫不及待地问道。

柳氏神秘地一笑："我都准备好了，你们只要把武媚的生辰八字写在上面就行了。"

说着，柳氏从怀里摸出了六个早刻好的小木人。一个是白色，她说这个就是武媚，让王皇后在上面写下武媚的姓名、生辰八字。然后找来铁钉，分别钉进木偶的心口和七窍。另外五个木偶已被染成蓝色，柳氏说这是阎王帐下五个青面鬼，把青面鬼和"武媚"用丝线绑在一起，埋在背阴处地下。然后，由柳氏回去念咒作术四十九天。四十九天之后，将六个木偶取出，以火焚之，武媚必死无疑。

王、萧二人大喜过望，忙找来丝线，把六个木偶死死地捆在一起。然后，王皇后亲自拿了把铲子，悄悄地来到后苑，在一棵背阴的石榴树下，挖个深坑把六个木偶埋掉。

这样的粗活，本是下人们干的，王皇后平时连看都不看一眼。但这次是人命关天的机密大事，她不能让任何下人知道，便只有自己去挖坑埋土了。

事情办得很顺利，神知鬼不觉。王、萧二人长长地舒了口气。现在，什么也不用管了，只等着四十九天以后，亲眼看着皇宫里为那个狐狸精收尸就行了。她们还约定，到了那一天，两个人要好好地喝一顿庆功酒呢。

俗话说，要想人不知，除非己莫为。王皇后她们自以为这事办得非常隐秘，再无外人知晓，却不料被伺候在外间的小太监小壮子看了个一清二楚。

在入宫之前，小壮子的村里便有一个专搞厌胜之术的"神汉"，在他们那一带远近闻名。因此小壮子对这一邪门左道也略知一二。当他隐隐约约地听柳氏提到"厌胜"二字，便加了十二分小心。因为他知道，自己的这个主儿一直对武昭仪不怀好意，恨之入骨。

当他从门缝瞧见柳氏拿出六个木偶，让王皇后写上武昭仪的名字时，一颗心就像在打鼓，差些儿蹦到嗓子眼里。武昭仪是他们全家的救命恩人，被人这样算计，他要是坐视不管，那还算人吗？

第二天早上，小壮子眼瞅着皇上上朝去了，急忙走进武昭仪的寝宫。见他这么早便来叩见，武昭仪以为他家里又有急事，便问道："小壮子，是家里又捎信儿来了？"

小壮子连忙摇头，说是有大事禀报。武昭仪见他慌里慌张又神秘兮兮的样子，知道事关重大，忙命下人们先退出去。小壮子这才把王皇后她们搬神弄鬼的事儿一五一十地说了。

武昭仪一边听着，心里一阵阵发紧。看来，这些人是在往死里逼我，不把我置于死地，她们是不会罢手的。也好，是疖子总要出脓。这些蠢母狗既是自己找死，就怨不得我武媚了。心中顿时升起了一股杀气。

但她表面上仍然从从容容，又详细问了她们埋木偶的时间地点。嘱咐小壮子对任何人都不要声张。

小壮子退走以后，她强自抑制住内心的急躁，一面品茶，一面静等高宗皇上退朝回来。

巳时末刻，终于把皇上等回来了。高宗皇上刚进寝宫，还没来得及更衣，就见武昭仪"扑通"一声跪在当地，一把鼻涕一把泪地哀哀哭泣。

高宗皇上大吃一惊，这么些年，他还是第一次见武昭仪如此悲痛。连忙去搀扶她，问出了何事？

武昭仪却不肯起来，越发哭得声泪俱下，双肩乱颤。经再三询问，才一边哭一边说道："贱妾自入宫以来，从没有得罪过谁，一门心思地与人为善。可她们为什么就容不得贱妾？原先一个劲儿地向皇上进谗言，诋毁我，作践我，我都忍了，不去和她们计较，原想以德报怨，息事宁人。可怎么也想不到，她们会下这样的毒手，非要贱妾这条命不可。再这样下去，我这条小命是非葬送在她们手里不可了。早知道这样，哪如别从感业寺出来，躲在那里过几天清静日子也好。"

"到底怎么了，出了何事？你倒是说句明白话。"高宗皇上在旁边急得抓耳挠腮。

武昭仪这才把事情的原委详细说了。

一听王皇后、萧淑妃竟肆无忌惮地施行"厌胜"之术，高宗皇上只觉得气血上涌，火冒三丈。"厌胜术"可是历代王朝都严厉禁止的，大唐朝廷建立以来，皇宫里还是第一次出这样的事。这两个不知天高地厚的女人，竟敢冒天下之大不韪，做出如此下流歹毒的事来。这不光是对武昭仪下死手，也是对朝廷对王法的蔑视。

高宗皇上登时勃然大怒，气咻咻地问道："此事当真？"

"千真万确，这样的大事，贱妾借个脑袋也不敢说谎。万岁要是不信，何不去皇后宫里搜一搜？"

"来人"，高宗皇上声如霹雳，下人们还是头一次见皇上发这么大的火，一溜小跑地赶来，在院内跪了一片。

高宗皇上令内侍押班带上五六个人，荷刀佩剑，凶神恶煞地向皇后宫中扑去。

不到一顿饭的工夫，内侍回来了，小壮子作为人证也跟了来。内侍们把那一捆六个小木偶呈上，高宗拂去那上面沾着的新鲜泥土，武昭仪的姓名、生辰赫然在目。

人赃俱获，铁证如山。

高宗皇上气得浑身发抖，面色铁青："传旨，从今日起，皇后之母柳氏永不准入宫；皇后母舅柳奭，着罢免吏部尚书之职，贬往荣州暂任刺史，以观后效；王皇后、萧淑妃各居本宫反省，听候处置。其间不准随意走动，不准与外臣见面或书信往来。"

圣旨一下，王皇后、萧淑妃实际等于被软禁起来，变成了两只孤立无援、任人捕杀的绝望的母兽。

高宗皇上废后的决心已经铁定。

但是，决心归决心，要废掉一位皇后，却不是他一个人说了就算的。他必须与宰辅大臣，特别是与几位顾命老臣共同商议，经他们同意后才能向全国颁诏。

当然，王皇后出了这档子丑事，公然违背朝廷禁令，以此为口实废除其皇后之位，恐怕几位顾命大臣也不好为她说话了。废后已不是什么难事。

最难的是选立新后，自己当然要立武昭仪为皇后。但通过那次议立"宸妃"的事件，高宗皇上看得明明白白，要立武氏为后，在这个元老集团中是绝难通过的。想象着这些人在朝堂上像斗鸡似的同自己面折廷争的情景，高宗皇上心里都有些发怵，便与武昭仪密商此事。

"皇上莫非真要立妾身为后？"

"皇后之位非你莫属。"

"妾身德鲜才寡，恐难统驭六宫。"

女皇武则天

"武昭仪乃千古难觅的女中俊杰。经邦济世之志，治国平天下之才，堪与历代先贤名相比肩。这一点，朕看得比谁都清楚。实话跟你说，朕欲立你为后，可不仅仅是让你统驭六宫，是想让你与朕共驭天下。当这六七年皇帝，可真让朕心力交瘁啊。"

几句话搔到了武昭仪的痒处，她心里翻起了一阵阵激动的热浪。想不到平时优柔寡断、少言少语的皇上，把自己看得这么透彻，真正的洞穿心肺，入骨三分。

说得对极了，我武媚为什么要千方百计当这个皇后？仅仅是为了个人的荣华富贵，风光荣耀？仅仅是为了光宗耀祖，流芳百世？如果说当年初入宫时，作为一个十四岁的小姑娘，确实有这些想法。但经历了十几年恶风浊浪的冲涤，现在的目标可不再这么短浅。我就是想施展自己经邦济世的才华，帮着皇上——自己的亲人，经营治理出一个比"贞观之治"更繁荣更强大的盛唐。

想不到自己埋藏在内心最隐秘处的想法，竟被皇上烛照得如此清晰，一语道破。知武媚者，李治也！

这些日子她想得很多，想来想去总离不开那个元老集团。要登上皇后之位，无论如何也绕不过这座横亘于自己面前的大山。

必须铲平它，不能犹豫，不能胆怯，更不能望而却步，就是老虎须也得捋一捋，老虎牙也得拔掉它。

当然，铲平的方式和手段也并非一种，有多种多样，归纳起来无非是文、武二道。

还是用文的好。如果能用怀柔之术收服他们，让这个权力炙手可热、党羽遍布朝野的元老集团变得驯化起来，为自己所用，为皇上所用，那是再理想不过了。

俗话说："射人行射马，擒贼先擒王。"要收服这个元老集团，自然要先把它的领袖人物长孙无忌抓在手里。

这可不容易啊。对这位三朝元老，武昭仪知之甚深。还在太原举义之时，他已经是高祖李渊核心集团的骨干人物。在建立大唐前的南征北战、浴血拼杀中，他作为太宗李世民的大舅子，一直与太宗并肩作战，成了李世民引为心腹的生死之交。在玄武门之变中，他力主杀死建成、元吉，逼高祖禅位，为李世民南面称尊立下了赫赫大功。在立晋王李治为太子这件事上，他又发挥了一言定鼎、至关重要的作用。还在太宗朝的时候，他就已经成了皇上之下、百官之上最具影响力的人物。而现在，他更是以"伊尹、周公辅政"自比，甚至以诸葛孔明自比，将新皇帝看成是"阿斗"一类幼主、弱主，并不避讳弄天子为傀儡的嫌疑。

还不仅如此，此人自幼就以好学博识而闻名，胸有城府，腹藏锦绣，又文武双全。如今满朝文武，谁不仰其鼻息，唯他马首是瞻？

这样一个功高位尊又工于心计的铁腕人物，能收服得了吗？

不管怎么样，也得试一试。在笑脸与美酒间周旋的和平收服总比剑拔弩张的血腥拼杀好得多。

武昭仪暂时避开废立皇后的事不提，突然向高宗皇上建议道："皇上，我看这几日咱们该去看望一下老国舅了。"

"你是说，让朕去巡幸长孙府邸？"

"那有什么不可。他是当今大唐的第一功臣，又是你的亲娘舅，做外甥和外甥媳妇的，去拜见一下老舅父，在亲情融融的家宴上，有什么话不好说？"

高宗皇上眼前豁然一亮，是啊，是个好法子。在朝堂上公事公办，他可以用祖宗成法、朝廷定制之类的话来压朕，与朕争辩。朕不惜降尊纡贵，亲临他家，就当着武昭仪的面提出立后之事，难道他也会毫不留情地驳朕的面子？

高宗皇上顿时觉得有了主意，连声说道："有理有理，就依你说的办。"

皇上要御驾巡幸的消息传到长孙府上，阖府上下一片忙碌，门首扎缚棚山，张灯结彩，府内铺锦贴绣，披红挂绿。从主人到仆役、丫头，男男女女，老老少少，人人都换上了簇新的衣服，个个脸上都洋溢着掩饰不住的笑意。真是个花光铺排，喜气盈门。

这可是天大的荣宠，无上的光彩。皇上亲临臣子的府邸，自有唐以来这还是第一次。满朝文臣武将，那么些功勋卓著的衮衮大员，有谁曾享此殊荣？

从辰牌头刻，长孙无忌便率领儿孙妻妾，伫立于门首候驾，已经等了一个多时辰了。

时值七月中旬，又是个上好的晴天，碧空如洗，万里无云。天气出奇的燥热，即使站在大门的遮阴通风处，仍如置身于汤锅蒸笼之中似的，偶尔一阵风吹过，也是热辣辣的流火铄金一般。

长孙无忌一身朝服，冠冕博带，从头到脚罩了个严严实实。六十多的老头子，早被这烈火一般的酷热弄得头昏眼花，甚至感到一阵阵恶心欲吐。

但是他不敢有丝毫的懈怠，天子驾临，他这做首辅大臣的，可不能有半点马虎和失仪之处。尽管早已经胸闷气短，大汗淋漓，他仍然纹丝不动地挺立在那里，一言不发，满脸肃穆。

皇上带着武昭仪前来巡幸的用心，长孙无忌一眼便看得清清楚楚。这肯定是武媚的鬼点子，无非是在套近乎，诱自己入彀，以达到她攀上皇后之位的目的。先帝看得一点不错，这个风骚女人，野心勃勃，贪得无厌。若是让她当了皇后，皇上又是个面汤耳朵，一切听她摆布，大唐朝廷，恐怕从此再无宁日。

但是，今天皇上屈驾亲临，自己该怎么应对呢？只有看事做事，装憨装傻装糊涂了。

他这么想着，便听得笙簧钟鼓之声隐隐传来，抬眼向大街东首望去，只见旗罗伞扇，人影幢幢，威势煊赫的皇家仪仗正缓缓走来。

老管家一声高喊："皇上驾到，鸣炮迎驾！"霎时间，数万头长鞭"嗒里啪啦"爆响起来，琴筝鼓箫一齐奏鸣，山响雷动，声断行云，硝烟弥散，如雾如霭……

金碧辉煌，缀珠镶银的黄龙大轿在当街稳稳停落，手持拂尘的两名太监打开轿帘，高宗皇上与武昭仪挽手走下轿辇。长孙无忌忙率众亲眷跪倒在地，叩首山呼道："老臣长孙无忌率阖府上下恭迎皇上，吾皇万岁万万岁。"

高宗皇上满面笑容，走上前虚扶一把说道："国舅大人平身。"

待长孙无忌站起来，高宗皇上用手指了指仪仗后面陆续赶来的十辆大车，对他说道："老爱卿，朕登基以来，还是头一次到你府上。这十辆大车装的，全是金银珠宝，绫罗绸缎，是朕与武昭仪对府上的赏赐，聊表做晚辈的一点心意。"

皇上巡幸已是莫大荣幸，又有如此贵重的赏赐，真可谓皇恩浩荡。长孙无忌忙说道："无功受禄，老臣诚惶诚恐，无忌全家深谢皇上天高地厚之恩。"心里却在说，这是什么赏赐？无缘无故的行什么赏？分明是当皇上的在向臣下"行贿"，这可是千古奇谈！这个武媚，为了当皇后，可真舍得出高价，花血本。可惜，这都是国库里的银子，是慷国家之慨。

长孙无忌把皇上、武昭仪迎入府内。迎宾大厅里早已排开盛大的宴席，高宗皇上与武昭仪坐首席，长孙无忌坐陪席。下人们为每人斟满一杯陈年佳酿，长孙无忌正要举杯敬酒，高宗皇上却笑道："如此盛筵，就我等三人吃酒，岂不大煞风景？国舅大人何不让令郎们和宝眷们一块入席？"

长孙无忌忙说："犬子年幼无知，贱妾皆女流之辈，岂敢与皇上同席？"

高宗皇上道："今日是家宴，本该一家人亲亲热热，其乐融融，何必太拘细礼？"

长孙无忌知道皇上是在有意渲染融洽和睦的"一家人"气氛，不敢违逆，只得让三个儿子和几位宠妾一块入席作陪。

以长孙无忌为首，一家人纷纷向皇上、武昭仪敬酒，高宗皇上十分高兴，来者不拒，一连喝了好几杯。

武昭仪怕皇上喝多了酒，耽误正事，忙解围道："长孙大人，皇上与你，于国而论是君臣，于家而论则是甥舅，今日既是家宴，武媚愿借花献佛，替皇上敬舅父大人一杯。"

长孙无忌心里说，你可是先帝的人，本是与我平辈，如今"舅父"叫得又脆又甜，也不知道脸红？但碍着皇上的面子，不得不虚应故事："岂敢，岂敢！武昭仪亦是国之庶母，该老臣敬你才是。"说罢忙端起杯来，双手一照，仰着脖子一饮而尽。

有点意思了，这酒宴开头开得不错。高宗皇上要趁热打铁，看了看长孙无忌的三个儿子，说道："汝三人乃勋臣之后，又是朕的表弟，至今却无官爵。今日朕封赏汝三人同为朝散大夫。"

这可是从五品的通贵之官，当时唐朝官叙之法，散官分为九品三十级，以科举出身的进士，最多只能由从九品起叙，以门荫出身而有国公封爵的也不过由正六品起叙，计阶至从五品的朝散大夫，就必须奏取进止，每年量多少进叙。虽说仅仅是种荣誉职衔，却是天子亲赐，而且一下子就给了三个。如此殊荣，如何不令长孙全家感激万分。长孙无忌忙与儿子们跪地谢恩。

谢恩归谢恩，长孙心里却明白，这殊荣不过是一个重重的交换筹码。要交换什么，既然皇上不说破，自己也乐得装聋作哑。

几杯酒之后，大家都开始面酣耳热，醉意朦胧了。见武昭仪频频递来眼色，高宗皇上不得不开口了。

"皇后不肖，竟做出'厌胜'这种大不韪之事。如此无德之辈，怎能充任后宫之主？再说不孝有三，无后为大。王皇后至今未生一儿半女。而武昭仪入宫时间虽短，却已为朕生下龙子。这皇后之位，朕意欲……"

话说了一半便打住了，高宗皇上端起酒抿了一口。这话他不能说得太白太露，他希望长孙无忌接着说下去，由这位元老集团的领班人物提出拥立，武媚这个皇后会当得更加理直气壮。

今天的正戏终于开场了。竖好了旗杆敲响了锣，就等着自己这个老猴子顺杆爬了。长孙无忌心想，武媚啊武媚，你这个狐狸精算计得够精的。可你也太小看老夫了。老夫身为顾命大臣，国家柱石，岂是那种见风使舵，顺情说话的小人？岂能被你当猴耍了？

他于是再敬皇上一杯酒，夹口菜吃了，却突然说道："皇上，有件急事臣正要请旨。眼下已进入汛期，前些日子连日大雨，黄河大水狂涨。下游数处决口，泛滥成灾。山东境内尤甚，梁山一带竟成水乡泽国，房屋被淹没，禾稼被吞噬，数以万计的民众啼饥号寒，流离失所。这几天地方纷纷奏来急报，要求朝廷赈济，以解燃眉之急。以老臣之见，朝廷应派一干练大员，前去踏勘河务，视察灾情，帮助和指导地方救灾抚民。"

既是这样一件关系国计民生的大事，皇上不能不接口说话，便问道："依你之见，该派谁去？"

"李勣德望素著，办事精明强干，足堪与此任。"

"李勣也是大唐帝国的开国元勋之一，战功累累。唐太宗病逝之前，突然将他贬至边远州郡任刺史，嘱咐高宗皇上登基之后，即将其召回朝廷，委以重任，以示恩宠，笼络为心腹之臣。高宗皇上秉遵先帝遗命，称帝的第二天便降旨召回李勣，依为股肱干城。

但李勣与长孙无忌却有点面和心不和，一直敬而远之。朝中百官皆趋炎附势，对长孙无忌唯命是从，毕恭毕敬，唯有李勣不肯阿谀奉迎，总是不冷不热，若即若离。

因此，长孙无忌生怕在皇后废立这件大事上，他与自己意见相悖，给武媚以可乘之机。便想趁此机会，把他暂时调离朝廷。

高宗皇上虽然没有识破他的用心，但却觉得自己有许多事情离不开李勣，便说："李勣毕竟年事已高，视察河务、灾情，风餐露宿，怕他身子骨吃不消，还是让来济去吧，他才四十多岁，身强力壮。"

长孙无忌也不多做争执，只说"皇上说得是，是老臣一时疏忽了，那就让来济去。"接着又说起如何救灾，如何安民，朝廷下拨多少库银，各地应如何自筹赈灾，等等。话题越扯越远，就是不搭改立皇后这个话茬。

高宗皇上几次欲重提改立皇后之事，长孙无忌总是置若罔闻，顾左右而言他，没头没脑说些不搭界的事儿。

话不投机，这酒便喝得了无情趣，眼看着这盛宴要不欢而散。那长孙无忌却酒兴甚浓，兴高采烈地嚷道："皇上金玉之体，九五至尊，今日能屈驾光临寒舍，令寒舍蓬荜生辉。今日这酒千载难逢，我们全家都要一醉方休。来，喝，大家喝。"说着独自一连豪饮三四杯，不一会儿，便两眼朦胧，说话含混不清，醉得一塌糊涂了。

主家醉成这个样子，还怎么商谈大事？高宗皇上和武昭仪虽然心中怏怏不乐，却仍得装得若无其事，和他们一家假亲热，套近乎。直到无忌大人双目呆直，口垂涎水，花白脑袋耷拉在胸前抬不起来了，高宗皇上才不得不向主家道别，摆驾回宫。

乘兴而来，败兴而归，一坐进大轿，高宗皇上便怒气冲冲地嚷道："这个不识时务的老滑头，这是在装疯卖傻，给朕演了一晌午戏。"

武昭仪虽说也是一肚子火气，却强压在心里，平平静静地说道："皇上无须烦恼，好事多磨嘛，待国舅大人酒醒了再说吧。"

第六章　借风造势　培植嫡系

夏月婵娟，温风如酒，都市夜色笼罩在一团团氤氲的雾气之中，到处一片朦朦胧胧。

随着夜幕的降临，白日如播火般的热浪退去，长安街面上反而喧嚷热闹起来，车来轿往，行人杂沓。各处酒楼、舞榭、勾栏、瓦舍门面大开，悬灯结彩。五颜六色、花样翻新的各种招牌争奇斗巧，在极力地诱引着顾客，兜揽着生意。来自各地的稗商小贩们，也都在街道两侧摆设下各种摊点，摊点旁边大都竖着一根立柱，挂在立柱上的五彩灯笼临风摇曳，通明晃眼。

与人声鼎沸、嘈杂热烈的闹市相比，卫尉卿许敬宗的府邸里，便显得有些过分冷清和幽静。

在一间两丈见方，四周排满了书架的寝室里，许敬宗和他的外甥王德俭围着一张小圆桌，正在饶有兴致地相对饮酒。桌面上摆置四碟简单的小菜，一把酒壶，两只酒盅。一灯如豆的暗火放射着淡淡的幽光，仅能勉强照亮桌面上的酒菜和两个人的面孔，而他们的背后，却依旧淹没在大片的阴暗之中。

"舅舅，"王德俭端起酒盅"吱溜"一声吸进嘴里，又有滋有味地品咂了一阵，然后说道："前几天皇上和武昭仪巡幸太尉府，听说几乎是不欢而散，您老可知道此事？"

"知道。"许敬宗头不抬眼不睁，却是在认真地听外甥说话。

他这个外甥在中书省任职，是个不起眼的小官。但为人却精明深沉，因为脖子上长有一个赘瘤并且多智，时人称他为"智囊"。他黄夜前来，不会只是通报一下皇上巡幸太尉府这个人人皆知的消息，一定有什么大事同自己商量。

"皇上巡幸臣下府第，自古都是天大的幸事。长孙无忌就是再霸道，也不该在这个时候惹皇上不高兴，也不知究竟为什么？"王德俭试探着问道。

"自然是为废立皇后的事。皇上意欲立武昭仪为后，长孙无忌自以为是托孤重臣，有先帝'佳儿佳妇，多多拜托'的遗命。这头既蛮横又不识趣的牛驴，肯定不会答应。眼下皇上还在隐忍着，日后他们君臣迟早要为此事闹翻。"

"那依舅父之见，武昭仪册立皇后的事，能有多大希望？"

许敬宗饮尽门前酒，挟几粒咸茴香豆在嘴里咀嚼着，睁眼瞅瞅外甥，反问道："你看呢？"

"皇上仁慈懦弱，长孙无忌这帮人又势焰熏天。单凭皇上自己，怕是拧不过他们。只是，这武昭仪是何许人，甥儿不太清楚。因此鹿死谁手，尚不得而知。"王德俭老老实实答道。

"武昭仪是个肚子里有牙的女人。她刚毅果断，敢想敢干。眼光远，处事密，城府深，心机重，天赋过人，聪明绝顶。又迭经风浪，变得能屈能伸，老于世故。不要说在女流之中，就是在须眉男儿中，当今之世，也很少有人能与之匹敌。依我看，六宫之主非此人莫属，不过须经过一场生死较量。怕是不久，就会有一场恶斗。"许敬宗说得自信而又笃定。

王德俭不能不佩服舅父鞭辟入里的分析，对他的结论深信不疑。他抬头看看老舅那斑白的须发和满脸皱纹，心中注满了一种分辨不清的滋味。是敬仰？是爱戴？还是同情怜悯？

舅父已经六十三岁了，是个大半生不得志的老头子。在政坛上磕磕绊绊地混到了行将悬车之年，却仍是个从三品的卫尉卿。离他一辈子都做着的出将入相、一展长才的那个梦，还差着好多台阶。

对舅父的历史，王德俭几乎都能倒背出来。他生而聪颖，幼喜属文。隋朝时已官至谒者台奏通事舍人。

隋末大乱，中断了他的升迁仕进之路。他看准隋朝必亡的大势，断然投身瓦岗寨义军李密麾下，以元帅府记室与魏徵同为官记。

李唐兴起，李密率先降唐。秦王李世民求才心切，闻知许敬宗文才横溢，大笔如椽，即召为秦府学士，后又获选"十八学士"之一，与杜如晦、房玄龄、于志宁、虞世南等齐名，成为蜚声华夏的才俊之士。当年唐太宗在驻跸山大胜敌兵，许敬宗立于马前，受旨草拟诏书。真正的下笔千言，倚马可待。诏书通篇文采富赡，辞藻华丽，太宗阅后，大为叹赏。从此，其才名更是雀声四起，国人皆知。

但是，他一生恃才傲物，放浪不羁，这便注定了要不停地栽跟头，在宦海生涯中郁郁不得志。

贞观十年，长孙皇后驾崩，百官统统举哀。此时已官至给事中兼修国史的许敬宗，看到率更令欧阳询一身孝服，缩头探脑，形容愈加丑陋滑稽。不由得想起了一件令人捧腹的往事。

有一次，唐太宗宴请群臣。酒酣耳热之际，大臣们脱略形迹，相互嘲谑取笑。长孙无忌看看欧阳询，忽然赋诗一首："耸膊成山字，埋肩不出头，谁家麟阁上，画此一猕猴？"欧阳询也不恼怒，当即赋诗还击道："缩头连背暖，漫裆畏肚寒，只缘心涸涸，所以面团团。"虽说是两首歪诗，却把一个面如马猴、驼背凸胸的形象描摹得惟妙惟肖。想着这首诗，再看看欧阳询现在这副尊容，许敬宗早忘了是在举哀，竟忘形地哈哈大笑起来。该严肃的时候不严肃，一声畅笑惹来了祸事。长孙无忌指使御史们弹劾他的大不敬之罪，许敬宗被贬官为洪州都督府司马。

后来，凭着自己的才气和实力，他又被逐渐提拔起来。到永徽初年，已官至礼部尚书。

不料又因一件私事，惹下了意想不到的大祸。他的女儿嫁给了"蛮夷"酋长冯盎之子。这本是一桩很正常也很普通的婚姻。没想到却极大地刺激了那些严守夷夏大防的腐儒。以长孙无忌为首的一帮朝臣，硬说许敬宗是为了一笔丰厚的彩礼，将女儿卖给蛮夷。这哪里还有人伦之情，简直是仕林败类，民族罪人！于是，一道诏书，许敬宗再次被贬官为郑州刺史。

人生得意能几回？经过这三番五次的跌挫，等许敬宗再次重返长安，被任为这个从三品的卫尉卿时，已经变成了个六十多岁的老头儿。

王德俭为舅父感到惋惜，更感到深深的悲哀。有这个以豪门子弟、世族后昆组成的元老集团怙势寻权、把持朝政，像舅父这样的一大批寒门饱学之士，尽管满腹经纶，两肋锦绣，也永远别想出头。

王德俭端起酒来，敬舅父一杯，然后沉吟着说道："阿舅，既然围绕着废立皇后之事，朝廷不可避免地要掀起一场激烈政争，我们该怎么办？"

"身居庙堂，等于置身虎穴，就不能贪生怕死，畏首畏尾。当此山雨欲来的前夕，生死荣辱决于一念的非常时期，我们不能犹豫，必须旗帜鲜明地站在皇上和武昭仪一边。我想，武昭仪现在最需要的，就是外廷朝臣们的支持。我们率先冲上前台，必能捷足先登。"

"甥儿琢磨着也该如此，该是我们出口恶气的时候了。不过，这长孙无忌势力太强大，不能不防。"

许敬宗轻蔑地冷笑一声："貌似强大，不过是一座狰狞可怖的冰山。春风一来，天气转暖，很快便会呼啦啦冰消瓦解。这些人骄横狂悖，不可一世。外表上张牙舞爪，不如暗地里磨牙吮血；我看他们不是武昭仪的对手。"

说完，又与王德俭继续饮酒，闷饮几杯，各人都在想着心事。

"我想，明天我该去趟太尉府了"，许敬宗沉默了一会儿后突然说道。

"去长孙家，干啥？"

"劝这位长孙大人改变态度，拥立武氏为后。"

"这不是对牛弹琴吗？那老家伙会听你的？弄不好，弄不好会自讨没趣"，王德俭对舅父的话大感诧异。

"自讨没趣？不，不仅仅是自讨没趣，而是自取其辱。我会被他大大的羞辱一番，说不定还会被臭骂一顿。可是，我要的正是这个。"

王德俭默然了，他弄不懂舅父葫芦里卖的是什么药。沉思良久，心中豁然一亮，好像看出端倪，迟疑着问道："舅父是说，你去太尉府，醉翁之意不在酒。是要登台亮相，而且还是亮给皇上和武昭仪看的？"

"不只是给他们看，还要给满朝文武，给那些长期生活在长孙集团阴影下，久受他们欺罔的同僚们看看。"

"好啊，这可是一着妙棋，横打一炮，当头见将，却又扑朔迷离，意在捉车。"

"外甥人称'智囊'，既然你说好，这事就算定了，来，咱爷俩喝一大杯。"

二人同时举杯，相视一笑。

那天在长孙无忌家碰了一鼻子灰，武昭仪虽说窝了一肚子火气，却仍然不死心。几天以后，她又让自己母亲杨氏，带上重礼去太尉府说项，希望长孙无忌看在与自己父亲武士彟同袍之谊的分上，站在自己一边。长孙无忌与武士彟曾是长期并肩作战、生死与共的弟兄，以往见了杨氏总是嫂子长嫂子短的，原以为总该有点面子。没想到这老家伙毫不通融，始终冷着个脸，摆出一副拒人于千里之外的架势，让老太太坐了半天冷板凳，不得不悻悻出府。

武昭仪终于明白了，怀柔之术对这个政坛老顽固是不会奏效的。

她的心凉透了，也恼透了，彻底打消了脑子里仅存的一点幻想。你这棵大树自以为盘根错节，枝繁叶茂，既不肯借给我武媚半点荫凉，那我就拼死也要砍掉你。

自己与长孙无忌已成不两立之势，有你无我，有我无你。她准备着进行一场血腥的撕咬拼斗。

但她清楚，自己现在还是孤军奋战，声援无人。这样的生死之战，仅靠她和皇帝的力量是不行的，太苍白无力，也太危险。她必须在外廷寻求支持，收拢和建立一支拥戴自己的朝臣队伍。她不相信，长孙无忌控制的朝廷会铁板一块。这些年他骄横跋扈，树大招风，能不得罪一个朝臣，竟会没有一个人反对他或妒忌他？不会的，裂缝或矛盾一定有，反对者、仇恨者一定会有，只是在他的高压之下，深深地隐藏着而已，只要耐心地仔细搜寻，就一定会发现。

很快，她便发现了这条裂缝，像在阴霾沉沉的天空中看到了一道希望的闪电。

那日皇上早朝归来，兴冲冲地对她说："终于有人说话了，替我们说话了。"

"什么事？谁替我们说话，说什么话？"她激动地问道。

"卫尉卿许敬宗昨天去了太尉府，力劝长孙大人襄赞你升任皇后。"

"长孙无忌怎么说？"她能料到这个老顽固会是什么态度，此时既不称大人，也不再叫舅父，冷冷地直呼其名问道。

"这老家伙太霸道，不光训斥臭骂了许敬宗一顿，还像对个讨饭乞丐一样，命家人硬把他轰出了府门。"高宗皇上说着，也愤愤不平起来。

"好，轰得好！"武昭仪眉飞色舞说道。

高宗皇上大惑不解："好？你倒为他叫好？"

"这是天大的好事。陛下请想，许敬宗一代文坛宗师，文名四播，又偌大年纪，岂能忍此常人都难以忍受的奇耻大辱？这只能更坚定他支持我们的决心，死心塌地跟我们站在一起。现在的关键是，皇上的态度万不能暧昧，要重用和提拔他。"

"怎么重用？"

"他原来不是当过礼部尚书吗？以臣妾之见，皇上应立即下诏，让他官复原职，以许敬宗的资格和才能，殊不为过。"

"可是，这人身上有些疵污，为很多人所非议。"

"皇上是说他嫁女儿的事吧？这可真是欲加之罪，何患无辞。女儿嫁给'夷族'又怎么了？大汉时期，便有昭君出塞，下嫁匈奴王，传为千古美谈。先帝在时，不也曾将文成公主与松赞干布和亲吗？帝王家的金枝玉叶都能嫁往外夷，一个臣子的女儿为何不能？那些大权在握的权贵们，自诩清流，一犬吠影，群犬吠声，硬往人家身上栽赃泼污水，说人家是为了丰厚的彩礼而出卖女儿，纯是恶意中伤。就是冯盎送给他很多彩礼又怎样？这是亲家二人自愿的事，是再正常不过的亲情往来。于他人于国家有什么害处？我看，比那些权贵们变着法儿地贪占侵吞朝廷库银好百倍。"

武昭仪越说越激动，也不管高宗皇上愿听不愿听。一个劲儿地说下去。她要把这些年来的所见、所闻、感受和体味，像竹筒倒黄豆似的，一股脑儿倒个干干净净。

"皇上，适才你也说过，人家许大人可是在为咱们说话。这是在冒着风险说话，咱们可不能视而不见，麻木不仁。

"提拔一个许敬宗，这可不仅仅是他一个人的事，也不仅仅是臣妾当不当那个皇后的事，说到家，这其实是巩固皇上您的权力，确保李唐江山社稷千秋万代的大事。

"进宫这几年，臣妾算是看明白了。如今的朝廷之中，其实有两股势力在明争暗斗。一股是由出身豪门大户的世袭贵族们组成的，以长孙无忌为首的元老派势力；另一股则是由那些出身卑微，却又博涉经史、胸有韬略的才俊之士组成的朝中新秀。

"元老派权倾朝野，一手遮天，连您这个当今天子都为其所裹胁，所左右。他们任人唯亲，排斥异己。那些出身寒门的人即使有八斗之才，建感天格地之功，他们也斥之不用，或极力压制贬抑；只要是他们的心腹死党，门第高，血统贵，就是胸无点墨，笨猪蠢狗，他们也破格提拔，委以重任。这样提拔起来的朝廷要员、守疆大吏，都是他长孙无忌的门生故旧，只知有太尉，不知有皇上，长期下去，铸成尾大不掉之势，皇上大权旁落，这李唐江山将何去何从？历史上，外戚专权，篡国乱政的血的教训可是数不胜数，陛下不能不防啊！

"臣妾听说，想当年长孙皇后在世，曾极谏先帝不要重用长孙无忌，以免外戚干政。都说长孙皇后是为了防患未然。依臣妾看，这位有先见之明的贤明皇后，说不定早就看清了她这个不甘人下的哥哥暗蓄不臣之心。

"不错，先帝临终之前，曾托孤于他们，命他们为顾命大臣，但那是要他们辅佐皇上，做皇上的智囊和参谋，并不是让他们揽权代庖。若是看到今天这种局面，恐怕先帝也会怒不可遏，拍案而起。

"皇上，您如今乃是威加四海的一代帝王，又不是三岁孩童，凭什么要看他们的颜色，按他们的指点行事？立谁为后您说了不算，任命一个朝臣也说了不算，这皇帝究竟是姓李还是姓长孙？

"他们这个元老集团是一层厚厚的坚冰，掩尽了大唐的万里春色。皇上要想不再受制于人而有作为，使大唐天下生机勃勃，春意益然，就必须奋力打碎这层坚冰。而打破这层坚冰的最有力措施，就是不拘一格任贤用能。不管是豪门望族，还是平民百姓，即使是草泽湖陂之徒，只要有真才实学，有利于我大唐治国安邦，富国强民，都应一视同仁，择优录用。

"现在他们这层坚冰出现了裂痕，有了缺口，那就是许敬宗。他能不畏强权，带头向元老派叫阵，皇上若能果断地予以提拔重用，必会令朝中寒门新贵大受鼓舞，天下平民士子看到希望。人心所向，系于皇帝一身。到那时，看他长孙无忌还能一手遮天？如今许敬宗一鸟鸣啭，必引起百鸟朝凤，一个鸟语花香，万紫千红的春天，不会太远了！"

武昭仪长篇大论，侃侃而谈，在高宗皇上听来，真如响鼓重锤，足堪震聋发聩。虽说其间也不乏过激之词，甚至有些挑拨离间之嫌，但总的来说，却都是为了皇上着想，高宗皇上听得十分受用。自登基以来，他还是第一次听到如此透彻、如此精辟的巩固皇权的真谛妙道。

"听君一席话，如饮甘露，如沐春风，令朕茅塞顿开。昭仪真乃子房、孔明也。朕谨受教。"说完，高宗皇上竟冲着武昭仪抱拳一揖，哈哈大笑起来。

几天以后，高宗皇上在早朝上突然宣诏，任命许敬宗为礼部尚书。不同任何宰辅大臣商量，便任命这样高品级的朝廷大员，这在高宗当皇上以来还是头一次。朝中群臣不禁愕然，面面相觑。长孙无忌、褚遂良一班老臣更是始料未及，相顾失色。他们被这突如其来的迎头棒喝打得晕头转向，一时回不过神来。还没来得及出班劝谏，皇上已宣布退朝了。

当天夜里，一个年轻的太监敲开了许敬宗的府门。多少年来，还没有一个后宫的人光顾自己的府邸，许敬宗见此人来得蹊跷，便屏退左右，将那人领于密室，拱手问道："公公何人，缘何黉夜造访？"

那人也连忙还礼道："小人乃武昭仪宫中内侍领班武壮，受昭仪遣派，特来看望许大人。"原来此人便是王皇后宫中的小壮子，自从首告王皇后施行"厌胜术"之后，自然不能再在皇后宫中。武昭仪便请示皇上，将他调来自己宫中，并赐其武姓。

当下武壮将武昭仪所赏金银珠宝等大笔厚礼赐予许敬宗，并宣武昭仪口谕道："许大人乃朝廷骨鲠之臣，大唐人杰，你为皇上分忧的赤胆忠心，皇上和武昭仪都会谨记在心。只是你现在势单力薄，孤身独桨，恐难渡狂涛，难济缓急。武昭仪让你在外廷多联络、寻觅志同道合者作为同仁，以图后事。皇上那里自有武昭仪做奥援，不必瞻前顾后。"

几句慰勉，说得许敬宗耳热心跳，老泪纵横。自己浮沉宦海数十年，遇上的第一个真正知音居然是一个女人。

　　他慌忙跪倒在地，谢武昭仪对自己的知遇之恩。并要武壮转禀武昭仪，自己愿以衰老之躯为昭仪娘娘效犬马之劳，结草衔环，赴汤蹈火，以报懿德盛恩。

　　"联络、寻觅志同道合者作为同仁，以图后事。"武昭仪把话说得如此明白和直截了当，自己还犹豫什么？

　　许敬宗在心里像过箅子一样，仔细地梳理着朝廷中每一个同僚。

　　很快，他便捕捉到一个最理想的目标，那便是中书舍人李义府。

　　李义府是瀛州饶阳人，今年四十二岁。二十一岁时赴京应试，一举及第，被朝廷任为监察御史，不久又令其以本官兼侍晋王。后来，晋王成了太子，李义府也加官太子舍人、崇文馆直学士，与当时的太子司议郎来济齐名，时称"来李"。

　　太子李治登基做了皇上以后，李义府也升迁为中书舍人，负责划拟圣旨。李义府表面上温恭，与人讲话必面带笑容，而其内心却非常阴险，稍有忤其意之处即相加害，故人称义府之笑，"笑中有刀"，又因他柔而害物，所以也称其为"李猫"。按说，李义府的仕途一帆风顺，升迁也不算太慢。但是，与年纪相仿而又文翰齐名的来济相比，那就相形见绌了。

　　李义府本是名利场上的人，把功名利禄看得比什么都重。如今来济已经位居宰相，自己才是个小小的中书舍人。他心里像打翻了五味瓶，说不上是个什么滋味。

　　他来济为什么升迁得如此神速？还不是因为他出身世家大族，门第高贵，便被长孙无忌收为心腹，靠着这棵大树而扶摇直上。

　　不错，自己是出身低微。出身低微怎么了？自古以来将相无种，你长孙无忌八代祖宗莫非都是王爷公侯？

　　由是，他对长孙无忌一班人心生怨恨，私下里发些牢骚。不久，便传到了长孙无忌的耳朵里。

　　长孙无忌本就对他的低微出身不齿，也鄙薄他为功名而四处拍马钻营的人品。而今又听他在背后里发牢骚，放浪言，立时大怒。下决心要把这个奴颜媚骨的小人逐出朝廷。

　　磨屋里找驴蹄印儿，还能找不着？用不了多久，长孙无忌便抓到了他的把柄，将他贬官为璧州司马。

　　朝廷官员外放地方，即使是升迁，许多人都不情愿，何况是贬职？李义府被这突如其来的打击弄傻了，像个霜打了的茄子，低头耷拉脑。

这明摆着是欲加之罪，是挟嫌报复。他心里对长孙无忌怀着刻骨铭心的仇恨，暗地里咬牙切齿。但却不敢向气焰灼天的长孙氏去说理，去讨回公道。只好悄悄地收拾行囊，准备第二天上路。

第二天下起了大雨。从清早起来，便满天黑云笼罩，雷鸣电闪不停，雨脚如麻，时大时小，总也不停。

人不留天留，再等一天吧。李义府斜躺在床上，背倚着昨日收拾好的箱笼包裹，心情像这天气一样阴晦灰暗。自己经过了二十年的拼斗，才从蜀地杀进了京师，挤进了朝廷，如今却这样灰溜溜地打道回府。他妈的，你长孙无忌也太心黑，太狠毒。有道是君子报仇，十年不晚，等着吧，长孙老狗。我李义府他年若能得志，定要砍下你的狗头，剥你的皮，挖你的心。

正这样愤愤地想着心事，猛听到"咚咚"的打门声，他吓了一跳。这样的雨夜，谁会来拜访一个时乖运蹇的贬谪之人？

他慌忙跑去开门，来人竟是他的同僚王德俭，身穿油布斗篷，正站在大雨中冲他黠笑。

他赶紧把王德俭让进正房，一面为他解斗篷，一面感激地说："患难见知己。这么大的雨，只有你兄台能来为兄弟送行，实实难得。"

王德俭用巾帕擦擦脸上的雨水，从容地坐在椅子上，笑笑说道："我可不是来送行的。'人生难得杯在手，最喜风雨故人来'，我今日是特来讨酒喝的。"

李义府满脸阴云未退，苦笑着说道："也好，三杯残酒落肚，聊以驱寒解闷。"说着，拾掇出几个现成的小菜，二人绕桌而坐，先对饮一杯。

王德俭放下酒杯道："李兄真要走？"

"朝廷敕命已下，不走又如之奈何？"李义府说罢长叹一声，连饮两杯闷酒。

王德俭看着他愁眉不展的一脸苦相，抿嘴一笑道："李兄何苦这般丧气，车到山前必有路，没有过不去的火焰山。"

李义府听他话中有话，盯着他的眼睛急切问道："王兄莫非有计救我？"

"在下冒雨登门，正为献计而来。不过，今日这残羹薄肴，如何换得我一条'锦囊妙计'？"王德俭不急不忙地调侃着。

"哎呀，王兄雅量如海，岂能计较这些细枝末节、鸡零狗碎？过后盛筵伺候便是。请兄台快道其详。"

"你我都知道，皇上如今最宠爱武昭仪。早想立她为皇后，却一直犹豫不决。你可知为什么？"

"不甚了了，是为什么？"

"自然是怕朝中大臣，尤其是那班倚老卖老的元勋们群起反对。眼下，皇上最盼望的，是朝中能有人登高一呼，首倡立武昭仪为后。你若能率先上书，议立武昭仪为皇后，不但可以转祸为福，而且还可以加官晋爵。就看你李兄有没有这个胆量，敢不敢上这个奏疏了。"

一句话，可真是石破天惊。李义府只觉得云散日出，茅塞顿开。这确确实实是一个"金点子"，是一条起死回生的"锦囊妙计"。

生死荣辱，升迁降黜，自己这一生如何，就在此一举了。有什么敢不敢的？自己反正已是贬官之人，是长孙无忌的眼中钉。大不了戳了马蜂窝，被贬得更远一些罢了。就是为此掉了脑袋，也在所不辞。他决定破釜沉舟，拼死一搏了。

又听王德俭说道："这份上书，关键要直接送到皇上手里，决不能让那帮老家伙半路截杀。今日我在宫中值宿，你可代我前去，写好奏章便连夜呈送皇上，可保万无一失。"

李义府激动万分，连连向王德俭敬酒道："难得王兄高义，替小弟思虑得如此周全，小弟此生，没齿不忘，请受小弟一拜。"说罢就要跪地叩头。

王德俭忙一把拦住说道："不瞒李兄，小弟此来，不过是转达我舅父的意思。这主意是我舅父的，他说，只要李兄一上书，他便立即联络同僚，共为声援。"

"噢，原来是许大人在暗中救我。请王兄转禀许大人，我李义府对许大人的再造之恩，将永铭肺腑。今生愿为许大人驱使，鞍前马后，万死不辞。"

入夜之后，李义府来到朝堂值夜，展纸磨墨，苦思冥想，挥动生花妙笔，一篇花团锦簇般的"请废王皇后，立武昭仪，以厌（满足）兆庶之心"的建策奏表很快写成。

李义府本是东宫旧人，与皇上手下的内侍大都很熟。托了一位极可靠的，连夜叩阍上表，呈送皇上。

高宗皇上尚未睡下，立即展卷细读，一看标题，心中已十分高兴，及至读罢全文，禁不住喜上眉梢，击节称赏："好啊，终于有人公开上表了。武媚，你来看，真是一篇妙文。李义府这一支笔，可抵得上十万精兵。"

武昭仪看完了奏表，激动得心口儿突突乱跳，双颊飞红。她知道，这是许敬宗他们开始动手了。现在只要有一个人敢站出来振臂一呼，不怕没有千百人群起响应。有了这些忠于皇上和自己的朝臣们打头阵，何愁摆脱不了元老派的掣肘？

于是高宗皇上和武昭仪连夜召李义府内廷密谈，李义府一番剀切陈词，说是像他这样拥立武昭仪的人在朝臣中大有人在，而反对者只是最上层的那几个元老大臣，而且这些元老们态度也不尽一样。

高宗皇上就像喝了一壶香醇美醪，浑身轻松舒适。不仅感到"吾道不孤"，而且觉得册立武昭仪为皇后之事已经稳操胜券。

第二天，他亲下手诏，取消门下省已经公布的对李义府贬官外放的敕令，命他官复原职。同时，还特别赏赐他珠玉一斗，以示褒奖。

皇上这是要以他为榜样，号召朝臣们向他学习，向他聚拢。高宗皇上要正式告诉满朝文武，毕竟我是皇上，你们这些臣子是升是降是荣是辱，最后还得我说了算，而不是那些所谓的元老们。

几天以后，内廷又传出上谕，擢升李义府为中书侍郎，正四品。

长孙无忌等人对这闪电般的突然变故显得惊慌而又迷惑不解，李义府一个小小的中书舍人，又是已经贬谪的戴罪之人，是用什么做了敲门砖，用什么办法邀得圣恩，不仅官复原职，居然又获荣升？

他们似乎已感到了大变在即的某些迹象，听到了从云层深处传来的隐隐雷声。一场掀天揭地的狂风暴雨可能就要来了，而躲在幕后的那个呼风唤雨的人是谁呢？

除了她还能有谁？长孙无忌的脑海里模模糊糊地叠印着她的影子。

对皇上这种偏听偏信、独断专行的做法，他感到强烈的不满和极大的愤怒。他不能这样听之任之，坐视不管。再也不能这样大意了，必须未雨绸缪，谨慎应对，重整元老大臣这个势力强大的阵容，肩负起先帝交付的顾命辅政的使命，把偏离轨辙的皇上那驾马车拉回来，决不能让那个小妖婆的阴谋得逞。

他忽然想到了当年民间流传的那本《密记》，唐三世后，女主武王代有天下。只觉得头皮发乍，周身起栗，心中一阵阵发冷。

莫非事情真要被《密记》不幸言中？莫非先帝在世时最担心的事果真要发生？先帝啊，老臣受您托孤之恩，无以为报。您的在天之灵放心吧，纵然拼搏一死，老臣也要剪除隐患，保大唐江山千秋万代。

于是，他于当天夜里，把褚遂良、韩瑗、来济等心腹召至府上，密议应对之策。

高宗皇上三年不鸣，一鸣惊人。他接连两次突然袭击，以强硬而果断的态度，不同任何朝臣打招呼，便起用和擢拔了许敬宗、李义府。这一举措，打破了长期被元老派把持的万马齐喑的沉闷局面，给了那些多年来一直受长孙无忌排斥、压制的政坛失意者们以巨大的希望。

正像武昭仪预料的一样，一人高呼，万众响应。朝廷中那些长孙无忌的反对派，因出身寒门而怀才不遇的人们，迅速在"拥武"的旗帜下自动集合起来，形成了一股足以与元老派抗衡的势力。他们的领头人除了许敬宗、李义府之外，还有御史大夫崔义玄、御史中丞袁公瑜等。他们摩拳擦掌，跃跃欲试，时机一旦成熟，便要与长孙无忌一派决一死战，以建盖世奇功。

"我们该动手了，夜长梦多。皇上两次将他们撇置一边，独自宣诏，就像在浑水里放了一炮，将那些整天耀武扬威、横行无忌的老鳖巨鳌震得晕头转向，趁此机会再向他们心窝里狠戳一刀，便可置他们于死地。"一天夜里，这些人在许敬宗的府邸里聚会密议，新任中书侍郎李义府报仇心切，迫不及待地发言。

许敬宗手拈花白胡须，不紧不慢地说道："李侍郎言之有理，恶狗既已落水，就应该乘机猛打，勿稍姑息。据密报，这些人也在频频聚会，商量对策。只是还有些摸不准，吃不透，无从下手。若等他们爬上岸来，猖狂反扑，我等便死无葬身之地了。"

"以下官之见，要想打乱他们的阵脚，应该先击其最薄弱的一环，所谓'重拳打软肋'，也叫'吃柿子拣软的捏'。务求一举成功，首战告捷。杀鸡给猴看，杀一儆百，也好给武昭仪一个交代，她可是对我们这些人寄予厚望啊。"御史中丞崔义玄说道。

袁公瑜立即接口说："崔大人说得是。长安令裴行俭历来是长孙无忌的铁杆心腹，也是反对武昭仪的一员干将。拥立武昭仪为皇后的呼声一起，此人便多有微词。与长孙无忌、褚遂良、韩瑗、来济相比，他势力最单薄，我看，就先拿他开刀。"

"好，就是他"，众人都一致赞成。

"既如此，这件事就交给下官来办，大人们可静等好戏开场。"袁公瑜主动请缨，他要紧步李义府之后尘，为武昭仪建一奇功。

其实，他早已抓住了裴行俭的把柄，只是此时不肯说破罢了。

裴行俭是隋朝名将裴仁基之子，也是名门大户出身。年轻时入弘文馆为

女皇武则天

太学生，后任左屯卫参军，得到大将军苏定方赏识，并向他传授兵法。他于六韬之外，犹擅长书法，堪称文武全才。

此时他任长安令，只有三十七岁。平日多受长孙无忌器重，自然也深受其影响，对武昭仪成见颇深。风闻皇上要立武昭仪为皇后，心中愤懑。一日早朝之后，他追上正在前面并行的长孙无忌和褚遂良，怒气冲冲问道："据说皇上欲立武氏为后，若如此，国家之祸必从此始，两位大人可不能坐视不管。"也是年轻气盛，全不顾隔墙有耳。

早就想投靠武昭仪的御史中丞袁公瑜，本就有监督之使。这些日子就像一只嗅觉灵敏的猎犬，睁大了眼睛盯着长孙一派的一举一动。此时他正走在数步之外，早把他们的说话一字不漏地听了去。

他当时不动声色，佯装什么也没听见，掉头走开。

袁公瑜混迹政坛多年，深谙整人之道。他知道，此时不能公开弹劾他们，因为这事空口无凭，在朝堂之上他们可以赖得一干二净，甚至会反奏他个诬告；也不能一网数鱼。长孙无忌、褚遂良这两条鱼太大，弄不好会把网撕破。偷鸡不着反蚀米的傻事他不能干，只能先设法网住裴行俭这条小鱼。

该怎么办呢，左思右想，他决定采取迂回战术。

一天夜里，他换上一身便装，突然来到武昭仪大姐的府宅，声言有要事求见杨老太太。

杨氏并不认识他，但一个素昧平生的人突然登门求见，其中必有缘故，便慌忙更衣相见。

"请问贵客高姓？"杨氏彬彬有礼地问道。她以为是个普通的客商有事相询。自己虽然是名门闺秀，又是大都督遗孀、武昭仪之母。但孀居多年，寡母孤儿寄人檐下，尝尽人情冷暖。因此，对谁也不敢倨傲。

"在下姓袁名公瑜，现在朝中忝居御史中丞。事关机密，不得不微服造访。"

杨氏睁大了眼睛。自从丈夫去世之后，门前冷落车马稀。不用说这么大的朝廷官员，就是七品八品的地方官吏，也从没有一个人来她家踩个脚印。"夫人死了挤满街，老爷死了没人抬。"她常常为这种世态炎凉与女儿外甥们相对叹息。

"袁大人大驾光临，不知有何见教？"

"不敢，下官是专为武昭仪的事来的。"接着，他把裴行俭等人如何暗地勾结，如何诋毁诽谤武昭仪的事添枝加叶地说了一通。最后说道："此人不除，立武昭仪为皇后的事断难行得通。事关几个大人物，只靠下官弹劾恐于事无补。还需杨老夫人去宫中走一趟。只要皇上做了决断，朝中自有大臣群起呼应，如此大事方济。"

杨老太太一听是这事，自然满口答应，慌不迭地连声道谢。袁公瑜也不多做寒暄，遂告辞回府。

杨氏送走袁公瑜后，连一刻也等不得，立即去宫中通报了消息。

第二天早朝，高宗皇上突然宣诏，左迁裴行俭为西州都督府长史。由京官贬为边防官，而且贬所乃远离长安的边鄙之地，那里是贞观十四年刚刚由唐军吞并的原高昌国属地。偏远荒蛮，人迹罕至，以往非大罪之人不贬往此处。

这道诏令下得太突然，让人莫名其妙。长孙无忌立即意识到，这是武昭仪开始动手了。要杀鸡给猴看，下一步就要开刀杀猴子了。

如果说，皇上前两次的突然袭击，他还能勉强做到忍而不发，这一次实在是忍无可忍了。须知，皇上这样做，明摆着是要斩断自己一条臂膀，折去自己一翼。

"皇上，老臣不明白，裴行俭所犯何罪，竟遭此重贬？"长孙无忌突然大声吼道，气血上涌，怒形于色，花白胡须激动得簌簌乱颤。大殿里一片寂静，文武大臣们都感到了一种剑拔弩张的气氛在朝堂上弥漫。

"老爱卿何以如此说？这怎么能算贬黜呢？长安令是正五品，都督府长史也是正五品，这是朝廷官员的正常调动嘛？"高宗皇上已是早有准备，不慌不忙，平心静气地说道。

诡辩，纯是诡辩，皇上没有这么多心计，一定又是那狐狸精的鬼点子。心里这么想着，长孙无忌更感到气不打一处来。

"裴行俭年富力强，文武全才，正可在朝廷有所作为。既不是贬黜，为何要发配到那个兔子不拉屎的地方？"长孙无忌声音放得更大，已经是在怒气冲冲地质问，甚至带着一些长辈训斥孩子的味道。

高宗皇上也有些动怒，但还是尽量地把语气放平缓，胸有成竹地说道："正因他年富力强，精通兵法，深谙六韬，才应该到边陲重地去效力国家，靠一刀一枪建功立业。一辈子蜗居京师，只贪恋个锦衣玉食的安乐窝，能有什么作为？"

这几句话颇为占理，或者说是强词夺理，绵里藏针。这样的主意皇上自己很难想出来，一定是那个武媚教的。

但不管是谁的主意，长孙无忌却被噎得一时说不出话来。沉思良久，又突然说道："即使是正常的升迁、调动，皇上也不应圣衷独断。按我大唐制度，七品以上官员的升迁、调动，都要经过中书省提议，门下省核批，最后再由皇上决定。这次对裴行俭的左迁，以及上两次对许敬宗、李义府的擢升，皆不合我朝例制。若是一切都由皇上一人说了算，还要中书、门下二省，还要偌大一个宰相班子干什么？"

长孙无忌不仅是据理廷争，而且要旧账新账一齐算。

高宗皇上事先不曾料到这一着，一时无言以对，面显尴尬。就在此时，礼部尚书许敬宗挺身而出，朗声说道："长孙大人身为太尉，三朝元老，想不到对我大唐制度却一知半解。不知是真不懂，还是只取所需，欺我朝中无人？满朝大臣谁人不知，对官员的升迁、调动，高祖、太宗两朝，均有变通之法，叫作'墨敕'，那就是不需经过中书、门下两省，由皇上直接签发诏命，立即生效。莫非长孙大人就忘了，当年由长孙皇后提议，先帝并未同任何朝臣商量，就直接宣诏，将你长孙大人调离宰相班列。还有先帝宾天之前，一纸诏书，将李大人调任叠州都督。当时，先帝曾同哪位大臣商量过呢？难道说，太宗皇上的做法，也都违背了我大唐的制度吗？"

许敬宗的话，尖锐而又刻薄，句句在理，咄咄逼人，把长孙无忌逼到了死角。他一下子涨红了脸，气得浑身发颤，却再也说不出话来。

高宗皇上长长地舒了一口气，赞赏地看看许敬宗，然后冷冷地对长孙无忌等人说道："许爱卿说得是。朕就是再无能，就是当年的'阿斗'，也毕竟还坐在皇帝这个位子上吧？朕已经登基六年多了，难道就不能自己拿一次主意，就不能也'墨敕'一次吗？"

长孙无忌只觉得有一把刀子狠狠地扎进他心里，心脏一阵绞疼，冷汗滚滚而下。这话太沉重了，让他难以承受。他身子摇晃了一下，旁边的褚遂良赶紧把他扶住，趁机向他递了个眼色，让他不要再说话。

深秋时节，灞陵柳黄，冷雨萧萧。裴行俭无奈离京，触目伤怀，一腔愁绪。

长孙无忌、褚遂良等元老班底全部赶到市郊为他送行。但是，此时此刻，他们又能说什么呢？只能如后来王维诗那样，"劝君更尽一杯酒"，相对唏嘘，道声珍重罢了。

当那辆孤零零的驿车辚辚驶至十里长亭时，却不料司空大人李勣竟早已等在这里，单独为他送行。他们并非至交，平时很少来往。他没料到在这个人皆避之唯恐不及的时候，李勣会有如此胸怀。忙拱手说道："裴某戴罪之身，敢劳李大人大驾相送？"

李勣忙上前扶住他道："裴大人休如此说。'塞翁失马，安知非福？'以在下看来，裴大人此行正是以小祸避大祸，躲开了一场血光之灾。"

裴行俭大惊："李大人何出此言？"

李勣不肯细说，只是王顾左右而言他道："'此处风寒，西塞倒比京师暖；居高自险，庙堂更比江湖难。'裴大人听老夫一句话，此去西域，断不可再问朝事。只潜心守疆拓土，把西域作为平生所学兵法的用武之地，一展雄才。日后凯旋返京，可保一生平安富贵。"

裴行俭顿有所悟，万分感激地看看李勣，泣声谢道："李大人临别赠言，令裴某穿阴霾而见青天，受益终生。有金石之声，真无价至宝。请受裴某一拜。"说罢，一揖到地。然后转身登车，一扫愁容，逍遥而去。

裴行俭离京后的第三天，高宗皇上在退朝后召长孙无忌、李勣、褚遂良、于志宁四位元老重臣入后宫内殿议事。

一听皇上要在内殿召见，四个人都明白了皇上的用意，这显然是武昭仪加快了夺取皇后之位的步伐，皇上要向他们摊牌了。

他们互相看看，谁也没有说话，各自想着心事。

沉默了片刻，褚遂良满面肃容，突然开口："今日皇上召见我等，必是为议立武氏为皇后一事。看来皇上决心已定，逆之必亡。长孙太尉是皇上元舅，李司空乃开国功臣，你们不必说话。遂良本是草莽微臣，无汗马功劳，却身居高位，受先帝临终顾命，如不以死相争，则无颜立足世间。"

李勣面无表情，心内却不肯领情。想道，这个不识时务的老倔头，硬要同皇上做对，这是明摆着拿鸡蛋往石头上碰，自取其祸。我李勣和你们本不是一条道上跑的车，犯不着跟你们去蹚这湾浑水。武昭仪当皇后有什么不行？就因为她出身寒微，她父亲曾是个卖豆腐的？我李勣曾是瓦岗义军的首领，在你们眼里是个"贼头"。虽说是开国功臣，却一直被你们这些以门第高贵为荣的世家大族视为异类，列入另册。既然大家不是一类人，我又何苦跟在你们屁股后头找着触霉头呢？今日召见，必有一场针锋相对的面折廷争，自己夹在里面，说什么话都不好，还是三十六计，走为上策。他一边想着，一边同他们向后走去。将近居苑，他突然"哎哟"大叫一声，身子急蹲，额头上登时冒出汗来，口里说道："列位大人，我腹内如绞，老毛病又犯了，请跟皇上禀告一声，下官要回府去了。"说吧，立起身来，步履蹒跚地出宫而去。

女皇武则天

长孙无忌鼻子里"哼"了一声，愤愤然骂道："这个老滑头，越老越奸。当年战场上出生入死，从未退缩过。如今在这关系到江山社稷命运的紧要关头，却滑得像条黑鱼，先自溜了。"

三人无奈，只好慢慢地走进内殿。

等他们依仪行过大礼，高宗皇上让他们坐下。长孙无忌抬眼看了看皇上，却见他身后破例悬了一挂竹帘，帘内依稀坐着一位妇人。他心里"格登"一下，此人必是武昭仪无疑。这个泼妇，是她一手策划了这场废立皇后的闹剧，现在又迫不及待地要从幕后走上前台了。

"皇后无子，武昭仪有子，朕欲立武昭仪为皇后，你们以为如何？"

高宗皇上不等他们坐稳，便开门见山地挑明了话题。说得果断而又干脆，毫不犹豫，不像是在议事，倒像是在宣诏。与往日优柔寡断的懦弱禀性判若两人。

褚遂良并不看他的颜色，抱着将生死置之度外的决心，待皇上话音刚落，立即慷慨陈词道："王皇后出自名门，乃先帝亲自为陛下挑选，先帝临终托臣等，'佳儿佳妇，今以付卿'。先帝尸骨未寒，言犹在耳，臣不忍遽变。况且皇后并无失德之事，臣不能曲意附和陛下，上违先帝之命。"

短短的几句话，便三次提到先帝。这显然是在拿先帝来胁迫自己，压自己。难道先帝是天子，朕就不是天子吗？你们这些顾命大臣，就只听先帝的，不听朕的吗？须知现在是永徽年间的朝堂，贞观年代早已成了过去，开口闭口先帝，你们把朕这个当今皇上置于何处？

况且，明白人一听就清楚，你说王皇后出身名门，显然是在暗中讥讽武昭仪，好像在说，你武媚算什么，不过是个引车卖浆者流的女儿，野鸡还能变凤凰？

高宗皇上一下子变了脸，只觉得怒气上涌，沉声说道："皇后无子，陷朕于不孝，历代皆为'七出'之罪。近又做出'厌胜'害人这样的丑事，还不算失德吗？这样无德之人，如何为六宫之主，母仪天下？"

王皇后"厌胜"之事，因是"家丑"，高宗皇上并未向朝臣宣示，褚遂良等人虽有风闻，并不相信真有此事。今日皇上当面说出，不禁愕然。

但是，他们的主要目的不是要如何保住王皇后，而是要千方百计阻遏武媚爬上皇后之位。因此，褚遂良略一思索，又说道："如果皇上一定要更易皇后，臣伏请从天下名门闺秀中挑选，却决不能立武昭仪为后。武氏曾经侍候过先帝，这是有目共睹的事实。天下人的耳目如何遮掩？万世之后，天下人将如何看待陛下？此事断不可行，万望陛下三思。"

俗话说，打人不打脸，揭人不揭短。褚遂良这几句揭老底的话，就像一记重重的耳光，甩在了高宗皇上的脸上。高宗皇上立时面红耳赤，坐立不安。

公然在殿堂之中说武昭仪曾侍奉过先帝，褚遂良还是第一人。这简直是在公开骂娘，既是骂武昭仪，更是在骂皇上。骂他乱伦，骂他燕奸父妾。就是一般的市井小民，这样的当面羞辱也受不了，何况是一代君王？如此谤讪君父，目无圣上，简直狂妄至极。是可忍孰不可忍？高宗皇上勃然大怒，脸色阴沉，双手在轻轻地抖动。

还没等高宗皇上发作，褚遂良竟做出了更加激烈，更加令人骇然的举动。

他把笏板猛然摔在地上，脱下襆头，把脑袋重重地叩在砖地上，直到前额碰破，血流如注，放声哭道："褚遂良还笏于陛下，乞陛下放臣归还故里。"

这是以辞官做威胁，以血谏做要挟，是大不敬之举，是赤裸裸的反叛。

坐在帘内的武昭仪，早就如坐针毡，此时已经怒不可遏。

她望着帘外这个狂傲无礼的倔老头，眼前突然出现了当年太宗皇上那匹桀骜不驯的"狮子骢"。那时她要以铁鞭、铁挝、匕首来制服它而未能如愿。而对眼下这个狂妄之徒，不，是一个顽劣不法的"畜牲"，她必须采用铁的手腕。她真想用匕首亲手割断这个老家伙的喉咙。

她终于忍无可忍，再不顾什么妃嫔懿范，突然厉声叱骂道："何不扑杀此獠？"

一言既出，如焦雷炸响，殿内的人都惊得颜面失色。"獠"是什么？那就是"畜生"。堂堂的后宫昭仪，竟用如此狠毒又不加遮拦的话骂人，可见她是愤怒已极。

长孙无忌害怕皇上在盛怒之下听从武昭仪的话，下旨杀人，慌忙跪地奏道："褚遂良身受先朝遗命，犯颜直谏，并无罪过。即使有罪，也不可轻易用刑。"

高宗皇上虽说已经怒火填膺，但是他此时不想也不敢擅杀顾命大臣，便连声吼道："拖出去，把他拖出去，让他回府反省，听候发落。"

第一次召见就这样不欢而散。

褚遂良是太宗朝有名的诤臣。当年由魏徵推荐给太宗皇帝，性情耿介，刚正不阿，敢于忤上意，逆龙鳞，犯颜直谏，不稍苟且，具有像魏徵一样的风骨。

但是，有一点他却忘了，现在已是永徽朝，太宗时代的老皇历翻不得了。

女皇武则天

唐太宗是何许人？他英明天纵，乾纲独断，天下英雄皆在他的掌握之中，又能见贤思齐，从善如流。臣下们可以放胆说话，随时进谏，甚至可以同他争得面红耳赤。但是最后必须他说了算。谏诤正确，他采纳；谏诤错了，弃之不问。诤臣们不过是他的参谋、智囊和幕僚，他不怀疑也不怕他们有异图。你争也罢，顺也罢，对也罢，错也罢，归根结底，还不是任他玩弄于股掌之上？

高宗皇上却与先帝大不相同，他年轻稚嫩，又是个弱主，生怕大臣们功高盖主，揽权篡政，视他为傀儡皇帝。因此，早就对这个元老集团产生了疑忌戒备之心。

褚遂良还像在先朝为官那样，面折廷争，据理强谏，又是在关系武氏为后这样一个最敏感的问题上，岂不是刻舟求剑，食古不化？他是注定要倒大霉的。

但是，他这种"我不下地狱谁下地狱"的必死之心和忠勇之气，还是让不少人深受感动。

元老阵营的副帅率先披挂上阵，而作为这个集团的年轻干将韩瑗、来济，自然要当仁不让地披坚执锐、挥戈冲锋了。

第二天早朝，二人并肩上阵，哭谏于朝，措辞强硬激烈，甚至号啕大哭，涕泗交流。高宗皇上不胜其烦，命宦官将二人拖出朝堂了事。韩瑗心犹不甘，一夜未眠，伏案挥毫，写成洋洋数千言的奏表，上书切谏，其中一段，让人读之心惊胆寒，毛骨悚然：

> ……匹夫匹妇，犹相选择，况天子乎？皇后母仪万国，善恶由之，故嫫母辅佐黄帝，妲己倾覆殷王。《诗》云："赫赫宗周，褒姒灭之。"每览前古，常兴叹息，不谓今日尘黩圣代，作而不法，后嗣可观！愿陛下详之，无为后人所笑！使臣有益于国，俎醢之戮，臣之分也。昔吴王不用子胥之言而麋鹿游于姑苏。臣恐海内失望，荆棘生于阙庭，宗庙不血食，期有日矣……

无独有偶，在韩瑗上书的同时，来济不甘落后，亦上一表，其中几句写道：

> ……王者立后，上法乾坤，必择礼敬名家，幽娴贞淑，副四海

之望，称神祇之意。是故周文造舟以迎太姒，而兴《关雎》之化，百姓蒙祚；孝成纵欲，以婢为后，使皇统亡绝，社稷倾沦。有周之隆既如彼，大汉之祸又如此，唯陛下详察……

简直岂有此理！高宗皇上看罢二人的上书，气得面色灰败，手指哆嗦。你韩瑗、来济也如此不知天高地厚，大言不惭地教训起朕来了。好啊，你们都步褚遂良的后尘，要做个像比干、伍子胥那样流芳千年、名垂青史的孤忠之臣，却把武昭仪攀比为"妲己""褒姒"一类的媚君亡国的妖妇。那朕成了什么人？这不是分明在骂朕是"夏桀""商纣""周幽王""夫差"之流的昏庸暴虐之君吗？高宗皇上越想越气愤，胸腹在剧烈地一起一落，他将上书愤愤然摔在地上，起身向后宫走去。

生气归生气，他却不知如何是好。没想到这帮人如此顽固、强硬和自以为是。看来，元老派这层封冻着朝廷的坚冰实在太厚，要打碎它、融化它并不是一朝一夕能办到的。这些宰辅大臣们的激烈反对，使高宗皇上首鼠两端，举棋不定，立武昭仪为皇后的决心又开始动摇。至少，他想拖一段时间，看看情势再说。

武昭仪似乎看透了他的心思，见他满脸倦色、忧心忡忡地回到寝宫，也不再催问他，赶紧帮他宽衣，扶他坐下，双手在他肩头、后背轻轻地按揉抚摸着，动情地说道："陛下这几天太累了，劳神动怒，心力交瘁，比前消瘦了许多，臣妾实在于心不忍。还要多加摄养将息才是。"

像是有种清香的麝兰之气袭进了高宗皇上的鼻翼，他感到一阵陶醉，一股暖流在周身荡漾弥散。他又想起了母亲长孙皇后。小的时候，每逢遇到什么委屈为难之事，他总是把头埋在母亲的双乳之中，尽情地嘤嘤而泣。这里是避风港，是避难所，是斩尽愁绪，荡洗委屈，补给欢乐的幸福之源。

"皇上，不要再想那些烦心事了，车到山前必有路。您现在需要好好地休息，轻松轻松。"武昭仪的樱唇印在了高宗的嘴上……

高宗被真正地唤醒了。是的，在这个焦头烂额的时候，他真需要好好放松一下自己。

他猛地站起来，抱着她来到内间的龙榻上。两人迅速脱衣解带，褪去亵衣，垂落软帐。大白天里，一胖一瘦，两个躯体纠结到了一起……

一阵狂飙骤起，一阵怒云急雨，高宗皇上感到了一种酣畅淋漓的痛快和甜蜜。

他平躺在龙榻上，大口喘着粗气。

武昭仪侧身半伏在他身上，满头秀发披散在他的脸颊和脖颈上，搔得他心里痒痒的……这时，她像是想起了什么，突然问道："陛下，听说这几天司空大人李勣没有上朝？"

高宗皇上似乎还沉醉在适才那种销魂荡魄的余波里，轻闭着眼睛不经意地答道："嗯，有好几天了，说是病了。"

"什么病？我看李大人并没有什么病。"

"没有病？"高宗皇上睁开了眼睛，讶异地问道，"为什么没有病？你怎么知道。"

"我看李大人有的只是心病，他在有意躲着皇上，尤其是在躲避着朝堂之上大臣之间，臣下与皇上之间的激烈廷争。"

"何以见得？"

"皇上知道，眼下就废立皇后之事，满朝文武已明里暗里地分成两大派系，一派是拥护陛下的，一派则是反对陛下的，势同水火，冰炭不容。反对派是那些势焰熏天的元老重臣。这一点，以李勣的聪明和老到，怕早已了然于胸。"

"你是说，在这个事关朝廷命运的节骨眼上，李勣却耍滑头，想隔岸观火，坐山观虎斗？"

"这倒不是，李大人不是这种人。我看李大人虽然是我大唐的开国元勋，凌烟阁上二十四名功臣的前排人物。但他与那帮依仗豪门大户出身而盛气凌人的元老们历来不睦，特别是在废立皇后这件事上，他从心底里是支持皇上的。这么长时间的沉默，本身就是支持。"

"那么，他为啥不站出来说话？难道对长孙无忌那些人，连三公之一的李勣也这样害怕，畏之如虎？"

"那倒未必。他为什么要怕他们？除了先帝，这个人还从来没怕过谁。他只是不想同他们撕破脸面。他如果在朝堂上公然支持皇上，势必同长孙一派当面锣对面鼓，大动'干戈'，以他的威望和影响力，必定使朝臣们公开分裂成两大派。弄不好，门派之争，朋党之祸便会自此开始，永无宁日，引起朝廷不安，江山震荡。他李勣怕担这个分裂朝廷的罪名，那样他会成为留骂名于后世的千古罪人，玷辱了他的一世清名。"武昭仪说得十分笃定。她对李勣其人了解得太深。李勣与武士彟乃生死之交，当年父亲的葬礼便是由他主持的。父亲生前曾多次说过，李勣乃隋唐以来少有的文武双全的奇才。他处事沉稳老辣，心迹深藏不露，每遇危难又机变百出，战场上几乎是百战百胜。

他出身寒微，与父亲志趣相投又同病相怜。对立自己这个老朋友的女儿为皇后，自然会深表赞同。只是以他的身份和威望，不宜过分明显地表态罢了，那样会引来向女主献媚取宠之讥，以他李勣的为人，是决不会那么做的。但是在目前这个两军对垒、相持不下的局面中，他的话又是一言九鼎，举足轻重。

因此，她必须及时地提醒皇上："陛下，待李大人上朝之后，您应该单独地征询一下他的看法。"

高宗皇上被武昭仪说得频频点头："对，对，应该听听他的高见。此公既是开国元勋，柱石之臣，又是先帝亲自为朕挑选的辅政大臣，朕为何把他忘了呢？"

高宗皇上顿时高兴起来，几天来的忧郁愁闷为之一扫。苍天赐朕一武媚，真是三生有幸！这可不仅仅是一个如鱼得水的性伙伴，更是一个志同道合的政治盟友，是朕治理大唐江山不可或缺的左膀右臂、高级智囊。

高宗皇上焦急地等待着李勣"病愈"上朝，他既是有病在身，自己便不能像个饶舌妇似的不停地催他，那样不仅是对这个元老重臣的不尊重，更是一种不信任。

一连等了六七天，总算把他等来了。早朝刚散，高宗皇上便迫不及待地把李勣单独召至便殿之内。

君臣二人晤面，免去一切繁文缛节，待李勣刚刚坐下，高宗皇上便开口问道："朕欲立武昭仪为皇后，大臣们意见相左，众说纷纭，以司空大人之见，朕该何去何从？"

李勣平静地看看皇上，微微一笑，不急不慢地说出了十一个字："此陛下家事，何必更问外人？"

高宗皇上还在等着听下文，李勣却不再说话，只冲着皇上一个劲儿地笑。高宗皇上稍稍一怔，迅即恍然大悟。如此机敏的回答，看似简简单单，实则大有深意。这寥寥十一个字，不回答中已做了回答，而且是旗帜鲜明、毫不含糊的回答，真有挽狂澜于既倒的回天之力。

高宗皇上多日来的重重顾虑一下子被打消了。对啊，这是我的家事，为什么要问外人，你们当朝臣的凭什么横加干涉？朝廷中这么些大臣，哪个不是三妻四妾；你们娶谁不娶谁，扶谁为正以谁为小，怎么从来没征询过我这个当皇帝的旨意？我堂堂一国之主，万民君父，为什么立谁为后偏要听你们的？

　　既然有李司空支持，就再也不怕那些不识时务者有什么微词，放什么浪言。高宗皇上顿时觉得腰杆子硬了、胸中块垒尽消，有了主见。

　　他感激地对李勣笑道："妙语解颐，妙语解颐，怪不得武昭仪一再劝朕向李大人求教呢。"

　　也不知为什么，一夜之间，李勣的这十一字妙语便不胫而走，传遍了朝廷。

　　第二天，礼部尚书许敬宗来到礼部大堂，一进门，便听众官员们在议论纷纷，有说李勣机敏过人的，有说李勣老奸巨猾的。许敬宗听罢，却击掌说道："李大人真知灼见，一言安天下，我等愧不能望其项背。诸位请想，一个田舍翁（乡巴佬）多收了十斛麦子，都想休掉黄脸婆，另讨个新媳妇。何况是天子想立皇后，当然是皇帝的家事，干卿何事？凭什么要说三道四，喋喋不休，岂不多事？"

　　话刚说完，大堂里顿时哄然大笑。他们当然知道，许敬宗是借李勣的话，直刺长孙无忌等人多管闲事。但也有人为他捏了一把汗，认为把皇上比作田舍翁，乃是大不敬之罪。

　　不料此话很快传进宫去，武昭仪听后"格格格"笑得肚子疼。她笑着把这话对高宗皇上学了，高宗也忍俊不禁，说道："这个海内硕儒，话说得是粗俗了点，却是大实话。"

　　他知道朝中大臣们心中的天平，大部分已经倾斜到自己这边来了。

　　立武昭仪为后的决心，在高宗皇上的胸中已经铁定了。

第七章　母仪天下　谋废皇储

永徽六年九月初三日，一道令朝野震动的诏书正式颁布：贬褚遂良为潭州都督，即日离京。

枯杨衰草，黄尘古道，年逾花甲的三朝元老，曾以耿耿忠心、铮铮傲骨而蜚声华夏的一代书圣，在萧瑟秋风扫落叶的悲哀和凄惶中，踏上了他多彩人生的不归之路。

一个多月之后，又一道令举世瞩目、国人咋舌的诏书从皇宫大内传向大江南北：王皇后、萧淑妃以"厌胜"邪术害人，罪不容赦，着即废为庶人。其母及兄弟皆从皇室玉牒中除名，流放岭南，籍没全部家产。

废不是目的，而是手段，其终极目的是为了立，为了把武昭仪推上母仪天下的皇后宝座。

这一天终于来了，许敬宗、李义府一派在欢呼雀跃、弹冠相庆之余，迅速地行动起来，四处游说，八方笼络，鼓动如簧之舌说服文武官员，集体上演了一出"百官拥立武后"的闹剧。

还用游说，还用笼络吗？人类自来就有欺软怕硬、谄上傲下，扶竹竿不扶井绳的劣根性。而在朝廷吃皇粮的官僚和政客中，天生的软骨病患者、见风使舵、投机钻营者尤多。如今大势所趋，大局已定，原来那些持观望和反对态度的人立刻来了个一百八十度的大转弯，争先恐后地往"百官拥立"的行列里挤。顷刻之间，朝廷之中很快便形成了"一面倒"之势。到了这个时候，长孙无忌等几个铁杆反武派也只能缄口结舌，噤若寒蝉，他们再也无力还手了。

高宗、武昭仪在欣喜之余，积极地筹划册封活动的每一个细节。他们在内殿召见了许敬宗，面授机宜，让他倾尽所学，起草一份让国人折服的册封诏书。

永徽六年十月十九日，也就是王皇后被废的第六天，拥立活动达到高潮。朝中百官联名上书请愿，要求高宗皇上立武昭仪为皇后。

万事俱备、只欠东风的高宗皇上，早在坐等这一刻的到来。他立即下达

女皇武则天

册封诏书，宣告朝臣，布达全国。诏书写道：

> 武氏门著勋庸，地华缨黻，往以才行选入后廷，誉重椒闱，德光兰掖。朕昔在储贰，特荷先慈，常得侍从，弗离朝夕。宫壸之内，恒自饬躬；嫔嫱之间，未尝迕目。圣情鉴悉，每垂赏叹，遂以武氏赐朕，事同政君，可立为皇后。

不愧是名噪一时的文坛巨擘，一纸诏书写得花团锦簇，情辞并茂。把高宗要向天下人说的意思都淋漓尽致地表达了出来。

你们不是说武昭仪是木材商、暴发户的女儿吗？朕偏要为她重正门第。她是"门著勋庸""地华缨黻"，出身名门勋贵之家；你长孙无忌、褚遂良不是攻击武氏是先帝的侍妾，说天下人的耳目不能尽掩吗？朕偏要为她正名，武氏入宫不久，先帝便将这个"誉重椒闱，德光兰掖"的冰清玉洁的小才人赐给了太子时代的朕。

为了使武昭仪入主中宫不违常情，理直气壮，高宗皇上按照武昭仪的意图，让御用文人向天下人撒了一个弥天大谎，同历史开了一个不大不小的玩笑。

我武媚是不是同太宗皇上睡过觉，天下人有几个悉知就里，了解实情？千百年之后，更有谁能参破这个谜团？天下人的耳目固然不能全部遮盖，但我可以把这事弄得扑朔迷离，让你们的攻击和咒骂也变得似是而非。历史本来就是一个任人打扮的小姑娘嘛。

多年的凤愿终于变成了现实，高宗皇上和武昭仪都该长长地舒口气了。

但是，武昭仪却不敢有半点的轻松和麻痹。她知道，自己的反对势力还很强大，以长孙无忌为首的元老派，除了一个褚遂良被摭出朝堂之外，其他的都还盘踞在朝廷中，掌握着机枢重权。对他们决不能掉以轻心。

她要分化瓦解这个堡垒，实行各个击破。最好把他们当中的年轻少壮者拉入自己的阵营，为我所用。

在立后诏书下达的第二天，她以新皇后的身份上了一道辞恳情切的奏章；从前陛下有意立妾为宸妃时，韩瑗、来济曾当着皇上的面激烈阻谏，这是甚为难得的行为，若非忠诚为国，岂能犯颜直谏。为了大局和国家的利益，恳请皇上嘉奖两位大臣。

高宗皇上被武后这种不计前嫌的"宽大胸怀"深深感动，立即召见这两位宰相，并把新皇后的奏章给他们看。原以为他们会被武后这种"以德报怨"的做法所感动，会叩首谢恩，甚至会感激涕零。

没想到他们并不领情，看完之后，面无表情。沉默有倾，韩瑗冷冷地说道："我二人不仅反对立武昭仪为宸妃，更反对立她为皇后。褚遂良大人因此获罪，贬官地方，我等岂敢奢求奖赏。"说罢，双双跪拜叩首，固辞出殿。

韩、来二人虽然相对年轻，但毕竟是从政二十余年的人了。在他们看来，武后这种反常的"与人为善"和"古道热肠"后面，一定掩藏着一种不可告人的阴谋。虽是以表彰的形式重提"立宸妃"这件旧事，也正说明她对这件事一直念念不忘，耿耿于怀。这是个心机玄奥的女人，不定哪一天，她就会痛下杀手，进行报复。

当然，也不能排除她是在暗示恩宠，拉拢自己，好孤立和打击太尉长孙无忌。可是自己能那么干吗？太尉乃是自己的恩师，没有太尉的赏识和器重，哪有我们的今天？在这个大势已去、墙倒众人推的时候，连他的"门下双杰"也跟着落井下石，卖身投靠到那个势不两立的女人的石榴裙下，这不要说失尽宰辅大臣的气节，就连做人的起码道德也丢尽了。更何况，即使现在投靠了她，给她当枪使唤，怕也只能取一时之宠。等她脚跟站牢，大权掌稳，也会反过头来收拾这些曾反对过她的异类。政坛历来是这个世界上最龌龊的地方，这样的事在历史上可是屡见不鲜。

想到这些，两个人便感到前景一片灰暗、不寒而栗。

事到如今，唯有退出朝廷，全身避祸，才是唯一能自救的上策。

于是，一连几天，他们数次上书，要求辞官为民，退隐山林，高宗皇上不予批准。

辞官为民不行，拱手让出宰相之位，做个普通的京官总行了吧？想不到皇上仍然不准。

万般无奈，韩、来二人硬着头皮，每日胆战心惊地去朝堂履行公事。这可是真正的当一天和尚撞一天钟了。每天撞着钟，却在忐忑不安地等待着大祸临头的那一天。

十一月一日，是太史经过郑重占卜而择定的好日子。蓝天似洗，游云如丝，一轮红日喷薄而出，向古老而繁华的长安城播撒着温暖和光明，初冬之夜残留于天地间的一点寒意被驱赶得干干净净。

册立新皇后的庆典，将于今天在太极殿隆重举行。这是一个规模浩大、场面壮观的旷古盛典。

女皇武则天

太极殿涂金描彩，披红挂绿，被装饰得焕然一新。大殿外面，七色彩旗迎风飘动，猎猎而舞。到处摆放的各种鲜花，昂首绽放，香阵冽冽，沁人心脾。各宫殿门首悬挂起了千姿百态的宫灯，大白天里也烛光摇曳，烟雾缭绕，由宫女们用绢帛、玉石和牙雕精心制作的五彩斑斓的花鸟鱼虫、飞禽走兽，将整个皇宫大内装扮得花团锦簇。

大殿内，金雕玉饰，镶珠嵌银。地上重新铺设了又软又厚的猩红毛毡。落地圆柱和整个穹顶都描龙画凤，施朱点翠，绚丽多彩而又不失庄重威严。

由礼部精心挑选的娇艳女童和年轻太监各百人，皆着袍靴玉带，手持扇、巾、壶、如意、香球及拂尘，分两列恭立左右。

辰时末刻，武后凤冠霞帔，珠围翠摇，在几名太监和宫女的簇拥下，与高宗皇上一起步入大殿。随着一阵黄钟大吕的奏鸣，笙、簧、埙、筘、琴、筝、管、琶各种大内乐器一齐鸣响，清音袅袅，绕梁飞散，大殿内外顿时沉浸在一片喜庆欢乐的气氛之中。

高宗皇上与武后在乐声中行至龙榻前，一东一西，面南而坐。

今天的立后大典由司空大人李勣主持。立武氏为后，全凭他"一言九鼎"。更何况，当年武后的父亲武士彟的葬礼，也曾由此公主持。选他主持大典，是武后对他"拥立勋劳"和世交世谊的一点酬谢。

李勣肃立于丹墀之前，向奏乐的方向轻轻一摆手，钧天大乐戛然而止。整个大殿寂然无声。

他看看皇上和皇后，高宗对他轻轻颔首。于是，他扫视了一下殿内众人，朗声喊道："金日吉时到，文武百官行朝拜之礼。"

丹墀之内，分文武班列肃然侍立的众大臣们，像刀裁一般齐刷刷地跪倒在地，只听见一片"刷刷刷"的袍襟撩动之声，满大殿里黑压压地跪了一片。"臣等恭祝皇上万岁万万岁！恭祝皇后娘娘千岁千千岁！"山呼之声如雷鸣海啸，震得大殿嗡嗡作响。

太尉长孙无忌请了病假，缺席今日盛典。韩瑗、来济、于志宁等这些元老班底的宰辅重臣们，却不能不低下他们高贵的头，弯腰屈膝，跪倒在昔日的政敌——他们拼死反对的这个妖妇、祸水脚下。

武后看看拜倒在自己面前的这些百僚臣工，下意识地摇摇头上的凤冠，一种难以言喻的感觉油然袭上了心头。十八年的艰难奋斗，十八年的凄风苦雨，十八年的生死赌博，终于登上了皇后之位，戴上了这顶梦寐以求的凤冠，有了一个美好的结局。

不，这不是结局，不该是结局，而应该是自己人生新里程的开端。不错，父亲对自己的巨大期望实现了，自己这个木材商的女儿真的成龙成凤了，可以光宗耀祖，告慰先父的在天之灵了。

但是，自己所要的仅仅是这些吗？殊死拼搏就只是为了一个空洞的皇后名分和一点炫耀于世人的虚荣吗？不，绝不是这样。她不能满足，她还有更高的人生目标要去攀登，还有许多明里暗里的政敌要去消灭，还有更重要的人生价值要去实现。她知道，一个人，只有扎扎实实地为江山社稷，为黎庶百姓做些好事，造些福祉，才能被历史接纳，真正地名垂青史、流芳百世，不管是男人还是女人，概莫能外。她要抖擞起精神，为自己、为皇上、为大唐朝廷，为历史书写新的篇章。

立后大典还在继续进行。高宗皇上将诏书、金册、金印及宝绶交给李勣，再由李勣在百官注目之下，毕恭毕敬地授予武后。这标志着，武皇后从此拥有了统御六宫、黜陟刑赏甚至生杀予夺的最高权力。

接下来，便是庆典活动中的一些繁文缛节、官样文章，不遑一一赘叙。

临近盛典结束，主持人李勣突然宣布，新皇后将在肃仪门城楼上接受百姓和万国使臣的朝拜。

李勣这一宣布，就像在平湖里投进了一块巨石，令文武百官惊诧莫名，一片愕然。

千百年来，按照孔孟之道，儒家伦理，凡是中等以上的家庭，不管是仕宦人家还是帝王之家，女子一生都应该待在深闺之中，除了近亲之外，一概不能出现在异性面前，更何况是母仪天下的一国皇后呢？

如果说，在立后大典上，她不隔翠帘，不戴面纱，公然在臣工百僚面前露面，已经是一种令人咋舌的千古创举，那么，现在她又要在市井小民的众目睽睽之下，尤其是在那些长相怪异的番人胡人面前抛头露面，就更加让人瞠目结舌，大惑不解了。

她要干什么，为什么要这么做？是在向政敌们炫耀她的八面威风？向世人张扬她的无上尊荣？还是要向数千年来禁锢、歧视女性的儒家礼法公然挑战？

人们不得而知，也不想知道，既然皇上都没有异议，我们又何必多嘴？蟹子过河随大流就是了。

武后头戴凤冠，身着大礼服，在一群花团锦簇的宫女们拥戴下，由武壮等几名贴身内侍导引，缓步登上了肃仪门城楼。

女皇武则天

艳阳高照，金风送爽，天高云淡，乾坤朗朗。灿烂的阳光映照在她妩媚娇冶、艳光四射的面庞上，人们看到了一朵昂然盛开在天地间的富贵之花——真正的国色天香。

武后微笑着，把灿烂的笑靥毫无保留地展露在千百万百姓面前。她频频地向人们颔首致意，偶尔抬起手来，向城楼下轻轻挥动。

如海如潮的百姓陶醉了，疯狂了，一波一波地向城楼下涌动。山呼万岁的吼声翻江倒海，响彻万里长空。那些外番使臣们更是兴奋异常，操着不太熟练的华语连呼万岁，手舞足蹈，摇头晃脑，甚至"叽哩呱啦"地狂呼乱叫……

武媚终于当上了皇后，这已是历史事实。拥立者欢欣鼓舞，反对者只能保持沉默，朝政暂时处于一种平稳状态。

高宗皇上从来没感到这样轻松过。朝堂上百官顺从，下朝后歌舞宴饮。军国大事由皇后协助处置，有章有法，无不得当。后宫里一切由武后操持，妃嫔和睦，井然有序。自己只乐得做个优哉游哉的太平天子。

人天生是一个怪物。悠闲自得、养尊处优的高宗皇上，不知为什么，此时却想起了前皇后王氏和前淑妃萧氏。在朝臣们为废立皇后而剑拔弩张、喋血争斗的时候，他对这两个女人只有愤恨。但是现在，一切又归于平静的时候，他却又产生了怜香惜玉之情。她们毕竟是自己的结发之妻或多年爱妾，现在也不知是什么样了？

她们被废已经一个多月了，眼下正幽禁在后宫的别院里。作为皇上，高宗当然知道，所谓别院是个什么所在。那实际上只是后宫里一所最阴暗最肮脏的破房子，平时是用来囚禁犯了重罪的宫女、侍婢的地方。

王、萧二人从锦衣玉食的人上人，忽而沦为猪狗不如的"别院囚徒"，她们该怎么活下去呢？残羹剩饭能吃得下吗？破衣烂衾能睡得暖吗？恐怕是天天以泪洗面，日日夜夜都在咒骂朕无情吧？

每想到这里，高宗皇上便觉得心口堵闷得慌，还时时有一只小虫子在咬啮得阵阵隐疼。

一天夜里，他破例没有到皇后的寝宫里去过夜，只让内侍去告知皇后，有几件朝廷急奏，他要在御书房连夜批复。

等到夜深人静，高宗皇上让一名贴身内侍带他去别院。在一盏孤灯引领下，他穿过曲曲折折的走廊、峥嵘狰恶的假山和黑黝黝的树林，终于来到了那个"别院"。微弱的星光下，只见房屋破败，瓦砾狼藉，没膝高的满院蒿草，在夜风中发出一阵阵"沙沙"的啜泣声。屋门上落着锁，窗子也都已经砌得死死的，只在灰暗的墙壁下方留了一个狗洞般的送饭孔。看来，这便是这两个女人与外界联系的唯一通道了。

"皇后、淑妃安在？朕来看你们了，"高宗皇上黯然神伤，轻声呼唤，却感到喉头一阵阵发紧。

黑屋子里没有回音。多时，才听到一阵窸窸窣窣的人在地上爬动的声音。接着，从送饭孔传出了让人揪心的哀哀的呜咽哭泣。

"贱妾得罪大家（皇上），已贬为宫婢，沦做罪囚，大家为何还以旧日尊称相呼？"是王皇后的声音，抽抽咽咽的哭声里，充满着一腔幽怨。是泣诉，是质问，还是谴责？

高宗皇上只觉得一颗心紧缩起来，眼前的女子太柔弱太可怜，她们需要男人的呵护，需要一条有力的胳膊拉她们一把。但是，这一切又是谁造成的呢？是朕吗？是武后吗？还是她们自食恶果呢？他说不清楚。

还没等高宗皇上说话，便听王氏又迫不及待地说道："如果皇上还念点旧日之情，使妾等再见日月，让我们做奴婢侍奉大家也心甘情愿。倘有此心，乞将此院命名为'回心院'。"话刚说完，便从屋内传出了萧氏撕心裂肺的号啕大哭。

高宗皇上只觉得后脊背一阵发冷，冲送饭孔说了句"你们放心，朕会有办法的"，便头也不回地离开了这个阴森可怖的地方。

高宗皇上又回到了御书房，琢磨着如何说服武后，将王、萧二人放出冷宫。

然而，用不着等他告知武后。还没出半个时辰，后宫的耳报神们便把事情的全部经过，详详细细地禀报了武后。武后勃然大怒，银牙咬得"格吱吱"响。这个一向懦弱的李治，竟会做出如此背叛自己的行为，背着自己偷偷摸摸与那两个女人幽会。

这两个不要脸的臭婊子，时至今日，还在妄想卷土重来。什么当侍女宫婢也心甘情愿，纯是骗人的鬼话。你们现在装出一副可怜相，还不是为了伺机反扑。这是两条毒蛇，尚未冻僵的毒蛇，一旦受暖复苏，第一个要咬死的人就是我武媚。你们未被废之前，就想以"厌胜"置我于死地。经过这场大难，一旦得志，还不把我撕成碎片？

在愤怒之余，武后也深深地痛责自己的粗心大意和掉以轻心。这本来应该是预料之中的事，却因为自己疏于提防和心慈手软，险些酿成塌天大祸。

女皇武则天

"回心院"？她们在企盼着皇上回心转意，这不是没有可能，也不是她们异想天开。皇上这个人从来就是心慈耳朵软，胸中无主见。一旦把她们放出来，整天在皇上面前说三道四，喋喋不休，说不定会发生什么事。那个时候，关在这"别院"里的将是自己。甚至不仅如此，她们会把自己千刀万剐，剁为碎肉方才解恨。

一夜不曾合眼，第二天一大早，估摸着皇上已去上朝，武后立即传旨，命内侍们赶往别院，重惩"囚徒"，王、萧二人各廷杖一百。她也随后跟去，亲自监刑。

须知，她现在乃是掌握后宫上下生死予夺大权的六宫之主。在这个你死我活的关键时候，她要行使自己的权力。为了扫清障碍，消除隐患，彻底断绝皇上与她们重归于好的念头，必须让她们永远消失。

王、萧二人被虎狼般的几个内侍拖出"囚室"，一抬头见武后站在那里，王皇后立刻高声喊道："愿大家万寿无疆，既然昭仪承宠，我当一死了之。"她知道肯定是昨夜的事泄漏了，这女人瞒着皇上取自己的性命来了。但直到此时，她也不肯承认武后的皇后地位，昂首站立在那里，怒目而视。

"行刑"，武后厉喊一声。七八条粗重的廷杖劈头盖脸打了下来。内侍们自然知道武后想要什么，都在狠命地往死里打。不出十下，王皇后早昏厥于地，殷红的鲜血流了一大摊。

萧氏被打得满地打滚，蓝灰色的粗布衣衫都变成了紫红色，却仍在咬牙切齿地哭骂："阿武，你这个妖孽。但愿来世做猫，阿武为鼠，我要世世代代狠狠地咬着你的喉咙。"

听着她们凄厉的叫骂，行刑者们都感到毛发直竖。武后也不禁打了个寒战。她脸色变得阴森可怖，一双秀目微眯着，透出了一团杀气。

她命内侍们抬来了两大缸食醋，对众人说道："这两个贱人惯为吃醋。因醋生妒，因妒生仇，因仇恨而一心害人杀人。今天，便让她们把这醋喝个够，永为后宫和天下悍妒者戒。"

说完，令内侍们把两个血肉模糊、昏迷不醒的女人扔进了醋缸里。

二人被冷醋激醒，一面挣扎着往缸外爬，一面继续大骂："武媚，你这个骚货，你这个恶魔。我们到阴间化为厉鬼，也要找你索命，让你不得好死。"

武后嘿嘿嘿一阵冷笑："就是到了阴曹地府，你俩也不过是两个酸鬼、软骨头鬼——去，把她们剁去手脚，送她们上西天。"

王、萧二人被行刑者从醋缸里捞出来，砍去了手脚四肢，又重新被扔进缸内。顷刻间，两只缸内变成了紫红色的血醋。血醋的表面咕噜噜冒了一阵血泡，便渐渐地归于平静……

高宗皇上退朝后得知消息，慌忙赶到别院。但王、萧二人早已毙命多时。看着那惨不忍睹的两缸血醋，他只觉得一阵恶心头晕，双腿一软，险些儿跌在地上。内侍们赶紧把他扶住。

他没想到，一向娇媚可人的武后会如此凶残，她怎么能忍心下得了这样的毒手？他想发作，想责问几句，但一见她那种眼中冒火、余怒未息的样子，心里便有些发疹。人死不能复生，再闹再打再骂都于事无补。只有设法好好地为王、萧二人办理丧事，聊作补报吧。

不过，对于武后其人，他们相识十几年，同床共枕五六年，他还是第一次看到她温柔大度后边的另一面。人竟是如此地复杂，如此地难以解读。看来他还需从另外的角度，重新认识自己这位亲密无间、情深意笃的新皇后。

皇上病倒了，他是被惊恐和哀伤击垮的。

一连数日，他都发着高烧，说着谵语，水米不沾牙。太医们号过脉，都说没啥大病，只不过精神受了过度刺激所致。

武后有些发慌，不分昼夜，寸步不离地侍候在床前。三天之后，皇上病势见轻，开始进食。武后便亲侍药膳，一匙一匙像喂小孩似的喂他。那些宫女、侍婢要替她一会儿，她一律不允。她知道，皇上的病是由她而起，尽管她是无可奈何的，并无愧疚，但在这个时候，让别人侍候皇上，她不放心，也不忍心。

皇上也离不开她。这些日子，朝臣们和各地官员递来的折子攒了一大摞。他需要她帮着批阅，及时处置，以免误了大事。他知道，在措置各种棘手的政事上，她比自己精明得多。

事情果然如他所料，当那些经她朱笔圈批的奏章由宫内发回朝廷，朝臣们不禁再一次愕然了。各种军政要务都批复得如此得体、稳妥，该缓的缓，该急的急，该重的重，该轻的轻，章法分明，井然有序。就连那一笔娟秀而又挺拔的蝇头小楷，也令他们称叹不已。臣工百僚们再一次领略了他们这位新皇后、这位巾帼奇人的另一种风采。

七八天以后，皇上龙体痊愈，又开始了一天一次的例行早朝。但是，退朝之后，他却不再那么劳形案牍，吃力地批阅那些枯燥乏味的奏疏表章，而把它一股脑儿都扔给了武后。而武后却像是个天生吃这碗饭的，总是乐此不疲。在那些烦冗驳杂的事务堆里徜徉，她却像鱼儿在水中游弋嬉戏一般悠然自得，乐在其中。自此时起，皇后参决政事，渐被朝臣认肯而成为多年的惯例。

一日晚间，武后在仔细地批阅一份奏疏。她反复审看数遍，却破例没在上面批复一字。

她打了个呵欠，站起身来伸了伸懒腰，把奏疏呈到高宗皇上面前，说道："皇上，这份奏折该如何批复，还请陛下定夺。"

高宗皇上接过来一看，却是许敬宗递呈的折子，是要求废立太子的，上面写道：

> 伏惟陛下宪章千古，含育万邦，爰立圣慈，母仪天下。既而皇后生子，合处少阳。出自涂山，是谓吾君之胤；凤闻胎教，宜展问竖之心。乃复为尊夺宗，降居藩邸；是使前星匿彩，瑶岳韬峰。臣以愚诚，窃所未喻。且今之守器，素非皇嫡，永徽爰始，国本未生，权引彗星，越升明两。近者元妃载诞，正胤降神，重光日融，爝晖宜息。安可以滥兹皇统，叨据大器！国有诤臣，孰逃其责！窃惟姑息克让，可以思齐；刘强守藩，宜遵往轨。追迹太伯，不亦休哉？踵武延陵，故常安矣。宁可反植枝干，久易位于天庭；倒袭衣裳，使违方于震位？蠢尔黎庶，云谁和心？垂裕后昆，将何播美？父子之际，人所难言。臣既分职文昌，典司嘉礼，倍陪宗伯，不敢旷言。事或犯麟，必婴严宪，煎膏染鼎，臣亦甘心。

高宗皇上看罢，沉吟多时，然后问武后道："以皇后看，此事当如何处之？"

其实，许敬宗的这一奏折，正是接到武后的密令后写的，完全是武后的意思。

除掉了王、萧二人之后，消灭了后宫内的政敌，去掉了心腹大患。但这场斗争并没有结束，而当务之急，就是要废掉太子李忠。他是废后王氏的过继儿子，由他继续窃踞太子之位，将来一旦执掌国柄，想起为"义母"报仇，则自己一系都要人头落地。太子忠必须废掉，也应该废掉，他虽是皇上的长子，却是庶出。历朝历代约定俗成的规矩，有嫡立嫡，无嫡立长。现在自己是皇后，已有两个嫡生儿子。以嫡长子李弘取代李忠，这是天经地义、顺情合理的事，于国于己都有益。为此，她授意许敬宗赶写了这份奏折。

但现在皇上当面问她，她却不能显得太猴急，便平静地答道："忠儿乃是皇上嫡长子，刚刚十三岁，又没有什么过失。立储乃国之根本大计，皇上还是多听听大臣们的。可单独召见许敬宗面谈一次，看看他究竟要说些什么。这份奏章，以臣妾看来，用典太滥，过于晦涩，还是当面说得更清楚。"

次日早朝后，高宗皇上单独召见许敬宗，直截了当地问道："关于废立太子一事，爱卿还有些什么想法、看法，可一并说来。"

为废立太子上书，虽有皇后撑腰，但毕竟事关重大，又弄不清皇上究竟是什么心思，许敬宗还是心中打鼓，有些忐忑不安。因此在奏折的末了，扯了几句"犯麟""煎膏染鼎"之类的话，来表明自己乃是冒死为国的忠心。

现在皇上召他进内廷面议，态度又和和气气，许敬宗受到了鼓励，便放开胆子，明明白白地说道："皇太子乃国之根本。有嫡而立长，国本不正。本若未正，天下万国无所系心，百僚臣工无所属意，百年之后，必定留下夺嫡争位，兄弟相残之隐患。况且现在的东宫太子，乃出自微庶，倘若他知道国家已正嫡分明，内心必然惴惴不安。窃踞自己不该得的位子而又日夜不安，既非本人之福，更非宗庙之福，还请皇上三思。"

高宗皇上听着这些话，只觉得悚然心惊。他连连点头道："爱卿说得极是，其实，前几天忠儿已自动请求退位了。"

生母出身卑微，只是仰仗"义母"的皇后之位才当了太子，早熟的李忠对此一清二楚，总觉得这个太子当得底气不足。王皇后被残害之后，李忠给吓蒙了。他已意识到再赖在太子位上不走，将会大祸临头。他与生母刘氏几次商议，还是悄悄地向父皇提出了退位的请求。

听着儿子的请求，高宗皇上也深觉可怜。这还是个孩子，还是个本应无忧无虑、天真烂漫的花季少年，只是因为出生在帝王家，生长在深宫里，竟被这一次又一次的喋血争斗吓成了惊弓之鸟。退位吧，这样也好，或许唯有这样，才是得以保全的上策。

听皇上说李忠已自请退位，许敬宗忙说道："太子能效仿太伯，请速从其愿。"

显庆元年正月初六日，高宗皇上正式颁下诏书，废太子李忠，立代王李弘为太子。

李忠被改封为梁王，兼梁州都督，要立即赶赴任所。

当年由长孙无忌精心为太子挑选的辅政班子，虽然都挂着东宫师傅的职衔，却一个个为了远祸避嫌，纷纷逃离东宫，真个是树倒猢狲散，人情薄如纸。

　　李忠上路那天，只有一位师傅——右庶子李安仁前往送行。这位十四岁的少年孑然一身，被新任的王府官员像押解犯人似的送住梁州。当他挥泪与师傅握别，转身而去时，李安仁颤巍巍地跪在路边，涕泣交加，再拜致意，一直目送着他消逝在大路尽头的滚滚烟尘之中。

第八章　步步为营　除诸权臣

夜阑更深，万籁俱寂，当空一轮明月播撒着柔和的清辉，给皇宫后苑的楼台亭榭、花石竹木都镀上了一层淡淡的银色。

各处宫殿的阑珊灯火次第熄灭，一切都沉睡了，唯有草丛石隙里的秋蛩们还在兴致勃勃地弹琴鼓瑟。

武后与高宗皇上在共赴巫山，耕云播雨，经历了一场蚀骨荡魂的尽兴交欢之后，各自鼾鼾入睡。

她睡得正香，却听宫门"吱扭"一声，两个女人的身影飘然而入，浑身湿淋淋的，鬓发零乱，脸色惨白。仔细看时，不是别个，正是王皇后和萧淑妃。

二人在龙榻前跪下，对着高宗皇上赤裸的身子泣声说道："皇上，万岁爷，你可要为我们做主，给我们报仇啊。我们是被武媚这个贱人害死的，我们死得好惨，好冤啊。"她们刚说完，还没等高宗皇上说话，却突然跳了起来，直向武后扑来。

武后大吃一惊，急忙躲闪，却已经来不及了。被那王皇后恶狠狠地压在了身下，伸出了两只尖利的长满了黑毛的爪子，死死地扼住了她的喉咙。萧淑妃又披头散发地冲了上来，张开满是血污的大嘴，一排白森森的牙齿上还滴着血水，在她的胸脯上猛咬一口，竟连血带肉撕下了一大块。

武后忍着剧疼，大声呼救，却喊不出声来。她拼命地挣扎着，踢蹬腿，想夺路逃走。但她的手脚和腰身好像被捆住了似的，一动也不能动。

"哈哈哈……"萧淑妃疯子似的狂笑着，"阿武，你这个烂货，你这条吃人不吐骨头的豺狼，还我命来。今天，我们要剥你的皮，吃你的肉，啃你的骨头，让你不得好死。"说着，俯下头来，在她的左肩上撕咬了一口，使劲地嚼了嚼，竟一仰脖子连血带肉吞了下去。

武后心惊胆战。她不能束手等死，不能就这样被两个泼妇生吞活剥了。她拼尽吃奶的力气，猛然拧身蹬腿，狂呼一声："救命啊！来人那！"

沉睡中的高宗皇上被这凄厉的呼叫惊醒，霍然坐起身来，将武后紧紧地搂在怀里。她浑身大汗淋漓，湿漉漉的鬓角还在滴水。

"皇后，武媚，快醒醒，你怎么了？"

武后睁开眼睛，使劲摇了摇脑袋，这才看清抱着她的是高宗皇上，那两个女人已经无影无踪。

她长舒了一口气，对高宗皇上苦笑一下，不好意思地说道："没什么，臣妾刚才做了个噩梦，惊扰了陛下。"

"噢，是这样。"高宗皇上这才放下心来："做了个什么梦，这么害怕？"

"也不是什么离奇梦，无非是鬼啊神啊的。"

她不能告诉皇上梦中的事，梦中的人，那样会勾起他的伤感和对自己的反感。

两人又重新躺下，高宗皇上很快便睡着了。武后却一时难以入睡。

是王、萧二人的鬼魂来索命吗？那是扯淡的事。这世上本没有什么鬼神，都是庸人自扰。我武媚从小就不信这些东西。若是真有鬼，像长孙无忌这些在战场上杀人无数的人，还不得夜夜被冤魂野鬼缠身？自古以来，后妃争宠，互相残杀，死了多少红颜薄命？自己就杀了两个人，还是罪有应得，这算什么！如此惊恐惶惧，以后还能办什么大事呢？

她这么自我排解着，翻了个身，努力把那两个厉鬼的影子从脑海里驱走，又很快陷入了迷迷糊糊的状态。

但就在这个时候，她突然听到了一声接一声的猫叫，像是在屋后，又像是在房前，又似乎是在房顶上。"喵儿、喵儿"，孩子哭似的叫声，像是一把锉刀，在不停地锉磨着她的耳膜。

她一下子想起了萧淑妃临死前的哭骂："但愿来世做猫，阿武为鼠，我要世世代代咬着你的喉咙……"

她浑身打了个冷战，漾起了一层细如米粒的鸡皮疙瘩，下意识地用手摸了摸自己的脖子。她大睁着两眼瞅着寝殿的穹顶，再也睡不着了。

你不是要做猫吗？好，我叫你做猫也不得安生，死无葬身之地。看看是你咬着我的喉咙，还是我掐断你的喉咙。

第二天，一道懿旨下去，后宫里的所有太监宫女们立时忙碌起来。多年来皇宫中喂养的猫，不管是大猫、小猫、公猫、母猫、白猫、黑猫，一律捕杀，先割断喉咙，再剥去猫皮，然后扔到御河里。泛波涌浪的御河里，顿时出现了一道奇观，那些被剥去了皮的猫尸，就像一具具白花花的婴儿尸体，在日光下闪金亮银，随波漂流而去。

皇宫里所有的猫都被捕杀殆尽。但奇怪的是，每到深夜，武后仍然能够听到"喵儿、喵儿"的猫叫声，此伏彼起，不绝于耳。

一向坚强自信，有天大的事也能睡着觉的武后，破天荒第一次失眠了。一连十几天，她都翻来覆去无法入睡。即使勉强睡着，又会被那些不明不白的噩梦和猫叫惊醒。

她心里也知道，猫叫和梦魇不过是一种幻觉，是自己精神太紧张所致，但她却无法控制自己，放松自己，长期这样下去，非把自己拖垮不可。

不行，她要离开这座皇宫，最好是离开长安。长安的这座皇宫里，从十四岁开始，给她留下的痛苦屈辱的记忆太多，潜伏的仇恨和杀气太浓。她并不害怕鬼魂，那是种虚无缥缈的东西。但她知道，来自活人中的那种仇恨心理和由这种仇恨集结成的敌对势力，却远远没有肃清，随时都会进行疯狂的反扑。

到一个崭新的天地中去，不仅会摆脱"猫叫"和梦魇的扰乱，更重要的是，可以从容地组建自己的政治势力，而使敌对势力脱离它赖以生存的土壤和环境，迅速土崩瓦解。

于是，她极力鼓动高宗皇上巡幸东都洛阳，而且要长期居住在那里。高宗皇上几十年都住在长安，也真有些住腻了，正想借东巡之机，游历一下大唐的好山好水、旖旎风光。二人一拍即合，留下部分京官留守长安，其余朝廷百官，一律随驾迁至洛阳居住。

褚遂良被贬，王皇后、萧淑妃被杀，太子李忠被废，这一连串让人惊心动魄的大变故，就像在元老集团的阵营里连续引爆了几枚重型炸弹，让长孙无忌一伙人暴跳如雷又焦虑不安。

他们频频接触，几乎每天夜里都在太尉府邸秘商对策，但又总觉得无计可施。对手是一只头脑灵活、行动敏捷的猕猴，躲在一棵参天大树的树冠上，对树下的老虎肆意戏弄凌辱，老虎空有尖牙利爪和浑身蛮力，却只能是无可奈何。大树便是当今皇上李治，他充当着这猕狲最可靠的保护伞。老虎不能也无力啃倒撞倒这棵大树，那就只能发了疯似的在这棵大树下团团乱转。

"这个女人简直不是人，是豺狼，是毒蛇，是杀人不眨眼的魔鬼。"这天夜里，侍中韩瑗、中书令来济又不约而同地来到了太尉长孙无忌府上，相对饮茶，沉默有倾，韩瑗终于忍不住，愤愤然骂了起来。

"'青竹蛇儿口，黄蜂尾上针，最毒莫过妇人心。'她对王皇后、萧淑妃竟能下此毒手，听一听都让人毛骨悚然。这个女人，比历史上的吕后更残忍狠毒百倍。"来济接口说道。

长孙无忌阴沉着脸，心事重重地品着茶。一片残茶沾在他簌簌颤抖的花白胡须上，他左手捋了一把胡须，将茶盏猛地掼在桌子上，气呼呼地说道："好斗、嗜杀、专权是这个女人的本性。二十年前，她就要用匕首割断先帝的宝驹'狮子骢'的喉咙。先帝生前一直冷落她，戒备她，甚至多次要除掉她，可惜终因心慈手软和过于自信而留下了这个祸根。现在先帝的担心终于发生了。我看她要杀要贬的，不仅仅是王、萧二人和褚大人。恐怕她把我们都当成了当年的'狮子骢'，要用匕首一个个割断我们的喉咙。也不仅仅是我们几个，更有甚者，以老夫之见，总有一天，这个恶魔要用匕首割断李唐江山的喉咙。"

太尉的话，挟带着一股透骨的寒气，让在座的每个人都禁不住打了一个寒战。

"太尉大人，个人生死事小，国家安危事大，我们总得想些办法，不能这样任人宰割，束手待毙。"

"唉！"长孙无忌长叹一声，"皇上庸懦至此，真正是个扶不起来的'阿斗'。如今已完全是由那女人牵线操纵的一个傀儡。我等空有报国之心，怕是难有作为啊。"

"莫非我们就只有引颈待戮的份儿？"

"那又该怎样呢？"

"何不主动出击？"

"出击？如何出击？"

来济双目灼灼，喷射出两团火焰。他以手蘸茶，在桌面上写下了两个字："兵谏！"

长孙无忌心头猛跳了一下，兵谏！弄不好便是举兵谋反。这些日子，他被武后逼得进退维谷，走投无路，不是没想过这条道。狗急了要跳墙，兔子急了要咬人，他长孙无忌一生叱咤风云，杀人无数，岂能任凭一个小妇人作践？可他乃大唐三朝元老，又是堂堂国舅。世受皇恩，尤其是先帝太宗对自己恩重如山，临终之时将当今皇上连同整个江山都托付给了自己。自己怎能做那样的谋逆之事，成为王莽、司马懿之流骂名千古的大奸巨恶呢？

他看看来济，又看看韩瑗，痛苦地摇摇头："兵谏之事，别人做得，我长孙无忌却做不得。"

"为什么？"

"先帝待我情同骨肉，大唐于我恩深似海。我是托孤重臣，又是皇上的亲舅舅，岂能晚节不保，玷辱了长孙家数世清名！"

"太尉大人，您是我们的老师、前辈，又是朝廷的首辅大臣。学生有一句不知进退的话，不知当讲不当讲。"韩瑷在长孙无忌面前，一向不敢太随便。

"都什么时候了，有话但说无妨。"

"以学生之见，老师所言不过是墨守'愚忠'二字。我等发动'兵谏'，乃是清君侧，除隐患，挽救李唐江山的大忠大义之举，耿耿丹心，可昭日月。先帝泉下有知，定会慰勉有加。当今皇上日后醒悟，也自会感谢他的舅父。如此感天地而泣鬼神的正义之举，如何说玷辱几世清名呢？"

长孙无忌看着激动的满脸绯红的韩瑷，苦笑着摇摇头道："你我对朝廷的忠心，天知地知，鬼神皆知，唯有国人不知。再说，你们可想过，发动兵谏能有几分胜算？如今京师驻军和皇城禁军，军权大都握于司空李勣手里，大小将领又多为其旧日部属。李勣与我素来不睦，如今又一头扎到那个刁妇的怀里。我们所能调动的兵马不过五六千人，外地驻军又远水解不了近渴。一旦举事，必败无疑。那时我等不但要以叛逆之罪诛灭九族，而且会身败名裂遗臭万年，还有什么清名可言呢？"

一席话，说得韩、来二人嘴巴里像被堵上了个热芋头，大张着口说不出话来。可不是吗，自己这些人虽然位居中枢，都是堂堂的宰相，可手里却没有兵权。和平年代，武将们失去了战争年代的威严和风光，除了照例领取有数的薪俸外，形同闲职一般。因此，他们这些书生出身的文职官员，虽然十分热衷于权力的角逐，使尽浑身解数攀上了权力的顶峰。但是却忽略了对军权的握控，甚至不屑于与那些粗鲁莽撞的武官们交游为伍。这下可好了，不是书到用时方恨少，而是兵到用时方恨少了。

"那该怎么办呢？大活人总不能让泡尿憋死吧，"来济气急败坏地问道。

"为今之计，也只有一条路可走了。"长孙无忌没多大把握地说道。

"怎么走法？"

"千方百计挽回圣心。只要皇上回心转意，我们便有希望走活这盘棋。尔后再相机除掉那个蛇蝎女人。"

"难哪！咱们这位当今天子，早成了那女人手中揉捏的一个面团，怎么能回心转意呢？"来济也显得很没有信心。

韩瑷却急切地问道："挽回圣心，我们具体该做些什么？"

"拨草寻蛇，投石问路。我们可上疏皇上，请求开释褚大人。若是皇上能

女皇武则天

减轻褚大人的罪名，哪怕只是内迁一下贬所，就说明皇上心中还有这些开国老臣，这棋便走活了第一步。皇上若能无罪开释褚大人，令他复官还朝，我们的棋便走活了半盘。往后的棋走一步看一步，谨慎应对，鹿死谁手便不得而知。但据老夫看来，皇上虽然眼下还恋着武媚的风骚浪谑，久而必定生厌。这从皇上偷着去看望囚禁中的王、萧二人，已可见一斑。再加上武媚骄横专断，飞扬跋扈成性，又权欲旺盛，不断地越俎侵政，皇上总有一天会受不了的。那个时候，才是我们打七寸，清君侧，彻底端掉这条祸根的最佳时机。"

听着太尉大人老谋深算的陈说，二人虽没有笃定取胜的把握，但却觉得，这是目前局势下，最佳的也是最可行的一着妙棋了。

不久，韩瑗公开上疏，要求为褚遂良洗雪冤屈，疏中写道：

> 遂良体国忘家，捐捐殉物，风霜其操，铁石其心，社稷之旧臣，陛下之贤佐。无闻罪状，斥去朝廷，内外讻黎，咸嗟举措。臣闻晋武弘裕，不贻刘毅之诛；汉祖深仁，无恚周昌之直。而遂良被迁，已经寒暑，违忤陛下，其罚塞焉。伏愿缅鉴无辜，稍宽非罪，俯矜微款，以顺人情。

奏疏辞婉婉忌，有理有据。高宗皇上览罢，多时沉默无语。平心而论，褚遂良对自己，对朝廷的忠介之心，是有目共睹，毋庸置疑的。他所极力反对的，仅仅是立武昭仪为皇后。态度是强横了一些，话语是过激了一些。但仅仅因为这些，就把这个三公之一的朝廷重臣贬之边远之地，这惩罚确是有些过于严厉。

不过，是否在迁谪外地一年多之后的今天，将其无罪放还或是减罪内迁，这样的大事高宗皇上却做不了主，因为当初敲定此案者，乃是武后娘娘。

这几年，高宗皇上已经习惯了每遇大事，便与武后商量决定。武后每次对一些重大事情洞微烛幽的见解，剀切入理的剖析，果断而又恰如其分的处置，都不能不令高宗皇上叹赏折服，自愧弗如。武后对他的影响力和威慑力，似乎已经逐步地渗入了他的脑际和骨髓之中，再也无法摆脱。对每件军国政事的最后决断，没有武后参与，他便觉得像没有了主心骨。没有武后点头认肯，他便觉得惴惴不安。

他把韩瑗的上书带回后宫，交武后看过之后问道："以皇后看来，此事该如何处置？"

"皇上觉得该怎么办呢？"武后反问道。

"褚遂良毕竟是先朝老臣，于国家于朝廷多有功勋……"

听皇上口风有些松动，还没等他把话说完，武后便截断话头。说道："历史上揽权篡国的臣恶大奸，无一不是资深望重、功高震主之人。"

"褚遂良终归不是那种有野心的人，也不是两面三刀的阴谋家，他不过为人憨直倔强、骄矜不逊罢了。"

"皇上，'知人知面不知心'，连巷间平民都知道这个道理，作为执掌万里江山的一国之君，怎能如此天真和单纯？褚遂良当初摔笏掼帽，咆哮朝堂，简直不把皇上放在眼里，哪里还有半点为臣之道？如此狂悖之人，谁敢保证一旦条件成熟，不会犯上作乱？"

"话虽如此说，但褚遂良毕竟年事已高，以风中残烛般的衰老之躯，流徙荒蛮偏远之地，朕实在有点于心不忍。怜老悯弱，也是人之常情嘛。"

"听皇上的话，莫非要将褚遂良召还朝廷？"

"那倒未必。可将他迁之内地为官，也好安度晚年。"

"此事万万不可！"武后突然变得声色俱厉，"陛下，咱们万不可做东郭先生那样的糊涂事啊，韩瑗上书，不过是投石问路，试探风向。咱们一旦让步，他们马上就会得寸进尺。'针鼻大的窟窿牛头大的风'，'千里之堤溃于蚁穴'。那些朝臣们惯于见风使舵，一看皇上态度有所变化，马上又会投身于长孙门下。若是他们借此契机，动员朝野舆论，纷纷上书，欲将近年来所处大事一一推倒重来，我们将何以自处？难道皇上要重新被他当个不懂事的毛孩子，玩弄于股掌之中？更何况，经过了这些变故，他们已与皇上离心离德。一旦得势，恐怕陛下连个'阿斗式'的皇上也当不成了。"

武后又气又急，话说得连珠炮一般，高宗皇上不禁悚然动容。是啊，这帮元老重臣的飞扬跋扈他是领教过的，在他们眼里，自己真不如个三岁孩子。那种看人眼色，任人摆布的帝王生活是再不能过了。他拿过那份奏疏反复把玩着，啜嚅道："那，这奏疏该如何批复？"

"留中不发！看看他们下一步要干些什么？"武后果断地说道。

这样，韩瑗的上书便成了泥牛入海。高宗皇上每日上朝下朝，若无其事，对上书的事只字不提。韩瑗无奈，只好再上一书，仍乞请将褚遂良放归故里，皇上仍然置之不理。

与皇上谈话的当天夜里，武后于后宫内殿召见许敬宗、李义府。待二人行礼坐稳后，劈头问道：

"二位大人，韩瑷上书的事，你们可知道？"

"知道，但详细内容尚不得知。"许敬宗回道。

"想不到他如此不识时务，居然要为褚遂良翻案。"

"臣猜度着也是这档子事。这些天臣暗中监视，韩瑷、来济几乎与长孙无忌天天碰面，而且都是深夜进行。臣觉得似乎有一种杀气在弥散。"李义府插嘴说道。

"杀气？莫非他还敢发动兵变？"

"暂时还没有这方面的迹象。但是皇后娘娘，我们却不能不防。最起码这些人是在准备反扑，韩瑷的上书只是一个信号，是大风暴来临前的一道闪电，我们万不可大意失荆州。"

"依你们二位，此事该如何了断？"

"先下手为强。庆父不死，鲁难未已。有长孙无忌在，娘娘和臣等便永无宁日。现在必须痛下杀手，一举将他们置于死地。"许敬宗深邃的双眼中透出了一股寒气。

"好吧，事到如今，也只能这样了。'欲加之罪，何患无辞。'只是这罪名一定要找准找狠，掐住他们的喉咙，打中他们的要害！你们只管放心去做，皇上这边有我。"

"臣等谨遵懿旨。请娘娘放心，这次不把这棵歪脖子大树连根挖掉，臣等甘领死罪。"

武后冲他们微微一笑："办成此事，卿等又为朝廷立一大功，皇上自会嘉奖。"

显庆二年七月，许敬宗、李义府联袂上奏，弹劾侍中韩瑷、中书令来济，暗中勾结褚遂良，"潜谋不轨"，将褚遂良由最初的潭州都督改任为桂州（今广西桂林）都督。桂州虽然更为偏远一些，但历来是兵家用武之地。褚遂良任桂州都督，可以利用那里的深山老林，暗中集结武力，操演兵马，然后里应外合，寻机举事。

按说，许敬宗、李义府的这份弹劾，证据并不充分，且有明显的漏洞。褚遂良由潭州都督改任桂州都督一事，虽经韩瑷、来济安排，最初却是由高宗皇上先提出来的，当时按照武后的意思，是要对桀骜不驯的褚遂良给以加倍处罚。这怎么能成为韩瑷等人精心策划的谋反证据呢？

高宗皇上也觉得这事蹊跷，弹劾中很有些诬告的味道。但是，里应外合，举兵谋反，这案情太过重大，直接关系到大唐江山的安危存亡，宁可信其有，不可信其无。为了李唐政权的千秋万代，几个朝臣受点冤枉又算得了什么？再说了，你韩瑗、来济也太不检点，几天前还上书言事，为褚遂良喊冤叫屈，这不明摆着是同恶相济，沆瀣一气吗？朕还险些感情用事，赦免了褚遂良。看来，处置这类大事，还是皇后精明老道。

高宗皇上不再犹豫，很快降下诏命，贬韩瑗为振州（今海南省三亚）刺史，贬来济为台州（今浙江临海）刺史，"终身不听朝觐"。这便意味着被贬者永远不能再回京城，相当于终身流放。

受韩瑗、来济一案牵连，褚遂良再度从桂州贬至爱州（今越南清化）。

山穷水恶，瘴雾疠气，豺狼毒虫白日出没，地处唐属藩地九真之内，真算得上是天涯海角、人烟荒芜的绝境了。褚遂良一贬再贬，颠沛流离，来到这里时已是心力交瘁，九死一生了。

望着那一片片永远走不到头的狞恶的山峰，看着那深不见底的阴森森的老林，听着那一声声让人头皮发麻的虎啸狼嗥，褚遂良昔日的满腔豪情一落千丈。

沮丧、悔恨、痛苦和委屈咬啮着他的心，这是为什么？我褚遂良为何要走到这一步？她王皇后、萧淑妃与我有何亲何故，何恩何德？废不废她们与我何干？那武昭仪与我又有何仇何怨？我为什么要拼命地反对立她为皇后？这个女人真的就那么坏吗？这么多年并没有见她干什么坏事，不过是道听途说，人云亦云罢了。自己的一再被贬，肯定是这个女人的主意，可话又说回来了，是自己先伤害了她，先与她势不两立，才引起了她疯狂的报复。这个女人确实厉害，处处都抢占先机，下手狠，手腕硬，那个长孙无忌根本就不是她的对手。就是因为她厉害便视为仇寇吗？厉害的女人便不能当皇后吗？那个王皇后倒是个棉裤腰，除了小心眼、小算计，摆臭架子外，啥也不懂，可这么多年她办过一件好事吗？

褚遂良茫然了，几十年来他一直以诤臣直臣自诩，一条道走到黑，九头老牛也拉不回来。可现在，严酷的现实让他英雄气短，他不能不重新检点自己的所作所为了。

"我不下地狱谁下地狱？"地狱就那么好下吗？地狱里的种种折磨、煎熬、痛苦和屈辱，这世上的人有几个能受得了？

为了不病死荒蛮之地，丧身他乡异域，为了在有生之年再回归中原故土，这位以傲岸不羁、清高自负著称于世的倔老头，终于向皇上，其实是向武后低下了他高贵的头。他伏案疾书，用血和泪写成了一篇哀婉凄绝的奏疏，奏

女皇武则天

疏末尾写道:"臣力小任重,动罹愆过,蝼蚁余齿,乞陛下哀怜。"他是在向皇上乞求怜悯,请求皇上给自己一道特赦令。

可是,他一直没有等到特赦令,自己的奏文也杳如黄鹤,一去不复返。

在焦虑地等待中,褚遂良终于经不住夷地瘴疠毒气的浸淫,经不住内心痛苦的撕扯,内忧外患,使他一下子病倒了。

一连四五天饮食不进,骨瘦如柴的褚遂良已经奄奄一息。就像一支油罄蜡尽的残烛,只剩下蝇头般的一点烛火,在寒风中挣扎着。

他浑浊的双眼直瞪瞪地盯视着头上的竹寮茅舍,像是要从那上面寻找点什么。忽然,他似乎找到了。他看见从京里来的特使正打马奔来,手里拿着特赦令在向他高呼:"褚大人,皇上赦你无罪,召你入朝……"

他微笑着闭上了眼睛。残烛熄灭了……

饮誉四海、名动京华的一代名臣,六十三岁的褚遂良终于没有回归中原,就这样静静地化作了"异域孤魂",这历史的遗憾,该是谁的过衍呢?世人说不清楚,后人说不清楚,他自己也说不清楚。

褚遂良、韩瑗、来济以及最早贬谪的裴行俭等元老阵营的几员大将纷纷落马,先后被逐出朝廷,长孙无忌是越来越孤立了。

他不再上朝视事,每日闭门谢客,不与任何人见面,一个人躲在家里生闷气。心腹被一个个贬逐,羽翼被一点点剪除,朝廷中剩下的都是些顺风使舵、趋炎附势的势利小人,现在谁还肯听自己的?

他知道,自己已经无力扭转局面,大势已去,败局已定。他真想不通,自己怎么会屡屡败在一个下三烂的女人手里?这个女人到底有什么妖法神术,会支使得一个大唐天子滴溜溜转,甚至能驾驭着整个朝廷行云布雨。

现在,他只能硬着头皮等下去,等着那场不可避免的大祸降临。他倒要看看,这个心狠手辣的荡妇和那个忘恩负义的外甥皇帝,到底要对自己这个三朝元老下什么样的毒手?是凌迟、炮烙还是五牛分尸?

武后却不肯等,在她的行为准则里,从来没有"穷寇勿追"这一条,她信奉的是"痛打落水狗"。

很快,她便以迅雷不及掩耳之势,一夜之间,将长孙无忌的中表亲高履行由太常卿外放为益州大都督府长史,将长孙无忌的从父兄长孙祥,由工部尚书外放为荆州大都督府长史。

至此,长孙无忌完全变成了一棵被剪尽了枝叶,斩断了须根,孤零零地裸露在风雪原野上的大枯树。

只需要一个冠冕堂皇的理由，就可以把这个枯树扳倒，连根拔掉。

武后对许敬宗、李义府二人说："别看长孙无忌已是一条蜕了毛、掉了牙的老狗，我们可不能有半点麻痹，你们要严密监视他的行踪，千方百计找到一个可置他于死地的有力证据。"

一时还没有下手的机会，那就先干点别的，武后从来不肯无所事事地混日子。她要利用这段时间，好好地壮大一下自己的势力。

排除异己，奖拔同党，历来都是朝权斗争中的惯用手段，武后对这一套烂熟于心。重赏之下必有勇夫嘛，猎犬在逮到猎物以后，要扔给它一块肉多的骨头；鱼鹰在叼到鲜鱼之后，要喂它一把碎鱼烂虾。只要马儿跑，不喂马儿草，傻瓜才会给你卖命。

朝中的反对势力排除得差不多了，空出了不少惹人眼馋的位子，这当然要奖给自己的心腹爱将。

为了奖赏许敬宗、李义府为拥立皇后和打倒政敌而奔走呼号、出谋划策的汗马功劳，在武后提议下，高宗皇上颁诏，擢拔礼部尚书许敬宗为侍中，代替韩瑗做了首辅宰相，可谓平步青云，扶摇直上。擢拔李义府为中书侍郎，同中书门下三品，并兼任太子右庶子，晋爵为侯，一下子挤进了宰相班列。另外像袁公瑜、崔义玄这些在拥立皇后中出过大力的人，也都分别得到了擢升。

当初，李义府险些被长孙无忌贬回四川老家，因许敬宗的点拨而绝处逢生。没想到短短的几年之内，便一步登天做了宰相，位极人臣。连妻子和襁褓中的儿子都被封了官，真正是一人得道，鸡犬升天。

李义府毕竟不像许敬宗那样老于世故，一朝得志，便忘乎所以。终日在长安市面上牵黄擎苍，前呼后拥，酗酒任事，欺男霸女，一副朝中新贵、豪门恶少的派头。

一日晚间，他与中书省的僚属们喝醉了酒，歪歪斜斜地回到了家中。时已深夜，下人们大都睡下了，他在后院里碰到了个烧火的老妈子，便让她扶自己回书房兼寝室的屋里歇息。

这老妈子已经快五十岁了，相貌又长得平平常常，空有一身肥肉，平素李义府看都懒得看她一眼。但此时酒醉得厉害，邪火烧心。见老妈子弯着腰为自己脱靴，圆滚滚的肥臀简直要把裤子撑破，心里突然升起了一种恶作剧的念头，偏要尝尝这个半老徐娘的味道。便猛地把那老妈子抱在怀里，摸乳亲嘴，就要强行求欢。

老妈子吃了一惊，以为是他认错了人，忙挣扎着说道："老爷，是我，我是杨妈……"

"什么羊妈猪妈，就是条母狗，我今天也得先干了你。没听说吗，'酒到十分醉，老母猪也能睡'。"李义府已经欲火如焚，满口说着粗话，就像个发酒疯的市井泼皮无赖。

杨妈格格格地笑了起来，略略推拒着，嘴里却说道："我们做下人的，脏手脏脚脏身子，别玷污了老爷的金身——哎，老爷，听说洛州有个美妇人叫淳于氏，长得姝丽俊俏，仙女儿似的。不知犯了哪家王法，如今关押在大理寺牢子里候审。老爷身为宰相，手眼通天，何不设法睡她几宵，也是一段风流快活。"

"此话当真，你是听谁说的？"

"千真万确，市面上谁不知道，大家议论纷纷，都快成了下酒菜了。"

"好，我明天便去弄她。不过，远水救不了急火，眼下还得靠你解馋。"

……

第二天一早醒来，李义府第一个想到的，就是杨妈说的狱中那个淳于氏。

好不容易挨到散了早朝，他立即骑马赶到大理寺监狱，要大理寺丞毕正义陪他去看看这朵狱花。

一见之下，李义府着实吃了一惊。一身囚服和满头乱发，却掩饰不住她的花容月貌。做京官二十多年，自己经过的女人不算太少，见过的琼花名妓更是数不胜数，但像这样的美妇人还是第一次见到。

他一时看得呆了，双眼中放着异样的光芒，两腿钉在那里，一动不动。

大理寺丞毕正义在一旁看得真切，早已心领神会。便轻轻捅了他一把，压低声音说道："李大人莫非想一亲芳泽？小人可在狱中安排。"

"不，"李义府摇摇头道："天生如此尤物，岂可轻亵？你设法将她无罪释放，我要纳她为妾。"

"这……"要求太过荒唐，毕正义有些为难。

"怎么，不好办吗？"

"李大人，下官只能勉力为之。"

"不是勉力为之，而是一定要办成。到那时，要高官，还是厚禄，任毕大人挑选。"

"是，毕某定会玉成大人的好事，请大人静候佳音。"

三天以后，那淳于氏果然被无罪开释。

李义府悄悄将她接进府中，也不声张，也不宴客，当晚便把她收为小妾。

洞房布置得富丽堂皇，几支巨大的蜡烛熠熠闪耀，把满屋里都映照得荧煌明彻。凭空得一绝世丽人，李义府自是欣喜万分。

他让淳于氏脱得一丝不挂，站在明晃晃的烛光下。他在一寸一寸地观赏，一点一点地鉴别。简直是一尊完美无瑕的玉雕。不，玉雕是冷的，没有生命的，而眼前的这具胴体却是温热的，馨香的，生气勃勃的。滑脂嫩乳一般的鲜活诱人，用手指在上面轻轻一点，都让人有一种触电的感觉。

他情不可耐，再也不顾得仔细鉴赏，双手把她抱起来，平放在天鹅绒般松软的床榻上……

事毕之后，他拥着美人纤弱的娇躯，问道："你犯的到底是什么罪？"

"谋杀。"

"谋杀？"李义府吃惊地停下了手中的游戏，这么一个弱不禁风的小女子怎么会杀人呢？

"谋杀的是谁？"

"我的婆母，一个刁蛮狠毒的泼妇，一个悍妒成性的醋坛子。"

"那你为什么要杀她，杀死了吗？"李义府急切地问道。

淳于氏在李义府的怀里蠕动一下身子，调整了一下睡姿，然后慢慢地向他叙说着事情的原委。

她的婆家住在洛州近郊的一个乡下，是个饶有田产的殷富人家。丈夫是药材商，长年奔波于广州、福州一带倒腾药材，每岁收入颇丰，小日子过得红红火火，有滋有味。

自从嫁到婆家以后，淳于氏与丈夫相敬如宾，恩恩爱爱。丈夫外出归来，二人不管白天黑夜，总是形影不离，恨不得像两块糖瓜儿粘在一起，连一时半刻也不分开。

不料，小两口过分的恩爱和甜蜜，却引起了婆母莫名其妙的嫉妒。这世上的人真怪，树林子大了，什么样的鸟儿都有。儿子和媳妇相亲相爱，和和睦睦，当母亲的该高兴才是。可这位母亲却醋性大发，一看见他们那个亲热劲儿，气便不打一处来，心里竟像刀剜锥刺一般的难受。不是指桑骂槐，就是摔碟子砸碗。整天冷着个脸子，鸡蛋挑骨头似的找媳妇的茬儿。有机会便在儿子面前挑唆媳妇，一会儿说媳妇太懒太馋，不知道勤俭持家；一会儿又说媳妇不懂事理，不守孝道，对二老侍候不周。

丈夫是个孝子，每次母亲发火，他都小心地赔着不是，口口声声都是自

女皇武则天

己这个当儿子的不好，没有教育好媳妇。可转眼还是照样与媳妇出双入对，亲热有加。他实在看不出媳妇有多少不对，自己平日出门在外，家里烧水做饭，洗涮扫除，缝缝补补，哪一样粗活细活不是媳妇的？邻里乡亲们都说，这么个花骨朵儿似的俏媳妇，又这么贤惠能干，天底下到哪里找去？

婆母见这小两口儿像对棒打不散的鸳鸯，心里难受得疯了一般。终于有一天，丈夫在外出三个多月以后从南方回到家里，小两口儿还没来得及亲热一下，婆母便把儿子叫进她的屋里，劈头便说："你整天在外经商，可知道家里出了丑事？"

"什么事？母亲大人，你可要说明白啊？"儿子有些发慌，他似乎预感到了什么。

"你屋里那个狐狸精跟人好上了，大天白日的跟人光着腚搂在一块。"

"跟谁？"

"唉！家门不幸啊。要是跟别人睡觉，这人丢得还轻，偏偏是跟她的公公，你的亲爹搞在了一块……"

"这……这不可能！"儿子像挨了一闷棍，顿时脸色煞白。

"什么不可能？为娘的还能编瞎话不成。这是我亲眼看见的，也不是一次两次了。家丑不可外扬，我又不能捉奸捉双，只能打落门牙肚里咽，对谁也不能说什么。唉，家门不幸，家门不幸啊！"

儿子再也没说一句话，丧魂落魄般地回到了自己的房里。他要杀了这个贱人，可又没有证据，再说他也没有这个勇气。他虽然有些不相信，这事情太离谱儿了。可毕竟是母亲亲眼所见，母亲还能骗儿子吗？

淳于氏同他说话，他大瞪着两眼发火："滚，离我远一点。"骂完，爬到坑上，用棉被蒙了头，唤声叹气地滚了一宿。

第二天一放亮，连婆母也不曾料及的恶果出现了。丈夫衣衫零乱，披头散发，光着脚丫子冲到了大街上，大声吆喝着："我是个王八，我做了乌龟。公公扒灰，儿媳妇卖坑，只瞒了我这个王八蛋。哈哈哈哈……"

他疯了。

这一下婆母慌了，又是请医问药，又是求巫拜神，可一切都无济于事。丈夫疯得越来越厉害，后来干脆人事不懂，整天赤脚光腚地游荡在大街上，饿了便拣些牛屎马粪往嘴里塞。

李义府听得入了神，世上还有这样的混蛋母亲！见淳于氏不再说话，似是在嘤嘤抽咽，便把她紧紧地搂过来。然后，又忍不住好奇地问道："那么，你同你公爹到底有没有瓜葛？难道就没有一点蛛丝马迹？”

“事到如今，奴家对老爷只能实话实说。那事儿说有也没有，说没有也有点儿。”

“这话说得就怪了，有就是有，没有就是没有，怎能像你说的那样？”

“我那个公爹本就是个到处拈花惹草的老骚货。有一天，婆母回娘家去了，公爹在外面喝酒。奴家一人在家里吃了午饭，没有什么事，天又闷热，便回到内屋里睡了。丈夫此时离家已两个多月，说实话，奴家也真有点熬持不住，刚合上眼，便梦见与丈夫办那事儿。

“就在这个时候，朦朦胧胧觉得有人真的爬到了奴家身上，一个毛扎扎的东西在自己脸上、胸脯上乱拱乱啃。这不像丈夫，丈夫从来不这么粗鲁。奴家猛然惊醒，睁眼一看，竟然是公爹赤裸裸地伏在奴家身上。

“奴家此时也正在情急难耐之时，事情又到了这个地步，便把心一横，由他去吧，反正这事只有天知地知他知我知，再没有外人知道，两个人都已经光着身子拧在了一块，还有什么清白可言？……

“可是，不管算有还是没有，婆母却是压根儿就不知道，更说不上是亲眼见了。她对儿子说的，完完全全是她编的假话。她是打翻了醋坛子，硬要拆散我们夫妻的好姻缘。结果把儿子逼疯了，弄得家不成家，人不像人。奴家实在咽不下这口气，便在一天晚饭时趁给她盛粥的时候，在她的碗里倒上了一小包砒霜。那个老妒妇喝完以后，不多会儿便七窍流血，伸腿瞪眼了……”

这小妇人到底还是与她的公爹有那么一腿，尽管这是在认识自己之前的事，可不知为什么，李义府的心里，还是泛起了一股怪味儿，酸酸的让他有一种说不清的难受。人，真是个怪物，按说这事儿与自己有什么关系？为什么她与丈夫天天云雨，夜夜交欢，自己不吃醋呢？

李义府陷入了一种滑稽的思绪中，正在胡思乱想，却又听淳于氏问道：“老爷，你说，假若奴家不遇上老爷，这罪过能怎么判法，够得上杀头吗？”

“嗯，你与公爹乱伦，已是杀头之罪。然后又鸩杀婆母，说不得要落个凌迟处死呢？”李义府自己也弄不明白，这话说得怎么有点恶毒报复的味道。

他感到怀里的娇躯冷不丁地哆嗦了一下，一低头，见淳于氏正瞪着一双惊恐的眸子盯着自己。忙把她往紧里抱了抱，笑笑说道：“没事没事，如今你跟了我李义府，就是把天戳个窟窿，我也会给你补上，保你平安无事。”

淳于氏无限感激地爬到了他身上，小鸡啄米似的在他的脸上嘴上热吻了起来……

女皇武则天

李义府仕途得意，又凭空纳一美妾，整日里乐得屁颠屁颠的。却不料好景不长，不久便东窗事发。大理卿段宝玄得悉李义府与毕正义勾结，枉法释放杀人犯，立即上奏高宗皇上。高宗皇上见事关重大，便命给事中刘仁轨审理此事。

李义府见皇上动了真格的，怕事情败露，便以重金买通了两名狱卒，于当天夜里，趁毕正义巡狱之时，将他一根绳子勒死在狱中。狱卒们便对外谎称毕正义受了淳于氏重贿，将她无罪开释，见皇上查了下来，只好畏罪自杀。

李义府杀人灭口，自以为做得干净利索，死无对证，从此可以高枕无忧了。殊不知纸里包不住火，事情的原委许多人都看得清清楚楚。侍御史王义方早就看不惯李义府小人得志的那副嘴脸，如今又见他枉法杀人，却逍遥法外，不仅勃然大怒。当即挺身而出，上表奏告，弹劾李义府目无国法，胆大妄为，收养罪犯，杀戮大臣，依律罪当弃市！

这一下子事情闹大了，高宗皇上知道李义府是武后的人，不敢擅自做主，便与武后商议。

武后听说李义府如此肆无忌惮，也十分恼怒。但李义府毕竟在拥立自己为后的过程中出过大力，是自己在朝臣中的少数几个铁杆心腹之一。况且现在政局尚未平稳，大树还没扳倒，正是用人之际，无论如何也不能自折臂膀。她寻思了一会儿，不慌不忙地问道："那个毕正义是畏罪自杀，还是他杀，谁能证明？"

高宗皇上道："据王义方说，是李义府唆使两名狱卒杀死了毕正义。"

"两个狱卒可有口供？"

"此二人已畏罪潜逃，查无下落。"

武后轻轻地舒了口气："这就行了，既然狱卒已经逃走，无凭无证，何以硬说毕正义不是自杀，而是他杀？又何以就能认定是李义府指使杀人？"

说到这里，她略一停顿，语气变得强硬起来："皇上，我看这事大有来头，王义方背后一定有人撑腰。李义府弹劾了韩瑗、来济，让有些人心疼如绞，恨之入骨。他们这是在借机反扑，表面上是冲着李义府，要把他置于死地。实际上还是冲着陛下和贱妾来的，因为贬谪韩瑗、来济毕竟是皇上下的诏。"

听武后这么说，高宗皇上也觉得颇有道理。真是树欲静而风不止。难道这朝臣们之间的你争我斗，就不能消停一天吗？

"那该怎么办呢？"

"李义府不能治罪，我们不能退让。不然他们会蹬着鼻子上脸，骑着脖子拉屎。那个王义方罗织罪名，诬枉大臣，挟嫌报复，此风断不可长，必须重治其罪。"

这样，高宗皇上很快下诏，以王义方"毁辱大臣，言辞不逊"的罪名，贬为莱州司户。

武后认定，这件事背后，一定是长孙无忌在插手操纵。看来这老家伙是王八吃秤砣，铁了心要跟自己做对到底。为了给他点颜色看看，李义府不仅没有被治罪，反而被加兼中书令，替代了来济原来的职务。这样，李义府身兼数职，成了朝廷中少数几个显要人物之一。

不过，对李义府贪财好色的诸多毛病，武后心中也不是没有数。在提升他的同时，武后派内侍去李府对他严加训饬，要他收敛自己，慎言谨行。若再肆意妄为，惹出祸事，怕是自己这个当皇后的也很难说话了。

在耐心地等待了半年之后，显庆四年四月，一个搞倒长孙无忌的机会终于来了。

洛阳县令李奉节上表，状告太子洗马韦季方和监察御史李巢私结朋党，图谋不轨。

高宗皇上接到奏章，立即命令许敬宗和辛茂二人审理此案。韦季方和李巢都曾是长孙无忌的旧属，武后敏感地察觉到，这个案子大有文章可做，立即指示许敬宗，一定要千方百计把长孙无忌拉入此案之中。

许敬宗秉承武后旨意，一心要将此案定成置长孙无忌于死地的大案。于是对韦季方动用各种酷刑：棍打、火烙、灌辣椒水、坐老虎凳、仙人扒麻……

诸刑交逼，无所不用其极。韦季方熬煎不过，便想自杀了事，结果又为人发现，自杀未遂。

本来案犯自杀，是审案官的一大过失。许敬宗却借题发挥，利用了这一自杀未遂事件，向高宗禀奏说："长孙无忌与韦季方相互勾结，串联朋党，广结朝臣，密谋造反。因其阴谋败露，韦季方便想自杀了事。幸亏臣发现得早，他自杀未遂。这是他的亲笔口供。"说着，将模仿韦季方字迹的一份口供呈上。

高宗皇上仔细看过，舅父的名字赫然列在上面，而且是主谋者。他感到万分震惊。他无论如何也不相信会发生这样的事，便嗫嚅道："这不可能，阿舅为小人所间，近来小有猜忌也许会有，他怎么能谋反呢？"

"皇上，现在人赃俱获，白纸黑字，已是铁证如山。如再优柔寡断，恐将遗患无穷了。这事请皇上圣意独断，微臣暂且告退。"

"慢着，"高宗皇上犹豫了。他想起了永徽三年，也就是他登基第三年发生的事。驸马房遗爱（开国功臣房玄龄的儿子）与高阳公主（唐太宗的女儿、高宗的姐姐）联合另一个驸马薛万彻造反，欲推倒自己，立荆王李元景为帝。案发后，房遗爱与薛万彻处以极刑，荆王李元景与高阳公主因是皇家至亲骨肉，赐以自尽。

"为什么？为什么要这样？都是自家人，非要同室操戈不行？往年高阳公主与房遗爱谋反，今日我的亲舅父又这样，是朕寡德难以服人吗？朕还有何颜面见天下之人！事既已此，许爱卿，你看该怎么办？"

许敬宗见皇上已经信了一半，但火候仍然不到，便乘势再加一把火："皇上，房遗爱不过是一个乳臭未干的小儿，与一个纤弱女子合谋，能成什么气候？长孙无忌可不一样，他当年与先帝于晋阳起兵，扫平天下，谁不钦佩他的文韬武略？尔后又任宰相三十余年，朝野上下，谁不惧其淫威？他若振臂一呼，必定云起响应，大唐朝廷实在是危在旦夕了。幸赖宗庙显灵，也是皇上您的福气，让我们意外地发现这一深藏不露的巨奸大恶，现在剪除，还不算晚，倘再迟疑，大祸旦夕便至。"

说到这里，许敬宗略一停顿，看了看高宗皇上表情，又继续说道："隋末之乱，尚在眼前，这是微臣亲身经历的。宇文化及也是隋皇室的姻亲，他掌管了朝廷禁军，举兵造反。一夜之间江都大乱，隋炀帝被杀，隋朝随之土崩瓦解，前车之覆，后车之鉴，还望万岁明断。"

许敬宗鼓动三寸不烂之舌，让高宗皇上听得毛骨悚然。他怔愣了片刻，忽然放声大哭起来，一把鼻子一把泪，直哭得天昏地暗。

许敬宗也不劝解，只陪着流泪。哭了多时，高宗皇上咬了咬牙说道："许爱卿，代朕拟旨：削去长孙无忌太尉之职和赵国公之爵位，贬为扬州都督，限定黔州居住。明日即可动身。"

"臣这就去拟旨，请皇上好好休息。"

许敬宗刚要走，高宗皇上又想起了什么，说道："阿舅到达黔州之后，务必仍按照一品官员的标准供给饮食、每日须有白米二升、油五升、炭十斤，每月活羊二十口、猪肉六十斤、一尺长鲜鱼三十条、酒九斗。若发现有人从中克扣，朕将严惩不贷。好了，你下去吧。"

许敬宗走后，高宗皇上闭上了眼睛，无力地靠在椅背上，他觉得自己似乎是在做梦，可摸摸脸颊，分明又是醒着。他暗自下着决心，不管怎么说，自己决不能落个杀戮亲娘舅的恶名。解除他的兵权，降低他的官爵就行了。无论到什么时候，决不准对他收捕、加刑，更不准杀害他。任谁说什么也不行。

长孙无忌终于倒台了，曾经不可一世的元老集团的那些干将们，至此也都烟消云散了，似乎都已经变成了死老虎。

但是武后、许敬宗他们却不敢有丝毫松懈，政治斗争历来是翻云覆雨，瞬息万变，三十年河东三十年河西的事是常有的。

于是，许敬宗再次上表奏事，说长孙无忌密谋造反时，曾打算与柳奭、韩瑗等人共同起事。就连表面上三缄其口、不偏不倚的于志宁，因为曾拥立过太子李忠，也成了长孙无忌的党徒。

于是，高宗皇上下诏，将于志宁罢去相职，逐出朝堂，贬为荣州刺史。

随即，一个全面大清洗的活动开始了。

褚遂良虽已身死异乡，仍要追剥其所有官爵。

长孙无忌的从弟渝州刺史长孙知仁、族弟长孙恩、儿子驸马都尉长孙冲、族子驸马都尉长孙铨、长孙祥，褚遂良的儿子褚彦甫、褚彦冲等，或被诛杀，或被流放，无一幸免。

韩瑗的内侄、长孙铨的外甥赵持满，时任凉州刺史，善骑射，喜交友，乃豪杰之士。许敬宗认为他有可能在西凉造反，便给他加了个"无忌同党"的罪名，逮回京师诛杀。

韩瑗、柳奭先是被处以"除名"之罚，也就是彻底剥夺他们为官从政的资格，流放至振州、象州服役。

武后意犹未尽，长孙无忌这些穷凶极恶的干将，都是些暂时睡过去的老虎，一旦醒来就会吃人。一个也不能让他们活着。

七月里，一道诏命从皇宫发出，将柳奭、韩瑗加上手铐脚镣，从流放地押往京师。

监察御史们刚刚离京，朝廷又飞马送来敕令：柳奭、韩瑗不必押送京师，着即当处死。

柳奭在泉州被处于斩刑，这些年来他一直提心吊胆地过日子，总想摆脱外甥女王皇后的牵连。但躲来躲去，到头来还是免不了池鱼之殃。

监察御史们马不停蹄地赶往振州，那里有位年轻的曾任过首辅宰相的韩瑗，这是个头号案犯，决不能让他得知消息而逃遁或藏匿。

他们来到振州之后，径赴韩瑗住所。不料韩瑗经不住流放中的种种磨难和欺凌，刚刚病死，因而免遭一刀之痛。

御史们开棺验尸，查明无误后，回京交旨。

至此，元老派阵营就剩下一个罪魁祸首长孙无忌了，此人非杀不可。但是，高宗皇上在这件事上态度强硬，决不允许收捕、用刑，更不准处死。

武后有些无可奈何了，她只好忍耐着，等待机会，再想别的法子。

长孙无忌只要活着，对于武后的地位和未来，就是一个潜在的威胁。打虎不死，必为所伤，在历史上的权力争斗中，这样的惨痛教训实在数不胜数。

楚霸王不可学，妇人之仁，心慈手软，从而养虎贻祸，毁灭了自己，酿成了遗恨千古的历史悲剧。他空有横扫千军之勇，拔山扛鼎之力，其心态却是一个扭扭摆摆的小妇人。他是软弱的象征、失败的象征、耻辱的象征！我武媚虽然身为女人，却绝不能为"妇人之仁"所误，铸成历史性的大错。

长孙无忌不能不死，这已经不是我武媚与你的个人恩怨，而是确保元老势力不再卷土重来，大唐朝廷不再发生严重分裂和血腥杀戮，江山社稷不再陷入烽烟四起、生灵涂炭的战火之中的需要，是历史的需要。

武后费尽心机，不知多少次跟皇上阐明这些道理。但是十分无奈，也不知为什么，高宗皇上在这件事上态度极为坚定，任你磨破嘴唇，他只是油盐不进，充耳不闻。

唉！这个优柔寡断而又一味沽名钓誉的糊涂天子，我武媚可不能因为你的糊涂而功亏一篑。陪着你一块上断头台。对不起了，皇上，既然明修栈道不行，那我就暗度陈仓。

即使暗度陈仓，也需一个机会。

此时的高宗皇上实在经不住武后夜夜枕边风频吹，为了给她点面子，便下令由李勣、许敬宗、辛茂将、任雅相、卢承庆等人进一步审理长孙无忌的案子，尤其要查明他到黔州之后，有无新的反状。

李勣接到命令之后，就像双手捧了块炽红的火炭，一时真不知怎么办才好。这是份让人大感头痛的差事。这些年来，他一直在冷静地旁观着武后与长孙无忌一派的生死较量。从内心里说，他是完全站在武后一边的。长孙无忌数十年把持朝政，大搞一言堂，顺我者昌，逆我者亡，已经把朝廷弄成了毫无生气的一潭死水。朝政糜烂，官吏腐败，上下其手，中饱私囊。"贞观之治"时的清明政治已经荡然无存。长此下去，真不知大唐江山将会出现什么局面。

自己看不惯长孙无忌一伙的张狂和骄横，但又无力与他们抗衡，只求自保，装聋作哑。幸有武后应运而生，这似乎是上天有意安排的，让她来挽救大唐的颓风。虽说她一入宫便迫不及待地攫取权力，不顾一切地争夺名位，看起来像个权欲狂。但是李勣却能理解，欲成大事者，要施展自己治国平天下的雄才大略，手中没有巨大的权力怎么能行？她当皇后以来，协助皇上整顿朝纲的雷厉风行，处置军政机务的迅敏得体，对付政敌的强硬果敢，早已令满朝文武刮目相看。他深信不疑，这个女人的政治远见、治国才干、知人善任的慧眼和宽阔博大的胸襟，都决不在太宗皇上之下。大唐有幸，又遇上了这么一位千古令主，太平盛世至少还会延续几十年，这是国家的福气，也是黎庶百姓们的福气。

碰上这么个主儿，你长孙无忌却冥顽不化，硬要拿鸡蛋往石头上碰，只能碰得头破血流。长孙无忌心死无疑！在这个时候接受重审长孙一案的任务，那就只能千方百计甚至是无中生有地找出长孙无忌谋反的证据，否则便是跟武后对着干，只能落个被杀被贬的下场，他李勣当然不会干这样的傻事。

然而话又说回来了，要说长孙无忌存心谋反，那全是子虚乌有的事，这一点李勣也看得清清楚楚。要自己亲手整出一个天字第一号的大冤案，使长孙无忌百口莫辩，引颈待戮，这事并不难办。但是，这于自己的良心有愧，与自己一生的为人之道有悖，也必定会留下千古骂名。这样的傻事他李勣也决不能干。

那该怎么办呢？想来想去，李勣还是决定把这个"火炭头"送出去，让那些急于建功立业或是想报一箭之仇的人去干吧。

他把许敬宗请到自己府上。许敬宗虽已贵为首辅宰臣，但对这位"三公"之一的司空大人，对这位文武兼备、威震华夏数十年的传奇人物还是毕恭毕敬的。

"下官参见李大人，大人召见下官，不知有何吩咐？"一见面，许敬宗一面大礼参拜，一面谦恭地说道。

李勣连忙让座，命人奉茶，然后微笑着说道："许大人太客气了。大人现在是朝廷首辅，百官皆应唯您马首是瞻，李某怎敢当'吩咐'二字。今请大人过府，不过有一件小事相商。"

"有何事李大人直说就是，下官无不从命。"

"李某一生戎马，惯于沙场征战。于审案量刑一道，实在毫无经验。皇上虽令李某牵头，那不过是挂挂名而已。为不妨碍此案的迅速审结，就请许大人全权办理此案如何？"

许敬宗冲李勣狡黠地一笑："李大人的难处下官懂得。此事不劳大人费神，下官与其余诸公自会全力去办。待案情水落石出之后，再向李大人禀报。"

"那也不必了，到时我与你们一块面奏皇上、皇后就是！"

一个大难题就这样轻易地解决了，双方都皆大欢喜。武后听说李勣主动退出此案，笑着对许敬宗说道："这个李司空，真是机变百出，鬼神不测。不过这样也好，对他对你我都有好处。"

停顿了一会儿，她神色变得严肃起来，对许敬宗说道："这下就看你的了。办案过程中，一切皆由你便宜行事。中间不必请旨，也不必奏报。我最后只要一个结果，是什么你自然知道。"

许敬宗对武后的密令心领神会，他马上召见一直支持武后的另一个得力人物袁公瑜，让他立即赶往黔州，至时不需多说，只说皇上有旨，赐长孙无忌自尽。一定要当面看着他死去，才可回来交差。

长孙无忌来到黔州已经快一年了。表面上他还有着扬州都督头衔，实际上却不能指挥一兵一卒，这不仅仅是贬谪，简直是流放，是软禁。

虽说日常生活仍可享受一品官的待遇，但此时此地，就是山珍海味、金珠玉粒，他还能吃得下吗？孤独、寂寞、失落和愤怒的折磨，像无情的刑罚，已将他摧残得形容枯槁，鬓发苍白。下人们每日里冷言冷语，白眼相加，更使他感到了虎落平阳遭犬欺的无限悲凉。

晚风凄厉，乱云飞渡，夕阳西下，暮鸦哀鸣，望着渐渐黯淡下去的满目青山，这个孤独的老人心底在流血。

他有些后悔了，悔不该不听妹妹的劝告。想当初，他帮助妹夫李世民成功地发动了玄武门政变，扶保妹夫登基做了皇上。皇上念他功高，拜他为相。而妹妹长孙皇后却不同意，力劝他辞去相位。妹妹认为，身为皇亲国戚，手中的权力太大，威福太重，就会埋下杀身之祸甚至是灭门之灾。为了使长孙家世世代代都平平安安，她不准长孙家的人出将入相，甚至不许参与朝政。

妹妹崩逝以后，太宗皇上又开始重用擢升自己，自己也觉得多年来满腹经纶却无用武之地，现在是一展平生抱负的时候了。这样，几年的工夫，自己便权倾朝野，位极人臣了。说话一言九鼎，权力炙手可热，一人之下，万人之上的权相生涯，一转眼就是几十年。

无论如何也不曾想到，长孙皇后当年的预言，不幸变成了残酷的现实，子、侄、兄、弟及亲朋故旧，皆因自己而罹祸，不是被杀头，就是被流放，真正的祸灭九族啊！

原来总以为自己一生轰轰烈烈，称得上是一个顶天立地的伟丈夫。现在才明白了，自己的见识竟始终不如一个妇道人家。

以前没有妹妹的远见卓识，现在更是彻底栽在了武后的手上。不知为什么，事到如今，他反而不那么恨武后了。自己与这个姓武的女人从来就是水火不容，势难两立。在每一个关键时刻，自己都是主张杀掉或驱逐这个女人的。权力斗争你死我活，历来是胜者王败者贼。既然是死对头，如今她占了上风，对自己痛下杀手也就不足为怪了。若是换了自己，对她同样也是不会客气的。

长孙无忌在苍茫的暮色中踽踽而行，沿着一条蚰蜒小径向自己的住所走去。

还未进屋，一脚门里一脚门外的时候，他愣住了。朝廷的钦差袁公瑜和几个虎狼般的差吏站在当地。不用说，这是索命来了。

长孙无忌突然挺直了腰身，威严地扫视了他们一眼，沉声问道："说吧，要我怎么个死法？"

"长孙大人到底是个明白人，"袁公瑜冷冷地说道："皇上有旨，赐长孙无忌全尸，可自缢而死。"

真的是皇上的旨意吗？这些人会不会矫诏？但转念一想，事已至此，何必再去分辨"圣旨"的真伪。即使是假的，自己又如何去验证？找谁去验证？自己若不自杀，这个对自己恨之入骨的袁公瑜也会动手。与其死在这些小人之手，莫如自我了断干脆些。大丈夫生有何欢，死有何惧？

他搬了条长凳，颤巍巍地在房梁上系了一根白练，忽然哈哈大笑。笑罢，厉声骂道："雉奴（高宗乳名）啊雉奴，你这个忘恩负义的昏君。老夫当年瞎了眼，拼命为你挣来太子位，又扶你登基做皇上。想不到到头来你却枉杀老夫。老夫一死不足惜，可惜我大唐江山就要断送在你的手里。"

一边骂着，一边将白花花的头颅钻进了缳扣里，双脚将凳子狠狠地一蹬……

袁公瑜和众差吏们看着这个高大而又苍老的身躯在房梁上荡了几下，便慢慢地垂直不动了。曾几何时，这个身躯纵横于千军万马之中，挥手之间，多少人头落地？怒吼一声，多少敌酋胆碎？曾几何时，这个身躯挺立于朝堂之上，眼珠一转，多少人系狱遭戮，罢黜流放？嘴巴一张，多少人加官晋爵，飞黄腾达？而如今呢，只剩下这么个悬在半空里的百十斤重的尸体了。真正的人生如梦，人生如梦啊！

第九章　恩泽乡邻　征讨高丽

显庆五年正月，东都洛阳乍暖还寒。河水尚未消融，残雪犹有余孽，而春之使者的脚步，却已经急不可耐地向中原大地匆匆挺进。冰雪覆盖下的小草在暗中踢腿伸腰，跃跃欲试地准备着崭露头角；深水中的游鱼不停地往来串联，商量着如何冲破坚冰的封锁，欢呼那个自由清新的春天的到来；而树林中众多的鸟儿，则在涮翅润嗓，忙活着排练歌舞，兴致勃勃地等待着参与春的大合唱。

春风得意的武后与高宗皇上正行进在从洛阳到并州的路上。轿骅鞍马，旗罗伞扇，前有宫廷虎贲开道，后有侍卫马队护卫，甲杖鲜明，幡影幢幢，一行人浩浩荡荡，显示着皇家出行的气派和威严。

这次行幸并州，是武后精心设计的。对她而言，这是一次具有特殊意义的故乡之行。

自从贞观九年她与家人来文水为父亲送葬，至今已有二十五个年头。这二十五年，对她来说真可谓天翻地覆，霄壤巨变。当初的那个黄毛丫头，已成了权倾中外、声震朝野的一国之后。出人头地，衣锦还乡，这是她儿时的一个梦想。当了皇后之后，这个愿望便更加强烈，但是，因为朝廷内部的斗争太激烈，太残酷，她无暇抽身。现在，这个梦想终于实现了。

她可不是那种浅薄之辈，衣锦还乡并非为了在乡亲们面前显摆自己的风光和体面，满足一点庸俗的虚荣心。不，她武媚绝不是这种乡间女子和市井小人的心态。她要向家乡百姓，甚至是向全国的亿万黎庶显示的，是她手中至高无上的权力。她要让人们都知道，现在的皇后，掌握的不仅仅是后宫。她可以左右皇上，主宰朝廷，掌握着整个国家和人民的命运。等着吧，并州这块土地上培植出的这个黄毛丫头，一定会给故乡，给父老乡亲们增光添彩。一定会让江山更加稳固，国家更加昌盛，黎民更加繁荣富庶。

前呼后拥的皇家仪仗终于走进了文水县境内，透过车辗马踏扬起的一阵阵烟尘，武后眯起眼睛凝视着远处，竟像一个天涯归来的游子一样，无法抑止地激动起来。

她命令停轿，由内侍们搀扶着缓缓地步下御辇。她迎着还有些料峭的寒风，深深地吸了一口故乡的空气，让这新鲜的略有点凉意的气流，在她滚烫的胸腔内慢慢地弥散。

她走到路旁，在尚未春耕的庄稼地里捧起一把沃土，放在鼻翼下闻了闻，充满了感情地久久凝视着……

就是在这片土地上，埋葬着她武家的代代先祖，埋葬着她这一辈子最敬重也是最亲近的男人——她的父亲武士彠。父亲生前的教诲、叮嘱和对她成龙成凤的巨大期望，袁天罡当年的神秘预言，在这一刹那间都一齐涌进了她的耳鼓。应该说，就是这片热土，铸造了她桀骜不驯、敢于挑战的性格，培育了她要一飞冲天的远大理想。

她转身回到御辇上，双眸中突然蓄满了热泪，对高宗皇上说道："皇上，臣妾想，咱们该先去拜祭我的父亲。"

"应该的，应该的。朕也该陪皇后一块去祭奠岳父大人。"高宗皇上痛快地答应着。

武士彠的陵墓到了，高高隆起的黄土堆和墓前的碑碣、石人石马都掩藏在半人高的蒿草里，当年金敕御葬的满目繁华已变成了一片凄迷荒凉。

内侍在墓前设下香案，摆置了牛羊牺牲各种供品，接着便是燃烛、焚香、烧化冥钱。

香烟缭绕，纸灰飞舞，武后早已变得泪眼婆娑。她看了一眼皇上，便双膝跪倒墓前，虔诚膜拜，呜咽成声。

高宗皇上犹豫了一下，有点不知该怎么办才好。按照平常百姓的伦常观，自己是武士彠的"女婿"，也该跪拜才是。但自己身为天子，"率土之滨，莫非王臣，"皇上怎能向臣子跪拜呢？

这时候，正在哀哀哭泣的武后又抬头看了他一眼，这显然是无声的催促，有一种无法抗拒的影响力。高宗皇上双膝一软，对着坟墓跪了下去。今日权当是家祭，自己且尽半子之礼吧。

见皇上亲自跪拜，随行的大臣和所有侍从，慌忙倒身下拜，墓前草地上霎时黑压压地跪倒了一片。

让皇上跪拜臣下，这是历史上破天荒的"创举"，是有悖礼法、惊世骇俗的举动，千百年来有谁能做到这一点？而武后在今天做到了。她就是要惊世骇俗，她就是要向旧的礼法挑战，做前无古人的惊人之举。

第二天，文水县城里空前热闹起来。

女皇武则天

武后以高宗皇上的名义，将武氏家族的所有成员、亲朋故旧和街坊四邻全部请到了临时行宫。

这些世世代代面朝黄土背朝天的乡巴佬，平日里不要说皇上、皇后，就连个七品芝麻官的县太爷也难得一见。今日得沐天恩，一个个扶老携幼，喜气洋洋地蜂拥而来。有鲜衣亮服、绫罗绸缎的绅士，有短褐小袄，布衣粗服的农人，也有衣衫褴褛、蓬头垢面的穷汉。有男有女，有老有少，人们说说笑笑，你争我抢地涌进了行宫。

行宫的大厅和院子里，摆下了上百张桌子，鸡鸭鱼肉，山珍海味摆得叠床架屋，满满登登，大家随便入座，妇女们则被请进了内殿。

皇上和皇后亲自举杯赐酒，这可是人们亘古以来从未经历过的天大荣耀，"皇上万岁""皇后娘娘万岁"的呼声霎时如山崩海啸，震耳欲聋。

"亲友们，乡党们，我武媚世世代代都是文水人。文水的山、文水的水养育了我们武家的祖祖辈辈。我武媚今生今世永远不会忘了文水的父老乡亲。今日皇上与我略备菲酌，不成敬意，聊表寸心而已。往后，我们要有福同享，荣辱与共。托皇上的洪福，咱们的好日子还长着呢！"

武后满面笑容，拉家常似的对人们说着。这哪里像个母仪天下、让人望而生畏的皇后，简直就是一个和蔼可亲的普通亲戚。一些年纪大些的绅士们早已感动得泪流满面，大厅的这里那里，似乎已经响起了低低的抽咽之声。

"好了，请乡亲们尽情地饮酒用餐。皇上说了，今日是便宴，就像走亲串友一样，不拘细礼，大家可一醉方休。"

顷刻间，筵席上红火了起来。人们大杯喝酒，大块吃肉，高声说笑喧哗，无拘无束，一会儿便吃得满嘴油光，喝得云山雾罩。那些盛满了鸡鸭鱼虾的大盘，一次又一次地被一扫而光。侍者们又赶紧重新盛满，端了上来。看着这些平日不见半点荤腥的穷百姓们一面大嚼大咽，一面向她投来万分感激的目光。武后心里泛起了一阵阵有些酸涩的暖流。这些善良百姓们多么容易满足，一顿饱饭都会让他们感激涕零。自己现在有权了，能参与国家大政了，无论如何也得让这些穷人们吃饱肚子。只要能让他们过上好日子，不管你是姓李姓张姓王还是姓武，也不管你是男是女是老还是少，他们都会拿着命来拥护你！

武后笑了，是一种若有所思的从容的笑。

盛宴之后，皇上和皇后开始行赏，有金银、珠玉、绢帛、绸缎、衣饰，也有茶具、酒器、小摆设物等，按照亲疏老幼，分赐给赴宴者每人一份等差有别的礼物。不管礼品大小贵贱，都是来自皇上和皇后的赏赐，沛霖微露，都是君恩。这种史无前例的巨大荣耀，如此浩荡皇恩，直令这些村野小民们受宠若惊。他们齐刷刷地跪在皇上、皇后面前，不停地磕头，山呼万岁，从心底里盛赞皇后贵而不骄的美德。

第二天，皇上在武后的劝说下，颁下了一道令天下人瞠目的特别诏令：并州妇女凡八十岁以上者，皆封诰命，一律授予郡夫人爵位。

这可是自古以来闻所未闻的新奇事儿，郡夫人是正四品爵位，通常只授予一品到四品的妃嫔们的母亲。虽然只是个虚名，但却是无比的尊贵。如此巨大的荣宠，一夜之间突然落到了这些普通的村姬农妇们头上，她们祖祖辈辈做梦也不曾想到。

整个并州激动了，沸腾了，家家户户烧香燃烛，供奉皇后娘娘的长生牌位。那些不分贫贱的"老诰命"们，一个个都虔诚地跪倒在自家的天井里，望空而拜，老泪纵横。她们要世世代代像供奉活菩萨一样，供奉她们心中的神祇——并州的山水养育出来的武后。

这消息不胫而走，像一阵春风，迅速地传遍了大唐朝的天南地北。

布衣百姓、寒门士子们为之欢呼，为之雀跃，为之额手称庆。

豪门望族、权贵显达们却大摇其头：这个不肯循规蹈矩的女人，净干些石破天惊、匪夷所思的怪事。她衣锦还乡，福泽乡亲，如此挥霍皇家恩典以收买人心，究竟要干什么？

这些来自各地的非议，很快便传到了武后的耳朵里，她却不屑一顾地对高宗皇上说道："说臣妾收买人心也对，臣妾就是要为皇上为朝廷收买天下人心。先帝在时不是常常说吗，'君为舟，民为水，水能载舟，亦能覆舟'。自古以来得民心者得天下，收买人心是当国者的根本，有什么不好？贫贱者就永远贫贱，就不能加宫晋爵？这岂不让天下人寒心，永远不思进取？那些达官贵人们富贵已极，再为他们赐爵不过是锦上添花，他们并不以为然。当年皇上一下子便给了长孙无忌的儿子们三个爵位，那长孙无忌连尾巴都没摇一下。而这些穷苦百姓们得此殊荣，就像一个濒临饿毙的垂危之人忽然得到了一个救命的馍馍，他们会生生死死不忘皇上，不忘大唐的恩典。"

高宗皇上只能频频点头，不要说武后说得在理，就是不在理，只要她高兴，又何必吝惜几封"诰命"纸条呢？武后多次跟自己说过那个楚霸王项羽，他把赐给臣下的官印装在口袋里，印章都磨去了棱角，还是不舍得赐给那些望眼欲穿的功臣们。相比之下，这位杀人不眨眼的黑大汉倒像是个小心眼的女人，而自己的这位皇后倒成了个恩加四海的伟丈夫。

武后和高宗皇上在并州一直住了三个多月，已经是莺飞草长，花木葳蕤的暮春了。这些日子，高宗皇上突然得了一种怪病，一天到晚头昏眼花，厉害的时候则头疼欲裂。皇上有病，不能在乡下久住，皇后也早想返回东都洛阳。本是权力中心的人，还得回到权力中心去，去体味那令人热血澎湃的权力之争。

六月底，他们回到了东都洛阳。此时，重新改建的清凉宫已经告竣。此宫巍峨高大，金碧辉煌，飞檐尖顶，直插云表。大殿分为连璧、齐圣、绮云三处主要楼阁，外表浑然一体，内里风格迥异，或富丽堂皇，或清新淡雅，或壮观高旷，处处都给人一种耳目一新的舒适感。

武后兴致勃勃地看完了整个建筑，立刻命名为"合璧宫"，自然是说自己与皇上配合默契，珠联璧合。很快，她便与皇上一起，搬进了这座避暑离宫。连太子李弘和其他两个儿子李贤、李显也都搬了进来，每日承欢膝下。

高宗皇上的目眩病发作得越来越频繁，三五天便发作一次，时轻时重。传遍所有御医，用了不少偏方，皆不见效。到了十月份，高宗皇上的视力大为减退，连奏章也无法批阅，正常的君臣召对已难以维持，不得不改成"隔日视事"。

"国不可一日无君"，皇上圣躬违和，不能正常履行自己的职责，就必须有人代他摄理政事。太子尚在幼冲，不谙国事，主持朝政的重任便责无旁贷地落在了武后的肩上。对于武后摄政，高宗皇上自然放心，这些年来，就是自己亲政的时候，许多大事也都要和武后商量，也多是由她拿主意。

武后终于从幕后理直气壮地走上了前台，从协理国政到直接决断国政，翻开了她政治生涯中新的一页，向她人生理想的终极目标又跨进了一步。

但她毕竟是皇后，还不能直接端坐在龙椅上大模大样地听政，在她与朝臣们之间，尚须隔着一道翠帘。

这不要紧，这只是一种形式，重要的是内容。她信心十足、从容不迫地坐在翠帘后面，听"百司奏事"，然后亲自加以裁决，一一处置。

朝臣们很快就发现，这位女主子明敏果断，对大小事宜的处置都能抓住要领，稳妥而又得体，比那位遇事首鼠两端、模棱两可的皇上要睿智得多，也好辅佐得多。

垂帘听政还不到两个月，朝廷忽然得到边报，高丽权臣盖苏文率兵进攻居住于辽东的契丹人。契丹人早在十几年以前，就公开承认自己是唐王朝的附庸。高丽王攻占辽东后，接着又入侵新罗，占领了新罗三十多个城镇。新罗王派人向大唐请求援救。

对契丹和新罗的入侵，实际上是对大唐朝廷的公然挑衅，应该怎么办？

武后让朝臣们各抒己见。

侍中许敬宗说道："高丽虽是边鄙小国，却屡与我中原王朝为敌。五十多年以前，隋文帝曾调集士军，分水陆两路进攻高丽，结果无功而返。到了隋炀帝时，在他短短的十三年皇帝生涯中，曾三次讨伐高丽，每次都是御驾亲征，劳师靡财，死伤惨重，引得国内民怨沸腾，烽烟四起。先帝太宗皇上也曾于十几年前率领大军亲征高丽。开始进展顺利，连克数城。后来在进攻平壤时，却受阻于重镇安市。血战两个多月，始终不能夺取安市。恰遇天降大雪，气温骤冷，先帝只好下令退兵。在退兵途中，又遇到暴风雪袭击，将士死伤数千，先帝也患了一身毒疮。几十年来，我中原王朝数次讨伐高丽，几乎都是以败北告终。臣以为，高丽虽小，却是山高水险，气候与中原迥异，不利于对其大规模用兵。如今他攻契丹占新罗，毕竟不是对大唐动武。我大唐只可保境自安，休养生息，不须为他人而兴师动众，劳民伤财。"

听许敬宗说完，武后多时沉默不语，脸上却掠过了一丝不易察觉的不悦之色。许敬宗是她的心腹爱臣，又是首辅宰相，她不愿让他当廷难堪。于是她转向司空李勣问道："李大人，你是久经沙场的元戎宿将，依你看，我们该作何行动？"

"启禀皇后，高丽王盖苏文凶残狂妄，野心勃勃，是桀纣一流暴君。他蚕食弱小，欺凌邻邦，对我大唐也久有觊觎之心。我大唐乃泱泱大国，天下令主，自应举正义之师，伐无道，锄暴虐，解民倒悬，才能令四夷慑服，天下归心。"

"李爱卿所言极是！契丹乃我大唐属国，新罗又是多年友邦。如今他们遭难，岂能坐视不救？高丽蕞尔小国，却如此猖狂无礼，岂非视我大唐无人？不错，从隋文帝、隋炀帝到太宗皇上，都曾征讨高丽，却屡讨不获。这能说明什么呢？难道说小小的高丽是不可战胜的？他盖苏文有三头六臂八只眼？隋朝皇帝和先帝对高丽用兵都未曾取胜，我们却偏偏要战胜他，打垮他，甚至要消灭他，使边患永绝，一劳永逸。我们就是要做前人做不到的事，创造前无古人的奇迹。李大人，"

"微臣在，"

"你看，此次征讨高丽，谁堪为帅？"

女皇武则天

"微臣虽年事略高，却体魄强健。若皇后不弃，微臣愿去扫平高丽。"李勣早已被武后的一席话所激励，难得她一介女流，竟如此雄心勃勃，豪气逼人。蛾眉不让须眉，自己一个顶天立地的沙场老将岂能畏葸不前？便急忙慷慨请缨。

武后笑了，她欣赏地看看李勣，说道："司空大人久历战事，却宝刀不老，勇冠三军。不过，此时还不须老将军亲自出马。你可荐举一人，率军出征。"

"苏定方将军胸富韬略，堪当此任。"

"很好，就着左武卫大将军苏定方任神丘道行军大总管，率十万精兵，分水陆两路征讨高丽。五日内可择日出征。"

第四天便是黄道吉日。十万大军齐集于洛阳城郊的中心校场，列成一排排方队。甲胄鲜明，旌旗翻卷，刀枪剑戟在明丽的秋阳下熠熠闪烁。将士们摩拳擦掌，跃跃欲试，无数的战马在刨蹄振鬣，时而引颈长嘶，像是在迫不及待地等候着飞驰沙场的那一刻的到来。

武后在李勣、许敬宗等文武大臣们的簇拥下，前来为出征的将士们送行。

"赐酒！"武后朗声说道。

内侍们抬着酒坛，捧着酒碗，来到各排方队的最前列。

武后亲自端起一碗酒，送到苏定方手里，看着他咕咚咚一气喝尽，说道："苏将军，此次征战，一切都拜托了。常言道，'将在外，君命有所不受'。战场之上瞬息万变，生死成败往往系于一念之间。贵在因地因时制宜，见机行事，最忌的是后方掣肘。我们身在朝廷，对战场上的事不甚了了，很难做出正确的决策。自即日起，军中一切大小事宜，均由将军一人决断，是战是停，是进是退，生杀予夺，将军只管定夺，无须事事请示朝廷，朝廷中任何人，包括皇上和我，都绝不横加干涉。即使指挥上有些失误，那也是常情常理，朝廷决不加罪。"

苏定方一生征战无数，还是第一次见朝廷如此明智，如此大胆地放权。

朝廷不扯后腿，不乱指挥，不无故加罪，自己便可放开手脚临机定策，战争还没开始，就已胜了一半。

用人不疑，疑人不用，自己作为三军主帅，拥有战场上的一切主动权，没有任何后顾之忧，这是最可宝贵的制胜因素之一。

他今天才知道，皇后不仅在处置政事上高人一筹，在指挥战争上也是如此英明睿智。

苏定方激动地看着武后，说："末将谨遵懿旨！"正要转身跨马，却听武后又说道："到了战场上，有什么难以自处，需要朝廷办的事，包括将士们家中有何难处，都可随时奏报，我会让户部周知各地郡县，尽量给予排解。让将士们放心杀敌，家中父母妻儿无须挂心。我是个女人，不懂得调兵遣将，行军布阵，但我却听说过，就是乡间的那些土财主们，都懂得'家中做好饭，坡里不用急'的道理。"

苏定方只觉得一股热流在心中涌动，在周身弥漫，遇上了这样的主子，还有什么可说的？三军儿郎就是血染沙场、横尸异域也值了。

他强抑着自己滚沸的激情，对武后一揖到底地说道："皇后娘娘，恕末将甲胄在身，不能大礼跪辞。末将代表三军将士谢谢皇后娘娘。"说罢，陡地转过身去，带领着十万健儿放声高呼："皇上万岁！皇后万岁！万万岁！"

在大庭广众面前高呼"皇后万岁"，原本有违礼法。但此时此刻，谁也不觉得刺耳，似乎这已是顺理成章的。

自从武后垂帘听政以来，朝中文武百官，就连普通的市井百姓，早就把她看成是大唐的另一个皇上了。

就连经多见广、德高望重的李勣也为这种场面深深地激动了，他对武后拱手说道："皇后娘娘，恭喜了！"

"恭喜什么？"

"此次东征必定大获全胜。"

"为什么？"

"皇后一席演讲，可抵百万雄师。说实话，这是微臣平生所听过的最成功的战前动员。"

东征高丽的战事，进展十分顺利，胜利的捷报，一日数次，雪片般频频传报朝廷。

苏定方将十万大军兵分两路，一路从山东半岛横渡黄海，在百济国的首都锦江边的泗洮城附近登陆。一路先抵新罗国，与新罗的军队组成联军，冲破百济的西部防线，对百济形成了前后夹击之势。

百济国是朝鲜半岛上的三个小国之一，这些年一直紧抱高丽国王盖苏文的粗腿，助纣为虐，数次配合高丽军队，欺凌侵犯新罗、契丹等弱小国家。

按照苏定方的作战意图，唐军首先要消灭百济，这一方面就等于折断盖苏文的一条臂膀，同时也能张扬军威，振奋士气，给高丽军队以先声夺人的心理震慑。

女皇武则天

苏定方指挥有方，将士们拼死效命，经过了数次惨烈的攻坚战，唐军终于攻克了泗沘城，并将国王义慈、王后思古玫和太子隆等王室成员一并俘获。苏定方派军队将他们押往东都洛阳，向皇上献俘。

时值暮秋，天高气爽，风轻云淡，东都洛阳一片欢欣鼓舞，喜气洋洋。高宗皇上与武后并肩登上高高的则天门城楼，接受献俘。

百济国王义慈、王后思古等俘虏们肉袒跪拜，一个个战战兢兢。

面对这些诚惶诚恐的战俘们，高宗皇上神采飞扬，头痛病也在不知不觉中好多了，他平生第一次生出了一股睥睨八方、威加四海的豪情，感到了一个大国帝王、一个征服者、一个胜利者的威严。

对战俘们进行了一番严词训斥之后，又晓以大义，示以恩宠，当场将他们释放回国。看着义慈等人匍匐在自己脚下，感激涕零地表示要世世代代忠于大唐，高宗皇上就像饮了一壶百年醇酒，竟有一种飘飘欲仙的感觉。

送走战俘们，他回头对皇后笑笑说："高丽弹丸之地，如今又孤立无援，何不命苏定方趁热打铁，灭此朝食！"

"高丽虽小，但经营多年，又历来重视练兵习武，要亡其国，恐怕不像灭百济这样容易，且夕间很难奏功，我们还应做长远打算才是。不过，皇上的想法极对，先帝的未竟之业，该在我们一朝变为现实。今日除此大祸，也可让后人一劳永逸。"

高宗皇上连连点头，皇后的话，在他听来，总是那样明白晓畅而又含意隽永。

很快，朝廷采取了一系列措施，先是将显庆六年改为龙朔元年，意在以大唐的雄浑龙气统驭八方，威服高丽；接着，高宗皇上与武后在洛阳宫城之西的门楼上大宴群臣和外国使臣。在君臣们频频举杯，酒酣耳热之际，宴席上推出了名为"一戎大定乐"的歌舞。一百四十名太常寺舞者，身着色彩鲜明的盔甲，手持槊棒，在雷鼓和金银的伴奏下欢呼腾跃，鼓声、银声、喊杀声，声声雷鸣。

那些外国使臣看着这台气势雄伟、杀气浓重的歌舞剧，一个个目瞪口呆：这是大唐王朝在明明白白地向天下展示武力，向四夷不肯臣服者示威。正在战场上与大唐军队厮杀对垒的高丽国，恐怕要倒霉了。

果然，没过几天，大唐朝廷颁诏，任雅相为沈江道行军总管，契苾何力为辽东道行军总管，苏定方为平壤道行军总管，率领萧嗣业及诸胡兵共三十万，水陆并进，三面出击，与高丽国展开决战。

　　朝鲜半岛上战云密布，鸭绿江畔杀声震天，一场前所未有的血腥恶战已经在所难免。

　　就在这个时候，高宗皇上却突发奇想，向武后和群臣们宣布，他要率领后续部队御驾亲征高丽。

　　武后大吃一惊，这是为什么？这位一向怯懦柔弱的天子，为什么在一夜之间变了，突然想要身冒矢石，驰骋沙场，去做个横刀立马的大将军呢？他想干什么？莫非要学习他的父皇，既当太平天子，又当马上皇帝？但那不过是对先帝赫赫战功的一个理想化的追慕；莫非他嫌自己接管了国家政事，已生出大权旁落之憾，便想到战场上一展"雄威"，证明自己的价值？莫非当了皇上还要争功，去和你的臣下将士们争功吗？

　　不管是什么原因，有一点武后把握得清清楚楚。这位没有丝毫征战经验，一向优柔寡断的皇上，根本不是帅才。他亲上前线不仅于事无补，弄不好还会碍手碍脚，贻误战机，直接影响前方将领们的正确决策。那样，这场对高丽之战将会前功尽弃，甚至要比隋朝两个皇帝和先帝败得更惨。

　　决不能让历史的耻辱重演。不管是从国家利益还是从皇上自身的病情考虑，都不能让他御驾亲征。武后立即上表抗谏，坚决反对皇上亲征。李勣、许敬宗等文武大臣们也都纷纷谏阻。

　　见武后激烈反对，高宗皇上立刻像个泄了气的皮球，一腔豪情顿时烟消云散，慷慨激昂的亲征之议也就偃旗息鼓，不了了之了。

　　赤日炎炎、烁火熔金的夏七月，战场上终于传来了捷报，苏定方率领大军劈亢捣虚，势如破竹，在沈江一带大破高丽军队，敌军死伤惨重，缩回都城，大唐军队已将高丽首都平壤团团包围。

　　契苾何力率领的唐军在鸭绿江对岸设伏，诱敌深入，然后关起门来打狗，大败高丽军，斩获首级三万多，其余全部投降。

　　武后欣喜异常，破天荒第一次在后宫里饮起酒来，她酒量不大，这一次却连饮三大杯。高宗皇上笑着劝止她，她却说："皇上勿劝，这是庆功酒，臣妾非喝不可。"她心里却在想，这是我垂帘听政第一年里所取得的煌煌武功，它在向天下人证明，我武媚指挥这场战争的决策是正确的，我这个女人即使在对战争的运筹帷幄方面，也不比千古雄主太宗皇上逊色多少。对于这次大捷，还有谁比我更高兴呢？

　　今年是个少有的丰收年，从开春到现在，一直风调雨顺，水旱虫雹等灾害甚少发生。夏粮已经收打入库，到处仓满廪盈，家无冻馁，野有遗穗。秋

女皇武则天

庄稼依然长势喜人，若不遇上大的意外，全年丰收在望。百姓们解除了衣食之忧，安居乐业，喜气洋洋。一时间，从江南到江北，对武后的赞颂之声鹊起。

摄政以来诸事顺手，战场上捷报频传，朝廷中政通人和，武后从来没有像今天这样轻松、愉悦、怡然自得。

欣喜之余，武后却突然生出了一种"想家"的念头，一种淡淡的思念亲人的惆怅。她自己也说不清这是为什么，是急于向亲人们展示自己的成就，就像考试得了满分的孩子急于想向家长显示吗？还是当自己志得意满，沉浸在巨大幸福之中的时候，便想起要提携亲人们来共享尊荣？

在这个世界上，自己的亲人只有母亲和大姐两个人了。

母亲杨氏已经六十多岁了，仍然居住在长安。朝廷迁居东都洛阳之时，自己曾让母亲一块迁来，但她说什么也不肯，说是热土难离，想来已经两年多没见面了。

姐姐仍然寡居。唉，这是个可怜的女人，自从姐夫贺兰越石早丧，十几年来她只身拉扯着一儿一女，一直在挣扎苦熬。当年自己在感业寺为尼，第一个为自己和皇上通风报信的就是大姐。如今自己成了"国母"，而她还泡在苦水里，该让她享几天清福了。

作为皇后，千金之躯，自然不能轻易出宫，更不能只身跑回长安。她只好向皇上禀知，派人将母亲和姐姐接来洛阳。

一天傍晚，金乌西坠，落霞满天的时候，她们来了。听着辚辚宫车戛然停在合璧宫外的声音，武后的心一下子提了起来。她竟顾不得皇后的身份，一溜碎步小跑着来到了宫门口。

看着从宫车上下来的几个人，她的眼睛睁大了。母亲满头银丝，却仍然身板硬朗，精神矍铄，在一个英俊挺拔的小伙子的搀扶下，慢慢地向这边走来。

姐姐跟在母亲身后，虽是快四十岁的人了，衣饰也很简朴，却显得仪态万方，风姿绰约。身边一个十四五岁的小姑娘，更是花蝴蝶一般。不用问，这两个孩子，一定是大姐的孩子贺兰敏之和贺兰敏若。真是流年似水，日月如梭啊，才一眨眼的工夫，孩子都长得比当年入宫时的自己都大了。

她快步迎上去，张开胳膊就要往母亲怀里扑。母亲杨氏可是极懂宫廷规矩的人，一边向她摆手，一边就要双膝跪下，向"国母"行臣子之礼。

武后几步冲上来，一把拉起母亲，娇嗔道："母亲这是做啥？岂不要折煞女儿。"

杨氏道："家有家规，国有国法，君臣大礼不可废。"

"这整座宫里女儿说了算，此时又没有外人，何必讲究这些繁文缛节？"一边说着，武后便把母亲、姐姐让进宫内。

母女见了面，有多少话也说不够。母亲杨老太太一边喝着宫女们捧上来的香茶，一边打量着合璧宫里富丽堂皇，让人眼花缭乱的摆设，叹口气说道："我女儿能有今天，武家世世代代的梦想实现了。你父亲一辈子争强好胜，把功名看得比什么都重，他倘若在九泉之下有知，看到自己的二女儿已飞登凤阙，还不知道得多么高兴呢。"说着，眼圈一红，忙掏出手帕去拭泪。

武后一生最看不得哭鼻子抹泪，见此情景，忙把话题岔开，说起了她与皇上行幸并州，和文水县亲朋乡里相处的情景。说到高兴处，武后眉飞色舞，一家人都喜不自胜。

大家说说笑笑，不觉已到了掌灯时分。整个后宫里华灯齐放，火树银花，照耀如同白昼。

已提升为太监总管的武壮躬着腰进来，向杨氏和武后的大姐行过礼，对武后说道："皇上已摆好筵席，请老人家前去用膳。"

武后领着大家，沿着回廊七弯八折，走进了一个装修典雅的小宴客厅。皇上做东，武后做陪，杨老太太坐在主宾位子上，其他人依次而坐。

高宗举起一杯酒，笑容可掬地说道："今日是家宴，只行家礼，叙亲情。岳母大人和大姐远道而来，车马劳顿，朕这杯酒，权当为大家洗尘。"说罢，一饮而尽。

杨氏看了大女儿一眼，众人忙端起酒杯，说道："多谢皇上美意，祝皇上万寿无疆，"不管是能喝酒的还是不能喝的，因为是皇上敬的酒，大家都尽量地喝了一大口。

酒过三巡之后，筵席上的气氛渐渐地活跃起来了。大家说话不再那么拘束，从长安到洛阳，从宫里到宫外，家长里短，奇闻趣事，话题越扯越远。

借酒遮脸，高宗开始仔细地端详武后的大姐。这位年近四十的半老徐娘，面色白皙光滑，因几分酒意而透着淡淡的红润，细眉下一双凤眼，顾盼有神。眼角上几丝稀疏的鱼尾纹，更给她增添了几分女性的成熟美。身段不胖不瘦，胸前乳峰高耸，举箸端杯之间，皓腕如雪，浑身上下都透着一股诱人的性感。

再看她身旁的女儿，十四五岁的女孩子，显然已趋于成熟。腰肢纤细，胸乳微隆，粉妆玉琢般的娇面上，一对杏核眼春波荡漾，两个小酒窝蓄满了甜蜜。她不时好奇地抬眼看看皇上，又低下头偷偷暗笑。

高宗一时心猿意马，他生怕当着武后的面失态，忙端起酒杯掩饰道："皇后入宫已十几年，自摄理国政以来，政绩斐然，有口皆碑。这都是武氏家族荫德庇佑，岳母大人教女有方。朕代表朝廷百官，敬武家一杯。"

"一家人却说两家话，皇上什么时候也学会溜须了，"几句话把武后拍得心花怒放，周身熨帖，忙带头举杯，与众人照了照，大家一齐喝了。

这样说着话，高宗忽然想起武后对并州八十岁以上老妇敕封诰命的事，心中不禁一动，普通百姓都可封郡夫人，杨老太太自然该封国夫人了。当皇后的能慷国家之慨，我这当皇上的何不做个顺水人情？

想到这里，他笑着对武后道："武家有大功于江山社稷，家人早该诰封。武老将军一生忠烈，为国捐躯。岳母大人相夫教女，为国育才，可封代国夫人；大姐名门之后，可封韩国夫人；外甥敏之少年英挺，前程未可限量，可暂封郡公；甥女虽小，却也是金枝玉叶，可封魏国夫人。明天早朝，即着有司颁诏。"

武后没有料到皇上会有此惊人之举。是即席之作，还是早有打算？不管怎么说，他都是在对自己曲意奉迎讨好，用心可谓良苦。一夕之间，从六十多岁的老人，到十几岁的小姑娘皆得显爵高位，这是何等的荣宠？对自己这个当皇后的，也真算是给足了面子。

她环视一下众人，见大家一个个受宠若惊，有些不知所措。便连忙向母亲递眼色，杨老太太一下醒悟过来，马上带头谢皇上隆恩。

贺兰敏之乖巧，慌忙离席，拉了妹妹一把，兄妹俩跪倒在地，对高宗连连磕头谢恩。高宗哈哈大笑，将兄妹二人扶起来，一边一个揽在怀里，高兴地说道："都是至亲，何须行此大礼，来，喝酒，喝酒。"

酒席上气氛融洽而又欢快，大家你敬我让，说说笑笑直至夜深方散。

十几天以后，杨老太太说是洛阳太热，住不惯，带上外甥贺兰敏之，在大内侍卫的护送下，回长安去了。

韩国夫人和魏国夫人却因武后的挽留而住了下来。高宗在后宫里各辟一室，让她们母女分别居住，衣食供奉，皆与四品妃嫔相同。

每日白天，武后都忙于上朝议政、批阅奏章，处置各类急务。只有到了晚上，才有暇同姐姐、外甥女攀拉家常，叙叙亲情。

相比之下，高宗倒成了个闲人。自从患了目眩病，由皇后摄政之后，他上朝听政总是三天打鱼两天晒网，身子不给自己做主，急也没用。御医说了，目眩病是一种既无危险，又很难治愈的慢性顽症，或者说是富贵病，只能靠静心调养。反正朝中大小事都由皇后和大臣们顶着，自己便乐得逍遥快活，优哉游哉享受。

这些日子他并没犯病，但不知为什么，却懒得上朝，便谎称有些头昏，每日只在后宫苑囿山水间流连徜徉。

今日早膳之后，武后赶去上朝，高宗歪在龙榻上假寐了一会儿，便步出合璧宫，向后面的御花园缓缓踱去。

沿着一条芳草浸润的花径，穿过芍药圃、牡丹亭、海棠坞，绕过丁香坡，走上碧叶覆盖的荷花池上的独木小桥。在穿越假山幽谷时他感到又热又累，便坐在石凳上稍作休息。

虽然早已立秋，今天却出奇的闷热，正是那种百姓们称之为"秋老虎"的天气。高宗已走得大汗淋漓，假山中的过堂风携着荷池中清凉的水气轻轻拂过，顿觉一阵阵清爽怡人。

坐了约莫有半个时辰，身上的热汗已经消退。高宗又站起身来，懒洋洋地向后面走去。

假山的北面是一片密层层的篁竹，穿过篁竹便是开阔的芳草地，那里有皇家豢养的各种珍禽异兽，是高宗平日去得最多的地方。

刚走近竹林，便听到一阵悉索的急响，高宗急忙停步，便见一片耀眼的雪白倏然闪过。再仔细看，却是一个女子在慌慌张张地系扎着裙裾。

高宗正要走开，却见那女子局促地走出竹丛，脸色吓得灰白，扑腾一声跪倒在高宗面前："贱妾该死，贱妾该死，请皇上恕罪。"

原来是韩国夫人。高宗皇上甚感诧异："这就怪了，你又没做坏事，有什么死罪？莫非是藏在这里要行刺寡人？"话语声里充满了揶揄，皇上显然是在开玩笑。

"不不不……贱妾决无此心，贱妾对皇上感恩还来不及，为什么要行刺皇上？贱妾是要到前面去，经过此苑。却一时憋不住要小解，见四下无人，便在这竹林里……"韩国夫人慌乱地解释着，有些语无伦次。

"那你何罪之有？"皇上继续耍笑调侃着。

"这……贱妾以为，在皇家御苑解溲，已有辱圣地，又恰恰碰上皇上，亵渎了龙目，岂非杀头之罪？"

高宗哈哈大笑，直笑得双眼中渗出了泪水："无边秋色，得见春光一段，你让朕大饱眼福。朕非但不怪罪你，还得好好地奖赏你呢？"

说着，高宗走上前去，把韩国夫人拉了起来，一只手顺势在她颤巍巍的乳房上美美地抓了一把。

韩国夫人霎时羞得双颊飞红，她身子一拧，挣脱了高宗的搂抱，在他的手背上轻轻地捏了一下，转身向回跑去。临跑时，又飞快地瞟了高宗一眼，低声说道："皇上若得闲，可到贱妾那里品茶消乏。"

看着韩国夫人远去的背影，那富有弹性的腰肢，那丰腴的轻轻抖颤的臀部，那修长的充满性感的双腿，顿时引起了他的一片遐想。

近几年来，武后专心致志于权力的争夺，在床笫之上，却越来越冷漠，再也不那么温柔，那么花样百出恣意承欢，当年那朵楚楚动人的解语花再也见不到了。

她宵衣旰食，孜孜不倦于政事，没有时间，更没有热情与自己鱼水之欢。即使偶尔交合，他也明显地感觉出她是在被动应付，是在尽一个女人不得不尽的义务。有时候还要冷不丁地插上几句："今日得到奏报，江浙一带出现水灾。虽然灾情不大，也要颁诏地方，务必赈济安抚好灾民，以防骚乱。"

他妈的，这也算是男女之乐？也算是你贪我爱？如此交欢，还不如独宿独眠。

然而，纵使这样，她却夜夜专房专宠似乎是把他捆绑在了她的床上，不容他染指后宫里的任何女人。三宫六院七十二妃嫔形同虚设，空对佳丽三千徒唤奈何。自己还是个三十多岁的男人，正是如狼似虎的年纪，面对这种性专横，简直是在受酷刑。

韩国夫人不是邀朕去口茶吗，朕是该去品尝一下了。你武后不是不让朕染指后宫的女人吗？那好，韩国夫人还不算后宫里的人，她是你的亲姐姐，是外来的亲戚，朕今天就要尝一尝你们这对"姊妹花"的味道有何不同。

怀着一半是好奇，一半是报复的心理，高宗鼓起了勇气，快步向韩国夫人的寝室走去。

韩国夫人满脸堆笑，欣喜若狂地接待了皇上。

她知道皇上会来的。天下的男人都是馋猫，哪有不吃腥的？他们都犯了一种病，那便是吃着碗里的，看着锅里的，家花不如野花香。从刚才他的眼神里，她已经把这些读得明明白白。

兴许是天太热的缘故，她早就脱去了长衫裙，换上了一袭薄如蝉翼的轻纱。藕荷色的抹胸和淡紫色的褒裤赫然在目。转身之时，紫色褒裤紧紧包裹着的两片肥臀清晰可辨。臀部之下两段光洁的大腿，大胆地晃来晃去，放射着耀眼的光泽。

高宗皇上看得呆了，双眼中几乎要伸出小手，喉咙中在咕噜咕噜地下咽着什么。

痴呆了多时，才笑着问道："韩国夫人，你为朕准备的香茶呢？"

韩国夫人冲他嫣然一笑："不知皇上想喝什么茶？"

"朕要喝'女儿茶'。"

"哎哟，这可是向尼姑要孩子，贱妾这屋里哪来的'女儿茶'？这里只有'寡妇茶'，不知是否对皇上的口味？"

"一样一样，都一样，只要能解渴就行。"

高宗皇上被她几句话撩拨得心旌摇荡，情急难耐，猛地跨前一步，将韩国夫人柔若无骨的身躯紧紧地搂在怀里，口里说着"让朕先来一盅'雀舌'解解馋"，一张口叼住了她的小嘴……

韩国夫人已经守寡十几年，沉睡蛰伏日久的情欲一旦被勾唤起来，就像山洪暴发，大火燃烧，显得疯狂而又可怕。

她浑身颤抖，星眼迷离，一只手在高宗皇上的后背狠抓猛撕，指甲几乎要抠进皮肉里去……

高宗皇上欲火中烧，饥渴难耐，他双手抱起她，向内间的棕榈床走去，之后不顾一切地扑了上去。

起风了，上云了，响雷了，涨潮了……

霎时间，狂飙大作，洪波激荡，山呼海啸……

狂涛巨浪，将两个人掀上了酣畅淋漓的顶峰，又抛进了惊心动魄的低谷，将他们簇拥在一起，捆绑在一起，焊接在一起。他们你中有我，我中有你，共同品尝着人生最甜最美的醇酒。

当风平浪静，潮汐云退的时候，两个人静静地躺在那里，大口地喘息着。

移时，韩国夫人翻过身来，嬉笑着问道："皇上，这'寡妇茶'味道如何？"

"香极了，甜极了，比'女儿茶'还妙。"

……

两个人只顾调情说笑，却不妨寝室外面来了人。

第十章　独霸龙宠　妒杀亲姊

今日早朝，诸事顺利，很快便处置妥当。散朝之后，武后没有回合璧宫，而是信步向大姐的住处走来。大姐来了这么些日子，自己一直因政务缠身，忙得晕头涨脑的，姐妹俩也没来得及亲亲热热地攀拉个一天半日。趁今日难得清闲，心境又好，她想与姐姐和外甥女尽情地欢乐一天。

她走到韩国夫人的居室前，见四下里空无一人。心里想到，国夫人要享受四品嫔嫱的待遇，大姐往后要常住这里，该按定制配以宫女太监侍候才是。也是自己这几天忙昏了头，把这事给疏忽了。

见寝室的大门虚掩着，她正要走进去，却忽然听到一阵男女浪笑的声音。她着实吃了一惊，后宫里怎么会有男人，姐姐孀居多年，怎么会在大白天里与男人独处一室？

正在狐疑，便传来了姐姐最后那几句话："皇上净是歪说，你偷睡了大姨子了……"

像一把钢刀猛地插进了武后的心窝里，强烈的刺激使她摇晃了几下，险些摔倒在门口。

是他？这不可能，可是分明是他，"皇上净瞎说，你偷睡了大姨子了……"这还能是谁呢？

天地在旋转，整个世界在晃动。

一个美好的世界——她与他的世界黯淡了，粉碎了，毁灭了。

她曾经是那么爱他，说真的，她是从内心里深深地爱着他的。尽管他是那样懦弱，与自己性格迥异，但是刚柔相济，长短互补，这并不妨碍彼此之间的爱；尽管自己一天里忙于政事，国事和前线的战事，床笫之欢是少了些，再没有了初恋时的花前月下，卿卿我我的情调。但是人活一世，不能光流连在男欢女爱的性戏当中。尤其是身系天下安危的皇上和皇后。

不管怎么说，他都是自己唯一的心甘情愿以身相许的男人，是自己真正爱着的男人。这个貌似老实忠厚的男人，怎么能背着自己干出了这种偷鸡摸狗的丑事？

女人的悲哀和耻辱，莫过于自己的男人移情别恋，另有新欢。

尤其是自己贵为皇后，一国之母，向来把尊崇和面子看得比什么都重要。

况且他移情别恋的"新欢"不是别人，而是自己的同胞姐姐。姐姐同自己的亲妹妹争汉子，从妹妹的碗里抢饭吃，还有点做人的廉耻吗？

她要冲进去撕了他，撕了这个负心之人。她要当着满皇宫里的妃嫔、宫女和太监，骂他个狗血淋头，让他颜面扫地，臭名远扬，让满朝文武，让天下百胜都知道他这副德行。

但是她不能，他是谁？他是皇上，是至高无上、拥有四海的当今天子。天下的女人哪个不能睡？在人们的心目中，他无论睡谁，无论怎么睡，都是合情合理的，无可厚非的。那样闹起来，人们只能说自己这个当皇后的心眼窄，度量小，甚至是嗜妒成性。

她要撕了那个烂货，要扯着她的头发转遍后宫的角角落落，挖破她的脸皮，撕碎她的衣衫，往她的脸上吐唾沫，捆耳光，让人们知道那是个破货。让她羞臊得无地自容，一头碰在南墙上。

但也不能。她是谁？是自己的亲姐姐。小的时候，她同自己和母亲相依为命了多少年？出嫁之后，她又青春守寡，在抚养儿女的同时替自己赡养着老人。羞辱了她就等于羞辱了自己。

那该怎么办？这也不是那也不行，武后简直要疯了。不管怎么说，自己决不能忍气吞声地一走了事。得让这对狗男女知道，他们做的丑事是瞒不了人的。

"眶唧"一声，武后推开虚掩的屋门，怒不可遏地冲了进去。她双眼冒火，面色赤红，五官错位……

她直瞪瞪地盯视着大床上那两个光溜溜的丑陋的躯体，直到这时，他们还在肆无忌惮地搂抱着，晃动着，简直叫人恶心。

……

武后感到了巨大的懊丧和深深的悔恨，平生以来从未有过的悔恨。

她恨自己太粗心，太大意，只顾看城门楼子，却忘了吊桥；只顾前门御盗，却忽略了后院失火。

本来，她对皇上的感情垄断，对长期巩固自己集三千宠爱于一身的地位，是下了一番功夫的。

高宗皇上是个多情种子，若是放任他混迹于后宫粉黛之中，日逐声色，鱼水嬉戏，用不了多久，他对自己的那份情感，便会被渐渐地分散、冲淡。

女皇武则天

自己也会同历史上数不清的皇后那样，随着人老珠黄，渐渐爱弛宠衰，被后来者取而代之。不是被打入冷宫，寂寞终生，就是被赐死鸩杀，沉冤深宫。这样的悲剧决不能在自己身上发生。我武媚是何许人！陪侍过两朝君王，经历过大起大落，大悲大欢，生死劫难。可不是那种头发长，见识短的小女子，只知道眼前行乐，不知道防患未然。

自从当上皇后，为了防微杜渐，她便利用统驭六宫的权力，断然对后宫的妃嫔制度进行了大刀阔斧的变革。

她将原有的以贵妃为首的四妃，以昭仪为首的九嫔，以及美人、才人、宝林、御女、采女等名称全部废掉，新设赞德正一品二人，宣仪正二品四人，承闺正四品五人，承发正五品五人，卫仙正六品六人，供奉正七品七人，侍栉正八品二十人，侍中正九品三十人。

单从这些道德心、服务性的名称上就不难看出，她是要把这些为皇上侍寝的妃嫔们，一下子变成不再具有性服务功能的女官。

她的改革获得了极大的成功。凭着她的权威和手段，凭着她多年来精心培植的分散在各个宫中的耳目，更是凭着她左右和驾驭皇上的能力，成功地巩固了她在龙床上的专宠地位。

后宫里那些如花似玉的美人儿，一个个都成了干枯焦渴的旱苗，长年盼不到一滴露珠。但是，整个后宫里人人都是如此，不是守活寡的女人，就是不男不女的太监。既然大家都一样，妃嫔们也就不再怨天尤人，而是心安理得地做起了她们的女官。

后宫里安置得四平八稳，她本可以放心地治理国事了，想不到半路杀出个程咬金，而且是她自己接进宫来的亲姐姐。

武后越想越气不打一处来。她看着仍然光着身子跪在床上瑟瑟发抖的韩国夫人，厉声叱骂道："还不穿上衣服，免得叫人恶心。"

她退到了外间，在矮榻上坐下。她觉得那间卧室里像是有一股冲鼻的腥臊味，让人一阵阵作呕。

韩国夫人面有愧色地走了出来，垂首站在一旁，像个闯了祸的大孩子。

看着这个一生多灾多难的女人的可怜相，武后又有些心软了。唉，毕竟是一奶同胞的亲姐姐，自己怎能下得了手？若是换了别人，立时便乱棍打死，方解心头之恨。

"你长得很美，不错，我们武家的女人都很美。美貌是上天赐给女人的本钱，"她看了一眼韩国夫人，见她惶惑不解地偷眼看了看自己，又赶紧垂下头去。

"女人凭借这个本钱，凭借着花容月貌，可以平步青云，超凡入圣。也可以穿金戴银，荣华富贵。但是，你这个本钱要运用得法。要是用得不是地方，不是时候，美貌还不如一堆烂狗屎！它是灾难，是祸水，会给你带来杀身之祸。西施、貂蝉都是有名的美人，一个溺水、一个枭首，都未得善终。你今天是撞到我手里了，若不是你，而是别的女人，我会剥了她的皮，抽了她的筋。"

听着妹妹咬牙切齿，声色俱厉的责骂，韩国夫人只觉得汗毛倒竖，像打摆子似的浑身打战。

"现在摆在你面前的有两条道可走，一条是回长安，可以找男人睡觉，跟哪个男人睡，跟多少男人睡，我都不管；另一条是留在宫里，可永享荣华富贵，食珍馐，衣绮罗，终生受用不尽。但这里没有男人，唯一的一个男人，那是你的妹夫。僧多粥少，蝈蝈腔上一根毛，你休要打他的主意。否则，恐有不测之祸。要走哪条路，你自己选吧。"武后本想立时把她打发回长安，但这样不明不白地把她逐出宫去，外人会怎么议论？自己又如何向老母亲交代？想来想去，还是让她自己抉择。

韩国夫人当然选择留在宫中，过去那种孤儿寡母的苦日子，她实是过怕了。这次若被驱逐出宫去，更会声名狼藉，处处遭人白眼，为人不齿。再说，不为别人想也得为女儿想想，女儿留在宫里，前程如花似锦。若是回到长安，几年后嫁个普通男人，说不定又像自己一样，穷愁潦倒，孤苦伶仃一辈子。

她赶紧双膝跪下，流着泪说道："妾身一时糊涂，犯下弥天大罪。谢皇后不杀之恩。贱妾在哪里跌倒，还想在哪里爬起来，情愿留在宫中。皇后妹妹三个孩子尚小，贱妾可帮皇后看护幼儿，做些家务琐事，以恕前衍。"

"好吧，那你就留下。也不能让你只做个佣人保姆，可在宫中行女官之职，抽空管教一下你那个甥儿也好，毕竟是骨肉亲情。"

武后说完，看也没看韩国夫人一眼，抽身走了。

回头再说武后心腹大臣李义府，他强占淳于氏，暗杀毕正义，为朝臣弹劾后，不但没被治罪，反而加官晋爵，提升为中书令，摇身一变成为朝廷右相。

从此以后，李府门前车马络绎，送礼的，拜访的，托关系走门子的，一天到晚不绝如缕，门槛都快被踏烂了。

只是有一条，但凡来李府的人，没有一个是空手的。不是金银珠宝，就是古玩字画，件件价值连城。

今天却是例外。午饭之后，李义府无事可做，便将淳于氏抱在膝上，正在一边品茶，一边调笑。

一个下人低眉垂着走进来，禀报说："相爷，外面有人求见。"

"什么人？"

"非官非商，像是个普通士子。"

"找我何事？"

"他说，非见到相爷不能说。"

"穿戴如何？"

下人明白，老爷所问的穿戴如何的真实意思，就是带了什么礼品，价值多少？

"穿戴极为一般，而且是空手而来。"

"不见！"李义府端起茶盏，送到淳于氏唇边："乌七八糟的人也想来揩油，莫耽误了小娘子品茶。"

"只是……"

"只是什么？"李义府有些不耐烦了。

"此人有些怪怪的，这三四天来一直在咱家府邸前后转来转去。"

"唔——有这等事？"李义府放下了茶盏，沉思片刻说道，"传他进来。"

一会儿，那人进来了，蓝色帻巾，青色布靴，一袭半旧的粗布长衫。见面后略拱拱手，不卑不亢地说道："晚生见过李大人。"

好大的口气，什么人如此倨傲？就是朝中三品以上的同僚，也不过如此说话。李义府略觉诧异，冷冷问道：

"先生光临寒舍，有何见教？"

"乞借一席坐着说话如何？"

猜不透这人是什么路数，李义府只好让座，并命下人献茶。

"在下杜元纪，"那人慢慢呷口茶，自报家门道，"少从袁天罡先生受业，略通阴阳风水之学。月前云游之际，路经大人故乡。见一墓地，背山面水，地势高旷敞亮，是块好地方。问当地人，说是李大人祖父之茔。再仔细看，见那里外形虽好，但地气太薄。后人可显达一时，却难久远。在下本欲游京师，便想顺路向大人提个醒。不想来到府上一看，着实大吃一惊，"说到这里，杜元纪卖了个关子，端起茶碗品起茶来，多时不再说话。

李义府听他说到祖父墓地的风水，就已经有了兴致，又见他说到府邸，却吞吞吐吐欲言又止，也不知是凶是吉。这才一改正襟危坐的倨傲之态，谦恭地问道："依先生之见，这府邸风水如何？"

"不瞒大人说，我已在贵府前后左右转了三圈，风水实在不妙。"

"如何不妙？"

"此乃凶宅，'狱气'甚炽。此后不出半年，大人当有牢狱之灾。"

"哈哈哈……"李义府突然发出一串冷笑。笑罢，狡黠地扫视了杜元纪一眼，说道："笑话，我李义府会有牢狱之灾？先生说吧，你此来是求官还是要钱，尽管明说，何必如此鬼鬼祟祟，危言耸听。"

一听此话，杜元纪勃然变色。他陡地站起来，不屑地说道："敝人闲云野鹤，飘然一身。官、钱这些身外之物，是名利场中人听热衷的，于我何用？眼下大人仕途得意，风头正健，对我的话自然不信，日后便见分晓。"说完，也不告辞，径自向外走去。

见这人既不为官也不为财，李义府倒有些相信了，忙说道："先生慢走，下官适才之言，不过是故意相激，以探虚实。亵渎之处，还请先生海涵。"

杜元纪这才重新坐下。

"如何破解，还请先生明示。"李义府急不可耐地问道。

"大人祖父之阴宅应该搬迁。长安城外有一处旷地，风水绝佳。大人若有兴趣，晚生愿陪大人前往择穴，然后将令祖父墓地迁来，可保李家世世代代高官厚禄。"

"如此甚好。只是下官家母新丧，热孝在身，守灵哭丧期间，不敢外出。"

"噢，还有这事，那更该为令堂大人择一风水宝地，敝人倒是来巧了，凡事皆可从权，大人换上平民服装，悄悄出城，此事自然无人知晓。"

李义府点头应允，然后又问道："这府邸的狱气，该如何除之？"

"这个十分简单，大人若积累得二十万钱，便可镇压住这刑狱之气。"

"二十万钱？"李义府吃了一惊："这数字太大，一时怕难以累积。"

杜元纪笑道："这个，该不用在下教大人吧？大人身为宰相，天下之大，冗官赘吏多如过河之鲫。你调动，他擢升，皆由大人说了算。他们人人孝敬点，还不是财源滚滚而来。"

"你是说，让我卖官鬻爵？"

"话不能说得那么难听，这叫互通有无，互惠互利。有史以来，哪朝哪代，这种事不是司空见惯？好了，明日卯时三刻，我在府外等你，咱们趁人少出城，勘察风水。"

　　说罢，杜元纪拱手告辞。他走出李府，沿大街向西，再向南，穿过几条巷道，又踅向东，七弯八转，竟来到了司刑太常伯刘祥道的府上。

　　原来，这刘祥道与被李义府杀害的大理寺丞毕正义以及因弹劾李义府被贬官的御史王义方都是至交好友。他见李义府仗着武后撑腰，越来越飞扬跋扈，肆无忌惮，贪色渔利，有恃无恐，满朝文武敢怒而不敢言。便苦思冥想，要扳倒李义府，既为挚友报仇，又为朝廷除害。于是，他便派杜元纪前往李府游说，投其所好，推他下水。也好抓住真凭实据。重拳出击，直打他的"七寸"。

　　李义府哪知是计，为了凑足这二十万钱，竟真开始买官鬻爵，大肆搜刮。县令一千两，知州三千两，要当京官则非五千两不可。调大州，补肥缺，因地因职而宜，三千两千不等。他的长子李津，时任右司议郎，借其父权势，私下召回流放中的长孙无忌的孙子长孙延，任为司津监官，从中受贿七百两。

　　时过不久，李义府开始为其父迁墓，礼仪繁琐，排场宏大，千里迢迢，兴师动众。周围七个县令亲自上阵，征调民间牛车人力，为其载土筑坟。高陵县令更是日夜督工，竟因不堪劳苦而累死途中。下葬那天，官民士庶争相拜祭观望，七十里道路上居然相继不绝。自唐初以来，即使王公皇戚送葬，也没有如此宏大的场面。

　　数月之后，终于东窗事发。刘祥道的几个御史朋友，经过一番暗中调查，取得铁证，纷纷上奏折，弹劾他在母丧期间，不为母守丧，却私自出城，以及贪赃受贿卖官鬻爵，搜刮民财诸罪。

　　高宗皇上览奏大怒。他知道，这个李义府是武后的一条狗。当皇后的跋扈专横也就罢了，连当走狗的也如此猖狂，眼中还有没有国纪王法？本来，他与韩国夫人被武后当场捉奸，至今再没有幽会的机会，一对野鸳鸯被活活拆散，自己又被冷言冷语地羞辱了一顿，心里正窝着一团火。这下好了，天赐自己一个报复的机会。我当皇上的要行使一下自己的权力，下令打狗，看看你这个当主子的将做何说。

　　高宗皇上迅速降旨，将李义府逮捕入狱。那李义府手铐脚镣，锒铛下狱，望着四面高墙和一扇铁窗，凄恻之余，竟想起了那位风水先生杜元纪："这老兄还真有两下子，阴阳风水看绝了。若是早遇上他，早镇住府中'狱气'，我李某何至落得今日下场？"

　　司刑太常伯刘祥道毛遂自荐，主动请缨，要求与监察御史、大理寺的官员共审此案。为了慎重，高宗皇上又命司空李勣总览其事。

经过突击审理，罪证确凿无疑，那李义府认为这是天意，也便供认不讳。

三天以后，高宗皇上下诏，罢去李义府一切官爵，远流隽州（今四川西昌）。其儿子、女婿也罢官流放，家产籍没，妻女没入官家为奴。那个被他强占为妾的淳于氏，被认为是个不洁的灾星，无人敢买，则被卖于长安妓家。

李义府到达隽州，随即又接到朝廷诏令，即使以后遇有大赦，他也不在赦名之内，看看再无生还希望，李义府终于郁郁成疾，不久一命归西。

高宗皇上感到十分纳闷的是，在李义府案发至流散的全过程中，武后居然始终不置一词。他原以为她一定会大吵大闹，也准备着在达到报复目的之后，向她稍做妥协。这就怪了，俗话说"打狗欺主"，她怎么会坐得住呢？

其实一点也不奇怪，高宗皇上的用心武后早看得一清二楚，你要捉弄我吗？我偏不入套。

李义府已经不值得她保。不错，在自己当皇后的事上，他是出过大力的，但是这几年自己待他不薄，擢封高官，位极人臣，且已经保过他一次，也告诫过他。可他太不自重，狗头上不得金盘。如此贪赃枉法，正是自己平生所切齿痛恨的。她问过李勣，李勣说惩治李义府"朝野莫不称庆"。既然如此，为了保这样一个国人皆曰可杀的恶棍，而败坏国家法纪、得罪朝野官民，太不值得。因此，对于这个案子，武后一直冷眼旁观，尽管心里有些隐隐不快。她要给朝臣们一个印象：你皇上爱怎么折腾怎么折腾，这事与我无关。

顺利地逐除了李义府，倒给了高宗皇上不少的启示。一向强硬的武后，原来也有示弱的时候。我这个当皇上的，只要不再一味地顺从迁就，有好多事也是能说了算的。

这些年来，本该属于皇上的权力，在不知不觉当中，已经被皇后一点一点地攫了去，渐渐形成了她强揽专断、一手遮天的局面。不行，这个局面得改变，在朝堂之上的生杀予夺之权必须设法夺回来。我这个当皇上的，只要恢复了在朝廷中至高无上的权力，在宫闱私生活方面也就不会再受到胁迫，干涉。到那时候，不要说睡个韩国夫人，就是到宫外去采野花、打野鸡，到洛阳城里去逛窑子，你又能奈我何？

要夺回权力，首先要有朝臣的支持。高宗皇上扳着指头数遍了朝中百官，几乎都是武后的人。自从以长孙无忌为首的元老派势力土崩瓦解，朝中重要职位空缺甚多。武后乘机培植势力，连续提名擢升。虽然也都经过自己点头，但是被提拔的人心里都明白，谁才真正是他们的恩人，他的主子。

现在想来，自己这个皇上当得也太窝囊，为什么当时就不懂得培植自己的心腹呢？只觉得老婆汉子本是一码事，她的人就是我的人。可真到了用人之际，却原来大不一样。

后悔已经来不及了，现在只能"亡羊补牢"。元老重臣或死或贬，朝廷中所剩无几，武后也决不会同意提拔，自然指望不上；新进诸贵，多为武后提携奖掖，对她感恩戴德，也不会为自己所用。那就只有另起炉灶，扶植属于自己的"第三种势力"了。

高宗皇上忽然想起了西台侍郎上官仪，他既没依附过长孙无忌，也未受过武后的恩典，一直默默无闻地在朝中当个不起眼的小官。但此人影响很大，该是"第三种势力"的领袖人物。

上官仪祖籍陕州（今河南三门峡），其父上官弘在隋朝官至江都宫副监，隋末大乱时，被陈棱杀害。上官仪为远祸而遁入空门。在青灯古佛、苦闷无聊的寺院生活中，他"游情释典，尤精三论"。

但他六根未净，凡心未除；身在沙门，心存魏阙。每日在诵经之余，博涉经史，苦节读书，等待一举成名，出人头地的机会。

机会终于来了，贞观初年，朝廷开科取士。上官仪脱下袈裟，毅然赴京应试。果然是进士及第，文章做得花团锦簇，深受太宗赏识，逐召为弘文馆直学士，后迁为秘书郎。太宗每草诏必令上官仪阅读，并征求他的意见。朝廷凡有宴会，上官仪必列席其间，以备吟诵唱和。

但是，唐太宗只是赏识他的文才，把他看做一个御用文人，在政治上却始终未予重用。

尽管如此，上官仪在朝野上下，却早已声名鹊起。他是独步一时的旷代诗人，诗句"绮错婉媚"，独具一格，多为达官贵人所仿效，时称上官体。

这时的门下省和中书省已改名为东台和西台。高宗皇上看中了上官仪，一改往日优柔寡断的作风，立即颁诏，将上官仪由西台侍郎加封为同东西台三品，一下子步入了宰相班列。这是高宗皇上暗中培植势力的第一个步骤，目的当然是为了对付日益壮大的武后。

但是，此时武后已摄政多年，这样的大事不能不告诉她。在颁诏的同时，高宗皇上回到后宫对武后说："李义府被贬逐后，宰相位子空缺。朕已颁诏，擢升上官仪为同东西台三品。"

先颁诏后同皇后商议，这些年在高宗皇上来说还是第一次。武后深感不满，也似乎觉得其中另有用意。但这是皇上的权力，她不便马上发作。更重要的是，这个上官仪是名满天下的大诗人，大才子。武后历来爱才心切，平日与上官仪虽然接触不多，了解不深，但对他的才名却心仪已久。听皇上说罢，便随着说道："上官仪，大名鼎鼎，是个满腹锦绣的奇才。我听说他一日凌晨骑马上朝，沿着洛水大堤，乘着朦胧的月色，按辔徐行。一时诗兴大发，口占一绝。音韵清亮，又风度翩翩，朝臣们远远望见，竟如仙人一般，不觉肃然起敬。他的那首诗臣妾至今还记得。"说着，武后竟情不自禁地吟诵起来：

> 脉脉广川流，驱马入长州。
> 鹊飞山月署，蝉噪野风秋。

见武后对上官仪并无反感，高宗皇上一颗忐忑的心才放到了实处，忙恭维道："皇后真是好记性，竟能入耳成诵。此事朕也听说过，但却一句也记不得了。"

武后没有接他的话，若有所思地说道："文才倒是第一流的，却不知治国安邦的才具如何？就让他干上一段时间，看看再说罢。"

原以为在皇后这里，此事要大费一番周折，没想到如此顺利就通过了。高宗皇上就像平地拾了个欢喜佛，孩子似的喜形于色，禁不住突然将武后搂过来，在她肉嘟嘟的粉腮上狠狠地亲了一口。

又过了些日子，武后渐渐觉得事情有些不大对劲。

高宗皇上像是换了个人，整日里兴高采烈，踌躇满志，病也好了，心情也好了，每天也不误上朝了。

皇上龙体康复，上朝理政，这当然是好事，但自己这个当皇后的却不能去垂帘听政了。高宗皇上下朝后，也很少与自己谈及朝中的政事，这使久已习惯了参与朝政的武后感到焦虑不安。究竟发生了什么事？或者要发生什么事？

她忙召来许敬宗和太监总管武壮，要他们叮嘱后宫和朝廷中的眼线，瞪大眼睛注视着皇上、朝臣和皇宫妃嫔内侍们的一言一行，一举一动。以防变生不测。

武后本来担心的是朝廷中出什么事，可是一连好几个月，朝堂上平平稳稳，大臣们的态度也没有什么变化，这使她略感放心。

但是有一天，后宫一个女官却悄悄地来到武后的寝宫。说是有事要单独面奏皇后。武后屏退左右，把她领进了密室。

女皇武则天

"皇后，这事实在太大，奴婢在心里装了多日，不敢说又不敢不说。"那女官一边说着，牙齿在"得得"作响。

武后心里警觉起来，脸上却挂着笑容，和颜悦色地说道："你不要怕，有什么尽管说，天下的事有我顶着，保你无事。"

"是……是万岁爷……"

"他怎么了？"

女官把心一横："万岁爷每日傍晚都在御花园假山后的亭子里，与……与韩国夫人幽会。"

武后只觉得脑袋里"嗡"的一声，脸色变得煞白。她勉强镇静下来，不甘心地问道："幽会？怎么个幽会法？"

"哎呀！皇后娘娘。孤男寡女背着人在一起，还能干什么？这叫奴婢如何启齿？"

"行了，你先回去吧，对谁也不要说。今晚皇上再去时，你来叫我。"

红日西沉，落霞满天，正是晚膳前夕的一段空档时间，那个女官果然来了，引着武后来到御花园。离假山不远的时候，女官止了步。武后没有走花径，而是从没人高的花木中悄悄逼近了假山。她并不想当场捉奸，只想亲眼证实这一对口是心非的男女，是否真的又一次欺骗了自己，背叛了自己，戏弄和侮辱了自己。

……

武后一看，只感到一阵恶心，急忙转身就走。

当天夜里，武后在便殿里秘密召见太监总管武壮，平静地对他说："你找几个可靠的内侍，今日深夜把韩国夫人送回老家。"

"送回老家？"武壮一时没弄明白。

"对，送回老家，送她去见阎王。"

武壮吃惊地瞪大了眼睛："皇后，她可是你的亲姐姐。"

"不，她不是我姐姐，她是条蝮蛇。不是我要她死，是她自己要死。去吧，我知道你心地太善，下不了手。找几个你最信任的内侍，让他们干得利索点。明天就说她自寻短见了。"

吩咐完，武后回到寝宫，像平日一样，与高宗皇上同榻而眠，亲亲热热地说了回子话，很快便入睡了。

第二天一大早，天刚刚放亮，韩国夫人的女儿，魏国夫人贺兰敏若便跌跌撞撞，失魂落魄地跑到了武后的寝宫，一进门便号啕大哭："姨妈，皇上，不好了，我母亲她……"

高宗皇上正要上朝，听了贺兰敏若不明不白的哭喊，颇感诧异，忙收住了脚步问："你母亲怎么了？"

"皇上、皇后快去看看吧。"

高宗皇上跟着贺兰敏若急急地向后苑跑去，武后不急不忙地跟在后面。

来到韩国夫人的寝室，高宗皇上顿时吓得面如死灰。一条白绫深深地勒住了韩国夫人的脖子，将她略显肥胖的身子吊挂在窗棂上。脸上像糊了一张白纸，毫无血色。双睛暴突，舌头伸出嘴外，裤裆里装了一兜屎尿，一般浓烈的恶臭让人窒息。

高宗皇上急忙跑到院子里，蹲在一边干呕起来。呕过多时，又抑制不住失声痛哭起来，直哭得涕泗交加，泪流满面。昨天傍晚还好好的，花容月貌，风情万种，一夜之间便香消玉殒，成了一具僵尸。他突然明白了，这绝不是自缢身死，一定是那个心狠手辣的女人干的。她可真毒啊，连自己的亲姐姐也不肯放过！

他抬眼看看武后，她正在面无表情地指挥着下人们收尸、装敛，对在一旁哭得死去活来的亲外甥女连看也不看一眼。他突然一阵恼怒，猛地站起身来，没头没脑地喊道："韩国夫人住在皇宫，一夜之间无辜暴死，是朕躬之罪。赶快扎缚灵棚，要按国夫人的规制以礼厚葬。"

高宗皇上没有去上朝，回到寝宫后，独自歪在龙床上生闷气，不住地以手拭泪。这些年，自己被这个河东狮子死死地盯住，空对六宫粉黛却不敢越雷池一步。好容易碰到这个韩国夫人，虽然年龄大些，却温柔可人善解风情，两情相悦，如鱼得水，正是难舍难分的时候，却万万没有想到……

正在想看心事，见武后回来了，看她那副无所谓的样子，好像死的不是她的姐姐，而是邻居家的一只小鸡，一只小狗，心里便越发生气。

他坐起来，以仇视的目光盯着她，突然问道："是你杀了她？"

"她该死。"武后不屑否认，也不想承认，只冷冷地说了三个字。

"为什么该死？"

"她偷汉子。"

"即使有偷情之事，也罪不当死。"

"可她偷的是皇上，等于是窃国之罪，本该千刀万剐才是。"

"这么说，她确是你杀的？"

"谁杀的都一样。淫乱后宫，亵渎龙体，人人可以得而诛之。"

女皇武则天

高宗皇上被噎得半晌说不出话来，嘴里像堵了个熟山芋，憋闷得喘不出气。

话难投机，他说不过这个舌尖像刀子似的女人。一气之下，甩手离开寝宫，又向后面走去。要去干什么，他自己也感到茫然。再去看韩国夫人最后一眼吗？那有什么用，现在已经是生死暌隔、阴阳两界了。

他突然想到，应该去看看魏国夫人贺兰敏若。这孩子太可怜了，她本是来投奔她姨妈的，想在她这个皇后姨妈的大树下，享些富贵，得些荣宠，沾些裙带之光。可她能想到吗？她这个姨妈恰恰是杀害她母亲的刽子手。

她现在是孑然一身，举目无亲，连个同她说话，安慰她的人都没有。母亲暴亡的沉重打击，她能经受得了吗？不管怎么说，她母亲的死，自己这个当皇上的有责任，难辞其咎。这个时候，自己最应该去看护她，安慰她，抚平她那颗受了重伤的幼稚的心灵。

高宗皇上加快了脚步，向魏国夫人的住处走去。不知为什么，在这个时候，他突然平生第一次生出了一种男人的责任感；他要做这个可怜孩子的保护伞。

第十一章　险遭废后　撕诏怒讼

韩国夫人的猝死，令高宗皇上伤心悲泣，陷入了极度的痛苦之中。

痛苦之余，他对武后的态度明显地冷漠起来。不只是冷漠，简直是仇恨，是势不两立。他一天到晚不说话，下朝之后，便一个人躲在御书房里读书、写字、喝闷茶，有时晚上也不回后宫，一个人独宿在这里。即使经武后再三催请回到后宫，也是一个人拥衾而眠，绝不同武后搭话。两个人的关系，进入了多年来从未有过的"冷战"状态。

时过不久，高宗皇上忽然提出要回京都长安，态度冷峻而又果决。考虑到他心情抑郁狂躁，长期下去，弄不好会憋出病来。换个新的环境，不再睹物思人，沉湎于旧情中不能自拔，或许会好一些，武后也就未加反对。

果然，回銮长安之后，高宗皇上很快便恢复了常态，开始有说有笑，饮食俱佳，睡眠也香，一切又变得像往常一样。

时间是治愈心灵创伤的最好医生。皇上与韩国夫人相处的时间并不长，虽说偷食禁果别有一番滋味，初次得手更是两情如火，但毕竟不是山盟海誓的生死之恋。随着日月的流逝，时光的推移，他会渐渐地把她淡忘的。出于这样的考虑，武后对于高宗皇上的饮食起居，便多方呵护，倍加关切，尽量地恢复当年那种作为人妻的温柔体贴，善解人意。

她也在反思自己，自己毕竟是个女人，是皇上的妻子。尽管这几年自己摄理朝政，实际上是在主持着大唐朝廷的所有军国大事，在殚精竭虑地帮着皇上，帮着自己的丈夫创造一个太平盛世。但是，自己这样做，皇上未必领情，说不定还认为自己擅威专权，越俎代庖呢。

可自己又不能不这样做。她看得很明白，皇上的肩膀太软弱，挑不起这副千钧重担。只靠他自己执掌国柄，说不定会把这个国家弄成个什么样子。不是为那些气焰熏天的权臣们玩弄于股掌之上，像长孙无忌当权时期那样，当个傀儡皇帝；就是把国家引向积弱积贫，甚至是动荡分裂、战火不断的深渊。自己这个当皇后的参与朝政，确实有揽权之嫌，但这是为了谁？仅仅是为了满足自己的权力欲吗？说小了，是为了丈夫、儿子，为了你们李家的政权。说大了，那是为了这个国家，为了亿万黎庶百姓，为了大唐江山千秋万代繁荣昌盛。

武后也感到委屈，感到作为一个女人的无奈。

不过她也知道，任何男人都不希望自己的妻子太强硬，太专断。伟大的男人背后的女人很光荣，而伟大的女人背后的男人，却往往感到很猥琐、很自卑。

男人们希望自己的女人是温柔的、贤淑的、善解人意的。在床第之上，又最好是风骚的、性感的，甚至是放荡的。

这几年自己太忙，对于男女风情也许过于冷漠，这可能是造成这个馋猫外出觅腥的原因之一。她想尽量地调整自己。每天夜里，香汤沐浴，麝香熏身，一丝不挂地钻进高宗皇上的锦衾里面，偎贴抚弄，百般调情。可是，她发现自己太做作，太矫情，怎么也生不出当年那种如烈火一般的欲望。而皇上呢，好像也是在被动地应付，例行公事，然后向旁边翻身，很快便沉沉地睡去了。

这是怎么了？两个人都还在盛年，这夫妻生活难道就过早地灯干油尽了吗？

武后压根儿就没有想到，此时的高宗皇上，在韩国夫人尸骨未寒的时候，就已经同自己的外甥女，魏国夫人贺兰敏若勾上了手。

魏国夫人已经十六岁了，正是花苞乍放、情窦初开的豆蔻年华。身体渐趋成熟，对于男女情事开始朦朦胧胧，若暗若晴，有着极强烈的好奇和一种说不清楚的骚动。

在这位年轻美貌的魏国夫人身上，高宗皇上似乎又看到了已故韩国夫人的影子。不自觉地，他便把对韩国夫人的满腔不了情，全部转移到了她女儿的身上。

在为韩国夫人守灵的那些日子，魏国夫人天天哭得泪人儿一般。高宗皇上抽暇便去看望她，安慰她。开始，他只是把她当做一个可怜的孩子同情她，要保护她。可是时间一长，他却发现自己心里渐渐滋长了另一种情愫。她的一言一行，一颦一笑，显然是复活了一个年轻的韩国夫人，造物主竟然把这母女俩雕塑得如此惊人的相似。每当看到她，他就会感到心跳，气急，耳热，心里像有许多小虫子在爬动似的瘙痒。不知从什么时候起，他开始暗暗地下决心，一定要把这个小外甥女弄到手。他像是吃了熊心豹子胆，再也不顾武后那种河东狮吼的"雌威"。"人在花下死，做鬼也风流"，何况谅她也不敢对我这个皇上怎么样。去她的母老虎，我这回一定要风流个够。

当然，他不能不为魏国夫人的安全着想，决不能让这个小美人儿再为自己送命。因此，他在谨慎地等待着机会，这事儿一定要做得十分秘密。

这几年生活在皇宫里，日渐成熟的魏国夫人对男女间的事耳熟能详，对她母亲与这位皇帝姨父之间的私情心里也看得雪亮。因此，对于母亲不明原因的突然死去，她早就怀疑是那位皇后姨妈干的。

本来，能得到皇上的宠爱，是那时候每一个名门少女最奢侈的梦想，魏国夫人自然也不例外。再加上对杀母仇人的满腔仇恨，更使她一定要得到皇上。只要能把皇上占为己有，就等于报了杀母之仇。

既是因为爱，又是因为恨，把这一对痴男怨女紧紧地联系在了一起。就像干柴烈火，一触即燃。

在韩国夫人下葬后的十几天以后，高宗皇上又来到了魏国夫人的住处。进屋随手把门关上，径直向内间卧室走去。魏国夫人知道是谁来了，也知道他来是为了什么。但她故意躲在内室里，正在磨磨蹭蹭地换衣服。

高宗皇上推开房门，立时双眼放光，心头鹿撞。站在她面前的，几乎是一个全裸的少女的胴体。

高宗皇上看得口干舌燥，忍不住冲上前去，把那个娇小的身躯搂在怀里，两只大手拼命地揉搓着……

魏国夫人浑身发烫，四肢像树叶似的轻轻颤动着，小羊羔一样往高宗皇上怀里钻，往她身上贴，愈加显得楚楚可怜，娇媚可人。

"皇上，快……"她微闭着眼睛，气喘吁吁地说着，纤弱的小手已经开始解着皇上腰间的带钩。

已经如痴如醉的高宗皇上，眼前突然闪出了武后那双寒光凛然的凤目，不禁打了个冷战。他慢慢地将魏国夫人从怀里推开，轻声说道："不，在这里不行。晚膳后你哪里也别去，有人会来接你。"说完，在魏国夫人的粉腮上轻轻地亲了一口，转身走到屋外，向御花园那片豢养珍禽异兽的草地上慢慢地踅去。

这天夜里，皇上没有回武后的寝宫。他让下人们告诉她，他要在御书房批阅奏章，晚上就睡在那里。值夜太监只留下王伏胜一人，侍女们都各自回去休息，他在小心翼翼地安排着晚上的幽会，决不能再像与韩国夫人时那样孟浪，再犯同样的错误。

留下的这位太监王伏胜，原来一直在东宫里侍候太子李忠。李忠被废去太子位之后，又被调到后宫当值，成了皇上的贴身心腹。

至更漏时分，后宫里一片寂静，各宫室的灯火渐渐熄去，除了偶尔走过的巡夜内侍和稀稀落落的梆子声，绝无任何动静。

高宗皇上将王伏胜叫到面前，低声嘱咐了一阵。王伏胜心领神会，说道："皇上放心，小人知道事情轻重。"说完，拿起一套皇上提前准备好的太监服饰，悄悄地出了门。

不多一会儿，王伏胜带着一名小太监来到了御书房，将他送入内间寝室，立即退了出来，顺手把内室的门和御书房的门都反带上，自己却在门外的甬道上慢慢地踱来踱去，警觉地注视着四周的动静。

那小太监见王伏胜离去，突然嬉笑着扑过来，一纵身，双手搂住了高宗皇上的脖子，两条腿打了个圈儿，箍在高宗皇上的腰间，小猴上树似的整个身子都挂在了高宗皇上的身上。

高宗皇上早就难以自持，抱着这个轻柔鲜嫩的娇躯，急匆匆地来到御床上……

高宗皇上是个怜香惜玉的多情之人，他知道，魏国夫人还是个未成年的孩子，是朵尚未完全开放的花蕾，抗不住飓风骤雨的摧残，受不了狂蜂浪蝶的暴虐。他不能太鲁莽，太粗暴。

凭着多年的经验，他娴熟地运用五指和口舌，在这个甜蜜的娇体上温柔地抚摸着，亲吻着，时缓时急，时轻时重。他要用他的一颗歉疚的心，用满腔火一般的热情，用对她母亲绵绵无尽的思念，精心地吹奏和弹拨一曲这世上最美妙最动人的乐章。

首尝禁果的魏国夫人，第一次被裸身覆压在一个强壮男人身下。她感到神秘，感到好奇，一束从未经历过的强烈的电波迅速在她的全身流动，一种难以言喻的略带恐惧的美妙攫住了她的灵魂，带着它飞出了空白的头脑和欲火蔓延的肉体，向渺远的空中散去……

乐章终于达到了高潮。高宗皇上汗流浃背，气喘如牛。魏国夫人身软骨酥，星眼迷离。

雨停云散之后，魏国夫人伏在高宗皇上有些瘦硬的胸脯上，先是甜甜地吻着，后来竟嘤嘤地哭泣起来，大串大串的热泪，放肆地滴落、流淌在高宗皇上的胸前。

她这是怎么了？是在这个特殊的时候，又想起了她的母亲，为母亲的冤死而悲伤？还是在获得了巨大的幸福和满足之后喜极而泣？

高宗皇上不知怎么办才好，他只能把她更紧地搂在怀里，轻轻地抚摸着她满头的黑发，用嘴巴吸吮着她脸上那些咸咸的泪滴，却一时说不出话来。

"皇上，你……你跟我母亲相好过，是吗？"

高宗皇上静静地看着她，点点头，这孩子怎么突然问起了这么个问题？

"你从心里爱她吗？"

"傻孩子，那还用说吗？"

"那，你就这么看着她白白地死去？"

高宗皇上默然了，这话他没法回答。

"皇上，我母亲可是被皇后——那个母老虎害死的？"

高宗皇上大吃一惊，急忙用手掩住了她的嘴巴，压低声音说道："不要胡说，这种话可不敢随便乱说。"魏国夫人大感奇怪，皇上怎么会吓成这个样子？当皇上的不是拥有四海，至尊至贵，至高无上吗？"皇上，莫非你也害怕她不成？那么，我们该怎么办呢？难道我们一辈子就这样偷偷摸摸，像做贼似的？我可不想夜夜打扮成个小太监，担惊受怕地来跟皇上睡觉。就是平民中的三姑六婆，也都讲究个明媒正娶，我要光明正大地跟皇上在一起，做个名副其实的妃嫔。"

"好吧，这事朕会慢慢想办法的。"

"还得慢慢想办法？皇上说句话，下一道旨意不就行了？"

"唉，真是个孩子。这事你不懂，皇后是六宫之主，册封妃嫔得她点头同意才行？"

"哼，又是那个母老虎。究竟是你当皇上还是她当皇上？是你说了算，还是她说了算？臣妾实在不明白，堂堂的大唐天子，为什么要受制于一个女人？整天里吃她的气，受她的压，看她的眼色行事。若是换了臣妾，颁一纸诏书将她废了就是。"

"哎呀我的小祖宗，你可真是少不更事。后宫争宠，历来险不可测。一言不慎，常引来杀身之祸。你这话只可对朕说，千万不能对任何人说起。若是传到她的耳朵里，还有你的活路吗？"高宗皇上又一次急了，他真为这个口没遮拦的小姑娘担心啊。你把我这皇上的权力估计得太高了，也把你那位皇后姨妈的手段和神通估计得太低了。难道你就忘了母亲是怎么死的？

其实，对魏国夫人的话，高宗皇上心里是深有同感的。他何尝愿意终日生活在一个女人的淫威之下？何尝不想将她废掉了事？可她现在已经羽翼丰满，心腹遍朝野，废掉她谈何容易？这事只可心想而绝对不能说出来，只能慢慢地等待机会。

当然，这些话是绝对不能与一个未成年的女孩子说，他只能好言抚慰，答应一旦机会适宜，一定立她为妃。

但是，机会一直等不来，他们之间这种偷鸡摸狗式的幽会，也就这样无限期地拖延了下来。

好在魏国夫人终究还是一个孩子，她得到了皇上的宠幸，得到了一个成熟男子从肉体到心灵上真正的爱抚，也便渐渐地满足了，很快就变得无忧无虑，恢复了天真烂漫轻松活泼的本性。

高宗皇上与魏国夫人的事，武后很快便有所察觉。尽管事情做得十分隐秘，但是在这座皇宫里，到处都是武后的眼睛和耳朵，还有什么事能瞒得过她？

不过，这一次她却一直忍隐不发。她不想再去公开捉奸，闹得鸡飞狗跳墙，满城风雨，同样的办法，不能重复使用两次。

她已经意识到，防男人如同防洪水，不能只是一味地堵和拦。那样的话，只能使水势越蓄越高，冲力越来越大，弄不好就会溃决堤防，荡涤席卷一切障碍，奔腾咆哮，一泻千里而去。就像大禹治水一样，挡堵不如疏导，因势利导，让凶猛肆虐的大水沿着河床自然流淌，才能使它变得平缓和驯服。

因此，对这事她睁一只眼闭一只眼，一直装作浑然不知。先让他们风流去吧，看他们能风流出个什么花样？若是不做对自己不利的事，或许我会成全他们。皇上本该有三宫六院七十二嫔妃，看来不能要求他只守着自己一个女人。何况，那妮子毕竟是自己的亲外甥女，她母亲已经为此丧了命。只要她同自己这个姨妈同心同德，就是封她个嫔妃也未尝不可。娘俩儿侍候一个男人，或许能比外人更好一些。

除此之外，武后这些日子也实在没有精力认真地追究这件事。

也不知为什么，自从回到长安以后，后宫里又开始闹鬼。每到夜里，已经死去的王皇后、萧淑妃的鬼魂，便经常出现在武后的睡梦里，一夕数惊，让她一次又一次从噩梦中吓醒，常常是通身大汗，一颗心狂跳不止。

与此同时，那让人心惊肉跳的猫叫声又出现了，即使在醒着的时候，武后也能听到那清晰的猫叫，一声接一声，此伏彼起。那声音尖厉而又瘆人，真像是萧淑妃的阴魂不散，变成了无数的狸猫前来索命。

她让人再一次满宫里搜寻，可自从几年前她下令杀猫，皇宫里早没有猫了，连一只也没有。这不，内侍们费了好几天的工夫，里里外外，犄角旮旯儿全都搜了个遍，连只猫的影子也没看见。莫非真的有鬼？武后对鬼神之说本来不信。但是，王、萧二人的影子为什么夜夜出现在自己的噩梦里？而且，有时候好几夜都做着同样的梦。还有那猫叫是怎么回事？皇宫里明明没有猫，自己却一次又一次地听得真真切切。

武后心烦意乱，又一次陷入了郁闷不乐的狂躁之中。

"武壮，你说，这世上真有神啊鬼啊的吗？"有一次，她忍不住问武壮道。

"皇后，这事儿奴才也说不清楚。不过，自小儿便听大人们说，这里那里的闹鬼。要是压根儿就没有的事，千百年来一辈又一辈的老人，为什么都这么说？俺村里有一个磨匠，有一天夜里给人家干完活往家走，半路里活见了鬼——个在东河里淹死的邻居，浑身还水淋淋的，同他擦肩而过，把他的衣服都蹭湿了。他跑回家后吓得一病不起，也不知请了多少先生，吃了多少药，硬是不顶用。最后竟瘦得光剩了一把骨头。"

听武壮说着，武后只觉得一阵阵脊骨发凉，汗毛直竖。

"那后来呢？"

"后来，家里人为他请了个神汉来做法驱鬼。"

"管用吗？"

"看来是管用，自从驱鬼之后，那磨匠的病便渐渐地好了，听说至今都八十多了，还活得挺硬朗呢。"

"噢，有这样的事？你也好好的打听着，京城里有没有道行高明的。这后宫里阴气太重，必定有恶鬼作祟，也该驱驱鬼了。"

"皇后，奴才早就听说，长安城里有个叫郭行真的道长，能知过去未来，测人生死祸福，为人祈福消灾。避邪驱鬼，更是百灵百验。"

"这是真的？"

"奴才不敢说谎，宫里的内侍、宫女们，早就传得神乎其神了。"

"那好，明天你便去打听一下，让他到宫里来见我。"

第二天，道士郭行真果然被请进宫来，此人五十多岁，身材颀长，面容清瘦，一袭半新不旧的道袍，浆洗得干干净净，利利索索。双目炯炯有神，三绺长髯飘洒于胸前，真正是一副仙风道骨。

武后把事情的原委跟他说了，郭行真微微一笑道："皇后娘娘放心，这不过是两个小鬼，做不了大孽。贫道只需稍做法事，便可镇魔驱妖，永绝后患。"

按照郭行真的要求，武后让武壮他们收拾出了一间闲屋，洒扫熏香，摆设好香案烛台，在正北悬挂了真人张太师的法像。

当天夜里，武后由武壮一人陪着，前往观看郭行真做法。

只见那郭道长满脸肃容，先洗过双手，至香案前燃烛升香，对着张天师的法像拱手作揖，行道家之礼。然后，他从道袍中取出两个纸剪的女人，要来笔砚，问过武后，在上面写上王皇后和萧淑妃的名字，便要做法。

看着他这么做，武后不禁暗吃一惊，原来这道士也是在施行"厌胜"之术。这种旁门左道的妖术，可是皇室中最忌讳的。当年王皇后、萧淑妃便是为此惹的祸，想不到自己请来的道士也要依仗这种邪术。但事已至此，她已是骑虎难下，欲罢不能了。

她赶紧向武壮使个眼色，武壮领会，急忙走到屋外，警戒着四周。

武后仔细看着郭行真做法，只见那道士将两个纸人平放在一摞烧纸上，又从怀里摸出一张符纸，覆压在纸人上。手持太阿长剑，口中念念有词。围着符纸徐步而行，左转三圈，右转三圈。然后用剑尖指着符纸，大喝一声"疾！"煞是奇怪，那符纸、纸人连同下面的烧纸，竟开始慢慢地冒出一缕缕烟丝儿。烟越来越多，越来越浓，最后竟轰然一下，腾起了一片明火，渐渐地越烧越旺，直至所有的纸张都化为一堆灰烬。

武后正看得出神，却听郭行真说道："皇后娘娘可移驾回宫，今夜睡个好觉。贫道要在这里诵经，为娘娘祈福。连祈三夜之后，鬼魂便从此绝迹，皇后娘娘将永享齐天洪福。"

说来也怪，这一夜武后睡得又香又甜，不仅没有噩梦出现，没听到猫叫的声音，甚至连身都没翻一下，一觉便睡到了大天亮。睡醒后头脑清爽，浑身轻松，这可是好几年来都没有的感觉了。

郭行真一连做了三天三夜法事，向武后告辞出宫。武后赐以黄金彩帛，一再表示感谢。

武后请郭行真作"厌胜"驱鬼的事，做得够缜密了，本以为是神不知鬼不觉，天衣无缝。不料却被太监王伏胜发觉了。

王伏胜是怎么发现的，无从知道。自从太子李忠被废之后，王伏胜便一直对武后怀恨在心。他认定了这个女人狠毒而又自私，不管对朝廷还是对后宫，都是一大祸害。不知他是在有意地监视着武后的一举一动，还是偶然得知了此事，反正郭行真入宫三天三夜的所作所为，他都掌握得清清楚楚。

"皇上，有件大事奴才不能不说。"有一天早朝散后，王伏胜随皇上进了御书房。

"什么大事小事，有话你说就是了。"高宗皇上不经意地说道。

"当年王皇后和萧淑妃因搞'厌胜'而获罪遭贬，死得那么惨，奴才至今想起来，都心惊肉跳。可现在，又有人在后宫里搞起了厌胜之术。"

"什么?"高宗皇上大吃一惊："什么人如此大胆，你可要弄明白了，这种人命关天的大事，可不是说着玩的。"

"奴才借几个脑袋，这事儿也不敢说谎。确是有人在搞'厌胜'，千真万确。"

"是谁?"

"是皇后!"

高宗皇上浑身一哆嗦，下意识地向窗外看了看。接下来，王伏胜把郭行真入宫三天三夜，在暗室中做法驱鬼，甚至武后与他孤男寡女，深夜独处一室的事，从头至尾，详详细细地说了一遍。最后，王伏胜说道："皇上，奴才若是有半句假话，你把我这颗脑袋砍下来当尿壶用。"看来，为了扳倒武后，为废太子李忠报仇，他是豁出去了。

高宗皇上勃然大怒，一股怨恨愤懑之清倏然而升。魏国夫人让他废掉武后的话忽然又在他耳边响起来。说实话，这些日子，他是真想废掉这个霸道得让他处处难受的女人了。但是，一是自己的力量不够，二是没有合适的理由和借口。他正在千方百计地寻找把柄，这下好了，王伏胜的密奏十分及时，是雪里送炭，雨中送伞，他完全可以理直气壮地把她废掉了。

"这事只能朕知、你知，绝不能再让第三个人知道。否则，后果是什么你该懂得。"

"奴才知道。"

"你先回去吧，此事由朕做主，你只当什么也没发生过。"

王伏胜跪下叩罢头，悄悄地溜出了御书房。

一连好几天，高宗皇上像无事一样，平平静静地上朝下朝，在御书房里吟诗写字，偶尔将魏国夫人召来，舒舒服服地折腾一夜。

至于武后搞"厌胜"的事，他却不敢同她提起一字，生怕这个涉世未深的小美人儿，一言不慎，毁了他的计划不说，还会赔上她一条小命。

终于有一天，早朝之后，百官散去，高宗皇上把上官仪留下。两人来到偏殿之中，高宗皇上把王伏胜告发的武后搞"厌胜"的事一五一十地对上官仪说了一遍，末了问道："上官大人，满朝文武，唯你是朕股肱。如此大事，朕只能同你商议，你看该如何处置?"

女皇武则天

上官仪看看皇上，略加思索后说道："这事要看皇上的决心如何？"

"朕正是下不了决心，才同爱卿商量嘛。爱卿一向快人快语，今日怎么也学会了模棱两可？"

"皇上，事体重大，臣不知全意，不敢冒昧而言。若是皇上觉得武后平日摄理国政，统驭六宫，并无大错，皇上也离不开皇后的辅佐，此事可以大事化小，小事化了。俗话说，'家丑不可外扬'，武后搞'厌胜'这件事，毕竟只有几个人知道，将消息封杀，外臣并无人知道，权当什么事都没发生，满天云彩就全化解了。"说完，他再看看皇上，想从他的脸上读出他心中的真正意向。

"若是如此，祖宗成法，皇室禁忌，朝廷律令，都将因一人而废。此后若有人起而效仿，今日'厌胜'，明日'蛊术'，将后宫弄得乌烟瘴气，将如何处置？更有甚者，她一个妇道人家，每日高踞朝堂，颐指气使，渐成尾大不掉之势。长此下去，如何得了？"

皇上的态度已经表达得明白无误，上官仪也就不再犹豫。其实早在废太子李忠做陈王时，上官仪便是陈王府的咨议参军，与王伏胜一样，对李忠被废甚感不满。如今做了宰相，而武后摄政，常常独断专行，不免有时侵犯宰相职权，因此对武后便更有成见。见皇上今日似乎废后之心已决，便大胆奏道："这几年，武后以辅佐皇上为名，玩弄权柄，把持朝政，私结朋党，朝廷大臣敢怒而不敢言，以微臣之见，宜早废之，另选贤淑之人为后，诚大唐之福，万民之福。"

"爱卿所言甚慰朕衷。你可即时起草诏书，如此大事宜早不宜迟。"

"微臣遵旨。"

上官仪正在尽快着草诏，却不料君臣二人的对话，被一名端茶送水的宫女隐隐约约地听了去。这宫女多年来常受武后恩赐和接济，早成了她安置于朝堂之上的眼线。她见事关重大，急忙向后宫跑去。

诏书很快写完了，高宗皇上看过一遍，觉得很满意，取出御玺，正要用印。突然听偏殿的大门"哐啷"一声被推开，武后带着几名侍女，怒气冲冲地撞了进来。她柳眉倒竖，满脸赤红，两眼中闪射着狰厉的凶光，嘴角可怕地抽搐着，不顾一切地向高宗皇上冲去。

她的突然到来，令高宗皇上惊恐万状。他还是第一次见武后这种威怒难犯的样子，简直像一头发了威的狮子，要吃人的恶虎。

高宗皇上立时吓得脸色惨白，竟像是老鼠见了猫，抖抖索索地向后缩去，刚才的那种勇气早已烟消云散。

武后径直冲到御案前，一把抓起了那张墨迹未干的诏书，用眼角略扫了扫，见上面写道：

"皇后擅权，骄横专恣，又暗结道流，行'厌胜'邪术，致使天怒人怨，海内失望。着即废为庶人，以顺人心……"尚未看完，顿时勃然大怒，三把两把将诏书撕成了碎片，狠狠地向高宗皇上脸上摔去。纷纷扬扬的纸片，像雪花似的满大殿飘洒飞舞。

"哈哈哈……"武后突然歇斯底里地狂笑起来，枭鸟似的笑声，直令殿中的人们毛骨悚然，周身起栗。

"我擅权？我骄横？我专恣？你当皇上的龙体欠安，今日大病，明日小病，自躲在后宫里享清福。我一个妇道人家，每日替你上朝议政，接受奏对，批阅表章。为了这个国家，为了你们李氏江山，我废寝忘食，呕心沥血，多少次燃膏继晷，多少次秉烛达旦？这几年来，我睡过几次囫囵觉，吃过几顿安生饭？我擅的什么权？专得什么恣？这皇上还不是你当？天下还不是你们李家的？我宵衣旰食，劳形案牍，抛头露面，遭人嫉恨诟詈，究竟图的是什么？你们拍拍胸膛，摸摸良心，这几年后宫怎么样？朝政怎么样？天下怎么样？"

武后越说越激动，双眼中已经蓄满了愤怒和委屈的泪水，她继续说下去，她今天要说个够："为人不能昧着良心说话办事，朝野上下有目共睹，这些年来四海偃然，天下太平，百姓丰衣足食，安居乐业。兵革不兴，盗贼敛迹，唯有高丽一处战事，我大唐也是连连获胜。如果说我武媚擅权，也只是替你这个当皇上的擅权，擅权的唯一结果，那就是国力空前强盛，库帑空前丰盈。你当皇上的问没问过户部，如今朝廷的钱粮财力，比先帝的'贞观之治'时期，还要多三成以上。眼下的大唐，君臣雍睦，后妃和谐，军民上下和衷共济，如此大好局面，难道是天上掉下来的？是吃喝玩乐，蒙头睡觉等来的？

"我天天没日没夜，拼死拼活地为你们操持着这个天下，却万没想到你们竟在背后里耍阴谋，捅刀子，对我下此毒手。废掉一个皇后，你当皇上的有这个权力。可你今天却必须给我讲明白，说清楚。说我在后宫里行'厌胜'之术，这是诬告，是借刀杀人。我日夜操劳，身心疲惫，睡觉不宁，请个道士来颂颂经，静静心，安安神，这又何罪之有？凭什么诬陷我是在搞'厌胜'。究竟是谁非要害我？说出来，我与他当面对质。若有此事，别说是废为庶人，就是千刀万剐我也认了。你说，究竟是谁？"她横在了高宗皇上面前，声色俱厉，咄咄逼人。

此时的高宗皇上，早像一棵霜打的茄子，变得蔫头蔫脑，听听武后的话，似乎也有些道理，他不能不承认，这些年她在富国强兵，兴邦安民方面，确实是出了大力。他有些后悔了，这事做得太孟浪。

经不住武后的一再逼问，高宗皇上只好嗫嚅着说道："是……是王伏胜告诉朕的，他……他也许看错了，也许是猜……猜测的……"

"哼，我就知道准是这个奸诈小人搞的鬼。他为废太子李忠的事一直对我怀恨在心，挟私报复，你当皇上的难道不知道？那么，要废我为庶人的主意，莫非也是这条阉狗出的？"说着上，她凛然地扫了一眼上官仪。

"这……朕……"高宗皇上张口结舌。

"究竟是谁的主意？"武后紧追不舍。

"朕初无此心，皆上官仪教我。"

像一桶冷水兜头泼了下来，上官仪突然觉得自己掉进了一个寒冷彻骨的冰窖里。他绝望地看看高宗皇上，万万想不到，这位堂堂的大唐天子，竟是如此一个软骨头、窝囊废，一个反手云覆手雨的龌龊小人。他为了摆脱自己一时的困境，竟不惜给臣下造成灭顶之灾，亲手将臣下推上断头台。自己真是瞎了眼，怎么会为这个昏庸之人出谋划策？今日为他而死，简直轻如鸿毛，一钱不值。

他知道，杀身之祸已经不可避免，再解释再争辩也无济于事，便静静地站在那里，紧紧地闭上了眼睛。

却听武后冷笑道："上官仪，原以为你满腹珠玑，两肋锦绣。皇上与我擢你为宰相，是让你为江山社稷出力献策，鞠躬尽瘁。想不到你外表恂恂儒雅，心底却如此阴暗卑鄙。每日里不思经邦治国，为民造福，却将手伸到后宫，拨弄是非，制造混乱，你到底想干什么？莫非要颠覆大唐江山，必欲天下大乱而后快？"

说罢，她看也不看这一对呆若木鸡的君臣，扬长而去。

数日之后，许敬宗接到武后密令，上书弹劾上官仪、王伏胜勾结原太子李忠密谋造反。

高宗皇上明知上官仪他们冤枉，但他已成了惊弓之鸟，再不敢详加细察，澄清是非。遂下旨将上官仪与其子上官庭芝、宦官王伏胜处以斩刑。上官仪家产被籍没，妻女及儿媳郑氏和尚在襁褓中的孙女上官婉儿，全部没入宫廷为奴。

　　曾经独领风骚的旷代诗人，就这样稀里糊涂地做了无头之鬼。直到临刑之时，他也弄不明白，这事该怨武后，还是怨皇上，抑或是怨自己？

　　说一介儒生上官仪谋反，大多数朝臣并不相信。连崔义玄都有些疑疑惑惑。一日下朝后，他问司空、英国公李勣道："李人人，你说上官仪能谋反吗？"

　　李勣反问道："你认为怎样才算谋反？"

　　"当然是谋篡皇权，或是谋弑皇上。"

　　"上官仪倒没有谋弑皇上，可他要推翻武后。武后可是如今大唐朝廷的最高决策者，多少军国大事都是由她行使皇上的权力，要推翻她还不算谋反吗？"

　　崔义玄默然了，他不能不敬服李勣的见地透彻精辟。当今天下，武后已掌握着最高权力，反对她当然就是谋反，就是政变。最高权力便是最大的真理，自古皆然！

第十二章　防微杜渐　聚贤建言

真正的无辜者是废太子李忠，既然把他牵扯进了上官仪的谋反大案之中，便注定了他在劫难逃。

自从显庆元年废去太子之位，被贬为梁王兼任梁州刺史之后，他又被一贬再贬，如今已被流放到偏远的房州多年。

残酷血腥的宫廷斗争，早把这个年轻人吓破了胆。随着年龄的渐渐增大，他内心的恐惧不安越来越重。大白天里，他也觉得好像每一个角落里都隐藏着刺客，随时随地都会来取自己的性命。到了夜里，更加心惊胆战，就像无边的黑暗中处处都潜伏着凶狠残忍的杀手，一宿当中不知多少次从噩梦中惊醒，常常是惨呼一声，霍地从床上爬起来，两眼发直，浑身大汗淋漓。

这种无休止的折磨，使这个可怜的人渐渐精神失常了。他常常与下人们嘟囔着："我不姓李，我不是皇上的儿子，我和你们一样，也是个下人，是皇宫里的奴才……"

听着他的话，下人们心里一阵阵发紧、泛酸。可怜的孩子，这也算是天潢贵胄，龙子龙孙？哪比得上市井乡间的一名弃儿？

为了防备刺客，李忠白天黑夜都不敢到屋外去，更不敢到树林花丛中去。每天躲在那几间破屋里，穿上女人衣服，手持龟板蓍草，不停地占卜着自己的命运，是吉是凶？是生是死？

然而，他到底没有躲过这场厄运。

朝廷的御史们手持皇上的敕令，飞马来到房州的时候，他正穿着一件猩红色云纹绲边的女衫，下身系一袭墨绿色褶裙。双手抖抖地往当地撒下一把蓍草，全神贯注地拨弄着那块磨得发光的龟甲。

他耐心地等待着滴溜溜转动的龟甲停了下来，伏下身子仔细地看着上面的纵横纹理。这一卦不错，上上大吉，他心里一阵轻松，咧开嘴"嘿嘿"地笑了。

可就在这个时候，御史们出现在了他的面前。"李忠听旨。"

他像突然遭了雷击，脸色惨白，身子如同秋风中的一片树叶，簌簌颤抖着伏在那里。

当他听完了皇上——他亲生父亲的诏书，自己以"谋反"罪名被赐死之后，突然从地上弹跳了起来，口里狂呼着："我没有谋反，我不死，我不想死……"竟像是一头发了疯的野兽，猛地冲出屋去，夺路而逃。

御史们显然没料到这一层，愣怔了一下，撒腿便追。李忠在前面东撞一头，西撞一头，口里乱喊着："我没谋反，我没谋反。"最后跑到了不远处一眼古井前，回头看着渐渐逼近的御史们，忽然嘿嘿傻笑起来，然后转过身去，红衫绿裙飘然一闪，一头扎进了古井里……

上官仪"谋反"一案，牵连甚广，这是继长孙无忌案之后的又一次大清洗。以武后的精明和强硬，自然不容他人卧于睡榻之侧。反对者和嫌疑者都是隐患，一个也不能留。

刘祥道在惩治李义府时风头出得最大，他究竟是为了惩贪，还是冲着自己来的？这很难说，虽然此时已升为宰相，但不能姑息，必须罢去相职，降为司礼太常伯，以观后效。

另外像尚书左丞左肃机、郑钦泰等人，平时都与上官仪过从甚密，似是一党，也必须贬斥流放。对这些人，不能有半点手软。你不对他们下手，一有机会，他们就会对你下手。

上官仪敢于密谋废后，结果惨遭灭门之祸。满朝文武谁不心惊肉跳？谁还敢与武后作对？他们终于知道了这个女人的厉害。

武后在朝臣们心目中的地位骤然上升，人们看清了，对于这个铁女人，只能顺从，不能拂逆，更不敢稍有反抗之心。

但是，武后并不满足于这些。险些在阴沟里翻船的教训太沉重，太可怕。她再不敢掉以轻心，对这个毫无主见，容易被人操纵的皇上更不放心。

过去这几年，只有皇上有病的时候，她才上朝理政。不行，不能只是这样。就是皇上身体好好的，她也要同皇上一块上朝，一起处置军国大事。为了自己的命运，也是为了大唐帝国的命运，她都必须这么做。

从此以后，大唐朝廷上出现了一道有史以来空前未有的奇观：皇上、皇后并坐于朝堂之上。皇上在东，皇后在西。唯一的一点区别，是皇后的前面还是挂着一席翠帘。

这种前无古人的奇观，也只有武后这样的千古奇人才能想得出，做得出。

朝臣们在惊叹之余，却不能不接受这个事实。而且渐渐地开始心悦诚服地称之为"朝中二圣"。

女皇武则天

上官仪一案掀起的轩然大波渐渐地平息了。但是，在武后的心中，却仍然滚动着一场风暴。

这场风暴给了她一个重大的启示：宰相的权势太重。像上官仪这样一个上任不久的副宰相，竟然敢于提出废去皇后这样的重大议案，而且险些付诸实施，岂非咄咄怪事？

这不能不引起她的警戒和深思：其实，这一弊病早在太宗朝就已经显露出来。太宗皇上过于宠信长孙无忌、房玄龄、杜如晦、魏徵、褚遂良这些宰相、谏臣，许多大事都放任他们决断处置。久而久之，便造成了宰相们手中的权力过大。不过，先帝雄才大略，对臣下收放自如，对国事驾轻就熟。宰执们权力再大，仍然是先帝放飞的一群风筝，命运的缆绳总是握在先帝的手里。

但是，当今皇上却不一样，他没有驾驭宰臣的才智和能力。弄不好就会造成尾大不掉之势，被那些权力膨胀的大臣们愚弄、操纵或架空。

必须设法抑制过重的相权。

武后自幼便熟读经书，入宫后更是经常涉猎文史，对于历史上裁抑相权的事例几乎耳熟能详。

汉武帝的时候，外朝官权力过于膨胀，渐渐开始侵逼皇权。他便着力擢拔宫中相对地位卑微的尚书、侍中，让他们起草诏令，参议朝政，组成所谓"中朝官"，从而大大降低了三公九卿这些外朝官的权限。

东汉初年，光武帝刘秀为了限制宰执大臣的权力，在朝廷中设立尚书台，尚书台又设六曹，分管全国政事，"总领大纲，无所不统"。那时虽然仍然设有三公之职，但由于事归台阁，致使三公之职成了一个摆设而已。

他们这些变革，既是大胆的，也是成功的，有效地避免尾大不掉，滋生祸乱的可能。

这些历史上的明智之举，虽然不能笼统地照搬，但完全可以借鉴，吸收其可为我用的精华。

武后经过较长时间的深思熟虑，决定招纳一批博学多才的文人士子进入禁中。只要是有真才实学的饱学之士，不管他出身如何卑贱，官职如何低微，甚至是没有任何官职的苍闾布衣、山野草民，也一样可以入选。她始终坚信，山泽江湖之中，才是真正的卧虎藏龙之地。而在那些豪门望族、达官显贵之中，却往往生出一些食珍馐、衣锦绣的纨绔子弟，一些中看不中用的银样镴枪头。古人说"肉食者鄙，未能远谋"，此话颇有道理。武后将这件大事交给许敬宗和崔义玄，让他们不拘一格多方考察，提出人选后，再由自己最后定夺。

现在，武后正坐在御案前，仔细地审视着许敬宗他们报上来的第一批名单：

刘棉之，常州晋陵（今江苏常州）人。少年时即因德赋文章辞藻华美而蜚声一方，成人后更是学富五车，人称有七步八斗之才。现为著作郎，弘文馆直学士。

元万顷，洛阳人。才思敏捷，善于文辞，属文下笔如飞，篇篇锦绣，字字琛玑。但为人性情疏狂，不拘小节，绝无儒者之风，形同一个满头高粱花子的田舍翁。

范履冰，怀州河内（今河南沁阳）人。聪慧博学，每日手不释卷，过目冰消，入耳瓦解，记忆力十分惊人。现任周王府户曹。

苗神客，沧州东光（今河北东光）人。幽素科及第，进士出身，经史子集，无一不精。现为左史。

周思茂，具州漳南（今河北故城东）人，少年时即才华毕露，名声大震，人称神童。如今更是笔力遒健，下笔千言，倚马可待。

胡楚宾，宣州秋浦（今安徽贵池）人。天资聪颖，文思如涌。性好饮酒，每属文时，先饮酒至半醉，然后动笔。文不加点，一气呵成。让人读来，不仅文采斐然，大气磅礴，而且绝无分毫差错。

武后读着这些人的履历，不禁哑然失笑。四海之内，人才济济。这些人平时却是分散于各地和朝廷中的不起眼的小人物，却一个个如此才华横溢。掌权者无知，将这些人才长期压抑在权力阶层的底层，这真是国家的悲哀，大唐的悲哀。人才的浪费是一个国家的最大失败！是统治者的最大耻辱！

这些人仅仅是一座冰山的尖顶，尚未露出水面的还有多少？若是能把这个庞大的人才库全部挖掘出来，使用起来，那将是多么大的能量？我大唐天下何愁不兴旺昌盛！

武后立即传旨，在官禁的北部，辟出一座宫殿，装修一新，一应设施配套齐全，准备迎接她的客人——这些驰名天下的鸿儒大贤。

这些人出入皇宫时，不须经过宫城南面的皇城，而是直接从北门出入宫禁。不得以常礼拘之，待遇在四品以上。

他们的任务是编纂《列女传》《臣轨》《百僚新戒》《乐书》，有时为朝廷起草、宣读诏书。

女皇武则天

实际上，这只是一些表面的任务。武后的真正意图，是要组成一个强有力的幕僚班子、智囊团。她要让他们对朝廷奏议及百司表疏予以参决，直接参政议政，以分宰相之权。

这真是一个创举。一批出身寒微、名不见经传的小人物，突然被捧到了天上，成了皇后的座上宾。而且可以不进南衙，径走北门。朝臣们虽感嗟讶，却不敢说三道四。只好称他们为"北门学士"。对这些新贵们既羡慕，又妒忌，摆出个敬而远之的姿态。

几场大雨，送走了皇宫禁苑里如画似锦的暮春，迎来了溽热难耐的盛夏。

"北门学士"们着手编纂的《百僚新戒》已初具规模。这是他们入宫后所撰著的第一部大作，是要献给武后亲览的，因此大家昼夜伏案，挥笔疾书，工作进展甚快。士为知己者死嘛，皇后简拔自己于微末之间，待以国士，敢不竭尽驽钝？

今天特别闷热，烈日像在喷火，天地间却没有一丝儿风，是个连狗都要耷拉舌头的极酷热日子。

武后要去看看她的客人们，虽说这几个月中已见过一面，但像这样热的天，该是劝他们歇息几天，与他们品茶神侃，会获益匪浅的。

她没让大臣们陪同，只让武壮带了几斤宫里最好的贡茶，便信步向后走来。

临近著书的大殿——萃文馆，武壮按照惯例，正要喊一嗓子"皇后驾到——"却被武后摇手制止了，他们悄悄地走进殿内。

大殿里，人们正伏在各自的书案旁，埋头读写。案前各有一把小巧的紫砂壶，每人左手摇着一把蒲扇，脖子上搭一条湿巾帕，大都敞胸露怀，有的干脆光着脖子，一边写，一边呼呼啦啦地摇晃着大蒲扇。

不知是谁偶尔抬头发现了武后，惊呼一声"皇后来了"，众人都吃了一惊，忙放下手中的毛笔，一边慌里慌张整理各自的衣衫，一边向地下跪去。刘祎之带头说道："臣等失仪，请娘娘治臣等简慢之罪。"

"众爱卿快快请起，自古不知者无罪。"我来看望诸位，事先又没打个招呼，你们何罪之有？"武后笑道。

正当众人起身，准备入座之时，却忽然听见从旁边传来了一阵轻拉慢扯的鼾声。

武后抬眼一看，却见一人仰躺在最西边书案旁的一张圈椅里，赤裸着上身，一把蒲扇覆盖在多毛的胸膛上，随着鼾声一起一伏。而两只光脚丫子，却放肆地高搭书案之上，案上的文牍纸张，早被蹬得乱七八糟。

一见此情状，众人霎时吓白了脸，一个个瞠目结舌。如此大不敬之罪，轻则流放，重则砍头，弄不好大家都得连带坐罪。

武壮也吓呆了，他看看那人，再看看武后，硬着头皮去过去，把那个人推醒。

武后却很不以为然，这么热的天，又终日劳心，打个盹儿算什么。便就近在一张太师椅上坐下，满脸堆笑地说道："我猜，这位一定是元万顷。"

"娘娘好记性，只见过一面，又未深谈，便记得如此清楚。真正的过目不忘。"范履冰急忙回话，他在尽量打着圆场，专拣皇后爱听的说。皇后一高兴，或许会开释了这位同僚的大不敬之罪。

"不不不，我并不记得，只是猜的。放浪形骸，不拘小节。无儒者之风，有鸿鹄之志。不是元万顷是谁？谁人不识君？"说罢，武后纵声大笑起来，这随便自然、毫不做作的笑声，顿时把殿内紧张沉闷的气氛一扫而光。

这时，元万顷已穿好上衣，满脸涨红地走过来，跪地行礼后，不好意思地说道："皇后娘娘，微臣一草民，本想闭目构思下一篇框架，不想就……就睡着了。臣从小就是个懒虫，瞌睡虫，吃饭慢，干活拖，早上睡觉起不来，为这不知挨了俺爹多少老鞋底……"一句话，早惹得满屋人哄堂大笑，武壮笑得在一旁弯了腰，使劲地揉着肚子。

众人笑声一过，元万顷又正色道："皇后娘娘，请治臣之罪，以正视听，以儆效尤。"

武后擦擦眼角笑出的泪水，说道："什么罪不罪的，哪有那么些罪？快起来吧。这世上的活儿，哪有光干不歇的理儿，那还不得把人累死？我今日来，就是要叫你们歇息几天。我让武壮带了好茶，走，咱们君臣到前面去品茗闲聊，以消酷暑。"

众人簇拥着武后，来到前厅通风荫凉处坐了，武壮献上香茶，侍立一旁。

武后看看大家，首先开口道："这么热的天，挥汗如雨，诸位终日伏案书写，怎么受得了？"

元万顷忙抢着说道："有皇后娘娘张袂成荫，我等皆不觉太热。"

"哟，我们的一代狂士，莫非也学会阿谀奉迎了？"武后开始调侃。

"不是，不是，我说的是大实话，谁都知道，人想干的话，再苦也不觉得累；不想吃的饭，再好也不觉得香。"元万顷急忙辩解，他可不是那种拍马溜须之徒。

众人也都颇有同感，纷纷附和道："著书立说，是臣等梦寐以求之事，今日得偿夙愿，虽苦犹甘。"

武后频频点头，她理解他们。自己又何尝不是如此？为了大唐的长治久安，国富民强，自己日夜忧思，废寝忘食，又什么时候感到过苦，感到过累？

她和他们品着茶，闲聊了一阵，然后说道："今日咱们不再说著书的事，专门聊聊书外的学问。你们长期在底层，了解百姓和下层官吏们的真实想法，也了解天下眼前真正的急需。依你们看，朝廷目前最迫切需办的事是什么？"这才是她今天要谈的主要话题，难得她能如此轻松自如，水到渠成地把谈话导入正题。众学士们不能不对他们这位女主人的聪明和老练刮目相看。

"皇后娘娘，臣前些日子到长安郊外走了一圈。见到处添筑新坟，有一个村子新坟竟有五十多座。寻问当地百姓，始知三辅一带遇有饥荒，且有时疫流行。饥民四散，逃亡避灾。三辅历来为京畿重地，一旦有变，则会引起朝廷震动，天下不安。以臣之见，朝廷宜早作补救之策，以防患于未然。"苗神客快人快语，一开口便直奔主题，切中要害。

武后赞许道："对，我们今天就是要议这些事。平日皇上与我只看各地奏疏，或听朝臣奏对，很难听到实话。各地官府往往是只报喜不报忧，朝廷虽颁敕令，这一弊病却根深蒂固，难以革除。"

众学士们受到了鼓舞，便你一言我一语纷纷建言，将自己平日最关注的事都直言不讳地说了出来。武后听得频频点头。他们的这些意见和建议，让她感到耳目一新。有些事虽然自己也想到过，但没有这么清晰，这么深刻。"兼听则明，偏听则暗"，已故诤臣魏徵的这句话，真算得上是至理名言。

直到日色渐暗，武后似仍谈兴未尽。但快到用晚膳的时候了，只好恋恋不舍地站起身来，对众人们说道："把你们的想法都列成条陈交给我，我会禀奏皇上，与大臣们商议解决的。"

见皇后要走了，众学士们赶紧跪送。武后却坚决地制止了他们，说："以后我要常来，有空就来坐坐，说不定一天就来好几次呢。你们总是这样大礼迎送，岂不是要拒我于千里之外？"

众人只好作罢，心里却感到异常轻松高兴。这就是被某些人传说的那个骄横霸道、蛮不讲理的武后吗？自己今天亲眼所见的，却是一个平易近人、亲切和善的武后，究竟哪个武后是真实的呢？

时过不久，武后将"北门学士"的各种条陈逐一总结归纳，又将自己平日发现的一些时政弊端进行提炼，列成十二条款，向高宗皇上"建言十二事"，以求兴利除弊。

这十二事的建言，用现在的话说就是：

一、劝勉农桑，轻徭薄赋。农桑历来为国家之本，大唐基石。近年来许多地方发生不同程度的虫、旱、风、涝等自然灾害，粮食歉收，导致局部发生饥荒。虽未酿成大变，但应未雨绸缪。建议朝廷减轻农人百姓的徭役和赋税，以鼓励农桑，发展生产，从而求得国家政治的长期稳定。

二、免除三辅一带，即京师近畿之地百姓们的徭役。三辅地近京师，天子脚下，历朝历代土木工程繁多，百姓们自然负担过重。近来既遭饥荒，又染流疫。建议朝廷紧急调运太原仓和江南租米，以赈灾济民。并调集药材，平抑药价，以扑灭瘟疫。免除这一带百姓们的徭役，让他们全力自救，以战胜灾害，渡过难关。

三、停止用兵，以道德教化天下。先帝一朝及永徽之初，因时势所致，中原烽烟不息，四夷战端连绵。涂炭百姓，劳民伤财，臣民仍饱受战乱之苦，不堪负荷。如今天下大治，四海升平。要尽量避免和减少战争，除高丽之役要设法尽早结束外，其他各边境要塞均应避免冲突。朝廷制定政策的主导思想，要反对穷兵黩武，对外扩张。要坚持以道德教化天下，以文治代替武功。

四、禁止浮巧。要在全国范围内严禁那些华而不实、精雕细刻的豪华奢侈用品的生产，以全力加强农业这一根本，杜绝奢侈糜费之风。

五、减少各种土木工程，节省经费开支。以从根本上、源头上减轻百姓的劳役和赋税。

六、广开言路。当权者要兼听广纳，臣下和士民要畅所欲言，这样方能救时弊，裨益朝政。

七、杜绝谗言。谗言不仅害人，而且尤为害政。建议朝廷杜绝谗言，善纳忠谠之言。

八、王公之下皆习《老子》。《老子》即《道德经》，乃道家之经典。道家之创始人李聃，是为李唐先祖，高祖李渊曾把《老子》列为科考内容，故建议王公以下皆学《老子》。

九、父在为母服丧三年。以前只服父丧，而父在不服母丧，有违天理人性。从此以后，父亲健在，母亲故世，子女应为母亲穿孝服三年。妇女的社会地位应当得到尊重。

十、上元以前勋官已给先身者无追覆。上元元年以前，已颁发给勋官的先身不得再予追夺。

十一、京官八品以上增加俸禄。京师米珠薪桂，京官俸禄微薄，生活拮据，应增加俸禄。

十二、任职已久的百官，才高位下者，应予晋阶升迁。有才能有政绩，却因种种原因沉滞多年不得升迁的官员，一旦发现，必须立即擢升。

高宗皇上看罢武后的建言，甚觉惊异：她一个女人家，终日足不出宫，怎么会知道这么多事？所提十二件大事，几乎涉及国家的政、财、文、吏各个方面，而且颇多直接触及当今时弊的真知灼见。

这些事该不该立即颁诏实施，他有点拿不准。便将"建言"交给宰相们传阅。宰相们看过之后，几乎是异口同声地叫好。对于武后卓尔不凡的治国安邦才具，他们从心底里佩服有加。司空、英国公李勣看过后，不无得意地说道："皇后才略，堪与先帝媲美。尧、舜、汤、武之下，老夫一生能遇到两位千秋英主，真三生有幸也。"

听臣下们这样议论，高宗皇上亦觉高兴。毕竟是自己的皇后，能受到臣下们如此褒奖推崇，自己这个当皇上的自然也脸上有光。

他立即颁发，传诏各地州县详加施行。

皇诏颁发不久，全国上下立时议论沸腾，颂声四起。尤其是长安周围三辅一带的老百姓们，更是感恩戴德，奔走相告。许多地方居然敲锣打鼓，鸣放鞭炮，经夜不绝。数月之后，有不少的村子里，百姓们自动捐款，为武后建起了生祠，立起了长生牌位，四时供奉，香火不熄。在百姓们的眼里，武皇后便是驱瘟降魔、救苦救难、慈悲为怀的活菩萨。

武后虽然取得了长安人的普遍爱戴和推崇，但却始终没有摆脱宫里鬼魂的纠缠。

自从道士郭行真来禁内"厌胜"驱鬼之后，不知道是真的把鬼魅邪祟镇住了，驱走了，还是自己的心理作用所致，反正武后是踏踏实实地睡了好几宿安稳觉。

但是，正是这个"厌胜"驱鬼的活动，招致了上官仪、王伏胜与皇上密谋废后的风波。结果，又有人被杀、被贬或被流放。

一场生死决斗的轩然大波是顺利地平息了，但是，那些让人头疼的赶不走打不散的鬼魂却又回来了。每天夜里，满身血污、披头散发的王皇后和萧淑妃，还有几个模模糊糊无头之鬼，嗷嗷嘈嘈，又撕又抓地前来纠缠，让她实在无力招架。

长安是生她养她的地方，是她发迹的地方。但是，长安的皇宫却容不下她。也许，她创建煌煌大业，可以一显身手的大舞台应该在东都洛阳。

于是，武皇后向高宗皇上提出摆驾东都洛阳，态度十分坚决。对于住长安或是住洛阳，高宗皇上本来是无可无不可，再加上前一段废后一事，他自觉对不起武后，因此便满口应承。

仲秋之后，大唐朝廷再一次迁居洛阳。

回到洛阳以后，武后又一门心思地投入了对国家大政的处置。经常听取朝中大臣和"北门学士"们的奏对，商量如何奖励垦耕，发展农桑生产，从根本上振兴大唐经济，在充盈国库的同时，也让百姓们逐渐地富裕起来。

对高宗皇上和魏国夫人的私情，她一直采取眼不见心不乱的态度。反正自己也没有兴趣同皇上每夜胡折腾，做那些没完没了的游戏。就让那个小妮子先好好伺候着她姨父吧，谅她翅膀还没硬，一时半会儿还威胁不着自己的地位。

但是，女人的直觉是十分准确的，她早就敏感地察觉到，皇上与魏国夫人的幽会越来越频繁，私情越来越缠绵。每天夜里，高宗皇上躺在龙床上，懒洋洋地说上几句话，很快便扯起了鼾声。过去那种馋猫似的垂涎和歪缠，已经有一年多不见了。作为一个三十多岁的男人，要不是经常在外面拈花惹草偷吃腥，用麻绳捆起来也不会这么老实。

每想到他整天搂着那个嫩花苞儿似的小外甥女儿，以种种不堪入目的丑态行云布雨，极尽欢谑，而自己却在为他的李唐江山殚精竭虑，呕心沥血，她心里便泛起了一股浓浓的酸味，甚至一阵阵隐隐作痛。

没有法子，这是她的选择。她这个女人与别的女人不同，似乎天生是块理政的胚子。现在让她一天不问国事，就会像掉了魂似的浑身难受。

为了正经大事，只好暂时忍了。

武后的感觉果然不差，高宗皇上与魏国夫人已是如胶似漆，难舍难分了。

见武后不闻不问，他们的胆子便越来越大。开始是魏国夫人扮作小太监，到高宗皇上的御书房里偷偷地幽会个一宿半宿，或是在魏国夫人的住处匆匆行事，然后高宗皇上像个窃贼似的悄悄开溜。看看没出什么事，武后似乎已经默许了，他们便越发地放肆起来，大白天里也敢出双入对。

今日早朝，高宗皇上又借口头疼没去上朝。待武后上朝之后，他便径向后苑的芙蓉湖走去。他已经与魏国夫人约好，今日要与她荡舟碧湖，赏荷垂钓。

来到湖边，魏国夫人早已等在那里。二人解开一艘画舫的缆绳，也不须别人摇橹。湖水很浅，并无任何危险，二人登上画舫，高宗举桨，魏国夫人则甜蜜地偎在他的怀里，一边说笑着，一边向湖心岛驶去。

画舫缓缓地行驶着，尖尖的船头像个巨大的犁铧，向两边翻开了一片片雪浪，忽而有水中的游鱼惊动，豁剌剌地蹿出水面老高。

满湖的荷叶墨绿肥大，像一柄柄雨伞平铺水面。红的、粉红的、洁白的莲花，像火炬，像粉拳，俏然挺立，临风摇曳。一对野鸳鸯正在兴高采烈地交尾，画舫临近都不顾得躲闪。

高宗皇上不忍心搅了它们的好事，轻轻地调转了船头，一面笑道："宁为情寻死，做鬼也风流，连野禽水鸟都是这样想的。"

"皇上真坏！"魏国夫人娇嗔着。

高宗皇上抱起魏国夫人，跨上湖心岛，径向一片树荫婆娑的密林间走去。

他把她平放在一片绿茸毡似的草地上，口里说着："小美人，小心肝，我们也尝尝野合的滋味。都说野合的孩子最聪明，孔圣人就是野合而生。你准能给朕生个聪明绝顶的龙子。"

……

"真痛快啊，这野合的味道就是不一样，"高宗皇上四肢半伸喘息着说道。

魏国夫人也有同感，但她却不顺着说："皇上光顾自己痛快舒服，可不管妾身如何？"

"怎么了，你不舒服？"

"光一时舒服有什么用，还不是对野鸳鸯？妾身的名分怎么办？这贵妃究竟何时才能封？"

一句话把高宗皇上问哑了。沉思多时，才缓缓说道："还不到火候。瞅准了机会我会跟你姨妈说的，这事总得她点头。"

"什么姨妈？还不如个路人。要等她点头，除非西山出日头。我不管，你是皇上，是我姨父，你跟我相好了这么长时间，就是我亲爹。你得给我做主，我一定要当贵妃！"魏国夫人在皇上的怀里撒着娇。

又是一个犟妮子，与她的姨妈颇有点相似，但却远不如她姨妈来得深沉，有心计。高宗皇上无可奈何，只得像哄孩子似的连声说道："好好好，你耐心等着，朕想办法，朕给你做主就是。"

第十三章　封禅亚献　千古首例

幢幡华盖、旗罗伞扇、香车宝马、雕鞍彩舆，旌旆在飞扬，笳号在鸣响……

洛阳东北方向的千年古道上，腾跃着一条气势恢宏的彩色巨龙，滚动着一条汹涌澎湃的人流长河。

麟德二年十一月，从东都至齐鲁的驿道上出现的这道壮丽的景观，是高宗皇上率领文武百官去泰山封禅的队伍。

前面是庞大的仪仗队，七色彩旗迎风招展，汇成了一片波翻浪滚的旗海。依次是阵容威壮的皇家乐队，钟、鼓、磬、钹、笙、笛、琴、号俱全，凡遇人烟辐辏之处，钧天大乐悠然而起，声震四野。然后是精武强悍、英姿勃勃的侍卫方队，长矛短剑，金戈铁马。再后面便是皇上与皇后的龙凤大轿车，黄袱罩顶，璎络层叠，金镶珠嵌，银装玉琢，轿顶那颗拳头般硕大的红宝石，在阳光的照射下闪着耀眼的光。紧随龙凤大轿车之后，便是内外命妇的各色轿舆。文武百官的车马，以品秩为序，簇拥其后，迤逦而行。负责警卫的大队人马，则前后穿梭，往来巡行。押运贡品、祭物、牛羊牺牲和炊具粮秣的车队，尾随大队之后，辚辚萧萧，不绝如缕。各国派出的使臣，东至倭国，西至波斯，各率扈从，牛马驼羊，填塞道路。

整个封禅大队，竟绵延数百里之长。夜间，帐幕寨棚，横亘原野，灯火参差闪烁，如繁星垂落。

这是一项计划了很久的活动。

早在六年前，武后参理朝政以后，政肃国泰、物阜民安。群臣们提出要高宗皇上去泰山封禅，武后立即表示同意，高宗皇上便命中书令许敬宗组织群臣，着手准备封禅大典。

什么是封禅呢？在泰山顶上筑坛祭天，向上苍报告天佑万民之功，就称作"封"；在泰山下的社首山上辟场祭地，报告大地庇护万民之功，则称为"禅"。

自古以来，泰山封禅都是帝王祭祀天地的一项最隆重的盛事。只有在国

女皇武则天

家空前强盛，人民安居乐业，文治武功辉煌灿烂、赫然可记的时期，在位的皇帝才有资格去泰山封禅。

因此，在中国数千年的历史上，能登泰山封禅的皇帝寥寥可数。大唐之前，也只有秦始皇、汉武帝和汉光武帝三人而已。

先帝太宗在位时，国泰民安，家给人足，四夷宾服，万方朝贡，太宗皇上被四夷奉为"天可汗"。按说，他是最有资格去泰山封禅的。但终其一生，虽然数次打算登封泰山，却始终未能如愿。

第一次是在贞观六年，文武百官上表请求太宗东封泰山。当时皇上和魏徵都觉得条件还不够成熟，便没有同意。

第二次是贞观十五年，朝中大臣及并州父老数十人到宫门请愿，恳请太宗皇上赴泰山封禅，认为皇上的煌煌功业已是前无古人。这一次太宗倒是同意了，并且与从行百官从长安到了洛阳。准备从洛阳起程登封泰山，但恰在此时，天上出现彗星。太史薛颐上表，认为天象甚不吉利，不可东封，太宗只好停止了这次活动。

再以后，太宗忙于亲征高丽，无功而返后又身染重病，直至崩逝封禅之事也未能成行。

高宗皇上的文治武功，与先帝太宗相比，当然大相径庭，简直不可同日而语。

但是，越是庸碌之人，越是好大喜功，越是缺乏自知之明。因此群臣奏请东封泰山的提议，与他的想法不谋而合。

而武后呢，她当然知道泰山封禅是一件兴师动众，耗资巨大的事，如果是在国家积贫积弱的时候硬要进行，只能是劳民伤财，惹起民怨。

但此时的大唐，承贞观盛世之遗风，天下无事，四海晏然。特别是近几年五谷丰登，每斗米才值五钱。在百姓们衣食不愁，国力又较为强盛的情况下东封泰山，不会引起百姓们太大的反感。

当然，武后热衷于泰山封禅的活动，最主要的目的是要以皇后的身份，堂堂正正地去参加这一大典。她要向天下庶民和四夷属国显示自己的威严和尊贵。

天子仁弱，而辅佐天子治理大唐的皇后却不懦弱，她有经邦济世的雄才大略，有号令天下的绝对权威，有无愧于天地神明的懿德和良心。她要让天下的人都知道这一点。

因此，在高宗皇上正式颁诏封禅，队伍就要出发之前，武后突然上表，认为历史上秦汉两朝三位皇帝东封泰山，仅有皇上和公卿大臣举行祭奠仪式，女性只令太后一人昭配，显然于礼仪不合。既然"封"为祭天，"禅"为祭地，天为阳，地为阴，那么，封禅大典将女性排斥在外便有失公允，而且也是对天地神祇的大不敬。

武后提出，在封禅之时，她要亲率内外命妇参加奠献。高宗皇上览奏后，认为武后说得颇有道理，立即敕准。

这项前无古人的创举，是向数千年来男尊女卑封建礼法的公然挑战。

不是历朝历代都认为，封禅只是男性君臣们的事，甚至连像皇后这样尊贵的女性也不能主持祭祀仪式吗？不，我偏要打碎这千年桎梏，冲破这种毫无道理的礼法。

武后所说的内外命妇是：内命妇包括后宫妃嫔，即四妃、九嫔、二十七世妇、八十一御妻；外命妇包括太长公主（皇帝的姑姑）、长公主（皇帝的姊妹）、公主（皇帝的女儿）、郡主（太子的女儿）、县主（王子的女儿）、国夫人（一品官员及国公的母亲与妻子）、郡夫人（三品以上官员的母亲与妻子）等。

这些人多达数百人以上，武后要率领这支庞大的妇女队伍参加封禅大典，真正是史无前例、惊世骇俗。

内外命妇们一听到这个消息，简直是雀跃欢呼，欣喜若狂。这样的做法，不仅仅是树立皇后的个人权威，而且也提高了她们这些内外命妇的社会地位，使她们获得了与男性公卿大臣同等的待遇和尊严。

还不仅如此，过去的封禅仪式，在山麓祭祀地神时，首先由皇帝献爵，称为初献；其次是太尉献爵，称为亚献；最后由公卿献爵，称为终献。而这一次，在武后要求下，高宗皇上颁诏：皇上初献之后，皇后为亚献，越国太妃为终献。

越国太妃燕氏，是越王李贞的母亲，也是唐太宗尚在世的唯一的一个妃子。

这就是说，此次封禅的奠献仪式，除了皇上一个男性之外，把所有的公卿大臣统统晾在了一边，不禁使文武百官们瞠目结舌。

但是有什么办法呢？这是皇上颁的诏，更是武后的主意，仔细想想也未必没有道理。他们不敢反对，也没有词儿反对。

队伍庞大，浩浩荡荡，中间又多有女眷，行进速度自然不会太快。武后与高宗皇上坐在龙凤大轿车之内，一路观光，也时而议论国事，并不觉得行进太慢。

武后容光焕发，兴高采烈，一路上谈笑风生。而相比之下，高宗皇上却显得沉默寡言。他虽然也在不断地应答武后的问话，但实在有些虚与委蛇。在内心的深处，他感到有些孤独和烦躁，因为有一个人没来，一个让他牵肠挂肚，一日不见如隔三秋的俏人儿——魏国夫人。她没有名分，既不是皇上的妃嫔，也不是王公大臣的妻子或母亲，实在没有理由带她来，尽管已封了国夫人，那不过是个虚名而已。

武后其实早就窥知了高宗皇上的心思，但她却不肯说破。她也曾想过让魏国夫人一块来，那不过是她一句话的事。可她终究没有那么做。倒不全是因为拈酸吃醋，皇上与她明铺暗盖，早已不是什么秘密，在皇宫里好几年她都不曾太过计较，又何差封禅这几个月？关键是皇上的身体本来就有病，长途颠簸，风餐露宿，再整天泡在个卤缸子里，那还不要了他的命？"二八佳人体如酥，腰中仗剑斩丈夫"，不能为了讨他的欢心而因小失大。

"皇上，知道到了哪里吗？咱们已到了寿张县（今山东台前县）。"武后见高宗皇上有些闷闷不乐，想提起他的兴致，便有意与他搭话。

"唔，寿张？朕知道了。"高宗皇上说完又闭上了眼睛。

"寿张县有个奇人，皇上可曾听说？"

"什么奇人？"

"有个叫张公艺的乡绅，如今已一百二十岁了。"

"是吗？倒是个老寿星，不知哪世修来的福？"

"还不仅如此，眼下这位老寿星已经九世同堂，不只是儿孙绕膝，简直是重孙曾孙星罗棋布了。"

"什么，九室同堂？这不可能。"

"千真万确，臣妾听说后也不相信，已派人打听过，确是这样。"

高宗皇上一下子来了精神："如此奇人奇事，怕是亘古未有，此乃大唐的祥瑞，岂可失之交臂？我们何不前去登门拜访？"

"臣妾也正是这个意思。"

封禅的队伍停了下来，寿张县城一下子热闹了起来，到处张灯结彩，焚香燃烛，恭迎皇上、皇后驻跸本县。

第二天，也就是麟德二年的十一月二十五日，高宗、武后在刘县令的陪同下，来到了张公艺的家里。

一百二十岁的张公艺，仍然身板硬朗，精神矍铄，古铜色的清瘦脸膛，颔下长髯飘飘。老远看去，像是一株硬挺的老松，虽然枝叶已不那么繁茂，却仍然生机勃勃。

听说皇上要来，张公艺的全家人一大早便集合起来。现在，张公艺率领一大群子子孙孙，从三四岁的孩子到八九十岁的老者，全部跪伏在大门以外，而众多的女眷则在大门以内跪迎。

门里门外黑压压地跪了一大片，密密层层，熙熙攘攘。这哪里是一个家庭，简直是一个村子的人在集会。

见张公艺率先跪下，皇上和武后急步走上前，一边一个将老人家搀扶起来。武后说道："老寿星万不可行此大礼啊！"

"皇上、皇后驾临草民寒舍，天恩浩荡。小民阖家得觑天颜，实在是三生有幸，祖上有光，焉敢失礼？"

"老寿星不能那么说，我与皇上能见老寿星一面，也算是一大幸事。"

张公艺将皇上、皇后让进上房，虽是草屋茅舍，却是窗明几净。

落座后，命人献上茶来。

高宗皇上笑哈哈地问道："老人家如此高寿，莫非餐餐山珍，顿顿海味？"

张公艺忙答道："皇上说笑了。托陛下的洪福，小民家道殷实，吃穿不愁。但一日三餐，也不过粗米淡蔬而已。"

"老寿星莫不是练什么秘功，服什么仙丹？"

"都没有。老朽一介草民，不过是平平常常地过日子，日出而作，日落而息，清心寡欲，随遇而安。"

"那么，老寿星究竟是如何修来的这九世同堂的福气？"

张公艺没有再作正面回答，他站起身来，走到正北的一张八仙桌旁，展纸泼墨，竟一气写下了一百个"忍"字。

高宗皇上也跟了过去，痴痴地看着满纸上墨汁淋漓的一个个"忍"字，多时没有说话。

是啊，在这世上，有多少事需要一忍再忍？不要说一个普通百姓，就是自己这个威加四海、至尊至贵的当今天子，又能有几件事可以随心所欲？不也是常常需要忍而又忍吗？看来，这人生至德，便是一个"忍"字。这样想着竟感动得热泪盈眶了。

"来人呐！赐老寿星缣帛百匹，以旌表其门。"

内侍们将一匹匹的五彩绢帛抬进屋里，张公艺忙双膝跪地，谢皇上、皇后隆恩。

女皇武则天

一个多月以后，高宗、武后率领文武百官和内外命妇，终于来到了泰山脚下。

此时，早有地方官员指挥工匠人役，提前在泰山南麓筑起了圆坛，在社首山筑起了降禅方坛，而在泰山之巅，则筑起了巍峨高大的登封坛。

正月初一这天，晴空万里，艳阳高照，凛冽砭骨的寒风也似乎变得比往昔柔和了许多。在这个新春伊始，普天同庆的日子，高宗皇上衮冕龙袍，神采奕奕，在百官们簇拥下，登上了泰山南麓的圆坛。

锣鼓喧喧，彩旗猎猎。圆坛的四周，排列着许多硕大的金制香炉，一管管御制高香冲天而烧，青烟袅袅，随风散去。无数的"金币银钱"，霎时间燃起了腾腾烈焰，随即化作无数的灰蝴蝶，在山头上翩翩起舞。

随着一声长号的奏鸣，笙簧钟磬各种宫廷器乐，吹拉弹拨，一齐奏响，汇成了一股喜庆祥和的庆功大乐，浑厚悠远，和着阵阵松涛，在山涧峡谷中久久地回旋、飘荡……

高宗皇上长跪于圆坛之上，双手捧着一碗御酒，高举过顶，口中说道："昊天上帝在上，大唐皇帝李治，今率文武百官，登山致祭，深谢苍天庇佑之功。今大唐境内，海晏河清，万民乐业，百灾不生，六畜兴旺，五谷丰登，人享永寿，国享太平，此皆上天浑仁大德，浩荡之功……"说罢，以指沾酒，向天轻轻弹洒，然后酹奠于山峰之上。身后跪着的朝中百官，随着皇上，行三拜九叩大礼，"皇上万岁，万万岁"的呼声，雷鸣海啸，山摇地动……

祭毕，高宗皇上亲封玉牒。随即又登上泰山极顶，在登封坛上行拜天大礼。将上帝册藏于玉柜，配帝册藏于铜柜，用金丝绳捆扎，然后封上金泥，加盖玉金，恭恭敬敬地放于石箱内藏好。

正月初三日，高宗皇上及从臣们走下泰山，到社首山祭祀地神，武后率内外命妇们早等在那里。

皇上初献已毕，即带领执事者走下方坛。此时，由武壮指挥着数十名宦官迅速地拉上帷帐。这些帷帐全是色彩斑斓的纺织物精工制作而成，金玉装点，豪华奢丽，光彩夺目。

武后身着盛装，凤冠霞帔，珠摇翠围，一派雍容华贵的气象。

在她身后，跟着数百名内外命妇，花红柳绿，珠光宝气，陆续登上方坛，举行祭祀仪式。

先由武后亚献，她跪于方坛之上，行拜叩大礼。然后由一群年轻美貌的宫女酌酒、捧上精美丰盛的贡品，由武后亲自一一敬献地祇神灵。

随后，由越国太妃燕氏进行终献。而此时此刻，那些作为大男人的王公臣卿们，却只有站在远处观望的分儿。他们免不了窃窃私语，从内心里感叹这世道变了，但谁也说不清这变化究竟是好事还是坏事？

唯有武后的心里升腾着难以言喻的自豪。此次泰山封禅别具一格，开创了登封泰山的新河。女性参与封禅大典并主持祭祀仪式，这是开天辟地以来的第一次。历史是由人创造的，也要由人来改写，自己又一次改写了历史。我武媚这一辈子，就是要不断地改写历史，不断地创造历史上空前的甚至是绝后的奇迹。

正月初六日，高宗皇上和武后在泰山下临时设立的朝堂中，接受百官朝贺。

为了纪念封禅大典的圆满成功，高宗皇上宣布大赦天下，改麟德三年为乾封元年，文武百官也各按等级分别加官晋爵，人人称庆，皆大欢喜。

接着举行盛大宴会，君臣同乐。筵席上欢声笑语，杯盏交错，内侍们穿梭斟酒，宫女们载歌载舞……

连续数月的封禅大典终于结束了，高宗、武后率文武百官和内外命妇又回到了东都洛阳。

大喜大庆之后，武后不敢有稍许懈怠，又开始了宵衣旰食的临朝视事、议政理政的生活。

高宗皇帝却借口身体不适，三天两头不肯上朝，每天躲在后宫里，与魏国夫人宴饮歌舞，调笑厮混。

久别胜过新婚。好几个月不曾见面，这姨父、外甥女两个人聚在了一起，真如烈火干柴一样，恨不得烧成灰，化成粉，彼此完全糅合在一起，融为一体。那个魏国夫人年轻欲盛，一见到高宗皇上便体酥骨软，就像一贴老膏药，几乎要每时每刻都偎贴在高宗皇上的身上。

俗话说得好，年轻美貌的女人，不是个蜜罐子，而是个卤缸子，是刮骨的钢刀，是吸髓的鬼魅。

淫狎无度数月之后，本来就有病的高宗皇上更变得黑干憔悴，愈加病恹恹的了。他双颊塌陷，眼圈发乌，身上明显消瘦，走起路来都有些发飘了。

武后眼看着这一切，心里开始着急，她不能不管了。然而，几次劝诫高宗皇上，高宗皇上却矢口否认他与魏国夫人有染，只说是去泰山封禅累的，休养些日子自然就好了。

她决定直接找魏国夫人，该同她正面谈谈了。

女皇武则天

一日散朝之后，她独自一人向魏国夫人的住处走去。刚走进她位于御花园东北角的那座独立小院，便见她正伫立于几株美人蕉下的大鱼缸前，在饶有兴味地观赏着缸中金鱼，手里拿着一穗紫红色的龙眼荔枝，不时摘一粒，轻轻地填入樱唇之中，优雅地咀嚼着。

听到脚步声，她抬眼一看是武后来了，既不行礼，也不问安，竟恶狠狠地瞪了武后一眼，"呸"的一口把未嚼完的荔枝吐在地上，扭头便走。

这小妮子太轻狂！她莫非忘了这宫中最起码的礼法？莫非忘了她母亲是怎么死的？莫非忘了她这位姨妈是何许人也？

不，她没有忘，她认定了这是她的杀母仇人，是她不共戴天的死敌。初生牛犊不怕虎，深深的仇恨更使她忘了恐惧。后宫的每一个人都怕你，满朝文武都怕你，连皇上也怕你，我贺兰敏若却不怕你。我要看看你到底是豺狼还是猛虎，莫非你能生吞了我？

她所以要千方百计地向皇上献媚取宠，除了对这个拥有最高权力男人的痴情和依赖之外，就是要用自己的年轻和美色，逐渐俘获皇上的心，最终战胜她这位魔鬼似的姨妈，最好是能够废掉她，杀死她，为自己的母亲报仇。

她认为这并不是太难达到的目标，世上无难事，只怕有心人。

武后没料到这个小妮子会如此狂妄无礼，一团怒火从心头陡然升起。在这座皇宫里，不管是男是女，是老是少，是辈分高的还是辈分低的，哪个见了自己不是毕恭毕敬，甚至是战战兢兢？谁敢如此骄横，如此倨傲？

"贺兰敏若，你给我站住！"

魏国夫人站住了，却倔强地挺立在那里，不肯稍稍屈膝。

"皇后大驾光临，我不嫔不妃，并无名分，恕不大礼迎拜。"

"你不是妃嫔，可是我的外甥女，亦应执晚辈之礼，焉可如此拿大？"

"外甥女？世上哪有这样的姨妈？眼看着自己的外甥不明不白，不上不下，寂寞空帏，老死宫中。"

"六宫妃嫔女官，都有定数，不是说增就能增的。这事我不是没想过，你总得等一个机会。好了，今天先不说这事，我找你还有大事要说。"

"什么事？"魏国夫人警戒地看了武后一眼，冷冷地问道。

"这些日子，皇上常在你这里过夜，是吗？"

"是又怎么样？他愿意来，我也愿意陪他。"

"皇上身体不好，有多年宿疾，你不知道吗？"

"皇上有病，更需要有人陪着。美人在怀，心旷神怡，这是最好的灵丹妙药，百病皆可不治而愈。"

"净是胡说。男欢女爱，岂可无度？日日调欢，夜夜纵欲，就是金刚之体，也会渐被淘虚，以致髓干血枯。没看见皇上日渐消瘦，满脸病容。你也不小了，该懂事了。若是真爱皇上，该劝他节欲保重才是。"

"哟，皇后大概是吃醋了吧？"魏国夫人突然放声大笑起来，笑罢又说道："这么一大把年纪了，还吃的哪门子醋？实话告诉你，皇上说了，你已经人老珠黄，没有半点魅力了。他不稀罕你，再也不想跟你睡觉了。跟你睡在一个床上，就如同芒刺在背。跟你办那件事，就像吃一根老皮条，味同嚼蜡。"

魏国夫人恶毒地发泄着，哪句解恨，哪句能刺伤对方，便拣哪句说，全然不顾后果。末了，又恶狠狠地说道："你就卡着吧，我也不指望从你手里得到妃嫔的名分了。我要等着，等上十年二十年，看看谁熬得过谁？看看是谁最后笑？"

武后勃然大怒，她只觉得心头冒火，胸腔憋胀得就要爆炸。但她拼命地抑制住了自己，现在她不想发作。因为这小妮子最后的几句话，像一道电闪在她脑海里倏然闪过，让她心中发怵，不寒而栗。

没错，她说得没错，与她相比，自己是老了。世上的男人都喜欢年轻女人，何况是皇上这样一个多情种子！十年以后，二十年以后，说不定后宫就是这个妮子的天下。她现在就对自己如此刻骨仇恨，若是一旦她说了算，会对自己下什么样的毒手呢？自己的下场将比王皇后、萧淑妃更惨。自己太马虎了，居然忽略了这条埋在眼前的祸根。惨淡经营一生，创下丰功伟业，就要垂芳建绩于千秋万代，却可能将在垂垂老年之时，功亏一篑，一败涂地。如此前景，简直不堪设想……

不，我武媚不是王皇后、萧淑妃那样的庸才、蠢材，决不会败在任何人的手下。你这个乳牙未褪的臭妮子，要跟你姨妈斗法，还太嫩了点。

她静静地看着魏国夫人，脸上渐渐地漫上一层笑意，说道："你这孩子，今天怎么像吃了火药？净说些赌气的话。既然今天气儿不顺，咱娘俩就先不说了，以后慢慢再聊。立你为妃嫔之事，等我与皇上商议商议，看能不能有什么法子。"

说完，冲魏国夫人一笑，转身走了。

魏国夫人万没料到她这位皇后姨妈会如此大度，也不知她说的是真是假？她是怕自己了呢？还是大人不计小人过？

次日凌晨，武后早早醒来，梳洗已毕，还不到上朝的时候，她对还躺在

女皇武则天

床上睡懒觉的高宗皇上说道："你与敏若的事儿，我早都知道了，以后也不用藏着掖着了。我看这孩子倒也温柔体贴，知冷知热，有她侍候你我也放心。只是要光明正大地在一起，也该考虑给她个名分。一品二品不行，三品四品总是可以的。你先想想如何册立，回头找个机会，与宰臣们商量商量，我们就抓紧办了。"说完，便由武壮陪着，上朝去了。

这一席话，把高宗皇上弄了个满头雾水。他愣怔了多时，也弄不明白武后为什么突然变得这样通情达理。但不管怎么说，这总是件天大的好事。从此以后，自己再也不用夜夜做贼了，对那个小美人儿，也总算有了个交代。

他赶紧起床，洗漱用膳，然后便兴高采烈地去向魏国夫人报喜。

魏国夫人听了这个消息，自然欣喜若狂。她认为，是自己昨天一场激烈的抱怨，终于使姨妈良心发现，回心转意。或者是自己一向错怪了姨妈，她太忙，真正是日理万机，过去，这样的小事她也许无暇顾及。她甚至有些后悔了，不该对姨妈怨恨太深，更不该对姨妈那么恶言恶语。

从这天以后，魏国夫人对武后的态度发生了一百八十度的大转变。她开始主动地接近武后，姨妈长姨妈短地叫个不停，娘俩儿又恢复了开始时那种亲亲热热、无话不拉的关系。

在未立妃嫔之前，经武后提议，先给魏国夫人增加了俸银和膳食标准，并拨给她四名侍女，其中一名是跟随武后多年的贴身侍女蕙娘。

五月端午这天，恰是武后的母亲杨老太太的生日。

早在韩国夫人死后不久，杨老太太和她的外甥贺兰敏之就搬到洛阳来起居了，并且由代国夫人改封为荣国夫人。身为"国母"之母，一品诰命夫人，这老太太现在是府邸豪华，仆从如云，真正的荣耀无比了。

为了给母亲庆寿，早在一个多月以前，武后便开始张罗，准备了许多精美的礼品，并劝说高宗也去贺寿，让老太太好好地高兴高兴。

高宗皇上自然非常愿意。且不说她是开国元勋的遗孀、皇后的母亲，就冲着她的两个女儿一个外孙女，都曾同自己同衾共枕这一点，也是该去的。因此，当武后跟他一说，他马上点头同意，并说一定要把这寿诞办得红红火火，热热闹闹。

消息传开以后，文武百官都开始打点礼品，准备贺仪贺仗。从头十天开始，荣国夫人的府邸门前，就已经车马盈门，贺客如蚁。

整个洛阳城里，最高兴最忙活的，大概要数武后的两位堂兄弟武怀运、武惟良了。他们是武士彟大哥的儿子，现在一个任始州刺史，一个任瀛州刺史。

数十年以前，武士彟去世以后，他的前妻相里氏所生的两个儿子武元庆、武元爽，对继母杨氏和她几个未成年的小女儿，极尽欺负侮辱之能事。而作为堂兄弟的武惟良、武怀运，更是助纣为虐，对孤儿寡母们每日里白眼相加，恶言相向，必欲逐出家门而后快。

只有十几岁的武后，幼小的心灵受到了极大的伤害。正是在那个时候，她最早知道了人情的冷暖，人心的险恶。而杨氏对这两个前妻的儿子和两个侄子，更是衔恨在心，耿耿于怀。

后来，武后如愿以偿地登上了皇后的宝座，成了权倾朝野、中外瞩目的大人物。她没有婆婆妈妈地去算旧账、计前嫌。过去的就让它过去算了，与人生的许多大事相比，那些小小的龃龉毕竟是鸡毛蒜皮。为了已经故去的父亲，为了武家光耀门楣，她决定以德报怨。

不久，元庆升任宗正少卿，元爽升为少府少监，惟良升任司卫少卿，怀运升为淄州刺史。一人得道，鸡犬升天，弟兄们皆因有了武后这样一个妹妹而平步青云。

荣国夫人杨氏为了显示自己不念旧仇的豁达大度，特意在府里设下盛宴，热情地款待这兄弟四人。

席间气氛本来十分热烈，兄弟们加官晋爵，自然喜气洋洋。一家人重归于好，更是喜上加喜。他们纷纷举杯，既向继母或婶娘敬酒，也互相道喜。

杨氏本该为儿辈们的升迁之喜举杯祝贺，那样这场宴会也许会圆圆满满。但她没有这么做，看着这哥儿几个兴高采烈、趾高气扬的样子，她突然想起了当年自己孤儿寡母寄人篱下的凄惶和羞辱，不觉怫然。她独个儿抿了一口酒，看看弟兄几人说道："你们还想着当年的事吗？今天的荣华富贵可知道是怎么来的？如今官也大了，位也显了，心里是怎么想的呢？"

毕竟是妇道人家，偏偏在这个时候陈芝麻、烂谷子地提起了这些不愉快的往事，而且连续发问，让人有些喘不过气来。

弟兄几个当然听出了她话中的意思，过去你们对我母女那么刻薄，今天却沾了我女儿的光，升了官发了财，你们应该为过去的所作所为感到羞愧才是。

谁知这兄弟几个也是些二百五、半吊子，到现在仍没把这个糟老婆子放在眼里，既不领情，也不买账，一个个面显怒色。

宴席上沉默了多时，武惟良突然开口："我们兄弟都是功臣子弟，本应该登官籍。只想以自己的能力和才干，步步擢升。没想到因皇后的缘故，曲荷天恩，一朝显贵。对此，我们只感到夙夜忧惧，并不以为荣。"

杨氏本以为这兄弟几个会说些感恩戴德的话，或者对过去的行为表示道歉，以弥合旧日缝隙，没想到反而被他们抢白了一顿。看来，他们是要与我们母女为敌到底了。好吧，那就等着瞧吧。

话不投机，宴会不欢而散。

当天夜里，杨老太太便怒冲冲地进了皇宫。

一见到武后，便余怒未息地嚷道："都是一群白眼狼，喂不熟的白眼狼。"

"谁？你是在说谁？"

"还有谁？你那几个没良心的哥哥。过去往死里逼咱们母女。你还尽向着他们，为他们争官争位，他们可是到现在还把咱们视为仇人。"

接着，她便把宴会上的事添油加醋说了一遍，特别告诉武后，哥几个根本瞧不起她这个当皇后的，认为受她荫庇加官晋爵是莫大的耻辱。

武后被激怒了，既然你们有本事，不需要"曲荷天恩"，不需要遮阴，那就滚吧。

第二天，她立即给高宗皇上写了奏疏，说是武惟良兄弟皆是外戚，不宜在朝中执掌权柄，以防外戚势大，干扰朝政，请求将他们出为远州刺史。

高宗皇上对皇后不重用亲属，有意抑制外戚势力的大公无私之举，深为感动，当即准奏。

于是，惟良贬为始州刺史，元庆贬为龙州刺史，元爽贬为豪州刺史，怀运则从淄州刺史降为瀛州刺史。

元庆赴龙州之后，心情抑郁，不久病死。元爽赴任不久，又坐罪流放振州而死。

兄弟四人只剩下了惟良、怀运二人。这几年，他们各自在远州任所上，忐忑度日。他们深深地后悔了，后悔当年不该对婶母、妹妹她们欺小凌弱，更后悔在婶母设宴招待的时候，不该意气用事，出言不逊。倘若当时向婶母说几句赔礼道歉的话，说不定兄弟四人现在都是朝廷中的栋梁之臣了。

几个月以前，皇上举行泰山封禅。惟良、怀运以地方官员的身份会集于泰山。封禅结束以后，弟兄俩儿商量，要跟随圣驾一起回洛阳，去看望他们的婶母荣国夫人，向婶母赔礼道歉，负荆请罪。

他们总算弄明白了，当今天下，要想官运亨通，就必须千方百计地结好武后。若是继续与她们母女为敌，不光难以荣华富贵，弄不好还会死无葬身之地。

这下好了，婶母要过生日，皇上皇后都去。自己作为她的亲侄子，当然该去贺寿。这可既是巴结婶母，也是巴结皇后和皇上的绝好机会。

这十几天里，兄弟二人忙得脚不沾地。把平生积蓄的黄金全都凑起来，铸了一尊半尺多高的老寿星。又专门请人写了寿联，绣了贺幛。

这天下午，二人正在忙活着，有人前来拜访。

来者三十多岁，长衫襆巾，普通士子打扮，却十分陌生。

"先生贵姓，找我们有何见教？"

"不用问我姓什么，二位可是姓武？"来人一开口，尖声尖气，操着一副娘娘腔。

听这人来头不小，二人不敢怠慢，忙答道："我是武惟良，这是我弟弟武怀运。"

"噢，正是找你们。我是宫里的，皇后娘娘让我捎个话来，五月端午那天，是荣国夫人寿诞，让你们兄弟二人前去侍席。说是皇上那天也要去祝寿。"

"是是是"，二人忙不迭地答道："我们兄弟谨遵懿旨，到那天一早便过去，请皇后娘娘放心，寿礼贺仪我们都准备好了。"说着，领来人走进内间，夸耀地展示着他们准备的那些琳琅满目的礼品。

看着那尊璀璨夺目的金佛，来人也不仅吃了一惊，说道："作为当侄子的，二位孝心可嘉，孝心可嘉。"

他看着兄弟二人，神秘地一笑："不过，据在下看来，这里面好像还缺了点什么？"

"有不周之处，还请公公指教。"

"你们就没想到送皇上点什么？"

"这……"兄弟二人顿时惶恐起来，只顾忙活寿礼了，还真忽略了这一层，真是该死。不过，这送给皇上、皇后的礼物该用什么呢？就是送座金山，他们也未必稀罕。

来人似乎看透了他们的心思，笑吟吟地说道："二位不必着急。给皇上可不能送金银珠宝，那就太俗气了，该送点他特别喜欢的东西，表表心意而已。"

"还得请教公公，不知皇上平时都喜欢什么？"

"据在下所知，你们始州所产的娃娃鱼，一年也就是捕捞个三五百斤。弄他两三条，请洛阳城里的名厨烹蒸，到那天献上，皇上一准高兴。"说完向二人告辞，头也不回地往外便走。

惟良、怀运跟在后面千恩万谢，直把来人送出大门。回到屋里，二人还十分感慨。皇后毕竟度量大，不仅不跟自己计较，关键时候还专门关照一下，还不都是为了我们兄弟的前程？到底是骨血亲情，一笔写不出两个"武"字。

第十四章　运筹帷幄　用人不疑

五月端午这天，洛阳城里显得十分热闹。家家户户大门两旁插上了艾草，家里点起了艾香。人们吃米粽，饮雄黄酒，妇女和孩子们都穿上了崭新的节日盛装，一大早便向穿越市郊的洛河赶去。

洛河里，千帆云集，龙舟竞渡，两岸上更是彩旗如海，人流如潮，锣鼓声、喝彩声、呐喊助威声，雷鸣山响，直冲云霄。

这个当年由楚国百姓纪念屈原而自发举行的活动，延续上千年，从江南渐渐传入中原。如今已变成了一个盛大的民间传统节日。

不仅民间如此，皇宫里也是这样。各个宫殿的门首都插了艾草，室内燃起了艾香。太监宫女们一大早便忙活起来，准备着参加御河里那场热闹非凡的龙舟赛事。

高宗皇上和武后是不能参加了，他们有更重要的事要做。

巳时头刻，在一片吹吹打打的凤鸣鸾唱般的仙乐声中，銮舆起驾。

皇上和皇后自然要坐龙凤大轿。同去贺寿的至亲当中，还有一个魏国夫人，姥姥过生日，她自然非去不可。按宫中规矩，像魏国夫人这样的身份，出入宫廷只能坐一乘绿呢小轿。

武后怕寒碜了她，小孩子家争强好胜，怎要面子。同是荣国夫人的至亲骨肉，一个坐龙凤大轿，一个却乘绿呢小轿，那样不是太跌分子了吗？因此，武后坚持让魏国夫人一同坐在龙凤大轿上。高宗皇上坐在中间，姨、甥二人一面一个，一路上亲亲热热，不停地谈着家长里短。

仪从簇拥、甲仗鲜明的皇家贺寿队伍，不消半个时辰，便浩浩荡荡地来到了荣国夫人的府邸门前。

贺兰敏之、武惟良、武怀运，带领着阖府上下的仆从侍女，早已迎候在大门之外。见御轿落地，皇上、皇后和魏国夫人走下轿舆，众人一齐呼啦啦地跪倒在地，口中高呼："皇上万岁，万万岁！"

荣国夫人皓发如雪，却面色红润，容光焕发，此时已迎至中厅门外。见皇上与女儿、外孙女缓步走来，在两个侍女搀扶下，颤巍巍地跪倒在预先铺好的一块大红毛毡上，口里说着："老朽恭迎皇上、皇后大驾……"

武后、魏国夫人急忙侧身避向一边，高宗皇上则快步走上前去，双手将杨氏扶起来，笑着说道："今日是老夫人寿诞，老寿星焉能行此大礼？"

众人说说笑笑走进客厅，分宾主落座。侍女献上香茶，高宗皇上一面品茶，一面同荣国夫人寒暄着，从饮食起居，到府上各种情况，逐一详细询问。杨老太太毕竟是见过大世面的人，在皇上面前并不拘束，一一作答，还不时地称颂皇上圣明，对武家的关心呵护无微不至。

寒暄过后，见贺兰敏若侍立于皇上身旁，愈发出落得如出水芙蓉，带露海棠一般娇艳可爱。忙招呼着把外孙女儿叫到身边，一把搂在怀里，"乖乖肉、心肝宝贝"地唤个不停。

"你这小蹄子，一进宫就像鱼儿进了大海，再也不见影儿了，也不知道回家来看看姥姥，莫不是要把姥姥想死？"说着，眼圈儿便有些发红。自从韩国夫人死了以后，荣国夫人更把这两个外孙当成了心尖子。

"你看你，她这不是回来看你了吗？今天大喜的日子，大家都要高高兴兴才是。"武后在一旁笑着打圆场。

"姥姥，你老也不能光怨外孙女。你在家又没有多少事，光像个老母鸡似的护着你那个外孙子，就不能到宫里去住几天？"魏国夫人双手搂着杨老太太的脖子，撒娇地说着。

这样说笑着，不觉到了用午膳的时间。

在侍女的导引下，众人一齐来到了东间的餐厅。这里已摆好了一张八仙桌，上面错落有致地摆放着各种精美的馔肴，酒壶、酒盅、匙子、筷子皆是新置办的银器，井然有序地放置着。

杨老太太是今天的老寿星，自然要坐首席，她与皇上居北而坐。武后靠着母亲，坐在东面。魏国夫人靠着皇上，坐在西面。武惟良、武怀运、贺兰敏之三人坐于下首。

正要开席，随侍魏国夫人的宫女蕙娘端着一个金盘冉冉而入，盘中热气腾腾，一股奇异的香味立时在厅内氤氲弥散。

武惟良忙站起来，将金盘接在手中轻轻地放在桌子中央，讨好地对高宗皇上说道："这是我们始州特产的娃娃鱼，也是地道的始州做法。今日能与皇上同席，臣等三生有幸，感激涕零，献上一道小菜，略表寸心而已。请皇上、皇后和婶娘品尝。"

"好，好，难得爱卿兄弟们一片赤诚。来来来，大家都尝尝，"高宗皇上听说是原汁原味的始州娃娃鱼，十分高兴地说道。

皇上在宫外用膳，照例要有内侍先尝尝，以防有人暗中做手脚。但这是在皇后的娘家，像在宫中一样，高宗皇上便没太在意。

武后连忙向魏国夫人使眼色。魏国夫人心领神会，现在在座的，顶数自己与皇上最亲近，该是自己献忠心的时候了。姨妈示意自己替皇上尝菜，大该是为了让自己与皇上显得更亲密一些，下一步册立妃嫔她更好说话。

"皇上，您先别动箸。让臣妾先尝尝，虽说是在姥姥家，宫中的规矩不能废。"

"那就让她先尝一口"，皇上看看站在一旁的蕙娘说道。

"不用，不用，臣妾打小还没吃过娃娃鱼呢。"说着，魏国夫人举起筷子，在鱼尾部夹了一块鲜嫩的鱼肉，放在小嘴里仔细地咀嚼着，品尝着，一边下咽，一边赞道："真鲜那，好吃，好吃……"

话还没说完，却突然变了脸色，"哎哟"一声惨叫，捂着肚子蹲在地上，随后便满地打滚，四肢抽搐，一声声凄厉地呼喊着："皇上救我，皇上救我……"

由于事情发生得太突然，满屋的人都惊恐万状，不知所措。武后猛地冲了过去，一把将魏国夫人抱在怀里，焦灼万分地问道："敏若！敏若！你怎么了？怎么了？"

皇上、杨老太太和其他人都围了过来，却不知怎么办是好。

"我……你……"魏国夫人吃力地喃喃着，语言却已经模糊不清。她两眼死死地盯着武后，放射出一种惊恐、疑惧、哀怨和仇恨的火焰，这火焰只闪了一瞬间，像蜡尽油干的微弱的烛火，跳动了几下，便倏然熄灭。嘴角立时涌出一大股黑血，两腿伸了伸，再也不动了。

"啊？是中毒，敏若是被毒死的。来人！"武后突然厉声喊道。

在院外警戒的武士们冲了进来。

"快，把武惟良，武怀运抓起来，一定是这两个孽畜投的毒。他们对贬放远州一直怀恨在心，对我们母女也一直有刻骨之仇，今日这毒是冲着我来的，冲着皇上来的。"

"冤枉啊，微臣天大的冤枉！皇上明鉴，微臣就是吃了熊心豹子胆，也不敢在鱼中放毒，冤枉啊……"

高宗皇上见心爱的美人儿突然死去，早已是泪流满腮，心痛欲碎，完全乱了方寸。听武后这么一说，觉得颇有道理，暴雷般怒喝一声："捆起来，打入死牢。"

武惟良、武怀运像麻花粽子一般，被五花大绑地捆了个结结实实，几个彪形大汉连拖带拉地推了出去，两人口里还连声大呼着冤枉……

武后却仍然抱着身体已经慢慢变凉僵硬的魏国夫人，突然号啕大哭起来："可怜的孩子，你好命苦啊，你这是替姨妈死的，替皇上死的啊，姨妈对不起你……"直哭得涕泪俱下，浑身颤抖。

高宗皇上、杨老夫人、贺兰敏之和屋内侍席的宫女太监，也都跟着放声大哭起来。

喜事变成了丧事，人们再也顾不得为荣国夫人祝寿。匆匆地为魏国夫人敛尸装棺。高宗皇上坚持要把她拉回宫去，为她守灵，做法事，祈冥福。

第一夜，由皇上和贺兰敏之为魏国夫人守灵。

高宗皇上看看魏国夫人苍白的面孔，发青的双唇，想起她这几年与自己相亲相爱、如鱼得水的种种恩情，心中一阵阵如刀绞一般，热泪一串串地流了出来，擦了再流，流了再擦……自己为她担了多少心，受了多少惊吓。就像小心翼翼地保护一个玻璃人似的，唯恐有人把她摔坏了，撞碎了。可是到头来，到底还是没有躲过这场横祸，而且死得是这样惨不忍睹。

这毒究竟是谁下的？真的是武氏兄弟下的吗？长夜漫漫，高宗皇上开始细细地撕掳着一个个疑团。

武氏兄弟借婶娘祝寿的日子，送重礼，套近乎，想解开以前的疙瘩，并借此机会，巴结自己和皇后，也好有个晋身之阶。他们既然送鱼以献忠心，又如何能在鱼中放毒，这不是太露骨，太傻气了吗？

那么，还有谁可能投毒呢？鱼是蕙娘端上去的，蕙娘是皇后送去侍候魏国夫人的……

莫非是皇后？高宗皇上猛地哆嗦了一下，从心底的深处升起了一股凉气，直令他浑身发冷，牙齿抖得"得得"直响。

不错，太有可能是她了。对于自己与魏国夫人相亲相爱，她一直都心中不满。虽说近些日子态度好多了，还主动提出要将魏国夫人立为妃嫔。可是这变化太突然，热情得太过分。这个女人城府极深，谁知道她是良心发现，还是在演戏？

高宗皇上突然又想起了韩国夫人死时的惨状，双睛暴突，舌头伸出……莫非，这母女二人是死于一人之手？韩国夫人死时，武后只冷冷地说了一句话："她该死！"而今天魏国夫人暴死，她却是痛哭流涕，悲伤欲绝。可是，有谁能够担保，这不是猫哭老鼠呢？

　　高宗皇上不敢再想下去了。他抬头看看贺兰敏之，只见他像个木雕似的蹲在那里，只是低头抽泣。自从进了这个灵棚，他就没说一句话，他的母亲死了，妹妹又死了，都死得古里古怪，不明不白。也许，他也正在怀疑着那个真正的凶手。

　　但他却不敢同皇上说话，唯恐一言不慎，又引起祸事。这是无头案，死无对证，而且以武后的手段，你也永远休想找到一丁半点儿的证据。不管谁是凶手，这个屎盆子只能让武惟良、武怀运兄弟来顶了。

　　这几年，高宗皇上终于弄明白了武后母女与武家兄弟的恩恩怨怨。他模模糊糊地感觉到，武后这是在借刀杀人。不，不仅仅是借刀杀人，这是"一石三鸟"。既干掉了她在宫内的情敌，又除去了两个昔日的仇人。如此老谋深算、凶狠歹毒，也只有这个女人能够想得出来。

　　人死不能复生，事已至此，再追查也无济于事，况且对这个武后，自己也实在惹不起。他又想起了寿张县那个百岁老人张公艺为他书写的一百个"忍"字。忍了吧，只能忍了，往后怕是要长期地忍下去。"忍"便是福，"忍"便是寿，"忍"便是人生的一道永远也做不完的课题。

　　守灵三天之后，在武后的提议下，魏国夫人贺兰敏若以贵妃的身份和仪制隆重下葬。生卑死荣，总算比她的母亲风光得多，尽管这对于死者已经毫无意义了。

　　又过了几天，高宗皇上降旨，将武惟良、武怀运押赴刑场斩首，作为对魏国夫人的血祭。这两个冤大头，未经任何推谳，便稀里糊涂地当了别人的替死鬼。当然，他俩心里明白，自己究竟是上了谁的当。他们本想在押赴刑场之时，破口大骂，揭露这个弥天大谎。可是他们没有想到，刚出狱门，每人的嘴里便被塞上了一个大木丸。跪在断头台上"呜呜啊啊"地闷哼了一气，随着监斩官一声令下，只见鬼头大刀的白光一闪，两个脑袋几乎是同时滚落尘埃。在落地的一刹那，武惟良那颗头颅上的眼睛好像还眨了眨，似是无奈的苦笑，又像是一种自我嘲弄的笑。

　　高宗皇上的风眩病又犯了，是因为他爱如掌上明珠，视作心肝宝贝的魏国夫人突然中毒身死，使他陷入极度的痛苦所致，还是其他原因，谁也说不清楚。反正这次病得很重，一时未能治愈，他只好下诏让太子李弘监国。

　　李弘这年只有十六岁，还是个不懂世事的大孩子，并无能力处置军国大事。

那就只有武后一人独担朝纲了。

就在这个时候，从辽东传来了一则令人振奋的消息。高丽的执政大臣（此时的高丽王高藏只是一个傀儡）盖苏文病死，他的三个儿子为争夺执政大权而发生了严重的内讧。

盖苏文的位子本应由他的长子泉男生继任。泉男生继位不久，外出巡查海疆，命他的二弟泉男建、三弟泉男产留守都城平壤。

不料泉男建对执政大权早生觊觎之心，见有机可乘便趁机发动兵变，占据了都城，并发兵截击正欲返回平壤的泉男生。

泉男生无奈，只好率领少数人马逃至国内城（今吉林集安），并派他的儿子泉献诚入唐求救。与此同时，盖苏文的弟弟渊净土也受到泉南建的排挤，率将士三千五百多人，献十二城之地投降了新罗国。

高丽国已经分崩离析，这是覆亡其国、永绝后患的天赐良机。

武后立即召开御前最高军事会议。

"我大唐对高丽用兵，从显庆五年起，至今已经七年多了。虽然收复了百济，又在战场上取得了许多次重大胜利，但是始终未能达到最终征服高丽的目的。战事旷日持久，师老兵疲，国力民力皆损耗不少。如今天赐良机，高丽国内大乱，人心浮动，消灭高丽，此其时也，诸位将军以为如何？"武后双眼炯炯放光，环视着面前的众将领们，慨然问道。

德高望重的老将军，司空英国公李勣应声说道："太后所言极是。乘彼内讧，兄弟阋墙，天兵一到，定可扫穴犁庭，一鼓荡平，以收数朝未曾成就之大功。"

看着这位年近八十岁的老将军，须发皆白，却依旧雄心不减，豪气干云，武后顿感十分欣慰，以尊敬的口吻说道："英国公宝刀不老，雄风犹存，甚为可嘉。不过，这高丽也是近千年的东夷强国，隋炀帝一朝，曾四次征伐高丽，皆以失败告终。太宗皇上对高丽御驾亲征时，发国内精兵强将，苦战半年有余。以先帝之英武天纵，能征善战，居然也未曾奏功。老将军为何笃定此次出兵，就一定能够大获全胜，收数朝未收之功？"

李勣正色答道："战争的胜负，历来取决于人心的向背。隋炀帝终其一生穷兵黩武，东征高丽时，国内民怨沸腾，财力罄竭。因此，他不是被高丽人打败的，而是被他自己打败的，被国内的百姓打败的。而先帝东征高丽之时，正值高丽上下同心，朝野合力，全国民众同仇敌忾。再加上我军在几次关键性的战役中，战略指挥失当，从而贻误战机，导致最后兵败撤军。而现在却与当年大不一样，所谓世移时异。高丽朝中文武不和，君臣不谋，兄弟之间争权夺势，自相残杀。已经四分五裂，大势倾危，泉南生主动前来求救，其心向唐。渊净土不堪歧视，已献城投降新罗。其国内黎庶，更是痛恨战争，渴盼和平，望唐军收复，如大旱之望云霓。当此之时，举正义之师，乘虚而入，必能摧枯拉朽，平定高丽。"

李勣的分析，正与武后的想法不谋而合。

"那么，老将军以为，此次东征，谁堪为帅？"

"老朽虽已年近八旬，却仍弓马娴熟，体健神旺。皇后若信得过老朽，我愿领此帅印。少则一年，多则两年，定可扫平高丽，献俘阙下。"

"好，英国公不愧开国元勋，大唐干城。"武后本意便欲以李勣为帅，但觉得他年事已高，不好意思直接开口。今见他主动请缨，自然十分高兴。当即又问道："国公认为谁堪为将？"

"薛仁贵神勇无双，高侃胸存谋略，庞同善治军严明，契苾何力刚毅果决，临机善断，此数人皆可各率一军，同往东征。"

武后频频颔首，最后说道："各军将领皆由司空大人自己选择。还是那句老话，'将在外，君命有所不受'。战场之上，一切事宜均由李大人自行决断，朝廷决不掣肘。"

乾封二年一月，李勣任辽东道行军大总管兼安抚大使，与薛仁贵等将领，率大军渡过辽水，直扑高丽新城（今辽宁抚顺）。

同时，大唐朝廷诏命新罗国从南面出击，协同唐军作战。并授予前来求救的泉南生的儿子泉献诚右武卫将军之职，令其做大军向导。又降诏封泉南生为辽东都督，兼平壤道安抚大使。

进入高丽境内之后，唐军兵分两路。李勣自引大军将新城团团包围。命薛仁贵引一军进军金山（今辽宁昌图）。

围攻新城的唐军，里三层外三层，密密麻麻，如蚁拥蜂钻一般。李勣亲往察看地形，见城外群山环绕，皆居城池不远。便精选出数千名神箭手，配以强弓大弩，分散于城外山头之上。一声令下，万箭齐发，如急雨飞蝗一般向城垛射去。城墙上的守军被压得抬不起头来，作为城池守御的主要工具，滚木、擂石皆失去了效力。

城下的唐军乘机鼓噪呐喊，一拥而上。成千上万的云梯排满了城墙。将士们奋不顾身，攀梯上爬。庞大的楼车运至城下，像泼雨一般向城内抛掷着大大小小的石块。数十名兵丁抱着一根粗大的撞杆，喊着号子一次次猛撞城门，"轰隆隆"的撞击声如沉雷滚动，惊天动地。

新城已经摇摇欲坠，如狂风暴雨中的一座椽烂柱朽的危楼。

高丽守将见大势已去，城破在即，为求活命，只好在城头上打起白旗，开门请降。

唐军浩浩荡荡开进城去，李勣命人到处张贴安民告示，令城中居民各安其业。唐军不得对居民骚扰抢掠，确保秋毫无犯，违令者立斩不赦。新城市区内的秩序很快便恢复了正常。

第二天，从金山方面传来消息。薛仁贵采取引蛇出洞，分割包围，各个吃掉的战术，大破高丽军，斩首一万余，全歼金山守军。

于是，唐军合兵一处，以迅雷不及掩耳之势，攻城略地，数月之内，即连拔四十余城。

扶余城三面环山，一面临水，城池坚固，形势险要，是横亘于唐军前进路上的一座顽固堡垒。

李勣命契苾何力与薛仁贵合力攻城。

是夜阴霾四起，星月无光，天地间漆黑一片，真正是伸手不见五指。由泉献诚引路，契苾何力率领数万主力，趁夜色悄悄隐蔽于城南不远的山林之中。

第二天一早，薛仁贵只带五百名士卒至城下搦战。薛仁贵勇冠三军的大名，高丽人早已风闻，但守将高登欺他人少，又听他破口大骂，显得十分骄横狂傲，便对部下说道："骄兵必败！薛仁贵的死期到了。"命人悄悄打开城门，倾全城兵力，潮水般地涌了出来，将薛仁贵及五百唐军围了个水泄不通。

高登的本意是要以绝对优势的兵力，活捉或斩杀大唐的一代名将薛仁贵，以重挫唐军气焰，扼其进军锐势。想法原本不错，可惜机失一着。当他们刚刚把薛仁贵围住，却忽听得山崩地裂一声炮响，密林中的唐军突然杀出，从四面八方漫卷而来，铁桶似的将高丽守军围困起来。

一万多名守军被夹成了馅饼，登时惊惶失措。契苾何力率领大军奋力向内冲，薛仁贵率五百勇士拼命往外突杀，内外夹击，遥相呼应。大刀长矛金戈利剑，逢人便砍，遇马则挑。

霎时间，战场上尸横遍野，血流成河。残肢断臂，横陈四野，破腹开膛的死尸，触目皆是。被大刀利剑砍落的人头，在翻飞奔腾的马蹄间滚来滚去，伤兵的哀号声、战马的嘶鸣声、拼杀的呐喊声、刀枪相遇的金属撞击声，汇成了一股惊心动魄的巨浪，直冲云霄……

大战一个多时辰，扶余城守军或死或伤或逃或降，顷刻间土崩瓦解。

拔掉扶余城，便扫平了进军之路上的最大障碍。唐军开始长驱直入，很快便兵逼平壤城下。

平壤毕竟是高丽的首府，城高池深，兵多将广。泉男建固守城池，不肯出战。将士们日夜巡逻，轮番守城。他要与唐军打持久战，将唐军拖疲、拖垮，直拖到粮尽草绝，大雪隆冬到来，那时再与之决战。

作为一名久经沙场的宿将，李勣当然懂得出师远伐，利在速决，最忌旷日持久的疲劳战法。况且，泉男建这一套，仍然是唐太宗东征时，盖苏文所用战法的故伎重演。决不能重蹈昔日覆辙，必须开拓出一条新路，尽快地拿下平壤。

但是，围城之战已进行了三个多月，将士们发起了数百次惨烈的攻城，强攻硬拼、诱敌出战、穴地灌水，各种办法都用尽了，平壤城却仍然坚如磐石。

将士们都红了眼，要组成无数的敢死队，一队接一队，一刻不停地日夜攻城。就是用尸体堆垛，也要堆起一个城墙，然后踏着尸墙冲进去。

这是一种拼命的打法，李勣自然不屑考虑。这位老将军位高权重，足智多谋，一生征战几十年，还从没有失算过。他在唐军中有绝对权威，他的话如同圣旨。没有他点头，大将们谁也不敢轻举妄动。

一天夜里，李勣将薛仁贵等将领们召至中军帐中。待众人坐定之后，李勣说道："如今已是九月天气，平壤如不赶紧攻下，十一月便可能降雪。到那时天寒地冻，粮草匮乏，将士们又无棉衣御寒，后果不堪设想。这些日子我思虑再三，欲破平壤，还是以攻心为上。平壤城内的百姓们，绝不会同泉男建同心守城。就连高丽王高藏，多年来被盖苏文父子所挟持，也与他们离心离德，同床异梦。我们必须利用这些矛盾，从内部攻破。只是需要有一胆大心细之人，冒险进城。"接着，他把自己的具体想法与众人说了，大家皆认为此计可行。

大将高侃立即说道："未将不才，愿化装进城。"李勣说道："高将军在行前要深思熟虑，仔仔细细预测每一点风险，确保万无一失。因为此行成败，不仅关系到将军的性命，而且直接关系到这次东征的服负。干系之重，重如泰山。"

第二天，李勣下令，围城唐军后撤十里扎寨。并向城内射去信札，告诉市民百姓，大唐军队是救民于水火的正义之师，考虑到城中百姓已粮草匮乏，故暂缓攻城十天，让他们出城准备柴米。

城内守军见唐军果然退去，观察了两三天也没什么异常，城门的守卫便开始松懈，渐有士庶百姓出出进进。

一位道士出现在了平壤城的街头上，当然是高丽国的道士装束。高高的道冠，靛蓝色的道袍，藏青色道靴，童颜鹤发，仙风道骨。

他在城内的各大庙宇、寺观悠闲地转了一遍，最后来到了高藏王的王宫后门。见一位管家模样的中年人走出来，便上前打个稽首说道："这位官爷可是王府内管家？贫道有礼了。"

那人见这道士气度轩昂，似非凡人，忙还礼道："在下不过是宫中跑腿的，不知道长有何见教？"

"贫道云游四海，路经此城。因早年受过高藏王的恩典，见平壤城已危如累卵，特来相救。"

"道长只身一人，城外有数十万唐军，如何救得？"

那道士哑然一笑："我有一计，可抵百万雄师。官爷将它交给高藏王。切记，只能高藏王一人拆看，万勿交于他人。"说着，将一个密封的铜盒交给管家。

那管家慌忙施礼致谢，接过铜盒，转身匆匆地尪进宫去。

道士看着那人的背影，长舒了一口气，轻松地笑了笑，摇摇摆摆地向城外走去。

高藏王接过那个铜盒，心中一片茫然。他并不认识什么道士，更谈不上施过什么恩惠。

他打开铜盒，却是一封书信，一看开头，便惊得倒抽了一口凉气，那上面写道：

"大唐辽东道行军大总管兼按抚大使李勣稽首致书高丽王高藏阁下。"

再看下面的内容，却是告诉他，唐军此来，是为平叛靖乱，罪魁祸首仅泉男建一人而已，其余人等，皆不究罪。如今大军围城，志在必得，覆巢之下，必无完卵。如再痴迷不悟，继续顽抗，将祸不旋踵。如能悬崖勒马，献城来降，大唐朝廷必以礼相待，阁下仍会封王封侯，可保世世代代荣华富贵，云云。

高藏看毕，默然良久。他怕消息走漏，便将李勣的来信在火盆中引燃，看着那明灭闪烁的火光，陷入了深深的思索之中。

几天以后，平壤城里突然传开了一种类似图谶的小册子。上面画着许多图画，画面旁边是用高丽文字写的诠释。大致讲述了高丽国自汉代建国，迄今近九百年的历史中，所发生的大事、要事、灾异、变故等。最后一幅图画画着一位白发苍苍、长须过胸的老人，横刀立马，以手指点着一座古老的城池。旁边写着两行小字：

八旬老翁伐辽东，
九百基业宜寿终。

据说，这种图谶是从一座道观的藏经楼上发现的，至于已经在藏经楼上珍藏了多少年，人们不得而知。

平壤城里顿时人心大乱，谣言纷纷，一传十，十传百，很快便满城风雨。

人们都知道，高丽自建国至今，恰恰是九百年的基业，而大唐征东元帅李勣，又正好是八十岁。这是天意，数十年甚至数百年前就已经有人预言，高丽是注定要亡了。

谣言也传进了王宫，高藏王手捧着那本图谶潸然泪下。九百年的祖业毁在了自己的手上，他不能不痛心疾首。但是为了保命，为了一家数十口和全城的百姓免遭涂炭，他决定献降。

当天夜里，他让盖苏文的三儿子泉男产缒城而下，到唐军营中交涉献降事宜。

第二天黎明，平壤城北门、西门同时大开。高藏王率领臣下出城投降。李勣在军前受降，好言抚慰，以礼盛情款待。

唐军浩浩荡荡入城，泉男建仍欲巷战，进行负隅顽抗，却被部下杀死，提着他的脑袋来投降唐军。

李勣进城之后，传檄高丽全境，其余城镇，再无反抗，皆将土地、人口、什豁、财产登记造册，束手来降。

高丽国遂宣告灭亡。时为总章元年九月。

十月底，李勣率领大军，押解战俘凯旋。洛阳城一片欢腾，市民百姓们万人空巷，倾家而出，美酒佳馔，摆列大街两侧，以慰劳凯旋的壮士们。

武后和高宗皇上并坐于大殿御座上，接受英国公李勣献俘。今天，高宗皇帝是抱病而来。虽说他的风眩病日渐严重，但是像今天这样的空前盛典，他是无论如何也要参加的。

隋炀帝四征高丽，皆大败而归。最后没灭亡高丽，却亡了自己的王朝。

女皇武则天

父皇太宗何等英明，堪称千古一帝。他也曾亲征高丽未果，抱恨终生，直到临死之前，还念念不忘要再征高丽，以洗雪前耻。

没有想到，这个强悍顽劣的高丽国，居然在自己一朝寿终正寝。仅此一件煌煌大功，我这个皇帝也将成为名垂青史的千秋令主。

高宗皇上志得意满，喜形于色，他把功劳很自然地全部记在自己这个当朝天子身上。早就忘了，整个征伐高丽期间，自己一直卧在病床上，甚至连一张前方的战报也没看，一切都是由皇后决断、调度和筹划的。

武后静静地坐在高宗皇上旁边，脸上绽开了舒心的笑容。皇上高兴，她自然也高兴。

战俘们被带了上来，以高藏为首的高丽君臣数十人皆匍匐在丹墀之下。

高宗皇上看看武后，武后向他微微颔首。高宗皇上便按照他们事先商量好的意思，历数高丽国多年来骚扰边境、侵扰唐民、掠夺新罗等诸多罪行。然后当廷颁诏，赦高藏、泉男产及诸臣之罪，授以大唐官爵。

同时将原高丽国分置为九个都督府，四十二州一百个县，并入大唐版图。在平壤设安东都护府，命薛仁贵为检校安东都护，镇守高丽。

李勣功勋卓著，加封太子太师，增食一千一百户。

其余诸将皆论功行赏，人人加官，个个晋爵，皆大欢喜。

对高丽一战，是大唐征战史上最辉煌的一页。但是，在征战过程中，也有一些士兵逃亡。有功者赏，有过者自然要罚。

为严明军纪，高宗皇上发布敕令：凡是在征伐辽东期间逃亡的将士，必须在规定的期限内自首。如逾期不肯自首或自首后又逃亡的，本人斩首，其妻子皆没入官府为奴婢。

太子李弘此时已十八岁，渐渐懂得了一些国家政事。他听说颁布了这道敕令，甚觉不妥。待高宗皇上下朝之后，便径直来后宫对高宗皇上说道："父皇，对辽东之役中逃亡兵士的惩治，儿臣以为太过苛刻。"

这是太子有生以来第一次过问政事，高宗皇上觉得很新鲜，便笑着问道："你说说，如何苛刻法？"

"儿臣听说，这些逃亡者也有诸多原因。有的因为生病掉队，病好后怕受惩罚而逃跑；有的是外出为队伍砍柴，遭到敌人劫掠而逃散；有的是在渡海时，遇到大风恶浪而漂没他乡；还有的是因为深入敌人腹地，为敌人所伤，后来又侥幸活了下来。如此种种，情况较为复杂。如果不论青红皂白，一律照令行事，恐怕株连数量太大，伏请父皇三思。"

"那依我儿之见，该怎么办呢？"

"儿臣认为，对于那些确是在战场上贪生怕死，临阵脱逃者，自应斩首。而对因其他原因离队者，则不应究其罪，有的还应给予抚恤。他们的妻子更是无辜的，不应没入官府为奴婢。罪不当罚而罚之，徒惹民怨，非仁君所为。"

高宗皇上笑了，颇为欣赏地看看儿子，说道："太子忠孝仁厚，此乃国家之福。"

他早就听太子的师傅们说过，自己与武后所生的这第一个儿子，不仅聪明伶俐，而且心地十分善良。小的时候跟太子令郭瑜读书，郭瑜给他讲授《春秋左氏传》，当讲到楚世子商臣弑其君一段时。太子掩卷深思，多时才叹口气说道："这样残忍无道，毫无人伦的事，做臣子的听都不忍听。当初圣人们编书，是为了教人向善，经邦济世，为什么把这些事也写上？"

郭瑜只好向他解释道："孔老夫子著《春秋》，义存褒贬。褒善是为了劝勉君子，效法古人，见贤思齐；贬恶是为了惩儆后人，以此为戒。因此，不管大喜大恶，都要记载于史。写上商臣弑君一事，就是为了让商臣的罪恶，虽时过千年仍臭名昭著，让后世之人，永为警戒。"

但是太子李弘终不忍闻这类恶事，郭瑜无奈，只好让他改读《礼记》一书。

有其父必有其子。高宗皇上知道，太子的宽厚仁爱，深肖自己。他不仅从小喜欢儒家经书，而且"君君臣臣，父父子子"的儒家正统理念，已经在他幼小的心灵中深深地扎了根。

现在，太子悲天悯人，亲自为那些逃亡兵士及其妻子儿女求情。虽说这是他第一次过问政事，细想想却颇有道理。于是，高宗皇上立即准奏，下令中书省按照太子的意思重新颁诏。

第十五章　忍无可忍　诛杀恶亲

魏国夫人贺兰敏若的惨死，除了让高宗皇上悲痛欲绝之外，在这个世界上，真正为之伤心哀泣的，还有两个人，那就是她外祖母荣国夫人杨氏和她的哥哥贺兰敏之。

贺兰敏之今年二十一岁，少年英俊，是个风流倜傥的美男子，而且禀赋聪颖，读书过目不忘，如此人才十分难得。

其母韩国夫人死后，武后本想重用这个外甥，日后成才，也好做自己的左膀右臂。几年以前，她禀知高宗皇上，擢升贺兰敏之为弘文馆学士兼左散骑常侍。

这可是两个让海内士子极为艳羡的职缺。弘文馆是宫中最高的学术机构，左散骑常侍则是专门规谏天子过失的谏官，均属东台（门下省）管理。这两个机构中的官员，非天下俊彦莫属。

贺兰敏之沾了皇后姨妈的裙带之光，小小年纪便身兼两项要职，本该谨慎司职，勤勉从政，好好地干出点让人心服口服的业绩。那样，缘着这个阶梯扶摇直上，出将入相也是指日可待的事。

可是，让武后感到十分惋惜的是，这个外甥竟是一个游手好闲的纨绔子弟，玩世不恭的轻薄之徒。

自从魏国夫人死后，贺兰敏之为她守灵回到家里，终日悲悲切切，饮食俱减。荣国夫人急了，这孩子可无论如何不能出事，这不仅是她的命根子，还是她晚年唯一的一点慰藉。

这天下午，荣国夫人来到后宫。这是自从魏国夫人死后，她第一次进宫。

一见武后，荣国夫人便开门见山地提出了要求，以贺兰敏之为武后之父武士彟的后嗣，袭封周国公，改姓武，叫武敏之。

武后是觉得母亲对这个外孙有点过分溺爱，但是想到父亲的几个儿子皆已不在人世，周国公的爵位空闲着无人承袭，母亲的话又不好违拗，武后便答应了。没过几天，高宗皇上降旨，敕封贺兰敏之为周国公。从此，贺兰敏之改称武敏之。

武敏之二十多岁的年纪，一夜之间便封为国公，位列宰执大臣之上，真可谓平步青云，一飞冲天了。

可是，他并不感激那位皇后姨妈。母亲和妹妹的先后暴死，在他的心灵上笼罩了一层厚厚的阴影。从心底深处，他一直认定，皇后便是杀死他母亲和妹妹的凶手，是他不共戴天的仇敌。当然，仇恨的种子只能深埋在心里，对谁都不敢吐露一个字。他也并不十分感激他的外祖母。

这些年他早已经花花肠子了。人本来长得容貌出众，美如冠玉，又小小年纪就身居高位，前程未可限量，洛阳城里成千上万的士女，都以一睹他的丰采为荣。就连那些出身名门望族的大家闺秀，也都对他频送秋波。

如今他更像飞舞穿梭于百花丛中的狂蜂浪蝶，放浪形骸地享受着来自各阶层美妙少女们的爱宠。歌楼舞榭，乐坊妓寮，街头游妓，半掩门子，不管是高雅的、粗俗的，贵的贱的，大的小的，他都要玩一玩，尝一尝，宿花眠柳，撷芳采蜜，已成了他每天当中唯一可做的事。

母亲和妹妹的突然死亡，已使他感到了人生无常。何不趁着年轻，尽情享受，也不枉来人世一场。

现在又封了周国公，更加位高权重，荣耀显赫。但他并不珍惜这些，仍是一天到晚无所事事，只想及时行乐。

对他的放荡不羁，荣国夫人看得清清楚楚，但此时她已无可奈何。从小便娇纵惯了，现在成年了，如何能管得住？自己这个当姥姥的，总不能白天黑夜地把他拴在自己的裤腰带上吧？

再说了，这孩子没爹没娘，也够可怜的。如今有官有爵，有钱有势，就该让他能怎么乐就怎么乐才是。因此，荣国夫人对武敏之的所作所为，一直是睁一只眼闭一只眼，采取放任不管的态度。

用不了多久，武敏之已经闹得绯闻荡皇都。在正派人们的眼里，这简直是一个精神不正常的色情狂，是一匹穷凶极恶的色狼。

这年九月，武后最小的孩子，女儿太平公主已满五岁。过生日那天，杨老太太想念外孙女儿，便捎信儿要太平公主到她那里过生日。

武后太忙，没时间去，便派了四个宫女陪侍着公主前去。

一整天里，一家人围着这个花骨朵儿般的小公主，说笑逗弄，乐乐哈哈。

武敏之也破例一天没有出门，在家陪着这个小表妹说笑戏耍，在那些花枝招展的宫女们之间蹭来蹭去。趁荣国夫人不注意的时候，便在她们的胸乳上、丰臀上或是大腿上摸一把，捏一下。宫女们慑于他的权势，既不敢躲闪，更不敢声张，只能哑巴吃黄连，任其胡闹。

　　入夜之后，杨老太太把太平公主抱到自己的房里，哄着她睡了。有外人在，武敏之自然不便再与姥姥同榻而眠，便独宿一舍。而四个宫女则一块睡在偏房里。

　　夜深了，府里的人们忙乱了一天，都已经沉沉地睡去。

　　武敏之却睡不着，偏房里躺着好几个花苞未放的又鲜又嫩的美人儿，让他心馋手痒，神不守舍。就像一只馋嘴的狸猫守着几条肥美的鲜鱼，怎能安安稳稳地睡觉呢？

　　虽说他睡过的女人已经数不胜数，各种身份各个年龄的都有，但是皇宫里的美人儿、皇帝身边的女人他却从来没尝到过。今夜可是天赐良机，一下子就来了四个，这样的机会岂能轻易放过？

　　他爬起身，怀揣一柄短剑，蹑手蹑脚地离开上房，拨开西厢房的门，悄悄地溜了进去。

　　……

　　这匹色狼终于按捺不住了，一纵身恶狠狠地扑了上去。一位姑娘惊醒了，嘴里"啊"了一声，便被他用左手死死地捂住了。同时，他的右手从炕边拿起了那柄寒光闪闪的短剑，在她眼前晃了晃，做了个抹脖子的动作。那姑娘瞪着一双惊恐的大眼睛，不再挣扎，顺从地摊开了四肢，敞开了自己，任凭他以各种轻薄下流的动作，随意冲刺、掠夺和攫取……

　　屋内的其他几个姑娘几乎被同时惊醒了，眼前这个见所未见的情景，把她们吓得浑身哆嗦，面色煞白。呆愣了片刻，大家纷纷披衣下床，欲夺路逃跑。

　　武敏之猛地跳到了地上，一手握剑，一手挡住了门口，阴惨惨地说道："谁敢跑，我先宰了谁。"

　　看着这个赤身裸体的男人，此时此刻就像从树林中蹿出的一头猛兽，姑娘们都乖乖地站住了。

　　这一夜，武敏之居然把四个宫女都糟蹋了……

　　第二天，四个宫女陪着太平公主回到皇宫，不敢向武后说起此事。

　　还是武后看出事情不对头，便问最年轻的那个宫女，那个宫女只是哭泣。又问年龄最大的宫女，这个宫女还是不说。武后告诉她，你要不说实话，就把你送出宫去。这宫女只好把全部情况和盘托出。

　　武后极为愤怒，但为了母亲的面子，只好忍隐不发。

　　咸亨元年八月，荣国夫人突然谢世。她毕竟年事已高，是熟透的瓜了。这晚稍喝了点酒，心情高兴，与武敏之风流一度之后，只觉得筋疲力尽，精神恍惚，便昏昏沉沉地睡了。

　　第二天一早，下人们来侍候她梳洗用膳，久喊不应。推开门一看，只见老太太浑身赤条条的，静静地躺在那里，面色显得十分安详。

　　一个侍女上前拉了一把，却发现身体已经发硬，也不知是什么时候咽的气。赶紧找武敏之，他现在是这个府里的唯一主人。可这个浪子却与几个奴仆一大早便出了门，又不知到哪里颠狂去了。

　　府内上下一片慌乱，急忙为老太太穿好衣服，又派人到宫中报丧。

　　武后听到这个噩耗，不啻晴天霹雳。几十年来，母亲一直与她相依为命。母亲出身士族，在几世门阀大家中长大，身上带有一种与生俱来的贵族气质，也具有相当高的文化素养。

　　在武后的父亲武士彟病故之后，杨氏对她这个聪明过人的二女儿就更加宠爱，不仅在生活上予以无微不至的关心和呵护，而且在文化上进行精心的启蒙教育。

　　长期的耳濡目染，潜移默化，武后深深受到母亲性格与癖好的影响，母亲那种贵族女性的气度和言谈举止，几乎已经烙印到了这个少女的心灵中，融进了她周身的血液里，使她从小便具有贵族的心高气傲，争强好胜的性格，一心要出人头地，得到贵族们应有的优渥，受到人们的尊重。

　　武后的身上，许多方面显然都留有母亲的影子。

　　在武后第二次入宫之后，为了登上皇后的宝座，她的母亲作为一个妇道人家，曾不惜抛头露面，多次到太尉府上说项，以软磨硬泡的办法，对长孙无忌进行攻心战。虽然事情并未办成，但是，她对女儿一心跻身最高权力圈子，必欲飞黄腾达的冀求的理解和支持，却让武后深深地感动。

　　现在母亲走了，永远地撒手人寰，与自己阴阳陌路了。尽管她在晚年活得很幸福，得以颐养天年，无疾而终。但她的突然离去，仍让武后悲痛不已。

　　她让高宗皇上颁诏，号令全国举哀，因为她是"国母"的母亲，是除武后之外，天下最尊贵的女人。

　　同时还降旨，将母亲的荣国夫人改封为鲁国忠烈夫人，这自然比原来的封号更加荣耀。

　　她下令，让都城内九品以上文武百官及内外命妇，一律去鲁国忠烈夫人府上哭悼吊孝。

女皇武则天

武敏之既然承嗣了父亲的爵位，母亲的丧事自然要由他主办。她命人把武敏之找来，交给他一匹大红绢缯。这种绢缯极其昂贵，乃是西域进献的贡品。据说活着的人穿上，可以延年益寿，而为亡灵张幔，可以乞得无尽的冥福。

武后要武敏之一定把老人家的丧事办得庄严隆重，其规制和轰轰烈烈的程度，都要成为天下命妇的丧事之最。她要为母亲尽最后一份孝心。

但是，武敏之并无许多悲戚之色。他把这匹红绢拿回去之后，立马叫来他平日最喜欢的七八个歌妓，让她们每人做了一身衣服。这群粉头自然欢天喜地，作为回报，当天夜里，竟一块儿睡在了府上，粉堆肉阵，众星捧月似的伺候着武敏之一人，群宿群奸，极尽浪谑。第三天，致哀吊丧的朝中官员们纷至沓来，高大的灵棚里，灵幡飘动，白花如雪，香烟缭绕，灰蝶乱舞。檀香木棺椁的四周，摆放了无数的鲜花，绿叶红朵，簇绣织锦。

灵棚内外，身穿缟衣素服的大小官员们跪了一大片。首辅宰相许敬宗带头举哀，一时哭声大起，嗷嗷嘈嘈，如沉鼓闷雷，声震四野……

真哭的悲从中来，涕泗如雨，假哭的亦掩面号啕，大放悲声。一批哭罢，三叩首而去。又一批匍匐在地，相继哀哭，满院子里白色孝服飘飘瑟瑟，络绎不绝，到处弥散着一种哀婉悲切的气氛……

然而就在这个时候，人们却听到一阵弦鸣琴奏的喜气洋洋的乐声传来，接着是笙簧鼓筝一齐奏响，清冽悠扬，婉转悦耳，恰与灵堂内的悲声哭声相映成趣。

哭灵的人们大吃一惊，是谁如此狂妄，如此不识轻重，简直是在找死。

一直在忙忙活活、跑前跑后的大内总管武壮更是惊得魂飞魄散。他用眼角向灵柩前面扫了一下，却不见了武敏之，他本应该一直跪在灵前，跪迎跪送，以示孝子贤孙对前来致哀的人们深深的谢意。

武壮急忙循着乐声向后面跑去，在后院正房的大厅里，他看到了一幅令人震惊的图画：伴随着轻松喜庆的音乐节拍，十几个年轻美貌的花哨女人，有的穿红着绿，有的袒胸露背，正在扭腰摆臀，搔首弄姿地跳舞。

而武敏之呢？这个丧事的主办人，却把哀经丧服脱得干干净净，换了一身簇新的绸服，把一个几乎全裸的女孩子抱在膝上，一递一口儿地往她嘴里送酒，见那女孩子咽酒时猛呛了一下，剧烈地咳嗽着，他竟放肆地淫笑起来。

武壮恼了，这个老实人从不发火，一发起火来就像一头愤怒的狮子："武敏之，这成何体统？你的姥姥尸骨未寒，还未入土为安，你居然在这里召妓奏乐，吹拉弹唱，你还有点人味吗？"

　　没想到一个下三烂的太监，居然敢当众教训自己，而且如此声色俱厉。武敏之勃然大怒，猛地跳了起来，用手指着武壮的鼻子骂道："滚！滚！你这条阉狗。我不光要弹唱歌舞，还要唱大戏呢，你管得着吗？"

　　武壮实在忍无可忍，当天晚上便如实地禀知了武后。

　　武后听过，只觉得血脉偾张，怒火上冲。她"霍"地站起身来，向前走了几步，又猛然站住。"哧啦"一声，将手中正在把玩着的一柄折扇撕了个粉碎，扔到了地上。

　　"这个畜生，不懂人伦的禽兽，他是活得不耐烦了。"

　　武壮小心翼翼地将撕碎的折扇收拾起来，看看武后满脸杀气，怒不可遏的样子，轻声说道："皇后娘娘，现在正是老夫人大丧期间，为使老夫人灵魂早日超度，万不可杀人。"

　　武后重又坐下来，看看这个跟随了自己十八年，忠心耿耿，比亲人更亲的内侍总管，心里慢慢地平静下来。

　　"嗯，我知道了，这事以后再说。"

　　待武壮退下之后，武后仍然余怒未息，她用凉水洗了把脸，慢慢地清理着自己的思路。

　　……

　　鲁国忠烈夫人的丧事办得哀荣备至，极其风光。武后总算了却了一桩心事，慢慢地从巨大的悲痛之中恢复了过来。她不能长期地沉浸在这种儿女私情之中，还有多少大事需要她去做？

　　接下来是要给太子李弘选妃，这是武后最为重视的大事。要知道，太子妃是好是坏，不仅关系到太子本人一生的幸福，而且在将来还会关系到一个国家的前途和命运。

　　因此，对这桩婚事武后十分挑剔，最后终于内定了司卫少卿杨思俭的女儿。

　　武后对这个太子妃十分满意。其父杨思俭，是始终对武后忠心不贰的朝廷大臣之一，而且与太子弘也交情甚笃。早在龙朔元年，太子还只有十岁的时候，他便与许敬宗、许圉师、上官仪等人，奉太子之命，完成了《瑶山玉彩》五百卷。

　　他的女儿杨珏，更是生得羞花闭月，艳光四射。不仅在佳丽成堆的京城里，就是在美女如云的整个大唐境内，也绝对算得上挂头牌儿的美人儿。

　　人选内定之后又过了半年多，武后命有司官员选好吉日，太子成婚的各项事宜便在紧张的筹备之中。

谁知就在这个时候，却发生了一件轰动京师的泼天大案。事情还是出在那个花花太岁武敏之身上。

自从杨老太太去世之后，武敏之更像一头去了笼头的野马，放荡淫乱，无所不用其极。

他听说太子要成婚，而且听说太子妃杨珏是顶尖的绝代佳人，不知为什么竟会生出一股无法压抑的妒火。天下最好的女人为什么该是你李弘的，就不该是我武敏之的？太子也是人，是肉胎凡骨，而且还是我武敏之的姨家表弟。

也不知道究竟出于什么原因，是仅仅出于好色之心，要抢在表弟之前先尝尝鲜呢？是要报杀母杀妹之仇，有意给皇后姨妈一个难堪？还是认为武后的一忍再忍，是对他武敏之奈何不得？反正他是铁了心，一定要把这个美人儿弄到手。

他一夜不曾睡稳。第二天早饭后，便带上十几个豪奴，气势汹汹地来到了杨府。

杨思俭照例上朝去了，府上只有夫人、小姐和几个仆人、侍女、老妈子。

见一位鲜衣亮服的公子哥儿，在一群家丁簇拥下，轻裘肥马，风驰电掣般地驰至府前，一位老管家忙向前打拱施礼："请问这位官爷高姓，来府上何事？"

一个奴仆将他扳了一把，大咧咧地说道："这是周国公武敏之老爷，找你家夫人有事。"

说道，一群人径直往里闯去。

一看这个来头，老家人慌忙向里边跑。

还没等杨夫人收拾好，武敏之他们已经闯进了上房。杨夫人久闻武敏之的恶名，知道他是武后的外甥，自然不敢怠慢，赶紧让座，并赔着笑脸问道："武大人屈驾寒舍，不知有何赐教？"

"甬酸溜溜的，什么屈驾、赐教的，实话告诉你，听说你家小姐长得水灵俊俏，本老爷今天要把她娶回府上，"武敏之蛮横地说道。

杨夫人大惊失色，急忙解释："武大人莫非不知道，我女儿已内定为太子妃，不日即将完婚。"她原以为说明实情，这帮人定会慌慌张张地溜走。

不料武敏之却哈哈大笑："什么太子妃，我娶过去就是我的老婆。"

杨夫人大怒，厉声呵斥道："放肆，你就是皇亲国戚，也不该不把太子放在眼里，莫非你吃了熊心豹子胆？"

“太子怎么了？本老爷偏不把他放在眼里。他娶得，我便娶得。”说着，抬腿便往内间里走去。

杨夫人听他满口里不吐人话，又羞又恼，一头撞了过去，双手抱住武敏之的一条腿，拼命地大喊：“珏儿，快跑。”

杨珏冲出房门，却被一群凶神恶煞的豪奴逼了回去。

武敏之一脚将杨夫人踢倒在一边，狞笑着走进内室。外边的十几个豪奴一齐亮出了刀剑，杨府里虽然也有十几个仆婢，但不是老弱，便是女人，在寒光闪闪的刀剑相逼之下，谁能近前？

武敏之真的吃了熊心豹子胆，已经完全丧心病狂。他一把抱住杨珏，狠狠地摔在床上，便扑上去撕扯衣裙。

杨珏使出了吃奶的劲拼命地挣扎反抗。衣衫被一条条地撕碎了，上身赤裸着，丰盈的双乳被抓出几道红印。裙子和内裤被撕成几片，从身上飘落下来……她仍在竭力地反抗，踢腿扭腰，又抓又咬，宁死不肯受辱。

武敏之虽然年轻力壮，面对这个发了疯的弱女子，施尽浑身的解数，累得浑身大汗，仍然难以得手。

“来人，进来几个会喘气的。”

四个恶奴冲了进来。

“快，按住，看看她有多大能耐。”武敏之脸上已经被抓出血，他抹了一把，也顾不得去擦洗，气急败坏地说道。几个豪奴分别按住了杨珏的胳膊和腿。这条毫无廉耻的色狼，竟在众目睽睽之下，从容施暴……

杨夫人听到女儿撕心裂肺的哭喊，不顾一切地往里冲去，却被一个站在门口的恶奴，当胸一拳打倒在地，登时口吐鲜血，昏厥过去。

完事之后，武敏之随意地对恶奴们笑笑：“她妈的，天下的女人都是一个味，不过脸上分高低罢了。”说着，穿上衣裤，带着恶奴们扬长而去。

杨珏在光天化日之下受辱，再也无脸见人，竟以白练系颈，一扣子吊死在卧室之内。

消息当天便传到了内宫，武后对这个小畜生的忍耐已经达到了极限。这一次是无论如何也不能放过他，放过他便是对皇室的亵渎，对朝廷的蔑视，该是新账旧账一齐算的时候了。

武后立即找到高宗皇上，向他通报了武敏之的种种罪行。高宗皇上听后也十分愤怒，立即降诏，废除敏之的武姓，复姓贺兰。剥夺其一切官爵，即日流放岭南雷州。

女皇武则天

当这位玉树临风般的翩翩美少年铁链加身，被打入木笼囚车之内，从大街上辚辚滚过的时候，士庶百姓纷纷赶来围观，争着要看一看这匹恶贯满盈的色狼今日的下场。

囚车刚刚驶出市区，贺兰敏之便在槛笼之内大叫大嚷起来："快给老子除去枷锁，老子要轻松轻松。"

"呸！"押送士卒一口唾沫啐在他的脸上："狗日的，不知死活的东西，你当你是谁？还是什么国公，皇亲国戚吗？"

"你姥姥的，你们狗眼看人低。老子用不了一年半载便会回来，到时候还是高官任做。看那时不活剥了你们的皮。"这小子还在做梦。

押送士卒被他骂得心头火起，把他拉出囚车，先在他的脸上狠狠地捆了几个耳光，一股鲜血从他的嘴角流了出来，接着甩开皮鞭，在他身上噼里啪啦狠抽起来，只打得他杀猪似的拼命哭嚎。

"你这个连死在眼前都不知道的贼囚，爷们儿等着你回来剥皮。今日让你先尝尝爷们这皮鞭子的厉害。"打了多时，又把他关进槛车，继续赶路。

跋涉过数千里的流放路程，这位好色郎早已被折磨得容颜憔悴，骨瘦如柴，再也不敢抖公子王孙的威风了，只能是低三下四地乞求活命。

然而，他的死期却到了。在接近雷州的一片山林中，囚车停下了。几个押送士卒将他从槛车内放出来，去掉了他身上的铁链枷锁。

他惊喜万分，正要说声"谢谢"，一条马缰却缠在了他的脖子上。

"你们，你们想干什么？"他心胆俱裂。

"对不起了，国公大人，我们是奉旨行事。再说了，我们也不能等着你回京都去剥我们的皮。"说着话，两个士卒一边一个，扯住了马缰使劲一拉。贺兰敏之立时双睛暴突，气绝身亡。

士卒们将他的尸体抛在荒山之中，回京交差去了。第二天早晨，上山打柴的樵夫发现了一堆被狼啃噬得光光的碎骨头。

这匹作恶多端的色狼，到头来却成了岭南饿狼们的一顿美餐。

贺兰敏之的死是咎由自取，许多人为之拍手称快。武后自然也长舒了一口气，除掉了这个恶棍，为自己那个未过门的儿媳妇报了仇。

但是，她现在却面临着一个现实的问题，父亲武士彟的岁时致祭该由谁来主持呢？

"不孝有三，无后为大"，父亲的两个儿子和两个侄子都已死于非命，继承他后嗣的贺兰敏之又落了这么个下场。堂堂皇后之父，大唐开国元勋周国公岂能无后？

　　想来想去，她想到了武承嗣。他是大哥武元爽的儿子，因连坐大哥之罪流放岭南。这孩子从小聪明伶俐，善于看大人的眼色行事。若是她能与自己这个当姑姑的一条心，倒是可以让他来承继亡父，也就是他亲祖父的官爵。

　　一道赦免诏书飞往岭南，武承嗣很快便回到了京城。他知道是姑姑救了他，一见到姑姑便"扑通"一声跪在地上，感激涕零，呜咽出声："姑妈再造之恩，天高地厚。承嗣这条命，从此便是姑妈的。愿随姑妈鞍前马后，任凭驱使。"

　　这几句话说得十分得体，武后心里很熨帖，她现在最需要的，就是能与自己贴心贴意、休戚与共的自家人。但她不敢马虎，决不能再起用一个像贺兰敏之那样人面兽心的。

　　"承嗣，这几年，你在岭南受苦了。"

　　"托姑姑的福，侄儿熬过来了。再说，年轻人受点苦难磨砺，也许不是坏事。"

　　"对你父亲的死，你是怎么想的？"

　　"父亲处事不明，狂妄自大，他是罪有应得。"

　　"你不怨恨姑姑吗？"

　　武承嗣急忙以头碰地，嘣嘣有声，直碰得额头上都渗出了血星，急切表白道："苍天在上，承嗣对姑姑只有感恩戴德。过去没有，现在和将来都绝无半句怨言。从今以后，姑妈便是承嗣的亲妈，承嗣将如侍奉亲妈一样侍奉您老人家，终生不渝。若违此誓，天老爷打雷劈了承嗣。"

　　武后欣慰地笑了，她亲手扶起了武承嗣，用手帕擦擦他的额头，叹口气说："唉，我们武家就剩下你们几棵根苗了，要好好干，再不能让姑妈伤心失望。"

　　没过几天，皇上颁诏，武承嗣袭封周国公，并迁官为宗正卿。从一个贬官之子一跃而成为服紫戴金的三品大员，武承嗣并没有沾沾自喜，更不敢趾高气扬。这位新周公别看年轻，却是位工于心计、处事老到的政坛新秀。他接受其前任的教训，决不渔色猎艳，轻浮张狂。而是时时处处谨慎小心，唯武后的马首是瞻。他清楚地知道，自己的高官厚禄，姑妈一句话便可以赐予。同样，若是她不高兴了，一句话也可以取走。因此，必须千方百计讨得姑妈的欢心和赏识。这一辈子，自己都要为姑妈掌大权，居高位，经营天下而披荆斩棘，不遗余力。

第十六章　征讨突厥　泪祭股肱

咸亨四年八月十五日，以高宗皇上的名义下诏，自即日起，皇帝改称天皇，皇后改称天后。理由冠冕堂皇，改称是出于对先帝、先后的避讳。先帝是皇帝，先后是皇后，我们作为儿辈的，仍称皇帝、皇后，岂不是犯讳大不敬吗？

这又是一件开天辟地以来绝无仅有的新鲜事。

皇帝、皇后这个称号，中国从第一个皇帝秦始皇嬴政开始，延续了上千年，其间为帝为后者，凡不知几百人，他们一直就是这个叫法，因为皇帝、皇后乃是人类世界中最高级别的也是最尊贵的称号。谁也不曾想过要改变这个称号，唯有最具想象力和创造力的武后想到了，办到了。

诏书颁发之后，群臣一片愕然。他们当然知道这是武后的主意，但却猜不透她的用意何在？说是为了避讳，这太有点牵强附会。历朝历代都称皇帝，皇帝的子子孙孙也都称皇帝，难道他们都不懂得避讳，都是目无尊长的不肖子孙？那么，武后这是为了什么呢？皇帝、皇后本来就是掌握最高权力的，何必再搞这些文字游戏呢？

这可不是文字游戏，而是武后为了进一步抬高身份，强化权威，刷新人心而采取的一个重要步骤，是一个空前绝后的创举。

皇后是什么，她只是皇帝之后，也就是皇帝之妻。而天后的意义却大不相同，与其说是天子之后，不如说是天之后。在华夏大地上，不管什么事只要一与"天"字联系起来，便具有了不可抗拒的神秘、庄严和无上的权威。不然的话，皇帝为什么又自称"天子"？难以扭转的命运便称"天意"？无法消弭的灾祸便称"天灾"？"天"是任何人都不敢也不能违拗的，这正是武后改称的本意所在。

至于皇帝改称天皇，那不过是为皇后加尊号的陪衬而已。

文武百官虽说有些困惑不解，但却不能不上表祝贺，从此规规矩矩地改呼天皇、天后。

加封了新的尊号，自然要有一些新的举措，让朝廷有一种新的气象。

武后首先从一件不太起眼的小事做起，她决定改革一下文武百官的服饰。

三品以上官员仍着紫袍，但改配金玉带；

四品官员着深绯色袍，配金带；

五品官员着浅绯色袍，配金带；

六品官员着深绿色袍，配银带；

七品官员着浅绿色袍，配银带；

八品官员着深青色袍，配䃩石带；

九品官员着浅青色袍，配䃩石带；

庶人一律着黄袍，配铁带。

四个月之内，大小官员全部改换了服饰，朝野上下焕然一新。

人们不难发现，这位"权侔人主"的天后，正以君临天下的姿态，开始雄心勃勃地全面执掌朝政。

高宗皇上对于天后理政治国的雄才大略，其实早已心悦诚服，自愧弗如。但是，作为一个男人，一个堂堂的大唐天子，有时候仍不想心甘情愿地做天后的陪衬和附庸。

于是，趁着天后高兴，高宗皇上便自作主张，硬着头皮搞了一个小动作。

这年九月，他未同武后商议，便突然下了一道诏书，追复长孙无忌官爵，并让长孙无忌的曾孙长孙翼袭封赵国公的爵位，还特意派人将长孙无忌的灵柩迎回，陪葬昭陵。这个极不寻常的举动，无疑是在为长孙无忌平反，或者说是对权势正如日中天的武后的公然挑衅。

高宗皇上硬着头皮下达了这道诏书，心中却忐忑不安。他估计武后一定会河东狮吼，大发雌威，甚至会逼他收回成命。

始料未及的是，诏书发出之后，一切平静如初。

武后没有理睬高宗皇上的这个带有挑衅性的举动，而是以豁然大度，或者说是不屑一顾的态度，听任高宗皇上为长孙无忌复官、平反和大办丧事。

其实，武后心里有她自己的小九九。

长孙无忌一案，已经过去十几年了，他那个元老派的势力，早就冰消瓦解、烟消云散了。现在为他平反，对自己的政治地位已经没有丝毫的威胁，甚至连点风吹草动的影响都没有了。死者已矣，何况他毕竟是先朝元老，是皇上的亲舅舅。让皇上向天下人做个姿态，表示一下自己的孝心，这没有什么不好。

再说了，现在朝野上下无人不知，一切政令若不经自己批准，便很难在朝廷中实施。人们会认为，为长孙无忌平反的诏书，是经过自己同意的。国人会自然地觉得，当年出面炮制长孙无忌一案的许敬宗此时已病故，为长孙无忌追复官爵，在朝廷中已经没有了阻力。天后是处事通达的，胸襟博大，不计前嫌，不挟私怨的，这等于是在为自己收买人心，何乐而不为呢？

武后对此事表示默认的态度，让高宗皇上深受感动。二十多年朝夕相处的夫妻生活，高宗皇上对自己的这个皇后已经有了十分深切的了解。她处事果断，心术老道，机变百出，深不可测。对于威胁朝政，威胁她个人权位的敌对势力，她手段强硬、狠毒，有时甚至十分残忍。为了巩固国家权力和个人地位，她可以杀人不眨眼，从来不心慈手软。既然你非要阻碍前进的去路，我就要毫不客气地把你踢开、铲平甚至是碾为粉尘。

然而，对于弱者，对于那些可怜无助的人们，她却是柔情似水，有着一颗菩萨心肠。你看，她入主中宫十几年，后宫的宫婢侍女太监下人，除了那个告讦他的太监王伏胜之外，她不仅没杀一个人，甚至连责骂鞭打下人的事都从来没有发生过。相反，对于那些家中遇有灾情变故或家境穷困的下人，她还常常予以接济。因此，后宫上上下下，包括那些妃嫔女官，对这位六宫之主都是从内心里敬爱有加，心甘情愿地服侍她，尊崇她，为她当耳报神，这不是靠使权力、耍威风能办到的，而是靠长期的以心换心取得的。

对于平民百姓，特别是那些衣食无着、家破人亡的流民灾民，她是常常挂在心上的。多少次为民减负、赈灾济难的诏书，都是她提出来颁发的。这些平民百姓未必知道，而自己这个当皇上的心里却明明白白。

而对于自己——她的夫君，细想起来也实在是没有说的。几十年如一日，她对自己的饮食起居、身体状况，特别是自己得病之后，可谓是呵护入微，关心备至，她与自己始终是一心一意的。虽说韩国夫人、魏国夫人的死她有嫌疑，像是在自己的心里捅了一刀。但她毕竟是个女人，她要巩固皇后的宝座，就不能让自己受宠的地位受到任何威胁。尽管自己与这两个女人的关系并不正当，是在背着她偷情，有些对不起她，但她对自己并未过多的责难，没让自己尴尬和难堪，态度始终是宽容的。

还有，她插手朝政，有时候显得有些专断和跋扈，这是常常引起自己不愉快的原因之一。然而，一开始，不正是自己让她这么做的吗？她要管理这么大一个国家，要按照自己的意图施政治国，又必须让那么多桀骜不驯的朝廷大臣顺从听话，不强硬不专断能行吗？最重要的是，她摄理朝政这么多年来，不管对内兴业抚民，还是对外争战和靖乱，实践证明无一不是成功的，而且创造了许多前无古人的煌煌业绩。国泰民安，家丰人足，路不拾遗，夜不闭户，如此太平盛世，与先帝创造的"贞观之治"相比，也有过之而无不及。倘若这些年没有武后协理国政，辅佐朝纲，只靠自己这个当皇上的，能有这种局面吗？

高宗皇上在一件件一桩桩地梳理着这些往事，不断地反躬自问。他不能不承认，国家能有今天，主要应该归功于武后。

既然如此，为什么不让她直接管起这个国家来呢？自己的病已无望治愈，拖着个病身子，三天打鱼两天晒网，空占着茅厕不拉屎，反而碍手碍脚的。反正已经看准了，就是把大位让给她，她对自己这个夫君也绝不会三心二意，因为那时自己已成了一个不管闲事，只享清福的"弱者"了。

高宗皇上一阵心血来潮，居然产生了"禅让"的念头，第二天他与宰臣们商议，没想到一提出这个想法，立刻遭到了宰相郝处俊、李义琰等人的激烈反对。

不久，武后便听说了这件事，她感到啼笑皆非。皇帝健在，却要让位于皇后，这不是要陷她于不义吗？现在的国家大事已是自己说了算，何必为取虚名而招实祸？这样的傻事她才不干呢。

这天夜里，这对老夫妻躺在龙床上，武后问道："皇上，臣妾听说您向朝臣们提出了'禅让'之议，莫不是嫌臣妾管事太多了，有篡政之疑？"

"不不不，"高宗皇上慌了，忙解释道，"朕是真心的。朕有病，久治不愈，常感力不从心。再说，我看皇后处置国事，驾轻就熟，游刃有余……"

"好了，皇上，别胡思乱想了。你龙体欠安，可以多歇着，多将养休息，朝中之事自有臣妾勉力为之，你仍然当你的皇帝。只要皇上健在一天，臣妾就只能是你的皇后，不管干多少，就是累死也是应该的。我们是夫妻，怎能分开彼此？大唐的天下是我们共有的。宰相们的意见是对的，你当皇上，人心不乱，国家不乱。我们花费了多少心血才换来了这个长治久安的局面，怎敢不珍惜呢？"

高宗皇上只觉得心中潮涌，热浪滚滚，这才是真正的恒久的爱，这才是真正意义上的夫妻。此时此刻，当年那个温柔体贴、善解人意的小武媚似乎又回来了。他一翻身，紧紧地搂住了武后微微发胖的身躯。还是那么光滑，还是那么柔软，还是那么温暖。五十岁的高宗皇上又骚动不安了，武后读懂了他的眼神，主动地导引着他的航船，缓缓地驶进了那个风景秀美，充满着诗情画意的港湾……

女皇武则天

多少年了，他们的夫妻生活没有这么和谐，没有这么淋漓酣畅过，他们似乎又找回了那早已逝去的自我。

武后当年建言十二事，第三件事就是要息兵，也就是说，要尽量地避免战争。

但是，树欲静而风不止，对外战事并不是大唐朝廷自己能说了算的。

就在武后称天后不久，朝廷接到了从北部边陲传来的三百里加急战报，东突厥骑兵大举入侵。

突厥是活跃于蒙古高原上的一个强悍部族。隋朝时分为东、西两个大的部落。西突厥活动在阿尔泰山以西，里海以东；东突厥则活动在从兴安岭到阿尔泰山的广袤地带。

早在贞观年间，唐太宗曾派大将李靖、李勣讨伐东突厥，一战而将其灭亡，并于龟兹等地设置了安西四镇，置于大唐的管辖之下。

而在十几年以前，西突厥又对抗唐命。朝廷再派程知节、苏定方前往剿抚。经一年苦战，歼灭了突厥十万大军，生擒了突厥王沙钵罗，西突厥遂告灭亡。

谁承想，本来已经置于大唐版图的东突厥余部，此时又点燃了反抗大唐的战火。

单于大都护府阿史那德傅温和奉职二部公开反唐，立阿史那泥熟匐为可汗，其余二十四州酋长也起兵响应，计有数十万人，一时声势浩大，不可一世，对大唐的中原国土虎视眈眈，不时地骚扰和入侵。这颗毒瘤已到了非彻底割去不行的时候了。不然，边境百姓永无宁日，中原国土也会时刻受到威胁。

武后单独召见了老将军李勣。李勣已经八十多岁了，虽然没有什么病，却已是须发如雪，步履蹒跚，毕竟已垂垂老矣。

他走进偏殿，便要对天后行大礼，武后慌忙上前扶住他，亲手搀扶着他坐稳，说道："老太师，往后咱们见面，万不可行此大礼。"

李勣只好作罢，看看武后，笑着问道："天后召见老臣，可是为东突厥叛乱的事？"

"什么事也瞒不过老将军，我正是为此事向您求教。突厥人屡屡叛乱的问题，必须彻底解决，不为后人再留祸根。我思谋着，这次率军前往平叛之人，应该是既能运筹帷幄，又骁勇善战，更应对边关情况、胡人秉性十分熟悉之人。本来，老太师当是第一人选，但您毕竟年事太高。"说着，武后面显戚容，不胜惋惜地叹了口气。

李勣爽朗地大笑起他："天后勿忧。俗话说得好，一鸡死了一鸡鸣，小鸡打鸣更好听。我大唐人才济济，英贤辈出，比我李勣贤能者大有人在。"

"以老将军看，朝中武将，谁堪担此帅任？"

"天后，其实不需从朝中派将。边关之上，便有一人富韬略，有奇谋，破敌布阵，用兵如神，堪比汉时飞将军李广。若以此人为帅，荡平突厥，易如反掌。"

"晤，我朝竟有这等奇人，那，他比老太师如何？"

"后生可畏，此人胜老夫远矣。只是……"

"只是什么？"

"老臣怕天后不肯用他。"

"为什么？此人究竟是谁？"

"天后还记得当年被贬往西域边塞的裴行俭吗？此人可是个文武全才，自幼熟读兵书，又从老将军苏定方学习兵法战阵。这些年在西域心无旁骛，全部心血都花在了戍守边塞和演习兵阵上，文韬武略已达到炉火纯青。"

"噢，我想起来了，就是当年那个跟着长孙无忌他们说了几句错话，左迁为西州都督府长史的裴行俭？"

"正是此人。"

武后突然格格畅笑起来，笑罢说道："老太师也太小看我武媚了，难道我是那种心眼比针眼还小的人吗？既有如此奇才，便应是国家栋梁，我为何弃而不用？人无完人，金无足赤，谁一辈子不说句错话，做件错事？别说他并不是长孙无忌死党，就是死党，这些年也早就改悔了。不然，他怎么会十几年如一日，无怨无悔地为大唐朝廷守护着西陲边塞？那可是个长年风沙、苦不堪言的不毛之地。过去我不了解他，既然知道了，就一定要重用他。只要能在此次平叛中建功立业，我不仅要论功重赏，而且要把他调回朝廷，让他在京师安度晚年，且封妻荫子，世世荣华富贵。"

李勣在一旁激动得频频点头："天后说得极是。裴行俭自去西州，便再不问朝事，不结朋党，潜心军事，洁身自好。这些年天后、天皇把大唐治理的尧天舜地，国富民殷，行俭在西域听说了，每每赞不绝口，五体投地。人们常说，宰相肚里能撑船。天后的胸襟，实堪包天容地。天后能有如此恢宏气度，实乃天下苍生之福。"

"好了，老太师不用夸我了。这次平定突厥的三军统帅，我用定了裴行俭。老太师为大唐江山走马荐诸葛，功不可没。"

第二天，朝廷发出诏书，任命裴行俭为礼部尚书兼检校右卫大将军。并以他为定襄道行军大总管，西军检校丰州都督程务挺、东军幽州都督李文暕，并受裴行俭节度。总领三十万大军，出师讨伐突厥。

裴行俭率领大军浩浩荡荡向东北挺进，这日来到朔州，这里是突厥骑兵经常出没的地域，层峦叠嶂，山道崎岖，且丛林遮蔽，极易为敌军伏击。

一名校官告诉裴行俭，说前几年萧嗣业出兵突厥时，运粮车辆常常在此处被突厥兵劫掠，让裴行俭小心提防。不料裴行俭听后却颇不在意，笑着说道："兵马未动，粮草先行，此乃自古兵家常理。怕敌人劫掠，便不运粮了？要那样，我这三十万大军能喝着西北风打仗吗？明天一早，运输粮秣的车队按时出发，不得有误。"

那名校官讨了个没趣，怏怏而退，心中却暗暗叫苦：都说裴大帅用兵如神，却原来是个志大才疏的草包，明天的粮车必定凶多吉少。

第二天四更时分，天色微明，繁星渐隐，一勾黯淡无光的斜月犹挂在西南天幕上。

三百辆运粮大车在数百名老弱士卒押送下，届时出发。队伍沿着弯弯曲曲的小路缓缓行进。走了约有二十里，转过一道山梁，便见两面密林层层，遮天蔽日。车队刚驶近树林，忽听得一阵锣响，从密林深处拥出了数千名突厥兵马，手持快刀利剑，呼啸呐喊着向粮车扑来。

那几百名老弱兵卒面对十倍于己的突厥兵，早惊得魂飞魄散，哪里还敢稍做抵抗？发一声喊竟丢下粮车，抱头鼠窜，四散逃命而去。

突厥人不发一矢，不伤一卒，凭空得了这三百车粮食，一个个欢天喜地，得意忘形，驱赶着粮车向北迤逦行进。

前面不远处是一条小河，泉水淙淙，清澈见石。两岸绿草如茵，鲜嫩丰厚。这支突厥骑兵在密林中埋伏了整整一夜，此时已是人饥马渴，疲惫不堪。

将官一声令下，士卒们立即解鞍牧马。战马悠闲地在岸边啃着青草，将士们有的去河中掬水洗脸，有的从背囊中拿出干粮，懒洋洋地躺在大树下、草地里啃吃着。

就在这个时候，忽听到一声尖厉的呼哨，三百辆粮车上突然揭开篷席，无数精壮唐兵各执尖刀、利剑，飞纵而出。向着那些毫无防备的突厥兵猛杀猛砍。

与此同时，早已埋伏在四周险要处的大队唐军亦闻声杀出，将敌军团团包围。突厥兵离了战马，就像锯去了双腿一般，完全失去了战斗力。不到一个时辰，除了数百人缴械投降之外，其余全部消灭殆尽。清理战场，缴获战马三千余匹，刀枪弓箭无数。

原来，裴行俭早已料到突厥兵可能在此处设伏，劫持粮车。在两军交战时期，对于出师远伐的唐军来说，一车粮比一车黄金还要贵重。若是粮车被劫，兵粮不继，那就只有中途退兵的分儿，对此岂能不防？

当那个校官提醒他的时候，因怕泄露机密，只得冷言将其斥退。夜深之后，却在每辆粮车中埋伏了精壮勇武之士五人，又于前面的河岸险要处设下伏兵。就是突厥不在此处牧马休息，伏击战也要在这里打响，不过战斗会更惨烈一些，敌人逃跑得会更多一些罢了。

出征第一仗便大获全胜，将士们欢欣鼓舞。粮道从此被打通，以后粮秣车辆来来往往，突厥兵再不敢轻易截劫。

裴行俭率大军继续北上，深入漠北数百里，竟不见突厥兵一人一骑。

大军深入敌纵深而无战，乃兵家大忌。裴行俭深知武后此次对突厥用兵，要的不是小打小胜，而是要平息叛乱，伤其元气，毕其功于一役，让突厥人从此归顺驯化，永绝边患。不消灭突厥主力，既不能中途退兵，也不能按兵不动。

因此，裴行俭下令大军继续向纵深挺进。沿路却留下少量人马做策应，一日两次传送情报，做到首尾相顾，前后呼应，严防突厥兵马包抄后路。

这天，大军一日急行，来到了单于府（今内蒙古和林格尔北）。此时天色已晚，遂就地安营扎寨。营寨周围也都掘好了又宽又深的防护壕沟。

将士们已经人困马乏，正准备埋锅造饭，饭后也好早早休息。

裴行俭骑马绕各处营寨看了一遍，见没有什么疏漏之处，正要打马回中军大帐，却习惯性地抬头向天上看了看。只扫了一眼，便惊得他倒吸了一口凉气，马上叫侍卫们传令各营，立即将军营转移到附近的高地之上。

将令传出，军营中一片叫苦连天。一天的长途跋涉，人们已经筋疲力尽，又加上安营寨，挖壕沟，早已饥肠辘辘。刚刚安顿下，却又要转移，就是个铁打的汉子，也被折腾垮了。

程务挺、李文暕带着十几个将官来见大帅，程务挺施礼说道："裴大帅，兵家云，'士安之，不可扰'，三军将士刚刚结寨完毕，均已疲惫不堪，还是将就一夜吧。"

裴行俭却不为所动，阴沉着脸冷冷说道："军令如山，务必马上迁营。告诉各部将官，若有抗命者，斩无赦。"说完，看也不看众将领一眼，打马而去。

各营将士只好重新安营扎寨，重新挖掘壕沟，然后才埋锅造饭。待吃了饭睡觉的时候，已近子时。

人们刚刚睡下，哨兵们便见一道雪亮的电闪像一条弯弯曲曲的长蛇，把东北方向漆黑的夜幕撕裂开来，天地间照耀得如同白昼，接着便是惊天动地一声惊雷。顷刻间，狂风大作，掀天卷地。随即便有铜钱般的大雨点噼里啪啦地砸在军帐上，转瞬之间，倾盆翻缸似的大水从半空里飞泻而下。

大雨一直下了两个多时辰，还在淅淅沥沥地下个不停。第二天一放明，将士们走出营帐一看，一个个瞠目结舌，呆若木鸡。

原先扎营的地方，已是一片汪洋，积水足有一丈多深。若是不及时搬迁营寨，别说军需粮秣都要付之东流，就是人员马匹也不知要淹毙多少。

程务挺及众将领们冒雨赶到中军大帐，满面羞惭地说道："末将等知罪了，望大帅恕我等无知。"

裴行俭笑道："诸位将军都已按军令行事，大军并无半点损失，何罪之有。众弟兄快请坐，午后天就会放晴，我们得商量一下下一步如何行动。"

东州都督李文暕问道："裴大帅，有一事末将不明，漠北一带历来甚少雨雪，昨晚又是个星繁月朗、万里无云的大晴天，大帅何以便知夜间会有暴雨。"

裴行俭向众人微微一笑："此事一两句话很难说得清楚，以后汝等但听本帅节制就是了，无须问我是怎么知道有雨没雨的。"

自此以后，各级将领对裴行俭敬服有加，真正是有令则行，有禁即止，军中号令畅通无阻。而在士卒们中间却悄悄地传说着，裴大帅乃当年的诸葛武侯托生，上知天文，下知地理，呼风唤雨，料事如神……

半个月后，大军行至黑山（今内蒙古包头市西），终于与突厥主力遭遇。

裴行俭与程务挺等将领们仔细勘察了战场形势，然后依山布阵。

程务挺、李文暕和单于大都护府长史萧嗣业各引一军，列成方阵，左右两阵在前，中军略后，成"品"字形，裴行俭称之为"金鼎阵"，取三足鼎立之意。三军互为掎角之势，敌军攻其中一阵，其余两阵则侧击救应。

裴行俭对众将说道："敌人来攻之时，多以强弓劲弩射杀，近前则以刀剑相拼，无须主动出击。敌军强攻数次之后，所谓'一鼓作气，再而衰，三而竭'，那时方可出击，必能一举获胜。"众将唯唯领命。

当天夜里，阴云又起，星月无光，天地间一片漆黑。裴行俭亲率五万骑兵，各带利刃。战马摘去脖铃，包蹄衔枚，趁着夜色掩护，轻装疾行，潜入敌军背后林密草深处隐蔽起来。

次日凌晨，泥熟匐可汗亲率二十万人马，浩浩荡荡开来，战场上旌旗飞扬，号角鸣响，两方将士皆锋甲鲜明，士气高涨，大战一触即发，人们都紧张地屏住了呼吸，各自攥紧了手中的兵器，等待着生死相拼那一时刻的到来。

随着一声震耳欲聋的号炮声响，突厥兵排山倒海般地向前冲来，铁蹄翻飞，刀枪挥舞，鼓噪呐喊之声惊天动地，就像一片汹涌澎湃的大潮，向唐军阵地席卷过去。

唐军严阵以待，等敌骑驰近射程之内，随着一声号角鸣响，万箭齐发，如飞蝗，如急雨，如流石，如蝇群蚊阵，密密麻麻的箭矢摇着尾巴似的疾速飞来。

突厥骑兵的头排战马首先中箭，有的仆地而亡，有的前蹄腾空，将背上的骑士掀于马下，有的原地打旋儿，刨地长嘶，有的干脆掉头向回跑去。队伍顿时大乱，你碰我撞，互相拥挤踩压。非死即伤。阵地上立时横陈了无数的人尸马体，断肢残骸，脑浆迸裂，肠子流出，一片惨不忍睹的景象。

敌军气势汹汹的进攻，就像汹涌大潮携着排空恶浪，迎头撞在了壁立千仞的石崖上，刹那间变成了无数碎末，纷纷地跌落下来……

第一次进攻失败了。过了半个时辰，他们重新聚集人马，前排多加盾牌遮护，又发起了第二次冲锋，然而仍然无济于事。盾牌只能保护骑士，却无法保护他们的战马。射人先射马，这是常识。战马中箭负疼，再也不敢拼命向前，队伍又陷入拥挤不堪的混乱之中。有几百骑兵侥幸躲过了箭雨，冲到了唐军阵前，就像孤羊撞进虎群，被一阵砍瓜切菜，顷刻毙命。

当他们发起第三次进攻的时候，队伍的士气已经一落千丈。

士卒们几乎是在官长们的刀剑威逼之下，慢腾腾地向前挺进。有几个骑兵还未进入唐军射程之内，便吓得掉头往回跑去，被身边的官长手起刀落，将脑袋砍飞出数丈之外。

恰在这个时候，忽听得身后杀声四起。裴行俭手持长槊，身披铁甲，率领五万铁骑飙风迅雷一般杀来。与此同时，前面程务挺等将领指挥着二十多万大军也以泰山压顶之势扑了过来，顿时形成了南北夹击的态势。

唐军将士士气旺盛，情绪高昂，挥刀舞枪，狠劈猛刺。突厥兵早成了惊弓之鸟，纷纷落荒而逃，但前有追兵，后有堵截，满山遍野，到处都是唐军兵马，真正是上天无路，入地无门，插翅难飞了，只好再掉转身来，硬着头皮做困兽之斗。

经过约两个多时辰的激烈格斗，二十万突厥兵被彻底击溃。

几名突厥将士见大势已去，力劝泥熟匐可汗降唐。泥熟匐不听，仍欲拼死抵抗。将领们互相递了个眼色，发一声喊，一剑将其刺落马下，然后割下他的首级，率领大批突厥兵，向唐军乞降。

突厥大首领奉职至死不降，仍率余部且战且走，迎面遇上程务挺。二人抡刀舞枪，大战数十回合，程务挺枪法得名家所传，使得炉火纯青。他卖个破绽，虚刺一枪，奉职急忙举刀格持，却扑了个空。不防程务挺左手摘鞭，将奉职一鞭扫落马下。众唐兵一拥而上，将他捆了个结结实实，押来见主帅裴行俭。

一场恶战结束了，战场上到处是尸山肉堆，残旗断戈，一阵阵令人作呕的血腥味，在山谷旷野中弥散。

裴行俭令将士们清点战场，突厥兵除少数残兵败将往狼山方向逃去，其余全部被斩获或俘虏。

二十万生龙活虎的突厥健儿，仅两三个时辰就变成了孤魂野鬼。裴行俭看着这满目狼藉的惨象，面色显得十分凝重。他在心中暗暗祷告着，但愿突厥人从此驯服，化干戈为玉帛，再也不要发生如此野蛮的大规模杀戮。

数日之后，武后接到了裴行俭从北部边陲发来的胜利捷报。这是大唐与突厥多年争战中前所未有的大捷。唐军士卒死伤不足万人，竟歼灭了敌人二十万大军。这简直是奇迹，裴行俭真是个难得的奇才。

武后欣喜万分，急忙将此喜讯告诉了正在养病的皇上，高宗皇上也甚是高兴。武后笑着对高宗皇上说："大唐有裴行俭，等于又筑起了一座万里长城。"高宗皇上道："裴行俭是千里马，天后便是伯乐。'世上千里马常有，而伯乐不常有'也。"说罢哈哈大笑。

二人正在说笑高兴之时，却忽见武壮慌慌张张地进来禀报："天皇、天后，外臣来报，司空、英国公、太子太师李勣大人病危。"

武后只觉得像头顶上打了一个炸雷，顿感天旋地转。她稍稍镇定了一下心神，命武壮赶紧准备轿舆。她要代表皇上，亲往太师府探视这位功比南岳的大唐元勋。

李勣静静地躺在病床上，脸色苍白，双颊深陷，乱蓬蓬的胡须有些干枯，那双刚毅、自信而又充满智慧的眼睛，此时也变得有些浑浊。看来，他生命的里程真是快到终点了。

李勣万没料到日理万机的天后会亲自来看他。见天后在武壮陪侍下走进来，慌忙挣扎着要往起爬，但只是头部抬了抬，身子却已经动弹不得了。

他对武后苦笑笑说："天后，恕老臣不能尽臣子之礼了。"

武后紧走几步，径直坐在李勣的床边上，双手捧起他一只干枯的大手，眼圈便有些发热，颤声说道："老太师，千万别这么说。你是我父亲的老朋友、亲兄弟，论辈分武媚该叫你一声世叔才是。要不是几千年的礼法束缚，侄女原该给你老磕头。"

"天后，你要折煞老臣了。"

"咱不说这些了。老世叔，我今天来要告诉你一个好消息。裴行俭率师出征，果然大获全胜，已有捷报传来，突厥主力被全部歼灭。"

李勣高兴得笑了笑，这是他意料之中的事。"裴行俭大将之才，朝廷有此干城，我无忧矣。"

"老世叔，我曾说过，裴行俭打了胜仗，便调他回朝为官，我想最近便让皇上颁诏。"

"天后一向言必信，行必果，从不食言，老夫心中有数。不过，还是让他再在边关经营一年半载，待突厥人彻底归顺，北疆永绝边患，再调他回来也不迟。"

武后频频点头，老太师深谋远虑，为大唐朝廷真正算得上是鞠躬尽瘁了。

她动情地看着老人家，发自肺腑地说道："老世叔，你可千万要保重，好好将养。大唐离不开你，我……我更离不开你啊。"说着，心中一酸，声音有些哽咽，泪水在双眼内转了几圈，终于忍不住滚了下来。

在人前掉泪，武后一生中没有几次。李勣深受感动："谢谢天后，老夫深谢天后的眷顾之恩。但是，生死有命，非人力所能改变。老夫今年八十八岁，已是高寿之人。这一辈子，生于微末，出身草莽，前半生得侍高祖和先帝，赐李为姓，一力擢拔，直至出将入相。后半生更遇上了天后，圣明烛照，依臣为股肱，视臣为腹心。人生知己不多人，能始终得到天后的知遇之恩，幸莫大焉，老夫知足了。真的，天后，老夫此生位极人臣，并不感到多么荣耀，而能得到天后的垂青、赏识和毫无芥蒂、始终不渝的信任，这才是一生最大的荣耀。就是现在闭眼，我也含笑九泉了。"

武后的泪水开始成串地滚落："老世叔，话可不能这么说，大唐的万里疆山，哪里不留着你的足迹，浸着你的血汗？就是我武媚，没有世叔，哪有今天？世叔与武家是世交，我父亲的葬礼是你主办的。父亲死后，我们孤儿寡母为世人所轻，连自家人都白眼相加。唯有世叔不轻寒微，义薄云天，常常去看顾和资助我母女们。我入宫之后，又处处受到世叔的关照。在立我为后的紧要关头，世叔鼎力相助，一句话便定了乾坤。后来，长孙无忌一派必欲置我于死地，若不是世叔执掌兵权，始终如一做我们的铜墙铁壁，我与皇上如何能坐得稳这个江山。世叔，真正应该说声谢谢的是我。武媚能遇到您这样的忠臣良将、大仁高义之人，才真正是三生有幸！"

李勣连连摇头，心中早已汹涌澎湃。

慢慢地，武后改变了话题。

"老世叔，对于朝廷中的事，您老还有什么要嘱咐的？"

"朝廷有天后和皇上，老臣万分放心。掌国者无非一条，那就是用人。知人善任，选贤用能，不弃寒门，唯才是举，恰恰是天后的过人之处，得意手笔，历代帝王很少有人能够这样，即使先帝太宗皇上，也不过如此。我没有什么不放心的，只想向天后推荐一个小人物。"

"是何人？"武后急切问道。

"此人叫狄仁杰，曾任大理丞。此公聪颖神俊，处事精明老道，胸怀丘壑，为人又极为正派。我已留意他好久了。前些日子，蓬莱县令遭人暗杀，他主动放弃京官不做，要求去当蓬莱县令，必欲侦破此案。据老夫看，他人如其名，真正是人中之杰。日后若能擢拔重用，定是大唐栋梁之臣。"

"噢，有这样的人才。狄仁杰？我记住了。老世叔，您还有什么要交代的？"

"国事是没有了，只是我的家事……"李勣说着，深深地叹了口气。

武后以为李勣要为儿孙们讨封，急忙说道："这个不劳世叔挂心，我早已想到，李府的子子孙孙都要加官封爵。"

李勣着急起来："天后，你误会了。我要说的恰恰相反，我有两个弟弟，两个儿子，还有几个孙子。长子已死，其他几人官位已经不低，千万不可再无功加官。我想请求天后，对我的兄弟儿孙严加管教，勿使他们因奢而骄，惹事闯祸。'簪缨之族，五世而斩'，我最怕的是子孙不肖，毁了我的一生清名不说，更对不起高祖皇上所赐的这个'李'姓。"

武后终于弄懂了李勣最后的心事，庄重地点点头。

"老世叔，放心吧。好好静养，过几天我再来看你。"

第二天，武后派来了宫中最好的御医，带来了最好的滋补药品。

第三天，武后带着太子李弘，又来探视李勣的病情……

但是，这一切都无法挽救李勣的生命。半个月之后，他终于走了，享年八十八岁。

武后闻讯后，放声大哭。就是在母亲杨氏去世时，她也不曾如此失态。

她对高宗皇上说道："国家不幸，摧一梁柱；我们不幸，折一臂膀。"

高宗皇上亦垂泪叹息不止，当即颁诏，追封李勣为太尉，谥号贞武，敕令葬于昭陵之侧，陪侍于先帝太宗身边。罢朝三日，为李勣举哀。

下葬那天，满朝文武百官皆着缟衣，前往送葬。武后在蕙娘搀扶下，登上则天门楼顶，望着灵车缓缓远去，又一次泪流满面，泣不成声……

第十七章　威威天后　殷殷慈母

太子李弘已经是成年人，天皇和天后便有意让他逐渐参与国事。

作为武后所生的第一个儿子，李弘受到了父皇和母后的特别爱怜和加意培养。从小就修习儒学，担任其师傅的也多是朝中有名的硕学鸿儒。儒家强调的仁义忠恕的精神，早就在他的心里扎下了根。

上次他奏请高宗皇上，认为对于逃亡兵士，特别是对他们的妻子儿女的惩罚过于严苛。高宗皇上不仅立即准奏，而且对这个未来的继位者更加刮目相看，寄予厚望。朝野上下那些以捍卫道统为己任的缙绅士大夫们，更从太子身上看到了希望，以为他一旦当了皇上，必能遏制野心勃勃的武后，彻底改变女人把持朝政这种"牝鸡司晨"的不正常现象。

作为未来的君王，自应接受最严格的儒家之教，成为天下人的表率，对此武后也毫无异议。但是对太子酷肖乃父那种仁弱优柔的性格，武后却深为担忧。要当个好皇上，治理好这么大一个国家，只靠仁义道德，只靠做善事，当好人是万万不行的。政治斗争错综复杂，有时候简直是剑拔弩张，你死我活，没有铁血手腕，只凭一副柔肠善心怎么能行？

更令武后揪心的是，太子的身子骨自幼羸弱，这些年又患有痨疾，时常发冷发热，虽经御医们百般调治，却始终未能痊愈。

第一次为他选定的太子妃被贺兰敏之逼奸而死之后，使他受到了巨大的刺激，病情加重，竟连续一个多月卧床不起。

为了医治他的心理创伤，使他的病体迅速康复。武后和高宗皇上又抓紧物色和选拔太子妃。

这次选定的是禁军大将裴居道的女儿，这位大家闺秀不仅天生丽质，风姿绰约，而且知书识礼，谨守妇道。皇上对她十分满意，高兴地对武后说道："东宫内政，吾无忧矣。"

咸亨四年八月，司天监选得吉日，太子完婚。

原以为心病需用心药医，为其完婚，以"冲喜"的方式可以使太子的病好起来。

孰料事与愿违。年轻人初尝禁果，便一发而不可收。几乎是夜不虚席，甚至是一夜数次地折腾。这痨病本属虚症，阴虚火旺，五心烦热。对房事要求愈加强烈，而过度的房事则使肾阴愈加亏虚，成了一种恶性循环。

太子李弘似乎越来越虚弱，武后十分着急，一方面让太子的内侍提醒太子，要节制房事，注重保养。另一方面，嘱咐太子的师傅们，对太子的学业不要督促太严，要让他多到户外散心活动，以清心寡欲，增强体质。

这样，太子便每天抽出一定时间，在皇家苑囿中，假山旁、清池畔，繁花碧树之间，游玩散心。

这日傍晚，玩得高兴，身上亦觉轻松，便信步向北走去。穿过一片绿地，便到了宫内下人们的居住区，多是仄房矮舍，与前面的殿堂楼阁大异其趣。

正要转身往回走，却忽然看到一个独立小院的门前，站着两名持枪佩剑的侍卫，像是在看守着什么罪犯。

"这是什么地方？里面是什么人？"李弘深觉奇怪。

"太子爷，天不早了，咱们往回走吧。"随侍的太监答非所问。

"我在问你话呢，这里面关的什么人？"

"太子爷，咱们还是少管闲事，快回去吧。"

李弘见这太监闪烁其词，愈觉狐疑，便非让他说明白不可。

这太监十分为难，在宫禁之内，多说话常常会招来祸事。但太子是未来的皇上，他的话又不能不听。只好嗫嚅着说道："回太子爷，这里幽禁着义阳、宣城二位公主。"

"有公主在此幽禁，我怎么不知道，她们所犯何罪？"

"这……奴才也说不清楚。只知道她们是当年萧淑妃的两个女儿。萧淑妃犯了事，她的女儿便被幽禁了。"

萧淑妃的事李弘小时候模模糊糊地听说过，她与母后做对，死后还弄神弄鬼，变猫变狗的，闹得鸡犬不宁。但她有两个女儿，而且被囚禁着，自己却一无所知。

"她们被幽禁的事，我怎么一点都不知道？"

"那时候太子还小。这样的事下人们不敢随便议论，讳莫如深，太子整天忙于读书，怎么会知道呢？"

"那她们被关了多长时间了？"

"算起来，大概有十九年了吧。"

"十九年？"李弘大叫起来。这可是整整一代人的时间，人生有几个十九年？自己虽没有见过她们，但她们毕竟是自己的姐姐。母亲也太残忍，对两个女孩子怎么能下此毒手？竟让她们在这种生不如死的境地中煎熬了近二十年？这事自己不能不管，无论如何不能眼看着两位姐姐再苦熬下去。否则，自己也便是不仁不义之人，将来还有什么资格去做君临天下的明主。

李弘再没说话，掉头往回走去。

当天晚上，他便怒气冲冲地去找高宗皇上。

"父皇，义阳、宣城公主犯了什么弥天大罪，你们竟高墙破屋戒备森严地圈禁她们近二十年？"

"这……还不是受她们母亲的牵连。"

"百姓犯法，还罪不及妻孥呢，何况她们乃是天潢贵胄，金枝玉叶，母亲罪恶再大，与女儿们何干？还请父皇降旨，释放两位公主，并为她们择婿下嫁。"

"这是六宫之事，要你母后点头才行。你写奏疏吧，朕与你母后商量一下。"

李弘只觉得心中一阵发冷，他看了看父皇，从心底泛起了一股鄙夷之情。堂堂皇帝，一国之君，居然忍心让自己的亲生女儿过着猪狗不如的日子，一过就是二十年。什么后宫之事，你当皇上的就不能说了算一次。这可是你的亲骨肉啊，你不觉得有亏为父之道吗？

他从心里开始瞧不起自己的这位父皇，但又无法说出口，只是愤愤然告辞而去。

这一夜，他无法入睡。连夜赶写了一道措辞强硬的奏表，第二天一早便呈给了皇上。

高宗皇上自然要把奏表给武后看。武后仔细地看过李弘的奏表，顿时陷入了极大的矛盾之中。

从感情上讲，她至今对萧淑妃仍然恨之入骨。她生前搬弄是非，欲把自己置于死地。死后又作祟为祸，作践了自己那么些年，真正是罪不可绾。她的女儿，自己不杀她们已算宽容，就是关她们一辈子也不为过。

而自己的儿子，国家储君亲自上表为她们求情，胳膊肘往外拐，这不能不让武后有些寒心。你也不想一想，为娘的当时若是不下狠心，让王皇后、萧淑妃占了上风，哪有你当太子的份？别说是当太子，以王、萧二人的狠毒，我们母子怕是早就成了这宫中的冤魂孤鬼。你们兄弟姊妹，连被幽禁的幸运恐怕也没有。

你这个当太子的，也太像你的父皇，柔弱有余而刚强不足，只知道仁恕友恭，不懂得恩威并施，将来如何掌管大唐的天下？

然而从理智上仔细想想，她又不能不承认太子说得也有些道理。

义阳、宣城两位公主并不是萧淑妃，萧淑妃罪不容诛，已经受到了应得的惩罚。按说做女儿的是无辜的，已经幽禁了她们十九年，是有些过分了。一方面是萧氏对自己伤害太深，另一方面也是自己实在太忙，这几年也真的把她们给忘了。她们毕竟是皇上的亲生女儿，是太子同父异母的姐姐。若是她们不与自己为敌，放就放了吧。毕竟是太子说了话，就给他一个大面子，在天下人面前成全他的仁德之名，这对他将来为君掌天下也不无好处。

于是，武后表示同意，很快以皇上的名义降下一道"敕命"，即日开释义阳、宣城两位公主。并由武后指婚，下嫁给上翊卫权毅和王遂古为妻。

上翊卫其实就是皇宫的卫士，是个不起眼的小官。皇上的千金下嫁给如此低微的卫士，实在有些太不般配，太掉架子。

但是，对于两位在暗无天日的皇家牢狱中圈禁了近二十年，如今已快四十岁的老姑娘来说，简直是喜从天降，是"再造之恩"。丈夫的官职再低微也无所谓，关键是她们从此成了自由人。

出嫁之前，她们向父皇、皇后千恩万谢。对于武后，她们真没有太大的怨恨了。这些年的囚禁生活使她们想通了。宫廷斗争历来是你死我活，谁叫自己是萧淑妃的女儿呢？这怨不得别人，只能怨命。

对于太子李弘，她们更是感恩戴德，视作救命恩人。出嫁那天，太子前来送行，姊弟们抱头痛哭了一场。

义阳、宣城二位公主嫁出去了，终于脱身苦海。太子李弘为此颇高兴了几天。

但高兴之余，又感到美中不足，两位驸马的官职太低了，对两位公主来说还是有失公道。

这天他又来找武后："母后，儿臣以为，义阳、宣城公主的驸马官职卑微，这太丢皇家的面子，还请母亲做主，给他们点身份。"

武后看看儿子，无声地笑了："我的儿子，看来你这一辈子是注定要做菩萨了。怎么光替别人着想，就不多想想你的身体？好了，这件事我想过了，不看僧面看佛面，总得有你父皇和你这个大太子的脸面。回去等着吧，不几日便会有旨意下发。"李弘没料到母后会如此痛快，竟高兴得在母亲的腮上亲了一口。

果然，没出三天，皇上再次颁诏，擢王遂古为颍州刺史，权毅为梁州刺史。

权毅、王遂古既得金枝玉叶为妻，又平白擢升高官，当然喜不自胜，便很快打点，走马上任。两位重获自由的公主，也便随同丈夫同往任所。从此对朝廷忠心耿耿，与武后也是一心一意，再无半点芥蒂。

裴行俭击溃突厥二十万大军之后，并不敢有丝毫的麻痹。突厥残部还有五六万人已逃往狼山，其他还有一些零散部落也在窥测时机，以求一逞。这个民族强悍好斗的本性，决定了他们不会就此服输。

他令部下屯扎于边塞，每日布阵演武，积极备战，并不断从内地运来军需粮秣。

果然不出其所料，第二年春天，突厥的一个部落酋长阿史那伏念自立为可汗，与另一部落阿史那德温傅连兵为寇，气势汹汹地向唐军杀来。

裴行俭将大军在代州陆口一带结阵驻扎。他没有急于正面与突厥兵交锋。因为此时突厥人报仇心切，来势正猛，应先避其锐气。

他派出了许多细作，扮作突厥士卒，混入敌营，制造谣言，离间阿史那伏念和阿史那德温傅的关系。不久，反间计产生了效果，双方互相猜忌。

德温傅公开指责伏念暗通唐军，企图背叛突厥，投降大唐。

伏念平白受此诬枉，怒不可遏。为了表白他反唐到底的心迹，他将妻小、辎重留在金牙山，自率三万轻骑偷袭唐军曹怀舜部。

裴行俭得知消息，立即通知曹怀舜，让他坚守不战，将伏念的骑兵拖住。同时，派程务挺和裨将何迦密，率一万精锐之师，从小路急行军，直扑金牙山。

金牙山除了伏念的妻小和部分将士的家眷之外，所留守山的老弱残兵不足二千。程务挺率军赶来，几乎是兵不血刃，未受到任何抵抗，便攻占了金牙山，俘获了伏念的妻小，缴获了无数辎重枪械。

伏念率三万人马，将曹怀舜所部团团围住，一连叫阵三天。曹怀舜紧闭寨门，任凭突厥兵肆意辱骂，决不出战，伏念欲强行攻打，中间却隔着又深又高的壕沟，沟中早灌满了水。兵马驰至壕边，欲待涉水强攻，却被乱箭射回，死伤无数。

第四天，伏念正在万分焦躁之时，忽见寨门大开，拥出了一彪人马。

曹怀舜横刀立马，站于阵前，高声喊道："阿史那伏念，还不下马归顺，你看这些人是谁？"

伏念仔细一看，顿时惊得魂飞魄散。他情深意笃的结发之妻、三个儿子、四个女儿俱被绑在敌阵之中。每人身边站着一名凶神恶煞的唐军武士，脖子上架着一把明晃晃的大刀。

伏念一下子呆了，稍一迟疑，妻子儿女立时就要变作刀下之鬼。他慌忙跳下马来，双手冲着唐军阵营连连打拱，口里大声喊着："曹大将军手下留情，只要饶我妻儿老小不死，伏念愿归降大唐。"

曹怀舜微微一笑："伏念可汗放心，唐军乃仁义之师，只要你诚心来降，我们决不为难你的家人。"

"好，大丈夫一言为定。"

伏念说完，立即带领部下解围而去。当天下午，他自缚双手，只带两名随从，到裴行俭的中军大帐请降。

裴行俭见伏念进帐之后，膝行而前，慌忙迎上去，双手将他扶起，亲松其绑，满脸堆笑道："可汗何苦如此，只要归顺朝廷，我们从今便是一家人了。"说完让人搬来凳子，请伏念坐下。

伏念面呈惶愧之色，对裴行俭说道："裴大帅，伏念一鲁莽武夫，不识时务，冒犯天威，自知罪孽深重。今日来此，愿将家小寄于将军帐前，以做人质。伏念率本部人马，前去擒缚德温傅，献给大帅，以功赎罪。"

裴行俭大喜，说道："可汗有此诚意，其心可嘉。你可放心而去，宝眷留在这里，本帅定会视为上宾，以礼相待。来人，酒筵伺候，为伏念可汗壮行。"

酒饭之后，伏念拜辞而去。

第五天未时，唐军哨兵忽见北面数里之外，尘头大起，狼烟滚滚，大队人马浩浩荡荡杀奔而来。

将士们一个个变貌失色，纷纷整军待战。李文暕愤然骂道："突厥人野蛮之族，豺狼之性，从来不讲'信义'二字。定是伏念那厮出尔反尔，又勾结德温傅举兵来犯。"

裴行俭坐在那里没动，平静地说道："未必，我估计伏念可能已缚住德温傅，如约来降。不过，自古以来'受降如受敌'，为防万一，大军要严阵以待，只派一名使者前去迎接。"

"既如此，末将愿充此使者。"

"好，李将军多加小心。"

不一会儿，李文暕与伏念并马驰来。德温傅果然已被缚住，亦随同李文睞、伏念一块来大帐请罪，两部人马全部归降。

至此，突厥余党全被荡平，逃散各地的残兵败将为求自保，亦纷纷前来归降。动荡骚乱了数十年的唐与突厥边境，从此和平宁静，相安无事。

捷报飞传至东都洛阳，高宗、武后甚感欣慰，立即颁诏，令裴行俭班师回朝。

裴行俭将部分人马留驻边塞，屯田守境。率其余人马晓行夜宿，十几天以后凯旋。

西北大捷，与当年的高丽大捷一样，极大地提高了大唐朝廷的天威，确保了国家的长期安宁。

为了褒奖凯旋的将士们，武后不食前言，奏请皇上颁诏，敕封裴行俭为幽州大都督，仍领礼部尚书事，在朝为官。其他将领，也即按照战功大小，各加封赏。

接着，朝廷在奉宸殿举行盛大宴会，犒赏远征归来的勇士们。

天皇、天后和太子李弘，以及朝中三品以上的大臣，皆出席了这个宴会。

高宗皇上举酒说道："这几年，我大唐将士东征西战，先灭高丽，又平突厥，实乃国家盛事，百民幸事。裴行俭将军及所有浴血征战的将士们，皆功不可没。来，朕这杯酒，先为凯旋将士们贺功。"说罢，举杯轻啜一口，宴席上众人皆一饮而尽。

一杯酒落肚，裴行俭感慨万千。当年自己年轻气盛，跟着长孙无忌和褚遂良说了武昭仪几句坏话，被贬为西州都督府长史，至今已整整过了二十六个年头。

幸有司空李勣及时指点迷津，自己几十年来只埋头戍边，不问朝政。不管怎么说，武后还是能容人的，她能让自己在边塞当了多年的统兵大将，最后又让自己当了扫平突厥的大元帅，这种捐弃前嫌、选贤用能的大度，是常人所难以企及的。

二十多年的戎马生涯，使他对朝政的看法有了很大的改变，往昔的书生意气已不复存在。虽然是皓首回京，带着一身伤疤，一身征尘，但也带回了一身荣誉。能在京城与家人安度晚年，他已感到十分满足了。与长孙无忌、褚遂良、韩瑗这些早就死于非命的"盟友"们相比，那简直是太幸运了。

想到这些，他感激地看看天后，说道："末将身为行武之人，久戍边关，领兵打仗本是分内之事，实在不敢贪天之功。对突厥一战能大获全胜，全凭天皇、天后用人不疑，前线指挥放权，后方供应及时。扫平突厥，功在朝廷，功在天皇天后。"

宰相裴炎也接口说道："裴将军说的是，天皇、天后知人善任，选贤用能，确是西北大捷的根本所在。"

武后却说道："诸位错了，真正知人善任的，不是皇上和我，而是已故的老太师李勣大人。以裴将军为帅，乃是李大人极力荐贤。可惜，李大人已登仙界，没有亲眼看到扫平突厥的辉煌胜利。我提议，这杯酒该先祭老太师的在天英灵。"说着，武后变得神色黯然，端起酒杯，向天举了三举，轻轻地酹于地下，大厅内顿时一片唏嘘。

接下来，宴会渐渐地活跃起来，远征归来的将士与朝中大臣们相互敬酒，娓娓而谈，继而开始大声说笑，你推我让，气氛喜庆而又热烈，直至夜阑方散。

庆功宴会上，君臣们互相道喜。太子李弘一时高兴便多喝了几杯，当时便有些头重脚轻。

未待宴会结束，他便向父后、母后告辞，先回东宫去了。当夜睡至四更时分，一阵剧烈的咳嗽把他弄醒。他只觉得胸口间一股腥热直往上冲。一张嘴"哇"地吐出了一口鲜血。

太子妃一看急了，忙唤人去传太医，同时要禀知天皇天后。但太子不依，说道："我这病也不是一天两天了，是从小的宿疾，没什么大碍，深更半夜的，何必再去惊动父皇、母后。"

太子妃只好作罢。

但是，他越来越苍白的脸色和孱弱的身体，却瞒不过父皇、母后的眼睛。

"朕看弘儿的身体，这些日子似是更加虚弱。御医们说，这种病最怕房劳过度，却又欲火炽盛，最思房事，还是应让他节制女色。"高宗皇上担忧地对武后说道。

"我也想过数日，还是让他搬来合璧宫居住，暂时离开太子妃，远离女人，一律由太监们侍候，或许能好一些。"武后也不无忧虑地说。

李弘搬进合璧宫，经过太医们的精心调治，病情大有好转，脸色已出现健康的红润，脸颊也渐渐丰满起来。高宗和武后看在眼里，心中暗暗高兴。

然而，高宗皇上的目眩病却一日重似一日。一天上午，高宗皇上在武后上朝之后，将太子召至自己的寝宫。待太子行过大礼之后，高宗皇上正色说道："朕这些年一直膝理违和，沉疴缠绵不愈。自觉无力治理国事。前几年本欲禅位于你母后，为宰相们所阻，说是有违祖制。你今年已二十四岁了，曾数次监国，完全有能力独担朝纲了。朕意欲让位于你，朕也好专心治病，颐养天年。"

李弘一听父皇要让位于他，大惊失色，慌忙匍匐在地，哽咽唏嘘，边哭边说："父皇才五十出头，正值人生盛年，万万不能有退位之想，陷孩儿于不仁不孝之地。孩儿虽死，亦绝不接位。"

高宗皇上却说："朕意已决，太子莫非要抗旨吗？"

李弘万分着急，以头碰地，放声而泣，却一时说不出话来。

哽咽多时，他突然爬起身来，向殿外冲去。高宗皇上猛然一惊，急忙抽身跟了出来。却见李弘双手扶在殿外的石柱上，低着头"哗哗"地呕吐。

高宗皇上趋至近前一看，地上竟是一滩滩殷红殷红的鲜血。他一下子吓蒙了，双手搂住李弘，大喊着问道："弘儿，弘儿，你怎么了，这是怎么了？"

李弘面色蜡黄，嘴角流着鲜血，已经无力说话。只冲父皇惨然一笑，便浑身软塌塌地瘫在了高宗皇上的身上。

"来人呐，快传太医。"

太医院的御医们几乎全都来了，一次次地号脉会诊，你进去我出来，却都面显隐忧。他们知道，太子的病疾已到了后期，恐怕已无望治愈。只好开些止血静养的方子，以解燃眉之急。

武后也听说了，赶紧匆匆罢朝，急三火四地赶回合璧宫。她坐在太子的病榻前，心如刀绞。这一夜，她没有回自己的寝宫，一直坐在太子身边，看着宫女们熬汤煎药。药熬好之后，由她一匙一匙地给太子喂于口中。

李弘看着母后双鬓间钻出的几丝银发，心中老大不忍。眼里闪动泪花，颤声说道："母后，孩儿不肖，以后怕是不能在您老膝下尽孝了。"

"别胡思乱想，你还年轻。太医院尽是天下一流的医家高手，他们一定会把你的病治好，好好地放心静养吧。"说完，武后别转了脑袋，一串热泪急速地滚落了下来。

太医院御医再多，医术再高，却无回天之术。这年五月，太子李弘终于不治，溘然薨逝。

天皇、天后皆陷入了巨大的悲痛之中。

高宗皇上颁诏，将太子安葬于恭陵，封谥"孝敬皇帝"。高宗皇上亲撰《孝敬皇帝睿德记》一文，上写道：

> 朕膝理违和，将逊于位。而弘天资仁厚，孝心纯确。既承朕命，

掩欷不言，因兹感结，旧疾增甚，遂成沉痼。西山之药，不救东岱
之魂；吹汤之医，莫返逝川之命……

此时，武后敕命编著的《一切道德经》恰好成书，武后亲为此书写序，序中盛赞太子弘的贤德，极表自己的思念哀痛之情，最末几句云："拂虚帐而摧心，俯空筵而咽泪。兴言鞠育，感痛难胜。"

尽管太子李弘的死因明明白白，宫中上下皆洞若观火。尽管武后不胜悲痛，以致数日饮食难以下咽，朝臣们对此都了若指掌。

然而，十分奇怪的是，李弘死后一个多月，洛阳城里却悄悄地传开一则谣言，说是太子李弘之死，是为武后鸩杀。原因是武后图谋临朝称帝，李弘已成了她达此目的的最大障碍。

谣言越传越盛，洛阳百姓中已经众口嘈嘈。

后来，这谣言终于传到了武后的耳朵里，武后怒火中烧，无以复加——这真是天大的冤枉。

"这些无耻之尤的造谣者，简直畜生不如。虎毒尚不食子，他们把我糟践成了什么？"武后初听到这些谣传，气得浑身发抖，将手中端着的一个饮茶玉碗在地上摔得粉碎。

"'君子坦荡荡'，这些卑劣小人的话，不值得为之大动肝火。皇后对弘儿之心，宫人朝臣无人不知，朕更是知道得一清二楚。皇后且息怒，时日一久，谣言自会不攻而破。"高宗皇上深表同情地安慰着武后。

也只能这样了。谣言可以乱政，可以杀人。但是造谣者却从来就是隐藏得极深，让你找无可找，寻无可寻，要想反击，都没有目标。

武后在痛苦和愤怒的双重煎熬中，坚持着临朝视事。太子已死，皇上多病，她再不能垮下来，必须咬紧牙挺住。对那些恶毒的谣言，她只能采取置之不理的态度。这种事无法追究，越追究传播得越广，真正是越描越黑。

或许数月、数年之后，谣言会自行平息，也许会成为永远说不清的千古之谜！

"弘儿驾鹤西归一月多了，逝者已矣，徒悲无益。朕这个病身子又总不见好，东宫之位不能久虚。以皇后之见，我们该立谁为太子呢？"一天夜间，躺下之后，高宗皇上问武后道。

这对老夫妻，现在已经习惯了在龙床上议论政事。经过几十年的风风雨雨、碰碰撞撞，他们之间的关系似乎又恢复了年轻时的亲密无间。不，应该

女皇武则天

说比年轻时，相互间更多了一些深层次的理解，现在的亲密更深沉，更凝重，更恒久。

"皇上，您怕是早已胸有成竹了吧，何不说出来听听呢？"

高宗皇上没有急于说，却用右手的食指在武后光滑微胖的肚子上轻轻地写了一个"贤"字。

武后笑了："你是说贤儿？"

"对。在皇后所生的四个儿子中，要数贤儿的天分最高，小时候他的师傅们就称他神童。八岁那年便读《尚书》《礼记》《论语》等经典。《尚书》就连大人读来也有些艰涩难懂，也真难为这么个小孩子，竟被他硬是啃了下来。这孩子记忆力惊人，过目不忘，很有些像你，许多古诗古赋竟能一遍成诵。"

"我看行，贤儿不仅聪慧，而且身体强健。在专精坟典之余，还十分留意武功，弓箭、骑术都非常娴熟，是个文武全才，颇有他祖父，先帝太宗之英武'遗风'。更重要的是，他不像弘儿没有子嗣，才二十二岁，就为我们生了三个小王子。"对于立李贤为太子，武后极表赞同。

事情就这样定下来了。高宗皇上不久颁诏，立李贤为太子，并仍以自己疾病缠身为由，命太子监国。

李贤入主东宫，并以太子身份监国。他一时踌躇满志，雄心勃勃。每日按时上朝，勤理政务，从国家大政决策，刑狱谳勘到官吏任免，以及赈灾恤民等，事无巨细，都要过问。散朝之后，再与师傅们精研至圣先贤们的经典和历代明君贤相的策论。再有余暇，便练功习武，骑马射箭，带领一帮侍卫外出狩猎和打马球。他要处处超过那位终日病恹恹的皇兄李弘，给父皇、母后和满朝文武留下一个精明强干的印象，为以后接管天下打下一个坚实的基础。

以他的天赋、才干和雄厚的实力，他也确实做到了这一点。不出半年时间，朝廷百僚臣工对于李贤已是交口称誉，颂声迭起。说太子处事明审，有大家之风。人们似乎看到，当年的唐太宗李世民又回来了。

高宗皇上听了大臣们对李贤的赞扬，自然十分高兴，立即对他给予手敕褒奖，并将此手敕颁发全国：

> 皇太子贤自顷监国，留心政要。抚宇之道，既尽于哀矜；刑网
> 所施，务存于审察。加以听览余服，专精坟典。往圣遗编，成窥壸
> 奥；先王策府，备讨菁华。好善载彰，作贞斯在，家国之寄，深副

所怀！

太子李贤走马上任，出手不凡。其所作所为，深孚众望，从皇上、武后到朝野上下，都对这位新太子刮目相看，对大唐的未来表现了极大的乐观。

十分不幸，就在这个时候，李贤听到了一个令他惊疑的坏消息。

在一天下午，他带领内侍们到洛阳城郊的山中狩猎时，无意中听到了两位在山路上歇息的行商的对话。他们出来狩猎都是穿的紧衣箭服，行商们并不知他便是当今太子爷，以为不过是哪家豪门大户的公子哥儿，因此说话便口无遮拦：

"王年兄，听说才换的这位太子爷文武双全，比前任太子本事要大得多。"

"也许吧，可不知道他的命运比他那位可怜的哥哥怎么样？"

"唉，前面那位太子爷也是个仁爱主儿，只是命不好，死得太早。"

"什么命不好，还不是被他母后给药死了。"

"嘘——老兄，说这话可得小心。再说，这样的事太玄，我就不敢相信。母狼生个狼崽子，还形影不离喂养守护，唯恐伤及一根毫毛，何况是人？"

"人怎么了？在这个世上，人比什么畜生都坏！儿子挡了母亲的路，母亲就要除掉他。听说那位太子爷死时大口大口地吐血，而且吐的都是黑血，这不是鸩毒是什么？这事满洛阳城里早就传得不新鲜了，就你老兄不信。"

"好了，好了，我不跟你争，这事姑妄言之，姑妄听之，我们还是少说为佳。"

两个小贩一边说着，一边挑起货担颤悠悠地走了。

李贤痴痴地站在那里，像是还在梦境里。多时醒来，只觉得心口发闷，脑袋发木，再也无心狩猎，忙招呼侍从们，匆匆赶回宫去。

这天夜里，李贤没有睡好。那两位过路客商的话，在他的耳鼓中滚过来又滚过去。

"儿子挡了母亲的路，母亲就要除掉他……"，大哥李弘挡了母后什么路？莫非母后要当皇上不成？那么说，自己现在不是又正挡着母亲的路吗？一想到这里，他吓得出了一身冷汗。

李贤挣扎着要摆脱这种想法，他不相信这会是真的。做母亲的怎么会忍心杀死自己的亲生儿子呢？

但是，皇兄李弘确实是死在合璧宫里，而且真真切切是大量呕血而死，这是自己亲眼所见的铁的事实。其实，细想起来也不足为怪。在自己读过的

女皇武则天

大量的史书典籍当中多有记载，历朝历代，皇室中为争夺神器、大宝，子弑父，父戮子，兄杀弟，弟害兄，父子相残，兄弟相煎的事例举不胜举。母后要是真在窥伺大唐帝座，一咬牙杀死太子也就不算什么奇事了。洛阳城里的庶民们都已经众口一词了，只是在这戒备森严的深宫里，人们对此事讳莫如深，噤若寒蝉罢了，以至于自己时至今日才知端倪。

李贤忽然觉得自己同母后的关系一夜之间生分了，一下子变得形同路人。不，连陌路之人都不如，简直是势不两立的敌对双方。

自己已站在进退维谷的悬崖绝壁上了，该怎么办呢？急流勇退，辞掉这个太子？且不说自己从小志存高远，现在正是一展宏图的时候。父皇身体多病，久欲禅让，自己离登基称帝的目标只差一步了。就是退一步说，自己突然提出辞去太子之位，在母后的眼里也是"此地无银三百两"，反而更会招致她的疑忌。

既然已骑在老虎背上了，就得义无反顾地骑下去。我李贤不是那个软弱无能的弘哥哥，我不信凭我自己的文韬武略，会被老虎活活地吃掉。

他想起来了，祖父太宗皇上在当秦王时，为了对付太子建成和齐王元吉，也是为了对付当时的皇上高祖李渊，曾在秦王府招养了硕学鸿儒组建鸿文馆，名为写诗作文，研究学问，实则是做他的幕僚和高参，后来成了闻名天下的"十八学士"。

而母后呢，不是也组建了一个"北门学士"班子吗？真的只是在著书立说？那不过是表面文章，母亲早已将他们视为政争腹心、国事顾问了。这些年来不是一直倚为肱股，以备缓急之需吗？就连父皇都把这些人当成了宝贝疙瘩。那个胡楚宾好饮酒，父皇每次令他撰文，都必先命左右拿一只金杯、一只银杯，各盛满酒，让他喝至半醉，文成之后，再将金、银杯全都赐予他。这哪里是什么文学之士，简直是母后、父皇的座上宾嘛。

李贤决心依样画葫芦，学皇祖和母后的样子，也组建一个由硕儒大贤组成的幕僚班子。

他经过深思熟虑，找了一个绝好的理由：对范晔所注的《后汉书》进行全面注释。这既是一项前无古人的"文治"成果，又与当今的政治争斗毫无瓜葛，不会引起母后的任何疑忌。于是，他召集了左庶子张太安、太子洗马刘讷言、洛州司户参军格希元、学士许淑牙、成玄一、史藏诸、周宝宁等一批颇有名气的学者，独辟一室，专门从事这次研究注释工程。

太子李贤年轻老成，工于心计，他以太子身份聚集了这批学者名臣，似乎在进行着一次纯学术研究活动。而在他的内心里，却是要通过此举发现和网罗人才，组建起自己的智囊团，准备与母后所建的"北门学士"分庭抗礼。

武后开始并没有发现太子有什么异图，她在以极大的热情支持他参理朝政的同时，也在冷静地观察着他的一举一动。年轻人嘛，血气方刚，好大喜功，想很快地做出点有声有色的成绩，让人们看看，证实自己的能力和价值。这是件好事，没有什么可指责的。

事情如果到此为止，母子俩会继续相安无事。高宗皇上百年之后，李贤顺利即位，大唐的历史也许会以另一种面目出现在后人面前。

但是，幸运之神却不属意于太子李贤，神差鬼使让他又听到一则更加不可思议，更加扑朔迷离，也更加让他心惊胆战的坏消息。

李贤有一个从小光屁股一块长大的昵友，叫赵道生，是籍没入宫的奴才所生的儿子。两个人关系十分亲密，从来就形影不离，无话不谈。年龄大了，赵道生作为成年男子，应该出宫去了。但是李贤舍不得他走，他也恋着这天下第一"家"的荣华富贵不想离开，便自愿阉割，做了李弘的贴身太监。

这日赵道生从外面回到东宫，向李贤示意有话要说，李贤便领他进了一间密室，并嘱咐其他太监、宫女不得靠前。

"太子爷，有件天大的事，奴才刚刚听说。"

"什么事？"见他神秘兮兮的样子，李贤心里马上打起鼓来。

"有人说，太子爷您……您居然……"

"我怎么了？何事如此吞吞吐吐？快说！"李贤心里着急，话语已充满着火药味。

"此事干系大如天。不说对不起太子爷，说了怕奴才的脑袋保不住，还求太子爷看顾奴才。"

"说吧，再大的事有我呢。"

"有人说太子爷不是皇后娘娘的亲生儿子，而是您的姨妈，当年的韩国夫人所生。"赵道生终于鼓起勇气，一口气把话说完。

"什么？这不可能，听谁说的？"李贤被唬得几乎跳了起来，简直是大晴天里突然响了一个炸雷。他一把抓住赵道生的衣领，眼放凶光，厉声问道。

"是……是奴才在宫外的一个朋友说的。"

李贤松开了抓着赵道生的手，尽量地使自己平静下来："他到底怎么说的，你不用怕，都详详细细地说出来，不管出多大的事，我都不会扔下你的。"

于是，赵道生把事情的来龙去脉都告诉了李贤。据他那位朋友说，这事宫里宫外有许多人都知道。当年韩国夫人常年住在宫中，与高宗皇上有染。一来二去，便怀上了龙种，肚子也渐渐大了起来。

这可是件天大的丑闻，皇上与自己的大姨子偷情生出了孩子，一旦为外人知道，立刻便会传遍天下。到那时，脸上最不光彩的还是武后。一边是她的丈夫，一边是她的亲姐姐。这说明什么呢，只能说明武后在皇上跟前已经失宠，已经缺少魅力，连比自己大好几岁的亲姐姐都不如。

为了掩盖这一丑闻，武后主动向皇上提议，采用"移花接木"的调包计，瞒天过海，掩人耳目。

一方面，让已经怀孕的韩国夫人深居简出，不准与任何人见面。

另一方面，终日抛头露面的武后，把腰腹逐渐缠粗，一天比一天大，给人们留下了身怀六甲的印象。

韩国夫人即将分娩的时候，恰逢高宗皇上要率领百官和众妃嫔们去祭祀昭陵。没有法子，只好在没人时把韩国夫人偷偷地送上龙凤大轿。而到了人多的时候，武后又挺着个大肚子，在几个宫女的搀扶下，一步三摇地上了轿。

当年的十二月十七日，李贤降生在了前往昭陵的路途上。

当一声清脆的婴儿啼哭，从龙凤轿内传到冰天雪地的旷野里时，两个女人的肚子一齐瘪了下去。

高宗皇上命人向百官报喜，说是在祭祀路上又得龙子。百官们前来道喜，武后隔着轿帘与他们说话，话声显得疲惫无力。

从那以后，李贤便成了武后所生的第二个儿子，自然便一直养在武后身边。不出几年，韩国夫人则不明不白地缢死在自己的寝室里，是自杀还是他杀，不得而知。

听完这段齐东野语似的离奇故事，李贤脸色煞白，石雕木偶一般坐在圈椅里，半天不说一句话，甚至连眼皮也不眨一眨。

"太子爷，这只是奴才道听途说的，您可千万不要太着急。"

李贤再没有说话，他示意赵道生且退下，自己半仰躺在圈椅里，慢慢地闭上了眼睛。

原来是这样，我不是她的儿子！怪不得这么些年来，她对自己总是那么严厉，那么冷冰冰的。在自己的记忆中，这位母亲几乎就没怎么抱过自己，这哪里有点做母亲的温情？自己当上太子之后，她总是那么不冷不热，平日连个笑脸都很难看到。与被她百般宠爱的小妹妹太平公主相比，自己简直是个从荒坡里拣来的孩子。

李贤的脑子完全乱了，像塞进了一团乱麻絮。他已经理不出个头绪，思路只顺着一个方向往里钻，对这则谣言坚信不疑。

他只把自己与太平公主相比，却忘了与哥哥李弘和两个弟弟李显、李旦比一比。他们都是武后的亲儿子吧，武后对他们不同样是十分严厉，并没有普通母亲那种溢于言表的脉脉温情吗？

人往往这样，不管你多么聪明，一旦钻进了牛角尖，就很难自我脱身。

眼下的李贤便是如此，他再也不想好事，一门心思只往坏处想，真正的"疑心生暗鬼"。

他忽然又想起了李弘，哥哥临死前的惨状在他的眼前晃来晃去。对亲生儿子她都下此毒手，对自己这个抱养的孩子，一个皇上与情人野合而生的私生子，她还能放过吗？自己原来与魏国夫人、贺兰敏之也是兄弟姊妹，是一母同胞，他们都已经随母亲去了，一个被毒死，一个被勒死。那么，自己会是怎么个死法呢？

不，我李贤绝不能步他们的后尘，死得那么窝囊！就是死，也得拼个鱼死网破。何况，现在还没到山穷水尽的时候。我必须装作什么也不知道，什么也没发生。对这个女人，既然惹不起，难道还躲不起？

从这天开始，太子李贤便彻底站在了武后的对立面上，开始拉开了他人生悲剧的序幕，一场由两则谣言引发的本不该发生的悲剧的序幕。

这个聪明绝顶的年轻人，为什么就不从另一个方面想一想呢？你如果不是她的亲生儿子，而是她的情敌甚至可以说是她的仇人的儿子，她为什么要让你活到二十多岁，而且活得无忧无虑，自由自在？她怎么可能把一个仇人的儿子，推上东宫太子、国之储君的大位呢？尽管册立太子的诏书是皇上颁发的，可是像这样关系江山社稷命运的大事，没有武后点头，是绝对不可能的，这一点你总该明白吧。

真正是当局者迷，如此简单的常识，李贤却连想都不肯想一想。

第二天早朝，李贤仍然若无其事地按时上朝，只是比平时沉默了一些。散朝以后，便匆匆赶回东宫，再不与任何朝臣交接。对于武后，更是有意躲闪回避。一连数月都是如此。

武后终于发现了情况不对。太子对自己的态度日渐疏远和冷漠，似乎是在与自己虚与委蛇。

她感到隐隐不快，甚至有些愤怒。太子的态度和行为，是对自己这个母后的公然蔑视和挑战。自己早已是掌握国家权力的最高决策者，被委以监国重任的太子，怎么能与左右王朝命运的轴心人物离心离德呢？

她不知岔子出在什么地方，太子何以会发生如此重大的变化？迷惘和困惑令她烦躁不安。"权力"这东西真是一匹怪兽，怪得令人不可思议。自己的亲生儿子一旦当了太子，刚刚步入国家最高权力的圈子，马上就变了样，与自己的母亲拉开了距离。再往后能怎样呢？莫非还会与自己分庭抗礼，势不两立不成？

不行，不管是什么原因，都不能让他在对立的道路上越走越远，那样会害了他，毁了他。

现在，武后不仅是以国家主宰者的身份，更是以一个普通母亲的慈爱之心，焦灼地关注着儿子的命运。怎么办呢？她想了许多法子，但又觉得不妥。这是家事，更是国事，家事与国事混淆在一起，大概是这个世界上最让人棘手的事。若是换了外臣，教而不改可以罢黜，可以诛杀，对亲生儿子却不行，只能是循循善诱，教诲攻心。

李贤不是十分聪颖，人称神童吗？他从小便读了许多儒家经典。对，就以儒家的伦理道德来规范他。她下令"北门学士"编写《少阳正范》和《孝子传》，书成之后立即送给太子。她热切地希望，孝道可以使这匹行将脱缰的野马，能重新回到作为人子、作为储君的正路上来。

可是，她错了。病因没有找准，不能对症下药，再好的药也是白搭，甚至会产生相反的效果。

太子看过《少阳正范》和《孝子传》，冷冷地将书扔在了一边。鼻子里哼了一声，不屑地想，"百善孝当先"，这自然是至理名言。可我李贤该孝敬谁呢？我的生母是韩国夫人，她早已屈死于九泉之下，说不定你便是杀害她的凶手，难道我该孝敬一个杀母仇人吗？

武后见两部书没起多大作用，李贤对自己仍是那么敬而远之。在理政方面也越来越消沉。没有法子，她想找儿子正面谈谈。但一想到他那种隔膜冷淡的态度，怕是谈不出什么好结果，一旦谈崩了，形成僵局，后果将更加不堪收拾。

万般无奈，她只好给儿子写信了。母亲与儿子近在咫尺，却不能当面谈心，而要以书信致意，这有些滑稽，甚至有些悲哀。武后心中一阵阵酸涩，唉，这就是帝王之家的骨肉之情。

她用了一个晚上，用真情蘸着心血写了一封长信，从大唐未来对他的期待，父皇、母后对他的厚望，到母子之间无与伦比的亲情。信写得辞恳情切，读之让人唏嘘泪下。当她把这封充溢着母爱的长信封好的时候，东方已现熹微。

她长长地伸了个懒腰，使劲揉了揉困倦的双眼，急忙梳洗着装，又准备去上早朝了。

唉，可怜天下父母心，但愿贤儿能读懂为娘这颗淌泪的心。

李贤读了母亲的信之后，倒是有了点变化。他与武后见面多了，常常前来请安。见了面不再躲避，也礼节性地说几句话。可是，从他那双呆滞的毫无光彩的眼睛里，武后却看得很清楚，这只是表面文章。从骨子里，母子间的距离连一分一寸也没有拉近。

这是怎么了？他究竟要怎么样？武后痛苦地思索着。但是，国事如此烦冗，天天都有那么些重要事情要处置。最近一些日子，吐蕃又在骚扰边境，侵害边民，这是必须急办的周边大事。她不能像个老母鸡似的，一天到晚只为了自己的鸡雏儿操心。于是，武后把太子李贤的近况告诉了皇上，让他多留神儿子，看看到底出了什么事，自己又埋头于无穷无尽的军国大事之中了。

这一段时间，武后感到有些疲惫不堪。家事、国事、与吐蕃的战争，事事都需要她操心，而每件事都不那么太顺心。

大内总管武壮见武后一天到晚忙得焦头烂额，人明显的苍老了，也跟着着急上火，但却是干着急用不上劲，便千方百计想让武后轻松轻松，散散心。

一天散朝之后，他对武后说道："天后，奴才听说洛阳城里来了一位活神仙，是前汉费长房，魏晋时期于吉、左慈一类高人。不仅能知过去未来，吉凶生死，算无遗策，而且能呼风唤雨，遣鬼差神。"

"是吗？大唐地大物博，人才济济，奇人到处都有，但像这样的高人还不多见。何时把他请进宫来，让我也见识见识。"对于这一类的事，武后虽不是十分相信，但却很有些兴趣。她小的时候，袁天罡给她相过面，几十年过来了，实践证明袁天罡的预言是对的。她第一次入宫之后，做唐太宗的才人，因为一则《秘记》险些被杀，又是星相大家李淳风根据天象救了她。她对星相神仙之流没有恶感，反倒一直留有较深较好的印象。

几天以后，这位活神仙被武壮请进了宫里。

他叫明崇俨，是偃师人，精于幻术，这几年在大江南北声名鹊起，影响颇大。

所谓"幻术"，大概就是类似于现在魔术一类的东西。

女皇武则天

　　然而，在古人的眼里，这样的人物被人们看得神乎其神，佩服得无以复加。上自帝王，下至平民百姓，对他们都像对神仙一样顶礼膜拜。

　　明崇俨在后宫里见了武后，并没有行跪拜大礼，而是长揖参拜："草民明崇俨拜见天后。"

　　"先生不必多礼，请这边坐。"

　　待明崇俨在一边坐下，武壮献上茶，便示意宫女、太监们退出去，自己也跟了出来，随手把门带上。

　　"听说先生道行高深，术通天庭，能遣神使鬼，可有此事？"

　　"天后谬奖了，那不过是在下修炼的'招魂术'，雕虫小技罢了。"

　　"能否让我也一饱眼福？"

　　"这很简单，在下愿意从命。"

　　"是白天还是夜间？"

　　"随时都行。凡是天后所认识的已经亡故的人，您可默想着他们的面目形体，在下在外间作法，招之即来。"

　　"唔，有这么神验？我们何不现在就试一试。"

　　"但听天后吩咐。"

　　武后将武壮唤进来，把后宫的密室布置了一下，摆上香案，燃烛焚香。武后简单沐浴了一下，便至密室盘膝坐定。

　　明崇俨则坐在外间做法，口中念念有词。

　　武后微阖双眼，在凝神静思。自己认识的已故之人多的是，该见见谁呢？她忽然想到了王皇后和萧淑妃。今有高人在此做法，她倒要看看这两个冤家能对自己怎么样？移时，便听密室的内门微微启动，有裙裾飘瑟之声传来。她慢慢睁开双眼，不禁吃了一惊，模模糊糊的果然是王皇后、萧淑妃二人。但已不是蓬首垢面，满脸血污。而是乌云轻挽，粉腮半匀，一身素服干净利索。

　　她们没有像往昔在梦中出现那样，又抓又挠，又哭又骂，而是诚惶诚恐地跪在武后面前，叩首不止。

　　"天后在上，臣妾等知罪了。我等虽为鬼魅，在阴司也终于明白了，天后母仪万国，乃是天意。由天后协助皇上治理大唐，国泰民安，乃百姓之福。今日臣妾被天神拘束，愿受天后惩罚。此后我等再不敢作祟，惊扰天后。"是王皇后率先泣声说道。

　　萧淑妃也忙说道："天后大人大量，慈悲为怀，将贱妾两个女儿安置得妥妥帖帖，能一生安享荣华富贵。贱妾虽在阴曹地府，亦感恩戴德。"

武后万没想到这两个对头冤家会在转瞬之间冰释前嫌，心中一阵高兴，说道："我们虽然人鬼殊途，但也是冤家宜解不宜结。过去那些龃龉，也都是命中注定，没有法子。但愿二位娘娘在阴司修得正果，早升仙界。"

话刚说完，便见二人深深磕了一个头，倏忽而逝。武后揉揉眼睛，屋内平静如初，什么变化也没有，连内门也关闭得好好的。说是梦境，自己分明醒着，同两个鬼魂相见的每个细节和每一句话，都记得清清楚楚，说不是梦，却又有些恍恍惚惚。

她兴奋地站起来，打开门走到了外室，最大的一块心病除掉了，一天云彩都化了，她只感到轻松愉悦，满面春风。

"天后，怎么样？看到了吗？"

"看到了，看到了，先生真是神人那。"

"其实，在下也是借助天后的神威。这两个鬼魂身份特殊，只靠在下的这点法力，恐怕还拘不来她们呢。"

"先生过谦了，您的通神大法，今日算是领教了。我听说，先生还长于文学，精通医道？"

"长于文学谈不上，不过闲来吟诗弄句，附庸风雅罢了。对于岐黄之术，倒是略通一二。自古以来，医、巫不分家，幻术也好，行医也好，还不都是为了消灾祛难，治病救人。"

"那太好了，先生何不为皇上疗疾，若是能治好皇上的病，那可是功德无量。"

"在下谨遵懿旨，愿不遗余力为皇上祛病。"

武后立即将明崇俨引见给了高宗皇上。他为高宗皇上号过脉，看过舌苔，详细询问了饮食起居诸多情况，然后说道："皇上之病，乃是阴阳违和，真气不张，气血壅滞所致。"

"御医们也是这么说。关键是怎么治法？朕得这病多年了，久治不愈，连自己也有些心灰意冷了。"高宗皇上有些信不过似的说道。

"皇上不要太着急，这病是难治一些，并不是不能治。关键要标本兼治，内外同治，内以药石静养血脉，外以气功打通经络，再加上皇上自己的摄理调养，此病一定能治愈。"明崇俨说得极有把握。

"依先生之见，该如何治法？"

"请皇上先把这丸丹药服下去。"明崇俨从怀中掏出一个金灿灿、油光光的小葫芦，从里面取出一丸药，呈给高宗皇上。见高宗皇上有些迟疑，他自己先取了一丸放在口里，一仰脖子咽了下去，笑笑说道："静养之药，对身体有百利而无一害。"

高宗皇上不好意思地以水将药丸送下，便听明崇俨说道："请皇上躺下，全身放松。"

明崇俨开始发功，他两手平举，手掌朝下，离高宗皇上身体约有半尺，从头顶至足跟缓缓运动。

高宗皇上双眼微闭，放松地平摊开四肢。过了半盏茶的工夫，他感到有一股清凉之气从头顶、太阳穴、脑门等处徐徐地进入体内，沿着胸腹、丹田、会阴处流至后脊柱，然后上行，像一股甘洌的清泉，直流至四肢百骸，周身各处。

半个时辰之后，明崇俨收功。他让高宗皇上起来试一试。高宗皇上一坐起身来，便觉得与往昔大不一样。脑子中一片清爽豁朗，就像连日阴霾，大雾弥漫的天空突然放晴一样。试着下地走了几步，也觉得步履轻捷而又有力，像是一下子回到了年轻时候。

这才是第一次治疗，以后再接着治下去，看来自己的多年沉疴有望治愈。高宗皇上说不出有多么高兴，忙说道："先生简直是神医，药到病除，妙手回春。朕多少年来还没有这么轻松舒适过呢。"

"陛下也不可太过高兴。这是慢性病，还得慢慢来。不过，在下一定能治愈皇上的病，连病根也不会留下。"

"那，先生就留在宫中，做朕的贴身御医，哪里也不要去了。"

"在下野鹤之心，麋鹿之性，大半生云游四海，怕是耐不住这帝京繁华。"

"先生就不要推辞了，为了皇上的龙体康健，为了大唐的江山太平，还望先生留居京师。"武后也在一旁劝说着。

"只是，草民一介布衣，天天随王伴驾，恐遭人非议，也与大唐礼仪不合。"

天后和天皇都听出来了，明崇俨是在借机要官，不过这也是应该的。

武后忙说："这个好说，请皇上颁一道旨，你立马就不是布衣之身了。"

高宗皇上也笑道："明天朕即颁旨，封你为四品正谏议大夫，在宫内行走，并在宫外近处赐你一座宅院，就在京城住下。"

从一个平民百姓一跃而为正四品高官，明崇俨的目的达到了，他慌忙跪下，向天皇、天后谢恩。

从此以后，皇宫里多了一位来去自由的幻术大师。这位幻术大师，以弄臣兼保健顾问的双重身份，很快便博得了天皇、天后的极大器重和信任。

腊月十七这天，大雪初霁，日朗气清，洛阳城里到处银装素裹，白雪皑皑。北风凛冽，将天空中的残云打扫得干干净净，连一丝半缕都不剩。

这日傍晚，武后把明崇俨召来，问道："明天天气如何？"

"禀天后，明日是个上好的晴天，像今天一样晴朗，比今天还要暖和一些。"

"若是那样，我明天准备带宫人们去上苑赏雪，玉树琼枝，一定别是一番景致。不知那几株蜡梅花开了没有？"

"寒梅傲雪，现在肯定已经开了。岂止是蜡梅，只要天后有意，什么花儿敢不开？说不定还会百放齐放，万紫千红呢。"

"什么？你是说，寒冬腊月能让百花盛开，连这样的法术你也有？"

"不，"明崇俨摇摇头，"不是我有法术，而是天后功在社稷，泽被万民，早已感天格地。若是天后亲书一道给司花之神的敕令，连夜张贴于上苑。臣敢保证，明日一早，那里一定会是一片花繁叶茂的奇异景象。"说完，冲武后诡秘地一笑。

"此话当真？"

"不敢有半句妄言，微臣愿以脑袋担保。"

明崇俨说得这样笃定，武后相信他一定能办到。这当然要靠他的幻术。但他既然说不是靠他，而是凭自己感天格地的神威，自己又何必去揭破它呢？明崇俨是为了取悦于自己，而自己却可以借着此事，在天下人的心中进一步树立"天予神授"的权威。帮着这么个仁弱君王治理天下，作为一个女人，不是太需要这种权威了吗？

政治是什么？说到家还不是"治人"？而"治人"的最高境界，就是征服人心。自己作为大唐朝廷的最高执政者，最重要的莫过于征服天下人心。

想到此，她对明崇俨笑笑说："既如此，明日游上苑，我就不只带宫人们去了，朝中的臣工百僚，都要前去。让大家都看一看这千古奇观，一饱眼福。先生以为如何？"

"这样最好，天后圣虑极深，臣不能及。"

次日早朝，议罢各种军国大事，武后突然说道："今日天晴气和，散朝之后，大家一起去上苑游玩赏雪。皇上圣躬畏寒，就不去了，其他臣工一概不得缺席。"

女皇武则天

朝臣们大感意外，你看看我，我看看你，都不知道武后葫芦里卖的是什么药。这么些年了，她还没有一次提出过带群臣们去游玩呢？不过，既是天后的旨意，不用问，执行就是了。

当众大臣及后宫的太监宫女们簇拥着武后走进上苑，人们立时被眼前的景象弄呆了，有的人"啊"的一声惊呼起来；有的则摇摇脑袋，捏捏胳膊，看看自己是不是在梦中；更多的则像大白天见了神怪似的，惊愕得面面相觑。

偌大的上苑，粉妆玉琢，冰天雪地。可是在玉树琼枝之间，银装素裹之上，却这儿那儿地冒出了无数绿叶艳朵，红的、粉的、黄的、紫的各种颜色的花，正在凛冽的寒风中、砭骨的冰雪上，昂首怒放，轻轻舞动。

那座大书着"上苑"二字的太湖石独峰下面，一蓬蓬壮硕的牡丹花格外惹眼。绿叶肥厚，如墨染一般。艳丽灼目的各色花朵舒蕊展瓣，傲雪怒放，像一支支耀眼的火炬，在凌风高举。

人们都拥了过来，观赏着，惊叹着，有的还俯下身去，嗅嗅那扑鼻而来的浓烈的花香。

忽然有人发现，在那块高高矗立的大湖石上，贴着一张长方形黄绢，上面墨迹清晰可辨。宰相裴炎走上前去，认出是天后的手敕，字体娟秀挺拔，别具一格。上面写的却是一首五绝：

> 明朝游上苑，
> 公急报春知。
> 花需连夜发，
> 莫待晓风吹。

裴炎大惊失色，这个女人莫非真是上应天命？她真能代天行令，呼风唤雨，留云借月，甚至能随意调遣天庭诸神？这不可能，太不可思议。

然而，在朔风扑面如刀的数九隆冬，这满苑盛开的奇花异卉却是活灵活现地摆在这里，这又怎么解释呢？

不管是真是假，武后的心思裴炎却是看得一清二楚。她让文武百官来游上苑，不正是要人们相信这一事实吗？

想到这里，裴炎急忙趋至天后面前，"扑通"一声双膝跪在雪地里，其他朝臣和宫中下人也都跟着跪了一片。

"天后上应天命，实为神人，能让百花在寒冬盛开，臣等闻所未闻，自开天辟地至今，也是旷古未有，空前绝后之盛事。更是我大唐天大的祥瑞。臣等恭贺天皇、天后，祝天皇、天皇万岁、万万岁。"

裴炎话音甫落，上苑中立时响起了一片山呼万岁之声。

武后满脸堆笑地说道："裴相过誉了。其实我也不知道这是怎么回事。世上哪有什么神人？我同你们一样，也不过是凡人一个。昨日见雪景可赏，聊发奇思，随意吟成这首小诗，让人贴于上苑，想不到却引来了这么一道亘古未有的奇观。好了，既是苍天赐福，大家便尽情地赏雪赏花吧。"

众人开始兴致勃勃地游苑，三人一堆，五人一簇，指指点点，议论纷纷，一个个容光焕发，兴奋异常。

但是，武后却一直在悄悄地留心一个人，他便是太子李贤。自始至终，李贤没说一句话，脸色一直阴沉沉的，众人开始游园了，他却呆愣愣地站在雪地里，偶尔向武后扫来一眼，眼光却是冰冷的。

武后的心里"格登"一下……

第十八章　舔犊太子　无奈监禁

游苑之后，众人散去，天后只把明崇俨留下，在上苑内的一个暖阁中密谈。

将侍候的太监宫女都打发出去之后，武后说道："我这辈子共生了四子一女。长子李弘命薄，已先我而去。剩下的这三个儿子，依先生看来，面相如何？"

一听是这个话题，明崇俨心里立刻"咚咚"乱跳起来。这可是天大的事，一言不慎，便会惹来杀身之祸。

然而，此时的明崇俨，已经不满足于仅仅当个弄臣和保健顾问了，他开始野心膨胀，想在政治上有所建言，以求迅速飞黄腾达。

而要达到这个目的，就必须找准靶子，做到一鸣惊人。在内廷行走了这么些日子，明崇俨像猎犬似的到处嗅闻着各种政治气味。他已经很敏感地觉察到了太子李贤对武后的怨恨和疑忌，也模糊地感到了武后对这位新任太子的担忧。

现在武后主动问自己，更说明母子之间已生芥蒂。这是一个绝好的机会，自己可乘机建立易储的不世之功。数年之后，皇上若是换上自己推荐的人，平步青云的机会不就来了吗？不过，事关重大，话可不能说得太直露。

"天后，这事担着天大的干系，微臣实在不知道怎么说才好。"明崇俨急忙跪下，欲擒故纵地说道。

"实话实说嘛！我信得过你，难道你还信不过我吗？你与他们三人都没有任何恩怨，只是秉公而言，为江山社稷而言。"

"是，以微臣看来，英王殿下的相貌与先帝太宗最为相似，英武中透着贵重。不过，在三位王子中，相王殿下的相貌最为高贵，眉宇、双颐皆酷似天后……"

明崇俨所说的英王，是武后的第三个儿子，原封为周王的李显，现在已改封英王。所说的相王，则是指武后最小的儿子李旦。

"那么，以先生看来，太子的相貌如何？"

"天后，恕微臣斗胆直言，太子爷虽也英武俊雅，身躯伟岸，又是个文武全才。但却命相不佳，不堪……不堪承继大位。"

明崇俨咬着牙把话说完，忙低下头，却用眼角扫视了一下武后。他发现，武后不易察觉地皱了皱眉头，身上似乎微微打了个激灵。

"这话对谁都不要说起，只你我二人知道就行了，你可以回去了。"

"微臣晓得厉害。"明崇俨叩首后，马上离开了这间暖阁。

武后与明崇俨的对话，是在极其隐秘的环境下进行的，按说，消息无论如何也不会走漏。

可是，没过几天，太子李贤就知道了。李贤确实不是省油的灯，他早在宫里宫外编织了一张严密的情报网，随时监视着母后的一举一动。像这样的高级机密，居然也被他们很快便侦知了。

一听到这关乎着自己身家性命的不祥之音，李贤顿成惊弓之鸟。他日夜忧惕，胆战心惊。本来自己与母后的关系就够紧张了，明崇俨的谗言更起了火上浇油的作用。看来，自己的太子之位是保不住了，迟早有一天会被废掉。废掉的太子该是什么下场？别说自己不是她的亲生儿子，就是亲生儿子，一旦被废，等待他的，不是流放远徙，就是高墙圈禁，弄不好还会掉脑袋。

李贤越想越怕，陷于了极度的惶恐之中。但他决不甘心束手被擒，坐以待毙。

他首先想到要同母亲谈谈，消除母亲对自己的误会。这是他自当太子以来，头一次想到要与母亲谈心。或许这是一个不错的主意，如果他去了，结果有可能会是理想的。

可惜他没有去。他转念一想，自己与母后积怨太深，只靠一席空谈能起什么作用呢？谈而无益，不如不谈。

母后莫非是铁石心肠？自己虽说不是她亲生的，可也是从小跟着她长大的，从咿呀学语、蹒跚学步，一直长到二十多岁。就算她没有半点舐犊之情，总该有一点做人的怜悯之心吧。他不相信一个人的心会不是肉长的，纵使不是肉长的，他也要设法打动她。

这几日，他借故没有上朝，躲在东宫里苦思冥想，用心血和着泪水，写了一首情辞缠绵的《黄台歌辞》：

种瓜黄台下，
瓜熟子离离。

女皇武则天

> 一摘使瓜好，
>
> 再摘令瓜稀。
>
> 三摘尚云可，
>
> 四摘抱蔓归……

李贤确是个多才多艺、超凡出众的人物。这首歌写得情恳意恻，哀婉凄凉，血泪斑斑。他命人填了曲子，立刻令乐工们反复演唱，他想用这首歌儿软化母后的铁石之心，唤醒她做母亲的良知。

《黄台歌辞》先是在东宫演唱，很快便传遍了后宫。武后听到了，还专门让人给她演唱了好几遍。可是，听后的感觉，却与李贤设想的恰恰南辕北辙。

她认为，李贤作这首歌，是在讥讽和影射自己，说自己是那个贪婪而又残忍的摘瓜人。自己摘瓜了吗？他为什么这样想呢？噢，对了，这个小东西一定听到了宫外的谣言，也相信他哥哥李弘是我鸩杀的，甚至连韩国夫人、魏国夫人、贺兰敏之的账也算在了一起，所以才骂自己一摘、二摘、三摘、四摘。本是同根而生的嫡亲骨血，自己却毫无人性地将他们一一摘掉。总算明白了，他原来是这样想的，是以这样的眼光看待自己的母亲。怪不得一直像仇人似的躲着我，终日不冷不热，不阴不阳，弄了半天，病根儿竟在这里。

武后觉得被自己的亲儿子推进了冰窟里，只感到一阵阵透心凉。

这是一种永远也解释不清的误会，永远也拆除不了的隔膜。唉，帝王家的骨肉亲情，是人世间最大的悲哀。

她知道，李贤写这首歌，无非是怕自己摘掉他这颗瓜。这可是聪明反被聪明误了。在此之前，我何曾想摘你呢？极力地施肥、浇水、刈草、除虫，千方百计地培养呵护还怕你长不好呢？

可现在呢？还真得仔细想想了。积怨如此之深，情绪如此敌对，你这个当太子的如何同母后、父皇共同治理这个国家？一旦南面为君，将如何对待我这个被你视为摘瓜之人的老太婆呢？

这样想来，她愈觉不放心了。哼，你既然把我看作摘瓜人，我就做个摘瓜人吧。至于你这颗瓜是摘还是不摘，那要看你如何长法？若是浑圆周正，健康壮硕，那就好好地栽培你。若是长成一个歪瓜，或是一个烂瓜，那么，为了大唐这棵瓜蔓的枝枝叶叶苗壮繁荣，为娘的也只能狠心把你摘掉了。好自为之吧，我的儿子。

《黄台歌辞》唱了一个多月，似乎并没有打动母后的心，从武后的言谈举止上，李贤未看出任何变化，他终于坐不住了。

一日，他把贴身太监赵道生叫到密室里，劈头问道："你的那帮弟兄们拳脚如何？"

"回太子爷，他们虽然算不上顶尖儿的武林高手，但都是从小习武，身手不凡。十个八个的普通人，到不了他们手底下。"这赵道生在阉割之前做户奴时，在洛阳城里结识了一帮泼皮无赖，个个是舞枪弄棒、施勇斗狠的主儿。

"那好，今日便派他们点差使。"

"请太子爷吩咐。"

"那个明崇俨不是活神仙吗？该让他升天归位了。他不是天天摇唇鼓舌，拨弄是非吗？该是让他闭嘴的时候了。告诉你那帮弟兄们，活儿做得干净一些，来他个神不知鬼不觉，事成之后，我定有重赏。"

调露元年五月二十一日深夜，明崇俨在皇宫内为高宗皇上发功治病之后，带着几个随从走出深宫，向宫城西边自己的府邸走去。走过几条大街，刚转入一条长胡同中，突然从黑暗中蹿出十几个黑衣蒙面之人，各持利器，不由分说，将明崇俨一把拽下马来。还没等他回过神来，一柄闪亮的匕首已经深深地刺进了他的心窝里。几个随从冲上来抢救，也被三下五除二当场杀死。前后不过半个时辰，一场惊心动魄的凶杀案便迅速地结束了。

明崇俨枉称能掐会算的命相术师，能为诸王子甚至太子爷相出吉凶贵贱，能为武后招来阴司鬼魂相见，能让百花在寒冬腊月盛开，却偏偏算不到自己的死期，白白地赔上了一条性命。

高宗、武后的得意宠臣和健康顾问，居然在天子脚下、皇城附近公然被刺杀，一时舆论大哗，洛阳城里街谈巷议，沸沸扬扬，几乎全是同一个话题。

高宗皇上极为震怒，自己的病情刚有好转，想不到这位可遇而不可求的神医竟然一夜暴毙。他立即下令，让大理寺、御史台、金吾卫全力以赴，堪破此案，严加搜索，缉拿凶手。

然而几经搜捕，洛阳城里闹得鸡飞狗跳，却一无所获。开始抓了几个倒霉的嫌疑犯，审来审去却都是无辜的，只好放掉了事。

无可奈何，高宗皇上在震怒和悲痛之余，只好降旨，追封明崇俨为侍中，作为对他为自己治病疗疾的回报。这位热衷于功名利禄的幻术家、活神仙，死后没能位列仙班，却终于跻身于宰相之中，总算是没有白到皇宫大内辛苦一场。

对于明崇俨的被杀，武后始终没有多说一句话。从事情一发生，她便把怀疑的目光投向了太子李贤。在洛阳城里，明崇俨没有仇家。虽说他在皇上与自己跟前走红，可能招致某些人的妒忌，但断不至于到非杀他不可的程度。如果说他有仇人，那就只能是太子，只能是他在上苑中与自己所说的那些话走漏了风声，被太子知道了。看来，自己这个二儿子绝非等闲之辈，可能也像自己一样，到处安插了耳目，以后，对这个儿子不能不严加防范。

但是，这些话她只能深深地藏在心里，对任何人都不能透露半个字，包括皇上在内。

杀死了那个搬弄是非的明崇俨，解除了自己的心头之恨。而且这事做得天衣无缝，朝廷动用了那么多人力物力，也终于没寻到任何蛛丝马迹，太子李贤长长地舒了一口气。

但是，这仅仅是事情的一个方面，更重要的是母后对自己的态度。

明崇俨被除掉，来自母后的猜忌并没有丝毫减轻。相反，母后对自己似乎已经失去了耐心，再也没有了当初让人编撰《少阳正范》《孝子传》规劝自己的热情，甚至亲笔给自己写信时的那种热情也无影无踪。凭直觉，他觉得自己无时无处不被许多眼睛盯视着。

接下来该怎么办呢？他与昵友赵道生和几个心腹幕僚数次彻夜长谈。应对之策无非是两条：一是韬晦之计，二是阴蓄武士。

自古以来，许多大政治家们面对危险，甚至身处绝境，为了远祸避灾，常常采取沉湎酒色，不问政治，给人以胸无大志、浪荡逍遥的印象，以解除政敌对自己的戒心。

这是一条好办法，整个花天酒地，纸醉金迷就行了。如果这样仍然逃不脱厄运，那就只有铤而走险了。

因此，第二条便是阴蓄武士。这一条实在太危险，必须慎之又慎。

太子没有兵权，不能指挥一兵一卒。一旦有事，只能是人为刀俎，我为鱼肉。为防不测，他命赵道生将他那帮会武术的弟兄集结起来，再从各地招募武林高手，要精挑细选，各方面都必须是十分靠得住的人。一律剃成光头，在洛阳城西的一座寺庙里，以切磋各派武术、弘扬佛法武学为名，每日习武，静观待变。第一批先挑选五百人，以后再相机扩大队伍。

从此以后，太子李贤完全变了一个人。他再也不"专精坟典"，研究什么经史纂论，做什么学问。也不再习武研兵，练什么骑射之术。却整天待在东宫里笙歌宴舞，与酒为伴，喝个天昏地暗。管他什么家事、国事、天下事，统统与自己无关！

这本来是演戏，做给母后看的。他想让母后认为，自己不过是个酒色无度的浪荡子，胸无大志，不会碍她的什么路，从而放过自己。待十年二十年之后，母后渐老，而自己年富力强，羽翼渐丰，到那时再一决高低，看鹿死谁手？

可惜，年轻人能放得开，却收不拢，不能很好地把握自己。渐渐地，他开始嗜酒成癖，美酒成了他须臾不可分离的麻醉剂、迷魂汤。在十分醉意中，他找到了另一个世界，一个他从前不曾涉足过的世界。这个世界到处是朦朦胧胧、缥缥缈缈的鲜花、笑脸、温馨和仁爱，是一个让人飘飘欲仙的境界。这里再也没有欺骗、争夺、中伤、防范和尔虞我诈，人们都是纯真的、平等的、心安理得的。这真是一个绝妙的世界，自己以前怎么就不知道？既然有这么个美妙的地方，又何必去争什么大位，当什么帝王？

随着酒瘾渐深，他又开始与身边的侍女们大作"性游戏"。

开始是单兵较量，八分酒醉之后，将一个侍女搂在怀里，浑身上下的抚摸、揉捏，互相挑逗。有酒力支撑着，并不感到丝毫的羞涩和难为情。

继而，乘着酒兴，他开始与多个女人群奸群宿。他施尽浑身的解数，与这些侍女们进行着一场酣畅淋漓的肉搏战。

时间长了，又觉乏味，他便思量着要玩些别出心裁的新花样。也不知道从什么时候开始，他竟同贴身太监赵道生玩起了龙阳之戏来。……整个一座东宫，早已被搞得乌烟瘴气，乱七八糟。

太子身上的那股英气，终于被酒色之气消磨得荡然无存。许多朝臣知道了，都感到愕然，殊觉惋惜，而他身边那些侍臣们更是焦灼万分。

以上司议郎韦承庆为首的几位侍臣实在看不下去了，便轮番向太子进谏，希望他能重新振作起来。可是，如今已几成行尸走肉的李贤根本听不进任何谏言，继续我行我素。絮叨得他心烦了，便干脆不再同侍臣们见面。

一连半个多月见不到太子，韦承庆等人心急如焚。作为东宫的辅佐近臣，他们与太子一荣俱荣，一损俱损。太子继续这样糜烂下去，后果不堪设想，而他们这些人的前途命运，也就可想而知。

这日，韦承庆又跪在内宫大门之外，要求无论如何要见太子一面。但里面传出话来，"太子身体不豫，不见"。他一直跪了有两个时辰，宫内笙簧丝竹之声和男人女人们的嬉笑浪谑之声不断传来。

韦承庆只跪得眼冒金星，一阵阵怒气上冲。不为了太子殿下，不为了大唐朝廷的未来，也得为自己的身家性命着想，他决定冒死相谏。

他猛地爬起身来，不顾一切地向宫内冲去。几个守门的太监还未回过神来，早被他冷不防撞了进去。

然而，一进内室，韦承庆却傻了眼，他想像不到，眼前竟是这样一幅污秽不堪的画面：茶几上杯盘狼藉，满屋里酒气熏天。屋内的大男小女们全是赤身裸体，连弹奏乐器的歌女们也都一丝不挂。

……

这哪里是人，简直是畜生，畜生也不会如此淫乱和不知廉耻。

韦承庆急忙垂下头去，声音里却充满了怒火和痛苦："太子，不能再这样胡闹了，再这样下去，恐怕要惹来大祸！"

一声暴雷般的断喝，使正在极度亢奋中的李贤打了个冷战。他回头一看是自己的侍臣，不禁勃然大怒："浑蛋，胆大包天的奴才，大天白日擅闯内宫，给我拉出去，廷杖四十！"

韦承庆被拖出了内宫，就在阶前打了四十廷杖。幸亏施刑的内侍们平日与他相熟，又同情他是一片忠肝义胆，便手下留情，总算为他保住了一条老命。

李贤沉湎酒色，疯狂纵欲，在短时间内变得与从前判若两人，这已令朝中大臣们百思不解，议论纷纷。而他暗中招募的那些武士，又到处惹祸。这帮乌合之众，虽然剃了光头，假扮和尚，以振兴佛界武学为名。但他们却耐不住寺院的清苦和寂寞。每到夜间，便有人偷偷地溜进城里，打家劫舍，酗酒闹事，甚至入户行奸，一时间闹得鸡飞狗跳。

百姓们纷纷上告洛阳县衙，县衙加紧昼夜巡查，终于当场拿住了一名采花大盗。诸刑拷打，严加审讯，那采花大盗熬不住皮肉之苦，只好招认自己是太子李贤招募来的武士。

听说是太子李贤的人，洛阳县令惊得魂飞魄散。案情大如天，他不敢自专，连夜禀报了宰相薛元超。

如此泼天大案，薛元超也不敢做主，只好要求面见高宗皇上，将此事详加奏报。就在此时，朝臣中也有人上疏，弹劾太子纵欲宣淫的种种丑闻。

高宗皇上大为震惊，他做梦也没有想到，为自己所深深钟爱、寄予厚望，聪明绝伦而又英武干练的太子，竟会堕落到如此令人不齿的地步，而且还有谋反的嫌疑。

怎么办？他只好与武后商量。武后听罢，神色黯然，悲怆地叹口气道："真正是儿大不由娘。在他身上，我们花了多少心血，费了多少心机，可到头来，他还是走上了绝路。他不是写了首《黄台歌辞》吗？这瓜该不该摘，你当皇上的看着办吧。"

既然宰相和朝臣已经举报，当皇上的也不能公然祖护，他只好降旨，令宰相薛元超、裴炎和御史大夫高智周审理此案。

一番兴师动众的大规模搜捕，西郊寺庙里的五百名武士虽然多已闻风逃散，但家居洛阳的那十几名泼皮却全部落网。更为严重的是，在东宫太子府的马厩里，居然搜出了五百套铠甲武器。

太平盛世，皇城禁内，私藏如此众多的武器干什么？与阴蓄武士一事两相印证，这不是分明要造反吗？

太子的兔儿爷赵道生一干人等也被拘捕，行刑官对这个勾引太子下水的男宠感到恶心，审讯格外用刑。赵道生如女人般的细皮嫩肉，哪里经得住诸刑交逼，不仅将他与李贤令人不堪入耳的种种秽行供认不讳，而且还招认了明崇俨也是他奉太子之命杀死的。

人证、物证俱全，太子谋反已成了无人能翻的铁案。李治虽然爱子心切，但谋逆大罪如何祖护？他把自己的难处对武后说了，武后双眉紧皱，多时不曾说话。

可毕竟是自己的儿子，"十月怀胎，一朝分娩"，是从自己身上掉下的肉，又亲眼看着他一天天长大成人。如今却要亲手把他送上断头台，当娘的真比摘去自己的心肝还难受。

她痛苦地呻吟着摇摇头，眼圈潮红地对高宗皇上说道："咱们还是找宰相们商量一下吧。"

薛元超、裴炎、郝处俊等几位宰相来了，待他们行礼已毕落座之后，武后说道："太子李贤私藏铠甲，有谋逆之嫌。谋逆乃大辟之罪，依律应该诛灭全家。"说到这里，她看了看宰相们，众人只觉得后脊骨一阵凉飕飕的，谁也不敢开口。

"按说，王子犯法，与庶民同罪。但是，仔细想来，东宫本有左右卫率等武装侍卫，存些甲胄也不足为怪。退一步说，纵使他有谋逆之心，也只是有此动机，毕竟还没有付诸行动，罪不至死。依我看，判他个终身监禁，永不叙用。众位宰相们以为如何？"

薛元超等人连忙说道："天后所言极是，太子虽有罪，但罪不至死。如此判法，已是大义灭亲，天下人定会心服口服。"

宰相们退走之后，高宗皇上感激地看看武后，长长地舒了一口气。

武后却闭上了眼睛，两行热泪扑簌簌地滚了出来。她感到周身无力，心中发冷，勉强站起身来，跟跟跄跄地走到床前，和衣躺了下去。

永隆元年八月，太子李贤被废为庶人，由右监门中郎将令狐智通押往长安，幽禁于长安皇城内一座阴暗的冷宫之中。

从东宫马厩里搜出的那五百套铠甲武器，被拉到洛阳城天津桥畔公开焚烧。

周围的民众纷纷赶来观看，看着冲天而起的火光和到处弥散的烟屑，围观者的心里一片茫然。这是为什么？天下第一家的事情怎么如此费猜？他是太子，是未来的皇帝，为什么还要谋反？莫非真像人们传说的那样，他不是天后的亲生儿子？

不消说，包括赵道生在内的太子的心腹死党们，一律被市曹问斩。

太子洗马刘讷言以前曾编写过一本《诽谐集》的笑话故事集，献给太子，供他平日解闷儿。这次搜查东宫，这本书也被搜了出来。高宗皇上把不得已废掉太子的满腔怒火发在了刘讷言身上，一纸诏书，将他打发到了八千里外的振州。

左庶子兼中书门下三品，也是宰相之一的张大安，坐阿附太子之过，被贬为普州刺史。

太子一案涉及的人太多，不能无限制地株连下去。在贬谪了刘讷言、张大安之后，武后连忙奏请皇上，降旨将其余东宫旧人一律赦免其罪，不予追究，并准许留任现职。包括宰相、左庶子薛元超在内的诸多朝臣皆是东宫旧人，正在惴惴不安、如坐针毡的时候，忽然接到这道圣旨，一个个如释重负，无不感激涕零。

李贤谋反的这一大案，没有引起太大的风波，总算平息下去了。

武后休息了几天，收慑住心神，正想再仔细地梳理各种军国大事，却意外听到了一个让人吃惊的消息。

武壮告诉她，太子典膳丞高岐被他的几个叔伯杀死了。

高岐也是在李贤一案中受牵连的人物，但考虑到他不是死党，也无什么大过错，武后便决定把他交给其父左卫将军高真行管教。

谁知高真行等人却生怕受其牵连，影响仕途，为了与这个家族"败类"划清界限，待高岐一入门，高真行即刻抽佩刀以刺其喉，伯父户部侍郎高审行又刺其腹，最后由堂兄割下脑袋扔在了大道上。

"这些畜生，"武后听罢愤然说道，"当初有人编织谣言，说我鸩杀了弘儿，是想拼命往我身上栽赃、泼污水。想不到世上还真有这样禽兽不如的东西。你告诉宰相们，这几个人不是怕影响仕途吗，要一律免官，一辈子都不准他们再当官。"

李贤的太子之位被废除之后，论资排辈，武后所生的第三个儿子英王李显当上了太子。

李显既没有大哥李弘的仁爱，更没有二哥李贤的才华，在武后所生的四个儿子中，虽然长了一副颇似其祖父的外表，但却是最无能的一个。

对于立他为太子，高宗和武后都不尽满意。但是，按照传位嫡长子的祖宗成法，也只有立他，才能安定人心。或许，无能有无能的好处，历朝历代，有许多帝王都是庸碌无能之辈，却能稳掌国柄，福寿双全。

高宗皇上的病似乎越来越严重了。这么些年来，他一直被缠绵不愈的顽症困扰着，痛苦不堪。但他与疾病抗争的信心却始终未减。他要寻遍天下的良方良药，治愈疾病，延年益寿。

对宫廷中的御医们早就失去了信心，那就改用外方、偏方吧。

所谓外方，当时叫"婆罗门药"，也就是来自外域的洋药。早在总章年间，高宗皇上便开始服用"婆罗门药"。当时宰相郝处俊进谏道："修短有天命，未闻万乘之主，轻服蕃夷之药"，极表反对。高宗皇上却深不以为然，医药还分国家，不都是为了治病救人吗？他照服不误。

但是，"婆罗门药"也收效甚微，病情依然时轻时重。在这种情况下，高宗皇上开始服"饵"。"饵"是什么？其实就是金石之药，素有"虎狼药"之称，是一种"伐性"的狠药，一般人不到万不得已，决不敢轻试此等烈性药物。

"玉石"之类的"饵"药，在魏晋时期，由于方士、道家的兴盛，曾一度成为"摩登之方"。当时的名士们往往以服食"饵"药为风流潇洒的新潮之举，即使七窍流血，一命呜呼，也照样前仆后继，以身试药。

唐代初期，服"饵"已渐渐平息，但并未绝迹。就连一世英明的唐太宗，也曾服食过这种金石之药，他的英年早逝，或许便与此有些关系。

高宗皇上被疾病逼急了，也是有病乱投医，便打算服用这种"虎狼之药"。没有办法，什么药都吃了，什么方子都用了，就是不见效。唯有明崇俨为自己"内外兼治"那些日子，病情曾有明显的好转。可是，他已经被李贤这个孽畜刺杀了,这样的神医圣手还哪里去找?

然而,父皇留下的血的教训,仍使他心有余悸。在服"饵"之前,他先做了一番对后事的布置。

开耀元年,他与武后商量之后,擢拔裴炎为侍中,以首辅宰相主持朝政,又颁诏令新任太子李显监国。当然,一切军国大事还得由天后最后拍板。

一切安排妥当之后,他于当天夜里,小心翼翼地将"饵"服下。第二天醒来,安然无事,他便连续服用了一段时间。

幸运的是,高宗皇上服"饵"后并没有出现什么危险。不过,对他的病也没起任何作用。

食"饵"之法又告失败。难道真的是山穷水尽、走投无路了吗?自己才刚刚步入知天命之年,就此撒手人寰实在是太早了。决不能这样束手待毙!

那怎么办呢?人世间的所有办法都用了,既然无效,那就只有求助于天神上帝了。

求天帝佑助,最好的办法就是封禅。五岳之首的泰山已经封过了,还有四岳未封。高宗皇上对天发誓,一定要以毕生余力遍封其余四岳,以求神灵保佑自己病愈康复,长命百岁。

东都洛阳离中岳嵩山最近,就先从嵩山封禅开始吧。于是,高宗皇上传令朝廷百官,限期在嵩山的南麓建立一座规模宏大的奉天宫,作为皇上封禅的临时行在。

虽然有些朝臣上表反对,武后也觉得五岳之首已封,再封其他四岳就没有什么意义了,只能是兴师动众,劳民伤财。但看着皇上日渐沉重的病体和他那强烈的求生欲,武后不能再反对。为了皇上的健康,一切都是值得的,求天神保佑虽说过于虚妄,但能给皇上一点精神上的慰藉也是好的。

弘道元年十月,奉天宫如期竣工,高宗皇上在武后的陪伴下,率领文武百官,以与泰山封禅一样的规模,仪仗东驾,浩浩荡荡地来到了嵩山脚下。

其实,这已经是高宗皇上第三次下决心封禅嵩山。前两次因为吐蕃入侵,边境战事吃紧,都未能成行,这一次总算是如愿以偿地到达了嵩山。

封禅大典正在紧张地筹备着,数日之后就要隆重上演。可就在此时,高宗皇上的病情突然加重。当晚他睡下的时候还好好的,夜里一觉醒来,却感到左臂麻木,头痛剧烈,眼前一片漆黑。命人掌起灯烛,可他仍然什么也看不见,原来皇上已双目失明。

武后大惊失色,急忙召来随行御医。御医看过症候,说皇上有中风迹象,万不可再登山封禅，必须立即回銮东都，紧急治疗。

封禅嵩山之举只能半途而废，高宗皇上乘兴而来，败兴而归，心中说不出的懊恼和焦虑。为了保全面子，还特意颁诏，明年正月再来封禅。

但是，武后和左右近臣们都忧心如焚，皇上身患这样的病，明年还能再来吗？

第十九章　审时度势　临朝称制

回到洛阳皇宫之后，高宗皇上仍然头疼剧烈，目不能视。急忙召来御医秦鸣鹤进行诊治。

秦鸣鹤乃太医院众御医之首，医术精湛，德望素著，海内杏林无不仰其大名。秦太医望、闻、问、切，详细诊查以后，沉思有顷，然后果断地说道："皇上如今邪风上逆于头，导致头疼失明。只有针砭头部，放血祛风，方可治愈。"

要在天子的头上扎针放血，简直是太岁头上动土，老虎嘴里拔牙，冒天下之大不韪！这个秦鸣鹤，依仗着自己有些名气，竟如此大胆狂妄。

一直静静地坐在一旁的武后突然光火，一个小小的御医，竟敢拿皇上的生命当儿戏："欲在天子头上刺血，自古未闻有如此狂悖之徒。来人那，把他拖出去。"

秦鸣鹤面无惧色，缓缓地跪到地上，叩头说道："天后，臣一死不足惜，但误了皇上的病，却是天大的憾事。当年曹操患头风，神医华佗欲为他开颅医治。而曹操却疑心华佗要害他性命，将华佗系狱而死。自己也终至不治，因头风而死。曹操一生英雄盖世，大智大勇，却在为自己治病这事上，狐疑不定，铸成千古大恨。还求天后三思，无论如何让微臣为皇上治病。"

武后默然了，刚才她是为皇上的生命担忧，一时激怒，才说了那些过头的话。其实，秦太医在宫内多年，一直忠心耿耿，他断不会加害皇上，这一点自己又何尝不知道呢。

她只好看看皇上，高宗皇上却苦笑着说道："朕病已至此，百药无效，就让秦太医按他的想法治吧。说句不雅的俗话，就算是'死马权当活马医'吧。"

看着秦鸣鹤把一根根亮闪闪的银针深深地扎入高宗皇上头部的百会、脑户两个穴位，然后放出一粒粒紫色的血珠，紧站在一旁的武后的脸上脖子上，也滚下了一串串豆粒大的汗珠子。她双腿有些打战，一颗心似乎已蹦到了嗓子眼儿。

随着最后一针的取出，忽听到高宗皇上一连声地喊道："好了，好了，我看见了，我看见你们了。"

武后长长地舒了一口气，用手擦去满脸的汗水。她看着秦鸣鹤，十分歉疚地说道："秦太医，刚才我的话太鲁莽，伤害了你，在此向你赔礼了。"

秦鸣鹤万没料到一向刚强自负的天后，为了一句话会如此折节礼下，慌忙说道："天后如此说，岂不要折煞微臣？其实微臣心里明白，天后不过是太为皇上担忧、着急罢了。"

"来人，秦太医乃神医国手，天赐大师，赏赐彩缎百匹。"

当宫人们把彩缎全部搬来之后，为了表示自己的歉意，并感谢秦太医的妙手回春，年近六旬的武后，竟坚持亲自背负起一匹彩缎，将秦鸣鹤送出寝宫大门之外。

然而，高宗皇上虽然能够看见，但毕竟多年沉疴，况且已经病入膏肓。秦太医虽然医术高超，也只能救一时之急，却无法激活皇上行将熄灭的生命之光。

一个月之后，高宗皇上的病情又开始恶化。他本来要登上则天门，向天下庶民宣布改元"弘道"，大赦天下。但是病弱的身体已经"气逆不能上马"。只好将洛阳城里的庶民代表召到殿前，虚应故事地宣布了改元和大赦。

当天夜里，高宗皇上病危，武后守候在高宗皇上身边，如乱刀剜心，却一点法子也没有。

气息奄奄的高宗皇上感到生命的里程已走到了尽头，他深情地看看武后，低声说道："皇后，咱们就要诀别了，朕，朕真不愿离开你啊。"

"皇上，别说这些，你会好的，会好的……"武后双手捧住了高宗皇上瘦削的双颊，喉头哽咽，几滴热泪忍不住滴在了皇上的嘴边。高宗皇上伸出舌头，将这滚烫的泪珠舔进嘴里，慢慢地咽了下去。

"皇后，这么些年了，朕做了些对不住你的事情，你要原谅朕。"

"皇上，臣妾也多有不是，惹皇上生气，皇上该责骂臣妾才是。"

高宗皇上轻轻地摇摇头："不，皇后，朕知道，你是对的。说良心话，没有你，朕不可能把天下治理得这么好。我李治永远都感谢你，感谢上苍给了我这么个好皇后。"他喘息了片刻，突然请求道："皇后，亲亲朕。"

武后已经满脸泪水，她俯下身去，将脸腮偎贴在丈夫的脸上，用香舌启开他有些僵硬的嘴巴，度入他的口中。

这是最后一个深长的甜吻，这是老夫妻俩最后一次亲密无间的体液交

女皇武则天

融……

"皇后，召裴炎进宫吧。"

武后知道他要干什么，含泪点点头，走出宫去。

宰相裴炎连夜匆匆进宫，见皇上病体支离、灯枯油尽的样子，一下子扑倒在床前，泣不成声。

"裴相，改元大赦之后，百姓们都高兴吗?"

"皇上，百姓蒙赦，无不感悦。"

"嗯。苍生虽喜，朕命危笃。天地神祇若延吾一两月之命，能回到长安，死亦无憾。但这已不可能了。裴相，拟诏吧。"

皇上要口授遗诏，裴炎慌忙爬起身，取来纸笔，端坐于病榻前。

高宗皇上断断续续地说道："朕承天命，掌此大宝，幸得天后与众臣辅佐，拯苍生之已溺，救赤县之将焚。止麟斗而清日月，息龙战而荡风波……黎元无烽柝之警，区寓恣耕凿之欢。育子长孙，击壤鼓腹，遐迩交泰。朕归西之后，七日而殡。天下至大，宗社至重，执契承桃，不可暂旷。皇太子可于枢前即皇帝位。园陵制度，务从节俭。军国大事有不决者，取天后处分。"

裴炎笔录之后，又泣声读了一遍，高宗皇上点点头，无力地合上了眼睛。

这天夜里，也就是弘道元年十二月二十七日夜，高宗皇帝与世长辞，享年五十六岁。

按照遗诏规定，七日之后皇上才能殡葬。在这七日之内，太子只能哀经戴孝，为先帝守灵。

顾命大臣裴炎上书天后，认为太子未曾即位，不能宣敕。有什么需要紧急处置的事情，还请天后宣命于中书、门下省施行，天后准奏。

七天之后，太子李显于枢前即位，是为中宗。尊天后为皇太后，政事仍由太后裁决。

这些日子，武后强忍住内心深切的悲戚，冷静而又严密地注视着朝野上下的各种动向，日夜惕怵，不敢有丝毫大意。

历朝历代，老皇帝驾崩，新皇帝即位，在这皇权交替、人心浮动的非常时期，最容易发生祸乱。一些野心勃勃而大权在握的朝臣或外戚，往往会乘着这个时机制造混乱，发动宫廷政变，使江山易色。

武后自然深谙此道，哪里还敢沉湎于个人的哀痛之中？她首先想到了李姓诸王，这些人爵高望重，又掌有兵权，若是对新帝不服，联合举兵，朝廷会立时处于倾危之地。因此，武后立即降旨，加授泽州刺史、韩王李元嘉为太尉，豫州刺史、滕王李元婴为开府仪同三司，绛州刺史、鲁王李灵夔为太子太师，相州刺史、越王李贞为太子太傅，安州都督、纪王李慎为太子太保。

在这些人当中，韩王、滕王、鲁王都是高祖李渊之子，对中宗来说是祖父辈，而越王、纪王也是太宗之子，是中宗的父辈。

武后特意为他们晋加虚衔，以安其心，防止生变。在安抚宗室诸王之后，又着手调整和组织朝廷班子。任命刘仁轨为尚书左仆射，岑长倩为兵部尚书，魏玄同为黄门侍郎，俱参加政事，行使宰相职权。任命刘景先为侍中，裴炎为中书令。过去，众宰相都是在门下省议论政事，称为政事堂。现在，顾命大臣裴炎升迁为中书令，武后又命将政事堂迁至中书省。

随后，她又下令，遣左威卫将军王果、左监门将军令狐智通、右金吾将军杨玄俭、右千牛将军郭齐宗，分别到并州、益州、荆州、扬州四大都督府，与原来的都督们共同镇守，以防不测。

当时，这四个州是唐朝的四大军事重镇，各镇一方，控制住了这四个大州，便稳定了全国的局势，其他地方即使有变，也不过是疥癣之疾，形成不了大的气候。

诸位宰相们见武太后以如此大刀阔斧的非凡气度和胸有成竹的娴熟手段，有条不紊地处置着各种军政大事，不禁暗暗称庆：大唐有武太后节制国柄，皇权交替时期不会出现任何动乱，江山社稷的安定、繁荣不会受到任何影响，国家幸甚，万民幸甚！

稳定了政局，消除了各种隐患之后，武太后才与宰执大臣们商量，着手高宗丧葬事宜的安排。

西京长安是大唐的龙兴之地，高祖、太宗都安葬在那里。高宗皇上临终之前曾说"天地神祇若延我一两月之命，得还长安，死亦无憾"，明确地表示了他必欲西归的遗愿。

武太后决定遵照高宗遗愿，将他的遗体安葬在关中长安附近，宰相们都一致赞同。

不料新科进士陈子昂却上表极力反对，他说道："今日关中已非昔比，燕、代迫突厥之侵，巴、陇有吐蕃之患，西蜀疲于供给，三辅之地又遇饥荒。如再营建陵墓，凿山采石，劳民伤财，无异于雪上加霜，弄不好会引发危机。而洛阳富庶之地，景山崇丽，秀冠群峰，且北有太行山之险固，南有宛、叶之富饶，东压江、淮，食湖海之利；西驰淆、渑，据关河之宝，正是建造帝王陵寝的极佳之处。"

女皇武则天

一个小小的进士，竟敢在营造先帝寝陵这样的大事上，公然反对武太后与宰相们共商的既定方案。不少人都为这个初生牛犊不怕虎的陈子昂捏了一把汗。

谁知武太后在读过陈子昂的奏章之后，却觉得所言极为有理，立即降旨，擢升他为麟台正字。但是，她却不忍心违背先帝的最后遗愿，还是决定安葬关中。

如何营建高宗的陵墓呢？武太后想起太宗皇帝的遗训："因山为陵，此诚便事。"依山傍岭建造陵墓，既能省却许多人力、物力，又使陵墓显得雄伟壮观，而且十分坚固，也可防止后人盗墓。经过司天监官员们的仔细勘察，决定在渭水之北的梁山凿石建陵。梁山位于九峻山之东，武水以西，孤峰挺拔，山清水秀，的确是个好地方。

武后命吏部尚书韦待价摄司空，负责营建高宗寝陵。陵墓有内外二城，内城设四门，分别为东华门、西华门、司马门和朱雀门。各门皆立有石狮、石马等。

朱雀门北为献殿，仿朝堂建筑。献殿之北是寝殿，仿宫城内的太极宫建筑。南有六十五尊石像，内城阙一对。

陵墓建成之后，因为按照周易的八卦方位，此地位于长安西北的"乾"地，因此取名乾陵。

垂拱元年九月二十九日，一切准备就绪，由高宗第八子，也就是武后所生的最小的儿子李旦主持，将高宗灵柩护送至乾陵安葬。

为了政局的稳定，武太后没有跟随送葬的队伍回长安，仍然坐镇东都洛阳。她虽然没去，一颗心却随着丈夫的灵柩，飞过了千山万水，到了渭北梁山。

这个时候，她才真正感到了一种巨大的悲哀，像汹涌的潮水一样漫卷而来。自己从十四岁入宫，遭到太宗的冷遇，不久便结识了时为太子的高宗，两情缱绻，心心相印。后来自己被迫出居感业寺，剃发为尼，是高宗皇上将自己拉出了火坑，先册昭仪，又立皇后。三十多年来，自己与皇上风雨同舟、患难与共，真正是一对相濡以沫的夫妇。不管是夫唱妇随，还是妇唱夫随，这几十年夫妻二人在军国大事上基本保持了一致。大唐的兴盛，是皇上和自己共同用生命和心血浇灌出来的。

想着这些往事，武太后的感情汪洋恣肆，汹涌澎湃，悲痛咬啮着她的心，她夜不能寐，一次次地披衣下床。最后，她干脆命人掌起烛火，伏在书案前，挥毫疾书，为自己的丈夫撰写《哀册文》，以巨大的热情讴歌先帝的圣德与政绩，同时也寄托着自己的无尽哀思，其中一段写道：

> 月瑶诞庆，云邱降祥；仙源汉远，圣绪天长。绕枢飞电，丽室腾光。鸟庭开象，龙德含章。六艺生智，四聪神授。晦亦坐序，韬光齿胄，时和俗泰，天平地成……肠与肝而共断，忧与痛而相寻。

当写到最后两句时，她已经双手发颤，热泪纷纷。泪水打湿了绢花宣纸，将墨迹浸洇得斑驳狼藉。她只好停下来平静一下情绪，然后再伏案重写……

唐中宗李显虽然沾了"立嫡以长"祖制的光，在高宗驾崩七天之后，顺顺利利地即位当了皇帝。但是，在武太后和诸多朝臣的心里，他并不是一位十分理想的皇位继承人。

李显比他的两位哥哥李弘和李贤，不论是从品行还是才能上，都相去甚远。他"智昏近司，心无远图，不知创业之难，唯取当年之乐"，不过是一个只知享乐、胸无大志的庸夫俗子。

当初李贤被废，李显被立为太子之时，年已二十五岁，风华正茂。高宗皇上曾对他寄予厚望，专门挑选了一些德高望重的宰执大臣，像刘仁轨、薛元超、裴炎等来辅佐他，并让他在西京长安监国，让宰相薛元超与他一起留守长安。目的自然是为了让他尽快地熟悉政事，独当一面，懂得如何参与国家的治理，以便将来更好地进行皇权交接。

但是，这位新上任的太子爷却辜负了父皇的厚望。他见自己已远离了父皇和母后，在西安城里，天是老大，他是老二，便马上放任自流，纵情游猎。一天到晚在禁苑之中骑马、射箭，任意狂欢，把政事完全扔到一边。

薛元超数次苦谏，他都置若罔闻，只好把情况详告皇上。皇上和武后得知这种情况后，对他放心不下，只好降旨将他召回洛阳，严厉地训诫了一顿。

就是这样一个眼看着难以成器的不肖之子，却有福气跃登大宝，当上了皇帝。

这有什么办法呢？李弘仁恕，却命短早夭；李贤志大，却图谋不轨。他既然已是嫡子之长，也就只能由他承继大位了。

对于这位新上任的皇帝，武太后甚不放心，她在冷静地注视着他的一举一动。

现在是非常时期，不仅在政治上易于发生动乱，而且还面临着内忧外患交逼的严重形势。

中宗即位前后，河南、河北诸州发生大水，黄河两岸的百姓流离失所，倍受饥荒之苦。从七月开始，河南普降大雨，连续十几天"沃若悬流"，洛水暴涨，溃堤决岸，洪水泄进了东都洛阳，冲毁了市内的河南、立德、弘敬等五坊二百余户房舍，洛阳天津桥和中桥皆被冲垮。

与此同时，西京长安一带也雨涝成灾，平地积水四尺以上，庄稼几被毁尽。饥饿加上疾病流行，从陕州至洛阳，死者不可胜数。

就在国内自然灾害连绵不断的时候，边境也屡起战端。西突厥阿史那东薄率十姓造反，围攻弓月城，告急文书不断传至朝廷。

在这种形势下即位的中宗，虽不能说是受命于危难之时，但也正是困难时期。作为新上任的一国之君，很自然应该宵衣旰食，励精图治，任贤举能，兴利除弊，千方百计地设法赈济灾民、安抚人心，稳定国家局势。同时选派精兵强将，驰援边庭，镇抚四夷。

武太后以为中宗皇上最起码应该做到这些，可是她却大大地失望了。

这位新皇帝登基伊始，便利用手中大权，迫不及待地擢拔自己的亲信。

嗣圣元年一月二十三日，中宗下旨大赦天下。接着，他册立原太子妃韦氏为皇后，这些都是正常之举，无可厚非。

但是，随后他便降旨，将韦皇后的父亲韦玄贞由普州参军破格提拔为豫州刺史。任命左散骑常侍韦弘敏为太府卿、同中书门下三品。韦弘敏并不是韦皇后的近亲，仅仅因为与皇后同姓，一夜之间便得以拜相。

还没过几天，中宗既未告知武太后，也没同宰臣们商量，便在朝堂上突然提出，要让他的岳父韦玄贞来朝廷任侍中，并授任他奶妈的儿子为五品官。

真正是一朝权在手，便把令来行。可这令行得也太离谱儿，太不可思议了。

满朝文武无不相顾愕然。中书令裴炎作为辅政大臣，当然不会坐视不管。他立即挺身而出，极力谏阻："皇上，韦玄贞原为普州参军，仅是七品官职，前几天刚擢升为豫州刺史，已属破格中的破格了。这才几天，又要擢为宰相，迁升之速，大唐再无前例。既无显绩，又无殊能，无功而赏，几同儿戏，臣等断不敢奉旨。"

中宗见自己发出的旨意居然遭到首辅宰相的公然反对，心中顿时火冒三丈。我是谁？是威加四海，拥有天下的皇帝。"四海之内，莫非王土；率土之滨，莫非王臣"，想让谁当官，让谁下台，我说了算，谁管得着？你是谁？我叫你当宰相你才是宰相。不让你当，你算个什么玩意儿？

中宗大概以为，一旦当了皇上，就真正地至高无上，至尊至贵，从此可以为所欲为了。不管说什么做什么，当臣子的只能俯首帖耳，言听计从。他大概也忘了，他的头上还有个母亲武太后，朝中的一切大权，事实上还在母亲的手心儿里攥着。你这个小皇帝，只是如来佛手掌中的孙猴子而已。

他见裴炎当廷顶撞自己，立时翻了脸，厉声说道："朕是天子，只要朕愿意，就是把天下拱手送给韦玄贞又有什么不可以的？何况只是让他当个侍中，就这样大惊小怪，真是岂有此理！"

裴炎一愣，他简直不敢相信自己的耳朵。这是什么话？自古以来"君无戏言"，这是当皇上的能说的话吗？把天下拱手送给韦玄贞，简直是天大的笑话。天下是列祖列宗的天下，不是你李显的私房钱，想送给谁就送给谁。能说出如此荒唐至极的话来，这个皇帝可见是个蠢货，愚不可及的蠢货。

裴炎不再吭声，用不着跟这样的人争下去。所幸的是，这个国家还有个真正的当家人。

散朝之后，裴炎没有回家，而是径直往后宫去见武太后。刚走近太后寝殿，便见中书侍郎刘祎之也匆匆赶来。两个人不约而同来见武太后，彼此都知道是为了同一件事，不仅相视一笑。

武太后听完了裴炎的奏报，浑感震惊。这个儿子从小游手好闲，有些纨绔习气，这她是知道的。但没想到如此刚愎自用，而且还蠢到这般地步。

"这样的皇帝不能用，否则，会毁了大唐，对不起先帝，对不起列祖列宗。"武太后脸色阴沉，果断地说道。

"太后说得是。当断不断，反受其乱，趁此时皇上羽翼未丰，宜早处置，否则悔之晚矣。"刘祎之是"北门学士"之首，武太后多年的幕宾和心腹，近来才擢升为中书侍郎，因此说话直截了当，不假思索。

裴炎也说道："虽说废立乃是大事，应极其慎重。但皇上登基才几天，就如此擢用亲信，广植外戚。若时间久了后果不堪设想。大唐何去何从，就凭太后圣衷独断了。"

"若是现在提出废立之事，朝臣们会发生骚乱吗？"

"绝不会。今日早朝皇上一席话，已令臣僚百工心寒胆落，忍无可忍。臣与刘侍郎晋见太后，也是不约而同，并未提前商量。与臣等想法一致的，在朝中大有人在，只是敢怒不敢言罢了。"

接下来，他们详细商量了废立过程中的各种事宜。

女皇武则天

二月二十八日早朝，武太后把文武百官召至正殿乾元殿。

按照惯例，只有在元旦、除夕的时候，或是在太子即位或册立皇后这样的大事时，朝会才在乾元殿举行。平时的早朝都不在这座正殿里进行。

文武百官不知出了什么事，困惑不解地先后赶来。一走进大殿，却发现气氛异常，左右羽林军将领程务挺、张虔勖各率五百名全副武装的羽林军将士，将大殿四周把守得水泄不通。

中宗高坐在正北的龙椅上，仍然完全蒙在鼓里。看看丹墀内的文武群臣，说道："今日朝会，众卿家有何事要奏？"

话音没落，却听司礼太监尖声喊道："太后驾到。"武太后领着中书令裴炎、中书侍郎刘祎之匆匆走进殿来。

中宗吃了一惊，还没从惊愕中醒过来，便听裴炎对大臣们宣读太后诏令："自即日起，废李显为庐陵王。"

事出突然，群臣一时有些懵懂，但马上便明白了是怎么回事，谁也没有说话，大殿里鸦雀无声。

中宗却像遭了雷击一样，脸色苍白，呆呆地坐在那里。裴炎、刘祎之走上前来，一面一个站定。裴炎说道："请庐陵王殿下离开御座。"

中宗忽然跳了起来，一手指着裴炎的鼻子，歇斯底里地吼道："朕有何罪？为何要废朕？"

"你竟欲把天下送给韦玄贞，还不算滔天大罪吗？"武太后冰冷的声音传来，像一道电光倏然闪过，终于使这个糊涂皇帝醒悟过来。原来是自己的一句错话，断送了九五至尊的大位。他一下子瘫软在龙椅上，耍赖似的不肯离开。裴炎、刘祎之只好一面一个将他架起来，再交给羽林军，然后押往后宫别苑中幽禁，严密警戒。

来也匆匆，去也匆匆，这位中宗皇帝前后只当了四十四天，便灰溜溜地下了台。但是，朝臣们却不感到遗憾，几乎每个人都认为，太后的决断是明智的，都为大唐感到庆幸。

那位想当宰相的国丈大人韦玄贞，"偷鸡不着反蚀了一把米"，不仅宰相没当成，反而把刺史也丢了，被一纸诏书流放到了钦州海边。

国不可一日无君。中宗被废的第二天，即二月二十九日，武后所生的第四个儿子，雍州刺史相王李旦被立为皇帝。是为睿宗。

睿宗生于龙朔二年，今年已二十三岁。历封殷王、冀王、豫王和相王。他为人谦恭孝友，刻苦好学。工于书法，草书、隶书都很见功力，尤其喜爱文字训诂之学。如果这辈子一直当王爷，潜心于学问研究，或许是一把好手。但要说当皇帝，经邦治国，济世安民，实在并不比他的三哥李显好多少。

睿宗已是成年人，按说已有能力处理各种政事。但是他不仅性格仁弱，而且从未当过太子，未经历练，毫无治世经验，骤登大宝，面对一大堆纷繁杂乱的军国大事，实在难以应付。

况且，眼下正是大唐的非常时期，先帝宾天不到两个月，皇上却走马灯似的换了一个又一个。国内人心浮动，狄夷之邦也在虎视眈眈，等待着中原有变。

武太后对于这位小皇帝，实在是放心不下。他的肩头太稚嫩，挑不了大唐江山千钧重担。自己不能就此退居幕后，再重蹈中宗李显时的覆辙。

那该怎么办呢？若是揽权不放，恋栈不去，朝野上下又该说些什么呢？千秋后代，又将如何评价我呢？

武太后陷入了沉思之中。说真的，这个大唐帝国经她亲手经营了数十年，强大昌盛，如日中天，她确实也舍不得撒手不管。况且几十年操持国柄，军政诸事烂熟于胸，用人谋事，驾轻就熟，执掌权力对于她来说，已如饮食呼吸一样，须臾不可分离。说自己有权力欲，留恋这个国家的最高权力，不算妄说，这已经是自己久而成嗜的本性了。

但是，自己现在毕竟是太后了。不在其位，本不该再谋其政。若是皇上雄才大略，奋发有为，自己就是恋权也该退下来了。退居后宫之后，在大事上帮儿子出出主意，撑撑腰，长长胆，不也很好吗？唉，自己怎么偏偏生了这么几个不争气的儿子？

这天晚间，武太后用膳后，正在后宫里思谋着到底该怎么办。武壮进来禀报说，中书侍郎刘祎之前来求见。

刘祎之夜间进宫，必有大事要谈。武太后让他进来，因为是心腹旧臣，也无须繁文缛节。刘祎之坐下后，开门见山说道："太后，这几日微臣思虑再三，新君嗣位，德望权威皆不足以服人心，安天下，弹压敌对势力。当此国家多事之秋，太后应当仁不让，临朝称制。"

"唔，怎么个临朝称制法？"

"太后直接执掌国柄，处置朝政，总摄百揆。"

武太后沉默多时，刘祎之说的，其实正是她心里想的。她看看刘祎之，问道："那，皇上干什么呢？"

"皇上仍当他的皇上。不过，因皇上年轻，不谙国情，不熟政事，应多读经史，研习学问，有暇则跟太后见习国事。待历练老成之后，再过问朝政不迟。"

"那么做，恐怕朝臣们会有非议，骂我这个老太婆越俎代庖，跋扈专权，是汉代吕后一类人物。"

"臣以为，个别人有这样那样的看法，不足为怪，大多数朝臣是会理解和拥护的。太后治理国家，游刃有余。而皇上现在担纲，却会顾此失彼，捉襟见肘，这一点，任何人都看得清清楚楚。太后圣体康健，精神矍铄，正应趁此把国家治理得愈加强大鼎盛，夯实大唐的千秋基业，万不可因小讥而废大义。"

"好吧，你说得也颇有道理。看来，我这一辈子天生的忙碌命，六旬老妪也不得清闲，这把老骨头还得卖给朝廷。先这样干一段时间，看看情况如何再说？"

从此以后，武太后正式临朝称制，朝中大小事宜均由其决定，无须通过睿宗。

睿宗虽为皇帝，却从不过问朝事，甚至也从不去正殿。他似乎已经接受了几位皇兄的教训，或是经过了高人的指点，把皇权看得很淡，下决心对政事不闻不问，做个与世无争、安分守己的傀儡皇帝。

武太后每日临朝处置军国大事，上朝时，都在御座前挂上一个浅紫色的幔子。太后能看清百官，百官却无法看清太后。

三月七日，武太后派遣她的侄子、礼部尚书武承嗣前往帝宫，册封睿宗为嗣皇帝。所谓嗣皇帝，顾名思义，就是类似皇太子、准皇帝一类的角色。太后掌国、施政，就更加名正言顺。

几天以后，太后颁诏，改嗣圣元年为文明元年，并命检校相王府长史王德真为侍中，中书侍郎、检校相王府司马刘祎之同中书门下三品；擢升礼部尚书武承嗣为太常卿，同中书门下三品。将她的几个心腹大臣，全部安排进了宰相班列。

接着，武太后又降旨河南、河北和关中一带，开放国家粮仓，赈济灾民。

武太后临朝称制，直接掌管起了军国大权，从而避免了老皇帝晏驾、新皇帝继位这个特殊时期可能发生的混乱和动荡。国家安宁，乃万民之福。庶民百姓们最关心的，并不是谁当皇帝，谁来管理这个国家，而是他们自身的安危，他们能不能过上好日子。武太后能让他们安居乐业，衣食不愁，他们为什么不拥戴她呢？

　　但是，在朝廷大臣们当中，却不会铁板一块，不管什么时候，反对派总是有的。

　　果然，不久之后，武太后便接到了西京留守刘仁轨要求辞职的上疏。

　　刘仁轨时任左仆射，同中书门下三品。此人博涉经史，文武兼备。在当年唐军灭百济与高丽的战争中功勋卓著，至此已是德高望重的三朝元老。

　　武太后临朝称制之后，并未回到西京长安，朝廷仍在东都洛阳。多年来，洛阳已成为全国的政治中心，而西京长安却似乎变成了陪都。

　　但是，长安毕竟是大唐的龙兴之地。西有吐蕃威胁，北有突厥窥伺，因此，镇守长安，确保西京太平无事，乃是关乎大唐安危的头等大事。

　　高宗崩逝之后，武太后经过精心挑选，最后任命德望素著，为人刚直，对李唐朝廷忠心耿耿的刘仁轨专知西京留守事，几天前还写信勉励他说："昔汉以关中事委萧何，今托公亦犹是矣。"

　　但是，刘仁轨对武太后临朝称制心中不满，便上疏以年老体衰为由，请求罢免他的西京留守之职。同时，在上疏中还直言不讳地大谈当年吕后垂帘听政，祸乱汉廷，终于招致失败的历史，规劝武太后还政于皇帝。

　　武太后看罢刘仁轨的上疏，并未动怒。她知道，这位老将军完全是出于对李姓皇帝的一片忠心。但他的见解未免偏颇，只知其一，不知其二。必须设法说服这位老臣，否则，他会影响一大批朝臣，引出许多无谓的麻烦。

　　于是，武后派出太常卿武承嗣径赴长安，带着自己的亲笔玺书，向刘老将军致意。刘仁轨展开玺书，仔细拜读，见上面写道：

　　　　今日皇帝谅闇不言，眇身且代亲政；远劳劝戒，复辞衰疾。公云"吕氏见嗤于后代，禄、产祸乱于汉朝"，引喻良深，愧慰交集。公忠贞之操，始终不谕，劲直之风，古今罕比。初闻此语，能不同然；静而思之，是为龟镜。且端揆之任，仪刑百辟，况公先朝旧德，遐尔具瞻。愿以匡救为怀，无以暮年致请。

　　刘仁轨读罢玺书，感慨良多。武太后情辞恳切，用心良苦。她也是六十多岁的人了，又是个妇道人家，几十年为大唐朝廷呕心沥血，殚精竭虑，实属不易。如今'眇身且代亲政'，也未必纯是为了揽权。有谁能断言，老太后临朝称制，不是为了这个国家的安定和兴旺，为了万千黎庶的安宁和幸福？""愿以匡救为怀"，这不仅是老太后对自己这位老臣的勉励，恐怕主要是她自己真实内心的独白。

刘仁轨感到有些惶愧。老太后的玺书中虽没有半句责备的言辞，他却倍觉汗颜。要是多为江山社稷想想，多为黎民百姓想想，自己怎么能在国家最需要的时候，贸然辞职呢？

他把太后的玺书摆在正北的香案上，然后整冠振衣，跪拜在地，花白的胡须簌簌地颤抖着，激动地说道："老太后在上，微臣阅事不明，愿收回上疏。从此一心一意镇守长安，为大唐江山永固，鞠躬尽瘁，死而后已。"

第二十章　图谋称帝　投石问路

临朝称制的第一步成功了。朝廷文武百官，大部分都默认了这一事实，即使不能做到心悦诚服，却也大部遵从。

年逾花甲的老太后，以一个大政治家的娴熟手腕，操持着各种军国大事。就像平常人家一个精明强干的老太君一样，把家里家外都收拾得干净利落，停停当当。在她的指挥下，整个国家在有条不紊地运转着，顺利地渡过了新旧交替的困难时期。

朝政平稳，国内的各种自然灾害也被扼制，两河及三辅之地的难民都得到了地方官府的妥善安置，不至于聚众滋事，闹出祸乱来了。

现在，该是腾出手来，去讨平外夷侵扰的时候了。

在高宗病逝的前前后后，边庭屡起战端。西突厥阿史那东薄率众造反，攻下了唐朝的弓月城，又肆意举兵内侵。

武太后决计派兵弹压，以靖边塞。十分可惜，年富力强、威震边陲的一代名将裴行俭此时却已暴病而亡，享年仅六十二岁。太后在伤痛之余，与宰相们商议，决定派西安都护王方翼前往拒敌。

王方翼率十万大军西进至丽水（今新疆伊犁河），以诱敌深入之计，四方设伏，大破突厥兵，斩杀无数，并很快平定了突厥的叛乱。

谁知，一波未平，一波又起。就在唐军同突厥兵交战之时，吐蕃乘机派兵攻占柘、松、翼等边州，不久又进攻河源，大唐守军节节败退。

这个时候，吐蕃的赞普突然心血来潮，挟屡败唐兵之势，居然派出使者来到洛阳，以最后通牒的方式向大唐朝廷提亲，毛遂自荐要做武太后女婿，声称只有太平公主下嫁，方能退兵。

太平公主是武太后爱如掌上明珠的小女儿，今年才十五岁。她长得方额广颐，欢眉大眼，从容貌到身材都极像年轻时的太后。

其品性更酷似母亲，胆大心细，聪慧伶俐，应事善变能力极强。她深知母亲待人甚严，因此平日在宫中，事事自律，以迎合母意，从来不恃宠撒娇、惹是生非。

太平公主还有一个绝活，那就是十分精通美容术，她曾发明了一种美容法："合乌鸡药，七月七日取乌鸡血，和三月三日桃花末，以之涂面部及全身，三二日后肌自如玉。"

她不仅以此法为自己装扮，更主要的是为年纪渐老的母后美容养颜。

据说，武太后六旬老妪，看上去就像三四十岁的美貌少妇一般，肌肤细腻光滑，莹白如雪，主要是得益于太平公主的这一美容术。

像这样一位聪明能干而又贴心解意的小女儿，武太后怎能不视若心肝宝贝？

现在她已渐入晚景，每日政事缠身，精神处于高度紧张状态，有太平公主在膝下承欢，既可以充分享受一下在几个儿子身上都无法享受的天伦之乐，又可以有一个说悄悄话的女伴，同时，在一些事上又多了一个最忠实的帮手。

这个宠爱有加的小女儿，年龄只有十五岁，还是个孩子，武太后怎能舍得把她远嫁。

因此，一听吐蕃赞普的提亲之议，武太后登时勃然大怒，只觉得血脉偾张，火气上涌。也亏这些人想得出？这简直是对自己的侮辱，对大唐朝廷的欺蔑。不错，当年唐太宗为和戎之策，曾把文成公主下嫁给吐蕃的松赞干布。但那是太宗皇上自己选的宗室之女，并不是吐蕃人指名索要的。况且那松赞干布英武潇洒，精明强干，文成公主也是心甘情愿的。现在算怎么回事？你小小的吐蕃，竟敢到我大唐来逼婚抢亲吗？

太后越想越生气，恨不得立斩来使，以泄胸中之愤。但她转而一想，现在前方战事吃紧，吐蕃兵正欲寻找借口大举入侵，在这个关口上不应再火上浇油。

平心而论，大唐兵多将广，何惧一个小小的吐蕃？若是不顾一切地拼死决战，你十个吐蕃也不在话下。可是，对突厥之战刚刚结束，国家需要休养生息。当年自己向朝廷建言十二事，其中一条就是"息兵"，也就是说要尽量避免战争。任何朝代穷兵黩武，战火频仍，都是走向衰亡的征兆。何况对吐蕃用兵，万里跋涉，旷日持久，国力将受到巨大消耗，广大的庶民将不堪负荷。

然而，吐蕃人却立逼太平公主下嫁，且不说太后不舍得这个女儿，就仅是受人胁迫出嫁女儿这样一件屈膝辱国之事，她武太后也坚决不干。

如何才能想一个两全其美的办法呢？

想起来了，汉朝吕太后不是有一个妙计退敌兵的故事吗？

当年汉高祖刘邦驾崩之后，匈奴的单于冒顿忽发奇想，给正在垂帘听政的吕太后写了一封信，其实是一份奇妙的"求婚书"："孤偾之君生于沮泽之中，长于平野牛马之域，数至边境，愿游中国。陛下（指吕后）独立，孤偾独居，两君不乐，无以自娱，愿以所有易其所无。"

匈奴的首领居然想娶大汉朝的太后为妻，或者是想与吕后苟合一时，做一对野鸳鸯，这简直是天大的侮辱。

收到这封令人喷饭的"求婚信"，吕太后气得发昏。她马上找陈平、樊哙、季布等人商议。吕后要先斩来使，再发兵征讨。

陈平却说道："夷狄譬如禽兽，得其善言不喜，恶言不足怒也。"

吕太后仔细想想，对这些荒蛮之人不值得斗气。就让张泽如法炮制了一份同样令人喷饭的"拒婚书"："自图年老气衰，齿发堕落，行步失度。单于过听，不足以自汙。有卿车二乘，马二驷，以奉常驾。"送上了一番自谦和一份薄礼，便使匈奴冒顿打消了求婚的念头。不仅退兵三千里，还特地写了一封赔罪信，对自己不懂中原礼仪而造成的唐突表示歉意。

吕太后以"自我糟践"的办法智退十万精兵，避免了一场喋血大战，自己为什么不能从中学点什么呢？

武太后终于有办法了，第二天，她召见了吐蕃的求婚使者，和颜悦色地对他说道："贵国好意，不胜感激。然而七年以前，小女的外祖母太原王妃去世时，小女为报答外祖母生前慈恩，已入道观为女道士，发誓终身不嫁。"

为了使吐蕃使者真正相信，武后下令将处于领政坊的公主府立即改名为"太平观"。同时，又下令将高祖第十子，咸亨三年时死去的元礼王府改建为女观，并命名为"太平女观"，让公主立马搬进去居住。

吐蕃使者亲眼看着公主府变成了道观，公主成了女道士，不由得不信。只好向太后告辞，归国复命，提亲之议也便自然告罢。

一场险些因吐蕃逼婚而引发的战争终于烟消云散了，武太后长长地舒了一口气。

但是，这个事件却提醒了太后，"女大不中留"了。得赶紧为太平公主寻觅一位乘龙快婿，否则，不定什么时候，那些外蕃的可汗、赞普们再生觊觎之心，又得引出许多麻烦。

既然是帝王家的金枝玉叶，老太后的掌上明珠，又长得天姿国色，秀外慧中，要想迅速物色到一个十分般配的理想佳偶，可是太难了。

挑选驸马的工作进行得谨慎而又缓慢，数月之后，终于选中了一位。

女皇武则天

此人姓薛名绍，其父为从三品光禄卿薛曜之，其母是太宗皇上的第十六女城阳公主。薛绍生得英俊潇洒，风流倜傥，如玉树临风，与太平公主匹配，堪称一对璧人。他又是高宗的外甥，与太平公主是表兄妹。门当户对，又亲上加亲，真正的天作之合。

对于这段天赐姻缘，薛家却不知如何是好。就像双手接了个烫山芋，捧着也不敢，扔了也不敢。

这时薛绍的父亲薛曜之和母亲城阳公主都已经去世，当家的是他的大哥薛凯。对这样大的事，薛凯自己拿不定主意，便找来本族中的长辈，时任户部郎中的薛克构一块商议。

薛克构久在朝廷为官，经多见广。他沉吟半晌说道："天子外甥娶公主，此乃国家政事。只要一切恭敬从事，把公主当做祖宗对待，不会有太多的麻烦。不过……"

见他欲言又止，薛凯急忙问道："不过什么？"

"多年来有句民谚说'娶妇得公主，无事去官府'，也不能不叫人有些担忧。"

屋内一时沉默，"无事去官府"，当然不是说"开府做官"，那样还有什么可担忧的？它的意思是有事无事都可能随时吃官司。薛凯等人都深知其意，一时就更拿不定主意了。

最后，还是那位薛克构打破了沉默，说道："听说这位太平公主虽是老太后的掌中之珠，却从不恃宠而骄，颇能通情达理。说不定薛绍有福，能得一佳偶。再说，是福不是祸，是祸躲不过。这武老太后的面子，可是万万驳不得的。"

权衡再三，薛家还是战战兢兢地接受了这门婚事。

然而，就在即将行聘之时，武太后却又犹豫了。她听说薛凯之妻萧氏和其弟薛顼之妻成氏，都不是贵族出身，心中颇为不悦。自己的爱女一旦成了薛家的媳妇，就要与这帮小家女子平起平坐了。她几次对身边的人说道："我女岂可与田舍女做妯娌？"

此时的武太后，大概是高居尊位时间太久了，已经忘了自己是寒门小户出身，父亲曾是个卖豆腐的，为此，她曾受过多少歧视和排挤。似乎也已经淡忘了，当年自己曾为抑制豪门贵族，抬高寒门士子的地位做过多少艰苦的斗争。

人总是会变的，随着身份、地位的变化，对事物的认识和态度就会发生变化。连武太后这样一位历来蔑视世俗的千古人杰，竟也不能脱俗。

幸好没过几天，有人告诉太后，萧氏的父亲是隋炀帝皇后萧氏的弟弟，乃是国家的姻亲；成氏的祖先也是贵族，并不是什么乡下女人。再说，城阳公主怎么可能为儿子娶身份卑贱的女人为妻呢？

武太后被说得回心转意，于是择日成婚，遍告天下。这年七月初八日，太平公主出嫁。

当时的风俗，婚礼都是在夜间举行。入夜之后，皇城之内张灯结彩，火炬通明，把漆黑的夜色照耀得如同白昼。

太平公主乘坐一辆镶金嵌银、珠宝闪闪的翟车，在浩浩荡荡的仪仗护卫簇拥之下，出含元宫之西的兴安门，穿过宽阔笔直的兴安门大街，一路上笙簧琴筝齐鸣，吹吹打打，直把这位天下最尊贵的新娘子，送往宣阳坊南隅的薛驸马宅第。

兴安大街宽约百步，两旁皆是粗可合抱、近三百年树龄的老槐树。因为迎送亲队伍浩大，所用火炬太多，火势过旺，数日之后，许多名木古树竟被烟火熏烤而死。

十月二十日，临朝称制的武太后下令大赦天下，改文明元年为光宅元年，并颁发了《改元光宅诏》：

> 先帝以社稷之大任，属荒渺之微躬，钦奉遗言，载深悲惧。遂以次菲德，开导嗣皇，式综万几，载宣风化……朕居临赤县，求瘼之志每盈；子育苍生，恤隐之怀镇切。唯欲励精为政，克己化人。使宗社固北辰之安，区寓致南风之泰。以斯酬眷命，因此报先恩。

在这道诏书之中，武太后有意地称自己为"朕"，以皇帝的口吻和身份对天下人说话。

事实上，现在的武太后，已经是独掌国家大事、操纵天下神器真正意义上的皇帝，只是称呼不同罢了。她知道，朝臣当中有些人，甚至有个别位高权重的宰执大臣，对自己临朝称制心怀不满。她要投石问路，用这个"朕"字做试金石，看看反对自己的人究竟有多少。

这些日子，六十多岁的老太后权力欲似乎越来越膨胀，想当女皇的愿望渐渐萌生，甚至越来越强烈。

平心而论，在高宗当皇上时，她从来没有过这种念头，只想一心一意地

女皇武则天

辅佐夫君掌管好这个江山，只要政绩显赫，国家强盛，她武后也照样能名垂青史。

中宗即位之初，她也不曾有过这种想法，她还是想以太后的身份，辅佐儿子坐稳江山，继承列祖列宗的千秋基业，把大唐治理得繁荣鼎盛。

可是，中宗居然要把大唐江山拱手送给他的老丈人韦玄贞。这虽然是一句气头上的话，却令武太后大失所望，深受刺激，似乎也提醒了她。

与其说要把江山送给韦玄贞，还不如干脆由我老太婆把它接过来。要知道，这几十年来，大唐江山虽然姓李，却无处不浸透着我武老太的心血。我为什么就只配给别人操持家务，给别人做嫁衣裳呢？既然大唐天下一直由我经管着，我为什么就不能堂而皇之，名正言顺地坐上龙墩，当个女皇呢？

心头刚升起这种念头时，连她自己也吓了一跳。在古今中外人类数千年的历史上，还从来没有一个女人当皇帝，这可是冒天下之大不韪的想法，是要被千夫所指、万世唾骂的。

但是，这个想法一旦产生，就像干枯的草原上燃起了一堆野火，不但再也扑不灭，而且越烧越旺，竟成燎原之势，直把武太后烧得坐卧不宁，心神不安。

女皇的桂冠太诱人了，它是由世界上最昂贵、最美丽、最璀璨夺目的宝石编结而成的。男性皇帝历朝历代已经数以百计。而女性皇帝却是空前的，甚至有可能是绝后的。自己若戴上这顶桂冠，将是站在历史巅峰上雄视千古的天下第一女人。

更何况，这顶桂冠就近在咫尺，似乎伸手便可以摘来。是摘还是不摘？是循规蹈矩，坐视这些无用的儿子们糟践了这片锦绣江山，还是打碎那些世俗桎梏，昂首挺胸地坐上那把龙椅？

在激烈的思想交锋中，武太后突然想起了小时候袁天罡给她相的面："这位小郎君龙睛凤颈，日角星瞳，乃大贵之相……可惜是个男孩，若是个女孩，将来必定君临天下。"

她也想起了当年长安城里流传着的那本《秘记》，书中说："唐三世之后，女主武王代有天下……"

她的心再一次狂跳起来，既然名噪一时的星相大师和那本神秘莫测的《秘记》，都预言自己将拥有天下，或许真的是天命所归。

天予神授，岂可不取？

但是，这事干系太大，她不能不万分谨慎。她必须把这种想法深深地掩藏起来，任谁也不能吐露半个字，然后再寻找最恰当的机会。反正军国大权已牢牢地掌握在自己手里，登上皇座只差一步，又何必去争这一年半载呢？

现在要做的，是要给天下人一个全新的印象，太后临朝称制，女人掌管天下，一切都要有新变化，要万象更新。

在大赦、改元之后，武太后又降诏改革了许多旧制：

旗帜一律改为金黄色，饰以紫边，中间画有各种花纹。

东部洛阳改称神都，洛阳宫改名为太初宫。

往日穿青色官袍的八品以下官员，一律改穿碧色服。

尚书省改为文昌台；左、右仆射改为左、右相；吏部为天官，户部为地官，礼部为春官，兵部为夏官，刑部为秋官，工部为冬官。

门下省改称鸾台，中书省改称凤阁。侍中改为纳言，中书令改为内史。御史台改为肃政台，分开为两台，左肃政台专门负责监察中央百官、监军和承诏出使，右肃政台专门负责各州的按察。

武太后还为自己改了名字，单用一个自创的"曌"字——姓武名曌。

这些名称的改变，真可谓光怪陆离，标新立异。

乍一看，似乎都是一些表面文章。但是细品起来，却很有些深意。

这些名称怎么都文绉绉的而且富有女性色彩？什么鸾台呀凤阁呀，"鸾、凤"二字历来好像都与女性有关。老太后似乎是在向天下人下一场"毛毛雨"，给人们做出一个暗示：不要惊慌，要有些思想准备，女人可能要南面称帝，君临天下了。

为了这一天的到来，武太后在不动声色而又紧张有序地筹备着。

她首先要建立一支自己的嫡系队伍。对于那群李姓后代，包括自己的儿孙在内，她很不放心。因为自己一旦称帝，就等于是从他们老李家手里接管天下，他们能高兴，能拥护吗？他们仗着自己是天潢贵胄、天下第一大户的子孙，恐怕会时时都想从她的手中夺回世袭的皇位特权，甚至还会把她这个武姓女人，看作是李唐皇室的公敌。

要建立这支嫡系队伍，就必须从武姓儿孙中去寻找，去培养，要逐步地造就一支忠心耿耿的"武家军"。

武承嗣已升为太常卿同中书门下三品，跻身于宰相行列，这自不必说。接着，太后又下令擢升另一个侄子武三思为右卫将军，掌握禁军大权。其他像武攸暨、武攸宜、武攸宁等数十人，都先后擢拔为京中高官。

与此同时，由武承嗣出面，奏请太后追封先祖为王，立武氏七庙。进一

女皇武则天

步提高武家祖上的尊贵地位，这是武太后准备登基做皇上的一个重要步骤，她当然会立即准奏。

根据宗法制规定，七庙是天子之制，设七庙供奉祖宗，内设三昭三穆与太祖之庙。历史上除了汉朝吕雉之外，还没有任何后妃为娘家立过七庙。

对武太后的这些举措，首辅宰相裴炎大为不满。他是先帝临终托孤的顾命大臣。这些年本来与武太后配合默契，相处得一直不错。

特别是在废中宗和立睿宗的过程中，他出过大力，与武太后、刘祎之是最早密谋的三个人之一。但是，废也好，立也好，都是出于对李唐朝廷的忠心耿耿。

中宗要把大唐江山让给韦氏，所以把他废了而立睿宗。

可是睿宗称帝之后，却一直不能过问朝政，而由你武太后临朝称制。开始刘仁轨上疏反对，你说皇上热孝在身，由你临时代为亲政。可过了这么长时间了，仍不见你有还政于帝的迹象，如今又要为娘家祖先封王立庙，似要与天子家平起平坐。你这是要干什么？莫非……

裴炎越想越怕，他似乎已看到了武太后隐藏极深的用心，有些不寒而栗了。

这不是前门拒狼，后门入虎吗？

李唐江山若是不再姓李，姓韦还是姓武有什么区别？不都是要江山易主，改朝换代吗？

不行，自己作为顾命辅政大臣，决不能坐视不管。于是当武太后宣布追尊武氏祖先并立七庙时，裴炎马上挺身而出，抗声言道："皇太后天下之母，圣德临朝，当存至公，不应追王祖祢，以示自私。难道忘了当年吕氏之败吗？臣诚恐后人看今朝之事，就像今人看古代之事一样。"

又是吕后，这些人怎么老是搬出吕后之败来教训朕？你裴炎以为朕就是那个臭名昭著的吕后吗？不，你看错了。我武曌要比吕雉高明得多，根本不能相提并论。我不仅要当太后，而且要当皇上，等着吧。你们这些书呆子，怎么见我们同是女人掌国，就妄加类比，只看性别，却不看功业，不看为社稷黎民做了些什么？真是浅薄而又可笑。

武太后看看裴炎盛气凌人的样子，有些发怒，强自抑制着说道："吕后之王，权在生人，今者追尊，事归前代，岂可同日而语。"

裴炎若是此时改口，或许还可重邀圣恩。可他偏不识趣，竟愤愤地说道："蔓草难图，渐不可长；殷鉴未远，当绝其源。"话说得尖刻而又决绝，毫无通融的余地。你裴炎仗着是顾命大臣，就如此狂妄，那么我武曌是何许人？难道比你裴炎资格浅，功劳小吗？

尽管心里不痛快，但考虑到裴炎的影响，武太后还是多少给了他点面子，将原来的追封七代改为五代，并马上下诏，追封其五世祖克己为鲁靖公，妣为夫人；高祖武居常为太尉，北平恭肃王；曾祖武俭为太尉，金城义康王；祖父武华为太尉，太原安城王；父武士彟为太师，魏定王。祖妣皆进为王妃。

与此同时，武太后又下令在她的家乡——并州文水建起武氏五代祠堂。

追封故人是为了抬高今人，它同其他改革一样，都是武太后向既定目标推进的一个必不可少的步骤。

谁承想，就在六十多岁的老太后，驾驭着大唐朝廷这辆马车，雄心勃勃地向着女皇称帝的新政体平稳过渡的时候，从西京长安却传来了一个令人忧心的消息：被废为庶人的前太子李贤在那里颇不安分。

李贤从每日花天酒地、声色犬马的极度奢靡之中，突然被打入冷宫之内，高墙圈禁，戒备森严。每日粗蔬淡饭尚不足以果腹，而那份影徒四壁的难耐的孤独，更让他寂寞得发疯，就像是从繁花似锦的人间天堂，一下子被扔进了万劫不复的地狱。

开始他不吃不喝，以绝食向母后示威。但没过几天，这个从小食不厌精的公子哥儿，就再也忍受不了那种饥肠辘辘的煎熬，狼吞虎咽地吃起了那些粗糙得难以下咽的食物。

不过，他却仍然不肯反思。现在，他愈加相信原先听到的那些谣传，自己不是武后亲生的，自己的亲生母亲是韩国夫人。母亲已经被她杀害了，妹妹和弟弟也被她一个个害死了，自己无论如何也难以逃脱她的魔掌，只是迟一天早一天罢了，摇尾乞怜和抗争到底都是一个下场，都难免一死。

对于这个老太婆，李贤心里充满了刻骨的仇恨。他开始骂人，对着窗外看守他的那些羽林军们，歇斯底里地破口大骂。骂武太后如何专横霸道，如何阴险刻毒，如何害死她的亲姐姐、亲外甥，甚至亲手药死了她的大儿子李弘。

"虎毒尚不食子。这个女人不是人，是魔鬼，是禽兽，是比虎豹豺狼更凶残的禽兽。"他冲着窗外的高墙狂呼乱叫，一天到晚骂不绝声。

看守她的羽林军们又急又怕，这样口无遮拦的胡说八道，若是传到太后的耳朵里，连他们这些看守人员都要吃罪不起。

但是，没有上边的旨意，对这位天潢贵胄、龙子龙孙的"阶下囚"，他们却毫无办法，既不敢打，也不敢骂，只好低声下气地哀求：

"太子爷，活祖宗，求你发发善心。你这样，一旦传到太后的耳朵里，不光对您不好，就连小的们都要受连累，弄不好就得脑袋搬家。"

"哈哈哈……什么太后，老妖婆！你们怕她，朝廷中那些软骨头都怕她，我却不怕她！我李贤有朝一日若能得志，一定会亲手宰了这个老东西，食其肉，寝其皮，将其千刀万剐。"

看守们听得心惊胆战，毛骨悚然，忙一溜小跑去报告上峰。

上峰也不敢隐瞒，再报告他的上峰。

用不了多久，武太后便得知了全部情况。她没有想到，儿子居然对自己有如此深的仇恨，简直是不共戴天。她更没有想到，李贤怎么会认为他不是自己的亲生儿子，而是韩国夫人所生呢？这事缘何而起？真正是匪夷所思。

不过，这事却让她惊觉起来。在自己向女皇宝座最后冲刺的这段路程中，这几个亲生儿了可能会成为最大的障碍。既然是障碍，那就必须清除。现在不管是谁，都不能阻挡她跃登大宝的决心。

这个孽畜，不能让他再留在长安了。那里是大唐的龙兴之地，是国家的都城，兵多将广，且卧虎藏龙。一旦内外串通，两相呼应，说不定又会酿成一场谋反大祸，殃及朝廷，危及江山社稷。

于是，武太后马上颁诏，将庶人李贤迁往偏远的巴州幽禁，派军队严加看管。那里山重水复，层峦叠嶂，是个人迹罕至的地方，再难与外界联系。

安置了李贤，武太后又想起她的另一个儿子，被废为庐陵王的原中宗皇上李显。

李显倒是比他的二哥李贤老实得多，自从被疲之后，幽禁于洛阳皇城的别苑之中，他每日与妻子韦氏相厮守，不谈国事，闭门思过。

他深悔自己初登帝位，做事孟浪，既忙于擢拔韦姓外戚，又口出狂言。母后及大臣们将自己废黜，也是罪有应得。不管怎样，还给他保留了个庐陵王的爵位，比二哥李贤好得多。这一辈子，能保住这份富贵，夫妻儿女们都能平平安安，也就知足了。从此以后，再不能拂逆母后的旨意，说错话办错事了。

李显是这样想的，可武太后却不放心。一个曾当过皇帝的人一直居住在神京，对于朝廷大臣和京都士庶，本身就是一种无形的影响。有人若生谋逆之心，会首先想到他是一面极富号召力的旗帜。

这面旗帜必须拔掉，起码是从神京拔走。武太后又颁诏旨，将庐陵王李显从京中迁至房州安置。

武太后担心有人打着拥立庐陵王的旗号，行谋逆之事，因而匆匆忙忙地将他迁出神京。

这种担心并不是多余的。

三月的一天，春风和煦，丽日播晖，洛阳城里到处是一片祥和、安谧和万物复苏的阳春景色。

七八个飞骑军士卒今日轮休，这是他们半年一次的盛大节日，相约在城外郊游踏青之后，便来到西城一座坊曲——附设着酒楼的妓院里饮酒取乐。

飞骑军是干什么的？这是皇家羽林军中的一支特种部队，唐太宗贞观十二年十一月创立，分左、右飞骑营。飞骑营中的士卒，都是从羽林军挑选出来的体魄骁健，善于骑射者，号为"百骑"，个个都身着五色彩衣，乘骑高头骏马，均以虎皮为马鞍子，威风至极。每逢天子行幸时，都是以这些人做贴身侍卫。

这日轮休，几个人便兴高采烈地来到了坊曲，想尽情一乐。

他们在楼上要了一个干净的单间，点了酒菜，叫来了歌妓，一面喝酒，一面听歌观舞。

一名十六七岁的粉头冉冉而入，向众人作个万福，含羞带娇侍立一旁。一声檀板，丝竹之声骤起，一时弦管交响，十分悦耳。

那粉头轻挪莲步，摇闪细腰，合着节拍翩翩起舞。众人看时，但见她媚眼频飞，笑颜荡漾，如三春桃花；舞态自若，腰肢婀娜，似风中柔条。渐渐地额丝汗润，蝉鬓微温，凝脂滑玉里绽出了两朵红霞。

大家看得痴了，竟一杯接一杯地自斟自饮，不觉喝得半醉。

忽而繁弦笙管齐响，舞曲变得气势磅礴，雄阔壮丽。那粉头如疾风骤雨般旋转腾跃，似一团霓霞闪烁明灭，一簇奇葩摇曳舒卷。

众人正看得出神，乐声戛然而止，粉头脸带微汗，笑吟吟地向客人叩谢。一个小头目从怀中摸出点散碎银子，上前递给那粉头，一只手却在她那对肥嘟嘟的嫩乳上揉搓了一阵，众人哄堂大笑。

粉头退下之后，大家开始放量狂饮，推杯换盏，大碗轮灌。不一会儿，已喝得东倒西歪，一片狼藉。

这些日子，朝廷走马灯似的换皇帝，每换一次，这些人便忙得昏天黑地，焦头烂额，却未得到任何赏赐，心中不免有些牢骚。

平日里，他们只能把牢骚装在心里，半句也不敢吐露。今天大家酒喝多了，嘴边便少了个把门的，再也管不住自己的舌头了。

一个说道："皇帝又换了，两个月仨皇帝，咱哥们可真有福气那。"

另一个道："有个屁福气，皇帝换了好几个，我们却既不得提升，又无半点勋赏。早知如此，还不如奉庐陵王复位，好歹也捞个翊赞之功，说不定还能封妻荫子，再不会整天受这些鸟气。"

"对，大哥说得有理，我们也是七尺汉子，不能一辈子让人家当狗使。"

"那是，咱哥们一年到头穷得叮当响，连玩个娘们儿的钱都没有，忙来忙去都是为了什么？"

这些人都喝得昏头涨脑，神志已不清醒，一个个瞪着血红的双眼，随声附和着。有的还煞有介事地摇晃着脑袋，在思谋着拥立庐陵王复位的锦囊妙计。

其中一个人，头脑却还清醒，觉得邀功请赏的机会到了。趁大家不注意，悄悄地溜出来，飞马向玄武门告密去了。

武太后大吃一惊，飞骑兵要造反，自己身边的侍卫人员要谋逆，这还了得！她立即下令，命武三思率三百名全副武装的羽林军，风驰电掣地向那座坊曲赶去。

羽林军们把坊曲的前后围了个水泄不通，一队人马执刀在手，气势汹汹地冲上楼去。

那几个飞骑兵早已成了一堆烂泥。一见这个阵势，酒虽吓得半醒，身上却软塌塌的像没了筋骨，毫无反抗之力，一个个束手被擒。

也无须刑部审谳，谋逆之罪是明摆着的。第二天，那个为首的被处以斩刑，其余的连坐知情不举之罪全被绞死。

唯有那位出卖同伙的告密者，一夜之间，便从一个普通士卒，被授以五品官职。

说良心话，这些人不过是在撒酒疯，说狂话，并没有胆量也没有能力干什么谋逆之事。但是，千里之堤往往溃于蚁穴，在武太后临朝称制这个特殊时期，她不能不严加防范。

624—705

Wu Zetian

悠悠千载无字碑，是非功过任评说。

女皇武则天（下）

刘清越 著

山西出版传媒集团 山西人民出版社

目　录

第二十一章　顺嬰者昌　逆嬰者亡

几个烂醉如泥的飞骑兵酒后狂言，声称要拥立中宗复位，那不过是说大话，耍酒疯，发发牢骚而已，对于大唐朝廷和武太后的统治，不过是疥癣之疾，稍加弹压，便销声匿迹了。

但是，一场真正的打着拥立中宗皇上复位的旗号，而进行反对武皇的揭天风暴，却悄悄地在东南重镇扬州城里孕育着。

光宅元年九月的扬州，像往年一样宁静而又繁荣。几场大雨涤尽了燥热郁闷的暑气，阵阵初秋的江风，携来了让人舒适惬意的凉爽。

扬州城大街两侧，酒肆茶楼林立，坊曲歌榭栉比，各种店铺连绵不绝。街道上行人来来往往，经商贩货的，观光赏景的，无事闲逛的，男男女女，老老少少，各色人等都有，显得十分热闹。

这天傍晚，从扬州西门外走来了一位四十多岁的中年人，一领半新不旧的青布长衫，淡蓝色幞巾裹头，手里拿着一柄雨伞，逍逍遥遥，目不旁视地穿街而行。

此人身材高挑，面容清癯，须发如墨。两条细眉似含着无尽的聪慧和狡黠，一对眸子晶亮如珠，黑白分明，十分出神。

在众多的忙忙碌碌为生活奔波的客商市民之中，这人显得有些特别，一看就是位悠闲自在的读书人。

但是，谁也不会想到，这个衣着清寒的普通士子，居然会是名动华夏的大诗人、大才子骆宾王。

骆宾王是浙江义乌人，七岁就作了那首"鹅、鹅、鹅，曲项向天歌"的《咏鹅》诗，轰动一时，成了凤慧神俊的江东才子。长大以后，与王勃、杨炯、卢照邻齐名，被誉为"唐初四杰"。

年轻时，为了谋取功名，他曾漫游长安。以在长安的生活体验为背景，写了一篇名为《帝京篇》的七古，当时传遍京城，为人叹为绝唱。因七古中巧用数字和对句，被同行诗友们调侃为"算博士"。

骆宾王虽然才华横溢，诗名远播，但在仕途上却一直坎坎坷坷，命乖运蹇。

他在长安投门子，拉关系，四处请托，却只谋得了一个道王府的属吏，是个不起眼的小职员，仅能糊口而已。

有一段时间，裴行俭任洮州大总管时，闻其才名，曾表请他为掌书记。那时他若走马上任，凭其才华，又有裴行俭的知人善任，在边关建功立业，说不定会飞黄腾达。

但是他受不了边关的凄风苦雨，不愿到那个满地砂砾，寸草不生，一年两场风，一场刮半年的荒蛮偏远之地，从而丢掉了一个绝好的机会。

此后，他又经过多方奔走，好不容易谋得了一个武功县尉之职，但这仍是一个不入流的小吏。如果是一个普通人，能弄到这么份养家糊口的差事，说不定会欢天喜地，额手称庆呢。但是，对骆宾王这样一位名闻天下的大才子，如此卑微的职务，简直是对他天大的侮辱和亵渎。

政治上的长期失意使他郁郁寡欢，生活上的穷困潦倒更使他狼狈不堪。

这位怀才不遇的大才子开始发怒了，对于这个压制人才的大唐朝廷，对于各级官衙那些有眼无珠、蠢笨如驴的庸吏，他从内心里充满了蔑视和仇恨。

愤怒之余，他便开始破罐子破摔。有志不能伸，有才不得用，既然从上到下全是一批昏庸之辈，我又何必非与你们这帮混蛋为伍呢？

一个偶然的机会，这个风流儒雅的大诗人竟然下了赌场。

嗜赌如同吸毒，一旦染上就难以自拔。自古以来，赌场无赢家。狂赌一通之后，骆宾王不仅变得一贫如洗，而且还债台高筑。

怎么办呢？诗文不能当饭吃，要想活命，就得想办法。县尉虽然是个微末小官，但是对于那些作奸犯科的人来说，却还有许多用处。

于是，他开始利用手中的权力，收受贿赂，然后便徇私舞弊，徇情枉法。也许是他的命运太蹩脚，在那个年头，贪墨受贿者到处都有，别人收受千千万万安然无事，而他只受了五十两白银便东窗事发。

这一下子，不仅丢了官职，砸了饭碗，而且还被投进了大牢。

一代诗魁银铛入狱，秋风瑟瑟，满目萧然。面对高墙铁窗，听着窗外凄凉嘈切的秋蝉鸣叫，这位大才子不仅没有为自己不能洁身自好而反思，反而触景生情，诗兴大发，一夜之间，竟吟成一首千古传唱的不朽诗篇——《在狱咏蝉》。

这首诗被狱卒抄了出来，很快便唱遍了长安城，文人士子，甚至在馆学童，无不琅琅成诵，就连诗前面那不算太短的小序，也都一字不落地背诵了下来：

> 余禁所禁垣西，是法厅事也，有古槐数株焉。虽生意可知，同殷仲文之古树；而听讼斯在，即周召伯之甘棠。每至夕照低阴，秋蝉疏引，发声幽息，有切尝闻。岂人心异于曩时，将虫响悲于前听？嗟乎，声以动容，德以象贤。故洁其身也，禀君子达人之高行；蜕其皮也，有仙都羽化之灵姿。候时而来，顺阴阳之数；应节为变，审藏用之机。有目斯开，不以道昏而昧其视；有翼自薄，不以俗厚而易其真。吟乔树之微风，韵姿天纵；饮高秋之坠露，清畏人知。仆失路艰虞，遭时徽纆。不哀伤而自怨，未摇落而先衰。闻蟋蚰之流声，悟平反之已奏；见螳螂之抱影，怯危机之未安。感而缀诗，贻诸知己。庶情沿物应，哀弱羽之飘零；道寄人知，悯余声之寂寞。非谓文墨，取代幽忧云尔。
>
> 西陆蝉声唱，
> 南冠客思深。
> 不堪玄鬓影，
> 来对白头吟。
> 露重飞难进，
> 风多响易沉。
> 无人信高洁，
> 谁为表予心。

骆宾王这大半辈子，多为恃才傲物所害，也常以才情横溢受益。他出狱之后，正是因为这首《在狱咏蝉》，诗名更响，很快又谋得了一个长安主簿的差使。

虽然仍然是一个芝麻绿豆大的小官，但毕竟可以衣食不愁了。不过，放浪不羁的骆宾王，根本就不把这点可怜的"温饱生涯"放在眼里。

在他缺钱花的时候，居然故伎重演，又犯了索贿受贿的毛病。这一次很幸运，没有被关进大牢，而是被贬为临海县丞。

县丞是九品官，再下面便是衙役捕快了。官是越当越小，骆宾王胸中的仇恨却越积越大。很自然地，他把这种仇恨的账，记在了国家权力的最高执掌者——武太后的身上。

他妈的，女人当家"牝鸡司晨"，必定会"赤金掩深土，英俊沉下僚"。老子四十多的人了，已是下世光景，何必再腆颜无耻地做你们这个鸟官。

于是，他不再去临海上任，弃官不做，开始了书剑漂零、四处流浪的生涯。

前几天，他接到了朋友唐之奇的书信，邀他到扬州一聚，说有大事相商。

能有什么大事呢？无非是以文会友，吟诗清谈。管他呢，反正自己现在是一介布衣，四海为家，与几个文朋诗侣聚一聚，饮酒赋诗，直抒胸臆，也是一件乐事。

但又一想不对，这位唐之奇是唐临之子。其父唐临曾历任兵部、度支（显庆元年，改户部为度支）、吏部三尚书，后因事贬为潮州刺史。唐之奇本人也任过给事中。因为过去曾是太子李贤的僚佐，受其牵连，被流放于边庭。听说最近又被起用为苍括县令。他怎么会到扬州来结社咏诗呢？

一想到他曾做过太子李贤的僚佐，骆宾王心中一跳。莫非李贤已经脱身囹圄，逃出魔掌，来扬州举旗造反？若真是那样，可真是千载难逢的好机会。举事若能成功，自己便成了匡复功臣，封侯拜相，一展鸿鹄之志。即使不能成功，也是给那个老妖婆当胸捅上一刀，让她知道天下英雄并非都是她的奴才。拼将一死，也可消去平生之恨，赢得千秋英名。

这样想着，骆宾王激动起来，不禁加快了脚步。

他一路打听，终于来到了扬州城东北隅的聚贤酒楼。此时已近酉时末刻，如火的晚霞早已冷却，变成了一片黯淡无光的深灰色。大街两旁的酒肆歌楼都亮起了灯笼，五颜六色，造型各异，把门脸上的匾额照得通明。

骆宾王抬头望着"聚贤酒楼"四个金光灿灿的大字，正要举步上楼，早听有人喊道："啊呀，我们的大才子终于来了，骆兄一路辛苦。"正是唐之奇从楼上迎下来，双手拉住骆宾王，不容分说便向楼上拽去。

走进一个颇为宽畅的雅间，见早有六七个人坐在那里，酒菜已经摆好，像是在特意等他开席。

"这位便是声动华夏，大名鼎鼎的大诗人骆宾王。"唐之奇向早来的客人们介绍道。

众人一齐站起来，颔首微笑，以示欢迎。

骆宾王向众人扫了一眼，一个也不认识。不知是什么路数，只得拱手说道："在下来迟一步，让诸位久等了，实在抱歉。"

众人分宾主坐下，大家先共饮三杯之后，唐之奇趁着大家挟菜倒酒的时候，向骆宾王一一做了介绍。其实，对这些人，骆宾王虽未谋过面，名字却都知道，对其生平也略知一二。

坐在首席的是李敬业，就是大唐开国功臣，司空英国公李勣的孙子。因其父早死，在李勣去世之后，他便以长门长孙的身份袭封了英国公的爵位。

爵位是够显赫了，但只是个虚衔，不值什么钱。官职却很一般，只当到眉州刺史。因为任酒使气，欺压同僚，又贪污军饷，前些日子被贬为柳州司马。

据说，李勣在世时，对他的这个从小就骄纵成性、顽劣不法的孙子很不放心。长大之后，他身体矫健，走马如飞，曾跟随李勣征战，勇冠三军。但是，李勣长期地闻其言观其行，总觉得他桀骜不驯，脑后似有反骨，生怕他以后毁了李家的勋贵之名。

为了这份来之不易的家业和数百口子孙后人的生命安危，李勣决定大义灭亲。一次初冬，李勣带领儿孙和家丁去一片树林中狩猎。当李敬业飞马驰入树林中追杀野兽时，李勣命令家丁们四面举火。

初冬气候干燥，树林中全是枯枝败叶。火借风势，风助火威，霎时间整个树林子便成了一片火海。

李敬业见四面大火冲天，已经无法脱身，竟当机立断，把战马杀死，取出五脏，然后钻进马腹中藏身。待大火熄灭之后，马匹被烧得焦煳，李敬业却安然无恙。李勣见状，仰天长叹一声："此乃天意，非人谋所能为也。"

这只是一段传闻，未必可信。但有一条骆宾王却坚信不疑，李敬业绝非平庸之辈，一定是位冲天一怒，可令风云变色的大英雄。

李敬业身边坐着的，是他的弟弟李敬猷，曾做过周至县令，因徇私枉法而被贬为庶民。

再下面，是杜求仁。他的祖父杜正伦曾在高宗朝任过宰相。他自己曾官至监察御史，不知何事被贬为黟县县令。

李敬业右首坐着的是魏思温，足智多谋，极有才干，曾在朝中任御史，因卷入了一场说不明的讼案，被免官为民。

他的下首叫李宗臣，也是位因事被贬，郁郁不得志的下级官吏。

如此说来，这些人都是些时运不佳的末路英雄。他们邀自己来共商大事，这"大事"是什么，骆宾王已猜着个八九不离十。

骆宾王正在想着心事，却听李敬业说道："当今天下，朝廷无道，武氏专权，先废太子，又废皇帝，意在篡国称帝。其司马昭之心，路人皆知。这个

女皇武则天

女人毒如蛇蝎，她若为君，我等将沦入万劫不复的深渊，永无出头之日。我李敬业大唐勋臣之后，不能坐视大唐江山沦入他人之手。今日决计高举义旗，匡助庐陵王复位。诸位弟兄，有愿与我李敬业共举大事者请同饮此杯！"

"果然是这件事！"骆宾王只觉得心头鹿撞，热血澎湃。他跟着众人一齐站了起来，将门前杯高举头上，然后一饮而尽。

大家坐好之后，魏思温又说道："扬州城是南北运河与长江的交汇地，乃天下漕运所在。又是工商都会，军事重镇。我等在此举兵，定可震动大江南北。进则直逼洛阳，一举平定中原；退可据守江东，至少也可划江而治。现在的关键是，我们既然以拥立庐陵王为名，就要赶紧派人与庐陵王暗中联络。若是庐陵王肯出山，则振臂一呼，天下响应，大事定可成功。"

唐之奇也忙说道："魏兄所言极是。但庐陵王性格仁弱，未必敢于出山。我们不妨也与原太子李贤联络，此人文武双全，胆大心细，又与武氏有切齿仇恨，若能联系上，必肯出山，对天下照样有号召力。"他至今还念念不忘其旧主子，若是将来李贤能够即位，他唐之奇自然是第一功臣。

"既然如此，我们可分头派人前去联络，庐陵王、李贤皆是有用之人。"李敬业说道。

几杯浊酒下肚，每个人都热血沸腾。国事、家事、公愤、私仇一齐涌了上来，反叛的情绪在酒精的催化下熊熊燃烧。大家你一言，我一语，议论纷纷，慷慨激昂。最后，在李敬业提议下，歃血为盟，决计在"匡复庐陵王"的名义下，召集同党，举兵讨伐武太后。

要造反，首先就要有兵马，有武器。但是他们这帮人，眼下最大的是个柳州司马，多是中下级官吏，有的还是一介草民，上哪里去调动这千军万马呢？

足智多谋的魏思温端起酒杯，轻抿一口，笑对大家说道："我有一计，已思之许久，依计而行，可在一夜之间得兵马数万。诸位听听看，此计可行否？"

接着，他把自己的想法说了一遍，众人都说此计甚妙，魏兄简直是孙武重生，诸葛再世，纷纷向魏思温敬酒。

第二天，魏思温修书一封，命人快马送至洛阳，亲呈监察御史薛仲璋。

薛仲璋是当朝首相裴炎的亲外甥，对于武太后临朝称制也极为不满。又加上在御史任上一待就是多年，未得升迁，心怀怨恨。

他与魏思温曾为同僚，莫逆之交。魏思温坐事被贬之后，二人仍常常书信来往，声气相投。

魏思温在信中告诉他，近期扬州将有大事，要他借出差之机巡视江都。

薛仲璋得知李魏等人的密谋，心情异常激动，这既是为李唐故主效命的好机会，更是自己建功立业的绝佳时机。

他毫不犹豫，打点行装，当日上路，如期来到扬州。魏思温、李敬业将他接至聚贤酒楼的一间密室里，三个人密谋了一个下午。

次日，魏思温命同党韦超去薛仲璋所住的临时驿馆告密，说是扬州都府长史陈敬之图谋造反。

薛仲璋以监察御史的特殊身份，堂而皇之地将陈敬之逮捕入狱，诸刑逼供，屈打成招，然后打入死牢，准备上报刑部后处以极刑。

几天以后，新任的扬州长史走马上任，大摇大摆地来到了都督府，上任伊始，先把扬州兵马的调动指挥权抓在手里，然后升堂议事，对下僚们说道："本官离京之时，奉太后密旨，高州酋长冯子猷谋反，命我们立即发兵征讨。"

前任长史因谋反罪入狱，新任长史又是从神京来的，僚属们谁也不曾想到，这位新任长史居然是李敬业装扮的。

薛仲璋当然心知肚明，竭力从旁协助。他先下令将陈敬之斩于囚所，然后打开扬州府库，取出武器盔甲，又放出所有的囚犯，与衙司的工匠们一起，编队武装，发放铠甲武器，组成了一支特殊的队伍。

这个时候，都督府录事参军孙处行发现情况有诈，便以无圣旨为由，拒绝发兵。李敬业大怒，立马将其斩首。

杀鸡给猴看，效果十分显著。扬州府的官吏们虽然发现了苗头不对，但好汉不吃眼前亏，谁也不敢再唱反调。为了保命，大家一齐被裹胁加入了这支反叛队伍。

果然，一夜之间，举州易帜，全府的兵将都调转了枪头，叛军已有数万人马，反叛的大火终于烧了起来。

李敬业下令开设三府：一曰匡复府，意思是大军举义是为了襄助中宗复位，以收买天下人心；二曰英国公府，这是他的爵位，当然是为显示自己的尊贵；三曰扬州大都督府，这是为了下一步调兵遣将的便利。

接着开始封官。李敬业自称匡复府上将，兼任扬州大都督；唐之奇和杜求仁分任左右长史；李宗臣、薛仲璋分任左右司马；魏思温为军师，骆宾王任记事参军。

九月二十九日，这支队伍在扬州城大校场上誓师举义，公然扯起了"匡

女皇武则天

扶皇帝复位，讨伐武氏篡逆"的大旗。誓师之后，即四处张贴告示，招兵买马。

尽管誓师举义搞得轰轰烈烈，举义的招牌也冠冕堂皇，但是扬州城以及周围各府县的百姓和士绅们却无动于衷。除了一些囚徒和杂役工匠被胁迫卷入叛军之外，其他大都采取观望以至不合作的态度。

老百姓心里都有一杆秤。武太后怎么了，她执掌国家大权几十年，百姓们过了几十年的太平日子。说不上丰衣足食，大富大贵，可日子总算过得去，有饭吃，有衣穿，老百姓还求什么？当官与我们八辈子无缘，我们何必冒着杀头的危险，去跟那个想称王称霸的李敬业瞎起哄？再说了，"乱离人不如太平犬"，你们为什么没事找事，非要打仗不可？就是那个被废的庐陵王当了皇帝，就一定能比他娘老子好吗？我们老百姓又能得到什么好处？更何况，究竟是谁想当皇帝还说不定呢。

李敬业大肆招兵买马，开始并不顺利。但毕竟地面大了，一些山寇、流氓、无赖、闲汉、赌徒、叫街的、要饭的各色人等，为了混碗饭吃，或者想碰运气弄个一官半职，便纷纷来投。几天之后，居然也凑起了七八万人马，对外则号称十万大军。

征讨大战一触即发，为了师出有名，自然需要一纸强有力的声讨檄文。文才横溢的大诗人骆宾王终于派上了用场。

用了整整一个晚上，骆宾王竭尽平生所学，倾注了全部热情和才华，写成了一篇气势逼人，鞭辟入里，惊风雨，泣鬼神，讽刺丑化入骨三分的《讨武曌檄》文，堪称千古檄文典范，连后世的《古文观止》都予以收录。此处不能不全文照录，以飨读者：

> 伪临朝武氏者，人非温顺，地实寒微。昔充太宗下陈，尝以更衣入侍，洎乎晚节，秽乱春宫，密隐先帝之私，阴图后房之嬖。入宫见嫉，蛾眉不肯让人；掩袖工谗，狐媚偏能惑主。践元后于翚翟，陷吾君于聚麀。加以虺蜴为心，豺狼成性，近狎邪僻，残害忠良，杀姊屠兄，弑君鸩母。人神之所同嫉，天地之所不容。犹复包藏祸心，窥窃神器。君之爱子，幽之于别宫；贼之宗盟，委之以重任。呜呼！霍子孟之不作，朱虚侯之已亡。燕啄皇孙，知汉祚之将尽；龙漦帝后，识夏庭之遽衰。
>
> 敬业，皇唐旧臣，公侯冢子，奉先君之成业，荷本朝之旧恩。

宋微子之兴悲，良有以也；袁君山之流涕，岂徒然哉！是用气愤风
云，志安社稷。因天下之失望，顺宇内之推心，爰举义旗，誓清妖
孽。南连百越，北尽三河，铁骑成群，玉轴相接。海陵红粟，仓储
之积靡穷；江浦黄旗，匡复之功何远。班声动而北风起，剑气冲而
南斗平。喑呜则山岳崩颓，叱咤则风云变色。以此制敌，何敌不摧？
以此图功，何功不克？

　　公等或家传汉爵，或地协周亲，或膺重寄于爪牙，或受顾命于
宣室。言犹在耳，忠岂忘心？一抔之土未干，六尺之孤何托？倘能
转祸为福，送往事居，共立勤王之师，无废旧君之命，凡诸爵赏，
同指山河。……请看今日之域中，竟是谁家之天下！

　　檄文写成，李敬业及众人读罢，皆大喜过望。不愧是名闻九州的一代大
才，仅凭这一纸奇文，亦足可耸动天下。

　　李敬业立即派出飞骑，将檄文分送四面八方，也包括神京洛阳和西安
长安。

　　李敬业在扬州誓师举义之前，为了拉拢势力，扩大军队，曾秘密地派人
与他的叔父李思文联系。

　　李思文是司空英国公李勣的二儿子，李敬业的亲叔叔。同父亲李勣一样，
李思文对这个从小便顽劣不法的侄子极不放心，唯恐他做出不肖之事，败坏
门庭，辱没了父亲李勣的一世英名。

　　眼下李思文正任润州刺史，一听敬业准备谋反，只觉得毛发倒竖，周身
发冷。

　　父亲看得没错，他这个长门长孙是个孽畜、逆子。父亲生前曾几次对自
己说，"簪缨之族，五世而斩。我们李家恐怕连三世也过不去，就要毁在这个
畜生身上"，现在这话是不幸言中了。

　　率众造反，任何朝代都是抄家挖祖坟的罪过，祸灭九族的勾当。为了李
家一门数百口的性命，为了先父一世的英名，他决心大义灭亲。

　　李思文一面与来联络的人虚与委蛇，说是此事重大，他需要仔细考虑考
虑，一面火速派人，抄近道飞驰洛阳，密奏武太后。

　　武太后接到密报，知道事态严重，这是她执政几十年来首次发生的国内
谋叛，不能不引起她的高度重视。

　　但她表面上不动声色，显得十分冷静。一方面命人密切注视扬州方面的

动静，待疖子出头之后，再动刀子剜去它。同时，她在便殿单独召见了左金吾将军丘神勣和右卫将军武三思。

李思文的密报说，李敬业谋反准备打着"拥立庐陵王复位"的旗号，这使武太后高度警觉起来。她让武三思立即赶往房州，亲自监管庐陵王李显，决不准他与外界互通信息，更不许任何外人与他接近，以防与叛军遥相呼应，使贼势日张。

武三思领命告辞之后，武太后对左金吾将军丘神勣说道："庐陵王虽然被废，但有所悔悟。又加自小性情懦弱。我料他现在只求自保，不会有谋逆之心，更不会有通敌之举。对他只要严加防护，免被贼兵挟持就行了。"

说到这里，她话锋一转，又说道："而贤儿却大不相同。他从小便不安分，好高骛远，自命不凡，做太子时，又阴蓄武士，图谋造反。被废幽禁期间，一直不思悔改。也不知中了哪门子邪，对朕竟然恨之入骨，横加辱骂。这次李敬业举兵造反，必会派人去巴州联络李贤，邀其入伙。贤儿若得此消息，一定会正中下怀，欣喜若狂，毫不犹豫地加入叛军。因此，丘将军要连夜赶往巴州。"

"末将领旨。不过，太后，末将去后，该如何对待李贤？"李贤皆竟是太后的儿子，丘神勣想讨个明白的旨意。

"那还用问吗？多带些羽林军，不分白天黑夜，轮流看守，不让外界的任何消息传到李贤的耳朵里。"

"这些末将明白。但是，遇有意外事情，譬如叛军若派兵去硬抢，末将该如何处置？"

"这……"武太后沉默多时，脸色变得阴沉可怕，嘴角痛苦地抽搐了两下："这点朕也想到了。若是真到了那一步，将军可相机而动，便宜行事。反正绝不能让李贤落入贼手。唉，都说'虎毒不食子'，可是，为了大唐江山社稷，为了天下百姓免遭战乱，朕也只好如此了。"

武太后话说得斩钉截铁，丘神勣心里有了底。但看看老太后，脸色却苍白得可怕，一双眼睛变得十分茫然，像是在盯视着自己，又像是透过自己在凝视着远方。也许，她正在遥望着巴州，在仔细地凝视着自己的儿子李贤。

"丘将军，人处在这个位置，被逼到这个地步，真的会比豺狼虎豹还凶残吗？"

"太后……"丘神勣扑通跪在地上，泣声说道，"为了大唐江山的稳固，天下苍生的安危，太后万不得已才出此下策。太后之心，日月可鉴，万民皆知，千秋万代也将传为美谈。"

太后轻轻地叹了口气，摇摇头苦笑道："难哪，怕是要留下千古骂名了。有什么法子呢，不求人谅，但愿神知吧。"

武三思和丘神勣各带两千羽林军，星夜驰奔房州和巴州。

庐陵王李显身在禁所，却也从看守的士卒们口中，风言风语地听说了李敬业起兵谋反，而且还口口声声要拥立自己复位的事。这可真是"无事家中坐，天上降大祸"，他惶惶然不可终日，每天都与妻子儿女足不出户，提心吊胆地过日子。

见突然增加了这么多看守的军队，又见武三思亲自前来，只吓得他魂飞胆裂，面如死灰。以为是母后派人取他性命来了。惊恐之下，竟忘了自己的身份，与妻子韦氏一齐跪在了武三思面前，声泪俱下地说道："将军明鉴，李敬业谋反，与小王毫无瓜葛。苍天在上，我实实在在并不知情。还求将军可怜我弱妻幼子，曲意保全，小王今生今世将永感大德。"

武三思本是个十分机灵之人，他觉得庐陵王眼下被废，将来未必不能复出。现在正是结好他们夫妇的时候，忙弯腰将他扶起来，口里说着："庐陵王和王妃快快请起，这不是要折煞末将吗？末将知道，庐陵王对朝廷，对太后绝无二心，李敬业那帮贼子不过是拉大旗做虎皮，蛊惑人心罢了。请庐陵王和王妃放心，有末将在，你们定会安然无事的。只是，请你千万不要打听外界的事，我对上边也好交代。"

"是是是，"庐陵王早已感动得热泪纷纷，对武三思一再致谢。从此以后，更是每日如履薄冰，从不离开居室半步。

左金吾将军丘神勣赶到巴州以后，立即将李贤幽所的守卫兵士重新作了布置，将四面的通路全部揩断，层层把守，决不准一人靠近。并对所有守卫人员严加训饬，不准任何人与李贤说话，更不准离开防区半步，否则杀无赦。整个幽所，从里到外，三步一岗，五步一哨，戒备森严。在外围还安设了游动暗哨，日夜严密监视。

一切安排妥当之后，丘神勣来到了李贤的住处。他见了李贤，并不搭话，只冷冷地看了他一眼，然后便绕屋巡视。

李贤住的三间小屋，坐落在一座小山丘的阳坡上，位置显眼，交通便捷，有大路可直通山下。而且屋子门窗皆已朽烂，未加铁椤，甚不安全。

丘神勣立即命人将李贤迁至山坳中一处石洞之内。这石洞虽然也算宽敞，但洞口仅可容一人出入，洞内常年不见日光，阴暗而又潮湿，四面石壁上湿漉漉地长满了青苔，有的地方还在往外渗水。

李贤见丘神勣对自己如此倨傲，而且一来到便将自己搬到了这么个猪狗不能待的地方，不禁勃然大怒，破口大骂：

"丘神勣，你神气什么？别忘了，你爷是先帝之子，天潢贵胄。你算个什么玩意儿，不过是朝廷的一只鹰犬，是老妖婆的一条狗！一条趋炎附势、谄上傲下的癞皮狗！有朝一日，看老子不活剥了你的皮。"

丘神勣被骂得脸上青一阵红一阵，但他却什么也不说，掉头离开了这个地方。

三天后的一个夜里，丘神勣在仔细盘查了各处岗哨之后，刚刚睡下不久，突然有卫兵将他喊醒，说是捉到了一个形迹可疑之人，在幽所附近徘徊了好几天了，今夜企图从西面的断崖处攀缘上山。

丘神勣命人将他带来，全身搜查，却一无所获，问他也不说话。丘神勣大怒，命士卒们皮鞭伺候。像蟒蛇一般粗大的皮鞭蘸了清水，重重地抽下去。第一鞭便蹦起了一条又粗又长的血痕，第二鞭已经血水淋漓，皮开肉绽。那人杀猪似的号叫着，还没打到十鞭，就咬不住牙招供了，原来正是李敬业派来联络李贤的细作。

问他书信在何处，那人以手指了指下身。丘神勣明白了，他是把书信裹在蜡丸里，然后把蜡丸塞进肛门内。

丘神勣命两名士卒将他架出屋去，不一会儿取出了蜡丸，以水洗净后，拆出了一封短短的帛书。

书信是李敬业亲笔写的，邀请李贤参加起义大军，答应事成之后，立他为帝，杀武太后之头，灭武氏宗嗣，重兴大唐基业。

丘神勣吓出了一身冷汗，这信如果落在李贤手里，即使他不被劫去，自己也是杀头之罪。

这一夜，丘神勣翻来覆去难以入睡。这趟差使实在太危险，只要留着这条祸根，自己便永无宁日。

听说李敬业的叛军有十万之众，倘若造反得势，派一支重兵前来抢夺李贤，自己这数千人马将如何应付？不行，万全之策还是杀死他，这样不仅解除了眼前的危险，也免得给自己以后留下祸根。既然太后有了这个意思，又何必等李敬业派兵前来？应未雨绸缪，使贼军绝了这个念头。

第二天一早，丘神勣带领四五名侍卫来到石洞口，满脸杀气，沉声喝道："李贤听旨。"

李贤鄙夷地看看他，躺在那里连动也没动，说道："有屁就放，休要啰嗦。"

"太后有旨，李贤暗通叛军，意在谋逆，着即自裁，以谢列祖列宗。"

"胡扯，老子何曾见过叛军？哪里有什么叛军？"

"你自己看看吧，铁证如山，还想抵赖？"丘神勣命人把李敬业的书信递过去，接着把一柄宝剑，三尺白绫放在他面前："如何死法，任你自择。"

李贤看过李敬业的信，突然歇斯底里大笑起来，这声音既像笑，又像哭，更如枭鸟啼叫一般，让人周身起栗："好啊，多行不义必自毙，终于有人高举义旗，替天行道了。李敬业真乃顶天立地之伟丈夫也，老妖婆的末日到了。"

"别做梦了，李敬业一只小泥鳅，翻不起什么大浪头。快自裁吧。"丘神勣向侍卫们使个眼色，两个彪形大汉扑了上去。

李贤知道今日难免一死，拾起地上的白绫，在脖子绕了几圈，把两端交给侍卫，惨然一笑道："哥们儿，帮把手，这石洞里没有房梁可挂此绫。"

两个侍卫各持白绫一端，用力一扯。李贤立时双睛暴突，气绝身亡……

李贤自裁的消息很快报到了武太后那里，太后神情呆滞，半晌不语。

这毕竟是自己的儿子，从自己身上掉下来的肉。一把屎一把尿把他拉扯大，费尽心血要培养他成人，到头来却又不得不把他杀死。这是为什么？这样做究竟是对还是错？对不起了，为娘的也是没有法子，要怨恨你就怨恨吧。

想那丘神勣也是万般无奈，方才动手，他不过是在秉承自己的旨意。

但是，自己毕竟是李贤的亲生母亲，不能让天下人骂自己残杀亲儿子，门面上的戏还是要演一演。

于是，武太后下旨，将李贤的尸首接回洛阳，在贤福门为其举哀，大办丧事，同时追封李贤为雍王。表面文章做足，不仅仅是为了表白儿子非自己所杀，也实实在在地隐含着一份抹不掉的骨肉亲情在里面。同时，还有一层更重要的意思，那就是让天下人都知道，李贤已死，李敬业休想再打着他的旗号欺世盗名。

随后，她又降旨，贬丘神勣为叠州刺史，以惩其处置不当之罪。不过，这就更是假戏假唱了，丘神勣是无辜的，只能暂时委曲他一下。数月之后，她的这位心腹将领，就又被调回神京，重任左金吾将军之职了。

大诗人骆宾王的一纸《讨武曌檄》，就像刮旋风一样，数日之内便传遍了大江南北。

女皇武则天

在神京洛阳城内，官民士庶皆争相传阅，一时间，竟成了茶余饭后、街谈巷议的主要话题。

朝廷大臣们也都看到了，但他们只能躲在自己的府上看，一个个看得胆战心惊。上朝后谁也不敢议论此事，更没有胆量禀奏武太后。

但是纸里包不住火，像这样的大事，到处都安有耳目的武太后焉能不知？没有几天，她已经风闻此事。

一天，她专门召见了几位宰执大臣，劈头问道："听说这神京城内，近日到处传扬着一篇李敬业叛军的檄文，诸位宰相可曾读过？"

众人皆不敢作声，若说没有读过，这样惊天动地的大事，你身为宰相却充耳不闻，这是失职。若说读过，为什么不向太后禀报？

见众人哑言，刘祎之只好说话："禀太后，微臣昨夜读过。"

"可曾留有一份？"

"是，微臣这里有一份。"

"呈上来朕看看。"

"太后，这……满纸污言秽语，尽是诋毁诽谤，攻击谩骂之辞，太后还是不看的好。"

武太后笑了："这是什么话？既然洛阳市民争相传读，就必有其可读之处。奇文共欣赏嘛，朕为什么不能看？看把你吓的，咒骂怕什么，朕这一辈子被咒骂的还少吗？不就是一篇文章，还能骂倒朕，骂倒朝廷，骂倒大唐的万里江山？"

刘祎之没话说了，只好从怀里掏出一份檄文，呈送给武太后，众大臣们皆垂首而立，谁也不敢抬头。

武太后开始朗声诵读，抑扬顿挫，句读分明，还不停地以食指轻敲龙案，像是在有滋有味地欣赏和品咂着。几位大臣却被读得心头狂跳，汗流浃背。

他们估计老太后一会儿便会歇斯底里，雷霆震怒，都在静等着晴天霹雳的那一刻。这篇檄文太苛毒，隐私揭得太不留情，骂人骂得肮脏不堪。像"践元后于翠翟，陷吾君于聚麀"，"麀"是什么，是母鹿，是禽兽，不知伦常为何物，鹿常有父子共淫一母鹿之事，过着混乱交配的生活。这是在公开骂武太后前后为太宗、高宗父子二人侍寝。"虺蜴为心，豺狼成性，近狎邪辟，残害忠良"，是在骂太后贬斥、逼死长孙无忌、褚遂良、韩瑗等大臣。还有"杀姊屠兄，弑君鸩母"，除了骂太后杀死韩国夫人、武惟良、武怀运诸人外，更有凭空污妄、夸张不实之词。不用说像武太后这样刚强的女人，就是随便一个普通百姓，也受不了这种极其恶毒的诽谤和侮辱。

裴炎低头站在那里，偶尔用眼角偷看了看太后，见她读到"入宫见嫉，蛾眉不肯让人；掩袖工谗，狐媚偏能惑主"一句时，居然十分欣赏似的轻轻点头，面显微笑。当读到"一抔之土未干，六尺之孤何托？"时，武太后禁不住脱口赞道："妙，妙，字字珠玑，句句锦绣，真是一篇千古奇文。"

全篇读完，武太后似乎意犹未尽，仍滞留在对文章的鉴赏玩味之中。多时，她才问道："撇开其污蔑谩骂的内容不说，单就文章而言，确是一篇气势恢宏、铿锵可诵的妙文，不知出自何人的手笔？"

众大臣们相顾愕然，原以为老太后会大发雷霆，没想到她不仅不动怒，反而对文章赞不绝口。作为大唐朝廷秉国权衡的最高统治者，她已经如此的成熟和自信，很出乎众人的意料。

"臣听说，此文为一落魄诗人骆宾王所写"，宰相之一的韦思谦答道。

"骆宾王？这名字有些耳熟。可是写《在狱咏蝉》的那位？"

"正是，此人七岁时即作过《咏鹅》诗，传唱一时，被誉为神童，很有些诗才。可惜文人无行，嗜财成习，直令斯文扫地。"

"他都任些何职？"

"曾任武功县尉，因赌博受贿下狱。后任长安主簿，恶习不改，又因受贿贬官临海县丞。"

"如此大才，却屈居微末，失意穷困，自然会对朝廷不满。怪不得他会与那些叛逆者同流合污。"武后看看众宰相，脸上露出愠怒之色，将手中拿着的文章扬了扬，说道："你们这些拜相入阁之人，个个满腹经纶，而像这样出色的文章，谁能写得出来？朕早说过，国家兴旺，在于人才鼎盛；宰相之责，就是要不断地发现和起用人才，为国家选贤任能。如此贤能之士被长期埋没，使之流落不耦，岂非宰相之过？你们记住，待叛乱平息之后，此人若被生俘，不要杀他，带他来见朕。"

"是，臣等领旨"，众人惶恐答道。

"好了，不谈这事了。扬州方面来报，李敬业叛军誓师造反已经五天，就欲举兵攻打常、润二州。裴相，你看，我们该怎么办？"

这几天，裴炎一直很少说话。本来，作为朝廷首辅宰相，兵变消息传来，应该积极采取措施。而他却无动于衷，既无行动，也无建言。更何况，他的亲外甥薛仲璋乃叛军骨干，他这个当舅舅的更应该惶恐愧疚，积极设法平叛，以示对朝廷的忠心。

他是怎么想的？是要学当年的诸葛武侯，摇着鹅毛扇，安居平五路？还是在幸灾乐祸看热闹？或是心怀异谋，有通敌之嫌？武后对他深感不满，便有意问道。

"以臣之见，皇帝已经年长，却迟迟不能亲政。此次扬州之乱，逆贼们便是以这件事为借口。若是太后还政于皇帝，叛贼再无凭借，叛乱将不讨自平。"

其他大臣们想不到他会如此回答，皆大吃一惊。这哪里是退敌之策，分明是在借乱兵造反之事，要挟逼迫太后退位。在大敌当前、国有危难之时，首辅宰相居然说出这样的话来，简直是在找死！

武太后也没料到他会这样回答，一时被噎得喘不上气来。沉默了一会儿，才冷笑一声说道："好啊，叛军造反，当宰相的毫无应对之策，而作壁上观。既如此，朕自己来调兵遣将。朕不信，李敬业、薛仲璋等几个竖贼，会撼动我大唐江山。"她有意地点了裴炎外甥的名，既然你当宰相的如此不识趣，我也就不客气了。

"刘祎之。"

"臣在。"

"即刻拟旨。着左玉钤卫大将军李孝逸为扬州道大总管，魏元忠为监军使，将兵三十万，讨伐扬州叛军。明日集结，后天发兵，务求一鼓荡平。"武太后似乎早已胸有成竹，对李敬业他们这点小动作，像是根本没放在眼里。

十月六日，也就是在李敬业叛军发难后的第七天，李孝逸率领三十万大军，浩浩荡荡，沿运河一路南下，不几日，主力已抵达临淮。

大军既已出发，战场上的事就由将帅们去运筹谋划，自己用不着去瞎操心，那样只会添乱。武太后用人从来如此。

现在是腾出手来，处置朝廷中一些事的时候了。

昨日监察御史崔詧上疏奏告说："裴炎身受先帝临终顾命，大权在握，不思退敌之计，却为反叛寻找借口，若无异图，为什么在关乎国家安危的关键时刻，挟逼太后归政？其用心何在，朝廷应该明察。"

这一奏疏，正与武太后的想法不谋而合。她立即下旨，命左肃政大夫骞味道、侍御史鱼承晔，就裴炎有无异图之事严加审谳。

骞味道、鱼承晔对太后的心思自然心领神会，略加审讯，即将裴炎投入大狱。

首辅大臣一夜之间变为阶下之囚，朝廷一时为之轰动。入狱的当天晚上，纳言刘景先即冒险前去探监。

"裴相，人有旦夕祸福，您要想得开才是。"

"没什么想不开的，生死由命。"

"裴相不可太意气用事。在下以为，您老对太后说的那些话，似有不妥。如今身陷囹圄，还须谋求自保。若能说些软话，恳求太后开恩，或许还能保全，望裴相三思。"

裴炎哈哈大笑："我那日说的话，思之甚久，骨鲠在喉，不能不吐。太后揽权不放，置皇上如傀儡玩偶，实非国家之福。长此下去，我大唐究竟是姓李还是姓武？我身受托孤之命，此时不说话，更待何时？"

"正是为了李唐江山，裴相才更应委曲求全。留得青山在，方能徐图后事"，刘景先压低声音劝道。

"谢谢刘相美意，但宰相下狱，安有全理？裴某此番在劫难逃，卑躬屈膝亦恐无益。请刘相多自保重吧。"

刘景先见他如此执拗，再多说也没有用，只好洒泪告辞。

要定裴炎谋反通敌之罪，事关重大，弄不好，群臣哗然，朝廷震动。武太后要尽量地争取百官之心，把这件事处置稳妥。

为此，她特意召开了讨论裴炎是否谋反的御前会议。会上，不出所料，大臣们分成了水火不容的两大派。

左肃政大夫骞味道断定裴炎有谋反之心，他说："据近日审理此案发现，裴炎久蓄谋逆之心。多年来，他高居显位，权倾朝野，阴结私党，图谋不轨。此次扬州兵变，其外甥薛仲璋是主谋之一。有迹象显示，薛仲璋以朝廷监察御史身份私赴扬州，逮捕斩杀陈敬之，谋夺兵权，皆为裴炎指使。裴炎才是这次叛乱的真正策划者。"

凤阁侍郎胡元范立刻激烈反对："裴炎为社稷重臣，有大功于国，对皇上忠心耿耿。其公忠体国之心，天下皆知。"

凤阁舍人李景谌反唇相讥道："好一个公忠体国。据臣所知，近日来洛阳城里流言四起，有童谣唱道，'一片火，两片火，绯衣小儿殿上坐'。连略通文墨的市井小民都知道，非（绯）衣是个'裴'字，两个火是个'炎'字。裴炎即在为登基坐殿广造舆论了，还说没有谋反之心？"

"神京城里竟流传着这样的歌谣，果有此事？"武太后吃惊地问道。

"微臣也是昨日刚刚听说。"李景谌回答。

纳言刘景先有些急了，忙说道："臣敢断言，此儿歌定是叛军编造散布的，意在离间朝廷，搞乱人心，他们好火中取栗，我们万不可中其反间之计。臣等敢担保，裴相并无谋反之心。”

武太后看看刘景先，冷笑一声说："裴炎谋反早有端倪，只是尔等不察罢了。"

刘景先、胡元范几乎是同声说道："若说裴炎有谋反之心，那么臣等也便有谋反之心了。"

这不是在抬死杠吗？朝堂之上如此说话，简直是在胡闹。武太后不想再与他们纠缠不休，便以不容争辩的口气断然说道："朕知道裴炎早有谋反之心，朕也知道你们没有谋反之心。"

这话有些不讲理，但有时候不讲理便是最好的讲理。况且这件事本身就没有什么道理可讲。

什么叫谋反？难道仅仅是反对李姓皇帝才叫谋反？现在大唐的国家社稷由朕掌管着，反对我武曌就不叫谋反？不错，裴炎没有反对李唐，说他要取代李唐登基坐殿，连朕也不相信，他对李姓皇帝是忠心耿耿的，所以才一再逼我还政于李。从这点上看，裴炎并无谋逆之心，这没错。

可是，他在反对大唐朝廷的最高决策者，他已经威胁到了我武曌的临朝称制，威胁到了国家社稷的安危，这不是反叛是什么？如果这不算反叛，那么李敬业打着"匡复庐陵王"的旗号举兵，还算什么造反呢？

毫无疑问，裴炎就是在谋反。

朕现在还仅仅是在临朝称制，下一步朕要登基做皇上，裴炎定会拼死命反对，他将是自己通往那个辉煌极顶的最大的拦路虎。看来，这个人不能留。

在这一刻，武太后杀心已定。

她又要运用当年对"狮子骢"的那一无情法则了。

为了达到目的，她会不惜采取任何手段，这就是武太后终身不渝的秉性。

凡是妨碍她达到目的的任何人，只要你坚持不肯让路，那就只好让你消失，让你毁灭！不管你资格有多老，功劳有多大，职位有多高！你裴炎就是天字第一号的"李唐忠臣"，也留你不得。

这日傍晚，武太后又接到了驻军西域的左武卫大将军程务挺的密奏，也是为裴炎喊冤求情的。太后看过之后，便把它顺手扔在了一边。现在她心中已是一泓静水，任何人的求情，都不会激起半点波浪。

十月十八日，也就是扬州兵变的第二十天，裴炎终于以谋反罪被推上了断头台。

秋风萧瑟，枯叶飘零，令人断魂的凄迷冷雨漫天飘洒。一辆半旧的木笼囚车，押载着蓬头垢面、戴镣披枷的大唐首辅宰相，"嘎吱嘎吱"地向洛阳城西南的都亭驿驰去。一路上，围观的市民们在窃窃私语。他们没有悲哀，没有愤懑，没有同情，有的只是木然和迷惑。一人之下、万人之上的大宰相，为什么还要谋反？为什么还要去与那个李敬业里外勾结，非要搅乱了这平平安安、不缺吃不愁穿的太平日子，弄个鸡飞狗跳墙不可？这官场上的事，让老百姓们永远都琢磨不透。

裴炎终于被押上了刑场。他抬眼向四周打量了一下，心中一片冰凉。他并不怕死，为报李家几代皇帝的知遇之恩而死，死得其所。他只感到悲哀，前来送行的人群中，竟没有一个朝中同僚。唉！这就是世态人情。在那个泼妇的淫威下，满朝的文武百官莫非都屈服了？他不知道是在为同僚悲哀，还是为自己悲哀。

也有几个前来送行的，但那都是自己的几个亲兄弟，他们一路跟着囚车走来，已经哭得两眼通红。

他看着他们，相对无语。直到行刑就要开始了，才对他们痛苦地说道："兄弟们的官职，都是靠自己的能力挣来的，丝毫没有借助过我的权力。如今却要受我的牵连，丢掉官职甚至被流放边远，此乃真不幸也！"

兄弟们唯有饮泣而已。

行刑的炮声一响，刀光闪过。裴炎似乎看到自己飞离了脖颈的头颅，伴随着四溅的血雨，重重地摔在了地上……

大臣犯罪就戮，照例都要抄家。当抄家的队伍来到这位一品宰相的家中，里里外外搜了个遍，却既无金银财帛，也无古玩珍宝，厨房里仅有不足一石的积米，只需要一个身强力壮的士卒，便可挑回去复命。

当老太监武壮把这一情况奏知了武太后，武太后心里悸动了一下。但她却依然冷冰冰地说道："朕知道，裴炎是个清官，他既不贪财，也不贪色。但他却是个谋反的宰相，比贪官更坏，杀他不冤。"

李敬业起兵之初，风头甚健。战火迅速烧遍了长江两岸，似乎把江水都烧得沸腾了。

他们是打着"匡复庐陵王"的旗号举事的，但几次派人去房州联络，都没有成功。而去巴州联络原太子李贤，更是"偷鸡不成蚀把米"，反而促成了李贤的"奉诏自裁"。

这面旗还是要打的。要邀尽人心，欺骗舆论，加大号召力，就必须"挟天子以令诸侯"。真的没有，那就偷梁换柱，造个假的。他们在扬州城郊找到了一位面目酷似李贤的公子哥儿，换上华衣丽服，将其拥入军中，每日里乘车在各部伍中来来往往。

对外则大肆宣扬："李贤未死，如今逃亡在扬州城中，是他令我们举义兵，扶大唐，讨伐武贼。"这一招开始颇能迷惑人心，不少人竟信以为真。

在讨论进军路线的时候，叛军内部却发生了严重的分歧。

军师魏思温说道："英国公既以匡复为辞，以太后幽闭天子为起兵讨伐的理由，就应该亲率大军直指洛阳。这样，天下知公志在勤王，便会四面响应。河北、河南见勤王师到，更会风起云涌。如此一来，天下可指日而定。"

而右司马薛仲璋却深不以为然，他说："金陵历来王气所在，而且背靠长江，城池险固，易守难攻。我大军应先攻取润州、常州，据守金陵，以成霸业之基，然后再鼓行而北。"

魏思温听薛仲璋侃侃而谈，貌似十分有理，实际上却既不懂政治，也不谙军事，忙争辩道："汴、郑、徐、毫诸州多豪杰，又不愿太后独霸朝纲，义军到时，必会捧燕麦为饭以迎之。若是固守金陵，则将'勤王'变成'图霸'，先失民心，岂非作茧自缚，置自己于死地？"

看来，这位军师魏思温还是熟谙当时的政情民心的，他所提出的挥师北上，直捣洛阳的策略当属上策。

但是，李敬业却压根儿就听不进去。

他从来就不曾奢望能推翻武老太婆的统治，然后取而代之，他举旗造反的真实目的和最高目标，也就是划江而治，裂土封王。

因此，他决定南下，先攻下常、润二州以作定霸之基，常州和润州对于十万叛军来说，不过是弹丸小城，取之如拾草芥。

他们很快攻下了常州，然后便以黑云压城之势，将润州围了个水泄不通。

润州城内的守军不过数千，要抵御十万大军简直如同儿戏。

但是，知不可为而为之，这便是润州刺史李思文的唯一选择。他是李勣的儿子，李敬业的亲叔叔，为了父亲的一世清名，他必须与叛逆朝廷的侄子一刀两断，为守卫城池而以身殉国。更何况，前些日子他刚刚向武太后密报了李敬业造反的消息。

李思文与部属们身冒矢石，合力守城，终因敌众我寡而城陷被俘。他被五花大绑，推至李敬业面前，却倔强地挺立在那里，看都不看侄子一眼。

李敬业怒不可遏，一手按剑，一手指着叔父的面门骂道："老匹夫，你本李唐朝臣。庐陵王继有天下，无罪而被废。今我兴义兵，讨武复李，你先是告密，继而顽抗。如果你一心要扶助武曌，就不该姓李，而应改姓武。"

李思文看着这个祸延满门的孽畜，胸中充满了怒火。但他一句话也不说，事到如今，与这个畜生有何道理可讲？

"英公，此人乃武氏心腹爪牙，宜速杀之，以儆同类。"魏思温提议道。

"不，先把他囚禁起来，待庐陵王复位之后，再问置不迟。"李敬业觉得这毕竟是自己的亲叔父，出师初捷，先杀自己的同宗骨肉，恐为天下人耻笑，便未同意魏思温的提议。

然而，就在这个时候，从江北传来了紧急军情，李孝逸率领三十万大军杀气腾腾而来，主力已抵达淮阴。

李敬业未料到朝廷兵马会来得如此之快，只好中止了在金陵称王的计划。命左司马李宗臣守润州、唐之奇守扬州，李敬猷守淮阴，自己则率剩余兵马回师北上，驻守高邮。特命韦超、尉迟昭率一部精锐扼守都梁山。

魏思温见主帅如此行兵布阵，甚觉不妥，几次劝谏皆不被采纳，心中抑郁，对杜求仁叹道："兵势合则强，分则弱，今敬业不知扫地度淮，率山东之众先袭东都，吾知其无能为也。"

李孝逸率领三十万人军匆匆来到都梁山附近驻扎，即命偏将雷仁智攻占山头。

都梁山位于盱眙一带，层峦叠嶂，山高林密，地势险要，易守难攻，堪称东南屏障。到宋朝时，大书法家米芾曾为此山题诗："京洛风尘千里还，船头出汴翠屏间。莫论衡霍撞星斗，且是东南第一山。"这座被后人称作第一山的都梁山，对于攻守双方来说，都是举足轻重的战略要地，谁控制了它，谁便控制了战场的主动权。

因此李孝逸率大军一到，急于求战，立足未稳，便遣雷仁智出战。

雷仁智所部远道而来，不熟悉山内地理形势，仗着兵马众多，贸然进击，结果在一处山坳中了叛军埋伏，死伤惨重，所部溃散。

李孝逸知李敬业乃将门出身，素以骁勇善战而闻名。一战失利之后，心中十分惧怕，便以稳扎稳打为借口，按兵不动。

武太后得知前方战事很不顺利，尽管已派出三十万大军，对付十万叛军绰绰有余，为确保万无一失，又派左鹰扬大将军黑齿常之率军南下，以为大军后援。另外，还下制削夺李敬业父祖官爵，剖坟开棺，复其本姓徐氏，家属大多被诛杀，偶有幸存者也大多逃至国外，甚至有逃至吐蕃者。英国公李勣死前一直担忧，并且最不愿意看到的情景还是应验了。

殿中侍御史、监军魏元忠见李孝逸畏敌不前，心中十分着急，便极力劝说这位三军主帅："朝廷以明公为皇室宗亲，所以委以阃外平叛重任，天下安危，在此一举。如今大军滞留不进，远近为之失望，若朝廷得知，议论鹊起，你我将何以释此不测之罪？"

几句话，使李孝逸不寒而栗，只好打起精神再战。这一仗，终于获得小胜，副将马敬臣斩敌守将尉迟昭于马前，击溃了小股守军。

但是，叛军韦超仍率大部人马，占据着都梁山主峰，凭险固守。

山高势险，坡陡路滑，步兵骑兵均无法展开攻势，冒死强攻只能徒增伤亡。

下面的仗该怎么打法，将士们发生了激烈争论。大部分将领主张放弃攻山，绕道盱眙，直捣扬州，覆其巢穴；有的则主张直接攻打徐敬业的中军大帐，敬业一败，其余贼众自会望风披靡。而监军魏元忠则力排众议，主张先攻打叛军中最薄弱的徐敬猷部，然后可乘势而进，其锋难持。

李孝逸采取了魏元忠的主张，率军攻打淮阴徐敬猷部。徐敬猷赌徒出身，素不识兵，刚一交锋，便溃不成军。徐敬猷只身逃走。

徐敬业在下高邮一带布下主力，准备与唐军决一死战。李孝逸率大军至高邮，与叛军隔溪对峙。

是夜，月黑星暗，寒风凄厉。李孝逸以为是劫营的好时机，便派出苏孝祥率五千兵士，乘小舟渡河偷袭。不料叛军早料到了这一着，在空帐外设伏。唐军中计，被斩杀无数，余者争相泗溪逃命，被溺死者过半。主将苏孝祥在激战中阵亡，偏将成三朗孤身奋战，力尽被擒。

唐之奇为了鼓舞士气，说成三朗便是李孝逸，对叛军士卒们说道："官军主帅李孝逸已被活捉，官军人心大乱。"即命将成三朗推出去斩首示众。

临刑之时，成三朗面无惧色，对着叛军士卒高声喊道："我是果毅成三朗，不是主帅李孝逸。如今官军大兵压境，尔等败在旦夕。我死了，妻儿老小可得到朝廷抚恤。尔等追随叛军，灭亡之后，妻儿老小皆被牵连籍没。今日杀我，明日便剿灭尔等蚁匪。"说完哈哈大笑。唐之奇恼羞成怒，亲自举剑将成三朗杀死。

偷袭失利，五千兵马被歼，主帅李孝逸的畏敌病又犯了，便下令引兵撤退。

监军魏元忠拍马拦住李孝逸，献计道："强攻不如智取。今日北风刮得正紧，敌人前后芦苇遍地，正适合采取火攻之策，请大帅下令与叛军决战。"

李孝逸重又振作起来，经过一番精心策划，于夜半时分向对岸的敌军实施火攻。

徐敬业的叛军守阵多日，士卒们疲惫不堪，人心混乱。忽见强劲的北风挟着猛烈的大火滚滚而来，全军立即溃败，兵不服将，将不管兵，各自逃命不迭，哪还有心去迎战渡河而来的官军。

官军乘势掩杀，斩首七千余级，溺死烧死者不可胜计，其余兵丁本是被裹挟而来的，此时谁还肯为那几个谋逆者卖命？相互一串通，各自四散逃匿。号称十万之众的叛逆大军，顷刻间竟作鸟兽散。

偌大的战场上，如今只剩下了徐敬业、徐敬猷、骆宾王及身边的十数骑兵马。

徐敬业见大势已去，只好带着这十几名残兵败将，乘夜色逃往扬州，带上老婆孩子，又向润州方向逃窜。

徐敬业早就想好了退路，一旦兵败，裂土为王不成，便退而求其次，取海道逃亡高丽，然后再徐图后计。

经过千辛万苦的跋涉，他们终于从润州逃到了海陵，与高丽国已经隔海相望了。

对于这些为称王称霸而阴谋造反的叛逆者们，似乎连老天爷也与他们作对。就在他们准备"乘桴浮于海"的时候，却突然刮起了强劲的东北风，连日不停，海船无法起锚。

徐敬业仰天长叹一声，满脸沮丧。只好让众人在此暂避一夜，单等风停开船。

夜深了，连日奔波，疲惫不堪的人们在不安和无望中昏昏睡去。

部将王将相却没睡着，愤怒的东北风鼓动着掀天海浪，摔碎在石岸上的声音，搅得他心烦意乱。当初失了主意，被稀里糊涂地卷进了这场兵变，卷进了一场毁身灭祖的塌天大祸，如今兵败如山倒，绝无东山再起的希望。想想家中白发苍苍的父母和娇妻幼子，再看看石岸下那一望无际的黑黢黢的大海，他忽然"迷途知返"了。

王将相心一横，牙一咬，暗自说道："只有如此，才有可能逃得一死，换得全家平安。"

他悄悄起身，拔出了那柄寒光闪闪的利剑。在众人昏然不知的情况下，割下了徐敬业、徐敬猷和那位大诗人骆宾王的脑袋，打马向官军的营寨飞奔

女皇武则天

而去……

几天以后，徐敬业的余党魏思温、唐之奇等亦先后落网，被军前斩首。

渠魁授首，余皆不战而降，扬、楚、润三州旋告平定。黑齿常之的后军赶来时，还没派上用场呢！

从九月丁丑到十一月乙丑，前后只有四十四天，一场轰轰烈烈、惊天动地的叛逆便告平息，十万大军顷刻间灰飞烟灭。

当初扬州誓师，传檄文，大才子骆宾王的檄文写得何其慷慨壮烈："海陵红粟，仓储之积靡穷；江浦黄旗，匡复之功何远？"如今听来，真像梦中的呓语。不，不只是一般的梦呓，简直是痴人说梦。

胜利大捷传到神京，武太后听罢当然很高兴，但她却很平静。这种叛乱对于她那铁一般的统治来说，必定是以卵击石。"其兴也忽，其亡也速"，这是在预料之中的事。

在听过奏报之后，出乎人们的意料，武太后第一句话问的竟是："那位写《讨武曌檄》的骆宾王捉到了没有？"

当听说骆宾王已被杀，武太后十分惋惜地皱起了眉头，半晌说道："天生奇才被糟蹋了，此乃朝廷之过。以后我朝万不可如此靡费人才。这位骆宾王的所有诗文，都搜集起来，整理辑存，朕要细细诵读。"

说罢，她又问另一位在朝为官的大诗人陈子昂道："据爱卿看来，徐敬业败亡为何如此迅速？"

陈子昂略一思忖，正色答道："臣观当今天下，百姓思安久矣……故扬州构祸，殆有五旬，而海内晏然，纤尘不动，岂非天下蒸庶厌凶乱哉？"

他没有为太后歌功颂德，无意阿谀拍马，说的却是句句至理。

武太后微笑着连连点头："说得好。太宗皇上生前多次说过，'君为舟，民为水，水能载舟，亦能覆舟'。只要我们这些身居庙堂的人对老百姓好，让他们安居乐业，过上太平日子，什么徐敬业、王敬业、张敬业，谁也休想撼动我朝铁打般的江山。"

三日后早朝，武太后论功行赏。

李孝逸因功进授镇国大将军，转左豹韬卫大将军，改吴国公。

魏元忠屡次敦促李孝逸出战，并为扭转战局出谋划策，火攻取胜，功不可没，由殿中侍御史迁升为司刑正。

当初被徐敬业囚禁起来的李思文，此时也已随大军回朝。他虽是敬业的亲叔父，却有功于朝廷。武太后说道："李思文对朝廷忠贞不贰，其心可嘉，免受株连。当初徐敬业改卿姓武，朕今不复夺，就赐卿武姓。"从此以后，李思文改叫武思文。

其他将士，也都各按战功大小，一一封赏。

接下来，武太后要进行演说了。这近两个月的时间，国家发生了这么多大事，徐敬业举兵造反，首辅宰相裴炎谋逆，虽然都未酿成大祸，但却不能不让武太后痛心疾首，引以为戒。不仅她自己要引以为戒，更要让所有的朝臣们从中接受血的教训。要抓住这个绝好的反面教材，好好地训诫文武百官，让他们从此不再妄生异心，老老实实地做我武老太的忠臣、顺臣。

"朕执掌国柄数十年，于天下，于万民没有半点亏负，你们可都知道吗？"武太后一开口，便抬高了嗓门儿，疾言厉色。

众大臣们禁不住打了个哆嗦，不知道太后要干什么，急忙跪倒在丹墀之下，齐声答道"臣等尽知"。

"朕事先帝二十余年，身在朝廷，心忧天下，宵衣旰食，呕心沥血，可谓竭尽全力。诸卿之富贵，皆朕与之；天下之安乐，亦朕养之。及先帝弃群臣，以天下托顾于朕。朕为这个江山，更是日夜惕怵，如履薄冰，把心都操碎了。而那些心怀异志的谋反者，不是出于将相之门，就是朝廷命官，为臣者为什么负朕如此之深？众爱卿可好好想一想，你们当中，可有人在德望资格方面，能超过那位身受遗命、倔强难制的裴炎吗？可有人在将门贵种，善于纠集号令亡命之徒方面，能超过徐敬业吗？可有人在握兵宿将，攻战必胜方面，能超过那个程务挺吗？尔等若是有人本事大于这三个人，可以再去谋反试试。否则的话，就该革心事朕，免得身败名裂，为天下人耻笑。"

一席话如雷霆霹雳，震得众人浑身打战，悚然心惊。老太后对敢于与她为敌者任杀任削、擒纵自如的铁血手腕，他们早就领教过了。而今日这通杀气腾腾的训诫，必能说到做到，他们也深信不疑。就说那位单于道安抚大使、左武卫大将军程务挺吧，可谓战功卓著、威震边陲的老臣宿将。因他曾上疏为裴炎开脱罪责，有人便上折诬告，说他"与裴炎、徐敬业有共谋之嫌"。经查，他平常又与唐之奇、杜求仁这些叛军头目多有来往。老太后决不手软，立即下令，让左鹰卫将军裴绍业，在军中将程务挺斩杀。据说，程务挺死后，连突厥人都为他建庙立祠，每次出师征战之前，都要先到他的庙前去祭拜亡灵。

有谁的脖子比程务挺更硬呢？想想这三个人，朝臣们谁还敢与老太后作对？

女皇武则天

徐敬业的举兵谋叛，对于武太后的铁腕统治，不仅没有发生任何冲击，反而使它更加稳固。老太后临朝称制的宝座，如今已是铜打铁铸，稳如磐石了。

第二十二章　逆威必诛　惜才恶杀

对于宰相裴炎的被杀，朝臣们皆三缄其口，噤若寒蝉。尽管许多人认为他死得很冤枉，堂堂的大唐首辅，顾命老臣，怎么会与叛贼内外勾结，密谋造反呢？

也有的人看得很明白，武太后杀裴炎，并不是真相信他会与徐敬业狼狈为奸，企图谋夺李唐江山。恰恰相反，正是因为他太忠于李姓皇室，代表了朝臣中主张还政于睿宗的一派势力。杀裴炎正是向这派势力开刀，杀鸡吓猴，从而确保自己至高无上的权位。

不管是看明白的还是没看明白的，反正谁也不再说这件事，人人都讳莫如深。

但是，武太后再厉害，也不可能掩住天下人的口，总会有人说话的。

第一位说话的，竟是一个十七岁的大孩子。他是裴炎的侄子裴迪先，自幼胆大聪慧有智谋，此时已任太仆寺丞之职。

伯父的死，让他悲愤不已，在忍无可忍之下，终于写了一封奏疏里送太后。

武太后看过上疏后，决定见见这位只有十七岁的京官。

见面后，太后责问道："你伯父谋反，朕不罪你，仍让你在京为官，还有何话可说？"

裴迪先却摇摇头道：

"臣为陛下画计耳，安敢诉冤。"

"是吗？朕倒要听听，你是如何为朕画计的。"

"陛下为李氏妇，先帝弃天下，遽揽朝政，变易嗣子，疏斥李氏，封崇诸武。臣伯父忠于社稷，反诬以罪，祸及子孙。陛下所为如是，臣实惜之。陛下早宜复子明辟，高枕深居，则宗族可全；不然，天下一变，不可复救矣。"

这孩子伶牙俐齿，滔滔不绝，竟是一种居高临下的教训口吻。年过花甲的老太后想不到当着众臣的面，被一个乳臭未干的毛孩子奚落了一通，不禁心头火起。

就凭你敢于为伯父喊冤，又咆哮朝堂，当面嘲讽的大不敬之罪，就可定你个死罪，立马斩首。尽管你口若悬河，可说的都是废话，与你伯父一个腔调。什么"变易嗣子，疏斥李氏"，什么"早宜复子明辟"，只知其一，不知其二。对于政治，你小子还太毛嫩了。

武太后真想下令将他推出去斩了。但她毕竟一辈子爱才心切，这小子才十七岁的年纪，就敢当着满朝文武的面，高谈阔论，直斥自己，也确实胆量过人，肚子里也有些真才实学，说不定将来堪成大器，一刀下去，岂不太可惜了。

思量再三，她强压住怒火，呵斥道："一派胡言，将他拉下去，杖责三十。"

裴迪先被侍卫们连推带拉，一边跟跟跄跄地走着，一边回头喊道："今用臣言，犹未晚也。"

武太后不再理他。裴迪先被廷杖三十之后，流放至瀼州了事。

与裴迪先相比，西安留守刘仁轨就老辣多了。

当初他最早上疏，要求太后还政于睿宗。经太后亲自写信释疑，对于太后的一片苦衷终于有所理解，不再执拗于此事。

但是，对于裴炎的被杀，他却深感痛心。他与裴炎相处多年，深知其为人，也知其冤枉。当然，他也知道武太后为什么要不顾一切地杀死他。因此，对于这件事，他始终不置一词。

裴炎死后没有几天，中郎将姜嗣宗出使西京。在与刘仁轨交谈时，学着朝中一些人的腔调，说裴炎早就有预谋要反叛篡位。

对于这种趋炎附势、落井下石的无耻之人，刘仁轨深恶痛绝，但他表面上不动声色。

"裴炎谋反的事，姜大人也早就知道？"

"下官早有察觉。"

"如此机密大事，姜大人何以察觉？"

"裴炎私下曾流露过，下官亲耳所闻。"

刘仁轨知道他是在信口雌黄，为了不引起他的警觉，便顺口说道："噢，我久居西京，闭目塞听，对神京的许多事都变成聋子瞎子了。"

当姜嗣宗返回洛阳时，刘仁轨将一份密封的上疏交给他说："这是太后交我密查的西京政情，烦姜大人一定亲手交给太后。"

刘仁轨在上疏中说，姜嗣宗早知裴炎的反叛预谋，却密而不告，恐为裴炎同党，应早翦除，以绝后患。

武太后读罢上疏，极为愤怒，即刻下旨将姜嗣宗亦于都亭驿绞死。

远在西京的刘仁轨得知这一消息，高兴得须发乱颤，命下人预备了上好的酒菜。他先将第一杯酒酹奠于地下，深情地说道："老朋友，请饮此杯。刘某无能，不能救大人于刀斧之下。今略施小计，终于借太后的刀为大人出了一口恶气。"然后自斟自饮，直至夜阑更深，酩酊大醉……

戌牌时分，灯火阑珊的后宫里一片静谧。忙碌了一天的武太后坐在绣榻上，慢慢地啜饮着一碗热腾腾的燕窝粥，把白天的一切纷乱从脑子里驱走，尽量地放松着自己。

这时候，一位身材颀长、娉娉婷婷的少女走进来，把一摞新书放在太后身旁的案几上，轻施一礼道："太后，您要的骆宾王诗文，外庭已收集齐全。奴婢这几天把它重新誊清，请您御览。"

"哦，都收齐了？"太后拿起其中的一本，仔细地翻阅着。那一笔显然是师承二王的娟秀而又挺拔的蝇头小楷，金钩银划，形神兼备，让她赞叹不已。她不知是在欣赏诗文，还是在欣赏书法，久久没有说话。

"太后，劳累了一天，您该睡了。没有什么事，奴婢告辞了。"

"婉儿，不用急，朕今天不困。你坐下，陪朕说说话儿。"

少女顺从地坐在旁边的一个绣墩上，静静地等待着太后开口。

太后抬起头来，仔细地打量着眼前这位十八九岁的少女。白皙的瓜子脸，宽阔而明净的前额，一双眼睛像夜空中灿烂的星星，既清纯又深邃，既充满善良，又蕴含智慧。啊，这双眼睛多么像她的祖父。

她的祖父是上官仪，她叫上官婉儿。

十九年前，她祖父上官仪和父亲上官庭芝，被武太后和高宗皇上以叛逆罪处以死刑。

那时候，上官婉儿还不满周岁，尚在襁褓中，在母亲郑氏的怀里，便被官军从满门血腥的上官家，驱赶进了后宫庭掖黑暗的永巷里。

从此，母女二人成了皇宫里地位最低下的终身奴隶。郑氏一边含辛茹苦昼夜劳作，干着浆洗、缝补、刈草、浇花各种苦力活，一边精心地哺乳抚养着怀中的婴儿。

女儿一天天长大了，从咿呀学语、蹒跚学步的幼儿，长成了整天蹦蹦跳跳，又笑又唱的小姑娘。郑氏开始教她识字，教她读书，教她诗赋文章。郑氏以为，孩子虽然已沦为奴隶，或许终身没有出头之日。但她毕竟是书香门

女皇武则天

第的后人，身体中流着贵族的血，流着文人的血。做奴隶也不能没有文化，辱没了先人，辱没了她文名冠天下的祖父。

郑氏是一位慈爱的母亲，在那样艰难而又恶劣的环境里，她就像一只处于逆境的完全无助的雌鸟，用它羸弱的翅膀和仅有的体温，无微不至地呵护着温暖着它的雏儿。哪怕是残羹剩菜，破衣烂衫，她也要挑出最好的给女儿，让她吃饱穿暖。

郑氏又是一位最严厉的老师。她每夜都要监督女儿，读书写字到夜半子时，决不肯稍存姑息。第二天，她又要去从事繁重的劳役，却把女儿反锁在屋子里，让她继续苦读。

郑氏更是一位称职的老师。她本来是大家闺秀出身，从小便熟读经史。到了上官家，在公爹和丈夫的影响下，更是博览群书，学贯古今。以她的才华和学识，教一个初入门的小孩子，自然是绰绰有余。

上官婉儿不愧是上官仪的孙女儿，她的聪慧颖悟简直是惊人的。不管是多么艰涩的诗赋文章，到了她的手里，几乎是过目成诵。七八岁的时候，她已经写出了很流畅很有些韵味的五言七言律诗了。

不管怎么说，还得感谢武太后，她没有反对宫奴的孩子们读书，没有扼杀他们学习的机会。不仅如此，老太后还特意降旨，允许宫奴们的孩子到后宫的内学馆读书，学得出色，有出息的孩子，还给予奖赏。对于宫奴们来说，这可是天大的恩旨，是自古以来没有过的好事。

上官婉儿八岁那年进了内学馆，立时便成了出类拔萃、鹤立鸡群的顶尖儿人物。她那种与生俱来的天赋，一点即破的悟性和超乎常人的刻苦，不仅令众多的学子望尘莫及，而且，连那位博学多才的老学士——北门学士之一的苗神客（武太后亲自选定的内学馆老师）也惊叹不已。

接下来的几年，在内学馆里，上官婉儿的非凡才华和横溢诗情得到了尽情的展露和发挥。作为一个大学问家的苗神客，毫不怀疑，他的这位学生，将来必定成为一位旷世才女和杰出诗人。因此，这位老师每日都以极其关注的目光注视着自己的学生，倾注了全部心血来浇灌这株奇卉仙葩。

武太后第一次见到上官婉儿，是在婉儿十四岁那一年。

一个偶然的机会，武太后，不，应该是武皇后，那个时候高宗皇上还健在，来到了内学馆。她是闲暇之余，随便走走看看。

在许多孩子中，她一眼就发现了上官婉儿，那双流光溢彩似乎会说话的大眼睛，那麻布粗衣遮掩不住的袅袅娜娜的身材，那不卑不亢、落落大方的神态，那种天生的高贵和优雅，那种内在的，由广博而又深厚的知识的沃土滋养和孕育出的特殊的气质，让武后怦然心动。

她自己也说不清为什么，一见到这孩子，她便感到了一种心灵的震颤，好像前生在什么地方相处过，这是一种灵魂的撞击，心灵深处的感应，无须语言和眼神的沟通。

"她是谁，叫什么名字？"她问苗神客。

"她叫上官婉儿，是内学馆最好的学生，一个天赋超凡脱俗的才女。"

"我看出来了，她很出色，与众不同。明天叫她到我那里去，跟着我吧。"

苗神客有些吃惊："皇后，她……"

"她怎么了？"

"她可是上官仪的孙女。"

"我知道。在宫奴们当中，还有谁能姓上官呢？上官仪的孙女怕什么？你是怕她在我身边，会伺机为她祖父报仇？"

"那倒不会。在整座皇宫的上上下下，这孩子最崇拜的就是皇后您，她从小拿皇后当神一样膜拜呢。何况，她爷爷的事，她的家世，她一点也不知道。"

"知道也没啥。人心的创伤，是可以用心去抚平的。最深的仇恨，也能用爱去化解的。这孩子我要定了。"

"是，皇后，这是婉儿的造化。她是一块质地十分优秀的璞玉，皇后一定能把她琢成大器。"

就这样，十四岁的上官婉儿来到了武后身边，成了她的贴身侍女，永远地告别了暗无天日的奴隶生活。

用上官婉儿做贴身侍女，有不少人激烈反对。从高宗皇上到朝中大臣，都为武后捏了一把汗，劝她为了自身的安全，还是不用这个孩了为好。

武后却不动摇。

其实，她心里很清楚，自己是这个孩子的仇人，有着杀祖父杀父亲的血海深仇。把她收留在身边，无异于养虎为患。就像在自己的身边隐藏着一把匕首，在自己的头上高悬着一把利剑，随时都可能发生危险。

但她还是要收留她。

究竟是为什么？是因为她太美？是因为她高雅不俗的气质？是因为她聪颖绝顶，天赋过人？还是因为武后的秉性历来就愿意冒险？抑或是这些都兼而有之？

女皇武则天

不管是为什么，反正武后力排众议，毅然决然地收留了她。在婉儿的身上，武后看到了一种与自己十分相似的东西。直觉告诉她，这个孩子未来将是自己最亲近最可靠的心腹，最强有力的政治帮手。

至于那段不堪回首的历史，那种不言而喻的仇恨，她坚信，凭着自己的用心和能力，是一定会冰释的。她一定能收服和驾驭她，让她心甘情愿地放下那柄复仇之剑。

五六年过去了，事实证明武后的自信是完全有道理的。这些年，她对待婉儿，不仅仅是当作一个侍女，更主要的是当作自己的儿女一样看待。她亲她疼她教她带她，在许多事上都有意地重用她，锻炼她，对于这个孩子，她是拿她与太平公主一样疼爱的，甚至一些不能与太平公主说的，也都与她剖心相商。

上官婉儿沐浴在武后的光辉之中，就显得愈加闪闪发光，璀璨照人。

她们表面上是主仆的关系，事实已经是母女的关系，谁都觉得自己是对方生命的一部分，再也离不开对方。

无论白天和黑夜，婉儿除了有时候去陪陪她母亲郑氏（武后已经下旨，脱去了郑氏的宫奴身份，让她独居一个小院，过着悠闲的岁月），其他时间几乎与太后形影不离。最近，连上朝的时候，太后也让婉儿陪侍在身边。武太后坐在翠帘后边，婉儿则站在太后后边，一块听取朝臣们议政。

尽管她们的关系已经十分亲密，但是武后总觉得，在她们之间有一道无形的隔障，一道看不见的鸿沟。这道隔障是必须拆掉的，鸿沟是必须填平的，她们之间不能留下任何一丝阴影。

太后早想与婉儿深谈一次，但总找不到合适的机会。她也害怕，怕谈开了以后从此失去了她，因此一直犹豫着。这是她处置许多军国大事，包括废掉太子贤和庐陵王时，也不曾有过的婆婆妈妈般的犹豫。

今日夜间，她是决心要谈一谈了。

武太后打量了一阵婉儿，艰难地思考着话题从哪儿开始。"婉儿，朕前些日子杀了裴炎，朝臣们各有各的想法。有的人口里不说，心里却在骂朕。这事你是怎么看的？"

"奴婢以为，裴炎该杀。"

"为什么？"

"谋逆造反，哪个朝代都是千刀万剐之罪。"

"你认为，裴炎会与徐敬业勾结，密谋造反吗？"

"那倒未必。但奴婢知道他反对太后，要推翻太后。在我们大唐，谁反对太后，就是反对朝廷，就是破坏国家的太平，就会遭到天下的唾弃，那自然就是谋逆。"

武太后赞许地点点头。突然话锋一转，又问道："在十九年以前，朕还曾杀过一位朝廷重臣，一位名满天下的儒臣，你可知道是谁？"

"奴婢知道，是奴婢的祖父上官仪，还有奴婢的父亲上官庭之。"

武太后吃了一惊，她原以为婉儿对此事一无所知。

"你是怎么知道的，是你母亲告诉你的？"

"不是。我母亲连一个字也未向我吐露。她这辈子最大的心愿，是让我能平平安安地活过一生，怎么能在我的心里撒上仇恨的种子呢？"

"那是谁跟你说的？"

"是废太子李贤。"

"噢！"武太后这才恍然大悟。她知道，有几年，李贤对她身边的这个小姑娘，曾经深深地爱慕过。婉儿也动过情，对李贤很有好感。

"贤儿为什么要告诉你，是让你仇恨朕吗？"

"不仅仅是让我仇恨太后，主要是让我提防太后，说太后早晚要杀了奴婢。"

"那你是怎么想的？"

"奴婢以为，太后绝不会那么做。苗神客师傅说得对，太后爱才如命，又是非分明。不会把祖父辈的账再记到他孙女头上。"

"你就那么自信？"

"是的，奴婢坚信自己看得没错。"

如此的自信和倔强，与自己年轻时如出一辙。

"婉儿，你对你爷爷的被杀是怎么想的？把你的真心话告诉朕，行吗？"

"太后，对这事婉儿想过许久。奴婢想，我爷爷或许太迂腐，他像许多男人一样迂腐，不愿意看到女人执掌国柄，更不愿太后取代李家掌管天下，所以才与先帝策划要废掉太后的皇后之位。有句话做孙女的不该讲，但从道理上讲，祖父同裴炎一样，犯的都是谋逆之罪，他的被杀，是罪有应得。"

"你就一点也不怨恨朕吗？"

"不。奴婢跟了太后五六年，深深知道太后掌握这么个国家是多么不容易。要想让天下安定繁荣，杀人的事是会经常发生的。不识时务者硬要往南墙上碰，碰得头破血流，也就在所难免。"

女皇武则天

"婉儿，还有一层你体味不到。你爷爷与先帝商量要废了朕。当皇后的被废意味着什么，那只能死路一条。不仅朕得去死，朕的四个未成年的儿女也只能去死。朕与你爷爷实在是一场你死我活的较量。朕杀他是无可奈何。不杀一难以儆百，朝臣中还会有许多人与你爷爷有一样的想法，会不停地撺掇皇上废了朕。"

她看看婉儿，长长地叹口气，又说道："不过，婉儿，毕竟是朕杀了你的祖父和父亲，你要为他们报仇也是天经地义的，在情理之中的。你要杀死朕，有的是下手的机会。朕也绝不怨你，真的，不然的话，朕也不会把你收留在身边。"

武太后站起来，从墙上摘下一柄宝剑，刷地抽出来，锋利的剑身寒光四射。她把剑送到婉儿手上，说："婉儿，你要报仇，现在就动手吧，朕真的不会怨你。"说完，她回到座位上坐下，轻轻地闭上了眼睛。

婉儿吓坏了，"哐啷"一声把宝剑扔在地上，双膝跪在了太后面前："太后，您要是信不过奴婢，就杀了奴婢。奴婢从未见过祖父和父亲，却从小就崇拜太后。太后在奴婢的心目中是至高无上的，像天地神祇一样至高无上。奴婢虽愚昧，也知道这世上，除了骨肉亲情之外，还有正义、有天理良心。更何况，太后对我母女，有天高地厚之恩。奴婢心里早就把太后当成了自己的亲母亲，不，比亲母亲还亲。奴婢这一辈子永远是太后的人，愿为太后而生，为太后而死。真的，太后，请相信奴婢这颗心。"

婉儿说着，已经泪流满面，抽抽咽咽地泣不成声。武太后只觉得心里一阵热浪滚过，她急忙把婉儿扶起来，紧紧地搂在怀里，为她拭去脸上的泪水："孩子，别这样，朕相信你，你甚至比朕的亲生儿女还亲。因为这个权力，朕的儿子们都与朕生分了，而你却不会，永远不会。"

说起儿子们，太后陷入了深深的悲戚之中，在婉儿的记忆中，她还从来没有这么伤心过。她轻轻地抚摸着婉儿的双肩，继续说道："弘儿病死了，有人说是朕鸩杀的；贤儿死了，他背叛了朕，背叛了国家，自甘堕落；显儿被废为庐陵王，远徙房州；嗣皇帝旦儿至今未能亲政，他心里在怎么想，肯定也在怨恨朕。都是因为这个权力，朕真的是众叛亲离了。可朕该怎么办？为了骨肉亲情，就该把江山交给这些不争气的儿子，眼睁睁地看着他们去任意糟蹋吗？"

"太后，别说了。这些年，婉儿看得明明白白，许多大臣也看得明明白白。要治理好这个国家，经管好万里江山，非太后莫属。公道自在人心，我想，全天下百姓们的心，一直是向着您的。据奴婢看，嗣皇帝是个明白人，他不像他的几位哥哥，他对太后是心悦诚服的。"

"是吗？但愿是这样。现在，朕的身边就剩了旦儿和太平两个孩子。太平又嫁到了薛家，不常回宫。朕最不放心的，还是嗣皇帝。他心太软，太柔弱，经不住别人挑拨。有时间，你要多开导开导他。朕无论如何不能再失去这个儿子。"

"太后放心，奴婢一定常去拜见嗣皇，跟他好好地谈谈。我敢保证，嗣皇帝决不会再做糊涂事。"

第二天，婉儿破例没有陪太后去上朝，她径直去了嗣皇帝李旦的寝殿。

自即位以来，除了有母后的旨意，李旦从来不参加朝会，也从不过问任何政事，一心一意地待在后宫里，过着平静而又平淡的日子。或者读书，或者写字，或者学画画儿，有时候则与太监或宫女们弈棋，杀得天昏地暗，难分难解。偶尔也与妃嫔们宴饮歌舞，喝几杯美酒，听听丝竹，但从不贪杯，不过分，总是恰到好处地及时收场。

人们很惊讶，一个二十多岁的年轻人，怎么能如此心静如水？他每件事都做得那么认真，那么心平气和、自得其乐，那么心无旁骛，有滋有味。

是的，婉儿看得没错，李旦不像他的几位哥哥。或者是从他的几位哥哥身上汲取了惨痛的教训。他们的悲惨结局，使他参透了红尘，彻悟了人生，淡漠了权力，只求平平安安地度过此生。

于是，他采取了一种异常超脱的为君之道。母后让自己当皇帝，这个皇帝自己不当是不行的。但是，却决不能做皇帝应该做的事，那些应该由母后去做，一切由母后处置和裁决。

有人以为他做个傀儡皇帝会感到委屈，而他却从内心里心安理得，优哉游哉。有人以为他这个皇帝当得窝囊、糊涂，岂不知这是一种貌似糊涂的精明，是一种在夹缝里寻求生存的艺术。从坚硬的石隙中挺拔出一棵幼松，尽管它不是蓊郁婆娑的参天大木，但照样欢快而又逍遥自在，你能说它活得窝囊吗？

他知道唯有这样，才不会与大权独揽的母后发生冲突，才能留在神京，才能保住性命。

他为自己的这种选择感到骄傲，自己才是李氏皇室诸子孙中最明智最清醒的。只要母后活在这个世上，他就永远这样做下去。用不着造作，用不着矫饰，用不着装模作样，这是他内心的选择。

不过，他却没料到，母后的大红人上官婉儿会到自己的寝宫里来，相识多年了，这还是第一次。

初看到她的那一刻，李旦略略感到吃惊。她来干什么？他紧盯着她那张娇艳俏丽的脸庞，迅速地解读着阴晴雨雪。

但那脸上不怒不喜不卑不亢，什么也看不着。

"奴婢婉儿叩见皇上。"婉儿双膝跪下行觐见大礼。

李旦慌忙把她扶起来，小心地说道："婉儿快起，你可是太后的钦差，不知太后有何见教？"

婉儿站起身来，笑笑说道："太后让奴婢来看看陛下，她老人家很赞赏陛下。"

"朕自知无能无才，根本不是当皇帝的材料，事事让母后操心，母后能赞赏朕什么呢？"他心里想，母后赞赏朕的，怕正是这一点呢。

"圣上有着极清醒的头脑和难能可贵的明智，能如此恰到好处地把握人生，如此豁达地顾全大局，不光太后赞赏，奴婢更是敬佩有加。"

"以朕看来，婉儿才最会把握人生，最慷慨大度地为国家为社稷而牺牲自我。"

"陛下，"婉儿心里一阵激动，想不到这个几乎足不出户，整天少言寡语的年轻君王，竟也能把自己看得这么透彻，"婉儿不敢与圣上相提并论，但至少在全心维护太后方面，似可引为同调。"

停了一会，婉儿又说道："大丈夫能屈能伸，能刚能柔。其实刚与柔并没有标准，有时候彻底的柔才是真正的刚。可惜，太子贤，没有这份清醒。庐陵王，没有这份大度。他们貌似刚强，其实最虚弱，虚弱得不堪一击。"

"婉儿是在借彼讽此，苦口婆心地开导朕吗？"

"陛下何须开导。婉儿不过更知道太后喜欢些什么，希望她的儿女们如何做，这也是旁观者清的缘故。"

"你是说，朕现在的所作所为，还有哪些不足之处？"

"不，陛下已经做得十分出色了，既能高高兴兴地当皇帝，又能让太后大权在握。她需要大权在握，国家社稷和黎民百姓更需要她大权在握——奴婢只是希望，陛下能长久地坚持下去，永远地平平安安。陛下毕竟年轻，未来应该是属于陛下的。"

李旦静静地看着婉儿，心中的潮头在涌动："谢谢你，婉儿。真的，谢谢你，朕会那样做的。说句真心话，朕知道，母后是天底下最坚强最伟大的女人。她的聪明才智无与伦比，她有经天纬地之才，有君临天下、旋转乾坤的权威和力量。在我们这个家族中，应该坐在龙椅上的，不是父皇，不是几位哥哥，更不是朕，而应该是母后。若不是历朝历代的祖宗法制阻挡着，朕真希望看着母后堂而皇之地登上皇帝的宝座。朕永远在母亲博大、坚强而又温暖的双翼下无忧无虑地生活。"

"陛下，婉儿衷心地祝贺您。并愿在今生今世为陛下的平安幸福助一臂之力。"

婉儿要告辞了，李旦有些恋恋不舍："婉儿，你……"

看他欲言又止的样子，婉儿问道："陛下，您还有什么话要说？"

"唉，算了，你是太后的钦差，是无冕之王。"

"皇上，婉儿永远都是太后和陛下的奴婢。"

"那，你……你能让朕亲亲吗？"

婉儿深情地看看这位可怜的皇上，轻轻地点点头。

……

她的青春热血被点燃了，开始燃烧……

他的心被熔化了，开始沸腾……

但是，他们几乎是同时从疯狂的欲望中挣扎了出来。"陛下，我们只能到此为止"，婉儿气喘吁吁地说。

"朕知道……没有母后的恩准，我们不能越雷池一步。"李旦艰难地把手从温暖甜蜜的双乳上缩了回来。

婉儿走了，给李旦平静的心池中留下了一圈圈温馨的涟漪。

这次推心置腹的长谈，成了他们之间长期联盟的纽带。而这种联盟，则是以全力维护武太后至高无上的权力为坚实基础的。从此以后，他们各以不同的方式侍奉在太后的身边，成了太后最忠诚，最驯顺，也是最清醒、最明智的助手。

在今后漫长的生涯中，在忍让克制、逆来顺受、知足常乐、唯命是从方面，上官婉儿成了李旦的一面镜子。

第二十三章　溺情志坚　规劝面首

武太后一人把持着大唐的天下，黾勉操劳，宵旰忧勤，像一台上足了发条、不知疲倦的政治机器，每日里都在超负荷地运转着。

这种让一般人难以承受的紧张和艰辛，对武太后来说，却是如鱼得水，乐此不疲。不仅没有影响和损害她的健康，反而使她更加精力充沛，容光焕发。

年逾花甲的老人了，按说该是满头白发，一脸皱纹，脚步蹒跚，甚至弓腰驼背了。乡间的老百姓们就是这样想象老太后的，认为她即使不显老，也该与自己的婆婆奶奶差不了多少，因此都异口同声地称太后为"阿婆"。坊巷里有一首打油诗，"莫浪语，阿婆嗔，三叔闻时笑杀人"，正是在这个时候悄悄地流传开来的。

从未有机会瞻仰过武太后圣颜的百姓猜错了，他们无论如何也想象不到，此时的武太后，仍像个三四十岁的美艳妇人。她肤色白皙细腻，双目炯炯有神，如秋水流波。身材略显丰腴，却仍不失修长苗条，富于弹性。在朝堂上隔着翠帘传出的纶音，清脆响亮，充满着年轻人一样的青春活力。

史称"太后善自粉饰，虽子孙在侧，不觉其衰老"。可见这位老太婆养颜有术。或许是太平公主孝敬给母亲的美容良方起了作用，也或许是医术精湛的御医们为她提供了有效的驻春妙术。不管是什么原因，武太后奇迹般地"永葆青春"，却是朝臣和宫里人们有目共睹的。

但是，大自然的法则却是不能违抗的，太后在其他方面的衰老迹象，还是渐渐地显露了出来。

这些日子，她常常失眠，整宿整宿地睡不着，睡不宁。偶尔睡着后，又是噩梦连连。第二天醒来，浑身疲劳，头疼欲裂。肝火也特别旺盛，对下人们常常无端地发怒，让侍候她的太监和宫女们无所适从。脾气发过了之后，她又常常感到后悔。但再遇到点不顾眼的事，又忍不住要大光其火。这可是几十年来从没有过的现象。

御医轮番为她看病开药，却一点都不见效验，谁也无法治愈太后这种怪毛病，惹得她连声怒斥太医们都是些"饭桶"。而御医们只能唯唯请罪，束手而去。

武太后的病其实不算什么大毛病，用现代的话说无非是什么"更年期综合征"之类。但她一天到晚暴躁不安，喜怒无常，却把周围的人吓坏了。

在这些人当中，最担心最害怕的，就数上官婉儿了。跟随太后这么些年，她早已把太后当成了自己的亲母亲看待。她已经从内心里认定了，自己的生命是属于太后的，她要为太后而生，为太后而死，就像附着在大树上的一根藤蔓，一荣俱荣，一损俱损。太后要是一旦有个三长两短，自己可怎么办？

但婉儿毕竟是个年轻姑娘，对这种病毫无经验，只有眼瞅着干着急。太后失眠，她也睡不着，一夜夜地陪着干熬；太后对下人们发火，她只能垂首而立，却无从劝说和排解。

情急之中，她想起一个人来，那便是千金公主。千金公主是唐高祖李渊的第十八个女儿，论辈分太后该叫他姑妈，但年龄却与太后差不多。她年轻时嫁给延州刺史温挺。不久之后，温挺病故，千金公主又招了一位驸马。不料这女人天生克夫的命，还不到三个月，第二任驸马又一命呜呼。从此以后，千金公主便断了再嫁的念头。不嫁归不嫁，这位金枝玉叶却耐不住闺房寂寞。白天里锦衣玉食，到夜间却独守空帏，那分孤独，那分骚动，简直是一种无法忍受的酷刑。什么贞节廉耻，什么孔孟伦理，那都是些阉割人性的歪理邪说，只能束缚那些愚蠢的女人，她才不管那一套。人生短暂，为何不及时行乐？

从那以后，她开始一心一意地养起小白脸来，这些"面首"可以排成队，有时候一夜之中便有两三个轮流登门。对于外人，千金公主从不瞒此事，有时还以同时蓄养着几个面首向人夸耀，说起来津津乐道，说这是女人保持年轻的"秘方"。

千金公主天生活泼开朗，一天到晚说说笑笑，无忧无虑，再加上她那种蔑视礼教世俗，敢于直面人生的率真，与武太后十分投缘。武太后散朝回到后宫之后，常常把千金公主召来，与她说笑一阵，一天到晚操劳国事的疲倦和烦恼，便会一扫而光。

她们之间，除了军国政事之外，几乎是无话不谈。家长里短、古往今来、坊中奇闻、民间趣事、雅的、俗的、素的、荤的，凡是从千金公主口里说出来，便饶有趣味，甚至让人忍俊不禁，捧腹大笑。

有一天，千金公主又来到后宫，正赶上岭南的地方官员给太后进贡了刚熟的新鲜椰子。太后便命太监们把椰子剖开，与千金公主一块享用。

千金公主一面品尝椰子，却一面忍不住地抿嘴偷笑。一看她这种表情，太后便知道她又有什么逸闻趣事，便问道："你自个儿傻笑什么？"

"太后，吃着这椰子，臣妾便想起了一个关于椰子的笑话。"

"哦，椰子还有笑话？说来朕听听。"

千金公主放下手中的椰子，用手帕拭了下嘴角，稳定了一下直想发笑的情绪，慢慢说道："洛阳西郊有个绸缎商，听说岭南一带绸缎紧俏，价格昂贵，便想去发个利市。跋山涉水，不远万里，终于到达岭南。果然以双倍于内地的价钱，很快将所带的绸缎全部出手。他心里高兴，便想买点稀罕的当地土特产带回来。这日土人赶墟，他便来到了集市上。只见有一个卖椰子的，摊子上的东西圆溜溜的，个头挺大，他却不认识是什么，便走上前去问道：'这是什么？'

'椰子。'

'什么？'

'椰子、椰子、椰子呢。'

岭南人说话又快又浊，他一连问了三四遍，就是听不懂。那卖椰子的见这个北方佬连个椰子都不认识，准是个土老冒儿，就想耍弄他，当他再问的时候，便一字一顿地告诉他'这——是——象——蛋'。

这一次他总算听清了，忙问道：'象蛋？做什么用的？'

'像鸡蛋一样，鸡蛋能孵小鸡，象蛋能孵大象。'

一听说这象蛋能孵出大象，他又惊又喜。心想，若是买个象蛋回去，孵出一头大象，那得卖多少钱？说不定能卖个几万十几万两银子，这可是一本万利的大买卖，比倒腾绸缎强多了。

于是便问多少钱一个。其实这椰子是三钱银子一筐，卖椰子的故意耍他，说是三钱银子。他却认为非常便宜。你说三钱银子孵个大象，转手就能卖几万甚至十几万两，天底下哪有这么暴利的好买卖？

他赶忙掏出三钱银子买下一个，又详细询问了孵象的方法，欢天喜地地赶回了洛阳。

回家跟妻子一说，妻子也是喜出望外。夫妻俩便开始一心一意地孵大象。丈夫按那卖椰人教的办法，脱得浑身一丝不挂，钻进被窝里，把椰子捂在肚皮下，耐心地等待着小象破壳。妻子则每天把土炕烧得暖烘烘的，一日三餐好菜好饭地伺候丈夫。

这天上午，小姨子来看她姐姐。一进门，见姐姐一个人在家，便问道：'姐夫去岭南还没回来?'

'回来好几天了。'

'回来也不好好陪陪姐姐，又出去疯去了?'

'哪里，那不正忙着在炕上孵象吗?'

'孵象?'这可是闻所未闻的新鲜事。小姨子急忙跑进内间，口里嚷着：'姐夫、姐夫，象孵出来了吗?'

姐夫在被窝里闷声闷气地说道：'哪能那么快，这是孵大象，孵个小鸡还得三七二十一天呢。'

'我看看孵个什么样了?'小姨子说着就要掀被子。

'不行不行，在这个火候上，千万不能让象蛋受了凉，'姐夫慌忙在里面捂紧了被子。

'不让看，我摸一摸总行吧?'小姨子硬是把手伸进了被窝。谁知这一伸进去，恰恰摸到了……只觉得那东西热乎乎的，在不停地蠕动伸长，还一跳一跳的，像是在喘气。小姨子兴奋地大叫起来，'姐姐，好了，好了，小象已经出壳了。'

'真的?'姐姐忙问道。

'真的，真的，我都摸到小象的鼻子了。'"

刚说到这里，武太后"扑哧"一声，笑得把口里的椰子汁都喷了出来，屋子里的太监宫女们也都嘻嘻哈哈地笑成了一团。

婉儿还是个大姑娘，这笑话说得她耳热心跳，满脸绯红。

她偷眼看看太后，生怕这笑话的猥亵唐突会惹她生气。不料太后却笑着骂千金公主道："你这个骚货，越老越没正经。不过，这笑话编得还有点意思。那玩意儿膨胀起来，还真有点像小象的鼻子——你这老东西，真成了朕的开心果儿了。"

既是开心果儿，就一定能帮着太后排忧解闷儿，说不定就能把太后的病治好呢。

上官婉儿急忙去找千金公主，告诉了她太后最近的病情，说道："公主殿下，那些御医们都束手无策了，您可千万要想想办法。"

千金公主微笑道："御医们医术再高，可他们谁懂女人的心？你回去告诉太后，她这点微恙，就包在我身上了。只是这秘方一时难找，得假以时日。一旦找到了，立即进奉太后，保准药到病除。"

听千金公主说得胸有成竹，上官婉儿略觉放心。回去也没敢跟太后说知，只盼着千金公主尽快找到秘方。

过了没有几天，千金公主喜气洋洋地进宫来了。一见到上官婉儿，便说道："大喜，大喜，为太后治病的秘方找到了。"

上官婉儿忙问："秘方在何处？"

千金公主神秘地一笑："上官姑娘，我这秘方不在纸上，却是生有双腿，自己能走路的'活宝'。我这双手怎能拿得来呢？"

上官婉儿再聪明，也猜不到她说的"活宝"是什么，一时如堕云里雾中，急切说道："公主就别卖关子了，那活宝到底是什么？"

千金公主把婉儿拉到一边，轻声说道："古时候有一个皇帝，他身边的许多宫女都得了一种怪病，御医们用了许多药，总是治不好。皇帝急了，贴下告示遍请名医。后来一个乡间郎中毛遂自荐来给宫女们治病，诊视过之后，他开了一个药方：壮汉若干名。为了治病救人，皇上也顾不得宫中的礼仪，只好按他说的，招募了一些健壮男人来到宫中，日夜与这些有病的宫女们厮混在一起。几个月之后，皇上再去看那些宫女们，一个个神采焕发，生气勃勃，而地上却跪着一群面色憔悴，瘦得不成样子的男人。皇上吃了一惊，指着地上那些面黄肌瘦的男人问道：'这是些什么？'一个宫女嗫嚅着说道：'禀皇上，这是奴婢们用过的药渣。'上官姑娘，这药渣在使用之前，就是活宝。"

一席话，把上官婉儿臊得脸红到了耳根儿。连忙说道："这算什么秘方，简直荒唐！岂不是亵渎太后她老人家吗？"

"上官姑娘，莫要少见多怪。我是过来人，最懂太后的心事，也知道她的病根所在。这秘方一用，保管太后康复，你我不仅无过，还会因此领赏呢。快带我去见太后吧。"

千金公主见了武太后，请过安之后说道："听说太后圣体不豫，臣妾特来看看。太后这病，那帮庸医们治不好，臣妾却能治。"

"什么？你还会治病？"

"是的，太后，您的病是阴阳失调，阴火太盛所致，臣妾有一秘方，保你药到病除。"接着，她走到太后跟前，附在她耳朵上嘀咕了一大阵。

果然，一听完千金公主的话，太后立马来了精神，笑着问道："你这个'活宝'是什么人？"

"他叫冯小宝，是京兆鄠人。正当壮年，高大魁梧，身材匀称，面容英俊端庄，仿佛罗汉再世。"

"他是做什么营生的?"

"一直在神都街头挥刀弄棒,以卖药为生。只是这种身份,恐怕辱没了太后。"

武太后不以为然地一笑:"只要能治病,朕才不管他是什么身份呢。不过,你是怎么认识他的?"

"为了给太后寻找秘方,臣妾派人四处探听。当然是以臣妾自己的名义。市井都传说,冯小宝一夜御五女,仍能久战不败。而且……"

"哈哈哈……"武太后笑得灿若桃花,如此毫不扭怩的率真答复,让她觉得愈发有趣:"好,难得公主一片忠心,朕就笑纳了你这'活宝'。快去把他带进宫来,若真有效,少不了你的厚赏。"

对于武太后来说,这又是一个让她终身难以忘怀的夜晚,是十几年来久违了的,让人销魂荡魄、如痴如醉的夜晚。

冯小宝早已经欲火燃烧,这完全出乎他的意料。他原本是为了谋取富贵,来用自己的身体和性器取悦一个权力至高无上的老女人。在他的想像中,这个女人一定是鸡皮鹤发,浑身臃肿,肌肉松弛。他要闭着眼使尽浑身的解数,通过讨得这个女人的欢心,来换取终生的富贵或数额惊人的赏赐。就像在烈日下大汗淋漓地舞枪弄棒是为了推销他的大力丸一样。

无论如何也没有想到,他会拥抱着一个权力最高,却又风华绝代的美人。他早就亢奋不已,这是在其他任何女人身上所没有过的感觉。只想想身下压着的,竟然是大唐帝国的最高执政者,就足以刺激得他热血沸腾,更何况还是如此的艳光四射。

太后仰躺在那里,尽情地享用着这个男人,这是她六十多年来从未享受过的。为太宗侍寝时,她还只有十几岁,只不过充当了几次老皇上的泄欲工具罢了。与高宗同床几十年,但那个病弱的身子从没有让她欲仙欲死过。今天,她才真正尝到了性的欢乐,才知道什么叫性欢乐的极致。

半宿的风狂雨骤终于停了下来,老太后在纵情地享乐之后,心满意足地偎靠在这个伟男子怀里,很快便甜甜地睡过去了……

一觉醒来,已经天光熹微。武太后爬起身来,见冯小宝还在呼呼大睡。

她又要上朝了,这是无论如何也耽误不得的。不能为了贪恋男欢女爱荒废朝政,这不是武太后的性格。

谁说鱼与熊掌不能兼得?武太后偏偏要同时拥有。她既要男女情爱,更要万里江山。如果说,过去为了江山社稷黎民百姓,她牺牲了十几年的床笫之欢。那么从现在开始,她连一天也不能再牺牲。江山如今稳如磐石,她可以放心了。而年龄却不饶人,年过六旬,来日无多,她必须天天拥有这种无与伦比的性的享受。

她嘱咐下人,待冯小宝醒来后,伺候他洗漱用膳,然后让他就待在寝宫里,哪里也不能去,等她下朝归来。

一切都安排妥当了,她才在上官婉儿的陪伴下,神采奕奕地上朝去了。

……

她的病全好了,头疼失眠烦躁不安一切症状全都无影无踪。如今是睡也睡得甜,吃也吃得香,白天黑夜都过得十分充实。

真得好好地感谢千金公主,她送来的秘方简直是灵丹神药,是一个真正的"活宝"。不仅为她治好了病,而且让她青春焕发,精神健旺,颇有些返老还童的感觉。

她恨不得天天与冯小宝厮守在一块,夜夜都是良宵。但是后宫自有后宫的规矩,一个年轻力壮的大男人天天躲在后宫里总不是办法,臣僚百工的非议和天下人的舆论必须有所顾及。要想鱼与熊掌兼得,又顾全面子,使自己在朝廷中的威权不受影响,就必须想一个两全其美的法子。

上官婉儿是老太后肚里的蛔虫,早已经猜破了她的心事,给她出了个主意,让冯小宝出家为僧。当和尚的六根清净,不淫不盗,不荤不腥,太后可以随时召他入宫,人们就会不说或者少说些不三不四的。

太后觉得有道理,起码作为权宜之计是可行的。于是,她命冯小宝去主持修复洛阳名刹——白马寺。白天在那里做监工,入夜之后,则由武壮将他从宫城北面的一条夹道中秘密引入后宫,与太后共度良宵。

白马寺的修复工程落成之后,冯小宝也落发为僧,被太后敕命为白马寺的当家主持。

太后又嫌冯小宝这名字太俗,太土气,难登大雅之堂,便赐法名"怀义"。考虑到怀义和尚出身低微,为了增加其身价,又命他与太平公主的驸马薛绍同姓,并让薛绍和太平公主都以叔父之礼待之。其他臣工百僚皆称其为国师。

如此一来,洛阳街头舞枪弄棒,卖大力丸的江湖郎中,摇身一变,就成了国师级的"高僧"薛怀义。

在那个年代,参详礼佛的和尚是不需避嫌的。从此以后,这位两头吃荤的花和尚,凭着一身袈裟、一条禅杖,进皇城,入宫闱,如步里巷,随时都可以奉诏入宫，为老太后伴驾侍寝。

薛怀义贵为国师，又是武太后视为至宝的面首、男宠，太平公主和薛驸马的"叔父"，真正是尊崇已极。

但是，他的姓氏可以改变，身份地位可以改变，而多年跑江湖积淀下来的市井无赖本性却无法改变。不仅无法改，而且随着他在短时间内的飞黄腾达，迅速地恶性膨胀起来，变得异常骄横、傲慢和歹毒。

整个朝廷上下，皇宫内外，除了武太后一人之外，其他人全都不放在眼里。什么宰相、尚书、侍郎，什么这将军那将军，你们算群什么鸟？在大唐王朝，老子不只是万人之上，还是"一人"之上。

他每天骑着御马厩里的高头骏马，在数十名宦官侍从的簇拥下，耀武扬威地奔走在白马寺和皇宫之间的大道上。不管人多人少，都是风驰电掣般地骤马急驰。见这帮人来了，市民们如避蛇蝎般地纷纷躲避。躲避不及的，则被他们打得皮开肉绽，头破血流。

进入宫禁之后，文武百官皆应下马下轿，而薛怀义却被特准可以乘坐御马。只有到了离太后的寝宫不远处，他才下马步行。而这个时候，太后的侄子，此时已权势显赫的右卫将军武三思，居然常常恭候在这里，见薛怀义下了马，赶紧趋步向前，为他牵马执鞭。

武三思是个十分乖巧之人，他早已看出薛怀义来头极大，要想讨得姑妈欢心，就必须倾力结好这位姑妈的男宠。武三思带了头，武承嗣等其他武姓子孙，也都各显其能，纷纷向花和尚献媚取宠，这就使他愈加不可一世。

尽管如此，薛怀义意犹未尽。他感到太后派来的宦官侍从和白马寺的僧人数量太少，出出进进不足以显示他的威风和派头。于是，他便极力扩充人马。将洛阳街头的青皮无赖、流氓统统招来，剃去头发，收编为自己的"和尚兵"。

这些"和尚兵"虽然剃去了头发，却未剃去他们无恶不作的劣根。他们本来是"临时抱佛脚"，来蹭饭揩油趋机捞一把的。佛门的清规戒律对他们没有丝毫约束力。在大无赖薛怀义的庇护怂恿下，这帮小无赖放开手脚，在洛阳城里肆无忌惮地哄闹起来。偷鸡摸狗，爬墙跳屋，入室抢劫，拦路强奸，无所不用其极，一时间闹得乌烟瘴气，人心惶惶。

百姓们忍无可忍，纷纷向官府投诉。地方官衙如何敢惹这位当朝国师？连朝廷官员们听说了这些事，也只能睁一只眼闭一只眼，摇头叹息。

消息终于传到了右台御史冯思勖耳朵里。冯思勖是个嫉恶如仇、刚正不阿的硬汉子，听说这些事之后，恨得咬牙切齿。他决定依据朝廷律令，向这帮流氓和尚开刀。

他立即撒出人马，绕城巡逻。当天夜里，便兜捕了十几个小"和尚"。连夜审讯，三名有人命案的，处以斩刑，其余或投入大狱，或杖刑流放。消息传出，洛阳城里的市民百姓无不拍手称快。

这不啻太岁头上动土，一下子戳了马蜂窝。薛怀义怒火中烧，自从在太后面前得宠以来，朝廷中那么些权臣贵戚，还没有一人敢跟老子做对。你一个小小的御史，算个什么东西，竟敢如此狂妄？

但他这些小喽啰们，又是明明白白地触犯了刑律，他口头上也不好说什么，只好把这口恶气硬咽下去，等待时机进行报复。

常言道，冤家路窄。几天以后，冯御史带着几个随从在大街上行走，恰恰与薛怀义一伙迎面相撞。

一看到这个仇人，薛怀义立刻想起了那些被斩首、下狱的弟兄，两只眼睛顿时被怒火烧得通红，迎面冲上去，破口大骂道："谁的裤裆破了，露出了这么个鸟玩意儿，还在这神京大街上人模狗样地晃荡？"

冯御史被这个无赖和尚当面羞辱，如何忍得下这口气？当即怒斥道："冯小宝，你这个市井败类，休要小人得志，忘乎所以。长此为非作歹，看你能猖狂几天？"

"朝中老大都匍匐在老子脚下，你冯思勖算个什么玩意儿？孩儿们，上！"一群和尚恶狼似的一拥而上，将冯御史一把拖于马下，拳打脚踢，痛下狠手，拼命地往死里打。冯御史的一个随从见寡不敌众，撒腿飞也似的跑往右台报信。

待右台和金吾卫的人赶到现场，薛怀义一伙早已无影无踪。而冯御史则鼻歪脸肿，臂折腿断，躺在血泊里气息奄奄了。

冯御史在光天化日之下公然被打一事，一时轰动了朝野。朝臣们几乎是个个义愤填膺，咬牙切齿。但是那花和尚正在宠荣有加之时，人们只能私下里议论纷纷，却不敢贸然向老太后禀奏。

"路不平，众人踩"，事情做得太过了，总会有人出来说话。

这个人便是由冬官尚书兼西京留守，刚刚升迁为文昌左相同凤阁鸾台三品的苏良嗣。

苏良嗣此时已是八十二岁的皓首老翁。他虽然老了，头脑却十分清晰，在朝臣之中口碑也极好。苏大人向来以有胆有识而著称，执法严明，不畏权贵，敢于太岁头上动土，老虎嘴边拔须。

　　高宗皇上在时，他曾任周王府司马。周王年少无知，常做些违法之事。苏良嗣极力劝谏，皆不见收敛。于是，这位苏司马便将周王身边那些失职的官员绳之以法。高宗听说此事，不但没有怪罪他，还大力褒奖。对于这位老宰相，武太后也一直十分尊敬和倚重。

　　现在他已经老迈了，但是，那股不畏权势的豪气却仍然不减当年。

　　对于这个得宠的无赖和尚，他从内心里极端鄙夷，一直在冷眼注视着他。

　　当同僚们纷纷向他禀告冯御史被打之事的时候，他气得胡须乱颤，只说了一句"善有善报，恶有恶报"，便气哼哼地走了。

　　也是活该出事，这日早朝散了之后，苏宰相走出朝堂，却迎头碰上了薛怀义。

　　薛怀义虽是白马寺的主持，但近几天太后又命他兼管敬爱寺。因为敬爱寺坐落于建春门内，离皇宫极近。怀义住在这里，出入大内就更为方便。太后一想他了，不管是白天或夜晚，便能招之即来。

　　此时的薛怀义，因为太后的宠爱，诸武的吹捧，群小的阿谀和朝臣们的惮惧，早已变得有恃无恐。殴打了冯御史却太平无事，使他愈加傲慢不逊，粗野无礼。平时走起路来，两眼朝上，对谁都昂然不睬。

　　今日碰巧遇上了德高望重的苏宰相，他却仍然把架子摆得十足，旁若无人地大步向前撞去，眼看就要把这位八十老翁撞个人仰马翻。

　　按朝廷礼法，属下在路上遇到宰相，不仅要为之让道，而且还应该躬身施礼，以示敬重。

　　你薛怀义算哪一级的高官，虽为太后所宠，但充其量不过是个男妾，是个玩物而已。居然在朝堂之前冲撞宰相，别人怕你，难道我苏良嗣也怕你不成？今日若不惩治这个泼皮无赖，官威何在？朝纲礼法何在？

　　苏宰相怒喝一声："哪来的疯和尚，竟敢在朝堂重地撒野。左右，把这个无礼的东西，好生教训教训，让他懂得一些朝廷的礼法。"

　　在一旁摩拳擦掌多时的下人们，巴不得这一声喊，见宰相发话，早一窝蜂地拥了上去，扯的扯，打的打，愤怒的巴掌、拳头和飞脚，雨点般地落了下去。也不管薛怀义杀猪似的嚎叫，只管恶狠狠地打去。

　　苏宰相站在一边冷冷地看着，对身边的一班朝臣们说道："冯御史的一口恶气总算出了，朝廷的面子也找回来了。"朝臣们微笑点头。

　　看看打得差不多了，老宰相喝令左右住手。这顿痛打，不过是为冯御史，

女皇武则天

为神京的老百姓们出口恶气，让这个无法无天的和尚有所收敛，可不能把他打死，那样在太后面前也不好交代。

薛怀义踉踉跄跄地从地上爬起来，一张英俊的面庞青红烂紫，肿得活像一张烤猪脸。额头鼓起了几个大包，嘴角、鼻孔里流着血，袈裟已被撕破，浑身沾满了泥沙。他再不敢看众人一眼，在人们的哄笑声中，跌跌撞撞地向后宫跑去。

人们在笑声中散去。另一位宰相刘祎之却紧走几步，赶上了苏良嗣，不无担忧地说道："苏相，打是打得痛快，可你要小心啊。"

苏宰相对他微微一笑："谢谢刘相提醒。不过，我这把八十多岁的老骨头了，由他去吧。"

薛怀义鼻青脸肿，衣衫破烂地跑进后宫，见到太后，"扑通"一声跪在地上，放声大哭："太后……太后，您要给，给我做主哇……"

武太后见他这副狼狈相，不觉吃了一惊，忙问道："怀义，这是怎么了？"

"是……是苏宰相他……"薛怀义双膝向前挪动几步，竟一头扑在太后的怀里，哽哽咽咽地叙说了刚才在朝堂前发生的一幕。

太后听罢，先是一阵恼火。苏宰相这顿老拳，似乎是冲着自己来的。但转而一想，你一个和尚，怎么能去跟当朝宰相顶撞呢，这不是给我惹是生非吗？你以为大唐朝中真的无人了，人人都像我的那几个侄子一样，给你牵马执鞭，溜须逢迎？真要是那样，我这个太后还靠谁治理天下？

她左思右想，还是理智占了上风。薛怀义虽是自己的心肝宝贝，一日不见如隔三秋。但也不能太张狂，太恃宠而骄。苏宰相为什么不打死他？还不是看自己的面子，教训教训他而已。历代帝王中，有多少因溺爱美色，疏远忠良，从而乱政误国的昏君？自己可不能做那样的昏庸之辈，不能为情感所惑，为爱欲所迷，扰乱了朝纲。宰相的尊严必须维护，绝不能为了一个男宠，寒了一大批朝臣的心。

想到这里，她笑着对薛怀义说："哎呀，我的小和尚，这就是你的不是了。你是出家人，应该从北门出入。南衙是宰相们出入之处，你怎能跑到那里招摇过市，冒犯冲撞人家。以后要切记，勿犯宰相，否则，我这个当太后的也保不了你。"

薛怀义本指望老太后能替他申冤报仇，不承想反遭了一顿数落，感到万分委屈，竟抱着老太后的双腿，放声号啕，又哭又闹起来。

但是，任凭他哭，任凭他闹，武太后却不改初衷，只是像哄孩子似的，抚摸着他光溜溜的秃头，让他止声。

这场突如其来的风波，让武太后觉得，必须为薛怀义找个冠冕堂皇的理由，使他出入宫闱更加名正言顺，让朝臣们再也无法说三道四。

她终于找到了一个理由，薛怀义不是主管过白马寺的修复工程吗？后宫里有的是土木工程，今日大修，明日重建，一年到头都有活。正好让他来宫中总理营缮之事。这样，薛怀义白天在宫中监工，夜晚便宿在一间独立的小院之中，夜深人静之时，再潜入太后的寝宫，极尽鱼水之欢。

武太后以为这番精心布置天衣无缝，不料却被补阙王求礼窥破了个中文章。

王求礼觉得自己身为补阙，就该为朝廷为太后拾遗补阙。太后做得有哪些不当之处，自己有责任有义务及时地提醒她。

于是，便写了一道上疏，呈奏给太后，上疏说道："太宗皇上在位时，有一位名叫罗黑黑的琵琶高手，太宗为他去势之后，才让他进宫教宫女们弹琵琶。太后若是觉得怀义有巧思，胜任后宫营缮，就应将他去势，再召入宫，以免秽乱宫闱。"

什么叫"去势"？去势就是像太监一样，把裆间那条男人的生命之根割去。这可不只是薛怀义的命根子，也是武太后的命根子。

武太后览罢上疏，止不住哈哈大笑。笑过之后，太后又感到了一种深深的凄恻和悲哀。在这个世上，做女人太难，做女主就更难。怎么男人当皇帝，可以妃嫔无数，粉黛三千，天下人都认为合情合理？而朕独守空帏，夜夜孤衾冷枕。为了治病，好容易找了这么个男人，仅仅一个男人，就惹来了这么多闲话，引出了这么多是非？

但是，她又不能治王求礼的罪。他并没有过错，只是千百年的儒家礼教在让他说话，他还以为这是对朕的一片忠诚，一片好心呢。

王求礼啊王求礼，你这个书呆子，你怎么能懂得女人的心？你这也叫补阙，这简直是在拆我的台。不过，我不会跟你计较的。你的上疏我不理睬，你的荒谬我也不怪罪，两清了吧。

武太后不再理睬这件事，堂堂太后找个面首，这纯粹是个人私事，与国家与朝廷分毫无碍。犯不着为这些鸡毛蒜皮的小事绞尽脑汁，人们爱说什么就说什么，朕该怎么办还怎么办。

你们只知道嚼些无聊的舌头，可知道有多少大事在等着朕去办吗？

第二十四章　酷吏跃跃　臣工惶惶

武太后加快了向登基称帝的目标挺进的脚步。

她知道，这一目标已经近在咫尺，但却不会一帆风顺。自己若当了皇帝，以武姓取代李姓拥有天下，说到家就是要改朝换代。这在千百年来，都是被视为篡国乱政大逆不道的事，弄不好就会引起天下震动，战火纷飞，亿万庶民生灵涂炭。至少也会引发一场腥风血雨的宫廷政变。

更何况自己还是个女人，在"牝鸡司晨，惟家之索"千年古训的制约下，在男尊女卑、三纲五常的封建伦理已经深入人们骨髓的时代里，要想由临朝称制再跃登皇帝宝座，其中有着难以想象的阻力和无法逾越的障碍。

对于常人来说是无法逾越的，他们只能怨天尤人，畏葸不前或望洋兴叹。但是，对于武太后来说，却是不达目标誓不罢休。她要动用自己所有的智慧和能量拼力一搏，义无反顾地跨越这一障碍。而且，这一跨越绝不能引起大的战争和流血，必须是和平的顺理成章的过渡。

为此，在这个改朝换代的前夜，她积极地周密地做着各种准备工作。

首先，她要抛出一个风向标，用来测试一下人们心中的风向。

垂拱二年春正月，武太后突然颁诏，向天下人宣示，她要还政于睿宗皇帝。

开始，朝臣们觉得奇怪，这太出乎人们的意料。随后大家便明白了，这不过是太后的一种姿态，是演戏给天下子民看的，万万不可当真。

向睿宗皇上宣诏的任务由上官婉儿承担。婉儿见到皇上之后，先行大礼，然后说道："皇上大喜，奴婢恭喜皇上。"

睿宗李旦奇怪地说道："婉儿快请起。朕每日百事如意，从心所欲，还能有什么喜事？"

"太后有诏，欲还政于皇上。皇上不日就要亲政，堂堂正正地做大唐天子了，岂非大喜？"说着，她连连向睿宗皇上使着眼色。

睿宗初听母后要还政于他，便感到太突然，有些茫然不知所措。待一看到婉儿递来的眼色，马上明白了母后此举真正的用心所在。

　　他猛然记起，宰相裴炎因固请太后还政，被杀还不到一年。为了保住临朝称制的权位，母后竟不惜杀戮宰执重臣。现在浮在水面上的鱼儿已经逮尽了，母后的地位更加牢固，正是她治国安邦大显身手的时候，怎么会突然想起还政于朕呢？她老人家精神矍铄，身板硬朗，自从那个薛国师入宫之后，更是青春焕发，怎么会舍得急流勇退，主动让位呢？

　　噢，对了。是母后对自己这个儿子仍不放心，要再次考验自己对她的忠心。朕可不能像个呆鹅似的，错把虚情当真意，稀里糊涂地铸成大错。"

　　一念及此，他忙满脸惶急地说道："上官姑娘，请代朕禀告母后，朕无论如何不能奉诏。"

　　"为什么？"

　　"如今四海晏然，国泰民安，大江南北歌舞升平，全赖母后泽被万民之德，经天纬地之才。朕德鲜才寡，愚鲁驽钝，实在无力承此千钧重担，还请母后收回成命。"

　　"陛下这可是真心话？"

　　"千真万确，此乃朕的肺腑之言。"

　　上官婉儿笑了，舒口气说道："皇上不愧是洞悉世事、大彻大悟的聪明主子，冲着这一点，奴婢要真得恭贺皇上了。既如此，还请皇上上一道奏疏，奉表固让。"

　　睿宗皇上忙命人磨墨铺纸，不加思索，一挥而就，写了一封辞恳情切的，请太后无论如何收回成命的奏表，让婉儿带回。

　　有了皇上固不奉诏的奏表，这篇表面文章也就算做足了。武太后不再谦让，立即将皇上的奏表发至全国。这回你们该明白了，不是我老太婆恋栈，而是事出无奈，朕只好顺从皇上的意愿，勉为其难，继续临朝称制了。

　　就在这个时候，大唐的版图上发生了一件亘古未见的怪事。一天夜间，在一阵特大的雷雨之后，长安附近的新丰县发生了强烈的地壳变动，有一座小山突然拔地而起，高约二百尺。在小山的旁边，还出现了一个方圆一千多亩的湖泊，湖水清澈，波光粼粼。

　　这件事立刻引起了朝野上下极大的好奇，人们众说纷纭，莫衷一是。一些好事者为了迎合武太后的心意，上表大言祥瑞，谎称湖上隐隐约约出现了龙与凤的形状。龙代表天子，凤代表皇后，苍天在一夜之间起山造湖，这已是闻所未闻的吉庆之事，又有龙凤出现，岂非莫大祥瑞？

　　太后听说后极为高兴，认为这是上苍恩赐的吉祥之兆，立即降旨，为这

女皇武则天

座突起的小山赐命"庆山"，新丰县也改名为庆山县。

朝中大臣们谁也不想扫老太后的兴，不管是真心还是假意，都纷纷上表贺喜。

但是，偏偏有人不识趣，硬要触霉头。

本来，庆山的突起，并非什么天意，也说不上是什么吉兆，不过是一种地壳变动的自然现象，与人事毫无关系。

武太后未必不知道这一点，她喜欢臣下们把它说成是吉兆，是天赐祥瑞，不过是为了显示她当政以来的文治武功，为她以后登基称帝做好舆论上的准备。

这个不识趣的朝臣叫俞文俊，给武太后上了一道奏疏，不知是为了显示自己的识见卓尔不群，还是为了借机对太后当权进行讽喻，反正这奏疏写得十分露骨。他说道，天气不和，冷暖便会失去常规；人气不和，身上就会长出赘瘤；地气不合，便会山阜突起。今陛下以女主处阳位，刚柔错位，阴阳倒置，臣以为非庆。陛下应侧身修德，以回答上天的谴告。不然，灾祸就要降临。

简直是一派胡言，把庆山的突起说成是祥瑞固然有些牵强，但用阴阳五行解释这一现象，硬说是女人执掌国柄引起的上天示警就更为荒谬。

这些腐儒，至今还是如此冥顽不化，仍在公然反对自己临朝称制，以后若是要当皇上，他们还不知要干些什么呢？武太后十分震怒，迅即降旨，将俞文俊流放到岭南。

这件事再一次提醒了太后，欲跃登大宝，最重要的还是要收服人心。而要让天下人心悦诚服地拥戴自己，最好的办法就是为这一举动披上一层神秘的色彩，使之上合天意。

最早窥知老太后心事的，是她的侄子武承嗣。姑母若能当上皇帝，这是老武家最大的荣耀，自己以及武姓子孙千秋万代都会有享之不尽的荣华富贵。

如何才能助姑母一臂之力，以建不世功？武承嗣终日苦思冥想。最好的办法是献符瑞，让天下人知道，姑母称帝乃是天予神授。但是，上哪里去找天然的符瑞呢？

他找自己的心腹幕僚康同泰密商。康同泰狡黠地笑笑说："世上哪有什么天然的祥瑞，即使有也是人们穿凿附会的。没有天然的，可以人工制造嘛。当年陈涉起义，为了收服人心，不是在鱼腹中藏上一块写有'陈涉王'的绢帛，以号令部属吗？"

　　一句话提醒了武承嗣，他便把这件事交给康同泰去办，嘱咐他一定要做得十分机密。

　　康同泰费尽九牛二虎之力，终于找到了一块光滑圆润、晶莹如玉的白石，在上面端端正正地凿刻了八个篆字："圣母临人，永昌帝业。"然后用紫石粉混合一些药物填上，黏合得十分牢固，再把表面打磨光滑，放在淤泥中浸泡了一个多月，捞出洗净，如天然生成的一般无二。

　　一日早朝，武承嗣带康同泰来到朝堂，当着满朝文武的面，将瑞石呈献太后，谎称这块瑞石是康同泰在洛水之滨发现的。

　　武太后得到瑞石，如获至宝。这正是自己最需要的东西，它出现得太及时了。"瑞石"称自己是"圣母"，说圣母君临天下，可保帝业永昌。更何况这瑞石出自洛水，自古以来，洛水所出河图洛书，都是传示上苍旨意的。太后兴奋极了，她将瑞石称为"宝图"，并让朝臣们轮流传看。朝臣们接受了俞文俊的教训，再也没有人傻乎乎地说些败兴的话，都一片声地说这"宝图"像河图洛书一样，乃是天意。

　　武太后决意在"瑞石"上大作文章。她先是把献瑞石的康同泰从一介布衣一下子擢升为游击将军。接着诏告天下，说自己要往洛水拜受"宝图"。并下令各州都督、刺史及宗室诸王，要在指定日期云集神京，随太后一块到南郊祭天，以告谢上苍。

　　几天以后，武承嗣与部分朝臣联名上书，要求给太后上尊号，称"圣母神皇"。这本是太后的意思，她当然欣然敕准。"神皇"的称呼有些像历史上的三皇五帝，太后自称神皇，显然是向登上皇帝宝座的目标又跨进了一大步。

　　这年七月，太后制作了三颗神皇印玺。此后每颁诏令，不再用太后印玺，全都改用神皇印玺，向天下臣民公开打起了"圣母神皇"的旗号。

　　八月二日，武太后为庆贺获得"宝图"之喜，下诏大赦天下，将宝图改名为"天授圣图"，将出"圣图"的洛水改名为"永昌洛水"，并封洛水神为"显圣侯"。下令禁止任何人在洛水垂钓捕捞，出"圣图"的地方则命名为"圣图泉"。

　　武太后大张旗鼓地宣扬"天授神图"的各项活动，尤其是她自称"圣母神皇"的做法，已经是在向人们公然宣示，"潜谋革命"，要做女皇帝，至于何时登基，那只是个时间问题了。

　　这些做法，必然会引起许多人，尤其是李姓诸王的不满。对这一点，太后心中十分清楚。

女皇武则天

　　要封杀舆论，钳住天下人的口是不可能的。不过，也不能任凭众口嘈嘈，想说什么就说什么。那样，这种不满情绪会像瘟疫一样肆虐横行，最终会毁了自己的大事。得想个办法，唬住百工臣僚，让他们不要在这个非常时期乱说乱动。

　　最好的办法，就是借助天下民众的力量，对各级官吏实行监督和检举揭发。武太后知道，这些当官的最怕的不是自己，他们的种种劣迹和言行，可以瞒过自己，但却瞒不过天下的老百姓，倘若亿万民众都动起来，一切奸宄鬼魅都将无所逃匿。

　　于是，太后下诏，要接受天下人的密奏。随之，一个铜制的怪物便应运而生了。

　　这个怪物名叫铜匦，形如一只方形的铜箱子，内设四格，箱子的四面分设四个投书口。

　　东口名曰"延恩"，凡是献赋颂，求仕进者，可从此口投书；南口曰"招谏"，言朝政得失者从此口投之；北面曰"通玄"，言天象灾变及军机秘计者在此投之；西面曰"伸冤"，有冤抑者从此口投之。表疏一旦投入铜匦，便再也无法收回。

　　铜匦的发明者叫鱼保家，是当初主持审讯裴炎的御史鱼承晔的公子。鱼保家从小心灵手巧，长大后醉心于兵器的研究。在徐敬业起兵之前，二人交情甚笃，他曾把改进刀枪、弓弩、车骑的各种办法，都一一地教给了徐敬业。当徐敬业举旗造反以后，这些改进的武器派上了用场，在战场上大显神威，曾一度将官军杀得人仰马翻，屁滚尿流。徐敬业兵败之后，或许是因为很少有人知情，竟无人揭发这位鱼公子，使他得以保全。

　　鱼公子想将功补过，也或许是想凭自己的一技之长去博取老太后的欢心，以获得重用，便精心设计了这么个空前绝后的"检举箱"。

　　太后看过鱼保家的铜匦设计方案，连连称善，立即命工匠们如法炮制。并在二月八日正式立于宫门之外，接受来自全国四面八方的密奏。

　　太后特命正谏议大夫、补阙、拾遗三名官员管理铜匦，负责整理密奏，然后全部交给太后处置。这三名官员直接对太后负责，其他人一律不许过问。

　　铜匦的设立所引发的民众大告密的风潮，立刻蔓延了整个神京乃至全国各地。平日无权参与国事的下层百姓，如今可以直接向老太后倾诉心声，发表对于各级官吏的不满。这实在是武太后在政治上的一大发明。

　　这个小小的铜匦，立时对整个庞大的官僚机器发生了巨大的威慑作用。

有了它，大小官员被置身于亿万民众的监督之下。只要有人检举又获得了太后的认可，杀身之祸就会旋踵而至。那些平日对百姓们视若草芥的达官显贵们，如今不能不战战兢兢，如履薄冰，甚至一看到立于宫门外的那个怪物，就会不寒而栗。

为了大开告密之门，武太后为天下告密者提供了种种方便。她诏告各级官府，凡有来京告密的人，臣下不得过问，一律提供驿马坐骑，按五品以上官职供应饮食，使其顺利抵达神京。即使是农人樵夫，都可以得到太后的亲自召见，到京后一律在客馆居住。所告密的内容如果属实，并且很重要，那就不次升官。所言就是不实，也决不问罪。

诏令一下，告密者如过江之鲫，从全国各地，四面八方蜂拥而来，京城馆驿人满为患，只好退而求其次，屈居于较低档的客栈之中。来自各地的告密信更是像雪片一样飞来，每日都塞满了铜匦，堆满了武太后的御案。

尽管告密信堆积如山，武太后却不辞辛苦，一一御览，亲自披阅召见，忙得不亦乐乎。幸亏上官婉儿此时已历练得十分成熟，实在太累的时候，则由她代笔为太后分劳，其他人皆不得与闻。

铜匦设立不久，便逮住了一条漏网之鱼。有人说是巧合，有人说是天意，反正十分滑稽的是，第一个被这铜怪物吞噬的，居然是它的发明者鱼保家。

一位知情者，抓住了这个千载难逢的言者无罪的机会，写了一封匿名信投入铜匦之中，状告鱼保家帮助徐敬业打造改进兵器，导致官军伤亡惨重。说得有根有据，言之凿凿。

太后看罢这份告密信，十分震怒，立刻降诏，将鱼保家逮捕下狱。多方调查，信中所言件件属实。尽管他发明铜匦也算是一件功劳，但是与谋逆造反、助纣为虐的弥天大罪相比，这功劳便微不足道了。这位作法自毙的鱼公子，很快被斩首于都亭驿。

发明铜匦，为大告密推波助澜的鱼保家，却成了告密大风潮中的第一个牺牲品，真让人啼笑皆非，不能不慨叹造化弄人。

有牺牲品，就有获利者。在全民大告密活动中，第一个获利者叫索元礼。

索元礼是个胡人，从夷狄之邦来到中原已经多年，一直混迹于神京市井之中，穷愁潦倒，甚不得志。

当初在街头卖药的薛怀义和尚（那时自然还叫冯小宝），见索元礼颇有智术，胸怀大志，又秉性残忍，便将他视为闯江湖的前辈，曾认他为"假父"，就是干爹。

女皇武则天

后来，冯小宝摇身一变成了薛怀义，得到太后的百般宠爱，并被朝野上下称为"国师"，让这位当干爹的胡人垂涎三尺。

但是，薛怀义是以色相取悦于太后的，而自己相貌丑陋，腰下又无"非常材"，这条路自然走不通。

他曾托人去走薛怀义的门子，想让他提携一把，也好谋取个一官半职。但此时的薛怀义，连朝廷大臣都不放在眼里，他一个跑江湖的穷胡人，如何能与一人之下、万人之上的"大国师"搭上界？薛怀义干脆装聋作哑，权当不认识他。他也只好识趣地退避三舍。

当武太后大开告密之门以后，索元礼忽然看到了希望。凭直觉，或者说是靠一种特殊的嗅觉，他感到自己平步青云的机会来了。

索元札从番邦到中原，走南闯北，经多识广，是个见过大世面的人。又在神京洛阳厮混多年，与各色人等广泛交接，浑谙社会人情和朝廷内幕。

他冷眼注视着云集于神京的告密者，这些人虽然多如牛毛，但都是些没见过世面的泥腿子。一来到繁花似锦的洛阳城，早已眼花缭乱，头晕目眩。若是再蒙太后召见，那气势，那排场，还不得吓得腿肚子朝前，上下牙打架？

他们能告出个啥名堂？连朝廷大臣品秩如何排列、姓甚名谁都不知道，如何检举他们的不忠不轨？说不定净告些张三盗树，李四偷牛，王二麻子半夜三更爬刘寡妇的墙头之类，徒为老太后增添笑料，然后混几顿好饭吃罢了。

自己却必须精心准备，打就打在要害处，说就说在点子上，成败在此一举。

他花了几天几夜的时间，专门从朝臣和地方官吏中那些不利于太后的言论举止入手，写了一份极有分量的密奏，投入铜匦之中，然后回到住所去饮酒睡觉，静候佳音。

果然，没出三天，朝廷派人前来传旨，说是武太后要召见索元礼。

索元礼是有备而来，诉词已经反复演练过多次。一到御前，便口若悬河，滔滔不绝地说了起来。这位一直生活在社会底层的胡人，本来便对当朝官员充满仇恨。如今借着密奏的机会，将平日的仇恨变成了一排排毒箭，劈头盖脸地射向了他的那些仇人。某某官员对太后临朝称制不满，某某官员说过，"女人当权，国无宁日"，某某官员曾说，"李氏江山，不能拱手送人，应该请皇上或庐陵王早正大位"……

索元礼的这些密奏，多是诬枉不实之词。但他说得慷慨激昂，煞有介事，不由得老太后不信。

最后他说道："圣母神皇临朝以来，国家大治，盗贼敛迹。路不拾遗，夜不闭户，庶民士子皆得丰衣足食，安居乐业。真正是尧天舜地，太平盛世。草民索元礼足迹遍华夏，目睹万民称庆，众口成碑，家家焚香礼佛，祈祷圣母神皇万寿无疆，永掌大宝。草民不才，愿为神皇陛下出生入死，肝脑涂地。"

这番面奏，特别是最后几句忠心剖白，深合武太后之意。她看看索元礼贼亮的双眼中偶尔闪烁着的冰冷凶残的光束，心中不禁一动，这是个有用的人！

自己要登上皇帝宝座，朝廷和各级官员中暗藏的敌对者一定大有人在。要把他们彻底扫除，或是将他们威慑住，所需要的，正是像索元礼这样被仇恨浸透了的残忍凶狠之徒。

这或许是个魔鬼，但现在自己需要的恰恰是以毒攻毒，以魔鬼镇小鬼。

魔鬼怕什么，对于那些敢于忤逆的谋叛者，他是魔鬼，对于自己，他却是一只驯服的羊羔。只要自己使用得当，收放自如，这样的魔鬼现在不是多了，而是少了。

太后马上降旨，擢升索元礼为游击将军，并掌管制狱之事。

这是一道前所未有的破格任命，直令那些凭文才和武功逐级升至庙堂的大臣们瞠目结舌，但是谁也不敢说话，只能默然观望。其实，细想想也没有什么好奇怪的，这老太婆搞的那些前无古人的名堂还少吗？

索大将军上任之后，其凶残冷酷的本性马上原形毕露。只要他认为谁是反对老太后的嫌疑犯，立即逮捕下狱。你若是不招供，那好，就给你戴上铁笼头，笼头之小刚刚罩住头部，然后再往里边打进木楔，受刑者头再硬，也会让你脑裂髓流。

若是仍不肯写招供状，还有办法，用木棍夹住你的手和脚，施刑者转动木棍，直到你肉碎骨断为止。

人说"一问三不知，神仙治不得"，可这个魔鬼比神仙厉害，他把你倒挂在屋梁上，再往你脖子上用绳子套一块大石头，直到把脑袋拉下来。

索元礼的酷刑有的是，不愁犯人不开口。只要开了口，那就要按照索将军的意旨招供，让你攀指谁，你就得乖乖地攀指谁，往往一个人就能攀引出几百人来。一时冤案迭生，让人惊心动魄。朝臣们都不约而同地称索元礼为"索使"，意思是"索命使者"。

索元礼上任之后的种种"治绩"，很快报到了武太后那里。武太后对索元礼的才干极为欣赏，连呼"得人"。而且还多次亲自召见，询问案情，厚给赏赐，不停地予以鼓励，使这位胡人将军更加气焰嚣张，不可一世。

索元礼的迅速发迹，在告密者中引起了轰动。许多社会上的无赖都眼馋心痒，蠢蠢欲动。他一个穷小子，又是夷人胡种，竟能一步登天，我们为什么不能？于是，告密之风又掀起了一轮新的高潮。

"全民大告密"的阴风，迅速地吹遍了神州大地的每一个角落，简直是天涯海角，无孔不入。就连和州监狱中的待决死囚，居然也得知了太后要天下人踊跃告密的诏令，并决计要借告密之机为自己翻案。

这个死囚犯名叫来俊臣，是中国历史上大名鼎鼎的酷吏之一，一提起他的残酷刑法，便让人身战股栗，心胆俱碎。在武太后有意栽培和重用酷吏的时期，曾先后起用过三十余名酷吏，而其中最出类拔萃的便是这位来俊臣。

如果说，酷吏们是一群魔鬼，那么来俊臣便是魔头；如果说酷吏都是刑讯逼供的"专家"，那么来俊臣则堪称这方面的"天才"。

但是眼下，这位"魔鬼天才"却被严密地囚禁在和州的死牢中，等待着秋决时被砍去那颗罪恶的脑袋。

来俊臣出生在长安附近的万年县，属京兆人氏。他的父亲名叫来操，是长安市街上十分活跃的市井无赖，专门以赌博为业，三十多岁了还是光棍一条。

他有一个赌友叫蔡本。两人是酒肉之交，号称莫逆。蔡本的妻子周氏颇有些姿色，为人又轻佻风骚，来操早就动了邪念。

一日，蔡本在赌桌上手气极顺，赢了不少银子，一时高兴，便将好友来操请到家中，让周氏置办了上好的菜肴，两人便开怀畅饮。

席间，周氏频频地给来操斟酒布菜，一双勾魂摄魄的眸子，不停地向他眉目传情。来操早已心领神会，便频频劝酒，很快把蔡本灌得酩酊大醉，死猪一样趴在桌子上一动不动了。

两个人相视一笑，急忙钻进卧室，宽衣解带，展开了一场肉搏战。这两个人互相心慕已久，始终未能得手，今日终于如愿以偿，彼此都觉得舒畅甜美妙不可言。

从那天以后，这对野鸳鸯便隔三岔五地鬼混一次。俗话说，"常在河边走，哪有不湿鞋"？终于有一天，两人正在交欢，被蔡本撞了个正着。

"来操你这个畜生，混账王八蛋。'朋友妻，不可欺'，你……"蔡本七窍生烟，气得鼻子都歪了。

　　来操却不着慌，用手拍拍周氏的屁股，笑嘻嘻说道："蔡本兄弟，这事儿得两相情愿。要不，你问问你媳妇。"

　　周氏早与来操穿了一条裤子，当下便毫不犹豫地提出要跟来操。蔡本哪里肯让，一番争执之后，两个赌徒便决定以赌来解决问题。

　　经过一夜大赌，蔡本输得一塌糊涂，竟负来操赌债十万钱。无可奈何，只好把妻子拱手相让。

　　来操凭空夺了一个娇美的老婆，肚子里还带着个不停蠕动着的小东西，自然是喜不自胜。

　　不过，这小东西是谁的种儿，来操却弄不明白。其实，就是周氏自己也弄不清楚谁撒下了这个孽种。

　　但是，当来操问周氏的时候，她却一口咬定是来操的种子，来操当然也无法深究。

　　这样，来俊臣究竟是姓来还是姓蔡，便成了一桩永久的悬案。

　　不管他姓来还是姓蔡，反正是赌徒无赖的种子，又在赌徒无赖加"破鞋"的家中长大，他还能得到什么好教育，耳濡目染的自然尽是吃喝嫖赌、坑蒙拐骗。"近朱者赤，近墨者黑。"长安黑社会这个五毒俱全的大染缸，加上家庭这个小染缸，很快便把来俊臣变成了一个无法无天的小流氓。长大之后，则成了远近闻名的"诡谲无赖，残忍荒慝，举世无比"的大恶棍。

　　这个恶棍在长安城中坏事做尽，既为市民所不容，更为官府所悬缉。实在混不下去了，他只好只身逃亡，远走江湖，流窜作案。

　　有一天，他来到和州地面，乘着夜色入室抢劫，打伤数人。正欲携赃逃匿之时，却正好碰上了巡夜的捕快，被当场拿获。

　　很快，他以抢劫罪被判处死刑，州府已将案情上报刑部，只等上边批下核文，便就地处斩。

　　这样，来俊臣便被投进戒备森严的死牢之内，每日望着铁窗打发最后的时光。

　　一般人到了这个地步，便只能万念俱灰，混吃等死。但来俊臣却决不甘心赴死，他像一头落进陷阱中的凶兽，垂死挣扎，机警地寻觅着逃生的出路。

　　就在这个时候，他听到了太后鼓励天下人告密的消息，心中一阵狂喜，这或许正是自己得以逃生的一根"救命索"，他要借着这根救命索冲出陷阱！

　　对，赌他一把。人生本来就是一场赌，生死荣辱，全看你胆识如何，赌技高低。何况现在自己的一条腿已经迈进了鬼门关，横竖都是一死。与其坐以待毙，还不如用这颗行将被人砍掉的脑袋，再去搏他一次。若是手气顺了，说不定就能翻本，甚至还能赢他个大满贯。

想到这里，他激动地浑身发颤，立即狂呼乱叫起来，口口声声说自己知道一件泼天大案，要进京告密。

死囚犯要向朝廷告密，这真是亘古未闻的天大笑话。和州刺史、东平王李绪听了属下的报告，觉得既好笑又好气。这个就要被砍脑袋的刁徒，死到临头还要拿官府开涮，真是冥顽不训。

李绪当即下令，先赏他一百杀威杖，看他还敢不敢胡搅蛮缠。

然而，一百杀威杖对于这个早把生死置之度外的江湖恶棍算得了什么，虽然被打得皮开肉绽，遍体鳞伤，他要去告密的呼声却喊得更响。每日里吼声如雷，把整个监狱搅得鸡犬不宁。

李绪勃然大怒，命狱吏往死里打，反正是个待死之囚，早几天死晚几天死没有什么区别。

一位幕僚慌忙劝解道："李大人，这么打下去可不是办法。若是个一般死囚，打死也就罢了。可他口口声声有大事要告密，一旦打死，会落个杀人灭口的嫌疑，朝廷追究下来，我们如何说得清楚？"

李刺史听罢，默然良久。这幕僚说得颇有道理，擅杀告密者的事儿一旦传到老太太的耳朵里，自己还真是跳进黄河洗不清。罢、罢、罢，就让这小子去告密，看他能告出个什么名堂？若是这样十恶不赦的王八蛋也能翻了案，太阳可真要从西边出了。

于是，来俊臣被带上木枷镣铐，打入木笼囚车，一路押送神京洛阳。

听说有死囚犯要来告密，武太后也甚觉惊讶和稀奇，她倒要看看这是个什么人，有什么大案要诉？

隔着一道翠帘，太后一眼看出，下面跪着的绝非寻常之辈。虽是衣衫褴褛、蓬首垢面的将死之人，却仍是一幅桀骜不驯之相，双目灼灼，转动之间如电光倏然闪过，透射出一股冷酷无情的凶色。作为一名死囚，来到大殿之上，居然能如此沉着，不卑不亢，比一般官员在面圣时还要冷静。又是一个人物，让这样的人掌管刑狱，必能令百官畏服。一见之下，太后便有了重用他的意思。

"你叫什么？"

"禀圣母神皇，小民来俊臣。"

"你说有大事要禀奏，究竟要告何人？"

"小民要靠和州刺史李绪！"来俊臣在来京的路上就想好了，他放出的第一枝利箭，就要先射向那个打他一百杀威杖的李刺史。

"可是告他判你死刑？"太后以怀疑的目光看着他，原来又是一个借机报私仇的小人。

"圣母神皇，李绪乱断官司，刑讯逼供，将小人打得死去活来，硬把清白之人判为死囚，这固然可气。但就是屈死十个来俊臣，也算不得大事。小人要告的不是这个。"

"唔，那你要告他什么？"

"李绪身为李氏宗亲，对圣母神皇掌管江山甚是不满。在和州常散布流言，说圣母神皇必欲篡夺皇位，是'司马昭之心，路人皆知'。"

一听是这样的大事，武太后马上变了脸，一股怒气直冲脑门。她就知道，这些宗室亲王，个个都对自己怀恨在心。

"此事当真？"

"这事千真万确，小人愿以脑袋担保。"他在心里说，反正这颗脑袋已经是暂时寄在自己脖子上的，管他呢。

见太后沉默不语，他又说道："小人在与朋友们喝酒时，听他们说了李刺史的这些煽词，便说了句'天下者，天下人之天下；国家者，德高才俊者居之。老太后治理江山几十年，政通人和，万民景仰，为什么就不能当皇帝？只要让咱老百姓过好日子，姓李姓武有什么两样？'，就为了这句话，李刺史捏造罪名，将小人打入死牢。这次小人要进京密奏，他又命人往死里打小人，分明是想杀人灭口。还请太后为小人做主。"

来俊臣的话，句句切中武太后发动大告密活动的本意。他所密告的究竟是真是假，这并不甚重要。重要的是，这样一个来自最底层的普通百姓，能有如此灵敏的嗅觉，能如此准确地体察自己的用心，真是一个难得的奇才。若将他罗致帐下，将是一员对付宗室势力的得力干将。

于是，李刺史不相信的"太阳从西边出来"的奇迹真的发生了。来俊臣不仅被免除了死刑，而且被马上提升为司刑评事，从一个死刑犯一跃成为掌管刑狱的官员。而那位和州刺史李绪，则被暂时地记入另册。

除了索元礼、来俊臣，还有一位最有名的酷吏，就是周兴。他开始的官职就较高，现在靠着密告和整人，已经爬上了秋官侍郎的高位。

这三名酷吏，是武太后为对付朝臣中的反对派，特别是宗亲势力所豢养的三头猛兽。

女皇武则天

这三个人目标一致，狼狈为奸，又各自为战，相互竞争。他们都分别蓄养了数百名无赖，专以告密为事，形成了各霸一方的小山头。

在三人之中，又以来俊臣"酷"得最出色。他不但有实践，而且有理论。曾伙同万国俊，朱南山等人编写了一本《罗织经》，专门教人如何将无辜之人罗弄进罪人圈子，再编织其反状，为其定罪，成了一部前所未有的告密罗织、构陷无辜的专业书籍。他以此书培训了无数的无赖党徒，使他们个个都成了罗织告密的行家里手。任你再清白，官位再高，只要成了他们的目标，就一定有办法将你罗织构陷入狱。俗话说，"三人成虎"，来俊臣深谙此理，他要陷害一个人，便令许多党徒从各地一齐告密，异口同声，死咬不放，大泼污水，使你百口莫辩。

地位较高的秋官侍郎周兴，因为推劾用刑极其残忍，法外苦楚无所不为，号称"牛头阿婆"。他曾对属下们说过，"被告之人，无不说自己是冤枉的。一旦将他们砍了脑袋，就再也没有人说话了。"因为他的官职较高，一些涉及朝廷官员的大案，太后往往都交给他去审谳。

这三个魔鬼横行无忌，有时分头作战，各显身手。有时又共同切磋，互相交流。他们合作发明了酷刑十大枷：定百脉、喘不得、突地吼、着印承、失魂胆、实同反、死猪愁、求即死、求破家等，仅仅这些名号，便让人听得毛骨悚然。另外还有"凤凰晒翅"，就是把犯人的手脚捆绑起来，然后像陀螺似的快速旋转；又一种叫"驴驹拔橛"，用绳子把犯人固定在木架上，然后再拉住犯人脖子上的枷往上牵引，直至将脑袋拔掉；让犯人裸膝跪在碎砖瓦上，双手高举重物，谓之"仙人献果"……

如此种种，不一而足。一时间冤案迭生，人人自危，朝廷上下皆笼罩在一片恐怖之中。

一直随侍在武太后身边，常代太后处置"百司奏表"和参与朝政议事的上官婉儿，屡屡听说许多官员被罗织诬枉，吃刑不过，相继被冤杀，感到十分担心。她觉得有责任提醒一下太后，不能让这些酷吏们长期为所欲为。

"太后，周兴、来俊臣他们滥施刑罚，罗织无辜，使许多臣僚含冤而死，奴婢以为似有不妥。"这样的话，也只有上官婉儿敢于直言不讳。

"自古以来，哪个庙里没有屈死的鬼？为了国家大局，杀一儆百，也是没有法子的事。"

"奴婢以为，为了江山社稷长治久安，还是应该以道德化天下。一味实行高压，往往压而不服。"婉儿还在据理力争。她想，哪怕太后发怒，也该把这些实情告诉她。便把来俊臣他们所用的一些酷刑一一说给太后听。

谁知还没等她说完，太后便打断了她的话，微笑着说："这些朕都听说了。婉儿，你还年轻，只知其一，不知其二。朕何尝不想以王道治理天下，最好是一个人不杀。但是，古人云'治乱世用重典'，这是治国名言。现在虽说不是乱世，却是非常时期，一个极为特殊的时期，你懂吗？"

上官婉儿看看老太后越来越严肃的面孔，默默地点点头。她当然懂得，太后所说的非常时期，是指从临朝称制向登基称帝过渡的时期，在这个改朝换代的前前后后，是最容易出大乱子的。

"在这个非常时期"，太后又说道："非用严刑峻法，不足以慑服人心。来俊臣这些人是有些心狠手辣，朕用他们正是用的这一点。他们身上长着疹人毛，是那些谋逆者的真正克星。由他们执掌刑狱，才能让那些心怀异图者闻风丧胆，望而生畏，规规矩矩地俯首听命。当然，朕这么做，也是不得已而为之，是暂时的。一个国家的长期安定富强，怎能靠几个酷吏来维持呢？"

第二十五章　干城异心　忍痛赐死

这些日子，宰相刘祎之心里很不痛快，整天抑郁焦虑，闷闷不乐。

武太后要登基当皇帝的用心，他看得比谁都清楚。什么"庆山献瑞"，什么"洛水宝图"，什么"圣母神皇"，这不是明明白白、紧锣密鼓地做着登基称帝的准备吗？

按说，武太后当女皇，刘祎之应该最高兴才是。他这个当朝宰相，可货真价实是太后一手栽培擢拔起来的。

想当年，他是太后亲自挑选组建的"北门学士"之首。北门学士不仅直接为太后草拟诏书，控制舆论，他们还是太后的智囊团，是她老人家用以分宰相之权的"影子内阁"。

而刘祎之本人，更一直被老太后倚为左膀右臂，视作心腹股肱之臣。

嗣圣元年，在废中宗立睿宗的非常之变中，刘祎之最为得力，被擢升为宰相。当时军国多事，所有诏敕，皆出自祎之之手，构思敏捷，立等可取，太后对他更加亲爱倚重。

刘祎之又深谙为臣之道，能"推善于君，引过在己"，常令太后赞叹不已。

垂拱元年，司门员外郎房先敏因犯过失，被贬官为卫州司马。他对这次贬官极为不服，便找宰相们陈诉。内史骞味道两手一摊，推卸责任道："这是皇太后的主意，我们也没有办法。"而站在一旁的刘祎之却说"阁下，改官是我向太后上奏后才决定的"，把责任全揽在了自己身上。

事情很快传到了老太后的耳朵里。她认为骞味道善则归己，过则推君，实在算不上什么忠臣，便将他贬为青州刺史。却进一步认准了刘祎之乃是真正的忠贞良臣，随即为他加授太中大夫，并赏赐绸缎百匹，御马一乘。在朝堂之上，太后还为此事对群臣们感叹道："夫为臣之本在扬君之德，君德发扬，岂非臣下之美事？且君为元首，臣作股肱，情同休戚，义均一体。未闻以手足之疾移于腹背，而存一体安者。味道不存忠赤，已从屏退；祎之竭忠奉上，情甚可嘉。"

这么些年了，老太后与这位刘宰相的关系，一直是那么融洽，那么默契，简直堪称君臣相得的楷模。

然而，曾几何时，当老太后开始向皇帝宝座做最后冲刺的时候，这位老忠臣却遇上了"新问题"，有些跟不上老太后前进的步伐了。

他也不理解了，太后作为一个女人，为什么非要当那个皇帝不可？如此聪明绝伦之人，为何要为了一个虚名，而引得臣民不满，众叛亲离？大权在握几十年，现在年龄大了，适可而止，让位于自己的儿子，然后再辅佐儿子好好地经管这片锦绣江山，善始善终，岂非千古美谈？

不错，当初"临朝称制"的主意，是自己帮太后出的，但那时中宗昏庸，睿宗稚嫩，先以太后的威权和才干稳住政局，是必要的。可万没想到，"烧香引出鬼来"，怎么会引发了老太后要当皇帝的欲望？若是真由武氏取代了李氏当皇帝，招致改朝换代，毁灭了李唐江山，自己不仅是始作俑者，而且将成为千古罪人，为万世唾骂。

但是，老太后对自己始终如一的信任、亲委和重用，真正是恩深似海。特别是她几十年执掌国柄的文治武功，彪炳于世，实在是无可挑剔，这便使自己处于两难之中，无法公然同她老人家唱反调。

该怎么办呢？刘祎之陷入了深深的矛盾和苦恼之中。

一日下朝之后，刘祎之邀约凤阁舍人贾大隐到他府上小酌聚谈。

贾大隐是刘祎之几十年的老朋友，情同手足，无话不谈。邀他来到府上，也无须客气，让下人们做了几个下酒的小菜，搬来一缸陈年老窖，两个人也不推让，你一杯我一杯便喝开了。

三杯酒落肚，话就多起来了。刘祎之胸中的苦恼和牢骚便顺着嘴边溜了出来："太后临朝称制已经多年，皇上也历练成熟了。太后从来都是个明白人，如今怎么犯糊涂，莫非真是'当局者迷'？为今之计，最好是还政于皇帝，以安天下人心。"

这些话在外面不能说，对别人不能说，今日在家中，当着老朋友的面，他要一抒胸中块垒。

贾大隐听过，却大吃一惊，这话怎么会出自刘宰相之口？谁不知道，刘祎之是如今朝廷上最走红、最受太后信赖和倚重的人。这样的话题直接涉及最敏感的政治问题。难道你忘了，宰相裴炎就是为此掉了脑袋，多少人受到了株连，砍头的砍头，贬逐的贬逐。更何况现在是酷吏横行的时候，这话传出去如何了得？恐怕连自己也难辞其咎。一想到来俊臣、周兴他们的种种酷刑，贾大隐只觉得汗毛倒竖，浑身发冷。

他再也无心吃酒，唯唯诺诺地应付道："其实，太后掌权，不也挺好的吗？"便再也不肯说话。又挨了半个时辰，便借口身体不适，告辞出府。

贾大隐回到自己家里，越想越怕。刘祎之今天说的这些话，要是被那帮酷吏们侦知，用不着添油加醋，罗织罪名，就足以将他置于死地。不用说，自己自然是他的同谋，也要跟着被杀头，弄不好还得祸及全家。

他看看几个娇滴滴的小妾和正在咿呀学语的儿子，心中一阵阵发紧。犹豫再三，把心一横，暗中说道："对不起了，老朋友。我这可不是卖友求荣，并非像那些禽兽不如的酷吏们一样，专以告密求取功名。我实在是为了一家老小的平安，不得不出此下策。"

贾大隐连夜进宫，把刘祎之酒席间的话向武太后和盘托出。

听了贾大隐的密奏，武太后万分震惊，她的心像被什么东西狠狠地咬了一口，脸色变得发白。她无论如何也不相信，这个自己一手提拔起来的亲信，自己最信任最倚重的人，也会背叛自己，反对自己。

女人掌国就这么可怕？掌国者姓什么就那么重要？你们这些满腹经纶的鸿儒大贤，号称博古通今，洞明世事，为什么就一个个如此迂腐，如此食古不化？只看性别，只问姓氏，却不看那些实实在在的业绩？别人不懂我武曌的心，你刘祎之难道也不懂吗？

老太后感到愤怒，更感到无比的痛心。

"刘祎之真是这样说的？"武太后不甘心地问道，她真希望是贾大隐听错了。

"千真万确，下官不敢有半句谎言。刘祎之是我的老朋友，下官怎敢平白无故地诬枉他？"

好个老朋友，你就这样毫无人性地把他出卖了，这世上还有什么朋友可言？如此看来，有时候人比畜生更坏。

武太后鄙夷不屑地看了他一眼，又冷冷地问道："刘祎之是不是酒喝多了，说醉话？"

"这……也许是说醉话，可……可事关重大，下……下官不敢不报。"贾大隐发现气氛不对，说话有些结结巴巴，额角也渗出了冷汗。

"行了，不要说了，你回去吧。记住，此事不准对任何人透露半个字。"

贾大隐走后，老太后无力地仰靠在龙椅上，微微阖上双眼。

这密奏来得太突然，她一时还无法适应。她在极力地稳定自己的情绪，调整着自己的思路。这事若换了别人，什么话也不用说，即刻降旨，立斩不赦。

可这是刘祎之，是自己视同一体的膀臂和腹心，几十年了，他们朝夕相处，休戚与共。自从英国公李勣谢世之后，他是自己最信得过的人。朝廷中不管遇上什么大风大浪，只要有他在，有他一句话，自己便觉得有了主心骨。

刘祎之不能杀，自己要保全他。不能凭几句酒后的话定他的死罪，或许他是脑筋一时转不过弯来。武太后终于拿定了主意，暂不发作，将此事压下，来个冷处理，先看一段时间再说。

然而，世上没有不透风的墙。太后本想把这件事搁置起来，可是朝廷中多有善于察言观色的风派人物，他们很快便嗅到了气味，断定这位一直走红的宰相就要失势。

于是，那些平日与刘祎之有隙的，想借机往上爬的臣僚们，便纷纷落井下石，上表弹劾。有人奏劾，刘祎之以权谋私，曾收受归州都督孙万荣的巨额贿赂；有人奏告，刘祎之依恃宰相职权，借外放官员之机，勒索某人白银上万两；还有人上奏说，刘祎之身为大儒，却文人无行，好色嗜淫。早在许多年以前，就与已故宰相许敬宗的小妾勾搭成奸，至今还常常幽会私通。

看着这一封封的密奏，刘祎之在太后头脑中那个清廉完美的形象一下子被破坏了。这可真是知人知面不知心了，刘祎之一向儒雅倜傥，以清流自诩，怎么也会做出这些龌龊之事？

无论这些事是真是假，但有这么些人上表密奏，自己想捂也捂不住了。是真也好，是假也好，总得列案审查，也好对朝臣们有个交代。

但是，直到这个时候，老太后还在绞尽脑汁，想千方百计地保全他这位得力爱卿。

她决定不把此案交给那些罗织有术的酷吏们去审理，那些人是用来对付敌对者的。她坚信，刘祎之即使在这事上想不通，但他绝不是自己的敌对势力，不是谋逆者。若是将他交给那些酷吏们，诸刑环伺，筋断骨裂，一个手无缚鸡之力的文雅之士如何受得了？那样很可能即刻坐实，一旦证据"确凿"，满朝皆知，自己再想保全他也就难了。

于是，太后下旨，将此案交给肃州刺史、因公务暂时滞留京城的王本立进行调查。

老太后真可谓用心良苦，她认为，王本立不过是一名职位较低的刺史，无论是官职还是学识阅历，都比刘祎之差得很远。让一个官职较低的人去审

女皇武则天

问权倾朝野的当朝宰相，最大的可能是无法将案子办下去，审来审去，到了最后，只好不了了之。这样，刘祎之的身家性命就能够得到保全了。

太后把此案交代下去，也便略觉放心了。她回到寝宫之后，只感到身心疲惫，稍稍用了些晚膳，便沉沉地睡去了。

老太后万万没有想到，自己在千方百计地回护刘祎之，而这位老夫子却在关键时刻犯起倔来。

当王本立来到刘府上，向他宣读太后敕命的时候，他竟高昂着头，厉声呵斥道："不经凤阁鸾台，何以称敕？"

是的，按照大唐制度，朝廷的敕令都要由中书省（即凤阁）起草，经过门下省（鸾台）审议，然后送到尚书省，才能作为敕令发布。

可是，自从太后临朝之后，这一成规早被打破。许多敕令，太后常常绕过三者，经天子或由自己直接发布。

这本来已经习以为常，作为当朝宰相的刘祎之以前也从未提出过异议。而今天在审查他的时候，却突然以此事发难，实在有些太不合时宜。

其实，他是以这件事为借口，来发泄自己的不满。他没有领会和理解太后让王本立来审理此案的本意，却误认为自己一个堂堂的大唐宰相，却由一个名不见经传的地方官员来审问，这是对自己莫大的侮辱。

"士可杀而不可辱。"刘祎之虽是北门学士之一，曾做过太后的"御用文人"，但他却是一个纯粹的儒生。儒家思想的清高和正统，早已经浸透了他的全身，充斥在他的血液中，成了一种看不见，摸不着，但却根深蒂固，不可动摇的本性。

此刻，这种儒家思想在盛怒之下借题发挥，在他的身上突然燃烧起来，沸腾起来。

他准备以死抗争。也许，现在死是他的最佳选择。一方面是李唐江山，一方面是武太后的政权，他生活在夹缝之中，心理上承受着两大势力的重压。他既要当大唐的忠臣，又决不能做武太后的叛逆，两全其美的办法是没有的，唯有一死才是最好的解脱。

老太后要称帝，已成箭在弦上之势，是谁也无法阻挡的。真到了那一天，自己这个当朝宰相该怎么办？带头反对吗？那就太对不起对自己恩重如山、信任有加的老太后，从感情上也说不过去；带头拥戴吗？那自己可真就成了李唐社稷的乱臣贼子，在道义上落个晚节不保。

现在是死了最好。死了死了，一死百了。现在死去，既没有公然背叛老太后，严重地伤害她老人家的心。百年之后，仍能以大唐忠臣名垂青史。

他就这样决定了，对王本立的审问绝不配合，来个一问三不知，一言不发。

王本立无可奈何，只好向老太后如实禀报。

这一次老太后可真的恼了，有些忍无可忍了。你刘祎之也太不识抬举。本想放你一马，你却咄咄逼人，竟然抬出祖宗的制度来欺蔑我这个临朝称制的太后。好啊，我的命令连"敕"也算不上了，那我这个太后，这个圣母神皇，算是什么呢？

她已经怒不可遏，真想下令从严惩处，杀了他算了。她不相信，没了胡屠户，还能吃带毛猪？但是，想来想去，她还是压下了满腔火气，想等自己冷静下来再说。

然而，偏偏在这个时候，平空里又出了一个大岔子，从来不问政事，在大事面前几乎一言不发的睿宗皇上，听说刘祎之下狱，却突然写了一道奏疏上呈太后，请求太后宽恕刘祎之。

这可是火上浇油的救援，越帮越乱的帮忙。

武太后一看这道奏疏，立刻阴沉了脸，杀刘祎之心立定。好家伙，原来你们君臣二人同气相连，早有合谋。你刘祎之要朕还政，还给谁？不就是还给皇帝吗？而现在你这个从来不说话的老实皇帝终于沉不住气了，急不可耐地上书救援。看来，对你刘祎之也不能太心慈手软了。一旦时机成熟，你们君臣二人岂不是要联起手来对付朕吗？

武太后终于痛下决心，要排除这个潜在的对手。她立即降诏，将刘祎之于家中赐死。直到最后，她还是顾念着与这位肱股之臣的多年情义，给他留足了面子，不肯于市曹问斩。

同时，武太后特降恩旨，对刘祎之不抄家，不籍没，妻室子孙皆不受任何株连。

当初听说皇帝亲自为刘祎之求情，许多亲友都跑到狱中向他祝贺，认为太后看皇上的面子，肯定会释放他。刘祎之却苦笑着说："倘无这道奏疏，或许还有生路。如今皇上奏疏一上，吾必死矣。"

亲友大惊，忙问缘故。刘祎之道："太后临朝独断，威福任己。皇帝上表，徒速吾祸也。"

现在果然不出所料，太后的赐死诏书下来了。刘祎之被从牢狱中押解回府第，从容沐浴更衣。待监刑使者来到后，他神色自若地命儿子执笔，由他口述，草写对太后的谢恩表。

儿子泣不成声，手臂颤抖难以下笔，监刑人又在一旁一再催促。刘祎之对儿子笑说"死即大安，何须悲伤若此"，夺过儿子手中的笔，草书数纸，援笔立成。然后把笔轻轻放于案上，向皇城方向拜了数拜，从容就死。

刘祎之的谢表，词理恳挚，文采斑斓，见者无不伤痛感慨。麟台秘书郭翰、太子文学周思钧因职务之便目睹此表，禁不住感叹道："朝廷又失一栋梁之材。"

听说刘祎之已自尽于家中，武太后亦深感悲痛。这日连晚膳都难以下咽，只喝了几口燕窝粥，便歪在龙榻上假寐。

上官婉儿知道太后心里不好受，端来一杯香茗，放在榻前的案几上，便默默地陪坐在一旁，却不知道说什么好，这个时候，老太后是不需要安慰的。

"婉儿，你说，朕杀刘祎之对吗？"

"太后，以婉儿看，这也许是刘相爷自己的选择，太后无须过于伤心。"

"唔，为什么？你细说说看？"

"刘相爷乃海内大儒，把名节看得比生命更重要。朝政革命，大变在即。他不想做李唐的贰臣，更不想背叛太后，如此了结，岂不是最好的结局？况且，太后对他已经是仁至义尽了。"

老太后舒了口气，坐起身来。她端起茶盏，轻呷了一口，又问道："婉儿，你一直说皇上对现状安之若素。他这次上表为刘祎之求情，可是因为刘祎之让朕还政于他？"

听太后这样问，婉儿不禁心中一凛。显然，太后对皇上也起了疑心。

"太后，皇上绝不是这个意思。皇上对亲政不仅不感兴趣，而且视若畏途，认为自己无力担纲治理天下这样的大任，一直希望在太后这棵大树的荫庇下过悠闲的日子，对此婉儿可用脑袋担保。"

"那他以前对这类事从不过问，这次为何如此急不可待？"

"太后难道忘了，先帝在时，曾让刘祎之担任过皇上的师傅，二人感情甚笃。皇上天生善良仁厚，也知道太后对刘祎之一直倚重。见老师出了这样的大事，岂能坐视不救？也是慌不择言，才贸然上书。若是心中有鬼，城府较深的人，为了避嫌，也不会开口说话的。"

"这倒也是，"太后点点头，若有所思地说道："只是，刘祎之死得太可惜，朕对他正欲大用呢。"

谁也不会相信，对于刘祎之的死，最感痛心的竟会是下令赐他自尽的老太后。

刘祎之是朝廷中最具才干，又最能与太后推心置腹的宰执大臣。他走了，太后觉得像是朝堂中折了一根梁柱，自己失去了一条臂膀。这种感觉，只有当年李勣病逝的时候才有过。

现在的宰相之中多是平庸之辈，而且只会察言观色，见风使舵，真正能共商大计，依为干城的几乎没有。其他朝臣也是这样，唯唯诺诺，俯首帖耳的人倒是不少，但遇上大事能有真知灼见，为自己统筹谋划的社稷之臣却难找。

必须找到这样的栋梁之材，将他们擢拔至朝班之中。

老太后首先想到了狄仁杰。当年英国公李勣在病危之时，向自己力荐过此人。从那时起，自己便开始密切注视这个人的一举一动、吏治业绩，并亲自察看了他的生平履历。

狄仁杰字怀英，是并州太原人。其祖父狄孝绪，是贞观年间的尚书左丞。父亲狄知逊，曾任过夔州长史。狄仁杰还是个小孩的时候，他家有一个看门人被害。县里的小吏们前来查问情况，家人们都去接待并回答询问，只有小仁杰坐在书房里不动，继续聚精会神地读书。

小吏感到奇怪，便故意责问他为什么不去回答问题，小仁杰端坐在那里，不屑地说道："书卷之中，圣人贤人俱在，我尚且不能接待应对，哪还有空闲去陪那些世俗小吏，受他们的责问呢。"小吏们受了一顿奚落，却惊异于这孩子的聪敏不俗，只好讪笑着离去。

十九岁时，狄仁杰明经及第，被授官汴州佐史。当时工部尚书阎立本任河南黜陟使。仁杰被人诬告下狱，他并不怨恨黜陟使，只是据理力辩。后来案情大白，阎立本亲自向他道歉，并说："足下胸襟坦荡，智虑过人，真乃海角之明珠，东南遗失之宝物。"事后向朝廷举荐，升迁为并州都督府法曹参军。

高宗在世时，狄仁杰已因政绩卓著被擢升为大理丞，一年中断折各种长期不决的积案无数，涉及一万七千余人，竟无一人因冤枉而上诉。从此，狄仁杰因破案如神而被时人称为"断案明公"。

就在他有望进一步升迁的时候，蓬莱县令王立德突然中毒身亡。根据县里上报案卷提供的一些蛛丝马迹，狄仁杰感到王县令死得蹊跷，而且其背景似乎隐匿着一个错综复杂的大案。

狄仁杰坐不住了，他主动向朝廷提出，要辞去京官不做，到蓬莱继任县令，并侦破此案。

李勣向太后举荐狄仁杰才堪大用时，正是狄仁杰到蓬莱上任不久。

太后自然会特别关注他去蓬莱破案的情况。果然，狄仁杰上任之后，顺藤摸瓜，微服私访，冒着生命危险潜入贼窝，不到三个月的时间，便破获了一宗巨大的黄金走私案。原来是一伙海盗勾结部分朝廷官员，上下其手，内外串通，向夷倭走私巨额黄金。被县令王立德意外发现后，便设计巧妙地毒杀了这位县令。

此案一破，狄仁杰名声大振，官职一路升迁。这些年，他每到一地，都是政绩显赫，官声极佳。老太后早想把他擢拔入朝，但一是朝中尚有刘祎之等得力宰臣辅佐，二是想让他在地方上再历练历练，便一时没有召他入京。

现在是时候了，该让他位列朝班，在这个宰执大臣青黄不接的时候，以其卓尔不群的才干，好好地帮自己一把了。

于是，太后降诏，宣狄仁杰进京，着任冬官侍郎。

此时的狄仁杰，已经升迁为江南道巡抚使。这日，他为了了解政事民情和新近发生的一些灾患事宜，带着几个随从，来到了坐落在长江之滨的江州治所江州城。

在江州刺史丘再兴的陪同下，一连几天，狄仁杰察看了各地灾情，安排了对灾民的赈济措施，并从江南道和其他州府调拨了一批赈灾粮物。一切安置妥当，看看再无什么隐患存在，这才放下心来，也便有了闲情逸致。

"狄大人，今日秋高气爽，天和景明，大人辛苦数日，何不抽暇到江上一游？"丘再兴因境内灾民得到安抚，心情高兴，便欲邀请巡抚使到江上休憩一下。

"好！我也正有此意，闲来无事，登名山，游大川，乃人生一大乐事。"

他们乘坐一条官船，顺流而下。真是一个绝好的天气，秋风微拂，丽日当空，江流平阔，细浪鄰波，各种客船货船、渔舟、画舫来来往往，穿梭不息。无数的水鸟嘎嘎欢唱着，逐舟飞翔。

狄仁杰立在船头上，极目望去，但见江水浩浩荡荡，奔涌东泄，两岸青山抹黛，碧树含烟，葱郁葱葱，蜿蜒不绝，俨然一幅壮美清丽的山水画卷。看着这一切，听着从身旁偶尔驶过的画舫上留下的一串串婉转动人的歌声，狄仁杰深感惬意，连日公事的疲劳为之一扫。

官船傍岸休息时，发现前面有一条客船也已停泊在岸边，上面许多人在指指点点、交头接耳地议论什么。狄仁杰好奇，便派幕宾周光前去打听发生了啥事。

吃顿饭的功夫，周光回来了，说那艘船是从鄂州来的商船，同来的还有一艘，却在昨天深夜突然开走了。这两条船向来是同来同往，如今不辞而别，肯定是发生了什么事，人们都感到诧异。

船上一个人神秘地告诉人们，那条船的船主叫秦伦，与江中城里一位二十多岁的少妇吴氏有染。那少妇的丈夫也是做生意的，常年不大在家。这秦伦也不知怎么与这吴氏相识、勾搭成奸的。反正他每次来到江州，都要于夜间潜入吴氏家中，与其幽会。这次突然将船开走，或许是奸情败露，秦伦畏惧潜逃，也或者是与吴氏私奔，打算远走他乡，永结姻好。

狄仁杰听罢，对丘再兴哑然一笑，说道："自古以来，这种风流韵事，到处可闻，禁而不止，算不得什么新鲜事。男男女女业已婚配，初时你贪我爱，甜甜蜜蜜，如胶似漆。数年之后，有些轻浮之人便觉得这既定婚姻像个牢笼，枯燥无味，于是便旁枝斜逸，红杏出墙，另去找一方新鲜天地。开始暗送秋波，巧妙地传情达意，既而开始偷情。时间一久，大了胆子，放开手脚去做，便往往败露。男女偷情，就像一缕阳光，无日不婉转以求透伸，不是从这里透出，就是从那里透出，只要有一点孔穴或缝隙，它便不感寂寞。汉朝司马相如与卓文君偷情私奔的故事，演绎了一代又一代，至今仍是有增无减。"

"狄大人一番妙论，可谓剀切入理。看来，狄大人不仅深谙国事政情，对于民风世俗也极为熟悉，怪不得每次断案，都如有神助一般。不过，像这类伤风败俗之事，还是少一些为好。"丘刺史感叹地说道。

"谁说不是呢。如此有伤风化之事，轻者弄得家庭破碎，重者还会引出人命官司，于人于国都有百害而无一利。但是，要想摒绝此类事情，却只是你我这些人的善良愿望而已。'男女授受不亲'的古训，不过是一句空话。孟子曾说过，'饮食男女，人之大欲存焉'。那种事儿像吃饭一样，是人的本能，岂是圣人们的几篇说教所能禁止得了的？所以，对于这类事，还是民不告官不究吧。好了，今日玩得尽兴，我们也该回去了。"

一行人回到刺史府衙，草草地吃过午饭。按照丘刺史的安排，今日下午要到西郊山林中驰驱狩猎。狄仁杰准备上床假寐一会儿，却听有人来报，说是城中出了命案。

狄仁杰再无睡意，忙将长史雄魁叫来，让他去打探究竟。

雄魁问过后回来说道："城北商人杨书的妻子吴氏昨日深夜被杀，凶手在逃。杨书在外经商尚未回来，此事是其邻居们报的案。邻居们说，这吴氏平日很不本分，常在丈夫不在家时招蜂引蝶。近年又与外地一位客商打得火热。"

说到这里，狄仁杰忽然想起了上午在江边听到的传闻，也是一位姓吴的娘们儿与一外地客商有染，事儿怎会这么巧？忙问道："那外地客商可是叫什么秦伦？"

雄魁吃惊地看看狄仁杰，说道："狄公真是神了，你怎么知道？据邻居们说，那客商确是姓秦名伦。"

狄仁杰笑笑道："有什么神的，我们上午游江时刚刚听说过此人，只是你上午没去罢了。"

丘刺史在旁接口道："那秦伦昨日解缆潜逃，必是凶手无疑。或是因为吴氏另有新欢，或是因为钱财，竟起杀人之心。此人必须缉拿归案。"

狄仁杰也说："即使不是凶手，也是主要嫌疑人，这秦伦应立即追捕。"

当下丘再兴分拨两班人马，一路前往死者家中，勘查现场，搜寻物证。另一路驾驶快船，请鄂州那位船主带路，顺流而下，追赶秦伦。

这路人马一直追到鄂州，终于将秦伦抓获。

秦伦约三十出头的年纪，白净面皮，眉清目秀，衣冠洁净齐楚，一派风流倜傥、斯斯文文的样子。表面看来，不像个商人，倒像个儒雅书生。

狄仁杰仔细地端详了他一阵，心中暗想，这人倒是一表人才，再加上常年经商囊中不虚，怪不得那吴氏看中了他，长期厮混。就这么个看起来似乎手无缚鸡之力的人，能凶残到杀死情妇吗？但人不可貌相，有些人就是大奸似忠，文雅的表象下隐藏着残忍本性。

正想着，却听丘刺史断喝一声："秦伦，你何时与吴氏勾搭成奸？为何将她杀死又畏罪潜逃，快从实招来，免得皮肉受苦。"

秦伦十分惊慌，早已吓得面色苍白，结结巴巴地说道："大人万……万勿用刑，小人不说半句谎……谎话。小人与那吴氏，结……结识已经一年有余，多次来江州与她幽会。感情恁好，我怎么会杀死她？确实不……不是我杀的。那日晚间，俺俩约定相见。我按约定时间去……去了之后，只见她屋门敞着，屋内烛光微弱。我……我刚要往她……她寝室里走，却感到脚下……一滑，往前踉跄了几步，竟踩在了一个软乎乎的东西上，差点儿绊倒。仔……仔细一看，竟是吴氏躺在那……那里，胸口还……还……在……在冒血。小人吓得魂都飞了，又悲痛……又害怕，想要喊人报……报案，又……又怕俺俩的事暴露，扯进这不明不白的人命……命官司中，所以便连夜跑……跑到船上，逃……逃回鄂州。"

"这么说来，吴氏不是你杀的？"丘刺史问道。

"小人说……说的句句是实。"

"哼，好个狡诈的奸商，故事编得挺像啊。看来，不用刑杖，你是不肯从实招来。来人哪！"

"大人大人，千万不要用刑，小人确……确确实实不曾杀人。"秦伦叩头如捣蒜，脑袋都碰出了血来。

狄仁杰对丘再兴耳语道："丘大人，是否先不用刑？重刑之下，若是屈打成招，反而放跑了真凶。我仔细看过从现场搜到的凶器，像是一把屠刀。像秦伦这样身份的人，似乎不大可能带屠刀潜入吴氏家中，这里面必定另有缘故，还是先将他押入大牢，待查明真相再说。"

丘刺史略一沉思，说道："也好，那就按狄大人说的办。"

这天夜里，狄仁杰毫无睡意。凶杀案的线索中断，案情陷入扑朔迷离之中。秦伦若不是凶手，那么，在这茫茫人海之中，如何才能找到真凶？

他手里拿着那柄精光闪射的枣木柄屠刀，在灯烛下反复端详，脑子急速地转动着，就像长江大潮一样翻波涌浪。

忽然，一道电闪在他脑海中划过。既然是一把屠刀，为何不先从屠夫们身上查找呢？

第二天，狄仁杰同丘再兴商量过之后，在江州城里遍贴布告，说州府因事要大宴宾客，需宰杀许多牛羊三牲。全城屠夫一律来府中集合，操刀献艺，以备选拔。技术高超者，不仅有奖，而且将被选为官庖，享受俸禄。

布告一贴，城内的屠户们争相前来报名，一试刀功。他们来到临时设立的屠宰场内，各各挥刀献艺。狄仁杰让属下分别记录在案，并对那些技艺纯熟者给予赏银。

献艺已毕，狄大人让各人都将屠刀留下，先回家去，明天再来取回屠刀。众屠夫们都不知这官府里要留屠刀干啥，又不敢问，只好满腹狐疑地各自回家。

当日晚上，狄仁杰命人将凶杀现场发现的那把屠刀，混入诸多屠刀之中，换下了其中的一把。

天刚放亮，便开始有人来府衙中取回自己的屠刀，他们还要急着去操持生意。

屠夫们陆陆续续地拿走了自己的屠刀。最后，只剩下了那把凶器没人认领，而现场中还有一人在徘徊寻找。他转悠了半天，对管事的人说，他的屠刀不见了。

管事人指了指那把凶器说："那不是还有一把，莫非不是你的？"

那人摇摇头说："我那把刀已用了多年，闭着眼也能摸得出，这把不是我的。"

这时狄仁杰走了过来，问道："你有什么根据，就认定这把不是你的。"

"大人，自己用了多年的东西，再眼熟不过。况且，我那刀的刀柄是柞木的，这把是枣木的，肯定不是小人的。"

"那，你可知道这刀是谁的？"

那人又搭起那把凶器，仔细打量了一会儿，说道："这刀好像是秋来的。"

"秋来是谁？他昨天可来献艺？"

"回大人话，这秋来是城北的一名屠户，昨日不曾见他来过。他祖上操此业已经三代，本来手艺极好，但他这几年吃喝嫖赌，有些不务正业。不过这事也怪了，秋来没来，他的刀怎么会在这里？"

狄仁杰不再盘问，让管事人把那人的刀取来，又安慰他几句，让他去了。

转身，狄仁杰马上命几名捕快，火速赶往城北，缉捕秋来。

捕快们来到城北，打听到秋来家，却见一把铜锁锁了大门，家中无人。

询问邻居，邻居说，秋来前年父母双亡，独身一人过日子，经常不在家。

"可知道他常在哪里过夜？"捕头问道。

"城西有家'半掩门子'，他隔三岔五地常去那里住宿。"邻人迟疑了一会儿，还是告诉了捕头。

捕头摸出了几钱散碎银子递给邻人，让他带路，竟扑西城而去。

秋来果然在那里，大白天里光着身子，搂着个肉嘟嘟的胖妇人摸乳亲嘴。

捕快们翻墙而入，不由分说，将他五花大绑，押回了州衙。

"秋来，你为何杀死吴氏，从实招来。"狄仁杰端坐堂上，亲自问案。

"小人只杀猪，不杀人，大人说的什么，小人听不明白。"

"哼，你既是杀猪的，这把杀猪刀可认识？"狄仁杰命人将凶器扔到了秋来面前。

秋来愣了一下，忽然抬起头来，抗声说道："这刀是小人的，但在半年前就丢了，不知为何落在大人手中。"

"大胆刁民，还敢巧言抵赖。一个月前你还杀过猪，丢了屠刀，为何不找？来人，大刑伺候。"

衙役们一拥而上，将秋来按倒在地，刑杖噼里啪啦狠狠地打了下去。

开始，秋来还咬牙硬挺着。打了还不到三十杖，便熬不住那钻心刺骨的疼痛，一股脑儿地招认了。

那夜他因赌输了钱，手头拮据，便去吴氏家中行窃。本想翻墙而入，却见街门虚掩着，便悄悄地推门进去。走到堂屋，见屋门仍未上栓，刚一进屋，却见一个娇滴滴的妇人，穿着单薄，敞胸露怀，迎面走过来，突然扑到他怀里，将他紧紧搂住。

秋来万万没料到这一着，登时吓得灵魂出窍。他以为那妇人发现了他来行窃，挣扎了几下没有脱开身，一时性急，从腰中拔出屠刀，在那妇人身上连刺几刀，最后一刀深深地扎入妇人胸口，便慌忙弃刀而逃。

至此，真相大白。狄仁杰与丘再兴交换个眼色，低声说道："这就对了。想那秦伦与吴氏约定了幽会时间，尚未赶来之前，这秋来已捷足先登。吴氏以为是情郎哥来了，急于亲热，不想却误挨了刀子，怀着一个未圆的春梦魂赴阴曹了。待秦伦赶来，本想与吴氏亲亲热热地做一个鸳鸯会，想不到迎接他的却是躺在血泊里的一具僵尸。真是阴差阳错，可恨又可怜。"

于是，狄仁杰宣布该案了结：屠夫秋来行窃杀人，处以死刑，待上报刑部批复后，斩首示众；秦伦与吴氏属于通奸，依律本无大罪。但因为他们的奸情，导致吴氏在毫无防范的情况下被误杀。秦伦也以"夜入民宅"之罪，吃了一顿板子，灰溜溜地回到鄂州去了。

狄仁杰凭着一把屠刀，在几天内便迅速地侦破了一桩凶杀案，丘刺史及衙内吏役，无不敬佩感叹。丘刺史正要设宴庆贺，却见朝廷使臣前来宣诏，调狄仁杰入朝任冬官侍郎，着即启程。

狄仁杰只好与丘刺史拱手作别，回江南巡抚使任上办理交接，然后打点行囊，进京赴任。

第二十六章　扬武抑李　诸王叛乱

作为改朝换代的准备工作之一，武太后决定建造一批宣扬武氏功德的标志性建筑物，使自己的赫赫功业和祖上的深泽厚德永垂于世。

她首先下旨，为自己的祖上建造一座规模宏大的"崇先庙"。

此旨一下，溜须拍马者们纷纷上疏，称颂太后的旨意既合于万民之心，也是臣僚百工的愿望，按说早应该付诸实施。

司礼博士周悰为邀欢取宠，更率先提出了一项十分荒唐的奏议，请减李唐太庙为五室，而武氏的"崇先庙"应建为七室。

看着这份奏疏，武太后深不以为然。如果真按他的说法办了，赤裸裸地扬武抑李，其结果只能适得其反。建造崇先庙的根本目的，就是为了提高武氏宗祖的地位，从而进一步在天下庶民的心目中树立自己的威望，为登基称帝铺平道路。未曾扬武，先要抑李，必然会引起许多人对自己的反感，此等浅薄之议，实不可取。

她下令武氏"崇先庙"建为五室，让有司反复讨论建筑式样和规模，然后开工。

"崇先庙"很快建成了，老太后又在心中酝酿着另一项更加浩大的工程——明堂。

什么是明堂呢？其实就是祭祀上帝和祖先的场所，也是古代帝王宣明政教的地方。凡是一些重大朝会、祭祀天地神祇，庆赏、选士、养老、教学，均可在此处举行。

设立明堂的制度，古已有之，可以一直上溯到轩辕黄帝、唐虞殷商的远古时代。"黄帝拜祀于明堂。其堂之制，中有一殿，四面无壁，以茅盖、通水，水圜宫垣，为复道，上有楼，从西南入，名昆仑。天子从之入，以拜祀。"可见，明堂之制，源远流长。

到了周朝的开国之初，明堂的规模、功用和祭祀仪式、时间，便已经确定下来了。按周朝的制度规定，"季秋大享于明堂，宗祀父王以配上帝"。此后，历朝帝王皆沿用周制，不再改变。

到了大唐建立之后，朝廷曾经多次议论过要建立明堂，特别是太宗皇上，数次颁诏，明令臣工要遵古制而建。

然而那个时候，离"郁郁盛周"已经相去甚远，周代的明堂早已湮没荒废，甚至已经踪迹皆无，自然无从考察。而想参考一下后世的明堂式样吧，历朝历代的明堂建筑，不是偷工减料，就是借用其他建筑权充明堂，不足为范。明堂的形制究竟什么样，规模究竟多么大，历代礼家众说纷纭，莫衷一是，到底也没弄明白。因此，有唐以来，终于没有建成明堂，秋季大享只能暂在圜丘进行。

前人没有办成的事，我武曌非办成不可，这便是老太后的性格。更何况，新建明堂，将是自己即将建立的新皇朝永久性的标志。

武太后决心在短时间内建立起一座明堂。她绝不想步太宗皇上的后尘，被一帮腐儒所左右，这样不合古制，那样不合礼法，一扯皮就是十几年，最后却一事无成。

她没有这个时间，更没有这份耐心，什么古制、礼法，还不都是人定的？只要建得壮观而又实用，就是合"礼"的，将来也会成为后人的楷模和古制。

于是，她撇开了那些循规蹈矩、拘泥于"古制"的朝臣们。又找来了"北门学士"——自己多年来的智囊们讨论这件事。毕竟是心腹之臣，这帮北门学士深解其意，很快便拿出了一个让老太后较为满意的建设方案。

当然，她也不能一成不变地听北门学士的，大主意还须"圣宸独断"。如明堂的选址，北门学士认为，应建在神都南面的丙巳之地，三里到七里之间。太后因为离皇宫太远，行动不便。当即确定拆除乾元殿，在其旧址上建造明堂；建造时间，北门学士认为二到三年较为合适，老太后认为时间太长，她心里清楚，自己登基在即，明堂必须马上矗立在神京城里，她要在这座富丽堂皇的象征着新皇朝的标志性建筑中举行登基大典。

老太后在综合了北门学士们讨论的意见和自己的想法之后，断然下诏：

> 时既沿革，莫或相遵，自我作古，用适于事。今以上堂为严配之所，下室为布政之居。正月初一日，可于明堂宗祀三圣，以配上帝。

诏书既简洁又明确，既规定了明堂的功用，也限定了建造的时间。明年正月初一，就必须投入使用。也就是说，从拆迁到竣工，只有十个多月的时间。如此规模空前的浩繁工程，在这么短的工期内就要完成，太后的决定，直令朝廷大臣们咋舌。

更令他们咋舌而又不能不敬服有加的，是老太后在诏书中所表现的那种不同凡响、超越古人的豪迈气概。好个"自我作古"，短短四个字，却有着排山倒海的万钧之力，准确而恰到好处地表现了老太后傲视千古，统领百代，事事敢为人先的一贯秉性。

跟着老太后干了几十年了，她向来是说到做到，这世上还没有她想办而办不成的事。当臣子的还能说什么，遵旨行事就是了。

垂拱四年二月十一日，明堂建设工程破土动工。老太后的又一项任命，让朝臣们大出意外。

明堂建筑工程的总管，既不是宰执大臣，也不是工部的那帮"内行"，却是小和尚薛怀义。

这个小和尚，听说床上功夫十分了得，这几年把老太后伺候得舒舒服服，心满意足。可是，这么大的工程让他去管能行吗？简直有点儿戏。

当然，这只是一些大臣们在心里嘀咕，谁也不敢说出口来。另外，他们也乐得如此，谁都担心给自己派上这份出力不讨好的苦差事。

其实，他们的担心是多余的。老太后向来知人善任，她早就十分欣赏薛怀义无师自通的建筑才华。在白马寺和皇宫的营缮工程中，他已经屡屡表现了在建筑方面的机灵和创造性，这是一个难得的建筑天才。

老太后有意要借这个机会，重用薛怀义，让他好好地露一手，也好改变朝臣们对他的偏见。

于是，薛怀义走马上任，明堂工程按既定方案顺利进行。

这既然是老太后亲自主持的"钦定工程"，从朝廷各司衙到地方各州县，无不全力以赴，要人出人，要钱出钱，要物给物。每日出动民工达万人之多，从深山里运出一根巨木，往往需要千人以上共同劳作。所耗费的银钱，更是难以计数。

但是，由于国内几十年安定繁荣，此时仓廪充实，库帑丰盈，一座明堂的花费，不会给百姓们带来大的负担，这是老太后早就心中有数的。

然而，就在明堂工程按部就班，顺利实施的时候，却发生了一件惊天动地的大事——诸李反叛。

武太后要当女皇，这在朝野上下已经不是什么秘密。老阿婆要当皇帝意味着什么？那就是要取李唐而代之，使江山易姓。老李家出生入死打下来的天下，从此就要姓武而不姓李了。

对此最痛恨而又最害怕的，自然是李姓的龙子龙孙们。而身居高位的那些宗亲王公们，更是惶惶不可终日。

武太后在建造明堂的诏书中曾说过，明年的正月初一将大享于明堂，也就是要在明堂举行朝会。

这时候，一则骇人听闻的谣言在李氏子孙中广为散布：老阿婆于明堂举行朝会是个大阴谋，她是要借李姓王公必须入朝大享的机会，将他们一网打尽，全部诛杀。

谣言一传，龙子龙孙们顿成惊弓之鸟，一个个魂飞胆落，不知所措。

绛州刺史、韩王李元嘉在诸王当中辈分最高。他是唐高祖李渊的第十一子。当初武太后临朝称制的时候，为了安抚诸王，拜他为太尉，并任绛州刺史。太尉虽是虚衔，却是位极人臣的最高荣宠，就像高宗初年的长孙无忌一样，位居众宰相之上。

当初徐敬业在扬州叛乱之际，武承嗣曾建议太后杀死李元嘉和其同母弟鲁王李灵夔，理由是"属尊位重，久必为祸"。但武太后没有听从，认为既无反迹，不可妄行屠戮。

对于这些，李元嘉并不感恩领情。相反，他从内心里对老阿婆恨之入骨。你不过是一个出身微贱、引车卖浆者的女儿，既是我皇兄太宗的小妾，又是我皇侄高宗的妻室，如今却掌管着我李唐的江山，手操生杀予夺大权，玩弄龙子龙孙和文武大臣于股掌之上，你凭什么？

当流言开始悄悄传播的时候，韩王李元嘉立刻行动起来，他要趁机煽风点火，推波助澜，掀起一场推翻老阿婆的撼天风暴。

他派出心腹，悄悄地分赴诸王领地，向他们打招呼说："大享之际，神皇（即武太后）必遣人告密，因大行诛戮，皇家子弟无遗种矣。"

这一来，龙子龙孙们更被吓坏了。诸王之中德望最高、虑事最深的韩王都说话了，这还有假？心狠手辣的老阿婆竟要将皇家宗亲亡种灭族，是可忍，孰不可忍！

与其坐以待毙，延颈受戮，莫如铤而走险，兴兵发难，与她拼个鱼死网破。弄好了，既可以自救，更可匡复李唐皇室，李家的众子孙们很快便达成了共识。

李元嘉首先与儿子、通州刺史李谟密谋，要联合举兵，倡导天下，迎还中宗。

女皇武则天

李谟按照韩王的指示，于垂拱四年七月，给豫州刺史、越王李贞送去了一封用暗语写成的短信"内人病浸重，当速疗之，若至今冬，恐成痼疾"。

李贞一看就明白，这是催他赶紧起兵的信号：大唐朝廷被老阿婆把持，形势越来越严重，应该迅速行动。若是等到冬天，明堂建成，举行大享，一切就完了。

除了给李贞发信之外，李谟还伪造了一份睿宗皇帝的玺书，送给李贞的儿子、博州刺史琅琊王李冲，诈称："朕遭幽禁，诸王宜各发兵救朕。"

李冲明知这份玺书是假的，却也如法炮制，另伪造了一份皇帝玺书，分发给各位宗亲王公："神皇欲移李氏社稷以授武氏。"

将伪造的玺书发出之后，这位琅琊王李冲，也不等他人回信，便真刀实枪、冒冒失失地干了起来。八月初，他命属下博州长史肖德琮招兵买马，打造刀枪箭矢各种兵器。同时，分别致书朝、鲁、霍、越、纪五位王爷，让他们尽发所将之兵，一齐进军洛阳。

参与谋反的宗室王公，大都分任各州刺史，而且多分布在洛阳周围。韩王李元嘉据绛州，就在洛阳西北；霍王李元轨据青州，在洛阳东北；鲁王李灵夔据邢州，亦在洛阳东北；东南面有豫州刺史越王李贞、申州刺史东莞公李元融；西南方面则有通州刺史黄公李譔、金州刺史江都王李绪（那位打了来俊臣一百杀威杖的李绪，此时已改封江都王，移任金州）。诸王所部，已对洛阳形成了合围之势，若是能一呼百应，同时举兵，还真够老太后忙活一阵子的。

这还不算，越王李贞在未发兵之前，又派人与常乐公主的驸马、寿州刺史赵瓌联络。常乐公主与驸马一块接待了来使，她对来使慷慨言道："替我告知越王，昔日隋文帝要篡周室，尉迟迥不过周之甥也，犹能举兵匡救社稷，功虽不成，威震海内，足为忠烈。况汝等诸王，先帝之子孙，岂得不以社稷为心！今李氏危若朝露，汝诸王不舍生取义，尚犹豫不发，欲何须邪！祸且至矣，大丈夫当为忠义鬼，无为徒死也。"一番话慷慨激越，大有巾帼不让须眉之气概，令来使感慨万端。

另外，连老太后的亲女婿、太平公主的驸马薛绍和他的两位兄弟薛顗、薛顼，也卷入了这场谋叛之中。女婿要造丈母娘的反，可谓旷古奇闻。究竟是为什么，或许是因为这位驸马平时受了公主的气，就迁怒到老岳母的头上？还是另有缘故，便不得而知了。

风声鹤唳，剑拔弩张，诸王反叛的大火眼看就要从四面八方燃烧起来。

但是，这帮龙子龙孙们毕竟各怀鬼胎，难以同仇敌忾。鲁王李灵夔的儿子、范阳王李蔼在接到让他起兵的密书之后，反复权衡，认为诸王起兵反叛朝廷，如同飞蛾扑火，必败无疑。便连夜派密使，乘快马赶到神京，把宗室谋反的计划，一股脑儿地全都禀报了老太后。

老太后听完了来人的密报，却显得出奇的冷静，像是听到了一件早在意料之中的事，只淡淡地说道："朕知道了，你回去告诉范阳王，让他只做壁上观，按兵不动便可自保。"

此时的武太后，对自己在国人中的威望和朝廷拥有的武力充满了信心，她坚信自己能战胜一切反叛势力，这些不知道天高地厚的宗室王公们不过是在玩火，玩火者必定自焚。

她马上召集了宰执大臣召开御前会议，看着有些惊慌的大臣们，老太后笑道："朕知道，这帮人仗着自己是宗室亲贵，先帝子孙，从来不把朕，不把朝廷放在眼里。他们迟早是要反的，不反倒成了咄咄怪事。长痛不如短痛，晚反不如早反。朕还真怕他们不肯公开跳出来，只在暗地里煽阴风，放冷箭，钝刀子杀人，让你防不胜防。众爱卿无须担忧，我料这帮平日只知养尊处优、作威作福的乌合之众，连当年的徐敬业都不如，必定不堪一击。"

此时已提升为宰相的武承嗣言道："太后，若是战局一开，人心动荡，这明堂工程是否暂时告停？"

"不！"太后果断地说道，"明堂建造一天也不能停，必须如期竣工。这帮人成不了大气候。"

接着，太后降旨，命左金吾将军丘神勣为清平道行军大总管，率大军前去讨伐叛乱。

武太后对于这些龙子龙孙真是看到了骨髓，这确是一帮成事不足、败事有余的乌合之众。

朝廷的讨伐大军一出动，那些曾经慷慨激昂、义愤填膺，发誓要推翻老阿婆的王爷刺史，一个个都成了缩头乌龟，惶惶然无所措手足。你等待我，我观望你，不用说兴兵抵抗，就连上谢罪表都感到来不及了。

唯有博州刺史琅琊王李冲年轻气盛，仗着一股愣头青似的冲劲，点起了刚刚招募到的五千人马，顾头不顾腚地仓促起兵，并打算强渡黄河直指济州，与驸马薛绍的哥哥、济州刺史薛颢合兵一处。薛颢听说李冲已经起兵，急忙在境内赶造兵器，准备接应。

但是，李冲连自己所统领的博州境内都难以号令。所属广水县令郭务令就决不从命，公开谴责李冲谋反，坚定地站在朝廷一边。

李冲闻讯勃然大怒，决定先扫平广水县，解除后顾之忧，然后再挥师南下。

郭务令见李冲来势汹汹，一面固守县城，誓死抵抗，一面派人飞马向莘县求救。莘县县令马玄素接报，对属下说道："如今的朝廷政治清明，万民拥戴，李冲逆贼为一己之私而挟众造反，实乃冒天下之大不韪。今日广水有难，我等不能坐视不救。"便亲率所部一千七百人马，连夜驰救广水。在李冲的叛军到达之前，先期进入广水县城，与郭县令合兵一处，闭门死守。

李冲率叛军将广水县城围住，数次攻打皆不能克。看看风向，忽然笑道："这两个不知死活的小县令，竟敢抗拒本王大军。你既龟缩不出，我就来个火攻，火烧王八，看你还不伸头？"

于是命部下在县城南门排列好装满干柴的车队，乘风纵火。立时烈焰腾空，向城门烧去。

眼看着城门就要被烧毁，城破在即。不料就在这时，风向陡转，城门安然无恙，而纵火者却被烧了个一塌糊涂，让熊熊大火逼得连连后退。

是天意还是偶然？反正风向一变，战场的态势立刻发生了明显的变化。

不仅仅是城门一时难以攻破，这倒不要紧，待风停以后，再攻不迟。最严重的是叛军队伍一下子人心沮丧，士气低落，陷入了一片混乱之中。

被裹胁而来的堂邑县丞董玄寂，一看这种态势，顿时心灰意冷，即对周围的将士们说道："李冲与朝廷作对，此乃谋反大罪。我等盲从于他，到头来皆难免一死。"

李冲闻言大怒，"刷"地从腰间抽出宝剑，暴喝一声："如此反复小人，煽惑军心，岂能留于世上？"说着长剑一挥，董玄寂的人头顿时飞出数尺，腔中鲜血蹿出老高，尸体轰然倒地，周围士卒只吓得目瞪口呆，浑身打战。

李冲本想杀一儆百，弹压军心。不料适得其反，这些士卒本来就是稀里糊涂被裹卷进叛军之中的，董玄寂的惨死让他们猛然惊醒。

也不知是谁领头喊了一声："弟兄们，快跑啊，莫替他李家当替死鬼！"

喊声逋落，众人"轰"的一声，四散奔匿。有的藏于草泽之中，有的隐身树丛里面，多数则向远处逃去。眨眼之间，五千人马竟逃了个干干净净。

李冲看看身边，只剩下了十几名家仆家兵。孤家寡人还攻什么城？还过什么黄河，去什么济州？三十六计走为上，李冲只好拍马逃回博州。

博州是他经营多年的老巢，他想回来重新招兵买马，与其他王公们联络，再图后计。

没承想当他带着十几个残兵败将狼狈归来，原以为留守州府的属吏们会前来欢迎。不料院子里却冷冷清清，空无一人。

他让十几个随从暂且回去，自己拖着个疲惫的身子，深一脚浅一脚地回到了大堂旁边的书斋，想略事休憩。谁知刚推开门，屋内却冷不丁地跳出两个人来，其中一人手持一根茶碗口粗的大棒，迎头便是一棒。李冲闷哼一声，登时昏厥于地。另一人随手扯下腰刀，割下了他的首级，等待报功。

此二人一个是勋官吴希智，另一个是白丁孟青。两人平时便对李冲心怀不满，今日见他大败而归，立功邀赏的时机到了，便乘机下手，结果了李冲。

当丘神勣率领平叛大军浩浩荡荡来到博州城的时候，博州已经四门洞开。

丘神勣不费一矢，不伤一卒，兵不血刃，大摇大摆地开进了博州城。

这位左金吾大将军素以严酷和残忍闻名天下。他连天潢贵胄的废太子都敢杀，更不用说一般的官吏和平民百姓了。

听说丘神勣率兵而来，博州刺史衙门的属吏们吓坏了，一个个脱下官袍，换上素服，恭恭敬敬地肃立于司衙之外，迎接这位传说中的杀人魔王。

丘神勣骑马赶来，看都不看他们一眼，挥挥手喝道："拿下。"士卒们虎狼般地冲了上去，将这些手无寸铁的归顺官吏按倒在地，五花大绑。

接着，丘神勣命人进行全城搜捕，凡与李冲稍有瓜葛的一个不剩，全都绑缚市曹，开刀问斩。转瞬之间，几千颗头颅滚滚落地，博州城街头上，陈尸成垛，流血积潦，一股令人作呕的血腥气竟日不散。

这次被杀的，大都是对李冲谋反既不知情，又未阿附的无辜者，碰上了这位嗜杀成性的丘将军，算是他们活该倒霉。

李冲被传首神京，高悬阙下。从起兵到败亡前后不过七天。老太后自然十分高兴，他下令犒赏三军，对于那位棒杀李冲的孟青格外赏赐，从白丁一下子擢为游击将军。

一棒打下去，竟打来了一个将军职衔，这也是亘古少有的奇闻。无怪乎他那条大棒也从此闻名天下，"孟青棒"竟成了后世刑棍和军棍的代名词。

而勋官吴希智却无下落，或许他已在丘神勣的血腥屠戮中被稀里糊涂的误杀了，他毕竟是李冲的僚属。

对于丘神勣在博州滥杀无辜的行径，老太后也有所耳闻。但她却睁一只眼闭一只眼，不想深究。此时，她还处于对谋反者的极度愤怒之中，平息这样一场叛乱，多杀千把人算什么？矫枉必然过正！几千个无辜者的性命，若是能惊醒亿万黎庶，让他们永远离那些谋逆者远一些，这在大账上也是划得来的。

李冲举旗谋反之时，那些曾积极密谋策划、煽动蛊惑的李姓诸王公们，都在隔岸观火，竟无一人起兵响应。

别人都可以袖手旁观，他的父亲豫州刺史、越王李贞却不忍心坐视儿子孤军奋战。尽管明知道是以卵击石，也只能闭着眼举兵响应。

其实，此时李冲已经死于孟青棒下三天了，李贞却毫不知情。造反的大旗已经扯起来了，忽然闻报，儿子李冲已经兵败身亡。

李贞一下子乱了方寸，要硬着头皮反下去，自己现在又成了孤军，下场只能与儿子一样；欲待改过自新，将自己捆锁进京，诣阙请罪，又明知老阿婆决不会饶了自己。左思右想，反正没有活路，仰天长叹一声，老泪横流。脚一跺，心一横，拔剑自刎了事。

太后初闻李贞也竖起了反旗，立即命曲崇裕、岑长情率十万大军进讨豫州，又下令取消李贞、李冲的宗室属籍，更其姓为"虺"氏。

曲崇裕、岑长情的十万大军也没派上什么用场，只割下了李贞的首级，便回京报功了。

武太后见李贞已传首京都，对臣下们笑笑说道："朕知道这帮人成不了大气候，但认为总要打一阵子。没想到这些草包竟会如此不济事，前后不过二十四天，博、豫二州即告平定。既然如此，又何必谋反，自取灭亡呢。"

公开竖旗造反的李贞父子已经枭首，但是，他们还算不得罪魁祸首。那位首倡叛乱的韩王李元嘉和那群参与谋反的宗室亲贵还逍遥法外。这一次，老太后要痛下杀手，把这些胆敢与之作对者斩尽杀绝。

这是一个绝好的机会，平时你们对朕咬牙切齿，明里暗里与朕做对，朕却杀不得你们，唯恐被天下骂为夷灭宗室子孙。

这下好了，是你们自投罗网，送给朕一个清洗政敌的借口。这些目中无朕的龙子龙孙，迟早是朕的心腹大患，此时正好一锅端。谋逆造反，自古以来都是祸灭九族的弥天大罪，朕杀你们名正言顺，千年之后也不会留下骂名。

老太后断然下旨，将参与谋反者锁拿进京，一个不得漏网。

监察御史苏珦担任了对"叛乱案"的审理。这位苏老夫子乃是文雅之士，不熟悉更不屑于酷吏那一套刑讯逼供的办案手段，只是按照常规办案。

那些谋反之人自知死罪难逃，便来个软磨硬抗，拒不认罪。这样审来审去，诸王共谋造反的证据一点都没拿到，办案如此不力，猴年马月才能审出结果？

有人又启用了"告密"这块升官发财的敲门砖，开始向太后打小报告，说苏珦乃诸王同谋，故而有意拖延办案。

老太后单独召见了苏珦，问道："苏御史，案情进展如何？"

"回太后，此等人冥顽不化，证据尚未查到。"

"有人告你与诸王同谋，有意庇护罪犯，你当做何解释？"

"太后明鉴，微臣秉公办案，既想查个水落石出，也好向天下人有个交代。又不想有半点冤情，让无辜者胆寒。此心清白，日月可鉴。至于猥琐小人乘机攻讦，凭空诬陷，臣自防不胜，无力洗涮，还请太后裁定。"苏珦理直气壮，侃侃而谈。

武太后笑道："苏爱卿，朕知你乃大雅之士，连只鸡都不敢杀，怎能撬开这些亡命之徒的口呢？这样吧，这案子你就不用管了，朕对你另有任使。"

苏珦忙跪地谢恩，等他陛辞出殿，才感到内衣都被冷汗浸透了。

既然"大雅之士"办不了这样的泼天大案，该是那帮酷吏们大显身手的时候了。

老太后当即颁旨，苏珦改任西河监军，这些叛乱大案由周兴继续办理。

案子到了周兴手里，立马冰消瓦解。什么"求即死"，什么"死猪愁"，什么"仙鹤晒翅"，诸般酷刑一用，任你铜嘴铁牙也能撬开，就是死人也得让你说话。

这些宗室王公们受不得如此严酷的刑罚，只好一一招供。

谋反大案公诸于世，老太后可以堂而皇之地大开杀戒了。

韩王李元嘉、鲁王李灵夔、黄公李譔、常乐公主等皆赐以自尽。

江都王李绪，新账旧账一齐算，与薛驸马的哥哥薛顗、薛项皆被斩于市曹。

驸马薛绍更是罪不容诛。但为了顾及爱女太平公主的面子，杖责一百，然后关于牢狱之中，不给吃喝，活活饿死，算是保留了个全尸。

青州刺史、霍王李元轨，以连坐罪流徙黔州，行至陈仓时，病死于槛车之中。

最可怜的，还是东莞公李元融。最初谣言流传，说是老太后要在明堂建成后举行朝会，借机将李氏子孙一网打尽。听到这个消息，李元融曾派人进京向他的老朋友，成均助教高子贡探听虚实，高子贡说，举行朝会时千万不能来，来则必死无疑。于是，李元融便打定主意，到时称疾不出。后来，越

女皇武则天

王李贞起兵时曾遣使约其举兵，李元融本欲响应，但因时间太仓促，一时难以举事。后又为他的僚属们所逼，不得已密奏于朝廷，告了李贞一状。

诸王被杀以后，李元融因出首有功，被擢升为右善赞大夫。可是没过几天，这位告密者又被别人告了密。老太后获悉真情后极其震怒，对于这种翻手云覆手雨的两面派，她尤为憎恨，立即下令，将李元融斩首于市曹，陪斩者，便是那位要小聪明、多嘴多舌的成均助教高子贡。

至此，宗室中稍有些名望和能力的王公亲贵们被一网打尽，老太后的主要敌手皆死于非命。

但是，对于叛王李贞的老巢豫州还必须加以清洗，以防漏网者潜藏水底，时机成熟后又兴风作浪。

丘神勣在博州清洗时曾有"破千家"的先例，许许多多的无辜者皆被枉杀。老太后不想让这样的悲剧重演，杀一儆百有一次也就够了，一味地滥杀无辜，只能使她失掉人心。

派谁去呢？她想起了那位断案如神的狄仁杰。此时，狄仁杰入朝后，已由冬官侍郎左迁为文昌右丞。太后传诏，由狄仁杰补任豫州刺史，负责叛乱残余的清洗事宜。

狄仁杰来豫州后，这里的清洗活动早已开始。看看案宗，狄刺史不禁大吃一惊。

因李贞叛乱而连坐者已有五六百家，籍没者竟达五千余人。而清洗还在继续，受牵连者天天都在增加。

狄刺史走马上任，大理寺便天天派遣使者前来，催促从速行刑。他却不为所动，坚持要另起炉灶，重新审理甄别。行刑的日期推迟几天，误不了清洗大计，但若是无辜者被砍掉了脑袋，却再也无法重新安上，人命关天的大事，焉能不慎之又慎？

经过十几天的突击审案，狄仁杰惊得倒吸一口凉气。因叛乱连坐入狱者数千人，竟然全是清白无辜之人。若是按照大理寺的旨意如期行刑，这世上又平添了多少孤儿寡母？阴司又多了多少冤魂野鬼？

思虑再三，狄仁杰决计慨然上奏，为无辜者申冤。他连夜拟表，向太后密奏道："此皆非本恶，彼皆迕误，臣欲显奏，似为逆人申理；知而不言，恐累陛下仁恤之旨。"

这就是狄仁杰的过人之处。他不肯公开上疏，那样一言不周便会激怒太后，搞不好会弄巧成拙。而采用这种太后喜欢的打小报告式的密奏方式，则容易为太后接受。

在密奏中，他首先用大量的令人信服的事实，说明这些牵连入狱者确是冤枉的，又说明自己所以密奏的初衷和为难之处：若是公开上表于朝廷，似乎有为叛逆之人张目之嫌；若是明知有冤情而不说话，造成了数千人无辜被杀的冤案，又会使太后的"仁慈"之名和"恤民"盛德受到玷污。两难之下，只好密奏，请太后圣裁。

详细阅罢狄仁杰的奏疏，老太后心潮难平，既能详审明断，体恤民情，又能体察朕心，扬君之德，这才是朝廷贤臣。

她把密奏交给身边的上官婉儿，婉儿看罢，激动不已，对太后说道："奴婢恭喜太后又得一德才兼备、秉公忘私的社稷重臣。有此人辅佐，实在是太后之福，江山黎民之福。"

老太后舒心地笑了："是啊，英国公李勣走了，有刘祎之，刘祎之走了，朕又得一狄仁杰，天助朕也！婉儿，替朕拟旨。"

"是，太后"，婉儿赶紧展纸研墨。

数日后，狄仁杰接到了太后诏书：所有连坐入狱之人，一律赦免死罪，流谪丰州。

消息传出，立即在豫州城中不胫而走，百姓们无不额手称庆，奔走相告。

数千名死而复生的囚犯们走出监狱，为狄刺史设斋三日，然后准备上路流放丰州。城中庶民纷纷前来送行，有人高声喊道："不要忘了，是我们的狄使君让汝等死而复生。"

众囚犯们不约而同地跪倒刺史衙门前，禁不住放声大哭："狄使君活命之恩，我等世世代代永志不忘。"

狄仁杰亦来送行，看到这种场面，禁不住双眼发潮，这就是大唐的善良子民，仅仅是未被冤杀，侥幸得了一条活路，便如此感恩铭德。

他忙让众人起身，对他们高声说道："诸位须谨记，是武太后圣明仁德，你们才有今日。否则，就是有一百个狄仁杰，也救不了你们。到丰州后只要安分守己，太后很快就会让你们回来的。"

李贞父子及诸王叛乱的阴霾，顷刻之间便风流云散，武太后德政仁爱的旗帜，又在叛王封地上空，在庶民百姓的心中，高高地飘扬起来。

武太后自然欣喜异常。而更令她感到兴奋的是，十二月二十七日这天，由薛怀义大和尚任总管的明堂工程，仅用了十个多月的时间，便如期竣工，拔地而起。

女皇武则天

这简直是一个前无古人的奇迹。当初太后说薛怀义有"巧思"，起用他任明堂建造大总管，多少人暗中摇头，认为太后的这项决定，简直如同儿戏。一个洛阳街头卖药的无赖，怎堪当此大任？而到了今天，那些摇头者们却不能不慨叹老太后的慧眼识人和知人善任。

明堂建筑高二百九十四尺，底座呈正方形，东西南北各三百尺。其上下结构分为三层，下层"象四时"，按春夏秋冬四季颜色装饰；中层"法十二辰"，象征着一天中的子、丑、寅、卯十二个时辰；上层为圆盖，有九条龙支撑。圆盖的顶部耸立着一个振翅欲飞的铁凤凰，高一丈余，表层镀以黄金，熠熠生辉。明堂有一粗十围的巨木上下贯通，堂内梁檩斜柱皆与此木相勾连。基座下面，还设有排水用的铁制渠道。整个建筑，设计典雅精巧，气势恢宏壮观，金碧相射，富丽堂皇。这座摩天矗立的雄伟建筑，让人们咋舌称奇，成了洛阳城里空前绝后的一大景观。

太后巡视过之后，十分高兴，她的面首小和尚没有给她丢脸。你们不是背地里说三道四，认为薛怀义只会在床上伺候女人吗？怎么样，看看这座独具匠心的明堂建筑，你们又该说啥呢？

于是，太后下诏，为明堂取名"万象神宫"。同时，建造万象神宫的大总管薛怀义得到了特殊的封赏，被拜为左威卫大将军、梁国公。

过了四天，即垂拱五年的正月初一，武太后按照既定日期大享明堂。

朝廷内外的文武百官都前往参加，万象神宫附近，车辚辚马萧萧，万头攒动，人声鼎沸如潮卷浪涌。

武太后身着衮冕，腰悬三尺长的大圭，手持一尺二寸长的镇圭，徐徐登上祭坛首先祭奠，为初献；然后是睿宗皇帝祭奠，为亚献；最后由皇太子祭奠，为终献。

祭奠完毕之后，太后又带领皇上、皇太子和文武百官历观昊天上帝座，其次是高祖、太宗、高宗座，接着是魏国先王武士彟座等五方帝座。

尔后，太后登上洛阳宫南面正门——则天门，宣布大赦天下，并改垂拱五年为永昌元年。

初三日，武太后再次登上明堂，接受百官朝贺。吐蕃及周边各族的酋长们听说明堂落成，也都派出使者前来祝贺。

太后御明堂布政，颁行了训诫百官的九条文告。然后，于明堂大殿中设下盛大宴会，宴请臣工百僚及外国使臣。从初四日开始，明堂对外开放，任东都百姓及诸州父老入内游玩观赏，并赐以酒食，持续了一月有余。

自古以来，帝王能于明堂布政的为数甚少，连号称"千古一帝"的唐太宗，终其一生都未能获得明堂布政之美。

但武太后却做到了，得到了。明堂布政的美誉，使她声望日隆，权力宝座更加稳固。连大诗人陈子昂都感慨道："昔登封泰山，七十四主；明堂布政，无三数君。"其实，所谓登封泰山七十四主，并非事实。在唐之前，登封泰山的也只有秦始皇、汉武帝、汉光武帝三人。陈子昂在这里，是要告诉人们，明堂布政比登封泰山更难。而这位六十多岁的老太后，这位亘古一人的"圣母神皇"却办到了，这需要多么大的魄力？

而左史刘元济更是感慨良多，干脆为此做了一篇《明堂赋》，以记太后明堂布政之盛：

> 大哉，乾象紫微！既上帝之宫邈矣。坤舆而丹阙，披后人之宇聿；观文而听政，宜配天而宗祖。体神化以成规，应灵图而主矩……粤自开辟，未有若斯壮观者矣。焕乎王道，昭赉三才；远乎圣怀，周流九垓。鸿名齐于太昊，茂实克乎帝魁。决群山于雨露，通庶品于风雷。盛矣，美矣，皇哉，唐哉！

第二十七章　易姓革命　宁错勿漏

一个多月前，突厥首领骨突禄轻启边衅，三关告急。"闻鼙鼓而思良将"，这次讨伐突厥，老太后能点谁的将呢？文臣们都在猜测着，武将们都摩拳擦掌，跃跃欲试。

又一次出乎文武百官的意料，武太后竟任命薛怀义为新平军行军大总管，率二十万大军北讨突厥。这一次，朝臣不再说什么了。一方面，老太后调兵遣将从来没有失算过。从数次征讨高丽、几次讨伐突厥，到平息徐敬业及诸王叛乱，每次都是她老人家亲自点将选帅，哪一次都是旗开得胜。这是几十年来人们有目共睹的事实。另一方面，通过明堂工程奇迹般的顺利完成，他们也对这个花和尚的"才具""识见"和"胆魄"有所领教。老太后既然敢放胆让他统帅二十万人马，到边关去与突厥人刀枪相见，想必自有她的道理。太后总不能拿着国家安危的大事当儿戏，我们何必鸡孵鸭子干操心？

不过，在许多大臣的心里，并不盼着这位和尚大将军能够旗开得胜，马到成功。相反，最好让他一败涂地。若是能让突厥人将他杀死，抛尸荒漠，为大唐除去一害，那才叫老天长眼，大快人心呢。

可惜，这帮幸灾乐祸的朝臣们失望了。和尚挂帅出征竟是八面威风，指挥千军万马有章有法，一丝不乱。这个人间怪物，莫非在军事指挥上也是无师自通？

二十万大军杀气腾腾直奔漠北，号角声声，鼙鼓震天，一路杀去，一直深入突厥境内的紫河一带，突厥人不是一触即溃，便是望风逃遁。

薛怀义不失一兵一卒，便渡过紫河，直捣突厥老巢。不管怎么说，在大唐的征战史上，这也是少有的奇功。

于是，这位和尚大将军也效法历史上的名将，在单于台刻石记功，凯旋回朝。

自从入宫侍寝以来，武太后还是第一次与薛怀义分别这么长久。见他得胜归来，对早就望眼欲穿的武太后来说是双喜临门。论功行赏，太后颁诏，加薛怀义辅国大将军，改封鄂国公、上柱国，赠帛二千段。

还有更荣耀的奖勉，那就是在龙床之上的犒赏。这胜利归来第一夜的鏖战，怎能不酣畅淋漓、如痴如醉呢？

老太后用双手亲昵地摩挲着他的光脑袋，爱怜有加地说道："小和尚，看来你是天生的福将。不仅在床笫之间久战不败，在沙场之上也是常胜将军。"

薛怀义忙故作忸怩地说道："陛下过奖了，微臣何福之有？一切还不都是托陛下的福？要不然，当年臣卖药街头时，为何那等穷愁潦倒？"

几句话拍得老太后心花怒放，在他宽阔明亮的额头上亲了一口，然后慢慢地改变了话题：

"怀义，你这几年身入佛门，与各寺高僧多有交往，闲暇之时，也常常研经诵禅。你可读过《大云经》？"

薛怀义有点摸不着头脑，太后为什么突然问起这事来？但他还是机警地答道："陛下，微臣于佛学虽不精通，但《大云经》是读过的。在后凉时，就有昙无谶的译本，全称为《大方等无想经》，也叫《大方等大云经》。"

"大云经里有这样一段话，'佛告净光天女：大精进龙王即是汝身，汝于彼佛暂得一闻大涅槃经，以是因缘今得天身，值我出世复闻深义，合是天形，即以女身当王国土，得转轮王所统领处四分之一。得大自在受持王戒作优婆夷，教化所属城邑聚落男子女人大小，受持五戒守护正法，摧伏外道诸邪异见。汝于尔时实是菩萨，为化众生现受女身。'"

薛怀义惊异了，他无论如何也想不到老太后对《大云经》竟会如此熟稔，以至朗朗成诵。只好嗫嚅着说道："微臣虽然读过，却不曾精研，更不能像陛下这样过目不忘，背诵如流。"

"这没什么，朕也只是记住了一些最主要的。《大云经》是部好经，可惜译本有些古老艰涩，不为众人所知。从明天开始，你便找一些有道高僧，重译《大云经》，特别是朕适才诵念这一段话的真旨，一定要译得明白晓畅。"

"是，陛下，微臣明天立马就办。"

薛怀义突然明白了太后的用意，"以女身当王国土"，这是佛祖之意，世人谁敢违抗？噢，老太后是要用《大云经》告诉天下人，她登基当皇帝乃是天意，是佛教经典中早就预示了的。译好《大云经》，便能为太后登基助上一臂之力，这样的大好事何乐而不为？

机警过人的薛怀义很快便参透了老太后的心事。

是的，他猜得一点都不错。武太后正是在为登基称帝做最后的舆论准备。

虽然此前已有武承嗣献了瑞石，上书"圣母临人，永昌帝业"，已经向人们暗示了自己称帝乃是天意。但她总觉得这还不够分量，还应该为新皇朝和自己再罩上一道神圣的光环，进一步证明自己以女性君临天下的"合法性"。

那么，这道神圣的光环上哪里找呢？大唐庶民信奉的无非是儒、道、佛三教。

儒家是指望不上了，孔圣人历来瞧不起女人，说什么"唯女子与小人难养也"，对女人当政更是极力反对。

道家呢？道家也不行。道家的祖师爷李耳，早就被封为李唐皇室的先祖，自己要取李唐而代之，道家自然不会做自己的保护神。

那就只有佛家了，这是顺理成章的事。武太后对佛家情有独钟。她的母亲是虔诚的佛教徒，她从小就深受母亲的影响。而在感业寺为尼的两年中，为了打发无聊与寂寞，青灯黄卷，也曾对佛学做过不少的探究。二次入宫之后，丈夫又是位信佛天子，与高僧玄奘大师过从甚密。武太后生子时，当皇子生日、三朝、满月之日，玄奘皆上表贺喜。她与高宗皇上，自然成了玄奘大师译经活动最大的施主。

正是因为这些，老太后对于佛学，便有了较为高深的修养，再加上极强的政治敏感，使她选中了《大云经》，决心用它从根本上阐释女人当皇上的"合法性"。

经文中既然说菩萨转身为天女，天女当了国主，而这天女原来就是大精进龙王的化身，那就是明确地告诉天下人，女性作君主是佛祖的安排，是天然合理的。

这件事她已经考虑了很久，把它交给自己的面首薛怀义去完成最合适。

薛怀义又一次不辱使命，他找到了法明等九位大德高僧，云集于神京城内，按照老太后的意旨，夜以继日地为《大云经》重新注疏。

天授元年五月，《大云经疏》撰成。书中有一段明明白白地写道：

> 经云：女既承正，威伏天下，所有国土，悉来承奉，无违抗者。此明当今大臣及百姓等，尽忠赤者，即得子孙昌炽……如有背叛作逆者，纵使国家不诛，上天降罚并自灭！

在这里，经疏直言不讳地告诉人们，太后要以女主治国，威伏天下。忠诚拥戴者，子孙万代都会安居乐业；而敢背叛作乱者，只能自取灭亡。

《大云经疏》中还说，武太后乃是弥勒佛转生，应当代李氏作人世君主，李氏要退出皇位。

弥勒佛乃是过去、现在、未来三世佛中的未来佛。"弥勒出身，国土丰乐"，自己既是弥勒佛的化身，那么，自己所治理的国土，就将是一个万民共享的极乐世界。

武太后接到《大云经疏》一书后，喜从天降。她终于从佛典中找到了做皇帝的根据，这样的大事必须让普天之下人人皆知。

于是她马上降诏，将《大云经》颁示天下。并敕命两京、诸州，各置大云寺一区，收藏《大云经》。寺内高僧要升座讲经布道，广为宣传。

薛怀义等九位高僧为老太后称帝立下了汗马功劳，不能亏待他们。除怀义之外，其他八位和尚皆封为县公。

改朝换代的舆论准备已经造得十分圆满了，但是，在老太后看来，易姓革命尚未成功，便还有许多大事要办。其中最重要的，就是要对潜藏的政敌和叛逆队伍的残渣余孽进行彻底的清洗和扫除。

这就需要由酷吏们组成一支强有力的清道夫队伍，在这个你死我活的关键时期，这支队伍不是太大，而是太小，还需要通过敞开的告密之门，继续发现人才，扩大队伍。

不是我老太婆喜欢酷吏政治，更不是我嗜杀成性。女人要当皇帝阻力实在太大，这是不得已而为之。哪一代新皇朝的诞生，不伴随着鲜血和屠杀？没有镇压政敌的小的流血，便会发生战争四起的大流血。

在老太后这一思想的指导下，酷吏队伍日益壮大。当然，其中不可避免地会有许多下三烂式的社会渣滓混进来。卖饼者侯大就是其中之一。

侯大姓侯名思止，是雍州醴泉人，身无长技，只好在长安街头以卖饼糊口。可他制饼又弄虚作假，葱多肉少。有时干脆以死猫烂狗之肉混充好肉。用不了多久，便砸了自己的饭碗，成了长安市上的混混。

有人同情这个饥寒交迫的混混，便把他介绍给了游击将军高元礼做仆人。衣食不愁之后，这个无赖又异想天开，一心要出人头地。

就在这个时候，恒州刺史裴贞因小过杖责了他属下的一位判司。这位判司被杖之后，怀恨在心，一心要报仇雪恨。可他又不敢出面告密，挟私报复毕竟犯忌，便想起了平日有些交往的侯大。

一听让他告密，侯大两眼发亮，感到升官发财的机会到了。但他一个大字不识，也不知这密怎么告法，便问那位判司："告他什么？如何告法？"

判司道："如今诸王多被诛戮，但仍有王公心中不服。若能出首告裴贞与舒王谋反，必能建功。"

侯大大喜，忙请判司写下密信，落上侯思止的名字，投入铜匦之中。

舒王李元名是唐高祖的第十八子，其子为豫章王李宣，皆放任外州刺史。为了避祸，二十年不问政事，唯赏玩林泉之间，常有出世之意。他曾多次告诫其子："藩王所乏者，不虑无钱财官职，但勉行善事，忠孝持身。"

就是这个好好先生，仅仅因为侯大的一纸诬告信，便父子双双被杀。那位杖责判司的恒州刺史裴贞也被连坐灭族。

对于宗室谋反已变得极为敏感的武太后，哪里还分得清是真是假？错杀几个不要紧，留下一个就是祸根。

事后，告密者侯大照例要受到老太后的召见。此时，他的主人高元礼再不敢小瞧这位卖饼者了，殷勤地教他去大殿晋见太后的各种礼仪和对策。侯大虽然不识字，脑袋却不笨，对这些礼仪和应对之策都一一熟记于胸，然后启程前往洛阳。

见到太后，行过三跪九叩大礼，太后问道："你就叫侯思止？"

"回太后，草民正是侯思止。"

"听说原来是卖饼的？"

侯大脸红了，不知怎么回答，只能唯唯称是。

太后笑笑道："这没什么，将相无种。你虽是一介庶民，这次却为社稷建了大功，想干点什么差使？"

"草民想当个御史。"

老太后一愣，按照惯例，告密有功者擢升游击将军，便已封赏不菲。这个卖饼的侯思止却狮子大张口，讨要这么高的官职，而且还是个必须精通文墨的文官。

太后没有生气，只是觉得好笑："听说你并不识字，如何干得了御史？"

侯大却理直气壮地答道："獬豸何尝识字，但能触邪耳。"太后又是一愣，这真是一句妙答。

獬豸是何物？是传说中的一种怪兽，头生一角。见到有人打斗，它便以角去碰触邪恶的一方；听到有人争吵，便去碰触无理的一方。故而后世便取其形为图案，作为御史一类官员的官帽和官服上的纹饰。

听这个目不识丁的侯思止有如此识见，太后龙颜大悦，便破例授他一个朝散大夫，侍御史。

又过了几天，太后觉得侯思止在洛阳城无立锥之地，便将先前抄家时没收的一座空宅院赐给他。可这位侯御史却坚辞不受，义正词严地说道："此乃谋逆人之宅，下官深恶其名，不愿居住其中。"

太后大感惊异，没想到天底下还有如此"嫉恶如仇""忠心无贰"之人。于是另行赏赐，然后让这位刚正不阿的"獬豸"，放胆去怒触那些谋逆之徒。自此以后，人们便称这位侯御史为"卖饼御史"。

与"卖饼御史"同时发迹的，还有另一位"白兔御史"——王弘义。

王弘义乃衡水人，自小便是闻名乡里的泼皮无赖。有一年，邻居种了一地甜瓜，他常去要瓜吃。开始，邻居给他一两个尝尝鲜。谁知这小子尝到了甜头，便狗上锅台没遍数，一日数次围着瓜田转，专拣又大又熟的吃。邻居自然十分恼火，便不客气地将他赶走，从此不准他靠近瓜田半步。

王弘义又羞又怒，便跑到县里，对县官说，邻家瓜地里有一群野生白兔，常常骚扰危害四邻。

那县官也不问虚实，便派衙役们去搜捕。众人闹哄哄地在瓜地里转了半天，结果白兔没逮到，却把几亩瓜地践踏成了烂泥浆。

等邻居明白了事情的原委，要找王弘义这个王八羔子算账，王弘义只好撒丫子走人，流浪他乡。

当他来到赵州一带时，正遇上这里的百姓聚在一处乡社里设邑斋，祈神做法。社鼓咚咚，震耳欲聋。看到这种场面，他突然心生妙计，告密不是能换乌纱帽吗？自己何不去试一试？

于是他千里迢迢赶往洛阳，密告赵县百姓聚众谋反。结果参加邑斋的百姓全部被捕，加上受牵连的地方官员，共二百多人被杀。

王弘义如愿以偿当上了游击将军，成为按察刑狱的朝廷命官。这一来，英雄有了用武之地，他的残酷本性立刻暴露无遗。

酷暑盛夏，挥汗如雨，他把犯人们集中到一个小牢房里。地上铺了厚厚的稻草，再加铺棉被，把门窗堵得一丝气不透。犯人们就像堆在船舱里的鱼，只有大口喘气的份儿。不用打不用骂，许多人已受不了这份煎熬，只好自诬或诬人，然后被转移到较为凉快的牢中。这些人虽然没被热死，到头来却逃脱不了颈上一刀的命运。

王弘义因办案有功，很快被升迁为殿中侍御史，成了侯大的同僚。

有人密告胜州都督王安仁谋反，太后命王弘义前去办案。

王弘义用尽各种酷刑，无奈这王安仁是条硬汉子，至死不肯招认谋反。王弘义不胜其烦，居然抽出剑来，将还带着木枷的王安仁砍掉了脑袋，随后又将其儿子也一并斩首。然后将两颗头颅装在盛有石灰的盒子里，命人挑回洛阳复命。

回京的路上，路过汾州。州司马毛公只好排宴为其接风。席间二人正在饮酒，不知毛公哪句话得罪了这位御史大人，王弘义突然变了脸，令毛公跪到台阶下去。毛公不知何故，正在愕然时，王弘义却已扯剑在手，一剑挥去，将这位州司马的脑袋砍飞了老远。

如此肆意擅杀，草菅人命，却没受到只言片语的责怪，这帮酷吏的横行不法，已到了无以复加的猖狂地步。

对这帮恶棍，朝野上下无不侧目而视，避之唯恐不及。然而，作为宰相之一的内史李昭德却不怕他们，当众嘲笑王弘义道："昔闻苍鹰狱吏，今见白兔御史。"从此，"白兔御史"的称号便不胫而走。

"白兔御史"也好，"卖饼御史"也好，都与来俊臣、周兴之流一样，是人群中的凶残兽类，又是凶残兽类中的"天才"。

老太后正是要暂时地利用这群野兽做"清道夫"，让王公朝臣们人人胆寒，个个心惊，无暇再去嘀咕策划谋逆之事。

酷吏队伍迅速地扩大，仅见诸史册的就有来俊臣、周兴、索元礼、万国俊、刘光亚、王德寿、王处贞、屈贞筠、鲍思恭、刘景阳、丘神勣、来子珣、鱼承晔、王景昭、傅游艺、王弘义、张知默、焦仁宣、侯思止、郭霸、李敬仁、皇甫文备、陈嘉言、唐奉一、李秦授、曹仁哲等二十六位，再加上"人头罗刹"李全交、"鬼面夜叉"王旭、"人妖"杨务廉，还有什么"三豹""五虎"之流，此时已多达三十余人。

这帮"牛头""马面"，深谙武太后此时的意图，像一群恶狗一样东嗅西闻，胡攀乱咬，罗织编造，严刑逼供，把偌大一个朝堂搞得像个活地狱，"朝士人人自危，相见莫敢交言"，整个官场再一次笼罩在朝不保夕的恐怖气氛之中。许多大臣每日上朝，总要与家人诀别说"不知明天还能相见否"。

在酷吏横行的这段日子里，最为倒霉的还是那帮李姓宗室子弟。自从诸王谋叛之后，老太后对他们愈加不放心，看看哪个都像是隐藏着的敌人。

首先倒霉的是鄱阳公李湮。他是道王李元庆的第六子，永昌元年四月，谋迎中宗于庐陵，被人告发后，与唐太宗的孙子，汝南王李炜等宗室十二人一块被诛杀。李湮的岳父，天官侍郎邓玄挺，虽未参与其事，也因知反不告之罪被诛。

第二个倒霉鬼是纪王李慎，他是唐太宗的第十子。越王李贞起兵时，曾派人与他联系。他觉得时机不成熟，便拒不合作。这一次也被诬告下狱，本拟诛杀。后查明真相，免除死，改为流放，但在乘监车流徙巴州时，却不明不白地死于途中。

三个月后，唐高祖的孙子郑王李璥等六人被杀。接着，滕王李修琦等兄弟六人亦被诬告陷狱，严审之后，免诛改流，徙往岭南。

天授元年七月，武承嗣指使周兴罗织了泽王李上金和许王李素节谋反的罪证，锁拿进京问罪。

李上金和李素节都是高宗皇上的儿子。李素节的母亲就是曾经与武太后势不两立，终为太后所杀的萧淑妃。若干年以前，此二人被放为外州刺史。这些年，阴差阳错，使他们逃过了一波又一波的大清洗，常常暗自庆幸。

可这一次，他们终于没有逃出武承嗣、周兴罩下的铁网。

这次去洛阳，怕再也难以活命。当他与家人离开舒州时迎面碰上一支送葬队伍，见送葬的人们哭得呼天抢地，泪流满面，李素节长长地叹息一声，感慨地说道："病死何由可得，更何须哭？"

一句话，引得他的妻室子女们皆掩面而泣。是啊，比起我们这些所谓的龙子龙孙、金枝玉叶，朝不保夕，不定何时便会被推上断头台的人来，能病死床上，得以寿终正寝，那是何等的幸运，你们为什么还要哭呢？

这不只是李素节一家的想法，而是此时绝大部分宗室子孙共有的心态，寿终正寝成了他们的最高祈盼。其实，这不就是老太后实行酷吏政治所要达到的心理威慑效果吗？

李素节刚行至龙门，便被缢杀，九个儿子也同时被害。

究竟是太后的旨意，还是武承嗣做的手脚，谁也弄不明白。对这帮李氏子孙，武承嗣恐怕比老太后更加痛恨。

泽王李上金倒是被押到了洛阳，拘于御史台。但他闻听弟弟惨死的噩耗，料无生路，也便于狱中自缢身亡。其子李义珍等七人被流配显州而死。另有少子李琳等三人，因年幼免死，长期流放雷州。

一个月后，唐高祖的第二十一子李元晓之长子李颖等宗室十二人，也被以莫须有的罪名送上了西天。

至此，李唐宗室之子孙几乎被斩杀殆尽。

杀戒一开，便没有了界限。不仅宗室子孙、皇亲国戚，凡是那些以唐室忠臣自居，对武氏执政不满的人，皆在扫荡之列。

宰相魏玄同过去曾是已故宰相裴炎的好朋友，人们以他们有生死不渝之交，称之为"耐久朋"。

周兴往年与魏玄同有隙，一直想伺机报复。这日他反复玩味着"耐久朋"三个字，忽然罗织出了罪名。便向武太后密告，说魏玄同心怀异志，曾对人说过："太后老了，不如奉嗣君更为耐久。"

老太后久知魏玄同与裴炎是生死之交，本来对他就不放心，一听说他要奉嗣君为帝，更是触动了内心最敏感之处，顿时火冒三丈。当即颁旨，将魏玄同赐死于家中，连简单的审讯程序都没有。还用审讯吗？说这样的话明摆着与裴炎是同党。当年杀裴炎让你漏了网，又多活了好几年。

监刑御史房济来到魏玄同家中，见这位在官场上摸爬滚打了一辈子的老宰相，居然因酷吏的几句诬告而枉送了性命。心中老大不忍，便冒险悄悄说道："魏相，你何不也要求密告。若能得到太后召见，也可以借机清白自己。"

谁知魏玄同却正色说道："如今人杀人，鬼亦杀人，反正都是一死，又有什么区别？大丈夫活要活得磊落，死也死得光明，岂能效法鬼蜮，行告密这等无耻之事。"说罢，慨然饮鸩酒而死。

房御史只好洒泪而去。

这年十月，大将军黑齿常之亦为酷吏们构诬，诬其与右鹰扬将军赵怀节谋反，下狱后自缢而死。

黑齿常之本是百济人，降唐后历任禁军将领。仪凤三年出任河源军大使，驻西境七年，吐蕃人惮惧其威，不敢为患。垂拱三年为燕然道大总管，在朔州黄花堆大破突厥，令蛮夷闻名丧胆。去年刚刚擢升为右武卫大将军，掌管禁军。

像这样战功显赫、忠心耿耿而又深孚人望的一代名将，居然也被酷吏们诬为谋反。下狱之后，不愿为小人所辱的黑齿常之愤然自缢。

对黑齿常之谋反，老太后半信半疑，初时以为审审也无妨，不料他性烈如火，未及审讯已自缢身亡。如此自毁长城，令老太后悔莫及。

与黑齿常之相比，万元顷就幸运多了。万元顷是北门学士之一，这些年为武太后立过大功，所受恩遇也极深。不知什么缘故得罪了那帮酷吏，被罗织定罪。在押往刑场，就要行刑问斩时，又被老太后特旨放回。对于跟随了自己数十年的这些幕宾们，老太后毕竟顾念旧情，于心不忍。

李唐宗室王公被扫地以尽，留下的空缺自然要有人填补。

一朝天子一朝臣。在这个改朝换代的前夜，所用之人必须对自己绝对忠诚。老太后开始放手起用家兵家将，她很清楚，对于易姓革命，最忠实拥戴者莫过于武氏子弟，另外还有她的那些亲戚们。不管你有德无德，有才无才，在这个非常时期，只要予以重用，就能为自己摇旗呐喊，出力卖命。就算是借马跑一趟，也是必要的。

侄子武承嗣最为老太后倚重，五六年以前已经被擢拔为宰相，这些年一直占据着中枢要职，位极人臣。

另一个侄子武三思，也由过去的右武卫将军累进为夏官、春官尚书，进入朝廷机枢。

还有一位堂侄，即伯父武士让的孙子武攸宁，也于天授元年一月，被擢升为纳言，跻身宰相班列。

其他武姓儿郎如武攸归、攸暨、攸宜、攸望、攸绪、攸止，以及重规、载德、懿宗、嗣宗等皆获重用。

除此之外，老太后姑母的儿子，她的表弟宗秦客因改造新字、鼓吹易姓革命有功，被擢升为凤阁侍郎。其二弟楚客、三弟晋卿以及太后母亲杨氏娘家的亲戚们也都在重用之列。

一个诸武用事的新时期开始了。

这批政坛新贵小人得志，就像那些一夜暴富的市井无赖，马上趾高气扬，飞扬跋扈起来，在洛阳市里欺男霸女，巧取豪夺，无恶不作。

朝臣们对这批新贵只能敬而远之，侧目而视，谁也不敢说三道四，徒惹是非。连诸宰相们见了他们也是卑躬折节，唯恐无端得罪。

唯有宰相韦质方铁骨铮铮，对诸武不肯稍事巴结。

这几天韦质方病了，未能上朝，在家卧床养病。武承嗣、武三思为了邀买人心，便结伴来到韦质方府上探病。

家臣们一见二武亲临府上，慌忙跑入内室，喊道："老爷，两位武大人来了。"

按照常理，这样两位贵人大驾光临，韦质方即使病情再重，只要还能动弹得了，就应该挣扎着下床，施礼答谢。家臣小跑着进来报信，也正是提醒他的意思。

然而，韦质方却不肯买账，闭着眼睛躺在那里，只冷冷地说了一句："知道了。"

待二武走进内室，见韦质方仍高卧在床，倨傲无礼，便认为他是有意蔑视自己，心中怨恨，只简单搭讪了几句，便告辞出府。

韦质方的家臣见二武出门时，脸不是脸，鼻子不是鼻子，甚觉惶恐。忙劝韦质方赶快设法向他们赔礼道歉，以免祸事。

韦质方却泰然自若，冷笑一声说道："死生有命！大丈夫安能曲事近亲以求苟免乎？"

果然不出家臣所料，武三思回去以后，越想越气，连夜给周兴下了密令。

周兴立即行动，给韦质方罗织罪名。几天以后，韦质方便被罢官下狱，接着被流放儋州，籍没其家。

堂堂当朝宰相，因为这么点小事得罪了诸武，便遭贬斥流放。从此以后，朝臣们对武氏亲贵畏之如鬼神，无不小心翼翼，以礼待之。

但越是这样，这些亲贵们便越是肆无忌惮，有恃无恐。朝臣们常常是"闭门家中坐，祸从天上来"。

武承嗣听下人们说，左补阙乔知之有个小妾，名叫碧玉，不仅长得娇艳多姿，美若天仙，而且能歌善舞，琴筝笙琶无不精通，深得乔知之宠爱。

天生尤物，竟夜夜侍候一个小小的补阙，自己身为权倾朝野的堂堂宰相，无论如何得把她弄到手。

经过一夜苦思，终于想出了一个堂而皇之的理由。第二天让下人去告诉乔知之，武相府的诸歌妓们需要教习歌舞，请令如夫人碧玉过府一趟。

乔知之明知武府是虎穴狼窝，怕爱妾一去再不复回。但又畏于武承嗣的权势，只好送碧玉前去。

"侯门一入深似海"，既然来了，那就休想再走。当天夜里，武承嗣便将碧玉揽入怀中，百般调情抚弄，欲行不轨。

碧玉与乔知之情深意笃，哪里肯从？奋力挣扎不能脱身，一时情急，便在武承嗣的左臂上狠狠地咬了一口。武承嗣大怒，竟唤来了几个家丁，把碧玉剥得浑身净光，绑在床上，然后强行施暴。

乔知之思念爱妾碧玉，望眼欲穿，以至食不下咽，夜不成寐。于极度痛苦中，便借用晋王石崇爱妾绿珠的故事，写成《绿珠怨》诗一首，托人悄悄地送给碧玉，以寄托思念之情。诗曰：

> 石家金谷重新生，明珠十斛买娉婷。
> 昔日可怜偏自许，此时歌舞得人情。
> 君家闺阁不曾关，好将歌舞借人看。
> 意气雄豪非分理，骄矜势力横相干。
> 辞君去君终不忍，徒劳掩袂伤铅粉。

百年离恨在高楼，一代容颜为君尽。

　　碧玉看着这首字字血声声泪的思恋诗，百感交集，心痛如碎。反复吟诵之后，遂将写诗的绸帕装入内衣之中。自此不吃不喝，终日啜泣。

　　三天之后，在一个深夜之中，见众侍女们都已沉沉睡去，碧玉悄悄起身，整理好衣着云鬓，来到院内一眼古井前，口里喊着"乔老爷，来世再会"，竟一头扎入古井之中。

　　武承嗣闻报，甚感疑惑，想不到这么个弱不禁风的女子，竟会性烈如火，殉情而死。

　　他命人打捞起碧玉的尸身，遍体搜查。终于从她的衣裙中搜出了乔知之的那首诗，这才知道碧玉的真正死因。不由得怒火攻心。

　　他把来俊臣叫来，恶狠狠地说道："左补阙乔知之活腻了，该打发他上路了。"

　　"下官这就去办。可说他是韦质方的同谋。"来俊臣心领神会地说道。

　　"不行！韦质方不过是贬谪流放之罪，他的同谋不足以置之死地。他应该是魏玄同谋逆的同谋。"

　　"对，对，还是相爷虑事周密。"

　　翌日一早，来俊臣即上奏太后，说乔知之乃原宰相魏玄同的门生故吏，曾数次与魏玄同密谋，反对老太后临朝称制。还私下对人说过，"太后风烛残年一老妪，却恋栈不去，李氏江山，早晚要葬送在这女人手里"。

　　"一个小小的补阙，也敢大放厥词，这案子就由你来审吧。"老太后不屑地说道。

　　由告状者当主审官，这样的案子还用审吗？几天之后，乔知之被押往洛阳南市斩首示众，家产子女皆籍没入官。

第二十八章　荣登大宝　周代大唐

"傅游艺，做京官几年了？"武承嗣望着脚下跪着的傅游艺问道。

"回相爷，小人来京城已整整八年啦。"

"八年？官居几品？"武承嗣明知故问。

傅游艺一张脸霎时红得像涂了猪血，嗫嚅着说道："小人不才，让相爷见笑，至今还是个九品合宫主簿。"

"哎呀！八年的时间，没有功劳也有苦劳，怎么才是个小小的九品？——傅游艺，"

"小人在！"

"现在，本相有一套大富贵送给你，你愿意要吗？"

"能有武相爷栽培，小人三生有幸。若能出人头地，相爷便是小人再生父母。小人此生，愿做牛做马，以报大恩厚德。"

"好，你起来吧。"待傅游艺爬起身来之后，武承嗣与他详细地密谈了一阵，最后又说道："此去关中，怕是需要花费不少银两。你不用愁，尽管放开手花去，一切都从我库中支取。"

武承嗣已经注意傅游艺很久了。此人虽是个名不见经传的小官，职位卑微。但却是个官迷，志向极大，很有些"取青紫如拾草芥"的雄心。这几年拼命往酷吏堆里靠，想凭借告密博取功名。无奈命运之神老不关照他，一直没有建得"大功殊勋"，只好郁郁不得志地当这个合宫主簿。

现在易姓革命到了节骨眼儿上，新皇朝已经呼之欲出。老太后当女皇已是熟透了的瓜，是水到渠成、顺理成章的事了。

可是在这个关键时候，老太后却一反大刀阔斧、雷厉风行的一贯做法，突然沉默起来，那顶触手可及的皇冠就是不肯去摘。

用心精细的武承嗣最懂老太后的心。他这位"多涉文史"的姑母深知历朝典故。中国历史上每一次改朝换代，那些当皇帝的都要上演一次或多次"百官劝进"的把戏，经过再三推辞谦让之后，才堂而皇之地坐上天子宝座。老太后作为一个女人要当皇帝，这在历史上是前无古人的，岂能草率从事？

这样的事，老人家不好开口，自己这个当侄子的不能不替她分忧。

于是，武承嗣便选中了这个官迷心窍，而又敢作敢为的傅游艺。

傅游艺千里迢迢来到关中一带，鼓动如簧之舌，封官许愿，多方游说，终于召集了九百多名关中父老。其实关中一带，尤其是三辅地区的老百姓，曾多次得到武太后的恩惠，都感念着她的好处。太后当皇上，他们本来从心里就是拥戴的，并不需要傅游艺太多的鼓动。

九月三日这天，傅游艺带领这九百余人，从关中风尘仆仆赶赴东都，一齐跪倒在洛阳宫前，诣阙上表，请求武太后登基称帝，改国号为周。

武太后没有答应，让朝臣们发给厚赏，将这九百多名百姓疏散。而那个傅游艺却被从九品的合宫主簿，一下子擢升为正七品的侍御史，不久又晋升为正五品的给事中。

第一次请愿被拒绝，这原是在武承嗣意料之中的事。以老太后的精明和老道，她当然不会那么"猴急"，肯定要效法古代帝王，非"三请"不可。另外，傅游艺官职太低，让他去组织百姓们劝进还可以，让他代表大臣们劝进分量就太轻了。看来，还得多做做朝廷百官的工作。

其实，这个工作已不需再做，经过一次又一次严酷的清洗和杀戮，大臣们早已经成了一呼百诺、俯首帖耳的驯服羔羊。

大家看得都很明白，老太后是在故作姿态。她在拒绝百姓们劝进的同时，却又为傅游艺加官晋爵，这便是在明明白白地告诉朝臣们，让他们都来上表劝进，先劝进者，自然少不了你们的好处。

第二天，也就是九月四日，朝廷百官及皇室宗亲、四夷酋长、沙门、道士及远近百姓，竟有六万多人联名上表，请求老太后登基称帝。

当了十年傀儡皇帝的睿宗李旦，此时未免有些尴尬。但他知道，母后欲登大宝的决心已定，这是大势所趋，自己这个形同虚设的皇帝，作为母后执掌国柄的摆设和装潢的使命已经完成了，是该自动引退的时候了。若是还不识趣，后果将不堪设想。

但是，这个劝进表该怎么上法，心中却没有数。自己作为一个废皇帝，母后会怎么安置自己呢？莫非也会像三哥庐陵王一样，形同软禁似的逐放外州。一想到这里，他便感到从心底冒出了一股凉气。思来想去，还是得请教一下上官婉儿。他派人把上官婉儿请来，径直问道："婉儿姑娘，朝廷上下和庶民百姓们都在上表劝进。其实，母后登基当皇上这是天经地义的事，我也想上表劝进，但不知这表该怎么写法。"说话之间，他已经有意地把"朕"改成了"我"。

上官婉儿一听就明白了，她看看睿宗那种虔诚而又有些惶恐的样了，心里也有些酸酸的，又是一个权力争夺的牺牲品，但这是不可避免的。对于睿宗的自知之明，她却深为赞赏。

"皇上，您在大事上一向不糊涂，实在可嘉。百官劝进只是一个方面，而皇上能上表辞去帝位，劝太后登基至关重要，这可是您做顺水人情，表示忠孝之心的良机，万万错过不得。"

"这个我知道，本想拟表，但不知母后对我将如何安置？"

婉儿听出了皇上的担心，便笑着说道："陛下一向忠顺，我想太后不会让您离开她的左右。陛下何不自请回东宫当嗣君呢？"

"你是说让我再当太子？这怎么可能？母后姓武，而我姓李，自古以来，哪有异姓储君？"

婉儿粲然一笑："这太好办了，陛下就自请太后赐姓武氏，当这个太子不就顺理成章了。"

一句话就像在睿宗的心头拨亮了一盏灯，他忽然觉得心中一片通明："对啊，这可是个好主意。婉儿姑娘，谢谢你，我李旦今生今世，不会忘了你的大恩大德。"

睿宗命幕宾连夜拟表，说自己如何德鲜才寡，不堪大任，恭请母后为江山社稷、黎庶百姓计，早正大位。并恳请太后赐自己武姓。至于当东宫太子之事，他没敢提。选谁当太子，那是太后的事，自己怎能冒失开口呢？

第二天早朝，睿宗呈上了劝进表。武太后看过之后，把它放在了一边，没有说话。

她仍然保持沉默。这样惊天动地的大事，决不能太过仓促，她必须端足架子，耐心地等待着臣僚们的"三请"。

九月五日，武承嗣联络所有的朝臣，再一次联名上表，列举了大量冠冕堂皇而又令人信服的理由，敦请老太后称帝。其中一段写道："有凤凰自明堂飞入上阳宫，还集右台梧桐树之上，久之，飞东南去，乃赤雀数万集朝常。"

这可是千年不遇的祥瑞。凤凰入宫，赤雀翔集，自古以来哪朝哪代曾出现过？为什么偏偏在这个时候出现了？这不明摆着是上苍降下的"女主当昌"的吉兆吗？

是真是假不用管他，"三人成虎"，何况是上百名朝廷大臣说的，百姓们自会信以为真。

既然天意如此，朕也就只能"恭敬不如从命"，以顺天应时了。

于是老太后颁诏，"应皇帝及群臣之请"，正大位以做万民之主。

接下来就发生了本书第一章开头部分所陈述的那一幕……

此时的武皇，在感慨的同时不禁想起了自己一路走来的艰辛和当初自己命悬一线的时刻……

盛况空前的登基大典结束了，在激动之余，新皇上并不敢有半点懈怠，还有许多急需办理的大事等待着她。为了巩固易姓革命的成果和新皇朝的根基，她重新确定，以神京洛阳为大周国都，以长安为西京副都；除唐宗室属籍，改置社稷，按照天子七庙的宗法制度，在神都正式立武氏七庙为太庙，其余四庙"皆闭不享"。

据说，周平王少子出生时，手上有个"武"字，遂称"武"氏，因此，女皇便尊周平王的少子为祖，把西周文王姬昌尊为始祖文皇帝。

至此，老百姓们才终于明白了，这位女皇帝所以改国号为周，并不是因为傅游艺的上表，也不仅仅因为她父亲武士彟曾经被高宗皇上封爵为周国公。更为主要的是，她要把自己与千余年前的西周君王们联为同宗，使武姓更加荣崇尊贵，这皇帝便当得愈加名正言顺，理直气壮。

接下来，便是大封功臣，这是任何一个新皇朝诞生之后所必不可少的一项举措。

首先得益的自然是武氏子孙。武承嗣封为魏王，武三思封梁王，武攸宁封建昌王。其他远房侄子如武攸归、武攸暨，武重规等十几人皆封郡王，诸姑姊妹皆封长公主。

其次是武姓以外，那些"潜劝太后革命"有功诸臣。

女皇的姑表弟宗秦客首选"新字"，为赞翊之首，封为内史，为首辅宰相。

给事中傅游艺带头上表劝进，功不可没，官封鸾台侍郎同平章事，跻身宰相班列。其兄傅神童也跟着沾光，一下子擢升为冬官尚书，兄弟并获荣宠。

其他如宰相岑长倩、右玉钤大将军张虔勖、左金吾大将军丘神勣、侍御史来子珣等，皆因襄赞有功，被赐以新朝国姓"武氏"。

在这批新朝功臣中，升迁最快的就数傅游艺了。靠着一纸劝进表，一年之中，从九品合宫主簿升为七品侍御史，进而升为五品给事中。新皇朝建立之后，立即官拜四品鸾台侍郎，不久又加三品银青光禄大夫，跳跃式擢拔，连升六级。所着服色，一年内也由青、绿到朱、紫，恰合了春、夏、秋、冬四个季节的颜色，被当时的人们称为"四时仕宦"。

大封拥赞功臣是必要的，新皇上必须向人们做一个姿态。朕当了皇帝，没有忘了那些抬轿子、吹喇叭，出过大力的人。

但是，这位六十七岁的女皇心里像明镜一样，新皇朝建立之后，必须致力于富国强兵，振兴繁荣，这才是确保祚运长久的根本大计。要这样，就不能只靠这些抬轿子吹喇叭的庸吏。朝廷中必须有一批确有真才实学的贤能之士，治国良才，出谋划策，直言谏诤。

于是，神圣皇帝下诏，宣时任复州刺史的狄仁杰入京，任洛州司马。旋又升迁为地官侍郎，兼地官尚书、同凤阁鸾台平章事，位列宰相。

女皇单独召见了狄仁杰，以格外亲切和信任的语气说道："狄爱卿，朕知你有鸿鹄之志，经国奇才。新朝甫立，百事待举，大周朝政，尚赖爱卿鼎力为之。"

狄仁杰忙说道："陛下谬奖，令微臣惶愧之至。皇上圣聪神俊，胸富经邦济世之策。今正大位，四海晏然，波澜不惊，足见深合亿万黎庶之心。仁杰有幸得遇圣主，敢不鞠躬尽瘁，竭尽驽钝？"

"狄爱卿，你在豫州任上，多有仁政，为百姓拥戴。后被人诬陷，朕明知卿有冤情，却仍降卿为复州刺史，你知道这是为何吗？"

"对皇上曲意呵护微臣的良苦用心，微臣心若悬镜。彼时朝廷之中错综复杂，诸王各怀异志，忠奸难辨，良莠不分。微臣又性情耿介。若是一言不慎，为人诬枉，虽百口莫辩，弄不好便会身首异处。皇上让微臣去复州任上，远离朝廷纷争，是在有意保护微臣。臣每思之，总对皇上殊恩圣眷感激莫名。"

女皇深沉地点点头："难得爱卿如此深知朕心。自从宰相刘祎之稀里糊涂地卷入是非漩涡之中被杀，朕是真怕了，生怕国之栋梁从此断折。"

女皇陷入了短暂的沉默之中。

当初越王李贞叛乱被诛，狄仁杰以文昌右丞出任豫州刺史，处理叛乱积案，全活了数千名受牵连的无辜平民，成全了神圣皇帝的仁德之名。

后来，他与统领讨伐叛乱大军的主帅张光辅发生严重冲突，拒绝他们向地方索取财物，并且对张光辅的怒责不屑地回应道："搞乱河南的人，有一个李贞也就罢了。现在一个李贞死了，却又生出一万个李贞来，真是怪事。"

张光辅大惑不解，问他说这话是什么意思。

狄仁杰道："明公统领兵士二十万，平定一个乱臣。今乱臣获诛，你却不收敛兵锋，放任兵士烧杀掳掠，强取豪夺，使许多无罪之人死于非命，这不是一万个李贞是什么？更何况你为了邀功，纵使部下杀死已归顺之人。怨恨沸腾，可上通于天。我狄仁杰若有尚方宝剑，将立马砍断你的脖子。倘能如此，虽死不惧。"

张光辅被噎得喘不上气来，怀着一腔盛怒回到神京，便向皇上恶狠狠地告了一状，说狄仁杰蔑视朝廷，为叛逆张目。

对于张光辅的诬告，女皇并不相信，更不准酷吏们去插手审理。

但是张光辅的这一诬告却提醒了她，狄仁杰一时还不能擢拔回朝。若是被那群疯狗似的酷吏们罗织成大罪，到时候自己既难分辨，也不好说话。自己必须为未来的新皇朝保留下几个柱国之臣。

她决定来个明贬实保，顺水推舟将狄仁杰降为复州刺史，让他远离京师、远离酷吏们，躲过这个是非难分的混乱时期再说。

她原以为狄仁杰对自己的这一片苦心未必理解，想找个机会把事情说开，没想到他竟早已洞若观火。

则天皇上欣赏地看看这位精明干练的中年宰相，笑着问道："狄爱卿可想知道，当初是谁诬陷爱卿吗？"

狄仁杰马上说道："陛下认为臣有过错，臣当改正；陛下认为臣无过错，这是臣之幸运。至于别人说什么，是谁诬陷臣，臣不想知道。这样大家共事朝廷，都仍然是好朋友。因此，臣请陛下永远都不要让臣知道。"

女皇对狄仁杰的回答深为赞叹和惊讶，大臣们若是都有如此的胸襟和气度，何愁朝廷不和睦，国家不兴盛？

这样，在大周的宰相班列中，既有像武承嗣、武攸宁、宗秦客这样的皇亲国戚，又有像狄仁杰、岑长倩、李昭德这样的贤臣良相。在则天皇上的麾下，既有许多忠心用事的循臣，又有一班五毒俱全的酷吏。

这就是女皇一贯的驭臣之道：忠奸并用，冰炭同炉；因事选材，各用所长。像李勋、苏良嗣、刘祎之、狄仁杰这些文武全才或治国奇才，便授以重任，出将入相，倚为股肱；像来俊臣、周兴、索元礼、丘神勋这些心狠手辣的残忍之徒，是坏人中的"天才"，可用来执掌刑狱，对付政敌，镇压叛乱。忠正也罢，奸邪也罢，都要为自己所用，操纵权必须牢牢地掌握在自己手里。

不过，女皇心中有杆秤：李勋、刘祎之、狄仁杰这些治国安邦的栋梁之臣，永远都是自己的膀臂。不到万不得已，是绝不能自断手臂的；而周兴、来俊臣这些酷吏们，则是自己的工具，用时视若拱璧，不用时弃若敝屣。就是那些武姓侄孙们，在易姓革命中需要他们当马前卒。新皇朝建立之后，这些人能不能长期被重用，倚为干城，那就要看各人的德行、才具和造化了。

孩儿们，别得意得太早了，太过了。如今的天下虽然已经姓武，但它毕竟是天下人的天下。

果然，新皇朝建立刚刚一个月，女皇的表弟宗秦客，首辅宰相的头把交椅还没有坐热，便被一纸密奏送上了被告席。

女皇看着密告信上列举的宗秦客的斑斑劣迹，气得双手发抖，颜色骤变。这个貌似文雅、自诩清流的家伙，却原来是个贪财好利、巧取豪夺的贪鄙小人。他以伪装极为巧妙的假象瞒过了自己，以创造"新字""潜赞革命"骗取信任，居然爬上了首辅宰相的高位，简直是无耻之尤。

女皇越想越生气，立即下令有司立案审谳。经过多方调查，事情真相大白。宗秦客在当宰相之前，历任过侍郎、尚书等多种职务，皆是肥缺。当了宰相之后，更是有恃无恐。他利用职务之便，收取巨额贿赂，大肆侵吞库帑。为了搜刮民脂民膏，于正常法令之外，又额外征收赋税，致使许多百姓倾家荡产，从而引得怨声鼎沸，不绝于道。

这个祸国殃民的畜生，朕看在亲情的份上，又念你有些功绩，有点才具，让你平步青云，身居高位，是要你为朕，为朝廷，应该说是为江山社稷多出些力，做些事。那样的话，仅分内的荣华富贵也享之不尽。没想到你却乘机下手大捞外快，挖我新皇朝的墙角。

这样一条贪得无厌的蠹虫，要你何用？朕既能将你捧红，让你骤得高官；也能将你棒杀，使你沦为囚犯。为了朕的新皇朝，亲戚之谊算得了什么？朕顾不了那么多。

女皇即刻下诏，将宗秦客贬为万里之外的钦州遵化县尉。其弟宗楚客、宗晋卿亦因奸赃罪被同时流放岭南。

"其兴也忽，其败也速"，宗秦客怎么也想不到，流星般的宰相生涯，竟成了他生命旅程的最后一站。到达贬所不久，便因怨恨交加，再加之水土不服，很快一命呜呼了。

宗秦客一案，引起了女皇对这帮"拥立新贵"的警觉。几乎就在同时，亦即傅游艺任平章事不到一月的时候，则天皇上便发现，这个被人们讥为"四时仕宦"的傅游艺，实在不是当宰相的材料，不堪委以大事。便果断地罢停其平章事，降为司礼少卿。

既然是工具，用着顺手便用，不顺手便弃置一边，这原本很正常。傅游艺若是稍有一点自知之明，经此一挫，反省自己，重新做人，老老实实地在司礼少卿的位子上待着，亦可长保富贵。

可是，这个嗜官如痴的官迷，把官运看得比生命还金贵。不仅不接受教训，而且继续大做升官梦。

这日他真的做了一个梦，梦见自己登上了湛露殿。大殿巍然高耸，金碧辉煌，殿中香烟袅袅，仙乐缭绕。自己在殿内巡视，仆从侍卫前呼后拥。

傅游艺认为这是自己将再次飞黄腾达的吉兆，便对几个亲信们大肆吹嘘他的梦境。

不料，他的这些亲信平日对他的吝啬就不满，如今见他失势，便趁机落井下石，写了一封告密信，说他对皇帝将其贬官心怀不满，有谋逆称帝之心。

女皇大怒，这样一个靠投机钻营爬上来的小人，竟如此不知天高地厚，便下旨将其下狱，命酷吏严审。

傅游艺本身就是一名酷吏，自然知道诸般刑罚的厉害，哪敢以身试刑。在怨怒、愧悔、绝望了一阵子之后，于狱中自缢身亡。

可怜这位"四时仕宦"，不幸被人们的讥讽言中。四时者，一年也。他的仕宦生涯，也注定是短命的。

天授元年冬至月末，北风呼啸，砭肌刺骨。神京洛阳降下了第一场冬雪。雪虽然不大，像在地面屋宇上撒了一层薄薄的白粉，却给天地间增添了许多凛冽肃杀之气。

道州刺史李行褒与其弟榆次县令李长沙，为酷吏唐奉一构陷，诬告他们兄弟密谋，妄图恢复李唐王朝。如此骇人听闻的谋反大罪，自然要处以重刑。兄弟双双被捕入狱，并判籍没全家，两个家庭的数十条人命危在旦夕。

时任秋官侍郎的徐有功挺身而出，竭力为李行褒兄弟辩白。

"皇上，以微臣之见，李行褒一案，必有冤情。"

"何以见得？"

"李行褒兄弟既非宗室子侄，亦非前朝宠臣，与李唐并无特殊渊源。相反，其兄弟二人之功名，全为皇上所赐。特别是李行褒，这几年一路升迁至道州刺史，皆陛下一手擢拔。对陛下常怀感涕之心，欲报恩酬德尚且不及，如何能仇陛下而亲李唐？"

则天皇上认真地听着，不断点头。

徐有功继续说道："李行褒不过一州刺史，其弟乃小小县令，手下有几多兵马？未见他与其他州府联络，不见其招兵买马，孤舟独桨，单枪匹马，欲推翻我大周，恢复李唐，岂非蚍蜉撼树，螳臂当车？若不是患疯魔病者，谁肯干如此傻事？何况……”

“何况什么？”

“何况我大周朝刚刚建立，人心思定，不宜大肆杀戮。反迹未露，证据不足，便将李行褒兄弟判为族没全家，一门老少数十口人，一旦死于无辜，对我新朝亦是不祥之事，更会有玷陛下圣德。”

女皇还未及说话，站在一旁的周兴却抢先开了口：“徐侍郎此话有失迂腐。常言道：‘画虎难画骨，知人不知心。’李行褒久有谋逆之心，几次与人密谋策划，皆有人证，言之凿凿。唐奉一若不掌握铁证，焉敢出首。”

徐有功知道这帮人固善罗织，凭空诬陷，就像疯狗一样，一旦被他们咬住，便很难脱身。但他必须据理力争，要尽最大的努力为这两家人争得一线生机。

不料还未及开口，周兴却又嘿嘿一笑：“徐大人向与李行褒友善，如此为朋友两肋插刀，莫不是也参与了他们的密谋？故纵反因，可是罪不可赦。”

这话说得可太离谱了，眨眼之间又把徐有功网罗了进来。

则天皇上有些不耐烦了：“好啦好啦，你们不要争了，这事朕心里有数。”

这样，徐有功费了九牛二虎之力，还是未能为李氏兄弟翻过案来。对于谋反大案，女皇历来十分严厉，宁肯信其有，不肯信其无。

至于周兴他们又开始罗织徐有功的罪名，女皇却完全不信。她深知徐有功的为人，几十年理刑制狱，不但经验丰富，而且小心严谨，一丝不苟。他身为秋官侍郎，为囚犯辩解原是职责所关，怎可以此便视为叛逆同党？

不过事涉谋反，也不便太过宽松，女皇只好传旨，将徐有功免了官。

过了几天，女皇越想越觉得此案太蹊跷，徐有功说得似乎很有道理。再说，办理这类案子，委实也离不开像徐有功这类认真执拗、敢言直谏之人。新王朝已经建立，再不能放任周兴他们一味滥杀，毕竟那段到处都潜藏着政敌的时期已经过去了。

于是，女皇又重新颁诏，起复徐有功为主管刑律的侍御史，让他仍参与此案的审理。

徐有功获知任命之后，心中酸甜苦辣咸五味俱全，一时不知如何做才好。

当天晚上，他叩开了宰相狄仁杰的府门。

见徐有功夤夜来访，狄仁杰略感惊讶，忙将他让入内室，待落座后说道：“恭喜徐大人起复，此乃朝廷之福。”

徐有功苦笑着摇摇头道：“不瞒狄大人说，下官正是为此事而来。这官我实在是当腻了，当怕了。只想从此辞官不做，永为布衣。"

狄仁杰大惊："徐大人何出此言？"

"酷吏横行，豺狼当道，我为刑官无异与狼共舞，早晚必为它们啖肉噬骨。"

狄仁杰满面肃容道："'我不下地狱，谁下地狱'？正因为酷吏猖獗，好人蒙冤，朝廷才离不开像徐大人这样铁骨铮铮之人。我料皇上这次重新起用大人，恐怕也正是这个用意。"

他看看徐有功，仔细想了想，放低声音说道："仁杰素知大人为人，有些话愿坦诚相告。以下官之见，这帮禽兽横行多年，一直有恃无恐，为所欲为。但月满则亏，物极必反。我料他们圣眷将衰，快走下坡路了。"

徐有功睁大眼睛看着狄仁杰，问道："狄公何以知之？"

"徐大人请想，大周甫立，皇上正想有一番大作为。周兴、来俊臣之流，并非治国之材，不过是应时而起的社会流氓、人类渣滓。除了罗织有术，则一无所长。以皇上富国强兵之宏图大志，岂能容得这些小人长期得志，残害正直，危及朝纲？"

"话虽如此说，但下官委实看不出他们有丝毫宠衰爱弛的迹象。"

"是的，从表面上暂时还看不到什么，皇上的机心何人能测？再说，这些年来，正直之臣不是延颈受戮，便是忍气吞声，有谁曾予以反击？正因如此，你徐大人决不能退缩。仁杰正欲大人助一臂之力，与这些魑魅鬼蜮殊死一拼。"

徐有功立时来了情绪，慷慨言道："有狄公这句话，徐某纵使上刀山下油锅也在所不辞。但不知该怎么个斗法？"

"以其人之道，还治其人之身，瞅准时机，在皇上那里给他们放把大火。当然，这事不需大人去做，仁杰自有安排。大人只管秉公断案、依法行刑就是了。"

徐有功一阵莫名的兴奋，忙立起身来，对狄仁杰深深一揖："有狄公在朝，真社稷之幸。"

第二天早朝散去之后，徐有功却留下来，突然跪伏在女皇面前，说道："陛下起复微臣为侍御史，恕微臣不能奉诏！"他昨夜想了一夜，这时必须以攻为守，不能显得太猴急。

"你是嫌侍御史官职小了吗？"

"不，陛下误会微臣了。微臣想辞去官位，回归故里以山野小民度此余生。"

"这是为何？"女皇有些不高兴了。

徐有功以头触地，一边流泪一边说道："臣闻鹿走山林而命悬庖厨。陛下让臣当大周法官，臣只能秉公执法，实实在在办案，不枉无辜，不欺陛下。但要这样，必死于法官任上不可。"接着，他趁机把做法官的种种难处和诸酷吏们的阴险歹毒说了个痛快淋漓。

徐有功要未雨绸缪，先向女皇打个招呼。以后若有酷吏构陷，老人家也好心中有数，不为其危言耸听所动。

这便是徐有功的绝顶聪明之处。狄仁杰所以要选他作为向酷吏开战的第一个盟友，也正是看中了这一点。

果然，女皇听完徐有功哭诉之后，马上好言抚慰道："徐有功，朕意已决。这个法官非你当不可，这个案子也非你办不行。一切有朕为你做主，你还怕什么？怎么，难道你连朕也信不过，非要朕为你颁个誓书铁券不可？"

话说到这个份儿上了，徐有功赶紧见好就收，忙叩首谢恩，陛辞而去。

朝臣们获悉徐有功终于复官，皆额手称庆，登门相贺。但周兴等一批酷吏，却似乎预感到有些不妙，风向好像要变了。

"周大人，徐有功不是罢官了吗，怎么才几天的工夫，又成了侍御史了？"唐奉一惶惶然跑来问周兴。

"朝令夕改，皇上的心思我也吃不准了。"

"大人应早做打算才是，李行褒的案子若是翻过来，于小人和大人都极为不利。"

"放心吧，天塌不下来。就是塌下来，有我周兴顶着，还轮不到你呢。"他挥挥手，算是下了逐客令。随着唐奉一嗒然若丧地离去，从敞开的门缝中袭进了一股冷风，周兴禁不住打了个寒战。

第二十九章　革故鼎新　选贤任能

经过数十天的缜密调查，多方推勘，徐有功终于将李行褒一案审理得水落石出，真相大白，所谓兄弟谋逆之事，纯属子虚乌有。

经则天皇上特旨恩准，李行褒兄弟皆无罪开释，官复原职。消息传开，朝野上下一片欢呼。这还是自从"酷吏政治"实施以来，第一个被罗织构陷却能无罪开释、全身而归的案例。

人们感到，数年来令人恐怖战栗、窒息欲死的沉闷局面，开始透进了一缕清新的空气。

但是，在女皇对周兴他们的印象中，却不能不留下一片阴影。你们罗织罪名，就是望风捕影，也总该有点儿蛛丝马迹吧，怎能这样无中生有，凭空诬人清白？

趁热打铁，痛打落水狗，此其时也。

由狄仁杰、徐有功他们精心策划组织的对酷吏们的反击战终于拉开了序幕。

掌灯时分，在洛阳城北一个不太引人注目的酒楼的雅间里，两个中年人正在对酌小饮。

那位年龄稍长，身材颀长，举止斯斯文文的，是狄仁杰的心腹幕僚周光。另一位敦敦实实的红脸汉子，则是禁军小头目刘子兴。两人都是青州人，是交情甚笃的同乡好友。

刘子兴在禁军供职多年，因为不善于拍马奉迎，至今还是个小头目。

他的舅父家是博州的一个大户，表弟在刺史衙门任个小小的书吏。当初琅琊王李冲谋反时，其表弟既不知情，更未参与其事，一直在衙门中留守。

但丘神勣率大军入城之后，不问青红皂白，来了个萝卜白菜一锅熬，将衙门中所有吏役差使及城中稍有牵连者皆全家诛杀。

在那场"破千家"的血腥大屠杀中，刘子兴舅父一家十七口，连同刘子兴一个去舅父家探亲的亲弟弟，都一块被砍了脑袋。

自那以后，刘子兴对那个杀人不眨眼的魔鬼丘神勣恨入骨髓，发誓要为弟弟和舅父一家报此血海深仇。

然而，他一个小小的禁军头目，要对付久掌神京禁军大权的头号人物，无异于蚍蜉撼树。

他曾数次暗中跟踪这位令朝野侧目的魔头，想暗中行刺。无奈丘神勣出入都是前呼后拥，戒备森严，一直无从下手。

周光对他这位同乡好友极为同情，但却爱莫能助。这一次受狄仁杰密嘱，便偷偷地把他约了出来。

三杯酒落肚之后，周光也不绕圈子，单刀直入地问道："子兴老弟，还想不想报仇？"

"怎么不想？血仇不报，枉为男儿。我恨不得食其肉，寝其皮，连做梦都想杀他。只是，我连靠近他的机会都没有，如何报得此仇？"刘子兴脸胀得紫红，把酒杯重重地放在桌子上。

"现在机会来了，就看你有没有这个胆量。"

"什么机会？"

"想除掉此贼，非止你一人。现在是神怒人怨，国人皆曰可杀。只要你敢出面，告这王八蛋一状，朝廷中自有大人物给你撑腰。"

刘子兴抬头看看他这位老乡，他是狄相爷的心腹幕僚。他所说的朝廷大人物是谁，刘子兴心中有数。

"周兄，快说，兄弟该如何告法？只要能扳倒此贼，我拼着这条命不要都行。"刘子兴顿时兴奋起来，圆睁着双眼问道。

"用不着拼命，保你安然无事。不过，打蛇要打七寸，告就告他个谋反之罪，让他死无葬身之地。"

"谋反？咱们没抓到什么把柄呀？"刘子兴有些茫然。

"欲加之罪，何患无辞？这不正是酷吏们整人的一贯做法吗？你只要联络几个弟兄们，到时候一口咬定就行了。"接着，周光详细地告诉刘子兴，这告密信怎么写，写什么。掌理刑狱的大人们向他取证时，该怎么回答，他的弟兄们又该说些什么，等等。他们二人一面喝酒，一面把这些细节都商议得明明白白。

几天以后，一份内容极为翔实的告密信摆上了女皇的案头。

信中说，丘神勣居功自骄，对新朝不满，对皇上不满。某月某日曾对他的属下说过，对当今皇上，自己有擎天保驾之功，却长期不得升迁。一个左金吾将军，一干就是十几年。而那个薛怀义和尚，身无尺寸之功，只靠取悦女人的腰上功夫，就拜为辅国大将军，封鄂国公、上柱国。这世上哪里还有天理公道？

有一次喝醉了酒，他还说过，"女人就是女人，头发长，心眼小，多疑好妒。世人都骂我丘神勣杀了太子李贤，其实还不是奉了那个女人的密旨？我不过当了她的替罪羊，为她顶缸而已。她连自己的亲生儿子都说杀就杀，何况我们这些外姓人？早知如此，还不如奉李唐宗室为君。"

告密信还说，丘神勣可不是只发发牢骚，近年来早已经付诸行动。他手里掌握十万京师禁军，在禁军中联络同党，呼朋引类，把禁军当成了为自己看家护院的嫡系军队。另外，还在洛阳四周广泛招募市井无赖、流氓土匪和无业游民，编成禁军预备队，每日于西山中秘密操练。这是要干什么？明眼人一看便知，不是要兵变，就是要逼宫。皇上万万不可掉以轻心，卧榻之侧，怎能容得虎狼毒蛇盘踞？

女皇看完了密信，心口在咚咚乱跳，脑袋一下子就胀大了。比当年听到徐敬业造反和诸王叛乱，还要惊骇十倍。这怎么可能呢？丘神勣可是自己数十年的宠臣和亲信。你还要怎么升迁？你是个武将，已经当上了禁军统帅，权势炙手可热，连整个朝廷和皇宫的安危都交给了你，这是何等亲委，何等重用？莫非你是一条喂不熟的狼，得寸进尺，贪得无厌，也在觊觎朕这个皇位？

这不可能，谁反丘神勣也不会反。肯定是他的仇家们在诬告。他杀人太多，死在他手下的冤魂又何止千万？这些仇人是要借朕的手为他们复仇，故而诬陷离间，设下圈套让朕去钻。

不过，信中所说的那些事，又确似丘神勣所为。他手握重兵，翻掌之间便可风云突变，实在太危险，不可不防。

女皇左思右想，不能对谋反嫌疑不闻不问，不怕一万，就怕万一。

于是，她召来狄仁杰，将密信让他看了，问道："狄爱卿，以你看来，丘神勣可有反心？"

"皇上，丘神勣过去对陛下一向忠心耿耿。但此人心高志大，桀骜不驯，自以为功高盖世，保不定就会私欲膨胀。世上的事没有一成不变的，忠臣变逆臣的事，历史上屡见不鲜。"

女皇频频点头："以卿之见，该怎么办？"

"不管是谁，只要事涉谋逆，就该立案审谳。不过，以微臣之见，此案不可交周兴、来俊臣他们去办。这些人只会用酷刑峻法，很难审出真相。"

女皇武则天

"朕听说丘神勣与他们私交也不错，当然不能用他们去审。这案子还是交给徐有功吧，爱卿抽暇也多过问一下。"

"是，微臣领旨。"

丘神勣做梦也没想到，自己的事业正在如日中天之时，突然被锁拿鞫讯，就像被当头打了一闷棍，一时晕头转向，不知出了啥事。

被押到刑部大堂以后，仍然傲岸不逊地挺立在那里，两眼恶狠狠地盯着几位审案官员，暴声喝道："徐有功，为何拘我？"

"放肆，跪下说话。"

丘神勣鄙睨地瞅了徐有功一眼，仍不理不睬地站在那里。

"来人，让他跪下。"

几个行刑吏冲上去，在丘神勣的腿弯处猛然踩了一脚，他"咕咚"一声栽倒在地，却挣扎着又要往起爬，被那几个行刑吏死死地按在那里。

"丘神勣，你为何谋反？如何策动禁军兵变，快从实招来！"

"哈哈哈……"丘神勣突然狂笑起来，"说本将军谋反，简直是放屁。是哪个王八羔子在下绊子，放暗箭？"

徐有功看了看左右两陪审官员，说道："这小子蛇蝎之心，豺狼之性，不用刑难让他开口。左右，先赏他三十刑棍，杀杀他的傲气。"

对这个杀人魔王，一班吏役皆恨之入骨，巴不得堂官这一声喊，立刻虎狼一般冲了上来，抢着刑棍，没头没脸地往死里打去。

丘神勣也真算得上是一条铁汉子，虽然被打得皮开肉绽，鲜血淋漓，却始终咬着牙，一声不吭。待打完之后，突然破口大骂："徐有功，你这个畜生，休要小人得志。等你爷爷出去以后，看不活剥了你的皮。"

徐有功冷笑一声："时至今日，你还在做梦。谋逆造反，乃是千刀万剐之罪。告诉你，既已犯在本官手里，不招供休想活着出去。"

丘神勣却不再说话，任你怎么审讯，就是一言不发。

徐有功审案向来不大用刑，可今日面对的是一条畜生，上来便给了他一顿杀威棒，想不到对畜生来说，这杀威棒居然无效。

于是，徐有功决定以毒攻毒，他笑笑说道："丘神勣，你可知道你那些朋友们的刑罚，什么驴驹拔橛、死猪愁、求即死之类，本官难道不会？你且回狱里好好想想，明天若再不招，休怪本官手下无情。来人，将他押回大牢！"

丘神勣被押进死牢，竟一连三天再未提审。每天送来半盒子黑乎乎、馊哄哄的猪食一般的汤饭，爱吃不吃。

这位终日山珍海味、食不厌精的大将军，如何能咽得下这般猪狗之食？实在饿得受不了了，勉强尝了一口，立刻怒不可遏，一脚踢翻了饭盒子，像只受伤的野兽似的，双手摇得铁门"嘎吱吱"山响，歇斯底里地高声叫骂："混蛋！王八蛋！我要见皇上，皇上——"

如此大吵大闹了半宿。下半夜，一个狱卒走过来，看看四下无人，悄声叫道："丘将军，丘将军！"

丘神勣正要迷糊过去，突然被他叫醒，不耐烦地吼道："是谁在号丧？"

"丘将军，给！"那狱卒从怀里掏出两个白面馍，递了进来。

丘神勣慌忙接在手中，狼吞虎咽地吃了起来。一边吃一边感激地问道："谢谢小兄弟，你叫什么？"

"将军休谢，您老也不用问我叫什么。小人向来敬佩将军是条顶天立地的汉子，想不到竟会被人暗算，真是虎落平阳遭犬欺。"

"你可知道是谁诬告的我？"

"小人吃不准，但听说是禁军中一个叫刘子兴的小校。"

"刘子兴？他是谁？我从来不知道这个人，与他无仇无恨，为何要攀咬我？"

"小人听说，这个刘子兴是秋官侍郎周兴大人的亲戚，是周大人指使他干的。不过，这也只是道听途说，未必是真。"

"什么，是周兴？"丘神勣一口白馍噎在嗓子里，再也咽不下去。他只觉得身上打了个激灵，脊骨发凉。

原来是他在作祟。落在这个魔鬼手里，恐怕要凶多吉少。

周兴为何要诬陷自己，丘神勣心中大致有数。

丘神勣与周兴是多年的老交情。在周兴发迹之前，正在落魄的时候，看准了丘神勣是当今皇上、当时的老太后眼前一等一的红人，便千方百计地巴结阿谀丘大将军，以求进身。要送礼行贿，正值寒微时的周兴拿不出那么多银子。有一天夜晚，他死乞白赖地缠着丘神勣去他家喝酒。酒席之间，周兴让十八岁的小妾段氏出来陪酒。这段氏水蛇腰，风流眼，双乳高耸，丰臀微翘，在丘神勣身边磨来蹭去，极尽搔首弄姿、眉目传情之能事。直把丘神勣撩拨得心猿意马，欲火烧身。

周兴见是时候了，便推说有点急事要办，有意躲出家去，竟一夜未归。

丘神勣知道周兴在给自己倒空，也不客气，把段氏抱到床上，剥去衣衫，在她身上纵马急驰，疯狂蹂躏，把平时在杀人场上的那股残忍，一股脑儿倾泄在这个白白嫩嫩的妖冶娇躯上。

从那以后，丘神勣每隔三五天，就去周兴家过上一夜。这周兴也颇识时务，见大将军来了，便识趣地离去。

过了几个月之后，周兴又设下家宴，与丘神勣对饮，几杯酒之后，便老着脸皮说道："丘大人，下官身居微末，尚须大人多多提携。"

丘神勣看看在一旁侍酒的段氏，哈哈笑道："这事好说，本将军应该出力，谁叫你我是亲戚呢。"

"亲戚？"周兴有些摸不着头脑。

以后，丘神勣责无旁贷地在老太后面前不断地为周兴美言，周兴便一路升迁，扶摇直上。

如今，这小子已经是朝廷中举足轻重的人物了。想不到他是条翻脸不认人的白眼狼，一朝得志，竟要雪这多年的夺妻之耻了。

他妈的，你小子下手也忒狠毒，竟要把老子往死里整。哼，既然你要老子去死，老子也不让你安生，临死也得拉着你这个垫背的。

想到这里，丘神勣突然对那个狱吏喊道："快，快对徐大人说，我要招供。"

徐有功再一次升堂问案："丘神勣，有人告你谋反，可是实情？"

"是实情。"

"可有同党？"

"有！"

"是些什么人，从实招来！"

"是秋官侍郎周兴！他与犯官数次密谋，欲兴兵作乱，推翻当今皇上。"

"好，念你据实招供，供出同谋，本官不用重刑——让他签供画押。"

一下子逮到了一条大鱼，徐有功兴奋异常。狄大人料事如神，这丘神勣虽然残忍嗜杀，却是个有勇无谋的半吊子。抓住他与周兴小妾有奸情这一弱点，略施小计，他便乖乖地就范了。

案子牵连到了酷吏头子周兴，女皇颇费了一番思量。她的一贯作风是，只要事关谋逆，就必须一查到底。不管牵扯到谁，不管他职位多高，资格多老。连八面威风的丘大将军都已经服罪入狱，他一个秋官侍郎算得了什么？

但周兴却是制狱老手，其严酷狠毒曾令多少人胆战心惊，该把他交给谁审呢？徐有功乃一儒雅循吏，只按常规审案，怕是对付不了这个狡黠奸诈之徒！

女皇想到了来俊臣。在诸多的酷吏之中，来俊臣是点子最多、手段最毒的佼佼者，是魔鬼中的天才。

对，就让来俊臣主审周兴！道高一尺，魔高一丈，看你周兴还如何抵赖？

来俊臣接到女皇密旨，要他审鞫周兴谋反之案，心中说不出有多么兴奋。这么些年，他与周兴同为酷吏之首，合谋整人，迭兴大案，按说是一对私交甚厚的魔鬼兄弟。但是从骨子里，来俊臣却恨透了周兴，因为他一直高踞自己之上，阻碍着自己的升迁之路。

这下好了，扳倒周兴，这把秋官侍郎的交椅，说不定该轮到自己坐了。

这日散朝之后，来俊臣与周兴一块走着，临分手时，拱手说道：“周大人，今日无事，何不到寒舍小饮几杯？”

周兴对自己被丘神勣攀咬一事，至今一无所知。以徐有功办案之严谨，自然不会透露出一丝风声。他见来俊臣诚心相邀，便欣然同意。

来俊臣命厨子精心烧制了几个好菜，两个人相对而坐，浅斟慢酌，频频举杯。一边喝酒，一边海阔天空，古往今来地神侃。

酒喝得差不多了，来俊臣突然放下杯子，十分虔诚地问道：“周兄，下官有一事相问，望兄台不吝赐教。”

“何事？请讲。”周兴边吃菜，边大咧咧地说道。

“下官手下有一囚犯，各种刑法皆已用尽，就是抵死不肯招供。大人是理刑断狱的老前辈，您看该如何对付这种犟驴子。”

周兴嘿嘿一笑，不无得意地说道：“这太容易了，你取一大瓮，四面架起炭火烘烧，将这犟驴子置入瓮中，看他还能犟得几时。”

“好主意，”来俊臣拊掌大笑，“周兄制狱，到底高人一筹，小弟佩服之至，来，小弟敬兄台一杯。”

然后来俊臣借口去外面解手，安排下属马上抬来一个大瓮，就在院内放置，四面堆积木柴，烧起大火，不一会儿便把这瓮烧成了黯红色。

周兴听到窗外人声嘈杂，走到门口一看，不仅纳闷，笑问来俊臣道：“来老弟莫非要在自家中审鞫犯人？”

“正是！”来俊臣突然变了脸，怒喝道，“周兴，有人告发，你与丘神勣同谋造反。本官奉皇上密旨严鞫。若不肯从实招来，请入此瓮。”

话一说完，一群吏役便恶狗似的围了上来，一个个怒目相向。

就像在头顶上炸了一个焦雷，周兴一下子呆若木鸡。他脸色惨白，周身战栗，豆粒大的汗珠子从额角、脸颊上急速地滚了下来。

女皇武则天

他素知来俊臣是个六亲不认的冷面修罗，是条吃人不吐骨头的恶狼。今天这一关是无论如何也过不了了。招也是死，不招也是死，何必再受此荼毒？

想到这里，周兴长叹一声，阴惨惨地笑道："周兴一生杀人无数，想不到到头来却落在你的手里。好吧，我招！"

既已招供，谋逆大罪依律当斩。丘神勣在牢中赐死。而对周兴，女皇却不知出于什么原因，竟然网开一面，免其死罪，流放岭南。

徐有功对此深感不安，忙找狄仁杰说道："狄大人，打虎不死，必被其伤。如今不杀周兴，等于纵虎归山。有朝一日卷土重来，又不知要有多少人头落地。"

狄仁杰却微微笑道："徐大人无须惊慌，周兴仇家满天下，就是那些屈死的冤魂也不会放过他。我料他再也难以活着回来了。"

果然不出狄公所料。周兴肩扛木枷，被两名解差押着，一路向岭南走去。周兴口中不说，心里却在暗暗盘算，皇上不杀自己，便说明以后还想用自己。留得青山在，不怕没柴烧。数年后返回朝廷，一定要报此血海深仇。查清是谁主谋陷害自己，定要把他置入瓮中，活活烤死。

这日来到梅岭一带，刚爬上一处山埠，突然从左面的密林中蹿出七八条蒙面黑衣大汉，各自手执明晃晃的钢刀。为首一人对两名解差说道："二位差官勿惊，我等只取周兴狗头，与你等无关。"

两个解差互相看了一眼，谁愿为这个十恶不赦的酷吏头子去卖命，便扔下手中的朴刀，乖乖地站到了一边。

周兴一看大事不妙，"扑通"一声跪在当地，一边磕头，一边哭喊道："好汉饶命，好汉饶……"

话还没说完，便被一人手起刀落，将脑袋从木枷之上砍落地下。另一人走上来，飞起一脚，将那颗血淋淋的脑袋踢到了数十丈的深渊之中。然后，这帮人呼哨一声，迅速没入密林之内。

事后，人们传言，周兴是被仇家所杀。也有人猜测，是狄仁杰暗中安排地方豪杰，在半路里截杀了这个恶棍。究竟是被谁所杀，无人得知。不过，是谁所杀已不重要，重要的是这个恶魔再也不能横行害人了。

丘神勣、周兴伏诛，极大地鼓舞了朝臣们与酷吏决一死战的信心和勇气。他们开始相信，天理人心不可违，多行不义必自毙。不是不报，时机不到，时机一到，一切都报。

数日之后，有人密奏举报，另一位酷吏头子，被人称为"索命使者"的索元礼涉嫌受贿，女皇仍命徐有功办理此案。

经过几天审讯，索元礼拒不认罪。杀威棍、"孟青棒"在这位胡人无赖身上似乎没有什么效力。

徐有功勃然大怒，对两班吏役喊道："取铁笼头来，让索大人也尝尝这东西的滋味。"

铁笼头是索元礼发明的刑具之一，他常用这东西套在犯人的头上，如不认罪，便不断地向里面打进木楔，直到把犯人的头颅挤碎为止。

当行刑吏把铁笼头提来，"哐啷"一声扔在索元礼脚下时，他顿时魂飞胆裂，面无人色，结结巴巴喊道："犯……犯官愿……愿招。"当即将其这几年来贪赃受贿的罪行一一招供。

女皇听过索元礼的案情禀报之后，毫不犹豫地说道："贪鄙小人，社稷之鼠，留之何益，杀！"这位嚣张一时、穷凶极恶的"索使"立即被押赴市曹，斩首了事。

其实，按当时律例，索元礼所犯贪贿罪，在可杀可不杀之间。女皇所以要杀他，一是因为她历来对贪赃受贿之人深恶痛绝，而在新朝建立之后，她就更容不得这班鼠窃狗偷之辈。

更重要的是，女皇心里十分清楚，索元礼之流作为威慑制服政敌的一种工具，他们的使命已基本完成了。这些人树敌太多，已犯众怒，杀他们便能慰藉人心，提高自己在朝臣和百姓中的威望。"狡兔死，走狗烹"，现在是时候了。

不过，酷吏们还不能全部诛灭，杀几个平息一下众怒，调整一下人们的心态也就行了。来俊臣暂时不能动，要留着他继续发挥"以一当十"的作用。有他在，朝臣中那些存有敌意的人就仍不敢有丝毫放肆。

女皇认为，这便是掌权的艺术。秉国权衡的万乘之君，必须始终掌握好平衡之术。不仅要忠奸并用，而且要通过不断地调整，使双方势力均等，互相钳制，互相约束。若是失去了这种平衡，力量完全倾斜于一方，那就非出大乱子不可。

酷吏伏法，循臣得志，大周朝建立才半年多，已经呈现出一种万象更新、生气勃勃的局面。

士庶欢欣鼓舞，朝臣额手称庆，到处是一片蒸蒸日上、其乐融融的太平景象。

但是，在一片颂扬声中，女皇并没有飘飘然，仍是夙夜忧勤，不稍懈怠。

女皇武则天

她深知，经过了这场改朝换代的易姓革命，政治形势和社会生活都发生了前所未有的变化，大唐朝原有的政体和官制已经不适应现实政务的要求，必须加以改造。

经过较长时间的考虑，又与狄仁杰、李昭德、岑长倩、格元辅等宰相们反复商量，女皇决定增设天官侍郎二员，增设左右补阙、左右拾遗各三员，通满五员。

天官侍郎历来主管选举。此时，大周朝的科举选官分为神都选和西都选，即每年一次在东西二都洛阳和长安同时进行。增设天官侍郎，是为了加强选举工作，使之少出纰漏。

补阙和拾遗并不是女皇的独创，在她以前这些官名就有了。"补阙"的意思是，"国家有过阙（缺）而补正之"；拾遗之意则是"国家有遗漏之事拾而论之"。这两种官职都属于谏官。

但是，女皇为了适应新政的需要，却把拾遗和补阙都分为左、右。并将左拾遗、左补阙置于门下省，右拾遗、右补阙置于中书省。而门下省和中书省又是国家的最高行政机构。女皇这样做，自然是要新增加的拾遗、补阙们发挥其更积极的作用。这是女皇的独创，是她改革政体的匠心独运。

女皇还发现，随着形势的发展，国家政事中出现了一些原有职官职能范围外的事情无人统管，必须增设一些临时性官职，即各类使职。

经过朝臣们讨论，女皇迅速颁诏，新增设知匦使、理匦使、存抚使、营田使、督作使、飞龙使、防御史、闲厩使、采访使、招讨使、园苑使、庄宅使等十二种使职。

诏书颁发之后，女皇对宰相们说道："天下至大，郡邑至多，虽贤牧良宰，亦难尽善其事。今由诸使职代天子、宰臣巡察各地，临时处理诸种应急事变，必能惩恶劝善，激浊扬清，使贪吏望风惩革，天子就听恒遍海内，令孤穷获安，风俗一变。"

宰相们听得频频点头，他们的这位女皇帝，总是比别人看得更远，想得更细，毕竟高人一筹。

这些变革举措，说到家，还仍然是在原有政体框架内的小调整。新王朝最需要的，是要大量地输入新鲜血液。

李唐旧臣，有许多已经落马，有些则为新朝不取；而女皇一向引为肱股腹心的北门学士，此时大都垂垂老矣。从朝廷到地方官府，都急需人才。起用新人，不仅是新朝的当务之急，而且是关乎"万世基业"的头等大事。这样的大事，决不能假他人之手来办理，必须由自己亲操"选贤"重柄。

贤能之才从哪里来？最重要的渠道自然是科举取士。其实，这几年来，如何更多更准地选拔新人，一直是萦绕在女皇心头，日夜不能忘怀的大事，她一直都在思虑着，如何才能广开仕进之路，不拘一格选贤用能。

早在新皇朝建立的前一年，在诸王图谋反叛，朝臣明争暗斗那种剑拔弩张的形势下，女皇（当时的太后）仍毅然下诏，大力搜求天下遗贤。当时有不少朝臣劝她将此事先放一放，她却果断地说道："取士用人，国脉之本，只要天塌不下来，就决不能动摇。"在内心深处，她却坚定地认为，这样做，不仅是为了选取人才，也是与谋逆者斗争的一种策略。天下士子有如此广阔的进身之路，谁还跟你们这些谋反者去提着脑袋瞎折腾？当年大才子骆宾王因仕进无路，官场失意而去跟着造反的教训，不能不认真汲取。

果然，求贤诏书一下，海内士人应试者不下万人，从四面八方云集神都。

女皇亲自登上洛阳城南门接见"临试"。在此后几天的考试中，女皇提出："令士子自糊其名，暗考以定等策"，以防主考官从中作弊，不以真才实学取人。

科考"糊名"（即考生将名字密封）制，还是有史以来第一次，女皇这一小小的创举，竟然一直沿袭了千余年，时至今日还在采用。

经过数日考试之后，选拔出最优秀者数十人。女皇将他们召至洛阳殿前亲自策问，以定优劣。从而开创了科考"殿试"的先河，又是一个前无古人的创举。

殿士一直进行了好几天，女皇于大批才子之中，选取张说为"天下第一"。张说应词标文苑科，又称学综古今科。其对策辞采富丽，气势宏远，见解精辟独到。其中几句至今仍是脍炙人口的警句：

> 昔三监玩常，有司既纠之以猛；
> 今四海咸服，陛下宜济之以宽。

意思是说，此前宗室诸王起兵玩火，已被官军坚决剿灭；而现在四海之人皆驯服，陛下就应该由苛政改为宽政了。

女皇对张说的策论十分赞赏，一个读书人，不仅文章写得好，而且能如此洞悉世情，明了国事政情，实在难得。她当即封张说为太子校书郎，并命人将张说的策文以大纸抄写，张贴于尚书省，向朝臣及各国使臣明示，"以光大国得贤之美"。

在大周建立之前，女皇便如此重视科考取仕。新朝建立之后，对于这件为国选贤的大事，她就更加紧抓不放了。按照大唐定制，科举考试每年春天举行一次，分为进士科和明经诸科。考生一是来自国家、太学的学生，称为贡士；另是来自州郡推荐的士子，称作乡贡。

进士十分难考，有"三十老明经，五十少进士"之说。太宗掌国的整个"贞观"二十三年，进士及第者仅二百零三人，每年考中七八个人。

女皇认为这样不行，所选人才太少，远远不够新朝廷的需求。

于是，她力排众议，大开"制举"。所谓制举，就是不定期地进行科举考试，只要考中，即授以官职。考试的科目甚多，有词标文苑科、文擅词场科、孝悌鲠直科，临难不顾、殉节宁邦科，长才广度、沈迹下僚科，超群拔类科，据说还设了一个"不求闻达科"，换句话说，就是"不求升官发财科"。

当时曾经流传着一个笑话，有人在路上遇到了一位朋友，这朋友并不识字。此时正打马飞奔，还嫌慢了，又连连加鞭。那人感到很奇怪，就问他这朋友急急忙忙去干什么？朋友说要赶往京城去考"不求闻达科"，朋友不禁哈哈大笑。

这显然是则讽刺笑话，是说当时的制举科名繁多，甚至有些千奇百怪。

但是，恰恰是这名目繁多的科目和不定期的考试，为天下各个阶层的人士大开了应试进身的方便之门。相对于过去那种以门第为主要考校标准的"九品中正制"，简直是一种天大的进步。寒门士子和庶民百姓，能不为有幸遇上这样一位开明女皇帝而感谢上苍吗？

女皇自然清楚，科举考试并非选贤任能的唯一途径。自己何曾参加过什么科举考试？几十年来治理这么大一个国家，还不是照样游刃有余？科班出身的确实有些人才，但是仅靠这一条途径，不能保证野无遗贤。闾巷草泽之中，才是真正的藏龙卧虎之所。

为此，她又专门下诏，要求各级官吏举荐人才。诏书要求对那些"其才广度，沈迹下僚。据德以仁，韬声幽闭，怀辅佐之器"的人才，一定要向朝廷举荐。随后又下了一道《搜访贤人诏》，要求对那些"英谋冠代，雄略过人"的文武全才及"冒白刃其如归，指苍壁而不顾"，以及"捷若迅雷，走若追风，弯弓则七札洞开，奔阵则重围自溃"这样惯于冲锋陷阵的武士，也要大力举荐。

女皇生怕各级官吏搜访贤人应付差事，不肯尽心，又专门选取了十名德才兼备的"存抚使"，分赴全国各地去搜访贤才，并令她最信任的宰相狄仁杰全国巡查，总督其事。

在狄仁杰临行之前，女皇专门召见了他，语重心长地说道："十室之邑，忠信尚存；三人同行，我师尤在。卿此次巡视，务须用心搜访，万不可随意说无。"

女皇诚恳而真切的求贤之心，溢于言表。老人家是快七十岁的人了，为国事仍如此黾勉操劳，呕心沥血。狄仁杰听着，只有频频点头的份儿。

长寿元年二月，经十名存抚使和地方官府的举荐，由女皇面试之后，石艾县令王山龄等六十人被擢拔任命为补阙、拾遗、员外郎；怀州录事参军霍献等二十四人被任命为侍御史；录州参军徐昕等二十四人当了著作郎；内黄县尉崔道宣等二十二人当了卫佐。

好家伙，一下子便有一百三十人不经科考，便平步青云，而且其中还不乏布衣平民。

又是一件旷古未有的轰动性"新闻"。消息一经传开，立时舆论哗然。

对这种不经考试便可骤得高官的现象，一些读书人既眼热又妒忌，自然更不理解。有一个名叫张鷟的，便写了一首打油诗，诗曰：

> 补阙连车载，
> 拾遗平斗量。
> 耙推侍御史，
> 梳脱校书郎。

既然是打油诗，用的便多是口语，连普通百姓对它的意思也十分明白，无非是讽刺用官太滥。补阙多得用很多车子来装，拾遗像米粒似的可以用斗来量，侍御史像晒场上的谷堆，需用耙子来耙，而校书郎更像成批加工出来的碗胎一样，多得不可胜数。

打油诗一出，立即不胫而走，妇孺老幼争相传诵，以为笑谈。

洛阳城有一个叫沈全交的士子，平时傲诞自纵，狂放无羁，常戴着高巾子，身着一袭长衫，到处显扬自己才学过人。他读完这首打油诗以后，觉得很有些意思，但又似乎意犹未尽。稍加思索，便又在下面续上了四句：

> 评事不读律，

女皇武则天

> 博士不寻章。
> 面糊存抚使，
> 眯目圣神皇。

他讽刺那些身为司法评事的官员，却不懂律条，那些教授经书的博士，也不搞章句之学。最后两句虽然也是打油诗，却用了一个典故，即《老子》一书中的"播糠眯目"，是说那些到各地搜访举荐贤才的存抚使们，都是一些面糊糊一般的糊涂官，他们撒出的米糠，又把圣神皇帝的眼睛给眯住了，所以才闹得到处是庸官冗吏。

这一来，就有点把矛头直指当今皇上的意味了。这还了得，真正是犯上作乱，杀头之罪。

续诗刚一出笼，便被御史纪先知得到了。他当即派人把沈全交捉到西台，以谤讪朝政、败坏国风之罪，弹奏于女皇，要求将沈全交于朝堂决杖，然后再交付大理寺审谳定罪。

则天皇上看过打油诗之后，却觉得有趣，便于朝堂之上召见了纪先知和沈全交。

"你便是沈全交？"

"草民正是。"

"你说朕眯了眼，有何证据？"

"不经科考，仅凭存抚使的一面之词，便一下子将百余人擢为高官，必定鱼龙混杂，泥沙俱下。陛下如此选官，草民以为失之过滥。"

女皇微微一笑说道："你说得不无道理，但也失之偏颇，只知其一，不知其二。自古以来，英雄豪杰未必都是进士及第。朕来问你，汉朝张子房、韩信，三国时的诸葛亮、曹孟德，当代的太宗皇上、李勣将军，可都是经过科考考出来的？"

"……"历来恃才傲物的沈全交，却一时语塞，憋得满脸通红。

"乡间闾里，不乏鸿儒大贤，此其一；其二，没有大浪淘沙，何以淘得真金？没有开山凿石，何以剖得纯玉？朕以禄位广收天下人才，先加试用，德才兼备，称职有成者留之，无才不肖者黜之，汲引虽宽，考绩却严，进退皆速，如此选官何由能滥？朕把用人之门开得大一些，广辟选才之路，让天下人不分贵贱老幼，皆有仕进的希望和机会，这难道有错吗？"

沈全交惶愧了，皇上的这些用意，他确实不曾想过："陛下爱才之切，用心之深，非草民所知。请陛下治草民之罪。"

则天皇上突然开心地大笑起来："但使大周用官不滥，何虑天下人语？你没有什么罪，可以走了。"

御史纪先知一听要放人，先是一愣，正要开口争执，却见狄仁杰向他连使眼色，并向沈全交喝道："还不谢皇上莫大之恩？"沈全交慌忙叩头谢恩，红着脸走了。

看着他那副尴尬的样子，狄仁杰在心中暗笑："一介儒生，怎能窥测到圣上机心之万一？皇上践柞临朝，求访无倦，尤务拔擢，弘委任意。不过是要借此收揽天下人心。喜者用之，庸者黜之，挟刑赏之柄以驾驭天下。只有如此，四海英雄才能趋之若鹜，竟为之用。你这个迂腐狂生，信口胡诌几句酸不溜唧的打油诗，若不是遇上开明之主，岂不枉送了小命。"

第三十章　圣聪睿敏　难定嗣位

就在狄仁杰督率十道存抚使，在全国各地搜访天下人才的时候，朝廷中又围绕着武皇建储立嗣之事，掀起了一场轩然大波。

女皇已年近七旬，虽然政治上诸事顺利，春风得意，在后宫中又有上官婉儿、千金公主及贴心侍婢韦团儿等人陪着说话、逗乐子，侍前伺后，更加上每天夜里都有可人儿薛怀义行云布雨，将她滋养得鹤发童颜，仿佛又获得了生命中的第二个春天。但是，大自然的法则是不容违抗的。作为一国之君的女皇，到了这个年纪，自然会觉得时不我待。

这段时间里，她感到了一种从来没有过的困惑，有一个大难题摆到了她的面前。

历史上，历朝历代围绕着建立皇嗣的问题，总是闹得血雨腥风、刀光剑影、人死猪瘟狗跳墙。皇权能够顺顺利利平稳交接的实在太少。

但历史上的任何一次皇权交接，还都只是在皇上的儿子们之间，也就是在亲兄弟们之间选择。

而现在女皇面临的麻烦更大，她需要在亲生儿子和娘家侄子之间，在异姓的姑表兄弟之间进行选择。

从表面上看，这似乎已经不是什么问题。因为自从女皇登基之后，原来的睿宗皇上已降为皇嗣，就是东宫太子，皇权继承人已经法定的格局早就形成了。

但实际上，那不过是一种形式，是女皇的一件临时性摆设罢了，随时都可以走马换人。

立子乎？立侄乎？在女皇的心里，这件事一直举棋不定，左右为难。

从骨肉亲情上讲，女皇当然还是与自己的亲生儿子更近一些，希望把江山社稷移交给他。

但是，自己的儿子姓李，虽然赐他武姓，那只是表面文章，他的骨子里永远姓李。一旦把权力交给他，那便意味着李唐王朝的复辟，意味着自己历经生死劫难、千辛万苦所创立的大周王朝一代而亡。仅仅一代，就只有自己这一个武姓皇帝，大周便灭亡了，完蛋了，如此短命的王朝，历史上将是绝无仅有的。秦始皇暴戾恣睢，骂名千古，他所创立的秦朝还是二世，甚至还可说三世而亡呢。而自己的武周王朝却只有一世，后人将如何评价我武曌呢？

更何况，皇嗣李旦性情懦弱，唯命是从，把偌大一个江山交给他，自己没有信心，更不放心。

立武姓侄子为皇嗣吗？那倒是老武家的同姓后人当皇上，武周的天下可以一代又一代地传下去。但他们毕竟是娘家的侄子，不是从自己身上掉下来的肉。儿子与侄子谁亲谁疏，谁近谁远，连傻瓜也都知道。

这便是女皇的困惑，一种令她极度矛盾、彷徨、无所适从和难以定夺的困惑。在至关重要的事情上如此犹豫不决，女皇这一辈子还是头一次。

最早窥知女皇心事的，便是她的侄子，魏王武承嗣。武承嗣知道，他姑妈希望自己建立的武周王朝千秋万代。这当然就得由武姓的后人继承皇位。

因此，这位极善谄媚邀宠又野心勃勃的魏王早就跃跃欲试了。他不惜降尊纡贵、奴颜婢膝地事奉姑母的情人薛怀义，又事事处处把姑母伺候得舒舒坦坦。为了给姑母留下一个精明能干的印象，他每日上朝下朝都十分守时，勤理政事，宵旰忧劳。而暗地里，他却鼓动手下人为自己夺取储君之位大造舆论，向懦弱无能的皇嗣李旦发起了咄咄逼人的攻势。

这年九月的一天，他与其死党、凤阁舍人张嘉福密谈至深夜。第二天，张嘉福便指使洛阳人王庆之，纠集了数百人联名上表，请立武承嗣为皇太子。

王庆之的奏表搔到了女皇的痒处，她正好想借此机会，听一听朝臣们对此事的看法。

不料她刚说了奏表的意思，三位当朝宰相岑长倩、格辅元、欧阳通便表示反对。

岑长倩反对尤为激烈。岑长倩是太宗朝宰相岑文本的侄子，在女皇登基之前也曾屡陈瑞符，为易姓革命做出过特殊贡献。女皇登基之后，他又率先上疏请改皇嗣李旦为武姓。

从永淳元年开始，岑长倩就出任宰相，迄今已历十余年，是位政坛元老，他的话在朝廷中是很有些分量的。

岑长倩对女皇历来忠贞不贰，是因为他从内心里对她的雄才大略极为敬佩，坚信她能把天下治理好。但是，他却不想与武氏子孙攀交情。岂止是不想攀交情，简直是有点鄙夷不屑。对他们觊觎大宝、欲窃夺国柄的企图，更是强烈不满。

女皇武则天

"岑爱卿，你对立嗣之事如何看法？"女皇首先征求他的意见。

"皇上，臣以为皇嗣已立，早在东宫，此乃国人皆知，天经地义之事。万万不可随意更改，改则动摇国基，致生变乱。为长治久安计，皇上应切责上表者，令其自行解散。如若不散，为首者应究治其罪。"

女皇又问格辅元和欧阳通是何看法，二人异口同声，说岑相之言，乃老诚谋国之见，皇嗣万不可更改。

女皇默然了，既然三位宰相都认为不可，这事也就先放到一边，不再议了。

但是，宰相们的做法，却触怒和开罪了诸武。武承嗣、武三思、武攸宁等人，便每日聚在一起商量对策，轮番在女皇那里告黑状，专门捏造一些容易使女皇伤心动怒的事禀奏。

谣言千遍就是真理，女皇再开明，也架不住这群武家儿郎终日围在身边，像苍蝇似的嗡嗡乱叫。她终于被谗言激怒了，下旨免去岑长倩宰相之职，令他西征突厥。

岑长倩奉命西行，尚在途中。诸武又诬告他临行时有谋反言论，便又被调回京师，下狱问罪。

时过不久，格辅元也被诸武的谗言送进了大狱。

在三位反对立武姓为嗣皇的宰相中，就剩下一个欧阳通了。为了拔掉这颗眼中钉，并将这几个"拦路虎"置于死地，武承嗣与武三思等人绞尽了脑汁。最后，他选中了岑长倩的儿子岑灵原为突破口。

岑灵原只有十八九岁，从小生长在富贵之家，为其母娇生惯养，性情骄矜而又脆弱。其父下狱之后，终日躲在家中，与母亲相对而泣，惶惶然一筹莫展。

一日被酷吏来俊臣的人抓去，带到了行刑室。一看各种刑具和那些被打得遍体鳞伤、血肉模糊的囚犯，早吓得魂飞魄散，浑身抖做一团。

"岑灵原，有人告你父亲与欧阳通，联络数十人谋反，可有此事？"来俊臣阴森森地问道。

岑灵原"扑通"一声跪在来俊臣面前，他虽已吓昏了头，但这谋反之事纯属子虚乌有，他连听说过都没有，如何招承？便哭着乞求道："来大人，小……小人委实不知谋……谋反之……之事，这……这是有……有人诬……诬告。"

"胡说，你到欧阳通府上干啥去了？"

"小……人受母亲之……之命，去探……问一下父亲在狱中……中的情况。"

"嘿嘿，"来俊臣枭鸟似的干笑了几声，又突然暴喝道："来人，这小子不见棺材不落泪，先让他尝尝'红烧枣糕'的滋味。"

所谓"红烧枣糕"，就是烧红的烙铁。当行刑者举着一块红透了的冒着一缕缕白烟的烙铁刚走到他面前，还没有放到身上，岑灵原早"噢"的一声，昏厥了过去。

一桶凉水将他泼醒，又要用刑，岑灵原向前爬了数步，鸡啄米似的一边叩头，一边哭喊："小人愿招，小人愿招。"

这样，岑灵原按着来俊臣的意图写下了供状，欧阳通谋反便有了铁证。

欧阳通是大名鼎鼎的一代大儒兼书法大家欧阳询的儿子，这可是条硬汉了。尽管来俊臣的诸般刑具五毒备至，无所不用其极，但在欧阳通面前却全都失效了。他受尽种种折磨，十几次死去活来，却终不肯自诬，更不肯诬人。

然而，对于罗织"天才"来俊臣来说，犯人死不招供也不是什么难题。他很快就编造出了一套绝妙的伪供，诬称欧阳通、岑长倩、格辅元三位宰相串通十几名朝臣密谋推翻武周皇朝。

十月十二日，三位宰相被同时斩杀于洛阳街头。

三个最大的"拦路虎"被杀，诸武及其同党欣喜若狂。那位带头上书的王庆之胆子变得更大了，带领上百人在皇宫前鼓噪呐喊，死乞白赖地非要见皇上不可。

女皇被央求不过，便勉强在便殿召见了他。看着殿下跪着的这个尖嘴猴腮的猥琐之辈，女皇顿生反感，冷冷地问道："皇嗣乃是朕的亲生儿子，为何要废掉他？"

王庆之早受了武承嗣指点，不知提前习练了多少遍，当下显得胸有成竹，振振有词说道："神不歆非类，民不祀非族！今谁有天下，而以李氏为祀乎？"

这是借用《左传》中晋大夫狐突的话，意思是说，神仙不吃异类的供品，百姓不祭祀非同族的先人。如今是谁的天下？是您武皇陛下的天下，是老武家的天下，怎能以李氏为嗣呢？

王庆之所说的道理，女皇何曾没想过？不过他的话，给立武姓为嗣提供了一个更加有力的依据。女皇似乎有所心动，无奈建储立嗣乃是关乎千秋万代的社稷大事，她自然不会在一个白丁面前透露半句，便不动声色地说道："这些无须尔等操心，朕自有决断，你回去吧。"

女皇武则天

不料这个王庆之却伏在地上不肯起身，还两眼垂泪，施出了市井无赖的本领，似乎要以死相谏。

女皇不想和他纠缠，便顺手拿了一张盖有玺印的纸片扔给他："你先回去，以后何时想来见朕，只要把此纸出示给侍卫，他们就会放你进来。"

王庆之本是个见杆就爬、官迷心窍的家伙，他受武承嗣之嘱，带头上书，本是为邀买富贵，如今有了这张随意出入宫掖的纸片，如获至宝。

从此以后，他便不厌其烦，屡屡入宫求见皇上。而见到女皇之后，总是翻来覆去的那几句话，并无新意。女皇每天日理万机，那有闲工夫和耐心听他这些颠三倒四的废话？这哪里是来奏事，简直是在捣乱。

女皇终于被惹烦了，怒冲冲地对凤阁侍郎李昭德说道："把他拉出去，给他几杖，再让他胡言乱语。"

李昭德早就对武承嗣企图篡夺皇位的行径深恶痛绝，对王庆之这个无耻之辈更是视若狗屎。再加上三位宰相被杀，在他心目中燃起的怒火还在熊熊燃烧。这下有了圣旨，正好借机出口恶气。

当即命侍卫们将王庆之拉到先政门外，对围观的人们大声喊道："这个不知天高地厚的鸟贼，竟要废我皇嗣，立武承嗣为太子，给我打！"

话音通落，左右侍卫冲了上来。一阵"孟青棒"挟风带火，没头没脑地狠打下去。那王庆之被打得耳鼻出血，杀猪似的嗷嗷乱叫。

按照女皇的意思，本来到此为止也就可以了。但李昭德岂肯饶过这厮，命人再打，直到乱棍打死为止。

皇宫外那些跟着来请愿的市井无赖们，听说王庆之已被杖杀，早吓得三魂丢了两魂半，"轰"的一声，星崩四散。

随着王庆之之死，诸武夺嫡的第一次攻势似乎被挫败了，皇嗣李旦的位子也好像被暂时保了下来。

不过，这仅仅是表面上的风平浪静。在湖水的深处，一股股潜流仍在波翻浪卷，怒涛滚滚。

数日之后，谁也没有料到，女皇身边的一个小小侍婢韦团儿，又掀起了一个不大不小的浪头。

这韦团儿心灵手巧，伶牙俐齿，平时伺候女皇的衣食起居，十分殷勤。因此，与掌管皇上文牒的上官婉儿一样，深受女皇宠信。

谁知这韦团儿凭着女皇的宠信，野心也渐渐膨胀起来，竟然看上了皇嗣李旦。她正值青春旺盛的年龄，身体内汹涌着一股难以遏制的情欲。一有机会便往皇嗣李旦的东宫里跑，在李旦面前搔首弄姿。有一次见屋里就李旦一人，竟一屁股坐到他的怀里，用两个丰硕的肉坨子在他胸前蹭来蹭去。

李旦虽然懦弱，却不是那种拈花惹草的风流浪子。他自有娇艳美貌、情深意笃的两位妃子和许多花朵儿似的宫女，如何能看上这个浅薄骚情的小婢子？再说，他现在正处在政争的风口浪尖，每日如履薄冰，战战兢兢，哪还有这种寻花问柳的闲心？

李旦当即就翻了脸，一把将韦团儿推开，愤愤然地说道："一个女孩儿家，竟然如此不知廉耻，成何体统？"

俗话说，男追女，隔座山；女追男，隔张纸。韦团儿原以为只要蓄意勾引，皇嗣很容易就会临幸自己，以后他若做了皇帝，自己也好有出头之日。万没料到竟讨了这场羞辱，立时便满面通红，悻悻而去。从此便与皇嗣结了怨，一心要寻机报复。

这件事，很快便被耳目众多的武承嗣得知了。经过一番思考，他想出了一条"一石二鸟"之计。既可借机玩玩这个花朵儿似的俏人儿，又能致他的政敌于死地。

一天夜里，武承嗣派人把韦团儿接到了自己的府上。一走进他那间华贵富丽的居室，韦团儿心中便怦怦乱跳。室内到处弥散着让人心旌荡漾的麝兰馨香，灯烛皆罩以红绫，若明若暗。偌大的房子空荡荡的，只有武承嗣一人，正在色眯眯地盯视着她的前胸。

"奴婢韦团儿见过魏王"，她上前深施一礼。

武承嗣并不说话，陡地站起来，冲上前去，紧紧地将韦团儿搂在怀里，抱起来走进寝室，一起滚到了大床上，三把两把将韦团儿剥了个精光。

以他的经验知道，像这种浑身都潜涌着情欲的岩浆，被性的渴望折磨得难以忍受的风骚女人，越是施以强暴，越容易使她得到最大的满足。

……

闪电和雷雨过后，两个人都从极度的亢奋中渐趋平静。

"韦团儿，感觉如何？"武承嗣又一次问道。

"魏王爷，奴婢从不知人生还有如此美妙的享受。这事儿比山珍海味还要香甜百倍。"

"想不想永远跟本王共享富贵？"

"王爷取笑了，小婢子何等身份，敢攀王爷的高枝？"

"你这小鬼精灵儿，还在本王面前撇清，谁不知你心比天高？在你眼里，王爷算个什么？只有如今的太子，未来的皇上，才是你的目标。告诉你，东宫储君将来是姓李还是姓武，还在未知之数，鹿死谁手尚未可知？"

"真的？"韦团儿兴奋起来，"王爷觉得，在这场逐鹿之战中，有多少胜算？"

"皇上的意思你还不清楚？她老人家好不容易登基做了皇上，岂能甘心再拱手让给他们李家？自古以来，唯有江山与美人没有擅让的道理。"

稍住了一会儿，武承嗣把韦团儿揽在怀里，说道："团儿，有件事你若助我一臂之力，他年得志，本王封你个贵妃，保你有享不尽的荣华富贵。"

"我？我能帮上王爷什么？"

"此事非你莫属，你是皇上面前的大红人嘛。"

接下来，武承嗣俯在韦团儿的耳朵边，小声说出了自己的计划。

一天夜里，韦团儿按照武承嗣的吩咐，在皇嗣李旦的二位妃子刘氏和窦氏居住的院子里，偷偷地埋下了两个桐木刻的小人儿。她是皇上的贴身侍女，出入东宫原本是常事，那些侍卫和下人谁也没想到她会做什么手脚。

第二天女皇下朝，韦团儿马上密告皇上，说刘、窦二妃在搞厌胜术，以诅咒皇上，好让皇嗣早日即位。

女皇立即派人前去搜查，果然搜出了那两个桐木人。女皇顿时勃然大怒，宫人搞厌胜术，与朝臣谋反一样，是绝不能容忍的杀头之罪。

她想起了当年的王皇后和萧淑妃，曾以此对自己下毒手，落了个可悲的下场。自己也曾经因为请僧人驱邪，险些被以"厌胜"罪名废了皇后。

想不到旦儿的这两个妖妃，竟然如此阴狠歹毒，胆大妄为，暗中对自己下手。

家丑不可外扬，这是皇宫里的丑事，她不想让外人知道，便下令让几名女侍将刘、窦二妃秘密处死，埋掉了事。

这可是闭门家中坐，大祸天上来。皇嗣李旦一下子陷入绝境。

自己的妃子搞厌胜术，显然自己是知情者，甚至是幕后操纵者，这事儿跳进黄河都洗不清。这可如何是好？李旦被吓蒙了，爱妃之死令他悲痛欲绝，他却不敢说半句话。因为巨大的危险像倾塌的大山，眼看就要把他压得粉身碎骨。他已经泥菩萨过河，自身难保了。

"婉儿，去宣皇嗣来见朕"，女皇脸色铁青，话声里充满了火药味。

上官婉儿的心一下子收紧了，她知道这事已经祸延皇嗣，李旦大难临头了。现在谁也无法救他。这个一直唯唯诺诺，小心翼翼的可怜虫。天天害怕是非，躲避是非，到头来是非却自己找上门来。不行，自己无论如何也要帮他一把。

"陛下息怒，依奴婢看，这件事儿似乎有些蹊跷。"

"有何蹊跷？"

"以皇嗣之为人，素来谨小慎微，掉下个树叶都怕砸破头。又一直事陛下以孝顺，忠诚不贰，怎么会做出如此大逆不道之事？就是那两个妃子，也一向贤淑温良，不问也不懂政事，怎能如此狂妄？"

"你是说，朕杀她们杀错了？"

"不，我是怕有人在做手脚，以蒙蔽圣聪。请陛下假以时日，让奴婢将此事查清，再处置皇嗣也不迟。"

"那好吧，给你三天的时间。"女皇显然余怒未息。

以上官婉儿在后宫的地位和她平日的为人，许多宫女都能与她推心置腹。还不到一天，有一位知情的宫女便将事情的原委始末，向她合盘托了出来。

事情终于真相大白，女皇对误杀两妃子深觉后悔。但人死不能复生，当皇上的再错也不能认错。不过，她的满腔怒火便一股脑儿泼在了韦团儿的身上。

女皇立即传令内侍，将韦团儿杖杀于嘉豫殿阶前。可怜这个命如纸薄，却心比天高的小小婢女，一心要攀龙附凤，登高枝儿。先是勾引皇嗣，继而委身魏王，害死了两位太子妃，原想株连皇嗣，没想到却枉送了自己一条小命。

然而，这一年对于皇嗣李旦来说，真是多灾多难的多事之秋，一波未平，一波又起，四面失火，险象环生。

韦团儿的事刚过去一个月，又发生了一次危及皇嗣的险情。

一日散朝后，内侍范云仙对尚方监裴匪躬说道："裴大人，咱们是否去拜望一下皇嗣？"

"皇嗣怎么了？"

"其实也没什么。只是被诸武苦苦相逼，二位妃子又被杀，终日愁眉不展，连个说话的人都没有。听说这些日子睡不好觉，吃不下饭，委实可怜。"

"有这等事？是该去拜望一下，也好劝劝皇嗣，让他想开些。"裴匪躬历事先朝，也算是朝廷中一位资深老臣了。他与皇嗣李旦并没有什么特殊的关系和情分，只是觉得他是储君，竟落得如此孤苦伶仃，实在可怜。从道义上讲，做臣子的也应该去安慰一下。

女皇武则天

武承嗣是铁了心要夺得皇储之位,利用韦团儿废掉李旦的阴谋没有得逞,他不但没有死心,反而更变本加厉。他命在后宫安插的耳目,要不分昼夜监视东宫,盯紧李旦的一举一动,非要从鸡蛋里挑出块骨头不可。

裴匪躬、范云仙拜见皇嗣的事儿很快被报到了武承嗣的耳朵里,他马上密报女皇,自然少不了添枝加叶,说裴、范二人与皇嗣私议朝政,谤讥皇上,似有谋逆之意。

按道理讲,皇嗣作为储君,将来要继承大位,平时与朝臣谈论国家大事不仅在情理之中,而且应该受到鼓励才是。更何况,这次只是一种礼节性的拜访,根本就未谈及国事。

但是,武承嗣的黑状,却触到女皇心中最敏感之处。皇嗣李旦从来不问国事,这一次为什么一反常态,主动与大臣们议论起了朝政?

是不是因为他的两位爱妃被杀而心怀怨恨?或是因为皇位继承人未最后确定而迫不及待,要暗中动手,与朝臣宦官们图谋不轨?

凡是有可能危及自己皇权的可疑之举,哪怕是一点蛛丝马迹,女皇都是决不允许的。她马上下令,命来俊臣审理此事。

来俊臣将裴匪躬、范云仙逮捕下狱,严刑拷打。

裴、范二人皆是正直之臣,他们去拜访皇嗣光明正大,本无异谋。任凭来俊臣用尽诸种酷刑,他们也决不认罪。二人心里清楚,自己一旦屈打成招,便会置皇嗣于死地,让诸武篡夺皇位的阴谋得逞。

范云仙高声喊冤,被打得昏死过去。醒来之后,看看来俊臣,突然破口大骂:"来俊臣,你这个杂种、魔鬼,老子就是到了阴曹地府,变作厉鬼,也必来找你这个畜生算账!"

"哈哈哈……"来俊臣歇斯里地狂笑起来:"你来爷爷从来就不信那一套,要是人死了能变鬼,我来俊臣早被千千万万的鬼魂撕碎了。来人那,这老小子不是能喊能骂吗,把他的舌头割掉。"

范云仙的舌头被割去了,嘴里满是鲜血。他"呸"地一口,吐了来俊臣满头满脸,接着又"呜呜啊啊"的大骂不止,骂的什么人们却已经听不清了。

来俊臣最后也没能从裴匪躬、范云仙口中得到任何证据,但这根本难不倒这位"天才"酷吏,编造一纸伪供,便将裴、范二人送上了断头台。

为了防患于未然,女皇下令,从此不准李旦与任何朝臣见面议事。

好容易逮住了这么个机会,原以为足可以将李旦置于死地。没想到只杀了两个朝臣,皇嗣李旦却仍然安然无恙。武承嗣虽有些失望,却不甘心就此罢手。他指使手下，轮番到女皇面前告状，说李旦确有异谋。

"异谋"者，造反也，就是要阴谋推翻女皇的统治。就是有万分之一的可能，女皇也是决不能容忍的。她仍让来俊臣究治此事。

经过几番折腾，皇嗣李旦真正成了孤家寡人。现在他身边除了几个太常宫人和宫女之外，几乎再没有什么人了。

就是对这些侍从人员也绝不放过，来俊臣将他们全部拘来，不分男女，皆施以重刑。什么"死猪愁""喘不得""求即死"之类的酷刑，全都用上了，这些人平时连个杀鸡的都不敢看，哪里经得住这样的酷刑？

一个太监吃刑不过，沙哑着嗓音哭喊道："我知情，我愿招。"

这太监一旦自诬认罪，皇嗣立时便会大祸临头，不是被杀，便是赐死。

在这千钧一发的关键时刻，李旦身边一位叫安金藏的太常宫人突然挺身而出，大义凛然地对来俊臣高声喊道："休要听这厮胡说。皇嗣绝无谋反之心。你若不相信我安金藏的话，我情愿剖心以明皇嗣不反。"

说完，竟"哧啦"一声撕开衣襟，从身边一名行刑吏身上扯过佩刀，一刀切开了胸腹，霎时露出五脏六腑，蠕动着的肠子挂在腹外，汩汩的鲜血流了一地。

来俊臣大吃一惊，他无论如何也想不到一个普通的太常宫人会有此举。任他是个魔鬼，也被这惨烈的一幕吓傻了，再也不敢继续审下去。

众人皆目瞪口呆，一个小吏急忙跑向宫里，禀知女皇。女皇听说此事，也惊得心口突突乱跳，急忙命人将安金藏用车拉进后宫，召来众御医紧急抢救，把五脏重新纳入腔中，用桑皮线缝合，又敷以药粉。

安金藏终于活转了过来，他睁开眼，看到女皇在自己身边，眼中突然涌出了一串热泪，口里喃喃着："皇上，皇嗣不反……"说着，用手吃力地指了指自己的胸口，又闭上了双眼。

看着他因失血过多而变得极其惨白的脸色和那奄奄一息的样子，女皇心中一阵刀绞般的痛楚，愧悔地长叹一声道："朕自己的亲生儿子却不能自明，愧不如尔之忠义。"

她马上下令，要来俊臣立即停止审理此案。

从此以后，女皇再不怀疑和追究皇嗣，李旦终于渡过了难关。

但是，李旦也更加成了惊弓之鸟，他仍然恪守母训，从不与任何外臣交接。每日躲在东宫里，与几个下人相依为命。怀里像揣着个小兔子，一天到晚惴惴不安地打发日子。

女皇武则天

李旦虽然暂时渡过了难关，但是，皇位继承人的人选却仍然没有确定，皇嗣之争还在继续。

狄仁杰率十道存抚使，去各地搜访人才回到神京以后，听说三位宰相为保皇嗣之位同日被杀，感到了极度的悲痛和巨大的愤慨。愤慨之余，痛定思痛，这位对时局一向明察秋毫的宰相也一时陷入了困惑之中。

她为什么要这么做？在他的心目中，女皇的英睿神俊独步当今，无人能及。她怎么能受武承嗣一班小人的愚弄和挑唆，枉杀大臣，而且下手如此之狠？莫非人老了，真的就会糊涂到这个份上？

这不可能，她这样做肯定有她的道理。往深处想想，只有一种可能：女皇的本意就是要把大周的天下，把江山社稷传交给武氏子孙，她要让大周王朝千秋万代传下去，永远都姓武。这也难怪，以女皇一生争强好胜，把青史留名看得比什么都重要的秉性，怎么能允许自己亲手缔造的王朝因为皇嗣易姓而一代告终呢？

狄仁杰并不是那种拘泥古礼、食古不化的腐儒，他是个开明人。在他看来，未来的皇帝不管是姓李还是姓武，天都塌不下来。关键是要选一个称职的好皇帝，有益于江山社稷，有益于黎民百姓。在这一点上，他比那些以正统儒家自诩的宰相们要高明得多，也超脱得多。

但是，这个称职的好皇帝却不怎么好选。

女皇的两个儿子李显和李旦，都曾经当过几天皇帝，一个糊涂，一个懦弱，都难成雄才大略的中兴之主。而女皇的那两个侄子武承嗣、武三思呢，就更加不肖。不仅无才，而且无德。贪鄙嗜色，阴险刻毒，骄横暴戾。一旦执掌国柄，必定为所欲为。不仅朝臣们要倒血霉，更不知有多少人要人头落地，甚至会带来天下大乱，将亿万黎庶卷入血火荼毒之中。

相比之下，还是李氏兄弟们继位好些，即使庸弱糊涂一些，难有大的作为，但只要有贤相循吏相辅佐，至少可以稳稳妥妥地守成，江山不至于崩塌，万民不至于遭殃。

两短相较取其长，国家大权绝不能落于武承嗣他们手中。拼了这条老命，也不能让他们的狼子野心得逞。

正是怀着这样的想法，狄仁杰回到神都之后，便匆匆忙忙地求见女皇。

他当然不会先自提及皇嗣人选的事，那是犯大忌的。皇上虽然春秋已高，但神清体健，外臣怎能妄议她老人家百年之后的事呢？

"皇上，臣此次奉旨搜访贤才，详情已有专折禀奏。另有一事，臣欲面禀。"

"爱卿足迹遍及华夏，归来必有所见，有何事但言无妨。"

"臣所到之处，详察民情。百姓们大都能耕读有常，安居乐业。许多地方人口增长极快，人烟稠密，各业兴旺，市井繁盛如画。"

女皇欣慰地笑了："五谷丰登，家给人足，人口生殖自然就快。反之，战乱频仍，民生凋敝，人口便会下降，这是不言而喻的常识。朕留意过户部的统计，高祖在位的武德年间，海内民户仅二百万户；太宗在位的贞观年间，民户尚不满三百万户；而如今，天下已达六百三十五万多户，已是武德年间的三倍还多。"

"陛下临朝数十年，江山稳固，百业并臻，实为万民之福。臣非谀臣，但这是有口皆碑的事实。这几十年空前的天下大治，必定永垂青史。"

"从爱卿口里听到如此赞誉之词，可真难得啊。"女皇笑得灿若桃花。她能不心花怒放吗？这毕竟是她一生的追求和理想，而今终于变成了不争的事实。

笑过之后，她话锋一转，说道："朕猜想，爱卿此来，并不是专为褒扬朕来的，一定还有其他事要奏吧？"狄仁杰也笑了："皇上圣聪烛照，臣确有一事要奏。人多是大好事，但也带来了严重的弊病。现在国内逃户较多，既影响社会安定，又影响了赋税徭役和国家财政，已到了非解决不可的时候了。"

"嗯，这事儿朕也思虑再三，却没想出个好法子。对逃户不能只靠抓、罚、杀，就像治洪水一样，光靠'堵'是不行的，主要应该靠'疏'。咱们也该学学大禹。"

狄仁杰以由衷敬佩的目光看看女皇，心中暗暗赞叹："真正是一代英主。虽然足不出户，却连这事儿也想得跟我完全一样。"

逃户的问题历朝历代都是一个大难题。国家的赋税和徭役，都是来自各级官府控制下的编户齐民。但是，在一些人烟密集、人多地少的地方，丁壮多受田不足，再加上稍遇灾害，便会衣食不继，更无力承担赋税和徭役。为了生存计，他们不得不逃往人少地多的地方，以寻求生活出路。而国家律令又不能允许私自逃亡，那样官府将无法控制民众。因此，有些农户就只好违背禁令，私自逃亡，于是便出现了"逃户"，其实也就是"黑户"。在狄仁杰出巡期间，已发现三辅、河北、蜀汉三个地区的"逃户"现象较为严重。

"陛下，微臣倒是想了一个法子，不知是否可行，请陛下定夺。"

"有何好法子，快说。"

"组织移民，由窄乡向宽乡移民。"

"移民？是个办法，你可详细说来。"

"比如说，关中地区人口过于密集，而地亩不足，河南道却地广人稀。朝廷可明令地方官府，有计划有组织地将关中部分民户，迁往河南。一方面缓解关中人口过多的压力，另一方面又可开发河南道的地力。"

"世代袭居，热土难离，他们不情愿迁徙怎么办？"

"国家多给些减免赋税徭役的优惠，再给予迁移补贴，我想许多人是会愿意的，总比挤在关中衣食无着好吧？"

"只要行得通，是个好办法。但一定要民众自愿，多给优惠，万勿为此引出乱子来，爱卿可代朕草诏。"

"是，微臣这就办理。"

对此事狄仁杰早已成竹在胸，下笔如飞，一会儿诏书草成。女皇看时，见诏书写道：

> 京兆之地，旧号秦中，乃眷编氓，最为繁殖……其雍州旧管及周、太等州，土狭人稠，营种辛苦。有情愿向神都编贯者，宜听，仍给复三年。百姓无田业者，任其所欲。即各差清强官押领，并许将家口自随……其官人百姓有情愿于洛、怀等七州附贯者，亦听。应须交割及发代受领。

同时，诏书中对因其他原因逃亡或寄住的各色人等，也都做了相应的规定，只要在限定日期内出首，就可在神都等七州附近，就地安置，并免其一年劳役。

女皇看罢诏书，觉得甚为妥帖，便对狄仁杰说道："明日早朝，再与其他宰臣们议一议，即可颁行。"

事情奏完了，狄仁杰该告辞了，他正在迟疑，女皇说道："狄爱卿，朕尚有一事未决，卿可为朕决之。"

"请问皇上何事不决？"

"皇嗣李旦，虽为储君，但多优柔，少果敢，恐难以承统垂绪。朕意欲传大位于武承嗣，众卿皆曰不可，爱卿以为如何？"

女皇终于把话拉到了正题上，这正是狄仁杰此来的目的。他当即说道："武承嗣奸猾邪佞，非治国大器，乃乱邦枭雄。皇嗣虽说柔弱，亦比承嗣好出百倍。而况尚有其兄庐陵王，虽然当年做过荒唐事，但十几年磨砺思过，早已洗心革面，其兄弟二人，皇上可择其一而用之。更何况，高宗皇上，乃陛下之夫君；皇嗣、庐陵王，乃陛下之子。陛下身有天下，应传之子孙为万代业，怎能以侄为嗣？自古未闻侄子做天子为其姑母立庙的。陛下曾受高宗皇上临终顾托，若以天下与承嗣，则先帝在天之灵恐不血食矣。"

女皇沉默了，这一席话，既以江山社稷为重，又充满着君臣之义、夫妻之情、母子之情。则天女皇虽想以武姓继承天下，但也不能完全视天伦之情于不顾。她只好暂时打消了改立武承嗣为太子的念头。对狄仁杰说道："好在朕体魄尚健，此事可从长计议。"

第三十一章　雷霆雨露　都是君恩

夜深了，万籁俱寂。腊月里滴水成冰的天气，寒风扑面如刀。一勾弯月在夜风中缩头缩脑，不停地往云絮里钻，散乱的星星则被冻得瑟瑟发抖。

魏王武承嗣府中的一间小客厅里，此时却是温暖如春。一个硕大的紫铜炭盆里，火红的木炭上面，跳跃着淡黄色的火苗儿，散发出一阵阵的热浪，使整个屋子里温馨宜人。

武承嗣、武三思与新任左台中丞的酷吏总舵手来俊臣，各坐一只小凳，正在绕火盆密谈。

三个月以前，他们刮起的一场黑色旋风，已使岑长倩、格辅元、欧阳通三位宰相同日毙命。但是，皇嗣之争仍然没有结果。

"这帮宰相，好像个个都是李唐宗室的孝子贤孙，铁了心要与咱们武家做对。不杀尽这帮鸟贼，大哥便做不成这个太子，我们武氏的大周天下便难以长久。姑母都这么一大把年纪了，她老人家归天之日，恐怕就是我们武家灭亡之时，我们万不可坐以待毙。"武三思咬牙切齿地说道。

"那个李昭德便是首恶，气焰如此嚣张，公然杖杀王庆之不说，还在大庭广众之下指名道姓地攻讦魏王，此人该杀。"来俊臣眼里闪射着凶光。

"不，李昭德还算不得首恶，最坏的要数那个狄仁杰。此人奸似鬼，滑如狐，一肚子坏下水。在皇上那里又颇受眷宠。我看他才是真正的朝臣领袖，'李党'渠魁。擒贼先擒王，来大人，要设法把此人除掉。"武承嗣说道。

来俊臣看看武承嗣阴黑的面孔，点点头说："好，让下官想想法子，试试看。"

"不是试试，而是一定要诛杀此贼。不然的话，你我都永无宁日。"

"是。"

元月十七日，来俊臣要求单独晋见女皇，神秘兮兮地递上了一份奏折：宰相狄仁杰、凤阁侍郎任知古、冬官尚书裴行本、司农卿崔宣礼、文昌左丞卢献、御史中丞魏元忠及潞州刺史李嗣真等七人合谋造反。

一看这份名单，女皇心中顿时忐忑起来。从感情上讲，她无论如何也不相信狄仁杰会造反。他不仅是当年李勣力荐的人，而且经过这些年的相处，也是自己最器重、最信任的大臣之一。

但是，在理智上，她却知道，政治斗争波诡云谲，险不可测。越是最信任的人，有时候反而最危险。更何况，这么些年来，"谋反"二字已使她变得极端敏感，不管是真是假，还是先审一审再说。只要自己多加关注，谅他们也不敢冤枉了狄相。

一夜之间，狄仁杰等七位大臣便莫名其妙地锒铛入狱。

为了从速结案，以防夜长梦多，来俊臣向这几位新"囚犯"宣布了一项新的规定：凡是一问便承认谋反的，可以免死。

这显然是一个大陷阱，先以"免死"诱你入彀。只要是"谋逆"，历代都是大辟之罪，哪有不死的道理？

以狄仁杰的精明，来俊臣的小把戏自然是一眼便看得明明白白。

他冷静地思考了一下，决定好好地利用一下这条新规定。虽然他一身正气，智慧过人，不畏豪强，不惧奸佞，但对这个来俊臣，却不能不多动一番心思。

他是什么？他不是人，说沐猴而冠都算抬举他，他是披张人皮的禽兽，是噬肉啮骨的豺狼。同他能讲什么道理？只能"好汉不吃眼前亏"，来个一问即承，先逃过他那顿严刑拷打，暂时保住一条命，然后再寻找时机，徐图翻案。

"狄仁杰，有人告你谋反。皇上钦命本官审案，可从实招来。"来俊臣大模大样地坐在案前，厉声喊道。

狄仁杰昂然站在那里，抬头瞅了来俊臣一眼，说道："大周革命，万物维新。我狄仁杰乃唐室旧臣，甘从诛戮，谋反是实。"

倒是来俊臣大吃一惊，狄仁杰足智多谋尽人皆知。他预料在此七人之中，他是最难剃的头，是个鬼难缠。因此已经准备好了全套的刑具，拼着吃奶的力气，也得啃下这块硬骨头。

可是出乎所料的是，未动任何刑法，狄仁杰便"老老实实"地承认了谋反的事实。这有些太离奇，来俊臣眼珠转了几圈，狡黠地一笑："狄大人既已认罪，可以不再用刑。来人那，笔墨伺候，请狄大人在供词上画押。"

这样，狄仁杰轻松地过了第一关，被押进死牢。

到了夜间，狄仁杰躺在黑黢黢的牢房里，翻来覆去多时，终于蒙眬入睡。

忽然一阵"哐啷哐啷"开狱门的声音把他惊醒，他翻身坐了起来，却见是刺官王德寿挑着一只灯笼走了进来。狄仁杰感到奇怪，既已认罪，只等着最后处死就行了，按说他们不会再纠缠他，这个王德寿深更半夜来干什么？

王德寿走到狄仁杰的草榻下，忸怩多时，方才嗫嚅着说道："狄相的事已经了结了，且已免死，下官特来此恭喜。"

狄仁杰半闭着双眼，没有作声。

"不过，卑职还有一事相告。"

"何事？"

"狄相能否将杨执柔也攀牵入此案之中？若能如此，不仅免死，还可望立功。"

杨执柔是新近提拔起来的宰相，王德寿与他无冤无仇，为何要让自己诬攀他？

"还能立功？立功又能如何？"狄仁杰佯作喜色问道。

"若能立功，狄大人出狱之后，可仍保富贵。"

"噢，我明白了。你是嫌刺官这个纱帽太小，欲借我之口扳倒杨执柔，立个大功，也好升官进阶，是吗？"

王德寿不自然地笑笑："狄相确是聪明过人，啥事都瞒不过您。德寿既已受朝廷驱策，却至今职卑官低，想借此以稍上阶级。"

"那我该如何攀牵他呢？"

"狄相昔年曾掌春官，执柔在您属下任员外郎。您是他的顶头上司，攀牵他皇上肯定信之不疑。"

狄仁杰勃然大怒，霍然睁开双眼，逼视着王德寿，破口大骂："放屁！你们这群禽兽不如的狗豕。皇天后土，我狄仁杰死则死矣，岂能行此无耻之事？"

王德寿被骂了个狗血淋头，看看事已不济，只好灰溜溜地走了。

连续数日，狄仁杰在狱中倒是清闲自在，再也无人前来打扰。在来俊臣、武承嗣他们看来，狄仁杰既然已经自承反状，那就只等着最后判决杀头了。已经是关在笼子里的"死老虎"，也就犯不着再严加防范了。

狱卒们对这位狄相爷历来敬若神明，如今竟落入狱中，受自己管辖，他们深感同情，便处处给他提供方便，更无半点刁难。

狄仁杰见机会来了，便迅速地着手翻案。他趁无人之时，将被头绢帛拆下来，咬破右手中指，将自己的冤情写上，又置于一件棉袍的棉絮之中。找个时机，将一名最相熟的狱卒唤来，说道："我这件棉袍太薄，不耐狱中之寒。拜托您将它送到家中，让家人再添些棉絮。"说着，摸出几两银子，送到狱卒手里。

那狱卒哪里肯收银子，见四下无人，竟跪下说道："能替相爷办点事，乃小人三生之幸。相爷放心，小人一定把它平安送到府上。以后相爷有何事尽管吩咐，小人万死不辞。"

狄仁杰看看狱卒，叹口气说："好吧，一切全都拜托了。"

狄府的家人们接到棉袍，觉得十分蹊跷，这棉袍已经够厚了，还如何添棉？待狱卒走后，他们慌忙拆开棉袍，一条写满血字的白绢帛被扯了出来。

狄仁杰之子狄光远拿着父亲的诉状，连夜奔至皇宫，对守门侍卫说道："我有非常事变，必蒙皇上召见。"

若是换了别人，这些侍卫们或许连睬都不睬，但这是狄相爷的公子，黉夜求见皇上，说不定事关狄相爷的生命安危。他们不敢怠慢，急忙进宫禀报。

女皇最初听来俊臣奏报，说狄仁杰已承认谋反，心中便大感疑惑。狄仁杰怎么会谋反呢，说什么她也不相信。不过现在还不是最后审理结案的时候，且等等再说。

如今狄仁杰的儿子求见，她已经猜到了七八分，急忙召见。

看过狄仁杰的冤情自诉，女皇长舒了一口气，对狄光远说道："这就对了。行了，你先回去吧，这事有朕呢。"

第二天，女皇把来俊臣宣来，劈头便问道："你说狄仁杰已自承谋反，今有其儿子送来狄仁杰的自陈冤状，这该如何解释？"说着，把那条满是血字的绢帛扔到了来俊臣的面前。

来俊臣有些发慌，他万没料到狄仁杰会来这一手。但这家伙毕竟伶牙俐齿，罗织有术，稍一镇定即说道："狄仁杰等人下狱之后，臣未动任何刑法，连其巾带都未动一下，寝处甚安。若是没有谋反之心，岂肯自诬？"

女皇沉默半晌，然后徐徐说道："狄相乃朝廷干城。若是真有反心，自不能饶。若是被尔等诬枉，也该知道自己是什么罪过。你要小心办案才是。"

来俊臣退出大殿，冷汗已经浸透了内衫。他终于知道了狄仁杰在皇上心中的分量，但为时已晚。他已骑上了虎背，再无退路，这个案子拼死也得办到底，不将狄仁杰置于死地，决不罢手。

不过，对此事女皇却一时难以决断，说狄仁杰谋反她绝对不信，现又有狄仁杰的亲笔诉状，就更让她觉得这案子有诈。但来俊臣言之凿凿，诸事说得跟真的一样。

究竟是怎么回事？她决定派通事舍人周琳去狱中探个虚实。

周琳对来俊臣一帮酷吏早就畏之如虎，来到狱中，莫说是与狄仁杰等细细交谈，就连多看一眼都不敢。他在狱中随便敷衍了一下，就向来俊臣告辞："来大人，下官已看明白了，狄仁杰等人皆衣冠楚楚，未受任何皮肉之苦。下官这就去向皇上禀报。"

如此察狱，还不如不察。来俊臣高兴了，对周琳拱拱手道："周大人慢走。"

待周琳刚要转身，来俊臣又一把拉住周琳，像刚想起来似的说道："周大人，这里还有狄仁杰等人的谢死表，请大人转呈皇上，下官就不再进宫了。"

来俊臣既是罗织专家，害人"天才"，手下便少不了能工巧匠。他豢养了一批模仿笔迹的高手，不管仿写谁的字体，都几可乱真。

自上次蒙召见之后，见女皇对此案心存疑窦，回来后立即命人按狄仁杰的字迹写了"谢死表"。所谓"谢死表"，那就是犯人已彻底服罪，准备赴死之前，向女皇写的谢恩之表。

周琳禀报了察狱情况，只说狄仁杰等人未受刑罚，寝食俱好，接着便呈上了谢死表。

女皇反过来掉过去察看，又拿来狄仁杰的自诉冤状两相对照，确是他的笔迹无疑。

这又是怎么回事？难道狄仁杰真的要反吗？你可是朕一手擢拔，又信之不疑，依为股肱的柱国之臣。朕有何对不住你的地方？朕治国平天下有何失德之处？平日咱们君臣最谈得来，你的许多见解与朕如出一辙。

难道你非要做刘袆之第二不行吗？可你与刘袆之又不一样。刘袆之受儒家之毒太深，他要以身殉李唐皇朝，以示自己忠臣不事二主。而你呢？你从来不是那种迂腐之人，见事开明而又透彻，处处以天下社稷黎民百姓为心，那为何还要谋反呢？

她百思不得其解，心里却像插上了一把刀子。这案子必须缓结，万不可草率从事，铸成大错！

在狄仁杰承认谋反事实之后，同案七人中，大多都仿效狄相的做法，为免受眼前之苦，一经审问，便承认自己图谋不轨。

唯有御史中丞魏元忠拒不招供，每日在狱中狂呼怒吼，口口声声说这是诬告，是构陷，是无耻的栽脏赃害。

酷吏们也都知道魏元忠历来是条硬汉子，但没想到他在生死面前都不眨眨眼。审讯这样一个视死如归的刺猬头，显然是件费力不讨好的扎手活。因此，那些酷吏们谁都不愿当魏元忠的主审官。

来俊臣身为酷吏之首，已经在本案"首犯"狄仁杰身上打开了缺口，旗开得胜，当然不想再在魏元忠身上触霉头。这天，他把审案诸公召集起来，问道："狄仁杰等人俱已承认谋反，唯有魏元忠不肯认罪。拿下魏元忠，可建莫大之功，诸位谁愿剃这个头？"

众人皆不作声。连问数声，那位目不识丁的"卖饼御史"侯大、侯思止突然挺身而出，傻头傻脑地说道："下官愿去。一个小小的魏元忠，莫非是铜头铁脖子？他是个铁人，我侯思止就是个化铁的炉子。"

同行们一片窃笑，都说"无私无畏"，其实有时却是"无知无畏"，且看这位卖饼的侯大如何去化铁吧。

主审官侯思止雄赳赳地高坐在案前，怒喝一声："把魏元忠带上来。"

魏元忠被几个狱吏拖了上来，刚刚站定，还没看清案前坐的是何人，便听那人劈头盖脸地吼了一声："急承白司马，不然孟青棒。"

魏元忠一怔，他没听懂这人叽里呱啦野叫了些什么，抬眼看看，原来是那个"卖饼御史"坐在那里。

魏元忠是没有听懂，大堂上的所有吏役们却都知道，这是侯大人审案时的一句口头禅。

所谓白司马，乃是洛阳城北邙山上一个山坡的名字，那里有一片大坟场；而孟青棒则是人人皆知的，数年前博州起兵时杖杀琅琊王李冲的那条大棒，如今已成了刑棍的代名词。这两件事本来风马牛不相及，但却成了"闾巷庸人"出身的侯御史审案时惯用的名言警句。那意思是说，你要赶紧承认谋反的事实，不然的话，不是被送往白司马的坟场活埋，就是被孟青棒乱棍打死！这话虽然说得驴唇不对马嘴，不伦不类，但吏役们都听惯了，也就见怪不怪，所以大堂里并无笑声，一片死静。

见魏元忠不说话，侯思止急了，镇木一拍："魏元忠，你聋了还是哑了？"

魏元忠不屑地瞅他一眼，说道："原来你也会说人话。我没聋也没哑，但与一个卖笼饼的无赖无话可说。"

侯思止大怒，命几个吏役将魏元忠推倒在地，倒提着他的双脚，在大堂地上拖来拖去。

魏元忠被拖得浑身泥土，眼冒金花，刚爬起身来，却嘻嘻笑道："他妈的今天算老子倒霉，从驴身上倒栽下来，双脚却嵌在驴镫里，被这驴子拖来拖去。"

侯思止再不识字，这样的话还能听懂，魏元忠这是当面骂他是条笨驴。他更加怒不可遏，大声嚷叫："给我再拖，直到把他拖烂。若是再不认罪，我他妈的就来个先斩后奏。"

先斩后奏可是这些酷吏们惯用的手段，任你是当朝宰相，八面威风的大将军，到了他们手里，酷刑用遍仍不认罪，他们就来个先斩后奏，不知有多少人已经遭此毒手。

莫非自己要死在这条笨驴手里？那也太不值得。魏元忠被他仍倒拖着转圈，脑子也在急速地转动。

他突然哈哈大笑，笑得众人莫名其妙。

"你笑什么？"侯思止疑惑地问道。

"侯思止，你如今身为国家御史，也该识得轻重！要是须用魏元忠的头，你锯去就是了，为何非要逼我承认谋反不可？你身服朱绂，亲衔天命，不行正直之事，却说什么'白司马、孟青棒'，这是什么话？掉脑袋的话！不是我魏元忠，还无人教你呢。"

魏元忠也是急中生智，信口编了这危言耸听的一席话。白司马也好，孟青棒也好，与掉脑袋有什么关系呢？

然而，这一顿教训，却让傻里吧唧的侯思止丈二和尚摸不着头脑。他认为自己的胡言乱语惹了塌天大祸，让魏元忠抓住了把柄，一时惊得灵魂出窍，呆若木鸡。

愣怔了片刻，他突然扑到魏元忠面前，嘴里连声喊着："思止死罪，信口胡吣，实在是因为不懂，幸蒙中丞教诲。"

说完，慌忙恭恭敬敬地把魏元忠扶到床上，屏退众人，又低声下气地问道："中丞，小人无知，我那话到底坏在那里？怎么就会掉脑袋呢？"

魏元忠心中好笑，却正色说道："此话与谋反无异，从此休要提起。好了，我魏元忠也为你保密就是了。"

侯思止千恩万谢，亲自将魏元忠送回狱中，命狱卒从此好生侍候。

事情过了几天，侯思止越想越不对味，怎么一句"白司马、孟青棒"便与谋反无异，就会招来杀头之罪？他百思不得其解，深恨自己未读书，不识字，见识太浅。于是，上朝下朝，逢人便打听其中的奥妙。人们听了，感到十分好笑，但又不便当面揭破，只能随便敷衍他几句。

但这样一来，他自己便把这个笑料抖搂了出来。没有多久，满朝文武都知道魏元忠在狱中耍了一场绝妙的"猴戏"，一时间成了茶余饭后的谈资。

一日下朝后，侍御史霍献可与侯思止同行，看着他那副呆头呆脑又装腔作势的架势，就想起魏元忠"耍猴"的笑话，忍不住取笑道："白司马、孟青棒，别来无恙乎？"

侯思止此时已知道被魏元忠耍了，又为同僚取笑，禁不住恼羞成怒，当即便跑往后宫，向女皇告了霍献可一状。

女皇抽瑕召来霍献可，很不高兴地问道："侯思止是朕起用的人，虽然目不识丁，办事还挺卖力，作为同僚，你为何要嘲弄他？"

霍献可见女皇有些动怒，也不敢隐瞒，只好把事情的原委本末一五一十地禀奏了女皇。

如此可笑之人，可笑之事，连女皇也忍俊不禁，笑得前仰后合，当即把霍献可的轻慢之罪一笔勾销。

但是，笑罢之后，女皇却从这个笑话中发现了破绽，原来你们是这样审案的，只有承认谋反一条路，不然就得死，不是"白司马"，就是"孟青棒"。

对狄仁杰谋反，女皇本来就不相信，至此便更加了小心。

就在她心存疑惑，每日都冷眼旁观地注视着案情发展的时候，老太监武壮前来禀报："皇上，有一个十岁的童子请求召见。"

"十岁的孩子？他见朕何事？"

"老奴也问过他，他不肯说，只说有'非常事变'，非见皇上不可，已在宫外跪了一个多时辰。"

"宣他进来吧。"女皇来了兴趣，不要说有"非常事变"，就是没有，她也想听听这个乳臭未干的毛孩子要说些什么。

这个小男孩叫乐范，是凤阁鸾台侍郎，同章事乐思晦的儿子。一年前，乐思晦被来俊臣诬告谋反，与右卫将军李安静双双被杀。

乐思晦被杀后，照例家户籍没，妻儿入宫为奴。他这个不到十岁的儿子乐范，便被打发到司农寺当了小奴隶。

父亲被酷吏所杀，举家被毁，自己从一个宰相公子少爷一下子沦为奴隶，乐范对来俊臣一帮酷吏自然萌生了刻骨仇恨。

近日来听说，又有那么多朝廷重臣被来俊臣诬陷下狱，其中还有他从小就视为神人一般的狄相爷。他认为这些人肯定都是忠臣，是好人，不然来俊臣不会害他们。如今这些人命在旦夕，一下子激起了这位少年的侠肝义胆。

也是初生牛犊不怕虎,他一定要向女皇讨个公道。他见老太监总管武壮慈眉善目,终日乐乐呵呵的,便缠着要他带自己去见皇上。

"你小孩子家,要见皇上有啥事?"

"我要为狄相爷喊冤。"

武壮本来就十分同情狄仁杰他们,但自己老实巴交地说不上话,更加上太监不能干政,便只有干着急的份儿。现在见一个十岁的孩子能见义勇为,不由得深受感动。心想,孩子喊冤,皇上或许更容易生出恻隐之心,即使没有结果,也断不会惹祸。因此便答应找个皇上心情好的时候,帮他这个忙。

乐范见了女皇,大大方方地行三跪九叩大礼,然后以稚气未脱的童音喊道:"皇上万岁,万万岁!"

女皇乐了,问道:"你叫什么?几岁了?"

"禀皇上,小奴叫乐范,今年刚好十岁。"

"你见朕有何大事?"

"我要为狄相爷他们鸣冤,狄相爷是被来俊臣他们诬陷下狱的。"

"你怎么知道他们是冤枉的?"

"小奴之父乐思晦已被来俊臣构陷而死,家已破。只可惜皇上如此圣明,却被来俊臣一伙蒙在鼓里。陛下若是不信我的话,请从朝臣中选出几位陛下历来最信任、最忠于陛下的人,以反状交付来俊臣去审,绝无一人不承认谋反。"

童心无欺,见孩子说得如此恳切,女皇心中一阵发热,不禁动容道:"好,朕信你的。武壮!"

"老奴在!"

"难得这孩子一片忠心,又仗义敢言。传朕旨意,为其母子脱去奴籍,再赏些银子,让他母亲领他回家去吧。"

乐范走了,女皇的心中却思绪翻滚。这孩子说的,正是这些日子自己想的。狄仁杰一案一定有诈,她决定亲自问案。

她当即传旨,召狄仁杰等七人进殿。

"狄仁杰,你与他们密谋造反,可是事实?"

"皇上,苍天作证,此事纯属诬陷。"

"既是诬陷,你为何承认谋反是实?"

狄仁杰苦笑着说道:"皇上,仁杰若是不承认谋反,恐怕早死于他们的酷刑拷掠之下,变作腐尸白骨了,哪里还有见皇上的这一天?微臣坚信,以皇上之圣聪睿敏，断不会不问此事。暂时招承，不过缓兵之计。只等着面见皇上之后，剖白臣之心迹，死亦瞑目。"

"那么，你们为何又亲书谢死表，这又做何解释？"

众人大惊，异口同声说道："我等绝未写过什么谢死表。"

女皇命人取过来俊臣呈送的七位大臣的谢死表，分发众人。

狄仁杰看过，不屑地说道："陛下，这是来俊臣之流惯用的伎俩。虽然模仿得极像，但笔迹的细微之处，总会有区别。"

女皇命人取来纸笔，让他们各写一段话。然后再仔细对照笔迹，终于发现了其中破绽。这才知道，这的确是来俊臣他们蓄意制造的一起大冤案。当即下旨，赦免七人的死罪。

不过，死罪是赦免了。但是，按照当时朝廷的规定，凡是被告谋反者，不管有罪无罪，一律要受贬职处分。这是一条奇怪的规定，但是从大唐到大周已经沿袭为定例，女皇也无意去改动它。既是忠正之臣，到底层去磨砺一下也不无好处。只要干出政绩，朕随时可以再把你擢拔上来。沉浮升降，生杀予夺，权柄只在朕一人掌握之中。摔个跟头，再把你扶起来，这又是一层恩宠。

于是，狄仁杰被贬为彭泽县令，任知古被贬为江夏县令，魏元忠、裴行本、李嗣真等人皆贬往岭南。

对狄仁杰，女皇毕竟还是另眼相看，在临行之前单独召见了他。

"狄爱卿，从宰相到县令，委屈你了。"

"不，陛下。雷霆雨露，都是君恩。何况仁杰仍任县令，照样可以为朝廷出力，臣已感恩不尽。"

女皇又语重心长地说道："知朕心者，莫如爱卿。你去彭泽，是彭泽百姓的福气。用不了太久，你还得回朝，朕老了，越来越离不开你们这些国之柱石了。"

武承嗣、来俊臣见自己精心炮制的大案被全盘推翻，气急败坏，便一日数次上表抗申，要求重审此案。

不过女皇为狄仁杰翻案的决心已定，再不听他们啰嗦，说道："朕好生恶杀，志在恤刑。案情已明，不可更返。"

武承嗣、来俊臣见无法扳倒狄仁杰，便转而求其次，来个吃柿子拣软的捏。一日朝会之上，来俊臣又突然奏道："上案七人之中，裴行本罪尤严重，潜行悖逆。曾告张知謇与庐陵王反，不实，罪当处斩。"

女皇武则天

他话音刚落，秋官侍郎徐有功当即顶了上去："俊臣不顺皇上再生之赐，有亏圣人恩信之道。为臣虽应疾恶如仇，但事君更应顺其美。"

这几句话十分得体，虽然意在遏止酷吏的滥杀，却句句都顺着女皇刚刚自诩的"好生恶杀"之心。女皇大悦，立即斥退来俊臣。裴行本终于又逃过了一劫，安然到达岭南。

狄仁杰启程前往彭泽的时候，另一位宰相，就是那位曾经杖杀王庆之的李昭德，赶到城外为其送行。

这两位都是将世情看得很透，拾得起、放得下的人物，自然不会凄惶悲切，儿女沾襟。

此时，二人执手相对，一时无语。沉默半晌，狄仁杰说道："李大人圣眷未衰，仁杰此一去，朝廷中与诸武及酷吏群小斗争的重任，就需大人一力担纲了。"

"狄相放心，李某与此等贼人是冰炭难容，势不两立。"

"李大人性情刚烈，风骨如铁，不仅朝臣仰慕，奸宄胆怯，就是当今皇上亦十分垂青，此后必依为股肱。只不过，仁杰临行，尚有一言相赠。"

"狄相请讲。"

"自古以来，伴君如伴虎。天威之下，没有圣眷荣宠的'常青树'。与群奸较量，切勿锋芒毕露，要多讲策略，常思养晦之术。有事多与徐有功相商。此公不仅耿介忠直，而且处事沉稳老辣，堪为你我之范。"

李昭德深受感动，深深一揖道："昭德谨受教诲。"

狄仁杰看得没错，此时的李昭德，已经是女皇最信任的重臣，特别是狄仁杰离朝之后，女皇更把他看成是朝廷干城。其信任程度，甚至在诸武和酷吏们之上。

李昭德也便利用这种信任，自觉地担当起了正直朝臣与诸武及酷吏们斗争的"领袖"，展开了一场发伪除奸的殊死拼搏。

时序进入七月，洛阳城浸泡在大火烤炙一般的热浪之中。

这日早朝，没有许多大事要议，女皇正欲宣布散朝，让众臣们各自去歇息纳凉。就在这个时候，却有执事太监前来禀报，说是有人要入朝献"瑞"。

女皇好祥瑞，这是天下尽知的事实。当年河洛出"宝图"瑞石，庆山突起及庆山湖出现龙凤图形，最先发现这些祥瑞的，都得以升官发财。因此，时人竞相效仿，纷纷向朝廷献瑞。但是，敢于直接叩阍求见，到朝堂之上献瑞的还不多。

女皇一听有瑞物，好奇心顿生，即命太监传那人进殿。

大臣们看那人时，一身士子打扮，身长面瘦，一对狡黠的小眼动辄乱翻，不时地闪烁着贼亮的光芒。又是一个侥幸邀功、贪婪奸诈之徒。若是此人得官，说不定又成了来俊臣一党，李昭德在心里愤愤地想道。

"你所献祥瑞为何物？"

"回皇上，又是一块出自洛水的'瑞石'。"那人手中举着一块晶莹剔透的圆石头，跪在丹墀之中，一边说着，得意之情溢于言表。

群臣一阵哗然，怎么又是块石头，而且又出在洛水之中？徐有功抢步上前，接过了那块石头，朝臣们纷纷围上观看。只见这石头莹光润滑，几可透明，从里面映现出几点桃花似的粉红色。大臣们你传给我，我传给你，这石头除了好看一点，并无奇特之处。

徐有功端详着那人，问道："这位处士，此石有何奇异，在下实在看不出'瑞'在哪里，'祥'在何处？"

那人朗声答道："此石赤心，对大周一片忠忱。"

朝臣们再也没想到他会如此说，一时愕然，竟不知说什么好。

这时，一直在冷眼旁观的李昭德厉声喝道："荒唐！此石是赤心，难道洛水中其他石头都反了吗？"

话像利箭一般，直穿靶心，将所为"祥瑞"的伪装剥了个精光，却又不失幽默风趣。众大臣们忍不住哄堂大笑，朝堂上下立时笑成了一片。

就连女皇，也顾不了皇上在朝堂之上的尊严，忍俊不禁，笑了个前仰后合。

那人弄了一个大红脸，怕再待下去没有好果子吃，只好叩头谢罪，灰溜溜地滚蛋了事。

重赏之下，必有勇夫。献"祥瑞"既然可以博取富贵，不管受多少嘲弄，担多大风险，总有人乐此不疲，欲侥幸取胜，以求一逞。

献白石的事过了没有多久，襄州人胡庆逮了一只五斤重的大龟，用红漆在龟腹书上"天子万万年"几个篆字，大老远跑到神都，诣阙献"宝"。

他在宫门外刚跪下，适逢李昭德走到这里。昭德并不说话，上前接过乌龟，仔细端详了一阵。突然从腰间抽出佩刀，三刀两下，便把龟腹上的漆字刮了个干干净净。

"来人！将这个无赖绑起来。"

众侍从冲了上去，将胡庆掀翻在地，用绳索捆了个结结实实。

女皇武则天

李昭德带上五花大绑的胡庆来见女皇，请求皇上以"欺君之罪"将胡庆绳之以法。

女皇看看胡庆那个狼狈相，又可笑又可怜，便不屑地说道："想此人不过贪图功名，心中并无恶意，放掉他算了。"

未能诛杀胡庆，李昭德有些遗憾。但毕竟又为朝廷逐走了一个无耻小人，向那些妖言邀欢之徒发出了一次严厉的警告，他心中也略觉快慰。

对这些谗佞小人的揭露打击固然解气，但这毕竟是朝廷的疥癣之疾。在李昭德的计划里，尽除酷吏及诸武奸党，才是他的主要目标。为此，他每时每刻都盯紧了这帮丑类的一举一动。

这个时候，恰恰发生了酷吏们停妻再娶的丑事。

俗话说："富易交，贵易妻。"就是说，人富了，就该换朋友了；而当了大官之后，就该休掉糟糠之妻了。

这虽然不是普遍规律，但对那些得志便猖狂的小人来说，却是千古不变的法则。

先是来俊臣，他看中了李唐宗室太原王李诜的女儿。这女孩儿只有十六七岁，天生丽质，如花骨朵儿一般。来俊臣仗着自己正势焰熏天，便要休掉老妻，逼娶李诜的女儿。

那位卖笼饼出身的御史侯思止，自然更看不上家中那个黄脸婆了。见来俊臣另觅新欢，自己也不甘寂寞，立马紧步其后尘，欲娶赵郡王李白挹之女。

其实，这两个街头无赖出身的暴发户，看中的不仅是两家少女的美色。若论年轻美貌，洛阳城里有的是如花似玉的少女。以他们的权势，完全可以尽情享用。事实上，这两条色狼，这些年来早不知糟蹋了多少良家妇女。

如今他们突然要娶宗室之女，朝臣们都看得很清楚。他们无非是要借联姻攀龙附凤，改换血统，给子孙后代抬高门第。

对于来俊臣、侯思止的重婚之议，女皇也认为不是小事，敕命宰臣们专议此事。

各位宰相马上在御前商讨此事，众人尚未开口，李昭德已拊掌大笑，说道："此事可笑，太可笑，实在可笑。"

其他宰相忙问其故，李昭德说："一个是赌棍出身，坑蒙拐骗的市井无赖；一个是'缩葱为肉'，卖笼饼都欺老瞒少的无耻小人，如今却要娶宗室王公之女为妻，实在大辱国体。昔日听说过'癞蛤蟆想吃天鹅肉'，以为不过是句乡间俚语，今日方知竟真有其事，岂不可笑之至？"

李昭德嬉笑怒骂，如匕首投枪一般锋利无比。其他宰臣也纷纷跟上，都说此事断不可行。若让二人得逞，皇室威严何在，朝廷脸面何在，真正是国受其辱，斯文扫地。

女皇听着宰臣们的议论，也认为这事甚为不妥。就这样，两个酷吏的美梦在李昭德的笑骂声中破碎了。碰上了这么一位在女皇面前十分得宠，又打伪除奸不要命的宰相，连魔头来俊臣及其党羽，也一时不敢撄其锋，只好事事避让三分。

李昭德却不肯领这份情，他要穷追猛打，除恶务尽。

一日散朝之后，徐有功对他悄悄说道："李相，有人告发，侯思止这厮私自蓄锦。"

"果有此事？"李昭德兴奋得两眼放光。

"他府上的管家可以做证，千真万确。"

"好！这个下流坏子的死时到了。徐大人，我派人去起赃。你联络朝臣弹劾其贪污受贿各种罪行，打他个措手不及。"

从唐朝至武周，朝廷一直明令禁止私人蓄锦。身为朝臣，公然违反朝廷禁令，罪过不小。因此，李昭德才如此兴奋，他决定以此为突破口，把这帮酷吏一个个押上审判台。

当天夜里，刚交子时，一队禁军灯笼火把，人马杂沓地包围了侯思止的宅院。

这位"卖饼御史"搂着一个粉嫩的小妾睡得正香，忽听得"咚咚咚"的砸门声，急忙赤条条地从床上蹦了下来。待他穿上衣服，禁军们早已破门而入，黑压压地站了一院子。

自从告密发迹以来，总是他整别人，哪里被人整过，眼前这种阵势一下子把他吓蒙了，抟挲着两手不知如何是好。

在管家的导引下，赃物很快起了出来，一车车运往宫禁。

第二天，听说卖饼侯大东窗事发，朝臣们在兴高采烈之余，纷纷上表弹劾，历数他这几年贪赃枉法，敲诈勒索，强抢民女等种种罪行。

女皇读着这一份份上书，历数他的斑斑劣迹，紧紧地皱起了眉头。

自从侯思止在狱中审理魏元忠时，闹了那场"白司马、孟青棒"的笑话以后，女皇对他的印象便一落千丈。但她还没有料到此人会如此地贪财好色，猥琐卑劣，简直是一堆臭狗屎。

"啪"的一声，女皇将一份弹劾表章重重地摔在御案上，铁青着脸喊道：

女皇武则天

"李爱卿！"

"臣在，"李昭德躬身答道。

"侯思止一案由你处置，无须再向朕禀报。"

"臣领旨，谢恩！"

侯思止落在了徐有功的手里。徐有功一丝不苟地详细问案。其实不过是在走走过场，这案不用审，人证物证俱在。侯思止有什么城府？一旦失势，又成了当年那个卖笼饼的，没了半点主意，只好哆哆嗦嗦地画押招供。

李昭德下令，将侯思止杖杀阶前。

侯思止被捆住手脚，掀翻在大殿之前，几个行刑侍卫冲了上去，手持大棍，抡得呼呼生风，带着仇恨和鄙视，劈头盖脸地打了下去。一边打着，还一边说道："侯大人，请吃'孟青棒'！"听他嗷嗷乱叫，又哭又号，又说道："侯御史，少安勿躁，一会就送你去'白司马'，再到阴司卖笼饼去吧。"

这位卖饼御史早就断了气，行刑侍卫们的棍棒还在飞舞，直将他的尸首打得几同肉饼方才罢手。

反对酷吏和诸武的斗争，终于打了一个漂亮的胜仗。朝臣们一个个欢欣鼓舞，扬眉吐气。连洛阳城的百姓们都在拍手称快。

但是，也有人显得十分冷静，不敢笑得太早，他就是秋官侍郎徐有功。

岂止是不敢笑得太早，简直是忧心忡忡。

宰相李昭德如今已是首辅，是正直朝臣们的一面旗帜。可他几乎是在孤军作战，斥谀佞、骂奸宄，杀酷吏，挫诸武，简直是八面树敌。豪勇之气诚然可嘉，但韬晦之术实在不足。这种只顾进攻、不讲防御的打法，无疑是在拼血本。

自己也曾找他多次交谈，兄弟般地坦诚相劝。无奈山难改，性难移，这位老兄仗着皇上的委遇，已变得刚愎自用，专权使气，很难听进别人的劝告了。

看来，李相的道行比狄相要差着一截子。

"皎皎者易污，峣峣者易折"，在如此残酷激烈的厮杀争斗之时，你怎么连这样的道理都不屑一顾呢？

徐有功为他的这位"领袖"加老兄深深地担忧了。

杖杀"卖饼御史"侯思止以后，李昭德锐气不减，又马上把矛头指向了侯御史的难兄难弟——"白兔御史"王弘义。几个朝臣受李昭德指派，联袂弹劾，揭露王弘义贪赃枉法的种种罪行。

对于这种贪卑小人，女皇毫不姑息，当即下旨，将王弘义贬官，流放岭南。

曾几何时，这位"白兔御史"枷上杀刺史，席间斩司马，杀气腾腾，八面威风，让多少人为之心惊胆寒，侧目而视。如今却变成了一只丧家之犬，巧取豪夺而来的万贯家财被抄没入官，只带着平时十分喜爱的小妾花严，一路凄惶地向岭南走去。

这日来到长江岸边，只见江水滔滔，风平浪静，樯帆往来，水鸟争翔，两岸夹山峥嵘，碧树如染，古松倒挂，悬瀑似练。看着这美如画卷的景色，王弘义心中阵阵凄恻。自己就要被流放至瘴雾疬气的荒蛮之地，恐怕再无回归中原之日了。

他携小妾搭上一条小船，钻入船舱中闷坐着，一言不发。心里却在暗中揣摩着脱身之计。

当小船行至江心，这个恶性不改的狡诈之徒，突然取出了随手携带的纸笔，伪造了一份追复他回朝为官的皇上敕命。

小妾见他又要作恶，心中忐忑，这伪造圣旨，可是杀头之罪，便战战兢兢地劝道："相公，咱们落到这般田地，乃事势使然，你怎能再行如此不轨之事。"

王弘义一听此话，不禁恼羞成怒，破口大骂道："你这个淫妇，莫非要坏我的大事不成。"说着，当胸一拳，将花严打倒在地。想想犹不解恨，竟双手抱着花严冲出舱外，冷不丁"扑通"一声扔进了滚滚大江之中。

船夫不知出了何事，慌忙飞身跳入水中，凭着一身好水性，终于把花严救上船来。

花严浑身水淋淋的，躲在一边哭哭啼啼，而王弘义却黑着脸一声不吭。

等到船泊岸之后，花严便要与他分道扬镳，自去逃命。王弘义顿生杀心，这个贱女人若是留在世上，岂不要泄露了自己的机密？

于是，王弘义便趁着四下无人，竟拿起一块石头，在花严的后脑勺上狠狠地猛击一下，花严当即昏厥过去。此时的王弘义，早就忘了昔日的恩爱，又扑上去，双手将她活活掐死，然后埋于江边。

杀死小妾，王弘义便独身一人到处流窜，想找个安全的地方，隐姓埋名居住下来，然后再寻找时机，请托朝中同僚给予奥援，好重返朝廷。

谁知刚溜到襄阳与邓州交界之处，就遇上了奉旨巡视江南的侍御史胡元礼。

女皇武则天

"王弘义，你既流谪岭南，怎么跑到这儿来了？"

王弘义顿时惊慌失措，只好拿出伪造的敕命搪塞："怎么，你难道不知道？皇上已降旨追复我回朝。"

一纸伪敕，可以蒙骗沿途的地方官吏，怎能骗得过久居朝廷的侍御史？何况胡元礼刚刚离京，皇上有没有敕命他还不知道？

胡元礼看着这道伪造的圣旨，立时拉下脸来，对侍从们说道："这厮竟敢伪造圣命，左右，给我拿下。"

王弘义本是惊弓之鸟，原想借伪敕逃身，不想冤家路窄，半道上杀出了个程咬金，登时汗流浃背，跪在地上苦苦哀告："胡大人，念我们昔日同朝为官，气类相同，请放小人一马，再造之恩，弘义永生不忘。"

胡元礼却不肯买他的账，冷笑一声道："你昔日为侍御史，我只是个小小的洛阳令，何曾同朝为官？你当初又是何等的飞扬跋扈，气焰嚣张！如今我为侍御史，你却是流囚一个，有何气类相同？"说着，回头对侍从们喝道："休听他啰嗦，大棒伺候。"

侍从们扑了上去，挥棒便打，不到片刻，这位曾经不可一世的"白兔御史"便一命归阴。

听说王弘义已经毙命，宰相李昭德更觉欣慰。酷吏们已经失势，这些王八蛋的末日到了。

但自己却不能大意，应该乘势追击。现在该是向权倾朝野的诸武开战的时候了。

一日散朝之后，李昭德对女皇说道："皇上，臣有要事密奏。"

女皇把他带到偏殿，屏退所有太监宫女，然后问道："卿有何事？"

"皇上，臣以为，这些年魏王承嗣权势太重，已成尾大不掉之势。长此下去，恐对朝廷、对陛下不利。"

女皇不以为然地微微一笑："承嗣乃是朕的亲侄子，故而依为心腹，委以重权，这有何不利？"

李昭德连连摇头："侄子对姑母，其亲情哪如儿子对于父母。历朝历代，几乎都有儿子篡权弑杀的成例，更何况是个侄子呢？"

几句话，说得女皇悚然心惊，这种危险确实存在，不可不防，连连说道："是朕大意了，疏忽了。"

几天之后，女皇降旨，以文昌左相、同凤阁鸾台三品武承嗣为特进，纳言武攸宁为冬官尚书。把二个人同时解除相职，一下子削去了他们手中的实权。

太子没当成，又丢了相位，这都是因为李昭德打横炮，使绊子，在暗中捅刀子，武承嗣对他恨得咬牙切齿，便常常跑到女皇面前，对李昭德百般诋毁攻讦。但女皇心里知道是怎么回事，任你说得天龙吱吱叫，也决不改变主意。被说得不耐烦了，便干脆申斥道："自李昭德任宰相以来，我常能高卧无忧。他能解朕劳苦，非你等所能及。"武承嗣碰了一鼻子灰，只好悻悻而去。

天授二年九月，已届古稀之年的女皇，在许多牙齿已经脱落，成了一个瘪嘴老太以后，却突然长出了两颗新牙。

这可是天大的喜事，实实在在的祥瑞。朝臣们得知这一消息后，纷纷向女皇道喜。拾遗朱前疑善解梦，他对女皇说道："古人云，'齿者，年也，身之宝也'，齿落更生，发白再黑，都兆示陛下龙体又获新生，是长寿之兆。"

女皇欣喜万分，立即给朱前疑加授都官郎中。

同历代那些渴盼长命百岁的皇帝一样，女皇也同样希望自己长寿。越是步入垂暮之年，延年益寿的欲望便越是强烈。

但是，她却比秦始皇、汉武帝明智得多，不相信人能长生不老，位列仙班。因此，从未大肆劳民伤财，去寻找什么子虚乌有的岛上仙山，去炼什么长生不老的灵丹妙药。

就连一代英主唐太宗，也曾为那些滑头方士们所诓骗，因服用丹药而中过毒。自己的夫君高宗皇上也曾服过几次丹药，虽未受到伤害，却也没有任何效用。女皇从他们身上接受了教训，从不相信这些骗人的把戏。

皇上也是人，同普通人一样，死生有命，岂是人力所能左右的？

但是，吉人自有天相，也或许是因为养生有术，自己至今身心康健，这是明摆着的。比以前的历代皇帝都要长寿，也将是不争的事实。

女皇当然从心底里感到高兴，虽然已经七十岁了，她却一点都不觉得老，还想再活她几十年，这个国家离不开自己，她还有许多大事要做。

九月初九重阳节这天，是女皇登基称帝的纪念日，又恰逢自己齿落更生，春风再造。她兴高采烈地驾临洛阳宫，登上则天门，接受百官及洛阳民众的朝贺，并以敕文的形式，将自己又生新齿的"奇迹"诏告天下。在朝廷百官和城中士民山呼万岁声中，女皇宣布将这一年改元为长寿元年，大赦天下，并在洛阳宫中排下盛大筵席，君臣宴饮同乐。

这一年，国内风调雨顺，诸事都比较顺利，女皇的心情也一直非常愉悦，朝廷和整个国内的政治气候也就较为宽松。

女皇武则天

首辅宰相李昭德瞅准这一有利时机，与他在朝中的循吏同道们，不断地劝说女皇调整酷吏之治。

这些年来，女皇依靠众酷吏们，诛杀了宗室贵戚和朝廷大臣中有异谋者数百人，从而极大地巩固了自己的皇位。

当然，在这些被诛杀的臣子中，也不乏被冤枉者，对这一点，女皇心里也是清楚的。现在，该是对这种充满了恐怖气氛的酷吏之治，做重大调整的时候了。

这几个月来，告密之风愈炽，告密者不可胜数。对这类事，女皇已有些不胜其烦，便敕命一向正直敢言的监察御史严善思一一调查按问。

李昭德、徐有功等人见女皇有改弦易辙之意，便鼓励严善思放开胆子办案。

严善思果然不负众望，突击审理调查一月有余，结果有八百五十余人皆是受诬陷的无辜者，被当即无罪开释。消息一传开，朝野欢呼，而罗织之党却似乎觉得末日来临。

在李昭德带领下，其他朝臣也与严善思遥相呼应，纷纷上书言事，揭露酷吏们的奸诈凶残，要求省刑宽狱。

左补阙朱敬则上疏请求女皇道："窒罗织之源，扫朋党之迹，使天下苍生坦然大悦。"女皇认为他说得对，赏赐绢帛三百段，以示嘉奖。

侍御史周矩则上疏道："今满朝侧息不安，皆以为陛下朝与之密，夕与之仇，不可保也。周用仁而昌，秦用刑而亡。愿陛下缓刑用仁，天下幸甚。"

话说得虽然较为尖刻，但女皇却一一采纳。制狱冤滥之事，渐被扫除。

在李昭德等大臣们的强大攻势面前，酷吏们不能不有所收敛。武承嗣等武氏子弟们更是惶惶不可终日，他们感到自己似乎已经被逼到悬崖边，一种巨大的威胁正从四面八方挤压过来。

到了你死我活的时候了，必须拼命一搏。武承嗣、武三思、武攸宁等弟兄几个就像热锅上的蚂蚁，这几天每晚都聚在武承嗣府上，商讨"倒李"大计。

"姑母为什么对李昭德信之不疑，莫非真是老糊涂了？他李昭德比我们姓武的更亲近，更贴己？"武攸宁愤愤说道。

"走了一个狄仁杰，又红了一个李昭德。想不到这小子会如此得宠，看着他整天那种摇头晃脑、不可一世的架势，我恨得牙根都疼。"武承嗣更是怒形于色。

武三思一直在默默地品茶，一言未发。

"三思，你倒是说话呀！都什么时候了，火上屋脊了！亏你还沉得住气。"

"光着急骂人有什么用？好法子都是想出来的，不是急出来的。"武三思仍是不慌不忙，"物极必反，红大了要发紫、变黑，我不信他李昭德就能圣宠永固。"

"我在姑母那里都磨破了嘴皮子，可姑母就是不信。还说什么'他代朕劳苦，非汝等所及'，好像没有他李昭德，我大周的天就会塌下来似的。"

"我说大哥，不关痛痒的话，说得再多也没用。打蛇要打七寸，杀鸡得抹脖子。"

"那你说，我们到底该怎么办？"

"李昭德当初在姑妈那里说你的坏话，都是说了些什么？还不是权势太重、尾大不掉云云，结果一发中的。看来，在窥测圣心方面，我们确实不如这位李大宰相。"

武攸宁在一旁听出了点眉目，若有所思地说道："对啊，以姑母的性情，最怕的就是大权旁落，最恨的就是那些觊觎大宝、图谋篡权之人，我们应该从这里捅刀子。"

"对！"武三思把茶盏重重地墩在案几上，咬牙切齿地说道："他李昭德也太张狂了，仗着皇上宠信，专横跋扈，狂妄无忌，不仅与我武氏为敌，而且连满朝文武都不放在眼里，许多朝臣对此已愤愤不平，颇多怨言。我看此人将来必是大周朝的司马懿！"

武承嗣脸上的阴云一扫而光，拊掌笑道："他是司马懿，三思弟就是诸葛亮。听弟一席话，胜读十年书。愚兄这就去安排人上疏弹劾李昭德有篡逆之心，来他个四面出击，攻其不救。"

"大哥，这一次可不要再找来俊臣的那帮鸟人了。"

"为什么？"

"这不是秃子头上的虱子，明摆着吗？这些人已经臭了，快成过街老鼠了，皇上还能信他们的吗？"

"那该找谁呢？"

"就找那些朝臣中名不见经传的小人物，与我们不亲，与李昭德不疏，平时不偏不倚。只要多找几个人出面弹劾，三人成虎，不愁姑妈不信。即使不全信，也不会不防。"

于是，在诸武的全力鼓动策划下，一个旨在打倒李昭德的活动开始了，而且来势凶猛，一浪高过一浪。

射出第一枝利箭的是一位正七品的小官，前鲁王府功曹参军丘愔。他受武承嗣密嘱，在家中闭门不出，炮制了一份措辞激烈的奏疏，说道："臣闻百王之失，皆由权归于下。宰臣持政，常以势盛为殃。魏冉诛庶族以安秦，非不忠也；弱诸侯以强国，亦有功也。然以出入自专，击断无忌，威震人主，不闻有王，张禄一进深言，卒用忧死。向使昭王不即觉悟，魏冉果以专权，则秦之霸业，或不传其子孙。陛下创业兴王，拨乱英主，总权收柄，司契握图。天授已前，万机独断，发命皆中，举事无遗，公卿百僚，具职而已。自长寿已来，厌怠细政，委任昭德，使掌机权。然其干济小才，不堪军国大用。直以性好凌轹，气负刚强，盲聋下人，刍狗同列，刻薄庆赏，矫枉宪章，国家所赖者微，所妨者大。天下杜口，莫敢一言，声威翕赫，日已炽盛。臣近于南台见敕日，诸处奏事，陛下已依，昭德请不依，陛下便不依。如此改张，不可胜数。昭德参奉机密，献可替否，事有便利，不预谘谋，要待画旨将行，方始别生驳异。扬露专擅，显示于人，归美引愆，义不如此。州县列位，台寺庶官，人谒出辞，望尘习气。一切奏谳，与夺事宜，皆承旨意，附会上言。今有秩之吏，多为昭德之人。"

在这里，已经把李昭德说成了一个霸持朝政，专擅弄权，处处显示自己，拉拢朋党，不把皇上放在眼里的朝廷霸王。

接着笔锋一转，又以忧国忧君的口气写道："陛下勿谓昭德小心，是我手臂。臣观其胆，乃大于身，鼻息所冲，上拂云汉。近者新陷来、张两族，兼挫侯、王二仇，锋锐理不可当，方寸良难窥测。书曰：知人亦未易，人亦未易知。汉光武将宠庞萌，可以托孤，卒为戎首。魏明帝期司马懿以安国，竟肆奸回。夫小家治生，有千百之资，将以托人，尚忧失授。况兼天下之重，而可轻忽委任者乎！今昭德作福专威，横绝朝野，爱憎与夺，旁若无人。陛下恩遇至深，蔽过甚厚。臣闻蚁穴坏堤，针芒泄气，涓涓不绝，必成江河。履霜坚冰，须防其渐，权重一去，收之极难。"

至此，李昭德完全被说成了一个胆大妄为，野心勃勃，必欲取武周而代之的篡逆者、阴谋家。皇上若不及时收权，除掉此人，大周的千里金堤，便会崩塌于一旦，武家的帝王之气，也会泄之以尽。

最后，似乎是怕女皇不信，又言辞恳切地说道："臣又闻轻议近臣，犯颜深谏，明君圣主，亦有不容。臣熟知今日言之于前，明日伏诛于后。但使国安身死，臣实不悔。陛下深览臣言，为万姓自爱。"看着这份危言耸听的上奏，女皇不时地皱紧了眉头。虽然她还不信李昭德就要谋逆造反，但已经权势过重大该是事实，要不然怎么会空穴来风？

一波未平，一波又起。第二天，女皇又接到了宫廷侍卫官邓注的一篇数千言的《硕论》，详细描述了李昭德在朝廷之中的专权之状。

紧接着，弹劾李昭德的各种奏章连篇累牍，一日数份地飞上女皇的龙案，内容大同小异，都是攻讦李昭德权倾朝野，骄横跋扈，蔑视朝廷，恐有异谋之类。

女皇动摇了，疑惑了，不再那么信任李昭德。哪怕只有千分之一的可能，也马虎不得，绝不能把这份危险留在身边。积毁烁金，眷遇不固，过了不到一个月，女皇下旨，贬昭德为南宾尉，接着又改为免死流放岭南。

第三十二章　骄纵面首　玩火自焚

薛怀义自从被封为辅国大将军、鄂国公之后，便在洛阳城中开府建衙，自立宅院。依仗着女皇的眷宠，这个当年在街头卖药的江湖无赖，摇身变为一品大员，十几年来享尽了世上的荣华富贵。

地位变化了，他的胃口也变得越来越挑剔。女皇虽然齿落更生，身上似乎又重新注入了生命的活力。而且还驻颜有术，仍不显得怎么苍老。但是，她毕竟不能返老还童。一个七十多岁的老太婆，怎么说也已经皮肉松弛，显示出了一些臃肿的龙钟老态。

薛怀义对于入宫侍寝渐渐生厌。多年来偷偷摸摸、为人不齿的"面首"生活，早已让他感到烦躁而又乏味。更加上女皇晚间卸妆之后，两个人共赴绣帏，脱尽衣衫，一身肥肉，老态毕露，更让他望而生憎。每每看见召他入宫侍寝的宫中来使，薛怀义便有一种吃了苍蝇似的感觉。躲无可躲，又不敢抗命，勉强入宫之后，又得拼着命地敷衍搪塞。

而在他的官邸里，却暗中蓄养着五六个十七八岁的妙龄少女，每夜与这些美艳娇嫩的小妞儿在一起的，那种如痴如狂、美妙绝伦的滋味儿，与七十老妪相比，自然不可同日而语。

为了尽量少入宫侍寝，他干脆离开自己的官邸，住进白马寺中，大开山门，从城内招募了两千多名壮士，落发为僧，每日诵经布禅，焚香打坐，做出一副忙于佛事、无暇入宫的样子来应付女皇。

对于薛怀义有意"怠工"的心思，女皇焉能不知？就是他私养女妓的事儿，她也都知道得一清二楚。

但是，她没有马上拿他问罪。一个四十多岁的男人，正值精力充沛时期，偶尔寻花问柳也不足为怪。女皇在静观其变，等待着他迷途知返。

女皇能沉得住气，想不到大臣们倒看不下去了。侍御史周矩见薛怀义弄了两千多个冒牌僧人，每天在白马寺里瞎折腾，便怀疑他图谋不轨。立即面奏女皇，固请对薛怀义及其僧徒们立案纠察。

对于"聚众""谋反"一类字眼，女皇虽然历来十分敏感，但是说薛怀义要造自己的反，她并不相信。既然朝臣们已经弹劾，审一审也不无好处，起码可以挫挫这个小和尚的气焰，让他知道点天高地厚。

于是她对周御史笑笑说道："卿且回去，朕让他自己去肃政台找你。"

周矩走后，女皇立即传旨白马寺，命薛怀义疾速赶往肃政台。

薛怀义不知何事，但又不敢抗旨不遵，只好骑马向肃政台赶去。他骤马急驰，直至肃政台大堂前的台阶处，才从马背上跳下来，大咧咧地走了进去。

见堂内右侧靠墙处有一张木床，他谁也没睬，昂然走到床边，傲慢地斜倚在木床上。

周御史急忙对手下喝道："左右，把这厮拿下。"

谁知话音刚落，薛怀义却"腾"地从床上一跃而起，一个箭步冲出堂外，翻身上马，冲着追赶出来的众人"嘿嘿"一笑，然后照马屁股上狠抽一鞭，那马四蹄翻飞，如旋风般疾驰而去。

周御史气愤已极，自任御史以来，还从未遇到过这样公然蔑视国家律条的狂悖之徒。他急忙入宫，将情况向女皇如实禀报。

女皇也颇感为难，自己十几年宠出来的面首，做出如此荒唐之事，照理应严惩不贷。但是，直到此时，尽管她对这个小和尚已极为不满，但仍不忍心加害于他，从内心深处，还是想放他一马。

"周御史，这是个疯和尚，我看他近来神志昏乱，不值得与他计较。他所招募的那些僧人，可任卿处置。"

周矩没法子，圣命难违。只好将那两千多名假和尚拘来，严加审鞫之后，一块打发到岭南开荒去了。

薛怀义虽然逃过了一劫，但却成了孤家寡人，心内不禁忐忑不安。周矩弹劾自己"聚众谋反"，这纯属子虚乌有，欲加之罪。自己一个堂堂国公、大将军，怎能接受一个小小的侍御史的按审，那岂不是虎被犬欺吗？

这事还得找皇上，当面向她辩白清楚。他相信，自己眷宠未衰，凭着多年的恩爱，皇上决不会也认为自己谋反，更不会置自己于死地。

但是，他再不敢像往日那样招摇过市，公然大摇大摆地入宫。周矩那小子说不定已撒下鹰犬，张网以待，自己还得先藏匿一段时间。

这天夜里，天近子时，夜空被厚厚的云层遮盖得如墨染一般，大街小巷寂无一人。薛怀义悄悄地潜至皇宫后墙下，在一个拐角处打开了一扇小门。

这里有一条极为秘密的夹道，是薛怀义在宫廷任营缮总管时建造的，专门为自己来宫内与女皇幽会时用的。整个皇宫上下，只有女皇、上官婉儿和

女皇武则天

自己三个人知道。在一些特殊情况下，当女皇既要自己来侍寝，又不想让任何人知道的时候，才走这条暗道，而平常奉诏入宫，径直从大门进去即可。

今夜事出紧急，薛怀义便从夹道潜入。夹道七弯八拐，最后直通女皇的寝宫。薛怀义自然是轻车熟路，在伸手不见五指的黑暗中也如履平地。

他轻轻打开最后一道门，蹑手蹑脚走进寝宫。寝宫里尽管已经灯烛昏黄，却仍耀得他睁不开眼睛。他闭着眼适应一会儿，睁眼看时，只见一个值夜的太监早伏在那里睡着了。

他绕过太监，径往卧室而去。当他掀帘走进去的一刹那间，突然惊得双目圆睁，木雕泥塑一般呆呆地定在那里，大张着口说不出一句话来。

女皇陛下一丝不挂地躺在龙床上，一个男人半伏在她的身上……

在他眼里，此时的女皇哪里还是什么皇帝，简直是一个荡妇，一个淫婆！薛怀义忘了自己"面首"的身份，忘了自己只不过是女皇的一个玩偶、宠物而已。一个面首、玩偶，居然想让女皇为他守身如玉，只钟情于他这一个男人，而他却可以在外面狂嫖乱淫，像民间小户人家那些大男人一样，简直是天大的笑话。然而此时此刻，这个疯和尚就是这样想的。

他用那双血红的眼睛死盯着那个男人，真恨不得冲上去，将他用乱刀剁成肉泥。是哪里来的野男人，竟如此胆大妄为！

这人是御医沈南璆，四十多岁，长得面白髯美，眉清目秀，一派风流儒雅。

这几个月来，薛怀义屡以佛事太忙为借口，不肯奉诏侍寝。女皇等待着他浪子回头，而他却执迷不悟，反而闯下祸事，被人弹劾为"聚众谋反"。女皇虽然不忍心治他的罪，但却决不能受他要挟而守株待兔。难道少了胡屠户，就吃连毛猪不成，我堂堂大周皇帝，什么样的好男人找不到？

就是在这个当口儿，沈南璆乘虚而入。原来，这位御医不仅医术高超，而且也是个功名利禄之徒。对于薛怀义因床第承欢而坐享泼天富贵，他早就垂涎欲滴。见有隙可乘，便趁着为女皇看病之机，按摩推拿，极尽奉迎挑逗之能事。

对他的这点心思，女皇看得明镜一般，也乐得顺水推舟，很快便成就好事。

从那日得手之后，君臣二人几乎是夜夜云雨，夕夕交欢。但却没有料到，在这夜深人静之时，会从秘密夹道里冒出了个花和尚。

沈南璆正在聚精会神地伺候着女皇，忽然听到背后有异样的喘息声，回头一看，惊得"啊呀"一声跌坐在龙床上。

女皇正在得趣之时，见沈南璎突然跌倒，不觉讶异。抬头看时，却见薛怀义脸不是脸鼻子不是鼻子地站在门口，不禁动怒。

但她脸上却十分平静，鄙夷地看看他，问道："小和尚，你怎么来了？莫非有窥淫之痴，到朕这里看好戏来了？"

薛怀义的脸胀成了猪肝色，一时语塞。

也许是因他耽误了自己的欢娱，也许是为了羞辱这个"负情郎"，女皇以极为冷漠甚至是冷酷的声音，让人传来上官婉儿，命她赶快把他送出宫去。她仍不想让这条秘密通道被更多的人知道。

夹道里一片黑暗。上官婉儿提着盏灯笼在前面走着。听着后面粗重的喘息声，她有些可怜这个男人，他曾经用他最宝贵的青春慰藉和滋润了女皇，如今却被冷落遗弃，甚至当面羞辱。但是，更多的却是对这个男人的鄙视，虽然他长得英武雄壮，但却只会靠取悦女皇，以此来换取富贵。不以为耻，反以为荣，张狂傲慢，粗野而又愚蠢，竟敢瞒着女皇去拈花惹草，真是找死。

跟在后面的薛怀义脚步踉跄，已经被妒火烧得快发疯了。他自己也觉得甚是奇怪，我自己不再迷恋女皇，对那身肥肉甚至有些厌烦。可是一旦发现别人拥抱着那身肥肉恣意取乐的时候，为什么会这样怒不可遏？而且是一种从未经历过的，夹杂着痛苦和酸涩的，难以用语言来形容的盛怒。

好啊，你个老太婆，竟然如此无情无义，说抛弃就抛弃，连声招呼都不打。拿我薛怀义当成什么了，擦腚纸吗？

他在心里咬牙切齿，拿定主意要伺机报复，非出了这口恶气不可。

他一抬头，看见了前面灯光笼罩中的袅娜而丰满的身影。这是个三十多岁的处女，虽然一直是女皇的贴身宫侍，但女皇对她却视若己出，像对自己的亲女儿一样宠信。

这是一个高雅而又美丽的女人，有着其他美貌女子身上所没有的东西，那可能是一种由文化和知识凝聚成的更深邃的美。

对这个熟透了的美人儿，自己早就垂涎三尺，但慑于女皇的威严，平日对她只能远远地观赏，不敢有半点非分之想。她就像挂在高枝上的一只熟果子，可望而不可即。

现在好了，你老太婆扔弃了我，我就先拿你的心尖子出火解馋，也算是对你的一个小小的报复。

他紧走几步，从后面猛地把她拦腰抱住。

女皇武则天

上官婉儿大吃一惊，在这个强壮的男人怀里奋力挣扎着，灯笼滚出了几丈之外，熄灭了，整个夹道完全被黑暗所吞噬了。

上官婉儿在默默地拼斗，她没有呼喊，因为她知道，他们已经走到了夹道的深处，声音再大外面也听不到。

……

婉儿已经记不起是如何最后挣脱了他的怀抱，又是怎样走出这个黑暗的夹道。

看看自己多处暴露的狼狈的身体，再看看被撕得七零八落的衣裙，而在这破碎的衣裙上，还沾着他那肮脏的让她感到恶心的液体，她无声地哭了。

幸好，这个秃驴毕竟没有进入自己的身体，自己的女贞总算保住了。她在盘算着，这事儿要不要告诉皇上。起码今夜不能说，那样事情会说不清楚，皇上必定会雷霆震怒。

走出夹道之后，薛怀义略略感到一丝儿报复的快意。但是，这点快意较之胸中那团烈焰腾腾的妒火，无异于杯水车薪。

他很快又被那无法遏止的妒火烧糊涂了。我薛怀义辛辛苦苦服侍了你十几年，落发为僧，不娶妻，不生子，至今没有个家，这一切还不全都是为了你？这是多么大的牺牲？是宁肯断子绝孙的奉献！而到头来，你却一脚把我给蹬了。

好吧，既然你不仁，我便不义。你高踞皇位，我在旁的方面奈何不了你，捅个大娄子出出你老东西的洋相总可以吧。要捅就捅得大一点，最好是把天捅个窟窿。

他想到了自己任总监建成的明堂，还有明堂北面随后又建成的天堂。这两座巍峨奇丽、宏伟壮观的殿堂，是女皇常常引以为自豪的大周朝的标志性建筑，是她想留传于千秋万代，以显示自己文治武功的巍巍丰碑。好，先把她的这座丰碑毁了再说。

他蹿进了天堂，先点燃了香案上一支巨大的蜡烛。然后拿着蜡烛，将各殿室之内的窗帘、帷帐、地毯、壁毯等各种易燃物全部点燃。看看大火已在天堂的内部四处蔓延，哔剥作响，他冲着火光"嘿嘿"一笑，悄悄地溜回白马寺去了。

这夜北风很大。借着强劲的风势，烈火迅速扩散，火舌舔舐着殿内的桌凳、案几、梁柱、门窗，凡是一切能够燃烧的东西，全都被引燃。霎时间，整座大殿成了一片火海。等几个巡夜的更夫发现了火情，惊呼着将熟睡中的侍卫们叫醒时，天堂内的大火已成不救之势。

随着一声惊天动地的爆炸声，高高矗立的天堂轰然坍塌，屋瓦迸射，墙体爆裂，一股巨大的浓烟翻卷着波浪，直冲苍穹。千万条火龙摇头摆尾，当空狂舞，时而向上，时而向南，很快便被大风裹卷着，冲上了南面不远处更加雄伟壮观的明堂。

两处建筑被完全包围在大火之中，迅速连成了一片，火浪滚滚，烈焰腾空，烟尘灰屑四处弥散。神京洛阳的半边天都被烧红了，数里之外都照耀得如同白昼。

整个洛阳城被烤热了，市民们惊醒了，朝臣们惊醒了，正与沈御医相拥、鼾鼾入睡的则天女皇也被惊醒了……

一场大火，把大周朝空前宏伟壮丽的两座标志性建筑物——明堂和天堂烧为废墟，也把则天女皇心中对小和尚残留的一点恩爱和期待烧得净光。

她心里清楚，这必是薛怀义所为。她太了解这个市井无赖出身的"面首"，狂妄骄纵，粗野无礼，没有一点儿涵养和自制力。那夜窥破了自己与沈南谬的私情，气急败坏，便做出了这样丧心病狂的蠢事。

自己不惜财力物力和数十万民工的血汗，建成了这座大唐几代皇帝都未能完成的明堂，如今毁于一旦，她感到一种锥心裂肺般的疼痛，真想立即杀死这个无法无天的野和尚。

但她不能，毕竟同床共枕十几年，怎能忍心说杀就杀？另外，自己也不能不投鼠忌器。薛怀义为自己侍寝十几年，这在朝野上下已是公开的秘密，现在向国人公开他火烧明堂的弥天大罪，然后公然诛戮，岂不让天下人耻笑我老太婆既无知人之明，又无情无义？

算了，还是替他遮掩一下，饶他一命吧。

"婉儿，那夜你去送薛怀义，他都说了些什么？"女皇在寝宫内再无别人时，问上官婉儿道。

上官婉儿心里一哆嗦，莫非皇上察觉到了什么？那夜薛怀义欲对她行奸，虽未得逞，却在她心里蓄满了仇恨和怒火。后来发生了明堂失火这样惊天动地的大事，她也猜到了谁是纵火犯。

她正在犹豫那天夜里发生的事该不该禀知女皇，因为她还弄不清女皇对他是不是已完全恩断义绝。

现在皇上当面问自己，该是和盘托出的时候了。否则的话，连自己都会不明不白。

"陛下，那夜薛怀义一直怒气冲冲，什么话也没说。在夹道中曾对婢子无礼，将婢子的裙衫都撕碎了。"

"什么？你已失身于这个畜生？"

"没有，婢子拼死反抗，他终未得逞。"接着，上官婉儿把薛怀义欲行不轨，强横施暴，最后无果而去的前后过程，详细地禀告了女皇。

"皇上，依婢子看，明堂的大火，必定是薛怀义放的。那天他完全疯了，已经没有了一点人性。"

"这个孽畜，也知道吃醋？男人的嫉妒是一团扑不灭的毒火，它会让人变得疯狂。他对你无礼，怕就是这团毒火烧的。不过，明堂的火却不是他放的。"

"怎么，不是他？"婉儿大惑不解。

"不是他。朕已得到禀报，是天堂的内作工匠不小心引起火灾，以致祸及明堂。那样吧，明天你传旨薛怀义，仍让他出任修复明堂的大总管，克日动工。"

上官婉儿一边答应着，心里却在琢磨。看来，皇上还是有情有义的，事已至此，还在袒护她这个作恶多端的面首，或许也是顾及自己的脸面。

两人正在说着话，却有太监进来禀报，说是河内老尼进宫求见。

"她这个时候来干什么？"女皇像是问太监，又像是问婉儿。

"我猜，八成是因为明堂失火，这位'净光如来'进宫安慰陛下来了。"

"哼，来得正好，"女皇冷笑一声，"让她进来。"

这位河内老尼是薛怀义的同门好友，在神都洛阳颇有些名气。她住在麟趾寺中，自称"净光如来"。与嵩山道人韦什方，还有一位胡僧互相吹捧，沆瀣一气，妖妄惑众。

河内老尼自称能预知一切过去未来之事，百验不爽。韦什方则说自己是三国时孙吴赤乌年间生人，已有四百多岁。而那位胡僧吹得更玄，说自己已经五百岁，并且在二百年以前就见过薛怀义一面，眼见得薛怀义容貌愈少，人是越来越年轻了。

三个人既然都是薛怀义的好朋友，也很快便成了女皇的座上客。经常将他们召之宫中，谈佛论道，说古谈今，相处得极为融洽。

对于他们的一些妖妄无稽之谈，女皇并不完全相信。关于薛怀义的出身，他们就是在睁着眼说瞎话嘛。薛怀义夜夜躺在自己的怀里，他是何年出生，年龄多大，自己还不清楚？

第三十二章　骄纵面首　玩火自焚

但薛怀义是自己情深意笃的"面首"，她愿意他们把他吹得天花乱坠，那样对自己有百利而无一害。最好让天下人都知道，能为我女皇侍寝的人，当然不会是一般的肉胎凡骨。

女皇自己也笃信佛教，于各种经义并不生疏，这三个人又个个巧舌如簧。忙过军国大事之后，再与这些空门中人随意地神侃一番，也觉得轻松愉悦。

韦什方吹嘘自己擅于养生之道，常常与女皇大讲长寿术，并自愿为女皇上岭南采合长生不老之药。女皇并不奢求长生不老，她知道这是绝不可能的。但有他采合的药物或许可以延年益寿，更何况这是他的一片忠心。因此，她便欣然恩准韦什方乘驿车去岭南采药。

韦什方走后，河内老尼愈加得宠，常常被召到女皇的寝宫里，为女皇诵经祈福，或清谈解闷。

这老尼惯于装神弄鬼，白天只吃一顿饭，不过是一小碗白米，一碟青菜。俨然是一位六根清净的得道高僧。而晚上回到麟趾寺中，便关起门来大吃大喝，鸡鸭鱼肉，烹宰宴乐。酒足饭饱之后，便与她的那帮年青弟子们轮番交媾，群奸群宿，集体淫乱。

听说明堂被大火烧毁，她知道女皇一定为此快快不快，心中懊恼，便想跑来"开导开导"女皇，以邀欢心。

她却万万没有想到，女皇在盛怒之下，对他们这帮人已十分反感。薛怀义既然是个疯和尚，能做出如此狂妄之事，他的这些狐朋狗友们还有什么好东西？

因此，她把对薛怀义的一腔愤恨一下子倾泼到了河内老尼的身上。

老尼刚刚进门，还未及开口，女皇便变了脸喝问道："你不是净光如来吗？天天说你能预知未来一切之事，明堂失火这样的大事，你为何不提前禀奏？"

河东老尼没想到会受到这一当头棒喝，登时张口结舌，冷汗直流。

"这、这……是老尼一时疏于掐算，请陛下恕罪。"她"扑通"一声双膝跪下，叩头如捣蒜一般。

"疏于掐算？朕看你这个'净光如来'，不过是个欺世盗名的世贼禄蠹。滚！从此休要再在神都招摇撞骗。"

老尼灰溜溜地跑回麟趾寺，打点行装准备离京。但她还没有成行，便有人上疏，揭发这老妖尼的种种淫乱秽事，其肮脏丑恶，不堪予闻。

女皇大怒，立即下令，将老尼锁拿刑讯，没为宫婢。昔日被礼为座上宾的如同神人一般的"净光如来",一夜之间便沦为皇宫大内的宫奴贱婢,洛阳城里一时传为笑谈。

那位"五百岁"的胡僧见大事不妙,慌忙与众弟子们作鸟兽散,各自逃命去了。

到岭南采药的韦什方,此时已采合成了"长生不老"之药,正准备回京领赏。当他走到偃师一带,便听说老妖尼东窗事发。知道自己难逃血光之灾,仰天长叹一声,将"长生药"往山沟里一摔,在路边寻了一棵歪脖子树,自缢而死。

薛怀义闯了塌天大祸,皇上不但没治他的罪,反而又任他为明堂修建大总管,仍是权势显赫,每日里照样颐指气使,威风凛凛。

但他并不认为这是女皇的曲意呵护,还以为自己纵火一事女皇并不知情,因此毫无悔改之心。

听说自己的三个同门朋友出了事,心中对女皇愈加怨恨。这个女人不仅无情无义,而且心狠手辣。十几年来,自己对此怎么会毫无感觉?

心里有了积怨,平日还能忍隐不发。这天晚上喝酒喝得酩酊大醉,薛怀义胸中的堤防完全溃决了,与几个同他一起监工的官员们大发牢骚。说着说着,竟将他与女皇之间的床帏秘事一股脑儿吐了出来,甚至连一些交欢的细节、床上的昵语淫话也都说了。

有人连夜密报女皇。女皇简直被气疯了,胸膛里像是填满了火药,似乎马上就要爆炸。她再也无法容忍,也不能容忍。

这样的事只能你知我知天知地知,你若不是真的得了失心疯症,怎么能以当事人的身份,把两个人床笫间的秘密公之于众呢?

再也不能让他这样肆无忌惮地到处胡说八道,长此下去,会弄得秽闻流布朝野,播散天下,那我这个君临四海、至尊至贵的堂堂女皇,一张脸往哪儿放?

自作孽,不可活。小和尚,朕曾多少次姑息你,原谅你,期待你,想救你一命,想让你今生今世都能荣华富贵,平平安安,朕已经仁至义尽了。你怎么非要找死不可呢?既如此,就休怪朕不念旧情了。

晚膳之后,女皇传来了女儿太平公主和驸马建昌王武攸暨,这样的事只能让他们知道。

自从前驸马薛绍因谋反罪被监毙狱中之后,太平公主寡居了几年,虽然也养过几个小白脸,但那毕竟是露水夫妻,当不得真。

后来，她的远房表哥，建昌王武攸暨前妻亡故，女皇征得她的同意，便把武攸暨招为驸马。

现在，在女皇的寝宫里，就他们母子三人，连上官婉儿也被屏退了。

"薛怀义甚负朕心，他活够了，该送他升天了。"女皇叹口气说道。

"这个野和尚无法无天，早该死了。"太平公主在母亲面前，从来说话不加遮拦。

"就你们二人去办这件事，别弄得鸡飞狗跳，让外人都知道。"

"是，儿臣明白，陛下放心"，武攸暨小心答道。

天册万岁元年二月三日，太平公主派人去明堂工地传旨，召薛怀义到瑶光殿议事。

薛怀义不知就里，还以为女皇陛下要与他重续旧欢，骑着一匹白马，兴冲冲地疾奔皇城。

刚走进瑶光殿，便觉得事情有些不对劲儿。大殿里空落落的，竟无一人。

他刚要返身出殿，却听得一声吆喝，从四面屏风后冲出了一群人高马大的健妇，各持棍棒围了上来。

"你们要干什么？"薛怀义大惊失色。

话音未落，当头便挨了一棒。只觉得天旋地转，想要夺门而逃，却来不及了，腿弯处又挨了一棍，"扑通"栽倒地上。健妇们一拥而上，将他五花大绑，捆了个结结实实。

"为何捆我？谁让你们这么干的？"

一位上了些年纪的女人冷笑一声说道："谁让我们这么干的？自然有人。走！"

这女人是太平公主的乳母张氏，她奉太平公主之命，从宫内挑选了十几个健壮有力的侍婢，早就在大殿中埋伏好了。

"上哪去，你们要把我带到什么地方？"薛怀义被蒙上了双眼，一路被推推搡搡地往后走去。

"休要啰唆，有人要见你。"

薛怀义心中一阵窃喜，或许是女皇陛下要见自己，虽说免不了一顿杖责或臭骂，但还有活命的希望，他脚下加快了速度。

七弯八拐，绕来转去，终于来到了后苑中一处极隐秘的地方。

眼上的黑布被揭掉了，他向四周扫了一眼，顿时惊得面无人色。

驸马、建昌王武攸暨带着数十名宫廷侍卫，手里都拿着明晃晃的刀剑，对他怒目而视。

"薛怀义，你的死期到了。好好记住，明年今日便是你的忌日。"

"驸马爷，饶命啊。我要见皇上，死也得死个明白。"

"皇上不会见你了。你这个刁横无耻的和尚，狂妄不法，坏事做绝，早就死有余辜了。"武攸暨看了众人一眼，喝道："还不动手。"

一个侍卫冲上去，当胸戳了一刀，又反腕一拧。一股股红的鲜血立时从血窟窿里涌流而出。

薛怀义闷哼一声，颓然倒地，立时气绝身亡。

一辆早准备好的粪车被拉过来，侍卫们将薛怀义沉重的尸体扔到车上，上面又装了一些柴火，便"吱吱扭扭"地从后门拉了出去，直拉到白马寺。一堆旺火把尸首焚为灰烬，然后将骨灰埋于高塔之下。

"玩火者必自焚"，这位花和尚倒是应了这句老话，神不知鬼不觉地在大火中飞升而去。至于是上了天堂，还是下了地狱，就不得而知了。

薛怀义死了，与自己同榻而眠十几年，给了自己无数欢乐和幸福的小和尚，最后却死在了自己手里，女皇说不出心中是一种什么样的感觉。一连十几天，她说话很少，常常一个人坐在那里出神。

宰相李昭德虽被贬官流放，但由他以及前任宰相狄仁杰所播下的与酷吏斗争的火种，却没有熄灭。

薛怀义的死，更鼓起了朝臣们与邪恶奸佞斗争的信心和勇气。

这年五月，监察御史纪履忠上章弹劾来俊臣，详细列举了五大罪状，要求将其下狱按审。

这个十恶不赦的酷吏头子，说其罪状，岂止五条？就是五十条、五百条也难以列清，真正是罄竹难书！

若论其罪，当处极刑。但女皇念其往日为武氏皇权的稳固所效的鹰犬之劳，或是觉得他以后还能有些用处，没有定他死罪，而是贬为同州参军了事。

来俊臣惶惶如丧家之犬，一路凄风苦雨来到同州，着实苦闷了些日子。但他天生的不肯安分，决不甘心就此沉沦下去。老子当年曾是死囚犯，都能死里逃生，一步登天。何况现在大小还是个参军，一旦碰上个好机会，一定能重返朝堂，再逞酷政。

就在来俊臣苦苦地窥伺时机，以求一逞的时候，神州大地上又在悄悄地酝酿着一场大风波。

大唐元戎功臣的后人刘思礼，此时正在简州当个不入流的小吏。祖上曾经出将入相，而到了自己这一代却如此落魄，一向热衷功名的刘思礼天天郁郁寡欢，连做梦都想着飞黄腾达，光宗耀祖。

有一天，他实在耐不住寂寞，便去找术士张景藏看相。

张景藏知他求官心切，为了多骗些银两，在仔细看过面相之后，便故意惊呼道："啊呀，阁下乃是大贵之相。眼下屈居下僚，乃一时之困。不久将升为箕州刺史。而刺史对阁下来说，只是一道门槛。过了这道门槛，阁下将一路升迁，必位至太师无疑。"

刘思礼被这一席话捧昏了头，天天想入非非，夜夜都做着"太师梦"。但转念一想，太师位极人臣，非有佐命之功难以当上。如今的皇上是断不会让自己去当太师的，除非自己去拥立一个新皇帝，改朝换代，取武周而代之，才有可能让梦想变成现实。

于是，他便到处游历，寻找"真龙天子"。一日来到洛州，偶尔遇上了洛州录事参军綦连耀，见此人仪表堂堂，气宇轩昂，似非凡之辈。灵机一动，便把他拉到一个僻静处，深深地拜了一拜，然后说道："公体有龙气，他年必定南面为君。"

一听此言，綦连耀吓得险些儿灵魂出窍。但经不住刘思礼如簧之舌的蛊惑，最后也便晕头转向。居然以真龙天子自居，大言不惭地说道："公是金刀，合当我辅。"这样，三言两语，二人便互相捧出了一位皇上，一位开国功臣，并从此定下了"君臣"之契。

随后，他们朝夕相处，密谋如何举事。这位綦"皇帝"命刘"太师"广泛联结朝臣拉拢同党。刘思礼逢人便送上一顶三品官的高帽子，说道："綦连耀有天命，公若相随，必可得泼天富贵。"

高官厚禄向来具有极大的诱惑力。一番类似痴人说梦的胡言乱语，居然也能让许多朝士为之神魂颠倒。

凤阁舍人王勮是大诗人王勃的哥哥，按说也该是一个聪明人，可他却第一个上了贼船。

万岁通天元年，王勮知天官侍郎事，他以职务之便，极力向女皇举荐刘思礼，将其任命为箕州刺史。

这样一来，刘思礼自以为应了术士张景藏的谶言，益加喜不自胜，活动便越来越频繁。

王勮的弟弟王助，时任监察御史，大约是受其兄和刘思礼的蛊毒太深，逢人便玩"测字把戏"，不遗余力地为綦连耀吹嘘。

他与明堂县尉吉顼是好朋友。一日吉顼因事来到洛阳，王助把他请到家中，于密室中悄声说道："天将变，已有真命天子应世。"

吉顼只觉得头皮发乍，此乃掉脑袋的谋逆之事，怎可如此戏言，忙问道："何以知之？"

"兄台还蒙在鼓里，此事朝臣们多已知之。洛州录事参军綦连耀，兆应两角麒麟。'耀'字光翟也，日后必定光宅天下，此公将是未来天子无疑。"

吉顼只是漫应之，不再多说一句话。心里却在想，如此荒唐的"测字"，如同儿戏一般。要是一个"耀"字就能当皇帝，天下不知要出几万几十万个"真龙天子"。你们兄弟也算是国之名士，怎么能信这些玩意儿？

他辞别王助以后，匆匆赶回明堂县。一连几天，都是心惊肉跳，夜夜被噩梦惊醒。

不行，这是祸灭九族的谋逆大罪，知情不举，必被株连。但是，自己若去告密，虽然可轻而易举地得到大富贵，却背上了一个卖友求荣的恶名，为世人嘲骂，实在得不偿失。

思来想去，他想到了那个因告密而平步青云，又为事被贬为同州参军的来俊臣。对，假此公之手密报朝廷，自己既不落知情不举的罪名，又不受卖友求荣之讥，岂不是两全其美。

于是，吉顼把自己所了解的这场酝酿中的谋反大案，详细写了下来，第二天便径奔同州。

来俊臣想不到在自己虎落平阳的时候，还会有人来拜访。换了往昔，这个小小的明堂县尉他根本看不在眼里，但此一时，彼一时，现在他倒有些受宠若惊的感觉，忙将吉顼请进屋里，让座泡茶，然后问道："吉兄专程赶来，不知有何见教？"

"在下有一套大礼要送与来公。"

"大礼？吉兄莫不是要笑在下？"来俊臣大感不解，这个时候，谁还给自己送礼？

"在下焉敢要笑来大人，真的是一套莫大之礼，这是礼单。"吉顼从怀中掏出一张折叠的状纸。

来俊臣狐疑地接过来，仔细地看了一遍，两只眼睛变得贼亮，整个脸上似乎也在放光。他妈的，机会来了！终于等来了。这可是一个货真价实的谋反大案，过去对无数望风捕影甚至子虚乌有的假案，自己都能罗织有术，锻炼成狱，何况这个真正的谋逆案？把它交给皇上，自己又建一大功，定可重返朝廷。

"这事就交给我了，吉兄可回去静候佳音。"

吉顼告辞之后，来俊臣连一刻也不耽误，立刻备上快马，带着吉顼的状词，飞奔神都而去。

女皇看过状纸，心中极为恼怒，这可真是树欲静而风不止。这些不知死活的谋逆之人，怎么就像饿皮虱子，逮也逮不干净。像刘思礼、綦连耀这些小泥鳅，居然也想跳过龙门，为王称帝，真是天大的笑话。虽然小泥鳅翻不起大浪头，但事涉谋反，也不能掉以轻心。

"陛下，事关社稷安危，非同小可，微臣愿审鞫此案。"跪在丹墀中的来俊臣，急不可耐地主动请缨。

"不必了，你可回同州等着，朕自会处置。"女皇淡淡的一句话，对于出头心切的来俊臣来说，不啻是兜头泼了一盆凉水，只得诺诺而退。心中却老大不服：哼，这样的案子，没有我来俊臣，你们办得了吗？

女皇不想再用来俊臣办案，她知道这些酷吏已经威信扫地。再说，这样一个成不了气候的谋反案，抓几个丧心病狂的疯子，杀一儆百也就行了，用不着兴师动众，更不能再妄杀无辜。

于是她下旨，命河内王武懿宗查审此案。

可是，女皇却不知道，她这位堂侄武懿宗，居然也是来俊臣一流人物。

自从天授年间以来，武懿宗便常常参与推鞫制狱，王公大臣有多人被其构陷成罪。时人曾称其为来俊臣、周兴之亚。

这位"来周之亚"，办起案来果然不输其酷吏前辈。他捕拿刘思礼入狱，先施以重刑来个下马威，然后许以不死，让他安心招供。真正参与谋反的人全招完了，再按着武懿宗的指点攀引诬陷，凡是武懿宗平时看不顺眼的，皆被牵连入内。

到了此时，刘思礼也顾不得再做"太师梦"了，为了保住自己的一条小命，便疯狗似的乱咬起来，望风攀指，广引朝士。顷刻间，这桩类似儿戏的谋反案，又成了一起轰动朝野的惊天大案。

武懿宗没费什么大劲儿，便弄到了一大串"谋反者"的名单。除了刘思礼、綦连耀、王勘、王助等人外，更有宰相李元素、孙元亨、天官侍郎石抱忠、刘奇、凤阁舍人来庭、给事中周潘、太子司议郎路敬淳、司礼员外郎刘慎之、右司员外郎宇文全志、泾州刺史王缅等，共计三十六人，几乎都是海内名士。

这里面当然有真有假，鱼龙混杂。但是，在诸般酷刑的摧残下，人人服罪求死。

既已锻炼成狱，下面的事就好办了。不管是《大唐律》还是《大周律》，谋反者皆是死罪。

三十六人一块被押上了断头台，同日被诛杀于洛阳街头。亲党被连坐流放者，亦有一千余人。那位首先挑起事端，尔后又疯狂攀咬，检举有功的刘思礼，虽然被武懿宗许以不死，但也逃脱不了"兔死狗烹"的下场。同样被往嘴里塞了一个木丸，绑赴刑场砍了脑袋，临死前还在呜呜啊啊乱叫，谁也不知道他叫了些什么。或许是在忏悔他先是贪图富贵，继而又贪生怕死，从而害死了许多无辜之人。是不是如此，也只有他自己知道了。

谋反大案既已告破，照例要封赏有功之人。来俊臣最先出首，自然是第一功臣，被从九品的同州参军，擢升为正五品的洛阳令。

不料来俊臣想独擅其功，过了河便忙不迭地拆桥。他竟又向女皇告了一状，说明堂县尉吉顼知情不报，应视同附逆之罪。

吉顼亦非等闲之辈，听到消息之后，立即动身赶往神都，诣阙求见女皇，得以召见。

行罢三跪九叩大礼之后，女皇问道："你便是明堂县尉吉顼吗？"

"禀皇上，微臣正是吉顼。"

"你既知刘思礼、綦连耀等人谋反，为何知情不报？有人告你为反贼同谋。"

"皇上，若是微臣不肯出首，来俊臣何以得知此案？"吉顼胸有成竹地说道。

"你这话是什么意思？"女皇略感奇怪。

"是微臣最先发现此案，去同州密告来俊臣，让他来朝廷出首的。"

"有这等事？那你自己为何不来京出首？"

"皇上，当时得知这一消息，臣左右为难。知情不举，事关社稷安危，是为不忠。若出首告密，臣与王勖乃是多年交契，卖友求荣是为不仁。臣明知先告密者可得富贵，便把这套富贵让给来俊臣。没想到此公翻脸不认人，反诬告微臣。"

"这么说，你才是出首第一人，有什么证据？"

"皇上请看，这是臣写的状词，交来俊臣之前，留了一份底稿。"

女皇看过状词，一切都真相大白，这状词与来俊臣所交状词一字不差。

她看看吉顼，见此人颇有些胆气，当廷奏对，不卑不亢，从容不迫。而且当初于仓促之间，能知道留下证据，可见其工于心计，是块有用的材料。当即赦其无罪，并擢为左补阙，一跃而为廷臣。

吉顼因祸得福，自然高兴，但却从此与来俊臣成了势不两立的死对头。发誓有朝一日，一定要除掉这个魔头，报此一箭之仇。

来俊臣复出之后，酷吏之风被重新煽起，在朝臣们看来，如同恶虎再度下山。

果然不出人们所料，他刚刚上任洛阳令，便纠集旧党，罗织诬告司刑府史樊綦，以莫须有的罪名，将樊綦杀害。

樊綦之子不服，哭诉于朝堂之外，为父亲喊冤叫屈。可怜这个十五六岁的孩子，哭得声咽气塞，涕泪俱下，却没有一个朝臣敢于出面说话，一个个看都不敢看一眼，从他身边悄悄地溜走了。他们实在是被来俊臣这帮酷吏们整怕了。

樊綦之子求告无门，绝望之中，突然拔出刀来，狠狠地插入自己腹中，以自杀抗议酷吏们的暴行，为父申冤。

朝臣们目睹了这血淋淋的一幕，不仅颤慄悚惕，却仍然不敢说话。

唯有秋官侍郎刘璿，实在看不得如此惨烈的场面，禁不住心内凄恻，泪流满面。

不料仅仅这么一掬同情之泪，也招来祸事。来俊臣当即向女皇诬告，说刘璿乃樊綦同党，阿附恶孽，应下诏捕拿按问。

此时，女皇对綦子破腹审冤之事一无所知，便同意了来俊臣对刘璿进行审理。

"樊綦逆贼，罪恶昭彰。你身为秋官侍郎，如何与樊綦结为同党，快从实招来，不然大刑伺候。"来俊臣审案驾轻就熟，从容不迫地喝问道。

"我与樊綦不过泛泛之交，何言同党？"

"好个泛泛之交！綦子哄闹朝堂，他人避之唯恐不及，你却兔死狐悲，痛哭流涕，不是同党又是什么？"

"下官年纪大了，双目遇风流泪，哪是什么痛哭流涕？"

"好个老狐狸，花言巧语。目下涓涓之泪，怎可因风？口中唧唧之声，如何取雪？"

这个魔头突然掉了几句酸溜溜的书袋，意思是说，你那眼泪都快涓涓成河了，岂能是风的缘故？就算是因风流泪，那么你口里发出呜呜的哭声，又

女皇武则天

做何解释？莫非是因为下雪的缘故吗？

刘璕一时语塞，无言以对。不说话就是默认，来俊臣据此判刘璕绞刑。

审理结果呈报女皇，女皇大笔一挥，将绞刑改为流贬瀼州。这个来俊臣大该是有杀人癖吧。刘璕同情樊綦是真的，可是总不能凭着这点同情心就判人绞刑，这也太过分了，简直是以腹谤治罪。若是听凭来俊臣这样杀下去，朝中大臣们岂不被斩尽杀绝？

过了不久，刘璕的儿子刘景宪又上书为其父诉冤，这时女皇已听上官婉儿说了綦子破腹自杀为父申冤的事，亦颇感遗憾。看罢刘景宪的上书，立即降旨，征还刘璕，仍任秋官侍郎。

刘璕让酷吏们整怕了，心有余悸，坚辞不受。女皇也不便再难为他，便将其改任为兖州都督。

复出的来俊臣，得志更猖狂，贪功、爱财、好色之心，比遭贬之前有过之而无不及。

当初勘破綦连耀谋反之案后，女皇曾因其功赏赐奴婢十人。但他一个也没看中，心中窝着一团火。随着官位的升迁，越来越淫欲膨胀，胆大包天。恨不得将天下的美女都变成他的姬妾。洛阳士民的妻妾女儿，凡有资质美艳的，被他知道了，一定要千方百计弄到手。不是骗奸，就是强纳，再不行就诬告其父或其夫有罪，打进大牢，然后取其妻女。因此而前后被其罗织定罪的，数不胜数。

贪色与贪财有一条共同的规律，那就是永无止境。洛阳城的美色被来俊臣玩腻了，他便一心想换换口味。一天，他听说住在神都的西突厥可汗斛瑟罗家有美婢，不仅人长得天仙一般，而且特别擅长歌舞，便有些心猿意马，神不守舍。

他先是派人前去索要，被严厉拒绝。随后，又派出两名窃贼，于深夜潜入斛瑟罗府偷劫。不料刚刚吹了熏香，正要破窗而入时，却被一名巡夜者发现，顿时锣鸣号响，护院兵一齐出动。两名窃贼见大事不妙，只好跳墙越屋，抱头鼠窜。

无可奈何，来俊臣又拿出了他的看家本领，到处搜集和罗织斛瑟罗的"反状"，向女皇煞有介事地奏了一本，说斛瑟罗在神都广植党羽，密谋造反。

这一次他却失算了，这些"胡人"本就桀骜不驯，生死不怕，岂能任人宰割？

当时侨居于神都的西域各族酋长有数十人，一闻知此事，立时群情汹汹，义愤填膺，自动聚合起来，赶到皇宫集体讼冤。

这些人聚在皇宫前的大街上，或高声喊冤，或狂呼怒吼，咿里哇啦，喧声鼎沸。有的干脆从腰间解下佩刀，"哧啦"一声割下了自己的一片耳朵，有的用刀尖划破了自己的面皮，鲜血淋漓，一片狼藉。引得洛阳市民纷纷前来围观，万头攒动，人山人海。

女皇被惊动了，这可是关系着大周朝与周边各国能否睦邻友好的大事，岂能因一个小小的来俊臣而毁了国家稳定。

她一方面委派宰臣出面安抚"胡人"酋长，说明女皇完全信任他们，让他们放心在神都居住，决不猜疑加害。一方面命人严饬来俊臣，不准他再惹事端。而在女皇的心里，却给这个魔头结结实实地记下了一笔账。

第三十三章　纳宠骇俗　亘古第一

狄仁杰、李昭德被贬出京师之后，朝廷像是抽掉了顶梁柱。女皇每次上朝，便觉得大殿里空荡荡的。虽然左右两班仍站满了文臣武将，但每遇大事，却找不到一个有真知灼见并且能够信得过的人。

前些日子的綦连耀、刘思礼谋反案，又一下子陷进了两位宰相和十几名朝臣，这就使女皇更增加了朝中乏人的孤独感。

她决定重新将被贬的狄仁杰召回朝廷。原本在狄仁杰外贬之初，她就有这个打算，现在该是时候了。

恰在这几天，边境传来急报，契丹兵马进犯，已攻陷冀州，整个河北人心震动。

女皇经过深思熟虑，认为契丹人不过是小股兵马试探性地骚扰，并无大举入侵的迹象。

她没有从朝中派将帅统兵前往，而是毅然下诏，征调彭泽县令狄仁杰赴魏州任刺史。

朝臣们一片惊诧，大敌当前，不派大军前往抵御，只调一个狄仁杰去济得甚事？

女皇却胸有成竹，对臣下微微笑道："狄仁杰虽一介书生，却是文武全才，一人可抵得千军万马，有他镇魏州，北疆无忧矣。"

心里却在暗笑这些朝臣的孤陋寡闻。天下本无事，庸人空自扰。若是契丹人真想大举进犯，现在正是秋初草盛、弓劲马肥之时，怎会攻下一个冀州再不见动静？关乎国家安危的大事，朕岂能儿戏？朕不过借此机会，让狄仁杰建一大功，也好顺理成章擢他入朝为相。

狄仁杰接到诏命，星夜驰奔魏州。一连在魏州境内巡视了两天，又派探马去北疆察看动静，对眼下形势已心中了然。对皇上身居宫闱，却能熟知天下大势的非凡识见，亦愈加敬服。

他的前任刺史独孤思庄听说贼寇要来，忙不迭地把魏州四周的百姓都迁进城里，编入部伍，日夜赶造守城兵器，各处土地，皆已撂荒。

狄仁杰上任后，在州衙前召见了这些乡民，笑着拱拱手对他们说道："诸位父老，贼寇尚在远方，我们何必如此索隘。人误地一时，地误人一秋。诸位还是各自回家，莫误秋种，莫违农时。诸位放心，万一贼寇真的来，莫说城中尚有千万将士，就是由我仁杰一人抵挡他们，也决不让百姓遭殃。"

百姓们一片欢呼，千恩万谢出城去了。狄仁杰却命城中将士加紧操练，轮番守城，并每日派快马北去数百里，严密监视契丹人的一举一动。

十几天以后，契丹的兵马居然悄悄地退回了本土，有人说他们是畏惮于狄仁杰的威名，这似乎有些言过其实；也有人说，契丹人见大周境内人心安定，百姓们各安其业，似是早已严阵以待，做好了御敌准备，因而不敢贸然进犯。不管是什么原因，反正契丹兵马退去，北部边陲又恢复了往日的宁静，这却是有目共睹的事实。

这样一来，狄仁杰在魏州，甚至在整个北疆颂声鹊起，有些地方居然流传起了狄仁杰只身退贼兵的类似神话的传说。魏州的百姓们主动捐款，为狄仁杰立起了功德碑，以记载其恩惠。

此事传至朝廷，女皇甚感欣慰。待边疆完全安定以后，马上传诏狄仁杰入朝，并擢升他为鸾台侍郎、同凤阁鸾台平章事，加拜银青光禄大夫，兼纳言。再次步入宰相班列，并膺任首辅。

女皇单独召见了狄仁杰，说道："狄爱卿，你总算回来了。你走之后，朝臣中多是尸位素餐者，连个给朕拿主意的人都没有，朕甚觉孤独。这下好了，朕又可以高卧了。"

"承蒙陛下谬奖，臣不胜惶愧。只是，偌大一个朝廷，每日千头万绪，只凭臣一人，才鲜力寡，孤掌难鸣。像魏元忠、王及善、王方庆等这些往日被贬之人，皆精明干练，忠心耿耿，是否该召回朝廷？"

女皇点头道："朕也想过，这些人并无大过，就该用其所长。不日朕即颁旨召他们回京，与卿合力辅政。另外，爱卿若发现有贤能之士，可大力举荐，朕必不吝官爵，给予重用。"

狄仁杰忙说道："陛下求贤若渴，乃国家之福。想我大周地大物博，人才济济，贤才俊士不乏其人。据微臣所知，姚崇、桓颜范、敬晖、窦怀贞等人，皆栋梁之材，陛下若不次擢拔，何愁朝士碌碌，庙堂冷落？"

女皇将此数人现在何处、任何官职、有何特长等情况都一一细问，谨记心中。

沈南璆死了。

女皇武则天

作为御医，沈南璆不愧为巨擘国手。但是，作为男宠和"补药"，这位文弱的医家却不耐"采伐"和"煎熬"，很快便成了一堆"药渣"。侍寝不到一年，也不知得了个什么急病，竟一命呜呼。

对于沈南璆之死，女皇说不上有多少悲痛，他不过是房闱之中一个替补的用具，并没有产生什么感情。人既死了，多赏赐家人些财物，好好地安葬也就是了。

然而，这十几年来，女皇一直"滋补"惯了，一夜虚席，都觉得寂寞难耐。更何况，已是七十多岁的人了，还能有多少来日？她现在寻求的，不仅仅是床笫间的欢谑，更是一个皇帝的尊崇，一个拥有四海的当朝天子，对于各方面的占有和满足。在生命的最后一段里程中，她必须加快脚步，去享受一个帝王应该享用的一切。

历朝历代的男性帝王，后宫里都是粉黛三千，佳丽如云，天下最美丽的娇娃，都必须拥入自己的怀中。

就是大唐之初，皇上也拥有后妃、九嫔、婕妤、才人、美女、宝林、御女、采女等，仅有名分的就多达一百一十二人。其他在六尚诸司，分典乘御服饰的宫女更是数不胜数。

而自己呢？作为自古以来唯一的女皇帝，这些年来所享用的男宠只有一个薛怀义和一个沈南璆，这未免太可怜。如果说过去是忙于朝政，无暇顾及男欢女爱，那么现在大周已固若金汤，自己还有什么顾忌？为什么硬要苦熬呢？

不要说自己的身体中还时时有这种冲动和欲望，就是没有了，自己也必须占有这个世界上最美最棒最英武的男人，绝不能给辉煌的人生留下半点遗憾。

不过，说起来容易做起来难。自己总不能像历代帝王那样，堂而皇之地大选天下"美男"。就是私下里寻访，这事也难以启齿。可惜啊，当年进御"活宝"的千金公主已经不在人世，没有了钟子期，还到哪里去寻觅知音？

女皇又一次陷入了郁闷和狂躁之中。白天强打精神上朝理事，晚上回到后宫，却总是闷闷不乐，少言寡语，就连对上官婉儿，也懒得搭理。

有了上次的经验，上官婉儿知道是怎么回事。但她是老姑娘，没法给女皇排忧解难。只好若隐若现、含糊不清地对太平公主透露些消息。

其实，也无须她多透露，"知其母者莫如其女"。太平公主已是过来人，也曾尝过孀居的滋味。早在处死薛怀义之后，她就开始留心物色，给母亲寻觅"新药"。

无奈的是，拔顶尖的男人太难找。英俊的未必健壮，健壮的未必高雅；高雅脱俗的又往往羸弱。要寻找一个尽善尽美的男人，真比大海捞针还难。

不过，对于有心人来说，世上没有什么办不到的事。这样的宝贝男人终于被太平公主找到了。至于怎么找到的，太平公主是否像当年千金公主一样，献宝之前自己先"试用"过，已不得而知，也无关紧要了。

神功元年正月初五晚，太平公主来到后宫，先屏退侍女们，然后对母亲嘻嘻笑道："母皇陛下，女儿今日进宫，想送给您老人家一样'宝贝'，以尽女儿孝心，望母皇笑纳。"

"你这孩子，老没正经。朕富甲四海，什么宝玩珍器没有，还用得着你送。"

"据孩儿所知，母皇还真没有这样的宝贝。"

"既如此，难为女儿一片孝心，取来朕看。"

"请母皇稍等。"

太平公主出去一会儿，领进了一个美少年来。

女皇只觉得眼前一亮，整个寝宫似乎都为之生辉。她今年已经七十四岁了，阅人可谓多矣，但却从没见过如此英俊潇洒的男人。

此人面如冠玉，唇若施朱，明眸皓齿，身材修长矫健而又匀称。用他同时代人张垍的话说，"通体雪艳，光美无瑕，瘦不露骨，丰满而不垂腴"，真正是完美无缺。

以女皇的沉稳和老道，一见之下，竟也不禁喜形于色，惊呼道："美哉，世上竟有如此完人？"

那少年以极为优雅的姿势跪地行过大礼，女皇命其平身，笑蔼蔼地问道："你叫什么？是谁家公子？"

"禀皇上，小人姓张名昌宗，乃贞观末年宰相张行成的族孙，现任尚乘奉御之职。"

听他说话口齿伶俐，琅琅有金玉之声，女皇愈加高兴，说道："好，好，还是个世家子弟。来，坐吧，就坐在朕身边，让朕好好看看你。"

太平公主却在一旁笑道："母皇，先别忙让他坐。他不仅貌美，还极通音律。初次觐见天颜，何不让他献上一曲？"

女皇更为惊讶，忙说："好，那朕就观玉人，赏仙乐，一饱眼福、耳福。"

张昌宗是个弄笛高手，如今见了女皇，自然要刻意卖弄一番。于是清冽

女皇武则天

之音骤起，穿云裂石，余音绕梁，时而悠扬婉转，时而高亢嘹亮，直让女皇老人家听得如痴如醉。

一曲终了，太平公主不失时机地说道："母皇，就让昌宗陪你说会儿话，女儿可要去睡觉了。"说罢，调皮地冲母亲眨眨眼睛，转身退去。

太平公主刚走出去，女皇便急忙把张昌宗叫到跟前，轻轻揽在怀里，像老祖母疼爱小孙子似的，在他粉腮上狠狠地亲了几口，问道："孩子，十几岁了？"

"回皇上话，小人今年刚好十九岁。"

"哎呀，不用那么一本正经的，以后在这后宫里，说话做事都随便一些，像在家里一样——十九岁，正是能征惯战的年纪，来，让朕看看你的武器如何。"

……

"来吧，孩子，扶朕上床吧。"

张昌宗搀扶女皇登上龙榻，小心翼翼地为她宽衣解带。直到褪去了所有的中衣亵裤，让女皇舒舒坦坦地平躺下，自己这才三下五除二地脱掉了衣服，赤条条地跪在女皇身边。

……

女皇拥抱着这个通体雪艳、光滑如玉的美男子甜甜地睡去了。

一觉醒来，天色尚早，女皇看看怀中这个大孩子，伸伸懒腰，又将张昌宗搂在怀里，只觉得春风荡漾，欢畅无比，亲昵地说道："宝贝儿，造化神工鬼斧，怎么能琢出你这么个白璧无瑕的美人儿？"

"皇上，小人算不了什么。我还有位哥哥，叫张易之，不仅长得比我更美，而且器用过臣，兼工合炼。"

女皇自然听得明白，所谓器用过臣，是说他的那柄尘根，比昌宗更为壮大。兼工合炼是指他的房中采战之术炉火纯青，于养生长寿更有裨益。

"果有此人？"

"在皇上面前，小人岂敢有半句谎言？"

女皇得陇望蜀之心油然而生。她要抓紧时间尽情享受，如此天下少有的美男岂能不据为己有。"既如此，明日夜间，你可引汝兄前来见朕。"

翌日掌灯时分，张昌宗果然领来了一位翩翩少年。女皇在烛光下仔细观看兄弟俩，真可谓玉树临风，双璧耀映。

张易之拜倒在地，叩首说道："草民张易之恭祝吾皇万岁、万万岁！"

"平身！张易之，你可愿意留在宫中陪侍朕躬？"

"能在皇上身边，得沐龙恩，乃我兄弟万幸之事，草民求之不得。"

"好，你兄弟从此可留居宫中，朕让你们富贵任享。"

当下，三人联袂登榻，兄弟二人竭尽全力伺候这位七旬老妪，尽兴嬉戏。

张昌宗心中暗喜，幸亏荐举了兄长易之。这样不仅使兄弟二人同沐皇恩，更让兄长替自己分担了一份"进御"之劳。免得孤军奋战，重蹈沈御医变为"药渣"的覆辙。

女皇自然也十分高兴，有两个超凡绝俗的美男子共同侍寝，或叫轮番"进补"，不信"春风唤不回"。就是不能返老还童，亦定可延年益寿。

数日之后，女皇降恩旨，授张昌宗云麾将军、行左千牛中郎将，张易之则为司卫少卿。并赏赐绸缎五百匹、奴婢数人、驰马数匹。

没过多久，又加授张昌宗银青光禄大夫，赐防阁同京官。每至朔望之日，参加朝会。

授官归授官，却没有多少职事需要他们干。他们的真正职责，夜间侍寝"进补"自不必说，白日里也只是抹朱粉，衣锦绣，打扮得漂漂亮亮，让女皇陛下赏心悦目就行了。

张昌宗、张易之家中有个寡母，人称阿臧，一直在洛阳城里守着几间寒舍，清贫度日。

一人得道，尚且鸡犬升天，何况现在是二人得道？既然两个儿子同时做了女皇陛下的男宠，他们的寡母自然也该风光一下了。

一夜枕席之间，女皇听兄弟二人说了其母寡居的寒酸景况，笑道："这事好办，你们既是朕的人了，汝母便有享不尽的荣华富贵。"

次日，女皇传旨，拜二张之母阿臧为太夫人，并赏宅院和金银细软无数。

昌宗、易之也借着女皇的恩宠，大慷国家之慨，耗用库帑以尽孝心。那时流传着一本名为《朝野金载》的小册子，上面记道，二张"为母阿臧造七宝帐，金银、珠宝、宝贝之类，罔不毕萃，旷古以来，未曾闻见。铺象牙床，织犀角簟。羺军貂之褥，蛮蛊之毡，汾晋之龙须、河晋之凤翮以为席。"如此记载虽不无夸张，但二张之母阿臧居所的富丽奢侈亦可见一斑。

这天晚上，女皇与二张的床上戏做完之后，身心怡然，便顺口问道："汝母阿臧寡居几年了？"

张易之凄然道："我兄弟五六岁上，父亲便已病殁。母亲一人拉扯我兄弟长大，至今孀居。"

女皇武则天

"这么说，汝母从年青即守寡？"

"是！"

"唉！"女皇叹了口气，"你们男孩子家，哪里知道女人寡居的那份煎熬和苦楚，有时候真比百蚁啮心还难受。你们只知道为母亲盖华屋，做宝帐，以为这就是尽了孝心。却不知她就是守着座金山银山，也解不了女人的饥渴。这样吧，由朕做主，给汝母找一个'老来伴'，以慰其寂寞，也算你们真正尽一份对老人的孝心。"

昌宗、易之一下子闹了个大红脸。这事听起来有些荒唐，但细品一下，也就咂摸出了些味道，母亲也是人，也有七情六欲。当儿子的不能只顾自己巫山云雨，却让母亲永做涸辙中鱼。

何况这是皇上的旨意，焉敢违拗？兄弟俩忙跪在龙榻上谢恩不止。

经过了一段时间的挑选，女皇终于选中凤阁侍郎李迥秀。此人敦实老诚，也是世家子弟，人品学问都不错。恰好去年荆妻过世，尚未续娶。

于是，也不管李迥秀意下如何，便敕命他做阿藏的"私夫"。所谓"私夫"，就是如今所说的"情夫"或"姘头"。

这又是一项惊世骇俗的创举。由皇上出面，并且以敕命的形式堂而皇之地为人拉"姘头"，亘古以来女皇是第一人。如此奇事，也只有一生都是"笑骂任人，我行我素"的则天女皇才能想得出，做得出。

不过，这事可苦了李迥秀。以他的身份和为人，什么样的美女贤妇娶不到？对于这个阿藏，他既怕她两个儿子的权势太盛，又嫌她太老太丑，打心眼里一百二十个不乐意。但是他面对皇上的圣旨，怎敢违忤？就是一服苦药，也得硬着头皮喝下去。

时过不久，为了进一步抬高二张的身份地位，女皇特意下旨为二张专设了一个新衙门——控鹤监，并设丞、主簿等属官。

与朝廷的其他衙门不同，控鹤监的人员分成了两大类。一类是"嬖宠之人"，由张易之打头，其他像张昌宗、田归道、李迥秀、薛稷等还有那位险些被来俊臣诬为谋叛同党，后又因祸得福留职朝中的吉顼。这些为供奉官，大至介于面首和弄臣之间。

另一类则是一些"以文才降节事之"的所谓文学之士，其实都是一些官场上的投机者。如崔融、苏味道、王绍宗、沈佺期、宋之问等。

此后，女皇又命人不时地从各地选取美少年，充实控鹤监。反正朝廷内也没有什么紧要事情，自有狄仁杰等宰相们主持着，自己除了处置一些重大的军政要事，其余时间，便到控鹤监内与那帮小白脸和近侍弄臣们宴饮欢娱，岂不快哉！

是该好好地享受一下了，一切男性帝王所能享受的，她都要享受，都要拥有。七十多岁的人已是熟透的瓜了，不定哪一天就会落地。煌煌帝业已经如日中天，这是自己一生的心血换来的。在这方面自己已没有什么遗憾了，这一生唯一的缺憾，就是男女情爱享受得太少。亡羊补牢，未为晚也，现在还来得及。

上有所好，下必效之。一时间，朝臣士子中眼热二张的大有人在。他们兄弟仅凭一副漂亮的外壳，就能取悦女皇，平步青云，我们为什么就不能？于是，自荐为近臣，甚至自荐为女皇侍寝之风大倡。

时为控鹤监供奉的大诗人宋之问，人长得仪貌英俊壮伟，风流倜傥。诗也写得好，与沈佺期作诗，音韵相和，约句准篇，号称沈宋体，诗名满天下。

宋之问认为，以自己潇洒的仪表和公认的文才，绝不在二张之下。只要殷勤一些，就不难博得女皇的青睐。他希望能得到女皇的赏识，为二张一分进御之劳。一日酒后，乘着酒兴，挥笔疾书，立成七言古诗一首，呈献女皇。诗的结尾四句写道：

> 明河可洁不可亲，
> 愿得乘槎一问津。
> 还将织女支机石，
> 更访成都卖卜人。

他呈献了诗作以后，心里装着一团火，殷切地期待着女皇的召幸。不料却失望了，就像拿个热脸子贴在了冷屁股上，女皇毫无反映。

其实，女皇看过此诗之后，也曾经怦然心动。诗句中竭尽煽情挑逗之能事，要带着"支机石""乘槎"访探女皇之"明河"，其意何在，以女皇的聪睿和文才，焉能不懂？

诗美人美，又是一个不可多得的如意郎君。以女皇的本心，就是要让天下英雄，尽入自己彀中；让顶尖儿的风雅俊才，都拜倒在自己的龙榻之上。

然而，派人私下里暗访了一下，才了解到这个外形俊雅的大诗人竟有口臭的毛病。堂堂的大周女皇，怎能搂着一个呼吸之间、其臭无比的男人睡觉呢？就这样，宋之问只能失之交臂，遗恨终生了。

女皇武则天

这日一早，阴云四合，不久便下起了毛毛细雨。散朝之后，经狄仁杰力荐，刚刚入朝为相的魏元忠，邀请狄仁杰、徐有功到府中小叙，狄、徐二人欣然前往。

魏元忠让厨子准备了几个小菜，三人绕桌而坐，浅斟慢酌。

风雨故人来，把酒话家常，此乃人生一大乐趣。不过，此时的魏元忠，似乎并没有这种雅兴。

虽然经历了九死一生的蹉跌和贬谪，他的风骨却不减当年。刚喝了一杯酒，便疾言厉色说道："'庆父不死，鲁难未已'，狄相，我们得想点法子，为朝廷除去来魔这一害。有这个魔头在，朝臣们朝不保夕，朝廷永无宁日。"

徐有功也忙说道："来俊臣复出之后，又有好几位大臣被诬枉而死。我听说三月三日那天，这个魔头带着他的党徒去洛水边游玩，竖起许多石头，写上大臣的名字。然后站在二十步之外投石，投到哪块石头，下一步便罗织哪个大臣的罪名，置之死地。众徒集中投击写有李昭德名字的那块石头，始终未能击中。看来，昭德虽仍在流放之地，他们依然不肯放过。"

"狄相，来俊臣罪恶昭彰，国人皆曰可杀。我真不明白，以皇上的英明天纵，为何就看不到这个恶魔的种种不法，怎么就舍不得杀他呢？"魏元忠三杯酒落肚，已经怒不可遏。

"其实，没啥可怪的，这正是当今皇上的过人之处。依老臣看，皇上的帝王之术，驭臣之道，已臻于炉火纯青。就是古之秦皇、汉武，前朝之太宗皇上，也难出其右。"狄仁杰呷一口酒，不紧不慢地说道。

"哼，任凭来俊臣这条疯狗横行霸道，胡作非为，滥杀忠良，这算什么高明的帝王之术？"魏元忠已有些口没遮拦。不过，这三个人乃是多年的刎颈之交，说什么也不为过。

"什么是帝王之术，说到家就是平衡之术，几十年来，皇上玩的就是这个。历代帝王，有谁玩得比她更高明，把握得比她更恰到好处？魏贤弟，你想过没有，当今朝廷，皇上所倚重的这些人，可分几类？"

"那要看怎么分法，以忠奸分，还是以文武分？"

"何为忠，何为奸？你老弟所说的忠，是对李唐王朝的忠吧？女皇陛下可不稀罕这个。她要的是对武周王朝的忠，是对她一人的忠。其实这没有什么不对，任何人做了皇帝都是这样。以在下愚陋之见，在皇上眼里，她身边这些人，大致可分为三类。一类是我们这些朝廷大臣。这些人虽然大都心向李唐，但对当今也都心无二志。她需要这些人为其治国、理财、靖乱、安天下；第二类是武家子侄和众酷吏们。诸武没有治国安邦之才，更没有爱民利人之德，是一帮贪婪卑劣的小人。但是，在女皇内心深处，这些姓武的却是武周王朝香火延续的继承人，她不能不加意培植他们。而来俊臣等酷吏们，一直依附于诸武，是他们的鹰犬和爪牙；第三类则是以二张为代表的，控鹤监的那群佞幸派。这些人不过是侍候皇上，让她身心愉悦，倘不干政，暂时并无大害。

"对这三类人，皇上要兼收并蓄，各有所用。因此，便要不断地维持平衡。一旦失衡，不管哪一方失势或者倾倒，皇上就要赶紧修复补充，重新找到平衡。

"当初，诸武与来俊臣之流将我等下入大狱，必欲置之死地而后快。皇上为什么不杀我们？并非我等心计多，造化大，而是皇上的平衡之术不让她杀我们。相反，来俊臣是诸武一派中举足轻重的人物，是武氏的一条看家恶狗，她怎么会轻易杀他呢？更何况他曾为皇上扫平李室宗亲谋反建过大功。"

"这么说，我等就只能看着来魔猖狂肆虐下去，而束手无策，一筹莫展了？"徐有功问道。

"不，狄某与二位大人一样，早就想诛杀这条疯狗，像当初除掉周兴他们一样。只是，要寻找时机。若是寻找不到，就得设法制造机缘。"

"什么机缘？"

"譬如说，来俊臣若能罗告诸武，那他的死期就到了。"

"这不可能"，魏元忠与徐有功几乎同时说道。他们对狄仁杰的这种大胆设想感到匪夷所思。

"世上没有什么不可能的事，就看我们怎么去做。他既然是条疯狗，谁不敢咬？不然怎么来的'狂犬吠日'这一说。要设法让他野心高度膨胀，利令智昏。只有这只狂犬咬了它的主人，皇上才可能痛下决心杀狗。"

说到这里，狄仁杰看了看魏元忠，笑笑道："魏大人，当年你在狱中'耍猴'，何等精彩？如今该多动动脑筋，杀死这条疯狗。"

徐有功似乎听出了些名堂，眯着眼睛琢磨了多时，说道："狄大人说得有理。这来俊臣赌徒出身，曾为死囚，靠罗织整人一路扶摇直上，早已丧心病狂。此人心存歹毒，野心勃勃，拿性命做赌注的侥幸心理极重。条件一旦具备，说不定就会滋生谋逆篡位之心。是该在这方面下些功夫。"

"好！这出戏我来唱。"魏元忠此时已完全回过味来了："我有一位跑江湖的密友，口若悬河，舌如利刃。凭他一张利嘴，管叫来魔屎壳郎拴在鞭梢上，只知道腾云驾雾，不知道死在眼前。"

第三十四章　循吏设局　来魔毙命

来俊臣带着家丁和一班党徒，牵黄擎苍，在城北深山内围猎，日暮方归。

回到府邸，老远便看到一名衣衫破旧不整的道人，在宅院门前转来转去，还不时驻足，抬头望望宅院的上空，再在大门两侧打量一阵。

来俊臣甚觉奇怪，疾驰几步，怒声喝问："何方妖道，在此贼头贼脑地干什么？莫非要踩探路径，夜间行窃？"

那道人听他出言不逊，不觉面逞怒容，冷冷地看他一眼，甩手便走。

在东都洛阳城里，谁见了他来俊臣不得点头哈腰，诚惶诚恐，怎能容得这道人如此倨傲？来俊臣登时勃然变色，大喝一声："左右，替我拿下。"

那班党徒家丁蜂拥而上，将道人反剪了双手，推推搡搡地带进了府内。

进了正房大厅，来俊臣在太师椅上昂然而坐，架起二郎腿，慢慢地品咂了几口下人们泡好的香茶，方命人将老道带过来，余怒未息地问道：

"你可知道这是什么地方？为何在此踩探？"

"贫道不知。不过偶尔至此，见宅院深深，气象不凡，有些好奇罢了。阁下话说得也太难听了，你家有什么宝贝，值得贫道踩探？出家人不打诳语，要取那些黄白之物，对贫道来说，易如反掌，如拾草芥一般。你看——"

道人将右手平伸出来，掌中空空如也。然后向半空里轻轻一抓，手中立现一锭金灿灿的金元宝。

来俊臣一见，惊讶之余便知这不是普通的化缘道士，随即和颜悦色地问道："请问道长，此金元宝是从何处而来？"

"贫道来到府上，连条冷板凳不能坐，连杯残茶讨不得，这样说话，阁下不觉得有失待客之道？实不相瞒，贫道乃昆仑山碧霞宫绮云道人，云游至此，本有一套泼天富贵欲送阁下。既然如此，你我无缘，贫道告辞了。"说罢，也不施礼，飘然而去。

来俊臣一愣神儿，忙喊道："道长且慢，请恕在下失仪之罪。"说话间，那道人已如行云流水般飘至院中。来俊臣小跑着赶出来，满脸堆笑地将道人劝进屋内，让于上座，命人泡上好茶伺候。

"绮云道长，下官适才多有得罪，还请息怒。不过，下官已是年逾四旬之人，忝居个五品小官，能有何富贵，还望道长明示。"

绮云眼看看屋内众侍从们，说道："这样说话，怕不太方便吧。"

来俊臣会意，忙屏退众人，屋内只剩下他们二人，便又说道："我这里无人敢偷听，有什么话道长尽管说。"

绮云道长喝口茶，慢慢咽下去，然后不紧不慢地说道："贫道在昆仑山上，便见这洛阳城里有一团紫气，似有王者气象。想这女皇陛下春秋已高，将来大宝属谁至今未定。也是出于好奇，贫道便一路游来，想看看究竟鹿死谁手？原以为不是李氏兄弟，便是武家小子。可是无论如何也没想到，来到洛阳城一看，这股冲天紫气竟然在阁下府邸上空缭绕盘旋，经久不散。看来，社稷之主又要易姓了。"

"什么？"来俊臣惊得出了一身冷汗，心中"咚咚咚"跳个不停："道长，这可是杀头的话，怎可随意说得？莫非你不想活了，也让我来某搭上一条小命？"

绮云道长淡淡一笑："天意如此，岂是人力所能阻也。真龙天子的命，只掌握在玉帝手中，谁能杀得了，夺得去？当年说女皇陛下当得天下的谶言广为流传，太宗皇上曾数次大起杀心，却终不能动她一根毫毛，这便是天意。"

篡位当皇上的野心，在来俊臣那肮脏而贪得无厌的灵魂深处，不是没有萌过芽。但这事相去十万八千里，他自己也觉得有点癞蛤蟆想吃天鹅肉。这种想法，只是在吃酒大醉之后，或是夜里做梦之时，偶尔闪过。现在经道人挑破，心中顿时奇痒难挨。但他深知此事的厉害，这道人是否受仇家所托，设个围套让自己钻的？一念及此，忽然变下脸来，刷的一声从腰间抽出宝剑，架在道长脖子上，冷笑一声说道："你这牛鼻子，究竟是何人？为何诱我谋反，走，随我去见皇上。"

"哈哈哈……"绮云道长一阵大笑，眼泪都笑了出来，"来大人，何必如此一惊一乍的。贫道不过多管闲事，给你透个信儿，信不信由你。我既然敢说，岂惧皇上？"说着，两根手指轻轻一拨，便听"咔嚓"一声，来俊臣那柄利剑竟齐刷刷地断为两截。

来俊臣大惊失色，这道人有如此手段，可见内功深厚，确非泛泛之辈。愣了多时，又赔笑道："道长，事大如天，下官不能不格外小心。不久前，綦连耀欲当天子一案，多少人丢了命，至今血迹未干。下官能不心存余悸？"

"那事我知道，实在荒唐至极。几个无知小丑，既不懂天命，又不知相术，靠着一个'耀'字，便妄称天命。居然蒙骗了那么多人，这些人实在死而不冤。阁下何人？当初已是将死之囚，能在几年内官居高位。中间虽为人诬奏，条条都是杀剥之罪，而阁下不仅无恙，贬为参军后又旋即起复，重为京官。几次大难不死是为什么？岂非天意所属？我适才为阁下看相，实为大贵之命。你若不信，夜间脱衣后自己看一看，丹田之处有一红痣，圆如铜钱，此大贵之根本也。好了，贫道已饶舌不少，阁下好自为之吧。"

说罢，起身一稽首，就要告辞。来俊臣早已心旌摇动，忙再三施礼问道："依道长之见，在下该如何做呢？"

绮云道长看看他，叹口气道："阁下若是相信，贫道便再说几句。虽有天命，亦不可坐等。武氏兄弟子侄，乃阁下大碍，应设法除之。至于庐陵王与皇嗣二人，不足为忧。皇上不会将大位传给姓李的。当然，既是天命，就是煮熟的鸭子，飞不了。但等到七老八十再即大位，只怕也没什么意趣了。"

至此来俊臣已完全心服，见绮云道长坚辞要走，忙命人取出黄金百两，白璧一双相送。道长洒笑道："贫道刚才说了，这些东西我取之如拾草芥。阁下留步，待你大贵之日，便是我们再见之时。"说话间，已走出门去，脚下如飞，飘然而逝。

不用说，这人就是魏元忠那位江湖上的挚友。他此行不辱使命，只等夜深人静之时，去魏府向老朋友复命了。

帝王的宝座诱惑力实在太大，来俊臣完全昏了头。为了登上这个宝座，他要拼命一赌。其实也用不着拼命，现在挡路的只有武家的这帮小子。这都是些酒囊饭袋，扳倒他们用不了费多大力气。我来俊臣这十几年还从没失过手，不管罗告谁，几乎是每发必中。

说武承嗣、武三思包藏谋逆祸心，这太可信了。他们早就以武氏皇权的承继人自居。见皇上春秋虽高，却仍然体魄硕健，终于迫不及待，准备组织兵变。而武三思手中，恰恰掌握着戍卫皇宫大内的兵权，要想逼宫，迫使女皇就范，简直易如反掌。

对，就这么办。搞倒武家兄弟之后，再告皇嗣暗中勾结庐陵王，与南北衙同反。

说此时的来俊臣已成了十足的疯子，一点都不过分。他要编织一张包天大网，将所有的皇亲贵戚一网打尽。

说干就干，来俊臣立即找来几个死党，密谋策划，精心罗织武承嗣、武三思等诸武的反状，其中甚至包括了驸马武攸暨和太平公主。

　　来俊臣疯了，他的那些死党们可没有全疯。死党之一的皇甫文备，听了他这个丧心病狂的计划，险些被惊得灵魂出窍。他当时没说什么，只觉得芒刺在背，如坐针毡。

　　当天夜里，皇甫文备敲开了武承嗣的门，将来俊臣的密谋一股脑儿端了出来。

　　武承嗣做梦也没有想到，他十几年最忠实的亲信，最信赖的一条狗，竟会在背后咬他一口，捅他一刀，甚至要置他于死地。当下厚赏皇甫文备，让他先不要声张，就像没事一样。

　　第二天早朝之后，由太平公主打头，与魏王武承嗣、梁王武三思、驸马武攸暨及河内王武懿宗等，一齐来到后宫，见到女皇之后，众人不由分说，齐刷刷地跪倒在地。武承嗣带头嚎了一嗓子，其他人跟着放声大哭。

　　女皇大吃一惊，一时间不知出了何事："你们这是干什么，天塌下来了？"

　　"母皇，有人要害我们兄妹。"只有太平公主没有哭，但脸色气得煞白。

　　"有什么话起来说，谁吃了熊心豹子胆，敢害你们兄妹？他怎么害法，是明剿，还是暗杀？"

　　兄妹们这才站起来。

　　"是来俊臣这个魔鬼，他要告我们兄妹谋反？"太平公主咬牙切齿说道。

　　"你们谋反？哈哈哈……"女皇放声大笑，"你们都反了，这天下还有不反的吗？再说，来俊臣一向攀附你们兄弟，他怎么会想到诬陷你们？"

　　"这事千真万确，皇上不信，可传皇甫文备来问。"武承嗣说道。

　　一会儿，皇甫文备被传来了，他把来俊臣的阴谋向女皇一五一十说了个明明白白。

　　人赃俱获，不由得女皇不信。她不禁勃然大怒，立即下旨，将来俊臣锁拿下狱。秋官侍郎徐有功主审此案，稍加审讯，案情自明，以谋逆罪将来俊臣打入死牢，待皇上钦定后，将处以极刑。

　　然而，究竟杀不杀来俊臣，女皇却又犹豫了。且不说来俊臣曾为武周王朝建立过赫赫大功，杀他有些不忍。更重要的是，在自己这架维持各种力量平衡的天平上，他是很重的一个砝码。以前，曾靠他和他的那帮兄弟们钳制朝臣，以后，说不定还有用他的时候。别看承嗣他们现在对他恨之入骨，其实，我老婆子心中有数。这些年，你们武氏兄弟也全靠这条恶狗替你们撕咬，才稳住了阵脚。一旦杀了这个人，恐怕你们这个山头要立马倾斜甚至坍塌。真是的，你来俊臣也太疯狂，太不自量力，谁不能咬，偏偏来咬我们老武家的人？

刑部处来俊臣以极刑的奏疏呈上了三天，女皇不仅留中不发，而且再也不提此事。

朝臣们却不容她迟疑不决，现在是杀来之心，人皆有之。十几年来一直冰炭不容的朝中循吏与武氏兄弟，在此事上也第一次成了同盟军。

今日朝堂之上，宰相王及善首先出班，慨然奏道："来俊臣凶狡不轨，所信任者皆屠贩小人，所诛戮者皆名德君子。臣愚以为，若不剿绝元恶，恐动摇朝廷，祸从此始。"

梁王武三思也马上接口说道："王宰相所言极是。来俊臣十恶不赦，罪当凌迟。若不杀此贼，恐朝臣不服，国人侧目。"

女皇只是点头，仍不说话，这个决心实在难下。就像下棋一样，现在是关键的一步。杀一个来俊臣是小事，就像宰一条狗那么简单。她怕一刀下去，在老武家的阵营里捅个窟窿，从此溃不成军，无法收拾。

又是五天过去了，女皇那里仍没有动静。首辅狄仁杰也急了，他对魏元忠说道："打蛇不死，必被蛇伤。皇上杀来之心不定，将后患无穷。"

魏元忠更为着急："该是狄相出面说话的时候了，你在皇上面前，可是一言九鼎啊。"

狄仁杰却摇摇头道："此时我说话也未必管用。我看该用用控鹤监的那帮人。这些人虽是佞幸之臣，平时武氏兄弟对他们极尽献媚拉拢，我等皆自诩清流不屑与之为伍。我看他们之中也有稍存正义之人。那个叫吉顼的，不光人长得英俊魁伟，而且胸有城府，又长于舌辩。更重要的是，他早与来魔结成了生死冤家。我看要断送来魔性命，非此公莫属。这样吧，你设法派人告知吉顼，让他晚间到我府上一趟。"

晚饭之后，吉顼脱下官服，换上便衣，在街上慢慢蹓达了一阵，见四下无人，便悄悄地潜进了狄公府。

此人十分机警，他知道，狄相爷降尊纡贵，请他过府必有机密大事相商。他不能招摇过市、堂而皇之地前去给狄相招惹些不必要的麻烦。

吉顼对狄仁杰一向十分敬重，只是无缘深交。今日能有这么个机会，自然喜不自胜。

待他坐定之后，狄仁杰微微一笑，问道："吉大人，今日老夫相邀来寒舍一叙，可知是为何事？"

吉顼慌忙站了起来，深深一揖："狄相爷，可不能这样称呼，岂不要折煞小人？小人揣测，相爷唤小人来，莫不是为来俊臣的事？"

狄仁杰哈哈大笑："真正是冰雪聪明，睿智过人。那老夫也就不必多说什么了。你是皇上近臣，说话比我们这些外臣更方便一些。"

"狄相爷放心，就是没有您老吩咐，小人也是要说话的。为朝廷，为江山社稷除此一害，吉顼义不容辞。若是此番杀不了来魔，吉顼今生不见相爷。"

看看天色已晚，吉顼告辞，狄仁杰将他送到街门，拱手相别。

次日下午，女皇乘辇游后苑，一是为了赏园，二是为了散心，同时，也在思考着对来俊臣究竟该怎么办？小辇转过一片茶花圃，刚要抬上湖中曲桥，却被吉顼迎头拦住。

女皇略感惊讶，问道："你有何事？"

"启禀皇上，朝野上下议论纷纷，群情汹汹，微臣听说后，赶紧来奏明陛下。"

"都议论什么？"

"都说一个小小的来俊臣，罪行累累，昭然若揭，这么多人却告他不下，连太平公主出面都不行，分明是……"

"是什么？"

"人皆说是皇上偏袒于他。"

"还说了些什么？"

"微臣就听到这些。"

女皇轻轻喟叹一声："外臣只知其一，不知其二。俊臣毕竟有功于我大周，朕正在思忖着这事该怎么处置。这怎能算是偏袒呢？"

"皇上，微臣以为，俊臣多年来聚结不逞，诬构良善，赃贿如山，冤魂塞路。自同州返京之后，愈加变本加厉，肆无忌惮，连魏王、梁王和太平公主都敢罗告，他还怕谁？我看他这次罗织诬告，实在是项庄舞剑。其真正用心，恐意在盗国！如此国贼，杀之何足惜也。"

吉顼一番雄辩，让女皇也听得悚然心惊。她终于最后下了决心，点头说道："朕知道了，你退下吧。"

六月初五日，女皇拟准将来俊臣弃市。当这个魔头被绑至洛阳桥南的刑场时，天下起雨来。开始只是淅淅沥沥地下着，不多一会儿，便狂风骤起，雷鸣电闪，倾盆大雨劈头盖脸泼了下来。

大雨之中，洛阳城仍是万人空巷。冒雨而来的士子庶民把刑场围了个水泄不通。

女皇武则天

来魔被拉上了断头台。他面对鬼头大刀，依然毫无惧色，高昂着头，双眼闪射着凶光，向围观的百姓们扫视了一圈，嘴角竟然露出一丝微笑，像是在说：老子十几年以前就该是刀下之鬼了，又赚了这十几年的阳寿，而且享尽了人间荣华富贵，这辈子值了。

突然，来俊臣在近台人群中发现了一个人，正是那个昆仑山的绮云"道长"，正冲着他狡黠地笑。来俊臣只觉得脑袋"嗡"的一声。直到这一刻，他才知道自己上了这个牛鼻子的当。他究竟是个什么人？是谁让他来算计自己？他想破口大骂，但嘴里已塞上了木丸，再也骂不出声来了。

刚"呜呜啊啊"地吼了几声，便见大刀片一闪，那颗罪恶的头颅已经飞落在雨水之中了。

刽子手刚跳下台，一群男女老幼便呼啦啦地拥上台去。这都是来俊臣平日冤杀的那些人的妻儿父母。他们各人从身上拿出刀子，将来贼的尸肉一块块割下来，生生地吞吃进肚里。肉吃光了，仇家们犹不解恨，又将他的双眼挖出，面皮剥掉，五脏六腑掏了出来，然后践踏成泥……

魔鬼来俊臣终于死了。这标志着十四年的酷吏统治终于结束了。

神都士庶男女，皆奔走相告，相庆于道。朝臣们长长地舒了一口气，就连那个以阿谀进身的右拾遗朱前疑，见到魏元忠，也感叹地说道："从今夜以后，后背可以贴着床褥睡觉了。再不杀此贼，人人朝不保夕。就连宫婢们都说，我们这些朝臣，其实都是些'鬼补'。"

女皇听说来俊臣行刑之后，其肉被仇家生唉以尽，也觉毛骨悚然。平日，她虽然知道来俊臣肯定结下了不少仇家，但却没想到民愤会如此之大，这不能不让她有所警悟。

这厮既然已经伏诛，就应该借此机会安抚一下人心。这个酷吏虽然是自己重用的，但他的许多所作所为，自己并不知详情，可不能为他背上黑锅，因而失掉民心！

经过一番深思熟虑，女皇亲自起草敕书，历数来俊臣种种罪孽，发布全国，其中一段写道："来俊臣宫巷小人，轻险有素，以其颇申纠谪，当谓微效疑诚。诸王等磐石宗枝，必期毁败；南北衙文武将相，咸拟倾危。宜加赤族之诛，以雪苍生之愤。"

女皇心里明白，不管怎么说，来俊臣这样"轻险有素"的酷吏是自己起用的，无论如何自己也推卸不掉责任。但她并不后悔，若不起用这批心毒手辣的酷吏，自己一个女人，如何坐得稳这个江山？

更何况，此一时彼一时，他是朕用的，也是朕杀的。朕毕竟诛杀了这个魔鬼，雪了苍生之愤，还了天下人一个公道。你们就是对朕有些怨气，也总不至于愤恨成仇吧？我自用之，我自杀之，自古以来，历朝历代，非有道之君，又有哪个能做到这一点呢？

尽管向天下人做了这样的交代，女皇却并没有因此而心安理得。

这些日子，她一直在反思这十四年酷吏统治的得与失。

来魔伏诛两个月之后，一日早朝，诸事议罢，女皇看看各位大臣，若有所思地说道："往昔周兴、来俊臣他们按狱订案，常常攀引朝臣，说他们图谋造反。谋逆之案屡兴，国有常法，朕亦不能徇私。这其中对不少被杀者朕亦生疑，觉得他们或许是冤枉的，便派近臣去狱中询问。但每次都得到这些人的手状，自己也承认谋反。朕这才信之不疑。但是，自从周兴、来俊臣死后，怎么再没发生一起谋反之案，未见一个谋反之人？如此说来，以前那些因谋反罪被杀的大臣中，不是肯定有不少含冤而死的吗？"

女皇说完，朝堂中一时沉默，没有一人接话。这话实在不好接，听皇上的口气，虽然有些反省自身的意味，但是，这话只能她自己说，当臣子的却不能跟着贬责，否则就要自找倒霉了。

聪明的辅臣什么时候都要"归美于君，引过于臣"，然后再委婉陈词，进以忠谏。

由狄仁杰荐举入朝，此时已任夏官侍郎的姚崇，就是这样一位聪明人。

他思索有顷，然后从容说道："自垂拱以来，被告谋反从而身死破家者，几乎都是受尽酷刑，不得已自诬而死的。诬告者因此而建功升迁，后起者纷纷仿效。天下人称之为'罗织'，其祸甚于汉朝之党锢。陛下令近臣到狱讯问真情，这些近臣也是泥菩萨过河，自身难保，还怎敢去认真地查询真相？那些被问的待罪之人，若是翻供，又怕再遭毒手，徒受酷刑，便只好缄默等死。将军张虔勖、李安静等人皆是如此。如今幸赖上天降灵，陛下尽情发寝，诛锄竖凶，朝义廷安。从今以后，臣愿以自身性命及全家老幼百口做保，内外官员再无反逆者。诚望陛下再得到告人谋反的奏疏，无须推问。若以后事实证明他们谋反是实，臣愿受知而不告之罪。"

这一席话，不仅说得女皇频频点头，就连狄仁杰、魏元忠等众宰相们，也纷纷投来了赞许的眼光。

这些话柔中有刚，句句实情。几乎从根本上否定了十四年的酷吏政治，痛斥了来、周等奸邪之辈，但又恰到好处地颂扬了女皇"诛锄竖凶"的英明和功德。

女皇不由得赞叹道："前宰相皆顺成其事，陷朕为淫刑之主。闻卿所言，甚合朕心。"

狄仁杰与魏元忠迅速交换了一下眼色，不觉露出了一丝苦笑。皇上毕竟是皇上，什么时候都是对的。这些话明显地有文过饰非、推卸责任之嫌：都是因为以前那些宰相们明哲保身，不负责任，缺乏像你姚崇这样以身家性命担保朝臣不反的勇气，才致使"英明"的皇帝陷为"淫刑"之主。

但是，不管怎么说，一向争强好胜的女皇，还是当着这么多朝臣的面，承认了自己曾一度是"淫刑之主"，这实在是难能可贵。狄仁杰舒了一口气，这也算是女皇陛下的一道口头上的"罪己诏"，一席婉转的引咎自责。知过能改，仍不失为一代明君。

来魔伏诛，诸武阵营中损折了一员大将，其势力明显的江河日下，根本无法与狄仁杰、魏元忠这些老辣而又精明过人的宰执大臣们对垒抗衡。连女皇都在为他们担着一份心。

但是，武承嗣、武三思等人却不以为然，或者说是骑虎难下，欲罢不能。

为了建立大周王朝，打下老武家这片天下，当年武氏儿郎们又是伪造"瑞石"，又是组织请愿，又是鼓动朝臣们联名上表劝进，摇旗呐喊，费尽心机，立下了汗马功劳。他们是大周帝国的开国元勋，又是女皇的嫡亲侄子，将来继承大统的，非他们莫属。

前几年，女皇曾属意于武承嗣，想改立皇储，他们的梦想差点儿变为现实。后来虽说被狄仁杰、李昭德、岑长倩等宰相们给搅黄了，但是，他们决不甘心暂时的受挫。自古以来，唯有江山与美人，从没有拱手相让的道理。就是拼上几条性命，也不能把老武家的大宝，再还给老李家。

因此，武承嗣等争夺皇嗣之位的活动，这些年来连一刻也没有停息过。薛怀义死后，他们又迅速地把献媚讨好的故伎，全部用在了以二张为首的"佞幸派"身上。也不讲什么亲王之贵了，降低身价，以侄子侍奉"姑父"的礼节，千方百计地阿谀、侍候着张昌宗、张易之这两个小白脸，一时打得火热。他们知道，二张虽然是些乳臭未干的毛孩子，但为女皇提供着一种"特殊服务"，因而备受宠爱，有时候枕边风比什么都管用，结好二张，便是结好皇上。

而对于一再阻挠他们夺取太子之位的朝臣们，诸武却是衔恨不已。他们之间已经势同水火，互不两立。

这些日子，诸武见女皇心境转好，又加紧了新一轮的夺嗣活动。武承嗣、武三思指示他们的心腹，多次在女皇面前游说，说什么"自古以来，天子未有以异姓为嗣者"。

这种话，不过是当年那个被杖杀的王庆之所说的"神不欲非类，民不祀非族，今谁有天下而以李氏为嗣乎"的翻版，并没有提出点什么新东西、新理由。女皇只是听着，并不表态。要把皇位传给武氏后人，她需要更加强有力的理论支持。

见诸武又开始蠢蠢欲动，朝臣们自然不能坐视不管。狄仁杰忙单独求见女皇，正色谏道："文皇帝栉风沐雨，亲冒锋镝，以定天下，传之子孙。天帝以二子托陛下，陛下今若移之他族，诚有违天意。况且姑侄与母子孰亲？陛下立子，千秋万岁后，配食太庙，承继无穷。若立侄子为天子，其后来将如何呢？"

这些话的意思，几年以前，他与李昭德都曾说过，也有些旧曲新唱。女皇有些不耐烦了，便冷冷地说道："这是朕的家事，狄爱卿就不要多参与了。"

巧得很，女皇所说的这句话，也是老调重弹。当年高宗皇上要立她为后，群臣反对，正是司空李勣以此话教高宗，以"家事"为由，甩开了群臣的纠缠。

现在，女皇又以此话做挡箭牌，欲搪塞狄仁杰。但是，狄仁杰却不像当年那些大臣容易对付，他立即接口说道："王者以四海为家，四海之内，孰非臣妾，何事不是陛下家事？君为元首，臣为股肱，义同一体。更何况臣等各位宰相，似此关乎国家千秋万代的立储大事，哪有不预知之理？"

一番侃侃而谈，真可谓谠言正论，掷地有声。这些道理，也正是女皇平日常常用来训诫臣下的。女皇听着不能不点头认可。但她仍没有痛下决心，这毕竟是一件多年未决的国家头等大事。

狄仁杰等一帮老臣，就像一座不可逾越的大山，横亘在诸武企图窃国谋位的半路上，使他们不能前进一步。对这些人，诸武恨得牙根疼，却又无可奈何。现在毕竟不是那个酷吏横行的年代了，再靠构陷杀人已经不灵了。

实在没有办法，这帮人又施出了伪造"瑞石"一类的看家本领。

这日早朝，武承嗣突然出班奏道："陛下，臣有事要禀。"

"何事？"

"前几天，洛阳河中涨水，漂出一块巨石，石中有一石函，函内发现有一铁券，上有篆书金字。"

女皇武则天

"唔，有这样的事？铁券现在何处？"

"发现石函之人将它交给了臣的家仆，现在石函在此。"武承嗣从袖中拿出石函，毕恭毕敬地将石函呈送女皇。

女皇打开石函，拿出铁券细看，只见五个凸起的金字赫然在目："武周万万年。"

这意思再明白不过，武周要万万年，皇位自然必须传给武氏子孙，若是传给姓李的，那还算什么武周？

女皇将铁券反过来掉过去看了好几遍，不禁喜上眉梢。这可是天意，是上苍的安排。朕传位武氏子孙，大臣再不好说什么了。

她把铁券交给狄仁杰，说道："狄爱卿，你看看，让众位爱卿都看看。"

狄仁杰接过铁券随便看了一眼，便顺手交给了王及善。这种骗人的把戏他一眼就看穿了，伪造个石匣子，再伪造面铸字的铁券，这太容易了。但是，女皇一辈子都喜好祥瑞，这事不能当面揭穿，那样会触怒皇上，把事情搞糟。

他略一思忖，拱手说道："恭贺皇上，这又是一件喜庆之事。陛下在长安时，有龙凤出现于京都近郊，国中又发现了麒麟。岱州地方官上表奏宝，该区发现了天然金矿，绵延八百余里。寒冬腊月，御苑中百花齐开，不久，又有凤凰飞栖于金殿之上。此后十数年中，庆山隆起，河洛献宝图，安南呈二角犀，藉州奉奇兽。种种祥瑞，皆陛下洪福齐天之像。不过，对于祥瑞，只可顺承天意，不能人为地穿凿附会。否则，有忤天意，反为其累。"

"爱卿以为，此铁券当如何解释？"

"臣以为，自陛下执掌国柄以来，先后改元数十次，年号已有嗣圣、垂拱、永昌、天授、如意、长寿、延载、万岁登封、万岁通天、神功等。'武周万万年'五字，正是应在两个万岁年号上，说明陛下改元虽频，所用年号皆上合天意。"

真是一番妙解，诸武们煞费心机装神弄鬼搞了这么个"祥瑞"，妄图以此圆其窃国美梦，想不到被他巧用两个万岁年号，轻轻的几句话，便一下子捣了个粉碎。朝臣们心中一片窃笑，反映如此敏捷睿智，非狄公不能为之。

武承嗣被弄了个大红脸，一时噎得说不出话来。女皇虽有些不悦，但狄仁杰说得确有道理，她也无可反驳，此事只好不了了之。

第三十五章　择定嗣位　盟誓止戈

　　一天夜里，女皇做了一个怪梦，梦见一只大鹦鹉，体形健伟，羽毛绚丽，正在向她飞来的时候，突然双翼断折，无奈地落在一截残垣断壁上，冲着她凄恻哀鸣，双目中似有泪花闪动。

　　女皇心中一阵愀然，蓦地醒来。看看身边正在酣睡的张易之，自己也翻个身，想再睡一觉。

　　但她睡不着了，梦中所见的那只断翅鹦鹉，一再地在她的眼前出现。

　　她左思右想，总觉得这是一个不祥之梦。但这梦预兆着什么，她却参不透，只是心中忐忑，六神不宁。

　　整个早朝期间，她都有些心不在焉，一不留神，脑子便溜了号，又回到了那只大鹦鹉身上。

　　下朝后，她匆匆地回到了后宫，满脑子里还是那只鹦鹉。

　　她要找人解梦，这个梦破解不了，她总觉得是块心病。年轻的时候也做过不少梦，有时候甚至是一些血淋淋的噩梦，但却没有像现在这样心神不宁，唉！这是怎么了，莫非朕真老了？

　　在神都洛阳，善于解梦的高手不乏其人。但女皇在这件事上不想与他们打交道，她莫测高深的内心世界，不能让这些江湖术士们窥知。

　　她想起宰相狄仁杰，此人不仅足智多谋，而且耿介敢言，是凶是吉他都会直言不讳地告诉自己。

　　女皇立即命侍者宣狄仁杰入宫。狄仁杰散朝后刚刚回到府上，又突然接到皇上旨意，也不知又出了何事，慌忙随侍者来到后宫。

　　"狄爱卿，朕这个梦有些怪，你看是凶是吉？"女皇把昨夜的梦与狄仁杰详细说了一遍，然后问道。

　　本以为有什么军国急务，弄了半天是让自己来解梦，狄仁杰感到好笑。但细细一想，这事儿也不那么简单。女皇历来好祯祥，也相信梦主吉凶。最初的时候，不就是因为夜夜梦见猫叫，梦着王皇后、萧淑妃作祟，才力主把国都从长安迁至洛阳？前些年那个叫朱前疑的，上书说梦见女皇寿满八百，就被破格擢升。

女皇既然深信梦兆，何不投其所好，好好地利用一下她这个怪梦呢？

日有所思，夜有所梦。女皇做这样一个梦，说不定正是这些日子以来，她在皇嗣之事上那种矛盾心理的反映和折射。

想到这里，狄仁杰从容说道："陛下，以老臣管见，鹉（武）者，皇上之姓也。两翅折，是指陛下的两个儿子庐陵王李显和皇嗣李旦未得大用。此梦实乃上天示警，陛下若能起用二子，则双翼得全矣。"

狄仁杰实在是巧言花舌，梦解得虽说有些荒诞不经，但却把女皇说得心悦诚服，一个劲儿地点头称是，为什么呢？一方面，狄仁杰的话，在女皇心中一直很有分量。更重要的是，自从这个怪梦醒来之后，她也不止一次地想到过两个儿子，经狄仁杰点破，便有些"英雄所见略同"的感慨。从这一刻开始，在她心灵的天平上，武承嗣那一端的砝码便大大地减轻了。

"狄爱卿，说实话，以你之见，朕还是该把大位传给儿子？"

"皇上圣明，这不只是老臣一人之见，也不只是天下人众望所归，实乃天意。"

"那么，你看该传给庐陵王显儿呢，还是传给皇嗣旦儿？"

"陛下，自古以来，立嫡以长，自然应立庐陵王为太子。庐陵王以前虽然有些过失，但'人非圣贤，孰能无过'？更何况，有时候过失教训会成为最宝贵的经验。"

"爱卿说的是。你先回去吧，这事容朕再细想想。"

狄仁杰回到府中，一时心潮难平。他知道，武、李二家的夺嗣之争已经到了最关键的时候，大周王朝将何去何从，也到了最紧要的关头。

女皇已明显地倾向传位于自己的儿子，但朝政大事，翻云覆雨，瞬息万变，必须趁热打铁，以防夜长梦多。现在，该是借用一下张易之、张昌宗这两个小白脸的时候了。

当天晚上，他又一次约来了吉顼，二人进行了一次深谈。

以吉顼之聪明，当然掂得出事情的轻重。在关系着江山社稷命运前途的大事上，他毫不犹豫地站在了狄仁杰一边。

"狄相，您老放心，张氏兄弟就包在下官身上了，这事我知道该怎么做。"

"那就拜托大人了，这可是万古千秋青史留名的事啊！"狄仁杰在送吉顼出门的时候，又郑重地嘱咐了一句。

此时，女皇为二张专门设立的控鹤监，已改名为奉宸府，张易之为奉宸令，已升迁为左台中丞的吉顼仍供职其中。

吉顼是个八面玲珑的角色，见什么人说什么话。与张氏兄弟既是同僚，早就打得火热，深受二张信赖。

一天傍晚，三人相约在后苑游玩。吉顼见四下无人，放低声音说道："有一件事，在我心中压了许久，如骨鲠在喉。要说怕冒犯了二位，不说又觉得对不住咱们的交情。"

二张深感纳闷，张昌宗说道："你我亲如兄弟，何事不能直言？"张易之也催促道："不管什么事，但说无妨。"

吉顼这才正色说道："公兄弟如今贵宠无比，可谓一人之下，万人之上。可是，二位大人不知想过没有，大人的权贵尊崇，并不是靠建功立业取得的。据微臣所知，天下人对大人多有侧目切齿者。如果不设法为江山社稷建立大功，皇上万年之后，公等却青春正盛，到那时何以自处？我吉顼与公等兄弟情深，每想到这件事，实在为二位大人深感忧虑。"

两个小白脸终日只知道花天酒地，醉生梦死，何曾想到过这一层？吉顼的话，对他们来说不啻是当头棒喝，登时惊得张口结舌，目瞪口呆。

愣怔了多时，张易之率先问道："吉大人所言极是，只是我兄弟二人手无缚鸡之力，更不能征战沙场，如何才能为国建得大功？"

张易宗也忙说："吉大人足智多谋，一定有奇计在胸，还请大人救我兄弟。"说着，就要拜倒在地。

吉顼急忙双手将他扶住，说道："二位大人休要着慌，奇计不敢说，办法小人倒是想了一个，只不知大人们肯不肯去做。"

"吉大人快说，只要能得以保全，久享富贵，什么事我等都愿去做。"

见二张已经入套，吉顼窃喜，便一本正经地教诲二人道："大周建立以来，天下士子庶民始终未忘大唐之德。都想复立庐陵王为储君，人心不可违。如今皇上对立子还是立侄，正犹豫不决，举棋难定。公兄弟二人在皇上那里，集万千宠爱于一身，何不借此机会，向皇上进言，请立庐陵王为太子，以系天下苍生之望？若能办成此事，便是为江山社稷建一莫大拥立之功。他年庐陵王继位，公等便是佐命功臣，国之柱石。不仅可以免祸，而且可以子孙万代永保富贵。"

吉顼不愧是舌辩之士，一番滔滔不绝的雄辩之词，只说得二张茅塞顿开，恍若梦醒。

二人双双深躬施礼，万分感激地说道："承吉大人教诲，我兄弟感恩不尽。此计若成，我们以后便是亲兄弟，终身共享富贵。"

当天夜里，兄弟二人施尽浑身解数，将女皇陛下伺候得通体舒泰。趁她老人家高兴之时，张易之伏在女皇怀里，撒娇装痴地说道："陛下，孩儿心里有一句话，不知该说不该说。"

"宝贝乖乖，啥时学得说话拐弯抹角了？你们兄弟在朕面前，还有何事不能说？"

"孩儿听说，在立太子这事上，皇上对立子还是立侄，一直拿不定主意。"

女皇没想到这两个小郎君会扯到这件事上，稍愣了一下，随即问道："小宝贝，你怎么想起过问社稷大事来了？那依你看，朕是立子呢，还是该立侄？"

"当然应立陛下的儿子庐陵王呀！"

"为什么？"

"谁不知道，儿子是娘的亲骨肉，比侄子自然亲得多。哪有亲生母亲把万里江山送给外人的。"

女皇又问静躺在另一边的张昌宗："昌宗，你说呢？"

"我与易之想法一样，陛下应把大位传给儿子。"

"噢，连你们也是这样看法。"女皇默然良久，突然道："你兄弟从来对国家军政大事不闻不问，此话必是有人教你，可是那个吉顼？"

见事情被皇上一语道破，兄弟二人也不敢否认，只好说道："吉顼确实跟我们说过此事，但我二人也真认为皇上应该立庐陵王为太子，而不该立侄子。"

女皇于第二天便召见了吉顼，吉顼凭着自己一张铁嘴，为女皇剖陈立子、立侄种种利害，说得女皇频频点头。于是，心中最后拿定了主意。

"吉顼，朕交给你一项特殊使命。"

"微臣唯命是从，请陛下吩咐。"

"从明天起，你偕同兵部徐彦伯精选几十名武功精湛的大内高手，立即起身赶往房州，迎接庐陵王回京。"

"是，微臣领旨，"吉顼便要谢恩告辞，女皇却又非常严厉地叮嘱道："慢着，此事必须做得极端秘密，除你二人之外，不能让任何人知道。就是那些随同前去的武士，到房州之前，也不能让他们知道此行的目的。另外，你们都要换上庶民的服装，于深夜起程离京。这事必须做到万无一失，若稍有闪失，朕必杀你，明白吗？"

　　看着女皇突然变得极其严厉的脸色，吉顼心中一阵战栗。以他的精明聪敏，马上猜到了皇上为什么要这么做。眼下武、李二家争夺皇嗣的斗争日趋激烈，这是一种你死我活的争斗。若是事不机密，让诸武得知了真情，万一他们狗急跳墙，痛下杀手，庐陵王将危在旦夕。他不能不敬服皇上处事的严谨缜密，在重大事情上，她总是这样预执先机，高人一筹。

　　次日夜深之后，吉顼与兵部员外郎徐彦伯，皆打扮成了巨商大贾，那些武士也扮作推车挑担的小商贩，分批赶往房州。

　　李显当年做了几天皇帝，因处事荒唐而被母后和几位大臣废去帝位，贬为庐陵王，一直居住在房州，形同软禁一般。

　　一晃就是十几年过去了。这十几年，他与妻子韦妃，带着几个儿女，整天像在刀尖上过日子，提心吊胆，如履薄冰，惶惶不可终日。

　　两个哥哥李弘和李贤先后死去，种种谣传神秘兮兮。李唐宗室诸王公一个个被杀，更让他惊心动魄，寝食不宁。每有朝廷的官员因事来到房州，李显一听到消息，就吓得半死，几次要自杀了事，都被韦妃苦苦劝住。

　　这些年，他与妻子儿女蜗居在宅院中，几乎足不出户，不问更不谈外事，唯恐惹上杀身之祸。

　　这天，他与韦妃在花园中散步，随意地拉着家常，突然有下人来报，说是左台中丞吉顼和兵部员外郎徐彦伯在客厅等候他们，有旨要宣。

　　李显立时吓白了脸，浑身瑟瑟发抖，拖着一副哭腔对韦氏说道："完了，一切都完了，这是索命无常来了，我们到底没能躲过这一关。"说着，竟走到一棵歪脖儿树旁，解下腰间丝绦，搭在树枝上，就要自缢。

　　韦氏急忙冲上去，死死地将他抱住，凄然说道："你这是何苦，皇上的旨意咱们还没接，怎么知道就一定是凶信儿？就是母皇真的赐你自尽，那时再死也不迟。要真的那样，妾身亦不独生，陪你共赴黄泉就是了。"

　　李显说道："这个时候朝廷来人，还能有什么好事？母皇一心要传位武氏，留着我们兄弟只能是祸根。"

　　"凡事不能光往坏处想，那样人连一天也活不下去。天威难测，世事无常。臣妾今儿一早起来，就见一只花喜鹊在树上喳喳欢叫，说不定皇上恍然醒悟，要立你为储君，你毕竟是她的活在世上的大儿子。"

　　李显知道韦妃是在变着法子宽慰自己，便苦笑道："除非是日从西出，黄河倒流。"说着，从地上拾起了一块小石头，猛地向空中掷去，边掷边对韦妃说："我李显若是得以不死，能继大位，这块石头就别落在地上。"

女皇武则天

说来也巧，那小石子居然不偏不斜，恰恰落在了身边这棵大树的一个小杈上，被卡住了。

韦氏欣喜若狂，猛然将丈夫一把搂住，在他的脸上又亲又吻："你看你看，这是天意。"

夫妇二人回到客厅，见吉顼、徐彦伯已等在那里，脸上没有任何表情。

吉顼说道："庐陵王李显接旨。"

李显身上又开始发抖，慌忙跪倒在地，颤声说道："儿臣李显在。"

"着庐陵王李显及其王妃、诸子，即日返京。"

"儿臣领旨谢恩。"

这时，吉顼、徐彦伯才弯腰将李显扶起来，并和颜悦色地说道："请庐陵王急速打点、与王妃等皆换上平民衣饰，今夜便起身赶路。"

究竟宣他回京干什么，吉顼等一个字也不肯透露。李显夫妇虽然心中仍然惴惴不安，却也不敢多问，只是与儿女下人们埋头打点行囊，一切都听天由命吧。

这样，庐陵王李显被神不知鬼不觉地接回了神京洛阳，朝野上下竟无一人知晓。就连"宰相首辅，以预知天事"为己任的狄仁杰，也被完全蒙在了鼓里，一点儿风声都没听到。

三月十五日，女皇于后宫议事殿单独召见狄仁杰。大礼行过之后，女皇突然说道："狄爱卿，这些日子朕思来想去，觉得还是应该立武承嗣为太子。"

狄仁杰大吃一惊，几乎从坐凳上弹越起来。一时变貌失色，竟高声喊道："皇上，此事万万不可。"

女皇不悦地说道："狄仁杰，在这件事上你怎么总是同朕过不去？朕就不明白，为什么就不能立承嗣为皇太子？莫非你不是我武周的宰相，而只是李唐的社稷之臣？"

狄仁杰双膝跪下，泣声说道："皇上，老臣早就说过，不管是大周也好，李唐也好，未来的皇上姓武也好，姓李也罢，总得对江山稳固有利，对庶民百姓有利。武承嗣实在不是治国之器，仁德之主，成事不足，败事有余，大周的万里江山，决不能交到此辈手里。"

"行了，别再啰嗦了。朕意已决，快去拟诏吧。"女皇冷冷地说道。

"不，皇上，恕老臣不能奉诏，"狄仁杰也变得强硬起来。

"怎么？你想抗旨吗？"

"老臣不敢。但皇上一定要传位于武承嗣，老臣从今日起辞官不做，乞返故里。"

"哼！乞返故里？你身为首辅宰相难道不知，抗旨不遵乃是杀头之罪。"

"既如此，老臣愿以一死报先帝，谢天下！"狄仁杰猛地从地上站了起来，转身向外走去。

看着这位七十岁的老臣颤巍巍的背影，女皇深深为他的忠心奉国、肝胆相照所感动，心中唏嘘，眼圈发潮，急忙喊道："慢着。"

狄仁杰在原地站住，没有回头。

女皇从御座上站起来，走到狄仁杰身边，以手抚摩着他的后背说道："狄爱卿，你可真算得上是国之柱石啊。好，朕就还你一个嗣君，你看，那是谁？"

狄仁杰转过身来，只见东面的屏风慢慢移开，庐陵王李显像一尊木雕似的端坐在那里。

狄仁杰有些不相信自己的眼睛，再仔细看看，确是庐陵王无疑，他一时百感交集，激动万分，马上跑到庐陵王面前，伏地叩头，两行老泪急速地滚落下来。

女皇忙将他双手扶起，转身对庐陵王说道："显儿，还不过来拜谢国老，你今日都听到了，是国老的性命作保，还了你的天子之位。"

庐陵王慌忙过来，就要施礼。狄仁杰赶紧拉住，朗声笑道："不，不，还是皇上英明，若非皇上圣衷明断，一百个狄仁杰也无所作为。"

接着，狄仁杰问庐陵王为何会在这里，女皇便将秘迎庐陵王的前前后后说了一遍。

狄仁杰沉吟一会说道："陛下为了庐陵王的安危，秘密接回神都，先机占尽，无人能及，老臣万分敬服。不过，庐陵王一直住在房州，天下尽人皆知，今日来到宫中，连王公大臣都全然不知。自古以来，哪有偷偷摸摸做天子的？一旦有变，陛下将何以向臣民交代？"

一句话提醒了女皇，是啊，复立太子这样的大事，焉能形同"偷窃"？应该堂而皇之，光明正大，让天下都知道才是。

于是，她命李显秘密出宫，暂住于洛阳寺的龙门驿，派侍卫日夜严密警戒。

三月十八日，女皇下旨，朝中公卿诸僚，文武百官，一齐到龙门驿前迎接庐陵王回宫。是日，彩旗飞舞，鼓乐喧天，法驾卤簿各式仪仗俱全，车马轿舆络绎于道。庐陵王李显与韦妃于黄袱大轿中，在欢天喜地的文武大臣们

女皇武则天

簇拥之下，缓缓向皇城走去。

看着十四年前痛失帝位，今日又春风得意、卷土重来的李显，夹杂在欢迎大臣中的武承嗣，忽然觉得一阵头昏目眩，眼前发黑。

一切都完了，十几年的心血都白费了，太子梦终于化为泡影，武家子弟彻底败下阵来了，从此再无出头之日。他觉得胸膛里像有一把钢刀左拧右撅，一阵剧痛，头一歪，"哇"地吐出了一口鲜血，登时昏倒在地上。

左右侍从们手忙脚乱地将他抬回府上。但他怨恨交加，饮食俱废，从此一病不起。延挨到这年八月，已变得骨瘦如柴、奄奄一息的武承嗣，突然惨叫一声，气绝身亡。

武三思倒是十分乖觉，一看太子之位不可复得，马上掉转船头，改弦易张，一头扑到了庐陵王和韦妃的怀里。当年在房州，他负责监视庐陵王夫妇时，不仅没有难为他们，而且一直待之以礼，曲意呵护。特别是那位落难中的韦妃，对他颇有好感。他十分庆幸自己在当时留有余地，如今正可以此另投新主。

皇嗣李旦一直与世无争，谨小慎微。听说皇兄已从房州回到了神京，便知道自己该做什么了。他十分识趣地连夜上表，固请将皇嗣之位逊于皇兄李显。

这本是一个极为棘手的问题，李旦也曾当过皇帝，又当了十几年的储君，他若不主动逊位，女皇还真要大费一番周折。

这下好了，这件让女皇感到有些头疼的大事一下子解决了。九月壬申，女皇向天下颁诏，正式册立庐陵王李显为皇太子，仍册封皇嗣李旦为相王。

十几年之中，李显从皇太子到皇帝，又由皇帝册封为王，再由庐陵王册封为皇太子，恰恰走了一个圆圈，一个绊绊磕磕、曲曲折折的怪圈。此时此刻，他该有些什么感慨呢？

折腾了数十年的皇嗣之争，终于以喜剧式的结局得以解决。满朝文武和那些被数千年正统观念浸泡透了的士子庶民们，皆雀跃欢呼不已。

但是，女皇的心里却是苦涩的，这实在是一个不得已的艰难的选择。"知子莫如其母"，李显并不是一块理想的当皇帝的料子，女皇心里再清楚不过。对他治国安邦、驾驭臣下的能力，她是实在放心不下。

更为严重的是，既然选择了李显，那就铁定了自己亲手缔造的武周帝国要一朝而终，这是悲哀的，残酷的，却又是无可奈何的。

不管怎么说，李显毕竟是自己的亲生儿子，是名正言顺的正统皇室接班人。他的复出，使内外纷争暂可平息，这总是可喜的。

至于他才具平平，能力不足，再慢慢地历练吧，只要能心存社稷，从谏如流，选几个好宰相辅佐，或许也能保得住江山永固。这是天意，凭自己一己的力量，无论如何也扭转不了的天意。

朝廷之中的种种斗争暂告平稳，女皇大大地松了一口气，想多抽些时间躲在后宫里，由张氏兄弟们陪着，好好地轻松轻松，享受享受。

可就在这个时候，又从北部边境传来警报，突厥兵马蠢蠢欲动，正在大肆寇掠边塞州县。

女皇与狄仁杰等宰相们商量后，决定派天官侍郎同凤台平章事、已身居宰相班列的吉顼，借此机会招募兵马。

吉顼募兵一月有余，却招募了不到一千人。此时，女皇降诏，任太子李显为河北道兵马大元帅，狄仁杰为副元帅，吉顼为监军，前往讨伐突厥。

女皇的本意是要太子在征战中得以磨炼，建立军功以服国人。却没有想到，太子李显的复出，对于募兵竟产生了奇效。听说李显亲自出征，士庶百姓中的青壮者踊跃报名应募，不到十天，便招募丁壮五万多人。

李显能有多大能力，女皇还不知道？他那两下子，与吉顼相比，简直不可同日而语，十个李显加起来，怕也抵不住一个吉顼。

可是，吉顼募兵，却少有应者，而李显以太子的身份，几乎是"振臂一呼，四方云集"。这不能不使女皇再一次看到，天下"人心思唐"的大势所趋。看来，立庐陵王为太子是做对了，若是立了武氏，自己百年之后，还不知要出什么大乱子呢？

元帅李显、副元帅狄仁杰、监军使吉顼，率领十五万精兵，浩浩荡荡向北部边疆开去。

在此之前，据守在赵州一带的河内王武懿宗，已与突厥军队见过几仗。

这个武懿宗，人称"来周之亚"，在罗织构陷、严刑逼供方面，是个出类拔萃的酷吏。可是一到了两军阵前，却是个畏敌如虎的常败将军。

见突厥兵马杀来，他率军在赵州城下列阵，双方刚一接触，大周军队便纷纷溃败。

作为主帅的武懿宗，见突厥人兵强马壮，骁勇异常，几员大将满脸横肉，虬须倒竖，挥刀舞枪，哇哇大叫着向他冲来，早已吓得魂飞魄散，带着几个侍从拨马便逃。主帅一跑，三军动摇，立时兵败如山倒。

突厥人乘势掩杀，杀死周兵无数，缴获了大批的粮草辎重，并趁机夺去了赵州城。

待李显、狄仁杰率大队人马赶到，赵州城已失陷数日，城头上插满了突厥的战旗。

大军屯扎之后，吉顼主动请缨，收复赵州。他率领五万人马，从东、西、南三面合围，猛烈攻城。将士们以一当十勇猛冲杀，城墙上架满了密密层层的云梯，鼓噪呐喊之声此伏彼起，如波涛汹涌。

突厥兵见大势已去，孤城难保，固守了三天之后，于夜间悄悄地从北门撤兵，弃城而去。

李显、狄仁杰见敌兵退却，率领主力乘胜追击，如飙风迅雷，一路杀去，直追到长城方才罢兵，河北之乱遂告平定。

大军班师回朝之后，河内王武懿宗又奉命"安抚河北"。这位外战外行、内战内行的败军之将，以接收大员的身份开进河北，为了冒功请赏，竟然对手无寸铁的平民百姓大开杀戒，不分青红皂白，一路杀去，被破家灭族者数不胜数。

河北民众对这个杀人魔鬼恨之入骨，巴不得食其肉寝其皮。一时间，民众们把他与杀人如麻的突厥将领何小小相提并论，到处传骂着："唯此两何（河），杀人最多。"所谓两何，一个是指何小小，另一个则是河内王武懿宗。

消息传到京师，朝臣们皆怒不可遏。右拾遗王求礼激愤异常，立即上表女皇道："请先斩懿宗，以谢河北。"

女皇却没有理这个茬儿，将王求礼的上疏留中不发，对此事只字不提。

武懿宗是她的堂侄，现在对武氏子弟不仅不能杀，而且要曲意呵护。

自从立了李显为太子之后，女皇便开始考虑她的身后事了。

这十几年来，围绕着皇嗣之位，武、李两家闹得鸡飞狗跳，不可开交。表面上好像还是姑舅表亲，看不出有什么仇隙，而骨子里却早已充满了仇恨，势同水火，不共戴天。对于这一点，女皇心里比谁都明白。如今，在争夺皇嗣这场角逐中，老李家已经占了上风。皇位继承人已经确立。这对于武姓子弟们十分不利，甚至是危险万分。自己百年之后，一场残酷的血淋淋的杀戮将不可避免。武姓子弟怕是要被李唐宗室践踏诛之，死无葬身之地。

她生怕这种事情发生，那样，老武家会因为她的缘故而亡种灭族，她将如何去见老武家的列祖列宗？

如何才能让太子及李氏宗室与诸武和睦相处，互济兼容，谁都不受伤害呢？她为此事苦思冥想，终于想出了一个两全之策。

一天，她召来太子李显、相王李旦、太平公主，又召来了武三思、武攸暨、武懿宗等，亲自带领他们来到了明堂之中（此时明堂已修复）。

李氏兄妹与诸武不知道皇上要干什么，你看看我，我看看你，都有些莫名其妙。

"朕年纪大了，人活百岁，终有一死。此乃天地造化所定，人皆莫外。"女皇声音有些苍凉，一脸肃容。

"母皇体健神清，虽千秋万岁亦不为过，今日何出此言？"太子李显心下惶恐，急忙跪倒在地。其他人也赶紧跟着跪下，垂首不语。

"'神龟虽寿，犹有竟时'，何况是人？朕已年近八旬，在历代帝王中也算高寿之人了。对于寿命几何，朕不担心。朕担心的，倒是你们。"

"母皇有何不放心之处，请明示儿臣。"李显说道。

"朕百年之后，汝将继位。一旦为君，要替朕好好看顾武家兄弟，切不可同室操戈，自相残杀。"

"母皇教诲，儿臣将永铭肺腑。"

一听皇上是在嘱咐此事，跪伏在地的诸武们早已眼圈发热，一片唏嘘。

"三思，承嗣已经作古，如今你是武氏长兄。朕百年之后，你要带头维护皇上，如侍朕一样忠心不贰。只有这样，才能确保李、武二姓共存共荣。"

"皇上放心，侄儿等一定忠于皇上，不管发生什么事都永远与李氏诸王兄弟相处，同舟共济。"武三思以头碰地泣声说道。

"既如此，你们兄弟姊妹今天就当着朕的面，对天地神祇盟誓。"

太子李显首先起誓："天地作证，皇上万年之后，我李显必对武氏兄弟视若肱股，亲如兄弟，决不妄加猜忌，无故加罪。有违此誓，天必殛之。"

武三思也马上朗声说道："上苍有耳，我武三思此生永远忠于太子，忠于皇室，视李氏诸王、公主为亲兄弟姊妹，若有三心二意，天地不容，乱刀加身而死。"

接着，相王李旦、太平公主和其他武氏兄弟一个接一个相继对天盟誓。

女皇命人将他们的誓言刻于铁券之上，一分为二。各人手持一份，另一份藏于史馆之内，以为千秋凭证。

办完这件大事，女皇的心头就像卸下了一块大石头，感到轻松不少。

当然，她也不能完全放心。朝廷中的权力之争，历来充斥着血腥与毒火。漫说是铁券，就是金券，也经不住权欲之火的炙烧。别说李武二姓已经积怨太深，就是兄弟父子之间，为了争权夺位，不也是相煎相残，杀戮不止吗？

然而，有了这番盟誓，有了这份铁券，总比没有好，将来总可以多少约束一下他们的良心。自己作为一代帝王对儿子和侄子们也只能做到这些了。至于以后究竟能怎么样，就要看各人的命数，看天意如何了。

第三十六章　狄相陨落　女皇泪崩

狄仁杰七十三岁了，虽然与女皇相比，他年纪还不算太大。但是，自从征讨突厥归来，他便觉得身体每况愈下，精神大不如以前。多种疾病缠身，弄得他常常心慌气短，头昏目眩，四肢乏力，身心疲惫。

他越来越觉得无力支撑偌大的朝政，生怕误国误事，对不起皇上，对不起天下庶民。因此便以老疾为由，屡次上表，奏请"乞骸骨"，也就是请求休致，退归故里。

然而，女皇对这位擎天保驾的老臣却信重越来越深，宠遇日隆。因此便一再挽留，不许狄相国休致。

为了保护这位老相国的健康，也是为了表示对他的尊重，女皇特旨，免其当朝值宿的差事，并一再告诫朝臣，除了特别重大的军国大事之外，不准去烦扰狄相国。

有一次，女皇专门当着满朝文武的面，对狄仁杰说道："狄爱卿以后见朕，不要再行叩拜之礼。"

狄仁杰忙说道："朝廷法制，祖宗成规，老朽安敢有违？"

女皇却正色说道："祖宗法规还不是人定的？应该因人从权。老相国年迈多病，每次见你下拜，朕亦感到心疼。"

女皇的话，虽然有些幽默风趣，但却充满了对这位老臣的深深爱意，真正是体贴入微，满朝文武听了，无不为之动容。

这日散朝之后，女皇见天朗气爽，不冷不热，便和颜悦色地问狄仁杰道："狄相国，近日身体如何，还能吃得消吗？"

"托皇上的福，老臣已无大碍，身子骨颇觉硬朗。"

"既如此，陪朕去御花园转转如何？一来赏菊，二来也可散散心。"

"好啊，老臣也正有些闲情逸致，能与皇上一块游园，也是一大幸事。"

君臣二人，两位白发苍苍的耄耋老人，在花间池畔蹒跚而行。

丽日高照，和风徐吹，满园的秋菊正临风摇曳，昂首怒放。黄色的、绿色的、紫色的、白色的、墨色的，真个是姹紫嫣红，争奇斗艳。花丛间，蜂

女皇武则天

飞蝶舞，追逐嬉戏。阵阵花香在惠风中播散荡漾，沁人心脾。

"秋光无限好，年年逼人老。狄爱卿，转瞬之间，你我都是老人了。"

狄仁杰见女皇似乎有些伤感，便笑着说道："皇上向来是旷达之人。人寿几何，自有天数，何必为此戚戚。依老臣看，陛下虽已高寿，但来日颇多，大周子民，还要仰承万岁恩泽数十年呢。"

女皇大声笑了起来："你也不用拿话宽慰朕，这些事朕想得开。狄爱卿，朕现在想得最多的，是如何才能让我大周江山长治久安。国家兴旺，根本之计在于人才。这些年，你向朕推荐了不少大臣，像姚崇、桓彦范、敬晖、窦怀贞、崔玄暐、袁恕己等有数十人，个个都是忠贞廉洁，精明干练，能够承前启后的栋梁之材。我听臣下有人议论说，'天子桃李，皆出公门矣'。"

狄仁杰正色说道："陛下，老朽为国荐才，非为私也。"

"这个朕最清楚。狄相国公心，世人皆知，毋庸置疑。不过，朕现在还想得一有奇能之人用之，不知可以委谁？"

狄仁杰听明白了，这才是皇上邀约自己游园的真正目的。她是见自己病体日重，怕自己一旦撒手归西，朝廷折了栋梁，寻觅一贤能之士，将来接替自己，挑起大周朝廷这副重担。这层意思她当然不好明说。

狄仁杰仔细想了想，又问女皇道："未审陛下要用此人干什么？"

"自然是用为将相。"

女皇既然和盘托出，可见其求贤心切。狄仁杰也就不用再绕圈子，直截了当地把久藏于心中的一个人提了出来："若论文学蕴藉之士，朝臣中苏味道、李峤皆学富五车，大笔如椽，固为人选。若是要用一个卓荦奇才，则有荆州长史张柬之。此人虽然已老，年近八旬，但体魄强健，精力充沛。论治国安天下，乃真宰相之才也。"

听说张柬之已经快八十岁了，女皇心中有些不以为然。但出于狄相国的举荐，想来不会有错，便说道："好，这人朕记下了。"

过了些日子，女皇降旨，擢拔荆州长史张柬之为洛州司马。这个人以前名不见经传，又没听说有什么突出的政绩，勉强破格提升数级，完全是看狄国老的面子。

一个月之后，女皇在闲暇之时，又一次要狄仁杰推荐贤才，狄仁杰直言不讳地说道："臣前次向陛下举荐的张柬之，陛下至今还没用呢。"

"怎么没用？朕不是擢任他为洛州司马了吗？"

"陛下，臣举荐此人是当宰相的。如此大才，怎可屈居下僚，一误再误？

靡费人才，可是国家最大的损失啊。"

"此人果真有些奇才？若与国老相比如何？"

"在老臣之上。"

见狄仁杰说得如此果断而又恳切，女皇不由得不信。她不再坚持己见，迅即下诏，擢拔张柬之这样一位八旬老翁为秋官侍郎，很快又提为宰相。

如此破格用人，直令朝野上下咋舌。当大臣们得知张柬之是狄仁杰举荐时，都向狄仁杰称贺。狄仁杰却无限感叹道："此非仁杰之功，实乃皇上之德。求贤若渴，从谏如流，当今天子堪称千古君王第一人。"

时光荏苒，日月如梭，在朝政平稳、海晏河清的太平日子里，时间老人的脚步，便迈动得格外匆促。

不知不觉当中，新的一年又开始了。正月初五日，女皇正准备去上新年后的第一个朝会，却见上官婉儿匆匆走进宫来，神色凄惶。她知道一定是有什么大事急事，心中惊异，忙问道："婉儿，出了什么事？"

"皇上，不好了，宰相魏元忠来禀，说是狄相国病危，急于要见皇上，恐怕……"

"什么？！"女皇立时神色大变，心头突突乱跳，手中端着的一个茶杯，"哐啷"一声掉在地上，摔得粉碎。

"快！快备轿舆，马上去狄公府！"

在上官婉儿的搀扶下，女皇急步走进了狄仁杰的寝室。老相国安静地躺在床上，身上盖着一床陈旧的蓝布棉被。脸颊下陷，清瘦而又苍白，花白的胡须却仍由家人们修剪得齐齐整整。

见皇上驾到，他抖抖地挣扎了几下，想坐起身来，却已经心有余而力不足了。

女皇忙走上去，双手将他按住，顺势坐在床边，紧紧地握住他那双青筋暴突的大手，颤声说道："狄爱卿，老相国，才几天没见，你怎么就病成了这个样子？婉儿，快传御医来。"

"皇上，不用了。臣已病入膏肓，就是神仙也难以为继了。"

"老相国，你要挺得住。你可千万不能走，朕不能没有你，大周朝不能没有你，咱们君臣几十年，朝朝共处，相濡以沫，你……你怎能……"

女皇脸腮抽搐，喉头哽咽得说不下去了。狄仁杰还是第一次见女皇在臣下面前如此伤痛欲绝，禁不住眼圈潮红，忙劝慰道："皇上万勿为老臣难过，保重龙体要紧，死生由命，一切都是天意。咱们君臣还是说下要紧事吧。"

女皇点点头，她看看上官婉儿，婉儿忙领着屋内众人退了出去。

"皇上，老臣已是行将就木之人，心中有几件事，想进最后一言。"

"国老有什么事尽管嘱咐，朕无有不依。"

"我大周疆域，广袤辽阔。比古代贤王的疆界，已不知大出几倍。近来国家连年出兵，往西守卫四镇，往东守卫安东，征调兵士日多，调运粮草无数，百姓匮乏疲困，国库耗费极大。臣以为，西域疏勒等四镇，荒蛮偏僻，极为凋敝，如同守着一块砾石狼藉、无法耕种的田地，费用却难以负担。军队逾越沙漠，分兵防守，离家既久，难免生怨愤之心。为此，臣请放弃疏勒四镇以使中国富裕，撤销安东都护府以充实辽西。安抚夷狄，只要阻止他们入境侵犯就行了，何必非要穷尽其藏身之穴呢？我们只把兵力集中屯守塞上，再往远处派出探马流动哨察，养精蓄锐，以逸待劳，则沿边各州无忧矣。"

女皇眼中蓄满热泪，一字不落地听着，一边频频点头。

"另有一事，臣听说，陛下欲造一大佛像，需耗费数百万金。除了库帑之外，还准备让全国僧尼每人出一钱襄助，臣以为此举诚不可为。朝廷政务，应把人世上的事放在首位。虽说陛下怜悯众生，想让庶民见佛像而生善心。但建佛造塔，未必要崇向奢侈。如今有些佛寺，极其奢华壮丽，雕画极尽工巧，装饰佛殿用尽各种宝珠，其规模甚至超过了皇宫。建造这些工程，已经使百姓们的徭役赋税负荷超重，万不可再雪上加霜，依托佛法而贻误百姓，请陛下三思。"

女皇忙说道："国老所言，字字金玉，实乃公忠体国之言。造佛像之事，朕回去后便下旨取消。至于放弃疏勒四镇，撤销安东都护府之事，亦深合朕心。待朕与其他宰臣们议定后，今年便可实行。"

她看看狄仁杰气喘吁吁的样子，又深情地说道："老相国，你的家事，子孙后人之事，难道就没有一句要对朕说？"

"蒙皇上宠信，狄府上下已荣崇无比，更复何求？儿孙自有儿孙福，后世如何，那就看他们自己的德行和造化了。"

"狄相国清廉一生，鞠躬尽瘁，堪称人臣万世楷模。"

"陛下，仁杰此生得遇明主，从一介书生入阁拜相，能为天下苍生略尽绵薄之力，实乃大幸。臣唯有一点感到遗憾，就是不能侍奉皇上到底。还望皇上善加珍摄，龙体安康乃国家之福，万民之福。"

女皇又抓紧了狄仁杰的双手，心中一阵阵发酸："国老，别说了，你会好起来的。要说人生憾事，谁能没有？朕贵为天子，心里不也藏着一桩天大的憾事吗?"

"皇上,老臣知道您老抱憾什么。"

"唔,这事你也猜到了?"

"皇上每日萦绕心头的,不就是担心大周一朝而终吗?"

女皇静静地看着狄仁杰,没有说话。

"皇上独掌国柄四十余年,光宅四海,恩被万民,江山稳如磐石,百姓安居乐业,国家昌盛,帝业煌煌。不管是李唐还是武周,皇上都是承前启后的一代英主,是与日月同辉的千古女杰,无愧于江山社稷,无愧于士庶子民。陛下正可以此为骄傲,何憾之有?至于后继者是姓李还是姓武,都无损于陛下的万世英名。千秋万代之后,不管是史家秉笔,还是百姓口碑,都会对陛下做出最公允的评判。更何况,继任者虽然姓李,却是皇上的亲生儿子;武周之后即使恢复李唐,也是皇上亲手交给了他们一个完整的空前繁荣强盛的锦绣江山。谁说您的帝业'一朝而终'?她将会子承孙继,如火传薪,世世代代地传下去!"

狄仁杰的一席话,真如响鼓重锤,使女皇陛下拨云翳而见红日,心头上压了多年的一块大石头,一下子被掀掉了。

她静静地听着,不眨眼地看着这位即将离她而去的老宰相、老朋友,一串灼热的泪珠在眼眶里转了几圈,终于忍不住,急速地滚了下来,"吧嗒吧嗒"滴落在狄仁杰枯槁的手背上,口里喃喃地说道:"狄相,国老,朕真的是离不开你啊。"

三天之后,正月初八丑时,狄仁杰溘然长逝。

国柱摧折,相星殒落。消息传进皇宫,女皇悲痛欲绝。她再也顾不得帝王的尊严,天子的威仪,竟捶胸顿足、号啕大哭起来。

"皇上节哀,若为悲痛伤了龙体,狄国老正在归天的魂灵也会不安。"上官婉儿哭着劝慰道。

女皇止了悲声,恍惚多时,突然说道:"传朕旨意,朝廷罢朝三天,为国老举哀。朝中文武大臣、王公百卿、皇亲国戚,一律换上缟服素装,为国老服丧。并追赠国老为文昌左相,定谥号为文惠。"

因宰相狄仁杰病逝而笼罩在女皇及大臣们心头上的阴影和弥漫于朝堂之上的悲怆气氛,数月之后才渐渐消退。

女皇仍然坚持天天上朝,尽管神思有些恍惚,精力有些不太集中,她却一直强打着精神,不敢稍稍怠政。

女皇武则天

这日，她与几位宰相魏元忠、王及善、张柬之、吉顼，以及太子李显、相王李旦和武姓诸王在便殿议政，商量狄相国在临终之时，建议放弃西域疏勒四镇和裁撤安东都护府之事。众人皆认为狄相国的临终建言，实乃利国利民的真知灼见，都一致表示赞同。女皇命张柬之拟诏，翌日颁发全国。

此事议罢，话题扯到了狄相国生前的文治武功，尤其是上年还抱病与太子北征突厥，大胜而归，皆不胜感慨。

想不到河内王武懿宗，却借此机会，当着众人的面，在女皇面前大肆吹嘘起自己在河北的"赫赫战功"。如何运筹帷幄，决战千里；如何身先士卒，冲锋陷阵，杀死敌军无算，云云。说到高兴处，竟摇头晃脑，唾沫四溅。简直是贪天之功，无耻之尤。

太子乃北伐主帅，对征讨突厥一役中武懿宗的所作所为，了如指掌。但他虽然心中气愤，却不好当场揭破。因为不久之前，母皇曾带领自己兄妹与武氏兄弟盟誓于明堂，并铸有铁券，他不能也不敢带头破坏这份友爱。

其他宰臣们听了，只能在心中暗暗发笑，表面上却装作没有听见，任其胡吹。

因为他们都知道，这个河内王虽有凶残嗜杀的酷吏遗风，却是个呆头笨脑的"短智汉""二百五"。不光长得身材短小，弯腰曲背，相貌丑陋，而且笨嘴拙舌，为时人所不齿。

有一次，女皇在后宫设宴，与李、武诸王公宴饮欢娱。筵席上众人频频举杯，敬祝皇上万寿无疆。然后各自相互敬酒，欢舞听乐，又说又笑，一派喜气洋洋。就在大家十分高兴之时，武懿宗却突然站了起来，对女皇高声说道："臣急告君，子急告父。"

女皇大惊失色，以为发生了什么天大的祸事、急事，忙问欲告何事。

不料武懿宗却不紧不忙地说道："臣的封物本来由臣府上自征，最近皇上敕命由州县征送。"筵席上一片窃笑，女皇顿时勃然大怒，抬头仰视了许久，方才愤然说道："朕与诸亲宴饮正乐，你身为亲王，却为三二百户封物几乎惊杀朕。如此之人，怎堪为王？"说罢，喝令左右将他拖出大厅。

武懿宗这才慌了，急忙摘去冠冕拜伏在地。其他武姓诸王见事不好，一齐跪在地上为他求情："皇上息怒，懿宗历来愚钝，此乃无意之失，还请皇上恕罪。"

看在众人的面上，女皇这才消了气，饶过了他。

像这样一个呆鹅似的半吊子，众宰相们谁肯与他计较，姑妄言之，姑妄听之也就罢了。

可是，曾亲临河北战场的吉顼却压不住胸中的怒火。须知，当初这武懿宗临阵脱逃，痛失赵州，是吉顼带领将士们身冒矢石，浴血拼杀才又夺回赵州。后来，武懿宗以收复为名，又滥杀无辜以冒功，不治其罪已是万幸。如今在皇上面前，却敢假冒有功，自吹自擂，蒙蔽圣听，是可忍，孰不可忍？

此时的吉顼，正是春风得意之时，他与二张颇有交情，又为立储建言有功，这几年，诛来魔，迎庐陵，都曾起过一言九鼎的作用。如何肯把武懿宗这样一个猥琐小人放在眼里？当即厉声喝道："武懿宗，你这个无耻之徒。当初你在河北战场上，临阵怯敌，不战而逃，丢城失地。随后又枉杀无辜平民，冒充敌酋，蒙骗朝廷。河北民众，谁不说你见了夷敌像老鼠，见了百姓像老虎？恨不得食尔肉，喝汝血。今日却恬颜无耻，自诩功臣，难道满朝文武都是聋子瞎子不成？"

吉顼本就伶牙俐齿，能言善辩，这时又在盛怒之下，更是得理不饶人，声势凌厉，就像训斥一个下人和孩子似的。加上说得句句是实话，那武懿宗哪里是他的对手？只能张口结舌，呆若木鸡，一副可怜相。

然而，吉顼只顾骂得痛快，却忘了"投鼠忌器"这句老话，也没看一看女皇的脸色。

女皇早已变了脸。武懿宗毕竟是她的娘家侄子，纵有千般不对，万种不是，自有我这个当皇帝的姑母教训他。在朕面前怎么说也轮不到你来指手画脚，吆五喝六。闾巷庶民，还讲究个"打狗要看主人"，何况这是皇亲国戚？

女皇有些护短了。俗话说，"癞痢的儿子自家觉得好"，你把武懿宗说得狗屁不是，我这个当姑母的该把脸往哪儿搁？还不止是个脸面的问题，最重要的是你们这些臣下，还把不把老武家的人放在眼里？为了武氏后人今后的安全，朕专门让太子他们与武家兄弟明堂盟誓，却忽略了这些当大臣的。好，现在正是杀鸡给猴看的时候。

"放肆！"女皇突然厉声喝道，"你吉顼在朕面前，尚且如此蔑视我诸武。到朕百年之后，如何能倚重你？到那时还不得向我诸武开刀？"

"坏了"，吉顼只觉得心里咯噔一下。自己太得意忘形，意气用事，忘了是在皇上面前。正要跪地谢罪，却听女皇又怒气冲冲地训斥道："当年太宗有马名'狮子骢'，无能调驭者。朕对太宗说：'妾能制之，然须三物。一铁鞭，二铁挝，三匕首。铁鞭击之不服，则以挝挝其首，又不服，则以匕首断其喉。'太宗壮朕之志。今日，卿莫非要污朕之匕首？"

女皇武则天

吉顼早已经浑身打战，冷汗淋漓。他没有想到，自己对武懿宗的一番痛斥，竟会引得女皇如此狂怒。他突然明白了，女皇把这件事看成了是臣下对她这个当皇帝的不尊不忠，拔高到了她百年之后，诸武是否安危的大事上面。自己这才一下子变成了"狮子骢"。此时若不驯服，一言不慎，立时便会被割断喉咙。

吉顼慌忙匍匐在地，磕头不止，口称"罪臣该死，请皇上治罪"。

女皇虽说一生喜怒无常，但也最讲究恩怨分明。吉顼毕竟有功于朝廷，平日也极受自己宠信。刚才话虽说得太狂，但却多是实话，这一点她心中有数。

她本无杀心，适才的一番雷霆霹雳，不过是在敲山震虎，要让这些宰执大臣知道，自己百年之后，谁也休要对老武家的儿郎们心存不轨。

见吉顼堂堂七尺男儿，竟如此诚惶诚恐，失貌变色，其他大臣也在惊恐地看着自己，女皇及时收缰，淡淡地说道："既已知罪，朕亦不罪，且饶你一次，起来吧。"

女皇有意要放吉顼一马，而武三思等人却不肯放过他。诸武都知道，迎立庐陵王、气死武承嗣，这个吉顼在里面起了举足轻重的作用。如今他又当殿羞辱武懿宗，看来是铁了心要与武家做对。

此人不除，武氏兄弟无宁日。

于是，诸武们又拾起了酷吏们那一套罗织旧钵，给吉顼捏造了"兄弟冒官""贪赃受贿"等种种莫须有的罪名，一再到女皇那儿告阴状，必欲诛杀吉顼而后快。

虽然女皇拿定主意不肯杀他，但吉顼与诸武显然已成仇隙，留在朝廷，将来不是你杀他，就是他杀你，必定酿成祸乱。还是让他离开朝廷，打发得远远的，做地方官去吧。

于是，女皇降旨，贬吉顼为固安县尉。

乍看起来，吉顼这个跟头是栽大了。从当朝宰相一下子被贬谪为边鄙县尉，不知道降了多少级，就如同从高山之巅突然跌落平川。

但是，吉顼却很超脱，很想得开。宦海浮沉，上上下下，原本是件很平常的事。当今太子走了一个怪圈，自己也走了一个怪圈，从县尉到奉宸府近臣，从奉宸府近臣到朝廷宰相，如今又从宰相回到了县尉。这便是政治，日落，日出，再日落……自古以来都是如此。

辞陛离京那天，吉顼脱下了朝服，换上了一件浆洗得干干净净的，当年做明堂县尉时穿的一套旧官服，潇潇洒洒地来到朝堂，山呼叩拜之后，神情平静地对女皇说道："皇上，臣今日过离阙庭，恐日后再无相见之日，临行之时，愿再进一言。"

女皇念他与自己君臣一场，如今被远徙边荒，不觉动情，即命左右取来锦凳赐座，然后说道："有什么话，你就说吧。"

吉顼不慌不忙地说道："皇上，罪臣想冒昧问一句，现在有水、土各一盆放在这里，它们能互相竞争高下吗？"

女皇愣了一下，知道他话中深含玄机，便答道："不能。"

"若将水和土和之为泥，再分为两盆，它们能争高下吗？"

"不能。"

"若是将这泥分塑为佛和天尊，他们能争高下吗？"

女皇明白了吉顼说的意思，点头叹道："是的，成了佛和天尊，就要一争高下了。"

吉顼又趁机说道："臣认为也是如此。如今皇族和外戚，应该各当其分，内外有别，泾渭分明，便会永不相争。两两保全。若不分贵贱亲疏，君不君，臣不臣，首不制尾，他日必相争斗。今皇太子复立，而三思等人久已封王，陛下如何能让他们永久和睦相处？"

此话一下子点到了女皇的要害处，这正是她几年来思虑最多，最担心的一件事，竟被这个遭贬的吉顼几句话说得如此透彻明了。

女皇默思良久，叹口气道："朕亦深知此理，但事已至此，一时也难以处置，以后再慢慢区处吧。吉爱卿，到任之后，好自为之。居官边远，对你未必不是一件好事。当年狄相国不也是几上几下吗？"

"皇上放心。罪臣虽不能与狄国老相比，但其为官为人之道，吉顼自来尊奉，此生必倾力追随效法。"

吉顼走出了朝堂，周身一阵轻松。虽然从权力的巅峰跌落了下来，但毕竟没有粉身碎骨。

本是泥土，偶然的机会被和成泥巴，塑为庙堂神佛，终日冷冷清清，战战兢兢。如今好了，又还原为泥土了，重新与大地相依，与草木为伴，又可以过上那种平平安安、温馨而又静谧的日子了。

吉顼贬任固安不出数日，便接到了朝廷的诏令，定于明年改元"大足"，心中深感纳闷。

在中国的历史上，每位帝王改元，都是朝廷的重典。除非遇上特大喜事或重大变故，不会轻易改元。

不过，女皇却迥异于历代帝王，她似乎有着改元癖，或者有着用不尽的创造激情和过剩的精力，便把它们倾泻到了五花八门的年号上。

吉顼记得，自从女皇于永徽六年当皇后至今，四十六年之中，居然改元三十一次。这在上千年的历史上，恐怕又创造了一项前无古人的奇迹。改元频频，已经司空见惯，三年两改，五年六改，亦不足为怪。仅嗣圣元年一年中，就改过三个年号：嗣圣、文明、光宅。大臣们谁也弄不懂，女皇陛下为什么对改元一事如此着迷？

不过，改元再频繁，总得有点理由。像那年改元长寿，是因为她老人家齿落更生，乃健康长寿之兆。

可这次改年号为"大足"，是为什么呢？"大足"不就是大脚吗？以女皇博涉文史之才，怎么会用如此粗俗不堪的字眼做年号呢？吉顼百思不得其解。

经过一番打听，终于弄明白了其中的缘故，吉顼不禁哑然失笑。以女皇的精明睿智，居然着了一帮"贼囚囊"的套儿。

原来在大理寺的牢狱中，关着三百多名囚犯，正在等待秋分后处决。在金风萧瑟、万木飘零之时，这三百颗头颅，将要像树枝上那些枯黄的败叶一样，悄然落地。这些人就像热锅上的蚂蚁，心急如焚，却又无计可施。

在这么多杀人犯中，自然不乏聪明有心计的高人，终于想出了一条自救之计。

利用放风的机会，他们在监狱的院墙拐角处，伪造了一双长约五尺的大脚印。到了夜半子时，三百多人突然同时高声呐喊，直喊得声震屋瓦，山摇地动。

狱吏极为惊慌，急忙跑来喝问缘故。三百多人异口同声说道，他们于睡梦中被一圣人叫醒。这圣人身高三丈，金面金身，头顶上放射着金光，对他们说道："汝等冤枉，不须惧怕。当今天子圣明，很快便会有恩旨赦免你们。"

狱吏们打着火把照照，发现墙外确有一双巨大的脚印。当下不敢怠慢，赶紧把囚犯们编造的神话上报宫中。

女皇听了此事，颇觉蹊跷。也不知她是真信还是假信，反正神人都说"当今天子圣明"，有三百多人亲耳听到，而且有大脚印作证。这可是对自己极为有利的祯祥之事。于是，下旨大赦天下，那三百多名死囚自然也在赦免之列。并于翌年正月改元大足元年。

女皇好祯祥，一些阿谀逢迎者便投其所好，以邀宠固权。

大足元年三月，神都一带突然普降大雪。宰相苏味道认为这是瑞兆，便率领百官兴冲冲地入宫朝贺。

将进入大殿之时，却被殿中侍御史王求礼挡住，高声诘问道："三月雪是瑞雪，难道腊月雷也是瑞雷吗？"

苏味道急于拍马邀赏，哪里肯听王求礼的，径自带领百官进入大殿，山呼叩拜，恭贺女皇。

整个大殿中，唯有王求礼昂然挺立在那里，睥睨地看着这帮拍马溜须之徒，一言不发。

"王御史缘何不跪？"女皇诧异地问道。

"回皇上话，此事诚不可贺。"

"为什么？"

"如今正是阳和布气、草木发芽之时，而降雪为灾，安能妄说为瑞兆？贺者皆是谄谀之士。"

王求礼虽是一家之言，却让女皇怦然心动。她点点头道："王御史言之有理，阴晴雨雪乃天地自然之象，何言为瑞！"此事遂不了了之。

苏味道讨了个没趣，却不甘心。过了不久，有人为女皇送来了一头三条腿的牛。在朝会之上，苏味道又向女皇贺喜，以为祥瑞。

王求礼深不以为然，当场顶撞道："凡物反常皆为妖，此鼎足之中非常物，乃政教不行之像也。"这话说得太大胆，不仅不以为祥瑞，反而有些谤讪朝政之嫌。

出乎意料的是，女皇对王求礼的见解却极表赞同。

女皇喜好祥瑞不假，但她心里一点都不糊涂。这类小把戏她有时候也搞点，甚至搞得神乎其神。但那不过是在特殊环境下的自欺欺人，为我所用罢了。

既然王求礼已经道破机关，也就无须再装聋作哑了。她突然变了脸，对苏味道呵斥道："一个三条腿的怪物也成了祥瑞，你这个当宰相的莫非昏了头？"

苏味道拍马拍在了马蹄儿上，这才再一次体味到了女皇的喜怒无常，永远让人琢磨不透。一时惶愧失色，只好跪地谢罪。

大足年间，女皇心情好，朝堂之上的气氛也显得融洽而又宽松。四方上书者连绵不绝，甚至连过去能掉脑袋的敏感话题也有人敢说。

苏安恒不过是个小小的内官，却公然上书，直截了当地劝女皇退位，其

女皇武则天

奏疏说道："陛下年德既尊，宝位将倦，机务繁重，浩荡心神，何不禅位东宫，自怡圣体？"

这要在过去，就是有十颗脑袋也被砍掉了。但出乎人们意料的是，女皇不但没有怪罪，还亲自召见了苏安恒，赐以酒食，以示褒奖。

这苏安恒受到厚待之后，却得寸进尺，越加放大了胆子。过了一个多月，居然又上一疏，措辞更加激烈，简直是在公开指斥责难女皇，其中几句说道："陛下贪其宝位而忘母子深情，将何圣颜以见唐家宗庙，将何诰命以谒大帝坟陵？"

这一次，知道内情的人们深深地为苏安恒担忧了。如此诟责，简直是狂悖放肆，十恶不赦。这位小小的内官必死无疑了。

然而，事情又一次完全出人意料，女皇平心静气地看了上疏，仍然没有加罪。

不仅如此，女皇还俯允众请，下旨命监察御史苏颂，重新审理过去由酷吏们所办的旧案，为许多人平反昭雪。

这是怎么了，太阳从西边出了？老虎不吃人了？莫非随着酷吏之治的结束，女皇陛下也脱胎换骨，变成了另一个人不成？

不过，也有些老于世故的朝臣在心里说："且莫高兴得太早，谁知道皇上在想什么，老太婆历来莫测高深。若是臣子们能看透了她的心思，那还算是大周朝的女皇？"

第三十七章　驭臣自如　庙堂对质

又是一个草长莺飞、桃李争艳的阳春三月，冰融雪消，万物复苏，溪流潺潺，蜂飞蝶舞，妩媚多姿的春姑娘又一次光临人间。

三月三日这天，风和日丽，气候宜人。长安市郊到处是游春的大男小女，穿红着绿，谈笑风生。

张易之、张昌宗的弟弟，时任岐州刺史的张昌期，也带着五六个家仆到万年县游玩。他们在官道上骤马急驰一阵之后，便沿着一条田间小径缓辔而行。一边大声说笑着，一边观赏着旷野中无尽的新春美景。

张昌期一行正走着，忽然发现前面有一年轻妇人，怀里抱着个孩子，正与她的丈夫并肩而行。驰至近前一看，这妇人面容娇美俊丽，光艳照人，腰肢纤柔，身段婀娜修长，一见之下，张昌期不禁神魂颠倒，淫心大发。

他用马鞭轻轻地挑下了那妇人的头巾，又在她圆鼓鼓的胸脯上轻佻地戳了几下。

那妇人一看他那副嬉皮涎脸的流氓无赖相，当即破口大骂："哪里蹿出来一条骚狗，大天白日里就敢动手动脚。"

张昌期却不动恼，仍嘻嘻笑着道："哟嗬！小娘们儿还挺辣呢。你骂大爷是条狗，那你就是条发情的小母狗。小的们，把这小母狗给大爷带上。"

众家奴一拥而上，将妇人怀中的孩子夺下来，往路边一扔，七手八脚地将妇人捆在马背上。妇人的丈夫冲上来抢人，却被三拳两脚打倒在地。张昌期"嘿嘿"冷笑几声，马鞭一甩，主仆六七人纵马急驰，扬尘而去。

丈夫抱着孩子，大声哭喊着救命。野外的游人不少，但有人认得这是当朝女皇面首的弟弟，谁还敢上前阻拦？

丈夫为救妻子，讨回这人间公道，四处喊冤告状，却没有一个衙门敢管。呼天不应，叫地不灵，丈夫只好辗转千里，来到神都洛阳，向朝堂外的铜匦连投三次状纸，希望朝廷能伸张正义，为他洗雪冤仇。但是，他一次又一次地失望了。状纸投入铜匦，如泥牛入海，始终没有一点回音，张昌期强占了他的妻子后，见他到处告状，便想杀人灭口，派人于深夜把他活活勒死，埋于郊外了事。

宰相韦安石是万年县人，他听说此事以后，不禁怒火中烧，对同为宰相的张柬之说道："张氏兄弟恃宠弄权，张狂跋扈，以至于光天化日之下，强抢人妻，这事朝廷不能不管。"

不料张柬之却淡淡地说道："怎么管？他们连宰执大臣都敢嘲戏。许多大事还管不了呢，何况一个民间女子。"说完，竟倒剪双手，头也不回地走了。

韦安石顿觉悲凉，这个糟老头子怎么是这种人？狄相国一生知人善任，洞微烛幽，号称当今伯乐。怎么在临终之前走了眼，三番五次向皇上推荐了这么个苟且偷安、贪图富贵的世贼禄蠹。他入朝这几年，既未建寸功，又未建一言，简直是尸位素餐。

不过细细一想，张昌期强抢民妇虽然无法无天，但这几年，张氏兄弟强夺他人田产、住宅、奴婢、妻妾之事，屡屡发生，数不胜数，朝廷又能管得了几件？

更有一件滑天下大稽的奇闻，几乎成了朝野上下的笑谈。

张昌宗、张易之的哥哥张昌仪，沾了两个弟弟的光，当上了洛阳县令。有一次他骑马走在洛阳街上，斜刺里跑过来一人，拦住了他的马头。他正要发火，那人却把一个口袋搭在他的马背上，压低声音说道："些许黄金，尚请张大人笑纳。"说完冲他神秘一笑，一溜烟跑走了。

张昌仪回家后打开口袋一看，在一堆黄澄澄金灿灿的金条、元宝下边，压着一封信。原来是一名今年铨选的官员要他玉成其事。

张昌期当即叫来了吏部侍郎张锡，把信交给他，下命令似的说道："这个人今年一定要注官。"张锡竟像接了圣旨似的满口应承。

可过了几天，张锡又跑到张昌仪府上。原来他把那封信弄丢了，忘了那人的名字，只得再来问张昌仪。可是张昌仪当时也没细细看信，只记得那人姓薛，当时便沉下脸来骂道："真是个不成事的混账东西。我也不记得了，只想着他姓薛，但凡姓薛的都注官不就行了。"

张锡如释重负，忙跑回吏部查看铨官文卷。可巧，这年上报的铨官名单中，姓薛的竟六十多人。张锡怕得罪了张氏兄弟，只好把这六十多人一一注官。

想起这件事，韦安石不禁摇头苦笑。简直是天大的笑话，一个洛阳县令居然能左右吏部侍郎，视朝廷官位如草芥一般。

朝中群臣虽然对此事愤愤不平，可又有谁能奈何得了张氏兄弟？

至于张柬之所说张氏兄弟嘲戏朝臣公卿一事，则是女皇让他们这么干的。

女皇已经是快八十岁的人了，体力精神都已经大不如从前。每于宵旰忧勤之余，便要千方百计地想法子乐一乐，放松放松自己。因此，便常于宫中设内宴，令王公大臣、诸武侄孙、二张兄弟和奉宸府的那帮侍臣们一块参加。

酒席之上，便令张氏兄弟借酒装疯，嘲谑戏耍朝廷大臣，以博一乐，常常弄得大臣们狼狈尴尬，洋相百出。女皇在一旁见了，乐不可支，开怀大笑。

宰相王及善虽然不是文章之士，但一生清正难夺，刚直不阿，一次内宴上，他实在看不下去了，便启奏女皇，说二张全无人臣之礼，朝廷有失体统尊严，应对张氏兄弟和佞谄近臣们给予训教约束，以免紊乱朝堂，贻笑大方。

女皇却很不以为然，这是内宴，近侍与朝臣取笑狎戏，大家笑一笑，乐一乐，开心一下，无伤大雅？更何况这满朝文武，哪一个不是朕一手提拔起来的，如同子侄辈一般，取笑一二，又有何不可？

想到这里，她很不高兴地瞅了王及善一眼，冷着脸说道："卿既年高，不宜再侍游宴，只处置朝堂中的事就行了。"这分明是下了逐客令，你王宰相既然自诩清高，那就离开这儿，来个眼不见为净吧。

王及善碰了一鼻子灰，只好怏怏而退，宴会却照样进行。众人欢饮说笑，又歌又舞，全无忌惮。

此时，梁王武三思乘机阿谀张易之，说他是王子晋的后身。王子晋名乔，是周灵王的太子，他不贪图王位，主动让贤，自己却漫游于伊洛之间。他喜欢吹笙，有凤鸣之清韵。后来成了神仙，乘鹤而去。后人称其为升仙太子。晋代的孙天绰曾作《游天台山赋》以记此事，其中有两句云："王乔控鹤以冲天，应真飞锡而蹑虚。"当年设立控鹤监，名字便是源于此赋。

女皇听有人把自己的心上人比作升仙太子，心中高兴，当即命张易之身披羽毛做的大衣，吹着洞箫，众乐官奏乐相和。一曲终了，女皇大喜，赐易之金帛无数。

这时候，平日里围着二张团团转的那些"拍马族"们开始大显身手。有人当面献谀，说六郎张昌宗面容俊美如莲花一般，其他人也都随声附和，说确实如此。张昌宗得意扬扬，女皇亦愈加高兴。

不料，却听有人高声喊道："不对，这比喻不当。"

众人都吃了一惊，回头看时，说话的却是宰相杨再思。这家伙历来是个拍马高手，今日怎么敢公然唱反调，看来是非触霉头不可了。

张昌宗被众人捧得晕晕乎乎，正在兴头上，忽闻此言，就像被兜头泼了

女皇武则天

一瓢冷水，顿时面红耳赤，尴尬得说不出话来。

女皇却面显愠色，气呼呼地问杨再思："你说，这比喻有何不妥？"

杨再思不慌不忙笑道："众人皆曰六郎似莲花，微臣以为莲花似六郎。"

这小子，原来是在变着法儿拍马，而且比众人拍得更高一筹，在场的人禁不住一片欢笑。

女皇亦回嗔作喜，哈哈笑道："好，说得好，赐再思御酒一杯。"说罢，便亲自陪着杨再思喝了一杯。

张昌宗也端起酒来，敬杨再思一杯道："承蒙杨宰相谬奖，在下以酒谢过。不过，杨宰相长得也是一表人才，在下也有一比。"

"大人看老朽像什么？"

"我看你倒像个高丽人。"

顿时哄堂大笑。这杨再思尖鼻子，高额头，双眼深陷，确实有几分异族味道。不过，张昌宗却不是奉承他，而是在挖苦和嘲弄他。

杨再思并不以为耻，他见女皇笑得十分开心，便说道："张大人既说微臣像高丽人，微臣就献上一段高丽舞，以助皇上酒兴。"

说完，竟去一边换了一套高丽服饰，当庭之中，手舞足蹈，忸怩作态，口中还咿咿呀呀地唱着高丽小调，极尽媚态，令人肉麻。众人捧腹大笑，身上却泛起一阵阵鸡皮疙瘩。

这晚女皇特别高兴，便多喝了几杯。笑过之后，略觉头昏，宴会也便就此作罢。

张昌宗、张易之兄弟二人，一边一个搀扶着女皇回到寝宫，忙为她宽衣解带，熏沐洗浴。

女皇是快八十岁的老太婆了，最需要的，已不再是纯粹的肉欲，更多的则是一种心理上的享受，一种对世上最完美的男性占有欲的满足。

二张深谙此道，施尽浑身解数，把女皇侍弄得筋软骨酥，飘飘欲仙。

女皇侧了侧身子，朦朦胧胧正要睡去，却听到一阵抽泣之声。她心里一惊，突然睁开眼睛，却见兄弟二人赤条条地跪在自己身边，眼里都蓄满泪水。

女皇大为惊讶，忙问道："宝贝儿，好端端的，这是怎么了？"

"皇上，救救我兄弟，不然，我等异日死无葬身之地了。"

"出了什么事？"女皇坐了起来。

张易之抹把眼泪，抽咽着说道："有人骂我兄弟二人专以阳具取悦皇上，淫乱宫闱，他年必杀我二人以正朝纲。"

"他们还说……"张昌宗接过话去，说了一半，却欲言又止。

"还说什么？"

"说皇上您八旬老妪，却仍然贪淫好色，全不知世上有'羞耻'二字，给李唐皇室丢尽了脸。"

女皇早已气得脸腮抽搐，厉声问道："是谁？谁在找死？"

"是邵王李重润、永泰郡主和魏王武延基。"

二张兄弟的话，有一半是真的，一半是添油加醋。邵王李重润是太子李显的儿子，有一天，他与妹妹永泰郡主、妹夫魏王武延基（武承嗣的儿子）聚在一块，议论起了二张的短长。说起二张恃宠专权、贪赃枉法之事，禁不住扼腕长叹，大呼不平，说到激愤处，竟指名道姓破口大骂。不过，对于他们的老祖母，却连一个字也没提。

三个年轻气盛的初生之犊只顾骂得痛快，却不妨隔墙有耳。这事很快便被那些耳报神们告知了二张，二张在心里憋了好几天，今晚见女皇心情特别好，便趁机告了这个黑状。

朝臣和外人议论二张，飞短流长，那原是在预料中的事，尚可装作没听见。如今自己的孙子孙女，居然也敢妄论是非，甚至公然辱骂自己的祖母皇上。我这个当长辈的威严何在？

女皇此时本有八九分醉意，经此一激，更是血脉偾张怒不可遏："这些王八羔子既然想死，那就家法伺候。易之，去传朕旨意，让他们即行自裁。"

"是，孩儿这就去。"张易之穿好衣服，一溜小跑传旨去了。

第二天一早，太子李显便跪在了母皇的寝宫外谢罪。

女皇此时酒已全醒，想起昨晚乘着酒意，一怒之下杀死孙子孙女和娘家的侄孙，心中也不免有些愧悔懊丧，忙召太子进来，说道："你的儿子、女儿和女婿被朕赐以自尽，朕也是出于无奈……"

李显忍着心里刀割般的疼痛，强颜欢笑道："请母皇息怒，都是儿臣平日教子不严。自作孽，不可活，这些畜生死有余辜，杀得好。"

到了此时，女皇还能说什么呢？世上没有后悔药，只能打掉门牙往肚里咽。

她强忍着心中的酸涩，说道："你回去吧，把这些孩子的后事好好安排一下。"

几天以后，太子李显带领其弟相王李旦、小妹太平公主上表母皇，请立张昌宗、张易之为王。

女皇武则天

女皇看着奏表，心里也说不清是个什么滋味，连自己的儿子、女儿、当今太子、亲王、公主都这么怕张氏兄弟，急于拍马溜须，是可喜还是可悲？

不管是什么滋味，这件事绝对不行。终自己一朝，决不能封异姓（娘家的侄子们当然不是异姓）为王。情郎可爱，江山社稷更可爱，这规矩无论如何不能破。当年薛怀义才封了个国公，还是循怀义旧例，下诏封张昌宗为邺国公，张易之为泾国公。

想着这些往事，韦安石越发来气，二张权倾朝野，气焰嚣张，满朝文武就没有人敢摸摸老虎屁股？你张柬之明哲保身，退避三舍，我韦安石却偏要捋捋虎须，看皇上能杀我不成？

韦安石在等待着向二张发难的机会。

这一天，女皇又举行内宴，张易之领来几个蜀地商人，其中一个叫宋霸子的，与张易之乃换帖兄弟。宴会之前，张易之与他们玩赌博游戏，又说又笑，好像不是在皇宫里，而是在他们他们自己家里似的。

宴会就要开始了，宋霸子等人不但没有走开，反而抻衣整冠，准备入席就座。

在那个时代，重农轻商。一个商贾即使腰缠万贯，也属下贱一流，为士大夫所不齿。他们哪有资格参加王公大臣们的宴会？纷纷赶来的大臣们当然清楚这一点，但畏于二张的权势，谁也没说什么。

这时韦安石匆匆赶到，一看机会来了，立即走到女皇面前奏道："蜀商等贱类，不合登此宴。"说着，便示意左右侍卫，将这些人逐出大殿。

这简直是老虎嘴里拔牙，打狗欺主，你韦安石公开冒犯二张，这不是飞蛾扑火吗？

不料女皇却微微一笑，说道："韦相说得甚是，朝廷焉能没有规矩，把他们赶出去。"张氏兄弟见女皇如此说话，满脸涨得通红，却敢怒而不敢言。

韦安石对二张小试锋芒竟是大获全胜，这让早就憋了一肚子气的朝臣们扬眉吐气。宴会散了之后，凤阁侍郎陆万元走出大殿，长舒一口气，对同行的人说道："韦安石真宰相也，非吾等所及。"

或许是受了韦安石的影响，第二天夜里，有人在张易之的大门上写下了八个大字："一日丝能作几日络。"

"络"与"乐"同音，那意思再清楚不过，你们张氏弟兄快完蛋了，看你们还能横行霸道，作乐几天？

张易之看了这几个字，勃然大怒，命人立即擦掉，可是，到了夜间又写上了。这样写了擦，擦了写，一直持续了五六天。最后张易之不耐烦了，擦掉之后，干脆命人拿来笔墨，亲自在大门写上四个字："一日足矣。"从此以后，这四个字一直写在他的大门上，直到他们兄弟死后为止。

说是"一日足矣"，像这样炙手可热、挥金如土的泼天富贵，谁不想终身享受，甚至世代不易。

一日，兄弟二人聚在一起。张易之皱着眉头说道："这些朝臣们玩命地与我等做对，咱不能坐以待毙。"

"那该怎么办？他们那么多人。"

"杀一儆百，先拿一个开刀。"

"那就先杀韦安石，那天内宴上，你看他那个骄狂劲儿，直接不把咱兄弟放在眼里。"

"最坏的还不是韦安石，擒贼要擒王，打蛇要打七寸。"

"那先收拾谁？"

"魏元忠，"张易之恶狠狠地说道，"这家伙头顶长疮，脚底流脓，算是坏透了。来俊臣没杀得了他，咱们兄弟非杀他不可。杀了他，其他人也就老实了。"

恰在这个时，女皇忽染重病，卧床静养，不能上朝视事。

二张愈加发慌，此时若不杀魏元忠，制住诸臣，皇上八十岁了，一旦有个三长两短，自己兄弟将死无葬身之地。必须先下手为强。

一天夜里，由六郎昌宗出面，向女皇谮告魏元忠有异谋，他曾与司礼丞高戬私下密谋说："主上老矣，吾属当挟太子而令天下。"

女皇一听此话，顿时怒不可遏。以前苏安恒上疏，公然要她退位，还政于太子。她并不生气，因为那是光明正大的直谏。可是你魏元忠这是在搞阴谋，万万容忍不得。

"果真有这等事？"

"此事千真万确，是有人亲耳听到的。"

女皇沉默了。对魏元忠必须谨慎对待。此人风骨太硬，在朝臣中名声太响。这几十年，他已经三陷囹圄，三遭流放，甚至被拉到刑场上走过一趟，被人们称之为"刑场硬汉"。

有一次，女皇曾当面问过他："爱卿怎么老是遭人攻讦？三次流徙贬谪者，当朝唯卿一人。"

魏元忠苦笑道："臣就像一只鹿，罗织之徒要杀臣以做鹿羹，臣怎能逃避得了?"

以前是酷吏们要杀他做鹿羹,这次昌宗莫非也想用他做鹿羹?她抬眼看看六郎,这种可能也不能排除。她知道,自从魏元忠第三次从流贬地调回京都,就一直与张氏兄弟闹得不可开交。

他刚回京都时,曾任左肃政大夫兼洛州长史。此时,易之、昌宗之兄张昌仪已任洛阳令。他依仗两个弟弟的权势,根本不把魏元忠放在眼里。首次参见,他像往常一样,既不参拜施礼,也不照规矩站立庭下,而是昂然直入,径闯长史厅堂。

前一任洛州长史,慑于二张权势,对张昌仪的无礼行径,一直视而不见,听之任之。

魏元忠何许人?连死都不怕,还怕两个小白脸?一看张昌仪这种目无尊长的举动,早已火冒三丈,立时暴喝一声:"张昌仪,滚下堂去!"

长期不可一世的张昌仪头一次尝到了被人呵斥的滋味,正要发作,一看两班衙役正对他怒目而视,只好乖乖地溜出厅堂。

过了没有几天,魏元忠乘轿在洛阳街头巡视。忽见一家店铺前围满了人,从人群中传来了殴打和哭喊之声。忙命落轿,派人前去打听。原来是张易之的两个家奴,光天化日之下抢劫店铺。店铺主人上前讲理,却被这两个恶奴打倒在地,拳脚相加,直打得口鼻流血。

对于二张的家奴,别人都避如蛇蝎,魏元忠却偏偏要碰碰他。

当即喝令侍从,将两个恶奴拿下,当着满大街的人,施以重刑,直至打得断了气为止。

杖杀的是恶奴,警告的却是主子。魏元忠就是要告诉那两个小白脸:你们得放老实点,朝中大臣并非都是佞谀之徒。

这两件事已经让二张恨得牙根儿疼,但魏元忠是秉公行事,他们也无可奈何。

不过,从此以后,魏元忠便与二张结了疙瘩,较上了劲。

又过了不到一个月,女皇经不住两个小白脸的软磨硬泡,打算擢升岐州刺史张昌期为雍州长史,实际就是西京长安的首席长官。

女皇不想自己直接提出来,便在朝堂上征求宰相们的意见:"雍州长史除缺,众爱卿以为谁堪当此任?"

众人都在琢磨女皇的用意,魏元忠却毫不犹豫地答道:"如今朝臣中,薛季昶最合适,无人可替。"

女皇见魏元忠没理会自己的心事，只好直说了："季昶久任京官，就不要放了。朕想另选一人，岐州刺史张昌期就在当地，你们看用他如何？"

这时候，当然还没发生张昌期强占人妻之事，人们对他的斑斑劣迹知之甚少。既然女皇说了，也便顺水推舟，异口同声说道："陛下得人矣。"

不料魏元忠却不买账，抗言说道："昌期不堪此任。"

这等于是在朝堂之上，公然与女皇相对抗，话声甫落，举堂失色。

女皇神色不悦地问道："为何不堪？"

"昌期年少，不谙吏事。在任岐州期间，户口逃亡极多。雍州帝京，事任繁剧，岂可轻付此辈？"

魏元忠的话忤逆了圣意，女皇自然不爱听。可他说得却于情于理都无懈可击，女皇只好收回成命，中止了对张昌期擢升的打算。

至此，魏元忠与二张结怨已深。但他并没有就此罢休。随后，他又专折密奏女皇："臣承先帝顾昐，受陛下厚恩，不徇忠节，使小人得在君侧，臣之罪也。"

小人是谁？自然是张昌宗、张易之兄弟。这就是说，这位刑场硬汉拼了老命不要，也要逐二张，清君侧。

女皇看过密奏，十分恼火。张氏兄弟是小人，那朕成了什么人了，不就是"亲小人，远贤臣"的昏君吗？这样的话她当然听不进去，将密奏扔到一边，不理不睬。

几年来，魏元忠与二张已经势同水火，女皇心里一清二楚。但她有意要留一半清醒留一半醉。为安邦定国，她要选贤任能，知人善任，朝中少不了像魏元忠这样刚正不阿的直臣；另一方面，为了满足自己的情欲，享受最后的人生，又少不了张氏兄弟这样善解人意的美男子。鱼与熊掌兼得，这是她这一辈子一以贯之的追求。

然而，现在张氏兄弟却是状告魏元忠要阴谋推翻自己。尽管他们之间有怨恨，这两个小宝贝不是没有挟嫌报复的可能。但事关重大，却不能不问。

女皇随即下令，将魏元忠、高戬逮捕下狱。

宰相魏元忠第四次下狱，立时成了朝野关注、轰动天下的大案。

女皇对此案亦十分重视，为了防止酷吏时期的冤案再现，她特别下旨，审案期间，要魏元忠与张昌宗、张易之当庭对质。

自女皇执政以来，这可是件破天荒的新鲜事。以前，杀王公，诛宰臣，赐死天潢贵胄，何曾需要对质？是年迈的女皇变得比以前开明了？还是此一

女皇武则天

时彼一时，她不再需要那种以动辄杀戮的震慑力来维护皇权？人们说不清楚。

审谳人庭就设在朝堂之上。开审那天，女皇抱病亲临听案，太子李显、相王李旦以及各位宰相都成了陪审官，文武百官皆到场听案。

主审官徐有功宣布审案开始，朝堂之上一片肃穆，上至女皇，下至侍役、太监都屏住了呼吸，整个大殿里死一般寂静。

徐有功满脸严肃，高声问道："魏元忠，张昌宗、张易之状告你与高戬谋逆，欲挟太子以令天下，可有此事？"

"二张奸佞小人，信口雌黄，扯下弥天大谎，绝无此事。"

徐有功转向二张，问道："张昌宗、张易之，汝二人有何话说。"

"魏元忠自以为是元老重臣，居功而傲。与高戬私下议论，说皇上年事已高，在位不会很久，不如扶立太子为长久之计，欲夺拥立之功。"

"高戬，可有此事？"徐有功又问道。

"张氏小儿血口喷人，我从未与魏大人谈及此事。"高戬是太平公主的面首，平时便看不惯二张的骄横狂妄，今天被攀进了这桩杀身大案中，说不得也要与他们拼个鱼死网破。

魏元忠不屑地扫了二张一眼，突然问道："张易之，我与高大人的'谋逆'之言，是在什么地方，什么时候说的，你们兄弟是怎么听到的？"

张易之胸有成竹："我们是没听到，可是有人却听得清清楚楚。"

"是谁？"徐有功心中一凛，忙问道。

"凤阁舍人张说。"

徐有功看看女皇，意思是问，可传证人张说？女皇点点头。

"传张说上殿对证。"

女皇下旨要对此案当堂对质，是二张不曾料到的。刚接到这一旨意时，兄弟二人不免心慌。但既然已经兴起了这样一桩大案，就得千方百计了结它。"有钱买得鬼推磨"，重赏之下，还能找不到一个做伪证的。

于是，张易之连夜找到了凤阁舍人张说——就是那个当年由女皇钦点的"天下第一大才子"，进行了一番密谈，并答应事成之后，向女皇举荐他入阁为相。张说也便慨然应允。

张说奉诏，急匆匆向大殿走来。正走着，突见他的同僚，凤阁舍人宋璟横刺里将他拦住，正色说道："张大人，人生在世，名节至重，鬼神难欺，且不可党附邪佞而陷害忠直！倘若大人为伸张正义而被流徙，此乃无上的荣耀。若是事有不测，我宋璟必定叩阁力争，与大人同死。努力为之，万代瞻仰在此一举。"

张说并不搭话，只是往前走去。又走了几步，却见宰相韦安石从殿内匆匆走了出来，焦急地说道："张大人一言，魏相生死立决。朝闻道，夕死可矣。大人可是海内大儒，节操至重，无污青史，为子孙累。"

张说看也不看他一眼，径直走进大殿。韦安石紧随在他身后，一颗心却高高地悬了起来。

见证人张说来了，满大殿的人都与韦安石一样，一颗心在胸膛里"咚咚"乱跳，手心里都攥出了汗水。

张说刚刚站定，张昌宗便急不可耐地催促道："张大人，快把你听到的说一说。"

张说看看张氏兄弟，又看看众人，刚要开口说话，却又停住了。

"张大人，不用怕，皇上在这儿，快说吧，"张易之又催促着。

张说只是微笑，却不开口。二张急了，冲到他面前，怒气冲冲地威胁道："张说，你不能赖账。知情不举，可与逆贼同罪。"又威逼，又恐吓，一副盛气凌人的模样。

张说终于开口了，出乎众人意料之外的是，张说把矛头直指二张："皇上，这都是您亲眼看到的。今日在陛下面前，他们还如此逼臣，更何况在外面呢。臣今面对满朝文武，不敢不据实以对。臣实在并没有听魏元忠说过这样的话，但张昌宗却逼臣来做伪证。"

大殿里一片哗然。人们不敢说什么，但那叹息声中，那目光里，却充满了对张说的敬服和对二张的愤懑。

直到此时，二张才知道自己上了张说的大当，被他当猴耍了。

但骑虎难下，身处窘境却不能退却，张昌宗气急败坏地喊道："皇上，张说与魏元忠同谋，俱是谋反之人。"

自己举荐的证人，转眼之间又成了谋反者，成了对方的同谋人，这个变化太突然，太富有戏剧性，连女皇也难以相信，便冷冷地问道："你说他们同反，反状何在？"

张易之马上接口说道："张说平日里曾把魏元忠比作伊、周，并说'伊尹放太甲，周公摄王位'，这不是要谋反是什么？"

这些话简直是驴唇马嘴，不伦不类，大臣们直听得大眼瞪小眼，不知所云。

张说却微微一笑，鄙夷地说道："易之兄弟真乃小人，徒闻伊、周之语，

女皇武则天

却不知伊、周之道。不错,当日元忠初衣紫(当宰相),臣以郎官前往道贺,元忠曾满脸歉意说道:'无功受禄,不胜惭惧。'臣便实言相告:'明公居伊周之任,何愧三品?'那伊尹、周公皆是为臣者之至忠,古今仰慕。陛下用宰相,不让他们学习伊、周,还该让他们学谁呢?二张浅陋之辈,不知是真不懂,还是装疯卖傻,臣说此话如何就成了谋反的证据?"

他稍微喘息了一下,又说道:"更何况,臣明明知道,今日若是附会二张之说,诬陷元忠谋反,便会马上被举荐入阁拜相;而为元忠申冤,有可能立受诛灭。但臣实在害怕元忠成为冤魂,不敢昧着良心诬陷之。"

张说不愧博学鸿儒、能言善辩之士。一席侃侃而谈,直把二张驳得体无完肤,哑口无言。

至此,此案已经真相大白,魏元忠、高戬看来可以无罪开释了。

但是,女皇见自己的两个小情郎当众出丑,心里很不是滋味,便没好气地问道:"张说,你既然如此说话,又为何答应为昌宗、易之做证?"

张说不慌不忙说道:"陛下,臣若不答应二张,他们必定又去找别人。如有贪图富贵之辈愿出伪证,臣诚恐我朝又生冤狱。故而冒死应允,以能对皇上和列位大人说明真相。"

女皇再无话可说,但又觉得二张实在下不了台。便气咻咻道:"张说出尔反尔,反复小人,宜与元忠等一并下狱,待日后再审。"

三天之后,再次庭审,张说仍不改旧辞。女皇一怒之下,又搬出了号称"来周之亚"的酷吏武懿宗主审此案。

无奈张说早已将生死置之度外,一心要当个"不污青史",为"万代瞻仰"的烈士。死都不怕了,还怕什么酷吏?武懿宗使出种种手段,仍然没有任何结果。

就在这个时候,朝臣发起了一场声势浩大的声援活动。如今的朝堂,毕竟已不是酷吏时代众人噤声的朝堂了。敢说话的朝士越来越多。

魏元忠、张说被罗织入狱,一下子引起了众怒。大臣们纷纷上书。

朱敬则首先上疏,为魏元忠、张说申辩道:"元忠素称忠正,张说所坐无名,若令抵罪,失天下之望。"此疏不仅为元忠、张说申冤,也委婉地向女皇提出了抗议。

与朱敬则的奏疏相比,苏安恒的上书就激烈得多了。他甚至直斥女皇为忠奸不分的昏君:"陛下革命之初,人以为纳谏之主,暮年以来,人以为受佞之主。自元忠下狱,里巷汹汹,皆以为陛下委信奸宄,斥逐贤良。忠臣烈士,皆抚髀于私室而箝口于公朝，畏迁易之等意，徒取死而无益。今赋役繁重，百姓凋敝，重以谗慝专恣，刑赏失中，窃恐人心不安，别生他变，争锋于朱雀门内，问鼎于大明殿前，陛下将何以谢之，何以御之？"

朝臣们的上书，一封接一封，直令女皇有些无所措手足。对他们的声气相投，空前团结，她更感到意外。

女皇第一次感到有些孤独，有些力不从心。对于这个数次遭贬的魏元忠，她心中有数，原不想杀。但是，也决不能无罪开释，那样，这些以敢言直谏为荣的朝臣们更会得寸进尺。她必须遏制住这种势头，否则一退再退，她将会被逼进死角。

女皇决定按过去的老规矩办，即使被控官员已被证明无罪，仍要贬官出京。

长安三年九月初九日，正是女皇易姓革命十三周年纪念日，女皇颁诏：贬魏元忠为岭南高要县尉，同案的高戬、张说则被流放岭南。

魏元忠陛辞之日，仍心系朝廷安危，跪地叩首罢，两眼凝视着女皇，深情地说道："臣老矣，今向岭南，九死一生。陛下他日必有思臣之时。"

女皇看着这位老臣满头的苍苍白发，也不觉为之动容。听他话中有话，便问道："爱卿此话怎讲。"

魏元忠抬头怒视着女皇身边站着的张氏兄弟，突然戟指二人，厉声说道："此二小儿，终为乱阶。"

张易之、张昌宗听魏元忠当面指斥他们日后必为祸乱之首，顿感委屈，双双退至殿下，匍匐在地，一边磕头，一边涕泣道："皇上明鉴，孩儿们冤枉，还请皇上为孩儿们做主。"

却听女皇叹气道："唉，冤家，起来吧。元忠已经走了。"

张氏兄弟爬起身来看时，却见魏元忠头也不回地昂然而去，这才转悲为喜。魏元忠已流徙岭南，自己再也不必担忧了。

然而，他们高兴得有点太早了。

魏元忠、张说无罪遭贬，朝野上下无不为其鸣冤叫屈。元忠尚未离开洛阳，为其诉冤者已经齐集宫门，一时群情汹汹。殿中侍御史王晙高声呼喊着："魏相一案太冤，虽为钦定，亦须重审。忠奸不可不分，冤狱不能再兴。"

其他数十人也跟着鼓噪呐喊。

宋璟急忙跑过来，拉住王晙说道："此案虽冤，但魏公侥幸免死。而你在此时再来冒犯圣威，一时触怒了皇上，可怎么了得？"

王晙怒容满面，并不理会宋璟"委曲救魏"的苦心，仍愤然喊道："魏公以忠获罪，晙为义所激，若为喊冤亦被流放，我心甘情愿。"

宋璟也火了："你这是为魏相鸣冤，还是要置魏相于死地？再这样闹下去，虽是好心，却要帮倒忙。倘魏相因此受诛，你王晙将是千古罪人。"

几句话，顿使王晙警醒。对宋璟的为人，他是深知的，若论风骨，除了魏元忠，宋璟便是当朝第一人了。有一次女皇举行内宴，按官品高低依次就座。二张官位比宋璟高，坐在他的前面。但惧怕他平日不讲情面，便让出自己的座位，对宋璟点头道："宋公乃朝中第一等，为何居坐下座？"宋璟却板着面孔说道："宋某才劣品卑，张卿却以为第一，此是何意？"当时朝臣以二张为女皇内宠，多称之为五郎、六郎。宋璟却公然称张卿。吏部侍郎郑杲见张易之下不来台，便公然质问宋璟"宋中丞为何称五郎为卿？"原来，在唐代，只有门生、家奴才称其主子为"郎"。许多人称五郎、六郎，不过是讨好二张罢了。宋璟当即顶撞道："若论官职，正该称卿。若论亲缘，当称张五。足下非易之家奴，何以称五郎？你身为朝官，也太奴颜婢膝！"郑杲顿时羞得面红耳赤。王晙想着这些往事，看着宋璟向他深施一礼，说声"承教"，眼含热泪走了，其他人也便随之散去。

宫门前喊冤的人群散去了，却有人早等在了城外。魏元忠本就德高望重，经此一番折腾，更成了人们心中的英雄。

在他离京那日，夏官侍郎崔贞慎、将军独孤神之等八人相约，一大早便来到南郊为魏相送行。

"魏相此去，迢迢万里，贞慎等无言相送，仅有薄酒一杯，以壮行色。"崔贞慎将一杯酒捧给魏元忠，说道。

独孤祎书之亦说道："岭南荒蛮瘴疠之地，魏相此去，一定要好好保重，朝野上下，都翘首以待，盼您早日还朝。"

魏元忠向众人笑笑，感动地说道："列位大人的美意，元忠心领了。我之生死不足虑，朝廷大事，还望诸位大人勉力为之。"说罢，将酒饮下，与众人一一道别，萧萧而去。

不料此事又被二张的眼线侦知，他们以为又抓到了重要把柄，兄弟二人经过一番密谋，便冒名紫明，上疏告发，说崔贞慎等人与魏元忠图谋造反。

女皇一见此状，也未审紫明其人是谁，马上下旨监察御史马怀素从速按理此案，究治"反党"。

马元素不望风希旨，按照常规，对前去南郊送行的八位官员一一讯问，不肯有半点马虎。

女皇见案子进展缓慢，不禁焦躁起来，几天内便四次派中使前往督促，传旨责问："反状昭然，何故稽留如此？"

马怀索却不买账，叩见女皇说道："据臣按审，不见此数人反迹。请皇上下旨紫明，与贞慎等公堂对质。"

紫明本属子虚乌有，上哪儿去传？女皇立时勃然变色，怒声说道："朕自然不知紫明为何人，但你据状鞫之，何用传告状之人？"

马怀素据理力争："贞慎等人并无反状，若不找告者对质，仅凭一纸诬状，就判多人有罪，而且是谋反的弥天大罪，岂不又是冤案一桩。"

见他公然顶撞，女皇愈加愤怒，威吓道："你莫非要宽纵谋反之人？"

"微臣不敢。"马怀素见女皇如此蛮不讲理，也便横下了一条心。张说能做"烈士"，冒死为魏相说话，自己又何惧一死？因此，便全然不顾女皇震怒，侃侃说道："元忠乃当朝宰相，无罪贬官流谪。贞慎等乃其多年同僚部属，以亲旧故交前往送行，原在情理之中。若因此而诬之谋反，则反者多矣，臣实不敢。汉朝彭越谋反被杀，栾布于彭越头下奏事，汉高祖却不加罪。如今元忠之罪不如彭越，陛下却要杀戮送行者，岂不大谬？陛下手操生杀大权，要杀要剐，可出于圣衷独裁；但要臣推鞫此案，臣不敢不以实奏闻。"

见马怀素如此强硬，且所言句句在理，不能不引起女皇的深思，莫非这又是诬陷不实之状？她突然想起了姚崇，他曾以全家百余口力保臣下不反，不禁怦然心动。便改变了语气问道："卿要判他们全然无罪吗？"

马怀素察言观色，见女皇已经松了口风，忙趁热打铁，补上一句："臣知识愚浅，实不见贞慎诸人有任何反状。"女皇看了看他，无奈地笑笑说："好吧，既无反状，便撤去此案，将他们无罪开释。"

马怀素心中的巨石一下子落地，忙叩头说道："臣替贞慎等深谢皇上，陛下不愧是英明之主。"

"行了，别吹捧朕了，朕又险些儿铸成大错。他们该谢的，是你马御史。"

八十一岁的女皇，其凤体如同她的朝政一样，似乎已进入了一个多事之秋，诸病缠身，每况愈下。

对于繁琐冗多的政务，她有些厌倦了，这是数十年间从没有过的事。特别是朝臣对张氏兄弟无休止地弹劾攻讦，更让她聒耳烦心，焦躁不安，难得一日宁静。

第三十八章 山雨欲来 愤满朝堂

长安四年的夏天，女皇决定去避暑地兴泰宫休歇静养几个月。

自己走了之后，自然要由太子李显监国，但朝中的军政要务，该由谁主持呢？

她单独召见了姚崇。在狄仁杰举荐的数十名朝臣中，姚崇最受她信任。姚崇入朝不久，女皇便封他为夏官尚书兼相王府长史。

夏官尚书即兵部尚书，既掌握全国兵权，又兼任王府的属官，在人们看来自然荣耀无比。但姚崇头脑却十分清醒，这种任职十分危险，稍有不慎，便会被人看作拥兵连藩，图谋不轨。

因此，姚崇上书女皇道："臣事相王，不宜典兵马。臣虽不怕死，但无益于相王。"请求辞去夏官尚书之职。

姚崇不肯拥兵自重，以避瓜田李下之嫌，十分难得。女皇对他愈加信宠，便准其请改任为春官尚书，其他职衔依旧。

现在，她要与姚崇商量一下自己去消夏期间，该由哪位大臣主持朝政。

"姚爱卿，朕欲去兴泰宫避暑。魏元忠已去岭南，朝中诸臣群龙无首，以卿看该由谁领衔宰执？"

姚崇毫不犹豫地说道："张柬之沉厚有谋，能断大事。且其人已老，陛下宜急用之。"

这是女皇第二次听到推荐张柬之才堪大用的话了，而且是出自狄仁杰和姚崇这两个自己信任有加的重臣之口，她不由得点点头。

对这个张柬之，她已经观察了好几年了。此人确有些老道深沉，入朝数年来从不轻易开口，只把自己分内的事办得有条不紊，既不急功近利，更不多管闲事。

这些日子，朝臣们与二张闹得水火不容，势不两立。特别是围绕着魏元忠一案，多数朝臣都卷了进来，甚至有点剑拔弩张。而张柬之作为宰相，却一直缄默不语，以一种不偏不倚的态度，超然于群臣与二张的争斗之外。这种沉稳实在难得。

然而，对此人女皇也多少有些不放心，这个人一直让人琢磨不透，有些深不可测。他为什么在许多重大事情上不肯表态呢？

不过，既然狄相国和姚爱卿竭力举荐此人，想必不会有错。况且自己年事已高，朝廷之中诸事纷繁，人心骚乱，得有个老成持重的人压阵。

数日之后，女皇宣诏，命张柬之为宰臣首辅，协助太子主持一切军国大事。自己带着张易之、张昌宗兄弟、上官婉儿等人，去兴泰宫安心消夏。

她想避开烦恼，静心怡养。然而树欲静而风不止，许多烦恼还是找上门来。

女皇在兴泰宫刚刚住了三个月，朝臣们揭露张昌宗、张易之兄弟贪赃枉法种种情弊的上疏便纷至沓来，络绎不绝，竟在御案上堆得满满当当。

看来，这些大臣们是铁了心，不搞倒自己这两个心肝宝贝誓不罢休。

女皇不胜其烦，有一天，趁二张外出，她叫来了上官婉儿，想同她推心置腹地谈谈。

"婉儿，你跟朕十几年了，朕一直视你如同己出，与太平公主一样。"

"奴婢知道，皇上的再造之恩，山高海深。"

"既然知道，今日咱们说话，没有外人，都要掏心窝子，不能有半句掺假。"

"是，奴婢晓得。"

"这些日子以来，大臣们对易之兄弟的参奏，你都看了。张氏兄弟真有这么坏吗？"

虽然女皇已经事先说了"掏心窝子"的话，上官婉儿还是犹豫了一下，随即果决地说道："张氏兄弟深受皇上恩宠，却不知自重。恃宠骄狂，胡作非为，贪赃受贿，卖官鬻爵，强抢民妇，掠夺民产，比当年的薛怀义已有过之而无不及。这已是朝野上下，尽人皆知的事实，长期以来，只是碍于皇上的面子，世人皆敢怒而不敢言。"

女皇多时没有作声，上官婉儿的话不会有假，这让她既痛心而又无奈。

她默默地啜口热茶，然后幽幽说道："这些男人，怎么如此浅薄？一朝受宠，便得意忘形，全不顾朕的难处。你看，对他们该怎么处置？"

"陛下，奴婢也不知该如何办才好。我知道，陛下年事已高，对张氏兄弟的服侍，须臾不可或缺。但是按理说，不能为了几个男人，而与朝中诸多大臣结怨。结怨太深，将十分危险。"

"那究竟该怎么处置？"

女皇武则天

上官婉儿横下一条心，断然说道："陛下，奴婢此话也许太过鲁莽，但不说不忠。该是驱逐二张出宫的时候了，当断不断，必受其乱。"

女皇默思良久，苦笑道："这事朕也想过许久。不过，事情没有那么简单。你于政争之道，还是嫩了点儿，只知其一，不知其二。"

上官婉儿惊讶地睁大了眼睛："皇上此话，婉儿不懂。"

"你是不懂。昌宗、易之兄弟，朕甚疼爱，确实舍不得将他们逐走，这也毋庸讳言。可是，朕还没有老糊涂到这个份上，为了偏袒这兄弟二人，就宁愿冒着这么大的风险，与那些抱作一团的大臣们对着干。"

"那……皇上还犹豫什么？"

"哼，犹豫什么？"女皇冷笑一声，目光变得深邃而又凛然，"你以为他们真正的目标只是驱逐或诛杀昌宗、易之吗？"

"那……"上官婉儿瞠目结舌，只觉得打了个寒战，周身起栗。

"错了。'项庄舞剑，在沛公耳'。他们打着清君侧，倒二张的招牌，根本目的在于倒我武周，回复李唐。为什么那么多朝臣能如此齐心，还是那种砸不烂，锤不扁，打不退的宗法观念，传统势力使然。婉儿，你现在该明白了，朕为什么起用来、周这些酷吏十几年，不惜背上滥杀大臣的恶名？若没有这十几年的酷吏之治，没有像对'狮子骢'一样的铁腕之治，朕怎能坐得稳这个江山？武周的天下早乱了套，李唐的江山社稷也可能不复存在。说不定还会烽烟四起，战祸频仍，神州大地哀鸿遍野，亿万庶民生灵涂炭。"

说到这里，她喝口水润润嗓子，歇了口气，然后又说道："现在不同了，时过境迁，朕也老了，用不着那些血腥的杀戮了。既然立了李显为太子，大位就要传给他们老李家，恢复李唐是早晚的事，朕对此早有准备。但是眼下还不行，朕还不至于一病不起，大周的江山还得姓武。"

婉儿听得毛骨悚然，皇上偌大岁数，头脑仍然如此清醒，意志仍然像铁一样坚硬。

"皇上，那我们到底该怎样应付这种局面？"

"没说的，打起精神来迎接挑战，可能又一场大风暴就要来临。张氏兄弟不能倒，朕退一步，他们就会进两步，千里金堤将会溃于蚁穴；大臣们也不能杀，他们拥戴李唐，说到家也不能算是谋逆，与朕可说是殊途同归，只是时间不同而已。此事只能见机行事，慢慢地弥合缝隙，拖一段再说。"

在兴泰宫避暑三个月，女皇又重新回到了神都大内。

回銮的第二天，许多指控诸张的奏疏又呈了上来。面对如此众多而又翔实的控告，女皇虽有意回护，却找不到任何借口，种种诉状都是铁证如山。

经过一番思考，女皇决意丢卒保车，把张昌宗、张易之的三个兄弟张同休、张昌期、张昌仪交出去，但却仍把张昌宗、张易之严密地保护在自己的羽翼之下。

八月十二日，女皇降敕，将三张以贪赃罪下狱，交左右台共同审理。

三张种种罪行，都是秃子头上的虱子——明摆着。一经审讯，便全部坐实。女皇于是下旨，贬张同休为岐山丞，贬张昌仪为博望丞。张昌期罪恶尤大，被贬为庶民。

但是，初战告捷的朝臣们并不肯罢休，正像女皇所预料的那样，你退一步，他们就要进两步。许多朝臣拧成了一股劲，开始对张昌宗、张易之穷追猛打。

女皇感受到了一股前所未有的强大压力，在这种容易激成大变的形势下，她只能虚与委蛇，应付一下，以防引起众怒。

八月十三日，迫于无奈之下的女皇下旨，"张易之、张昌宗作威作福，亦命同鞫。"

此时，女皇心里依然沉得住气，二张乃是自己的心尖子，满朝文武谁不知道？谅他们也不敢对张氏兄弟怎么样。当然，由谁鞫审，还得自己挑选定夺。

果然不出所料，大理正贾敬言经过五天的审谳，终于有了结果。他于八月十八日上奏女皇说："张昌宗强买人家田园，依律应罚铜二十斤。"

这也算是治罪？简直是在儿戏，是在变着法儿哄女皇开心。

可女皇却不管这一套，她要的就是这个结果。于是便不假思索地说道："可。"

这样，张昌宗兄弟俩在大理寺中委屈了五天，交上二十斤黄铜，又洋洋得意地走出了牢门。

然而，朝臣们却不答应。四天以后，御史中丞桓彦范和御史大夫李承嘉连名上疏，状告张昌宗与张同休等兄弟贪赃四千余缗，理应罢官。

朝堂之上，桓彦范又弹劾张昌宗，请女皇免其官爵。张昌宗慌了，忙跪伏在地，恳求女皇道："陛下，臣有功于国，所犯过错不应免官。"

女皇当然不想免他的官，官爵一免，他还有什么理由留在宫中？

她抬头看了看诸位宰相，问道："昌宗有功吗？"

几位宰相一时愣住了，想来想去，也想不出张昌宗曾建过什么功绩，大家都不说话。

这时，那位曾阿谀昌宗"莲花似六郎"的宰相杨再思却出列说道："昌宗合炼神丹，圣躬服之有验，此乃莫大之功。"

如此肉麻的拍马溜须，简直让在场众人全身起鸡皮疙瘩，毛发直竖。

二张以肉身侍奉皇上，令老太婆夜夜春风，延年益寿，确也"功劳"不少。不过，他们合的"神丹"是什么，人们不言而喻，这种在床帏之上男女媾和的特殊效命，居然也被拿到朝堂之上显摆，这个杨再思真不知世间有"羞耻"二字。

然而，女皇却哈哈大笑，既然"功劳"可以使自己的两个宝贝免祸，那么这就该算是功劳。

于是女皇当庭宣旨，昌宗以功免罪，官爵恢复如初。

朝臣们与张氏兄弟的矛盾愈演愈烈，反张斗争一浪高似一浪。

女皇赦免张昌宗之罪，恢复其官爵不数日，鸾台侍郎、知纳言事、同凤阁鸾台三品韦安石，再一次上疏弹劾检举二张的种种不法之举，态度强硬，措辞激烈。

对这种反来覆去、永无休止的纠缠，女皇已经十分恼火。但是，看这种势头，一味地呵护二张，不想点别的办法是不行了。况且，碍于国家制度，且是当朝宰相参奏，又不能置之不理，那样就太说不过去了。

好吧，那就公事公办。女皇当即下旨，敕令韦安石与左庶子、同凤阁鸾台三品唐休璟，对张昌宗、张易之一案重新审理。

韦、唐两位宰相同审一案，必定能弄个水落石出，这一次二张看来是在劫难逃了。满朝文武都兴致勃勃，等着看这两个小白脸的好戏。

然而，朝臣们又高兴早了。他们也不想一想，女皇乃何许人，不到万不得已，她岂能轻易为臣子们所左右。

韦安石、唐休璟正在兴冲冲地做着精心准备，打算打一个有把握的漂亮仗。然而，就在他们即将升堂问案的时候，女皇的又一道敕令下达了。"韦安石兼任检校扬州大都督府长史，唐休璟兼任幽营都督，即日离京。"

看着这道敕书，韦、唐二人不禁目瞪口呆。君命不可违也不敢违。他们只好恋恋不舍地放下手中的案子，离京赴任。对二张的鞫问，再一次不了了之，朝臣们为之跌足叹息，却也无可奈何。

在朝臣与二张争斗的棋盘上，女皇又胜了一局。"倒张"的浪潮暂告平息。女皇知道，这种表面的平静只是暂时的，她必须抖擞精神，准备迎接下一个更大的恶浪的冲击。

可是，事与愿违。这年十二月，女皇的病情加重。只好退居长生殿，伏枕静养，再一次把朝政交给首辅宰相张柬之主持。

一连几个月，众宰相们都难得见女皇一面，只有张昌宗、张易之兄弟二人服侍在女皇身侧，一切军政大事，皆由张氏兄弟外传内达。

朝臣们忧心忡忡，万一女皇有个三长两短，其临终遗命将出自二张之口，那还不得生出天大的变故？宰执大臣们开始紧张地运筹谋划，以防大变。许多人都往张柬之府上跑，想让他快拿主意。可是张柬之一律闭门谢客。除了在朝堂上处置正常的军政事务外，他仍是一言不发。文武大臣满腹狐疑：这个糟老头子莫非大奸似忠，已被二张收买为同党不成？

宰相崔玄暐实在沉不住气了，连夜闯宫，跪在长生殿外，非要见皇上不可。

女皇开始不见，让二张劝他回府。但崔宰相执意不肯，竟在凛冽刺骨、扑面如刀的寒风中跪了一个多时辰。女皇拗不过他，只好宣他进殿。

看着他冻得浑身瑟瑟发抖，女皇也颇受感动。她从病榻上支撑着坐了起来，问道："崔爱卿贲夜叩阍，究竟有何大事要奏？"

"陛……陛下，"崔玄暐的上下牙还在打架，他看了看二张，也不管他们在场，又说道："太子、相王、仁明孝友，足侍汤药。宫禁事重，在此非常时期，伏愿不令异姓出入。"

女皇听明白了崔宰相的一片"苦心"，他是怕自己从此一病不起，做最后遗命时，二张趁机矫诏。因而要把二张这些所谓的异姓人从自己身边赶走，让太子、相王来侍疾。

她笑了笑说道："崔爱卿，你的厚德好意朕心领了。不过，你告诉诸臣，朕死不了，不用惊慌，真到了那一天，临终遗诏，自然少不了太子和宰执重臣在场。"

崔玄暐见自己的心思被女皇一语点破，不觉脸红，慌忙叩头退出。

其实，此时最为惊慌失措的，还是张氏兄弟。自从女皇病重以后，兄弟二人就心焦如焚，急得团团乱转，真正是百爪挠心，寝食不安。

他们已感到大树将倾，一旦女皇驾崩，自己必遭朝臣惩处，将死无葬身之地。

他们的心头终日弥漫着一种濒临灭顶之灾的悲哀和绝望。困兽犹斗，此时必须做最后挣扎，以图自救。

于是，他们开始暗中联结私党，拉拢朝士，做着最坏的准备，以防不测。

但是，临时抱佛脚，收效甚微。拉来拉去，真正能称得上是自己党羽的，也不过是韦承庆、房融、崔神庆、崔融、武攸宜等几个并没有多大影响的溜须拍马之徒。那个平时最会溜须的杨再思，此时，却与他们若即若离。

就是这样一点暗中结党营私的小动作，也被朝臣们看得明明白白。马上有人将无名告示贴上了十字路口，散布在街头巷尾，揭露二张阴谋造反。

桓彦范收到了这样的无名告示，自己见不到皇上，便通过上官婉儿递了进去。

女皇看过之后，只是置之一笑，便将这些无名告示顺手扔进了身边的炭盆里。

看着那些霎时间化为灰烬的无名告示，张氏兄弟心中愈加悲凉和恐慌。皇上对此事不闻不问，对自己的曲意呵护已经竭尽全力。有皇上在，自己可保无恙。可是，皇上这把保护伞还能撑多久？

必须寻求新的保护，即使不能永远保住荣华富贵，起码也得寻找一条生路。

一天夜里，张易之来到张昌宗府上，屏退所有下人，然后神秘地说道："昌宗，近日神都来了一名术士，人称神算，你我兄弟何不请他占相，以知吉凶去留。"

"这人相得准吗？"

"此人叫李弘泰，江湖上名气极大。许多显官达宦都请他相过，从来不曾失算。"

"那就请他相一相，我们也好早有准备。他现在何处？"

"我已把他带来了。"说着，张易之走出门去，从庭院拐角处将李弘泰领进屋内。

此人四十岁左右，矮墩墩的身材，面方口阔，两只贼亮的三角眼，闪动之处，尽显狡黠。

张昌宗兄弟乃当朝贵不可言之人，却在深更半夜里召他看相，其用意早被他窥知得一清二楚。

他大咧咧地走进屋来，既不施礼，也不说话，径直坐在西边的一把木椅上。

张昌宗命下人献上茶点，然后全部退出，屋内只剩兄弟二人。张易之说道："这是我弟弟张昌宗，请仙长为其占相，是忧是喜，皆请直言。"

　　李弘泰懒洋洋地站起来，走到张昌宗面前，漫不经心地打量着他的面部。看着看着，突然睁大了眼睛，高声说道："快，快拿蜡烛来。"

　　看他这样大惊小怪，昌宗兄弟心中突突乱跳，唯恐看出什么祸事来。张易之慌忙端过烛台，李弘泰一手举着，又在张昌宗的脸上照来照去，嘴里不时地发出"啊啊"之声。

　　看过面相，他又围着张昌宗前后左右转了几圈，才放下烛台，说道："请尊驾走几步。"态度前倨后恭，已发生了明显的变化。

　　张昌宗只能乖乖地照办，前走六步，后退六步。然后问李弘泰："仙长，究竟如何？"

　　李弘泰大张着嘴，一副呆愣愣的模样，仍不说话，却从一个破兜子里拿出了一套原始古老的占卜工具：一具龟板和一束蓍草，就着烛光为张昌宗占了一卦。还未等兄弟二人看清，李弘泰便慌慌张张地站了起来，"扑通"一声跪在张昌宗面前，磕头不止，口里说道："恭喜张大人，张大人天大之喜。"

　　兄弟二人被他这突如其来的举动弄得不知所措，忙将他扶起来，茫然不解地问道："究竟有何喜事，请仙长尽道其详。"

　　"初为大人觑面，已见天子之相。小人不敢轻言。再为大人占卜，仍是帝王之卦。他年大人必登基为帝，南面称尊无疑。"李弘泰说得斩钉截铁。

　　"果真如此？"

　　"二位大人，此乃祸灭九族的大事，小人焉敢戏言？不出三五载，定见分晓。那时小人还要入朝相贺，向天子讨赏。"

　　二人虽说仍是半信半疑，但喜讯总比凶信好。便拿出一锭黄金相赠，答应以后若果如其言，定当厚赐。并嘱咐他千万勿对外人说及此事。

　　李弘泰正色道："此事有天大的干系，小人自然晓得厉害。"说着，往外走去。刚走到大门，又转回身来说道："还有一件大事，差点忘了当面说过。大人大贵之时，一定要在定州造一大佛寺，那样自会天下归心，海内大定。"

　　兄弟二人对这事守口如瓶，以为神不知鬼不觉。不料没出几天，便被朝臣杨元嗣获悉。这杨元嗣也是力主倒张的急行锋，为了监视他们的一言一行，早就花重金在张府埋下了眼线。

　　他立即修表上奏说："昌宗尝召术士李弘泰占相，弘泰言昌宗有天子相，并于定州造佛寺，则天下归心。"

　　似此泼天大案，状词又言之凿凿，女皇也不便公然袒护。但她仍不相信二张会造自己的反。这两个美人儿，不过是供自己消遣的尤物，既没有这种胆量和野心，也不具备这样的才干和能量。

她把张昌宗叫到床前，劈头问道："你可曾让一个叫什么弘泰的术士看过相？"

一听女皇知道了这事，张昌宗立时惊得面如土色。他连忙匍匐在地，口称死罪。然后哭着说道："孩儿见朝臣们咄咄逼人，必欲置我兄弟于死地而后快。心中惶骇，便欲找一术士占卜一下日后的吉凶祸福。不料那李弘泰满口胡言乱语，我兄弟并不相信，更不敢有半点非分之想。"

对这些话，女皇是相信的。这兄弟二人已成惊弓之鸟，欲在自己百年之后寻长生路，不惜求助于星相之士，想来也实在可怜。

她觉得有些心酸，叹口气说道："冤家，净给朕闯些没底的祸事。起来吧，受审时就说朕已预闻此事。"

女皇于第二天降旨，由韦承庆、崔神庆主审此案。她知道，此二人是二张的人，相信他们会给自己一个满意的结论，也正好借此机会，为二张做一次彻底的洗刷。

韦承庆、崔神庆果然不负女皇之期望，装腔作势地走了一遍审讯过场，便向女皇交旨："昌宗款称'弘泰之语，早已奏闻'。此事的罪魁祸首，乃是李弘泰。弘泰妖言乱政，当收审处死。"

很好，这正是女皇的意思。她抱病听完二人的上奏，舒口气说道："不错，这事昌宗、易之早已禀过，自首者应免其罪。那个李弘泰，应立即锁拿，处以极刑。"

女皇要抓个李弘泰替罪，把此事抹平。可这个李弘泰鬼精灵一般，怎能在洛阳等死，早已天涯海角，逃了个无影无踪。

这案子看来又要不了了之，众大臣正在扼腕痛惜，御史中丞宋璟和大理丞封全祯却连连上疏抗诉："张昌宗已经如此荣宠，贵甲天下，还要召术士为其占相，志在何求？弘泰称筮得'纯乾'，乃天子之卦。昌宗若认为弘泰是妖言，当时就该将他拘押，送交有司。虽然他说已经奏闻皇上，但毕竟是包藏祸心，依法当处斩破家。请收付狱，穷理其罪。"

这封措辞强硬的上疏，可谓一针见血，直中要害。

看着上疏，女皇大费踌躇。是啊，当时你要认为他是妖言，为什么不当场把他抓起来？这可让我这个当皇上的如何替你说话？

想来想去，没有更好的办法，还是把这封奏疏留中不发为好。

宋璟却不肯等待，穷追不合，随即又上疏，声称"若不将昌宗即行收捕入狱，恐摇动众心"。

女皇不好再沉默，只得召来宋璟，和颜悦色地说道："对于此案，宋爱卿可暂缓推按，且等一等，将会有更详尽的文状。昌宗、易之兄弟又跑不了，卿何必争这一日两日？"

宋璟明知女皇在用缓兵计，硬抗不行就软磨，要旨在一个"拖"字。但当皇上的在用商量的语气同自己说话，话又说到了这个份上，自己还能怎么办呢？

女皇要拖下去，一拖再拖，就会拖成不了了之案。

宋璟没有攻下来，左拾遗李邕又接着上阵，奏疏曰："向观宋璟所奏，志安社稷，愿陛下准其奏。"

这帮朝臣，莫非真结了伙，铁了心要跟朕过不去？哼，既然如此，我这个老太婆倒要陪你们玩一玩，看你们能奈何得了朕？

女皇的倔脾气上来了，这六七十年她都是从血与火的厮斗中一步步走过来的。越是剑拔弩张的时候，越会激起她旺盛的斗志，就像在身体中注射了新的生命力，她的疾病，竟在这个十分艰难的时候奇迹般地好转了。

她把李邕的上书扔到了一边，不理不睬，却顺手拿过一本《左传》，让上官婉儿给她一句一句地读起来。

没过几天，御史中丞宋璟一连接到了三道敕命，敕宋璟推按安抚他州。见女皇为了保护她的两个小情郎，又在玩调虎离山的老把戏，就像当初调走韦安石和唐休璟一样，宋璟便以不合法制为由，而坚不从命，不肯启行。不仅不走，还在奏疏中振振有词地与女皇讲起道理来："按朝廷旧制，州县官有罪，品级高的由侍御史，品级低的由监察御史前去推按就行了。作为御史中丞，非军国大事不当出行。如今陇、蜀一带并无变政，不知陛下遣臣前去安抚什么？对以上圣命，臣皆不敢奉制。"

女皇看着宋璟的这道奏疏，已是怒不可遏。她脸上杀机毕露，双眼中射出两道狰厉的寒光。

自古以来，虽有"将在外，君命有所不受"的说法，但这是在天子脚下，朝堂之中，竟有人敢于公然抗旨不遵，这在女皇掌国以来，还是第一次。如此狂悖之徒，不杀不足以正国法，不杀不足以振朝纲！今日不杀宋璟，我这个当皇帝的权威何在？

她将奏疏"啪"的一声摔在地上，厉声喊道："他这是要试试我老太婆的匕首还是否锋利，找死！"

女皇武则天

女皇要杀人，而且要杀这个在朝臣中声望极高的宋中丞，站在一旁的上官婉儿心中一凛，刹那间急出了一身冷汗。

"陛下，这宋璟可是有备而来。他敢上此疏，恐怕已准备好交出自己的脑袋了。"

"那就成全他吧。"

"可是，陛下，朝臣中像宋璟这样一意孤行的大有人在。常言道'法不责众'，这么多朝臣如何杀得过来？"

女皇听得出来，婉儿不是在为宋璟求情，而是在为自己担心。

她不由得倒吸了一口冷气。是啊，满朝文武似乎都拧成了一股劲，杀一个宋璟，弄不好会引起朝臣哗变，酿成塌天大祸。

唉，这是怎么了？她痛苦地摇摇头，自己至高无上的权威受到了挑战和威胁，昔日那种咳嗽一声都会令臣子们心惊胆战的威严已不复存在了。今非昔比，江河日下，朕真的是老了。

既然来硬的不行，那就再用软的与他们周旋。

女皇正在思虑着如何处置和对付这个公然抗旨的宋璟，还没想出高招，却又接到了司刑少卿桓彦范的上疏："昌宗无功荷宠，而包藏祸心，自招其咎，此乃皇天降怒；陛下不能加诛，则违天不祥！且昌宗既云奏讫，则不当更与弘泰往还，使之求福攘灾，是则初无悔心；所以奏者，拟事发则云先已奏陈，不发则俟时为逆。此乃奸臣诡计，若云可舍，谁为可刑？况事已再发，陛下皆释不问，使昌宗益自负得计，天下亦以为天命不死，此乃陛下养成其乱也。苟逆臣不诛，社稷亡矣！请付鸾台凤阁三司，考究其罪！"

好家伙，这是在径直地指斥朕养痈为患了。

紧接着，朝臣们交章弹劾二张，各种奏疏雪片一般飞到了女皇的御案上。

崔玄暐奏："昌宗、易之兄弟罪孽弥天，请杀之以谢国人。"

另一位司刑少卿崔升乃崔玄暐的亲弟，其态度更加激烈，要求女皇"大辟"张昌宗以平民愤。

众朝臣纷纷施压，让女皇感到焦头烂额，疲于应付。她似乎已被逼进死胡同，必须设法摆脱这种窘境。

看来，不交出张昌宗，这桩公案便无法了断。可是，即使交出了张氏兄弟，他们就会罢手吗？下一步该干什么了，大概该轮到让朕交出皇权了吧？

万般无奈，女皇决定抱病上朝，她要与众大臣们当面议一议这事究竟该怎么办，看看还有没有通融的余地。

恰在此时，右卫西街的墙上又出现了无名告示，桓彦范让人揭下了告示，带上了朝堂，当众宣读，乃是告"易之兄弟、长孙汲、裴安立等谋反"。

"易之兄弟谋反之事不实，前已审过，他们让江湖术士看相一事，早已奏闻于朕，这也算是自首，不宜再究。"女皇平心静气地对朝臣们说道。

宋璟却立即顶了上来："张昌宗为无名告示所逼，走投无路，被迫向陛下奏闻。谋反乃十恶不赦之大罪，即使自首，亦不可遣。若不惩昌宗，国法何在？"

女皇看看宋璟，暗中在咬牙切齿，表面上却只得强颜欢笑，说道："朝堂之上，宋卿何至如此咄咄逼人？"

宋璟却不领情，仍是声色俱厉："昌宗分外承恩，臣知言出祸从。然义激于心，虽死不恨。"

宰相杨再思偷眼看看女皇，见她已经变了脸色，双腮在微微抽搐，大殿上气氛已是紧张异常。他怕宋璟再执意奏请，惹得女皇雷霆大震，将有杀身之祸。便急忙宣布敕令，让宋璟退出大殿。

不料宋璟一头碰南墙，并不理会杨再思的"好心"，当即顶撞道："圣主存此，不烦宰相擅宣敕命。"

杨再思当众碰了一个硬钉子，羞臊得满脸通红，站在一边再也不说一句话。

宋璟一再坚持，众大臣据理力争。女皇看看实在无法推脱，只好把心一横，咬牙说道："宋爱卿且退，回御史台准备好，朕即命昌宗诣台听审。"

宋璟大获全胜，兴高采烈地飞马赶回御史台。

一会儿，张昌宗来了，就像一棵遭了霜打的茄子，垂头丧气，蔫儿吧唧地站在御史台前，鬓发蓬乱，面色苍白，可怜巴巴地看着宋璟，静候发落。

宋璟兴奋得两眼放光，面色赤红，就像久狩山林的猎手终于逮到了一只猎物。

连大堂也没来得及上，宋璟便怒声斥问道："张昌宗，你与张易之诸贼如何合谋造反，从实招来？"

张昌宗抬头看看宋璟，低声下气地说道："宋大人，下官实实不曾谋反。我兄弟身沐皇上浩荡之恩，只想殚精竭虑报效皇上，何敢存半点谋逆之心？"

"好一个殚精竭虑报效皇上，你兄弟恃宠骄狂，横行不法，巧取豪夺，肆无忌惮，贪赃受贿，强抢民女，这也是报效皇上吗？来人，大刑伺候。"

两班衙役虎狼一般冲了上来，将张昌宗一脚蹬翻在地，抓住他的两条腿，倒拖着往外便走。

就在这个当口儿，忽听大堂外一阵急骤的马蹄声响，一个尖细的嗓音高声喊道："宋中丞，皇上有旨。"

宋璟一愣，这个时候来的什么圣旨，情知不妙，也只好硬着头皮候旨。

来者是后宫太监，女皇的特使，他倨傲地往堂前一站，说道："宋璟接旨。"

宋璟心中忐忑，无奈地跪倒在地上。便听太监宣道："皇上有旨，特赦张昌宗，即刻回宫。"

为了保护这个小白脸，女皇已经动了血本，拿出了最后的看家法宝。这可是特赦，若敢违抗，立时便招来杀身之祸。

看着张昌宗随着那太监扬长而去，宋璟只觉心头被一只无形的大手狠狠地抓了一把，一阵绞疼。极度的愤怒使他五官错位，颜面扭曲。

他突然飞起一脚，将堂上的公案蹬翻在地，发狂似的喊道："我宋璟没先把这畜生的脑袋打碎，今生空负此恨！"

张昌宗死里逃生，急忙跑到后宫，见到女皇，匍匐在地，呜呜地哭道："皇上再生之恩，昌宗何以为报，来生做狗做马，仍要侍候皇上。"

"冤孽！"女皇余怒未息，冷冷说道，"你以为这事就完了吗？朕虽用了特赦，毕竟于理有亏。晚膳之后，快到宋中丞府上赔礼道歉，当面谢罪。"

夜幕降下之后，张昌宗来到了宋璟府邸。门人报知宋璟，宋璟没好气地说道："不见。若是公事，让他去御史台说；若是私事，即与国法有违。"

张昌宗碰了一鼻子灰，只好悻悻而归。

女皇不遗余力，总算保住了她的两个小情郎。然而，她也为此付出了惨重的代价。

朝臣们群情汹汹，女皇却不惜与朝臣结怨，在朝廷中的威信自然大打折扣。

为了这两个小白脸，女皇与众多的朝臣长期地撕掳争斗，耗去了大量的精力和心血。毕竟八十多岁的高龄，垂垂老矣，又是多病之身，怎能经得起如此纷杂而又激烈的斗法较量，女皇就像一盏油料行将耗尽的残灯，病情再次加重，又倒在了长生殿的龙榻上。

这不争气的病体，这无法抗拒的衰老，让她感到了一种空前的、无可奈何的悲凉。

但是，女皇的头脑却异常清醒。她知道，朝臣们如此迫不及待地要搞倒二张，是要以此为跳板，准备发动新一轮的进攻，那就是要逼她就范，把皇位和国柄交给太子李显，早日恢复李唐江山。

她又想起了那年苏安恒的上书，言辞是那样的尖锐，主旨是那样的明确，几乎是毫不掩饰。

说什么："陛下虽位居正统，却是凭借着李唐的旧基，今太子年长，又有威德，陛下却贪恋宝位而忘了母子深情。天意人心，都该将大位归李氏。陛下应该知道物极必反、器满则倾的道理，全身而退。臣不惜一朝之命，也要保全万乘之国"，云云。

这不只是苏安恒的话，而是大多数朝臣的心声。你们这些文臣武将，一个个出将入相，大权在握，哪一个不是朕一手提拔起来的？唉，天大的荣华富贵，却扑不灭你们那根深蒂固的传统观念，化解不了你们心中的'大男人'情愫。

明里暗里地急于让朕下台，不就是因为朕姓武而不姓李，不就是因为朕是个女人吗？

这皇权现在能交吗？不能，绝对不能。在朕升天之前，你们休想。

我武曌天生就是为权力来到这个世上的，权力便是朕的生命。一旦失去权力，朕不知道活着还有什么滋味？更不知道朕还能不能活下去？

但是，她也知道，一日不交出皇权，这些大臣们就不会善罢甘休。那就来吧，朕这个衰老多病之躯，为了将大位保持到生命的最后一息，一定会奉陪到底的。

女皇静静地躺在病床上，耳中却呼啸着山雨将来之时的满楼风声……

第三十九章　是非功过　自有春秋

长安五年春节过后，随着一阵隐隐滚动的雷声，冰河解冻，万物复苏。凛冽砭骨的酷寒在悄悄地隐退，一切隐身于地下和黑暗处的生命都在慢慢地蠕动。

首辅宰相张柬之开始动作了，他就像一条悄无声息的老蛇，经过了漫长的蛰居和沉默之后，终于蜿蜒出洞，四处游走了。

这位八十多岁的老翁，一生几乎都是在默默无闻中度过的。以前，他只是一个名不见经传的地方小吏，朝臣中多不知其人为谁。只是经狄仁杰生前的反复力荐，这棵幽涧老松才被移植中庭。

入朝五年来，他仍是默默无闻。朝臣们与诸张、诸武的斗争，已经激烈到了白热化的程度，他却不为所动，一直冷眼旁观，在大是大非面前，甚至在朝廷重臣生死攸关的大事上，他依旧不置一词。

许多朝臣都十分憎恶他，认为这是一个毫无人性、毫无正义感可言的冷血动物。

是的，他就是想当一个像蛇一样深藏不露、长期蛰伏的冷血动物。不如此，他如何能取得女皇的信任？如何能手握中枢大权？如何在关键时刻居中用事？

干大事的人，必须练就一套炉火纯青的"忍"道功夫，必须深谙韬光养晦之术。

大臣们整天吵吵嚷嚷，非要扳倒二张不可，乱纷纷你方唱罢我登场，在他看来简直如同儿戏，只要有女皇这棵大树在，你们上书再多，言辞再激烈，甚至赔上几条人命，也是徒劳无功。

要杀二张，文谏不行，必须武谏，而武谏必须等待最佳时机，确保万无一失。更何况，杀两个小白脸并不是目的，最终目的是要恢复李唐江山。像这样改朝换代的易姓革命，光靠玩嘴皮子怎么能行？荒唐！

但是，他不能说话，必须把自己包裹得严严实实，在近乎残酷的寂寞中忍耐着，等待时机。

当然，也有几个最知己的大臣知道他在想什么。他从入朝伊始，便是抱着匡复李唐的雄心来的。

当年他应召入京，接替他职位的是杨元琰。二人没有在他的官邸中交接公务。张柬之提议，到茫茫大江之上，一面泛舟中流，一面交割公务。

一叶轻舟飘荡在滔滔江流之上，有什么话尽可畅所欲言，再不怕隔墙有耳。

当话题扯到则天革命、诸武擅权、二张恃宠乱政时，杨元琰慷慨激昂，大有匡复之意。这个八十岁的老头子却仍是点头微笑而已，一言不发。

初入朝时，他在刑部任职。刑部的一批朝臣，像桓彦范、宋璟、袁恕己、崔升等人，都是一些对武周不满、志在匡复的有识之士。张柬之虽然从不与他们议论朝政，却在暗中不断地与他们联络感情。他知道，这些人迟早将是他成就大事的中坚。

而他最倚重的，要数桓彦范、崔玄暐、敬晖、袁恕己、姚崇诸人。这些人果断有谋，沉稳老辣，将来行大事时必是挑大梁的。

他在暗中与他们聚过几次，虽然不必深谈，但大家都心中有数。

这几个人都是经狄国老推荐入朝的。狄仁杰病危之时，他们无须避讳，结伴前往探视。

狄相让他们围到床前，曾语重心长地托付道："所限衰老，身先朝露。不得见王公盛事。冀各保爱，愿尽本心。"

"王公盛事"是什么？各人都心知肚明。那就是在女皇百年之后，五人各尽其心，匡复李唐基业。这是对他们有知遇之恩的狄国老的临终嘱托。狄公千方百计引荐他们入朝辅政，恐怕也是为了让他们来遏制武氏兄弟篡权，最后成就匡复大业的吧。

这些人自然成了领导匡复的核心，而这位沉默寡言的张柬之，则是他们的举旗人。

机会终于被他们等来了。

女皇再次因病退养长生殿，已无力掌握朝政。朝臣们经过了这么长时间的斗争，恢复李唐已是众望所归。他们不能再等了，有二张围在女皇身边，一旦有变，随时都能矫诏。不能等到皇上升天再动手，那样有可能横生枝节，功亏一篑。

对不起了，女皇陛下，臣子们不是对你不忠。为了李唐江山不至落于佞臣之手，只能委屈您老人家了。

女皇武则天

这日夜晚，悬月如钩，寒星闪烁，皇城大内一如平常，一片凄冷和宁静，只有巡哨的侍卫禁兵偶尔走过，这儿那儿不断响起更夫们敲响的梆子声。

老宰相张柬之来到了洛阳宫北门，他要来拜访右羽林卫大将军李多祚。

这也是一位年过七十的老人，多年来一直稳居中央禁军众将领之首。他原是靺鞨酋长，骁勇善战，长于骑射，为人忠肝义胆，正直豪侠。事唐以来，屡经大战，多处负伤，功勋累累。当年深得高宗皇上的信任和器重，命掌羽林禁军。

张柬之深知，要举大事，没有军队特别是宫掖禁军的支持，那是不可想象的。而驻守在洛阳宫北门玄武门的左右羽林军，则是发动政变必须首先掌握的一支重要军事力量，这是通向皇宫大内主要门户上的一把巨锁。

他观察李多祚已经好几年了。这虽然是一位纯粹的军人，平时从不参与朝政，只以卫戍皇城为己任。但是，各方面的迹象显示，他对李唐皇朝感情极深，每谈及高宗，常为念其知遇之恩而唏嘘不已。

张柬之敲开了北宿卫署的房门，李多祚慌忙将他迎进屋内，心中却深感讶异。

这位当朝首辅深居简出，落落寡合，数年来两人几乎连话都没说过几句，偶尔见面，也只是点头微笑而已。今日夤夜造访，必有大事。

李多祚让侍从们泡上茶，皆退出去。

两个老人围火盆而坐，一面品茶，一面取暖。

张柬之拾起一根铁钩，顺手拨弄着盆中的火炭，漫不经心地问道："李老将军，你执掌北门有多少年了？"听话语像是在拉家常。

"三十年了，一晃之间，人都老了。"李多祚将了将花白的胡须，话音中不无自豪。

"是啊，我们都老了。不过，老将军勋劳素著，功存社稷，既对得起国家，也不虚此生了。"

"张相谬奖了。我李某一介武夫，凭着一身蛮力，从死人堆里爬出来。原以为这辈子能混个饱暖，有个妻子家室也就行了。若不是先帝垂青，哪会有今天？"

张柬之看看李多祚，觉得时机到了，便感慨地说道："这话倒也是实情。将军如今钟鸣鼎食，金章紫绶，贵宠当代，位极武臣，可全是大帝（高宗）之恩啊。"

"张相说得极是，先帝对我李某之恩，可比东海南山。这些年来，每想起先帝的恩宠，我便食不下咽，寝不安席。可惜啊，先帝天不假寿，早升仙界。我李某今生无以为报，只能到来生了。”

张柬之微微一笑，李大将军已入彀中，该用激将法了。他把座椅向前挪了挪，压低了嗓音说道："将军既感大帝殊泽，欲报大恩，何须来生？"

见张相突然变得严肃起来，老将军忙问道："李某正愁报效无门，还请张相赐教。"

张柬之慨然说道："大帝之子，现在东宫，年过半百，尚不得即位。而竖逆张易之兄弟恃宠专权，朝夕威逼。一旦今上有变，张氏兄弟篡取大位，第一个要杀的，恐怕就是东宫太子。真到了那一天，大帝在天之灵，何能瞑目？将军若真欲报恩，当在今日。"

一听此言，李多祚顿时热血沸腾。他霍地站起身来，对张柬之说道："该怎么办，请张相明言，李某一切都听你的。"

"朝中大臣，已众志成城，欲杀二张，扶太子正位，匡复李唐社稷。李将军手握大内禁军重柄，大事成败，就看将军的了。"

李多祚激动得胡须抖动，大声说道："为了李唐皇室，我李多祚可置妻子性命于不顾，破家兴唐，在所不辞。"

"好，危难之时方见英雄本色。老将军，在下愿与你一起盟誓。"

李多祚摆好香案，两个白发苍苍的耄耋老人双双面北而跪，磕过三个响头之后，齐声说道："天地神祇在上，大帝在天之灵为证，为匡复唐室，刀斧不避，死而无憾。若违此誓，天雷殛之。"

皇宫北大门的这把巨锁，就这样被张柬之三言两语轻易地打开了。

老成持重的张宰相，并不为此而稍稍松懈。对于庞大的左右羽林军，李多祚总不能一手遮天，应该做好多手准备。

几天以后，张柬之当年的继任人，曾在江中共谋的杨元琰，也被他汲引入朝，援为左羽林将军之职。授职之日，趁左右无人，张柬之对杨元琰悄声说道："君颇记江中之言乎，今日之授非轻也。"

对如此语重心长的耳提面命，杨元琰当然心领神会，他没有说话，只凝重地点点头。

接着，张柬之与崔玄暐等几位宰相商量，将桓彦范、敬晖、右散骑侍郎李湛等几个拥李骨干，分别授予左、右羽林将军，禁军大权已基本控制在了这些政变者的手中。

又过了几天，张柬之突然下令，任命张昌宗死党武攸宜为右羽林将军。

崔玄暐大惑不解，忙跑去见张柬之："张相，在此非常时期，为何让武攸宜这条疯狗去掌典禁军。"

张柬之神秘地一笑："你以为张易之兄弟在睡觉？这些日子禁军将领频频调动，二张已经生疑，正在到处打探，亦可能禀知皇上。任命他一个死党，这不过是障眼法，让他们打消疑虑。一个武攸宜成不了气候，他毕竟是李大将军的属下。到时候李多祚自会安置他。"崔玄暐放心地笑了，姜还是老的辣，这个张柬之真可谓老谋深算。

张氏兄弟果然中计。开始，他们见几个宰执大臣在禁军中调兵遣将，十分疑惧。待看到武攸宜也被提升为羽林军将领，便略觉放心，认为这是宫廷禁军正常的安排调动。

到底是些不谙政争的乳臭小儿，一点小手腕便蒙住了他们的眼睛。他们的死期不远了。

就在这个时候，当了几个月灵武道行军大总管的姚崇，从灵武赶回了京都洛阳。这对于张柬之他们来说，不啻如虎添翼。崔玄暐异常兴奋，对张柬之说道："天从人愿，大事济矣。"

当天夜里，张柬之约见姚崇，向他细说了举大事的全部计划。姚崇亦十分激动，说道："恢复李唐皇室，大势所趋，人心所向，我辈能担此大任，乃三生幸事。不过，下官尚有所虑。"

"姚相所虑何事？"

"举事之时，乱兵扰攘，玉石俱焚，万一伤及圣躬，我等将是千古罪人。"

"姚相所虑，我亦想过，已让李多祚将军到时严饬部下，只杀二张，不及无辜。不要说皇上，就是宫婢侍女，也绝不会伤及一人。放心吧，这不会是一场流血政变。"

"张相，可一定要言而有信。我等皆女皇陛下一力栽培之人，沐恩匪浅。更何况女皇一生，龟勉为国，造福于民、熄烽火、安社稷、富国强兵、四海晏然，其煌煌功业不在太宗皇上之下。今已老矣，为救李唐，迫其交权，乃万不得已之举。我们可无论如何不能做出对不起天地良心的事，那将会留骂名于万年。"

张柬之闻言，也不禁悚然，上前握住姚崇双手，说道："姚相赤胆忠心，感天地而泣鬼神。我张柬之亦非乱臣贼子，岂能不知天地间之大义？"

太子李显根据宰相们的提议，已经从东宫搬到北宫居住，表面上的理由冠冕堂皇："母皇病重，作为人子，自然应该住在离母皇寝宫最近的地方，也好早晚侍奉汤药，随时听从召唤，以尽"孝道"。而实际上，却是为了进一步加强对二张的监视，以防不测。

诸事都准备停当了，该是向这位未来的皇帝通报情况的时候了。桓彦范、敬晖两位大臣担当了这项任务，他们连夜来到太子的住处，谒见之后，密陈其策。

这位太子爷当年曾当过几天皇帝，因为一句错话被赶下台来，蛰伏多年，几同傀儡。虽然一提这事便吓得心口乱跳，颜面变色，但是，面对九五至尊的诱惑却不能无动于衷。

他沉吟多时，突然问道："有把握吗?"

"此事酝酿已久，万无一失。"桓、敬二人同时说道。

问鼎大宝的野心在长期的压抑之后终于抬头了，一想到自己将重新登上帝王宝座，威加四海，从此再不受任何人的窝囊气。他激动得浑身发颤，也不顾得表白一下对母皇的"孝心"，便猴急地说道："好吧，就按众爱卿的主意办。"很痛快地全面允准了政变计划。

至此，政变者已林林总总，遍及朝廷。他们完全掌握了军权、政权和司法大权，又有了皇太子李显的支持，可谓万事俱备，只欠东风。

但是，像这种生死攸关的大事，不到最后，谁也不敢保证稳操胜券。参与其事者，人人都做好了最坏的准备。

晚饭之后，桓彦范显得少心无力，一会儿在堂屋里踱来踱去，一会儿在母亲的床前坐一阵子，却紧皱着眉头，一句话不说。

桓彦范是个大孝子，高堂老母已经八十多岁。他生怕举大事一旦失败，不仅自己惨遭杀戮，再不能尽孝于母亲膝下；而且，弄不好还会株连到母亲，让她老人家在迟暮之年再挨上一刀。

明天就要举事，他不能不将此事向母亲稍做透露，好使她老人家心里多少有些准备，可这话他真不知如何说起。

母亲一次次催他回房歇息，他都不肯，便猜到了他有什么心事。

"我儿有什么心事，跟为娘的还不能说吗?"

"娘，儿子不孝，确有一桩大事，一直不敢对您老人家明说。"

"说吧，天塌下来有地接着，怕什么。"

"娘……"桓彦范突然直挺挺地跪在地上，喉头有些哽咽："明天，儿等要做改天换地之事，还江山社稷以李姓。事若不谐，儿死固不足惜，恐怕您老人家也……"

女皇武则天

　　母亲突然朗声大笑，伸手将儿子拉起来，说道："此乃千秋义举，我儿亦顶天立地之人，自古以来，忠孝不能两全，行大事者，岂顾小家？大事若成，我儿名垂青史，光宗耀祖。事若有失，为娘的陪你到断头台去走一遭，以此老迈之躯，一腔枯血，报谢皇唐对我桓家累世之恩，此亦大幸之事。放心去吧，忠义之士，休做儿女之态。"

　　见母亲如此深明大义，桓彦范心中狂澜万丈。还用说什么呢？他在地上磕了三个响头，回房去了。

　　二月二十二日早晨，张柬之、崔玄暐、桓彦范及左威卫将军薛思行，羽林将军李多祚、李湛、杨元琰等，率领五百名羽林军，进逼洛阳宫。

　　此时，另一羽林将军武攸宜已被李多祚秘密扣押。而姚崇、袁恕己则与相王李旦一起，率领一支禁军坐镇南衙，以防有变。

　　众人来到洛阳宫北门以后，张柬之命李多祚、李湛和驸马都尉内直郎王同皎，前去迎接太子出来主其事。为了师出有名，这次行动打出的旗号是"清君侧，诛竖凶"，有太子主持大计，就更加名正言顺。

　　李多祚等人来到太子住处，不料太子却临时变卦，关上宫门，躲在屋内就是不肯出面。

　　这是怎么了？这个懦弱的李显，是因为这些年来历经腥风血雨，被吓破了胆，怕一旦事败，身首异处？还是在故作姿态，假惺惺地摆出一副"孝心"可鉴的模样？

　　箭在弦上，不得不发。不管是什么原因，在这千钧一发的时刻，不容这些政变将领们思索和迟疑。

　　驸马王同皎等得不耐烦了，一时性起，竟破门而入，直闯宫内。见到太子，怒冲冲说道："先帝以神器付殿下，横遭幽废，人神同愤，迄今已二十三年了。今日北门、南衙同心勠力，欲诛竖凶，复李氏社稷，愿殿下快去北门，以副众望。"

　　太子却假意推让道："凶竖固然该当夷灭，但母皇圣体欠安，不能惊吓。此事还望诸公日后再图？"

　　这是什么事，也能日后再图？看着李显那种令人作呕的虚情假意，随后进来的李湛怒不可遏："诸将相们都以家族性命来殉社稷，到了这个时候，殿下却要退避，莫非要把众人纳于鼎镬之中，置于刀斧之下？宗社安危，已在须臾。众将相生死，亦在此一举。外面兵士已群情汹汹，请殿下自去制止。"

　　这样，连劝带吓，李显终于扯了假面具，随之走出门来。可是，这个天生的软骨头，到了此时，竟两腿筛糠，连马背都爬不上去。还是王驸马将他抱上了马背，跟随众人来到玄武门，与张柬之等人会师。

两路人马合作一路，浩浩荡荡向长生殿冲去。一路上竟未遇到任何抵抗。整个后宫都是李多祚的人马，老将亲来锄凶，谁还敢抵抗？

张昌宗、张易之兄弟正在长生殿内，忽听到殿外人声嘈杂，不知出了什么事，忙跑出来察看。

刚拐过一处回廊，忽见一队人马全副武装，气势汹汹而来，顿时吓得面如死灰，扭头就跑。

哪里还跑得了，早有十几名禁军冲了上来，将二人团团围住。

张柬之也不多说话，嘴里只迸出了一个字："杀！"

两柄寒光四射的利剑，几乎是在同时插进了兄弟二人的胸膛，登时血浆喷涌。两人刚来得及"啊"了一声，便颓然倒地，双腿蹬了几下，就再也不动了。

五百名禁卫军将长生殿团团围住，张柬之与太子李显及桓彦范、李湛诸人，带上十几个禁军侍卫闯进殿来。

刚才听到张氏兄弟一声惨叫，女皇已知有变，正欲起身，就见这帮人已来到内宫，她心里什么都明白了。智者千虑，必有一失。朝臣们反对自己庇护二张，都希望自己这个历史上空前的女皇帝早日退位，还政于李唐，这她是知道的。但她无论如何也没有想到，在经过了几十年的反复清洗、诛杀之后，还有人敢于以这种方式迫使自己交权。自己真是老糊涂了，连起码的警觉都丧失了。她苦笑着看着闯进来的人。

见一帮荷刀持剑的人忽然闯进宫来，有的剑锋上还沾着鲜红的血迹。上官婉儿、老太监武壮和五六个太监侍女，呼啦一下将女皇的龙床围了个严严实实，一个个眼冒火花，对这些闯入者怒目而视。

他们虽然手无寸铁，亦无缚鸡之力。但如果这些闯入者敢于动皇上一根毫发，他们将以血肉之躯与之拼命，和他们的女皇陛下一起飞升极乐。

"婉儿，没你们的事，快扶朕起来，他们不敢对朕撒野。"

上官婉儿他们略觉放心，将女皇搀扶着歪坐于床上。

女皇看了看太子李显，心平气和地问道："显儿，这事是你办的吗？"

李显"扑通"一声跪在床前，只顾哭泣。

"谅你也没有这等本事，若真是你，朕倒放心了——张柬之。"

"臣在。"

女皇武则天

"是你策划操纵，前来逼宫吗？"女皇变得声色俱厉，虎老威风在，老辣如张柬之，也不禁心中一凛。

"禀皇上，臣等意在诛灭竖凶，以清君侧，并非逼宫。"

"谁是竖凶，昌宗兄弟吗？其实，朕心里明白，你们心里更明白，张氏兄弟有什么能耐谋反？这不过是自欺欺人的借口。行了，不用遮遮掩掩了，你们不就是让朕交出皇权吗？"

张柬之不失时机地说道："皇上圣聪烛照。太子年齿已长，久居东宫。天意人心，久思李氏。群臣不忘太宗、大帝之德，故奉太子诛贼臣。愿陛下传位太子。以副天人之望。"

女皇笑笑说道："众卿所望，也正是朕之所愿。若不想传位李氏，朕何必立显儿为太子？这只是迟早的事，朕本欲在归天之前，再行传位。既然你们如此迫不及待，也罢，朕今日便将大宝交与显儿。婉儿，把东西拿给他们。"

上官婉儿捧出一个小巧玲珑的镶金红木匣，从中拿出了两份诏书，一份是《命太子监国制》，另一份则是传位于太子李显的正式诏书。本想在病危时分期颁布，现在就两步并作一步走吧。

看着诏书，张柬之等众大臣皆哑口无言。

女皇看看崔玄暐，又说道："他们都是经别人推荐擢升入朝的，唯有崔卿是朕亲自擢升的，怎么你也在这儿呢？"

崔玄暐愣了一下。他毕竟是久历宦海的练达老臣，迅即答道："臣这样做，正是为了报答陛下的浩荡之恩。"

女皇开怀大笑："说得好，既然如此，朕就把显儿交给众位爱卿了。张柬之，汝等既是朕的老臣，也是新皇帝的擎天保驾之臣，以后就靠汝等善辅新主了。"

"臣等遵旨"，众人不约而同跪倒在地，齐声答道。

女皇又把目光转向了李显，缓缓说道："回去准备一下，近日即可登基。朕接管江山数十年，自觉无愧于国家，无愧于万民。现在把这个尚属富强的国家交还给你老李家。你要励精图治，善加经管，对得起上苍，对得起老李家的列祖列宗。"

女皇终于把视为生命的皇权交出去了。这当然是无奈的。但是，她却在谈笑间化解了一场剑拔弩张的兵变，在最后时刻保持了她至高无上的尊严。这不能不令在场的所有人，包括那位老谋深算的张柬之，都为之倾倒和折服：这是一位真正的强者，即使在她失败的时候，仍不失强者的风范。

接下来的事，自然是清除余党。坐镇南衙的袁恕己，一接到政变得手的信号，立即开始了大搜捕。二张的同党韦承庆、崔神庆、房融、崔融等，皆被抓捕入狱。二张的三位兄弟张昌期、张同休、张昌仪，被同时斩首于洛阳城天津桥南。

二月二十五日，政变的第四天，太子李显复位。

登基大典如仪举行，朝臣们雀跃欢呼，弹冠相庆。中宗皇上李显，在张柬之、崔玄暐、桓彦范等重臣们簇拥下，衮冕龙袍，喜形于色地缓步进殿，又一次登上了他二十三年前失去的最高权力宝座。

匡复成功，皇唐再造，莫大之喜。相王以下各王公大臣行三跪九叩大礼，山呼万岁毕，大殿里一片肃静，人们都在紧张地等待着新皇帝的登基演说。

就在这时，从人群里突然传出一阵呜呜的哭声。百官无不大惊失色，循声看去，痛哭失声者竟是匡复功臣之一的太仆卿、同中书门下三品姚崇。

在登基大典的非常之时，竟然冒出了令人丧气的哭泣之声，中宗皇上不禁勃然变色。

宰相张柬之忙跪上前去，低声劝老朋友道：“今日岂是哭泣之时，恐怕姚兄之祸事从此始矣。”

姚崇却并不理会，抹了把眼泪说道：“事奉女皇陛下年岁已久，今日忽然辞违，情发于衷，如何忍得？前与公等诛杀凶逆，是臣子之常道，岂敢言功？今辞违旧主，悲泣者亦臣子之终节，因此获罪，也心甘情愿。”

扫兴归扫兴，丧气归丧气，登基盛典还得照样进行。女皇仍健在，自然要有所安置。中宗颁诏，上尊女皇为“则天大圣皇帝”，遥领太上皇，迁居上阳宫。皇上每十日率百官诣上阳宫问安一次，以视起居。

张柬之、崔玄暐、桓彦范、袁恕己、敬晖等五人因匡复功高，同时封王。于是，人们便称这次政变为“五王之变”。

对其他政变中坚，也都论功行赏，加官晋爵，非公即相，皆大欢喜。

只有那个“不识时务”的姚崇，被冷冷清清地扔在了一边。数日之后，被逐出京师，贬官亳州刺史。

然而，正是因此一贬，却使姚崇避免了日后与张柬之等“五王”同被杀戮的下场，终至成为玄宗开元年间的一代名相。祸兮福所倚，福兮祸所伏，造化无常，真正令人咋舌。

不管怎么说，历史是无情的，则天女皇一手创立的武周王朝还是一世而终了。从今天开始，已是中宗皇上的神龙元年了。万里神州，又成了李唐的

女皇武则天

天下。

转眼已是四月末，天气渐渐变热，万木葱茏，碧草茸茸。上阳宫的小花园里，百花齐放，争奇斗艳。许多不知名的美丽的鸟雀，在树枝上欢跳鸣唱。色彩斑斓的花蝴蝶，在绿树繁花间无忧无虑地穿梭翩飞。

则天女皇斜躺在小亭旁临时安放的软榻上，微合着双眼，静静地享受着春末夏初这暖烘烘的温煦，享受着大自然慷慨的馈赠。

不，此刻，她是在享受宁静，享受安逸。她这一辈子太累了，不是惊涛骇浪，就是腥风血雨；不是剑拔弩张，就是勾心斗角。几时曾这样清静过、消闲过？

搬到上阳宫两个多月来，她就不止一次地叮嘱自己，你武曌的历史已经成了过去，永久地翻过去了。既然已经退出了历史的舞台，就该好好地享受另一种生活，一种单调的枯燥的静谧的生活，但却是一种全新的生活。

她做到了，这五六十天里，她不再过问朝廷的事，连一个字也不问。除了有时候想起昌宗、易之兄弟的惨死，心中泛起一种无奈的伤感。其他一概不想，几乎是心如止水。

可是今天，沐浴着这灿烂的和煦阳光，看着万物欣欣向荣的景色，她的思绪又开始活跃起来。

"婉儿，张柬之其人，究竟是何许样人？"她突然开口，问侍立在身后的上官婉儿道。

上官婉儿被则天女皇冷不丁的提问吓了一跳，思索了一会儿才说道："张柬之老奸巨猾，深藏不露。依奴婢看，此人初入朝时，便包藏祸心。一直隐忍不发，是在寻找时机。奴婢实在不明白，以狄相国之忠正睿智，怎么会看走了眼，力荐此贼？"

"不，"则天女皇摇摇头，说道，"狄相国没有看错，张柬之确是一位安邦治国的栋梁之材。他力荐张柬之，不仅是为了朕，也是为了显儿。不过，他是让张柬之在朕身后恢复皇唐，力保新主。张柬之早动手了一步，自有他的道理。但却是一种失策，天下人将认为他是贪图禄位。怎么，听说他们都封王了？"

"是的，陛下。张柬之、崔玄暐等五人同日封王。"

"异姓封王，非国家之福，亦非此五人之福。这个张柬之，虽然老道，但与狄相国相比，还是差一截子。'器满则倾'，这个王位，是好受的吗？朕当年就不敢封薛怀义和张氏兄弟为王。"

上官婉儿怕则天女皇伤心，不敢再循着这个话题说下去。忙岔开说道："姚元之（姚崇字）倒是忠正多情。听说在皇上登基那天，他因思念陛下而放声大哭。"

"嗯，这个姚崇朕没有看错，不仅抱经纬之才，而且有端方之品，他才是狄仁杰的真正传人。他的哭，不止是个多情的事儿，怕也多少有点儿韬晦远祸的意思，真智者也。"

上官婉儿惊讶地睁大了眼睛，她无论如何也没有想到这一层。

"婉儿，你看显儿能掌好这个江山吗？"

"陛下，这，奴婢可吃不准。"

"知子者莫如其母。显儿遇事无主见，耳朵太软。但愿他能信用张柬之等这些能吏，国家还不至于出什么大乱子。就怕他们君臣不能慎终如始。唉，朕老了，本不想再管闲事。这是唯一的一块心病，怎么也撂不下。"

"陛下，别说了，一切听天由命吧。"

"婉儿，你跟了我二十多年了吧？也该找个归宿了。"

上官婉儿大吃一惊，一下子跪倒在则天女皇面前："皇上，陛下，您要赶奴婢走吗？奴婢今生今世，绝不离开陛下。"

"傻孩子，朕怎么舍得赶你走呢？但朕的来日不多了，不把你安排好，朕如何瞑目？"

"那，陛下的意思……"

"以你的冰雪聪明，又在朕身边历练了几十年，见过大世面，谙熟朝中政事。朕想了，你该去辅佐当今皇上，保江山，守社稷，造福祉于天下庶民，也好青史留名。你收拾一下，明天便入宫，先做皇上的昭仪。朕二次入宫的时候，就是先当的先帝的昭仪。"

"奴婢怎敢与陛下相比，陛下是巍巍泰山，奴婢只是一粒沙石。不，奴婢绝不离开陛下。"

"好了，就这样吧。你入宫之后，还可以随时来陪朕嘛。"

数日之后，中宗皇上尊太上皇旨意，将上官婉儿纳入后宫，封为昭仪。

上官婉儿走了，则天女皇更加孤独和寂寞，但她心里高兴。她又了却了一桩心愿，而且是一举两得：既安排了婉儿，又为当今皇上增添了一条强有力的膀臂。

时序的大轮不停地运转，碾过了一个又一个漫长的白天和黑夜，终于奔驶到了神龙元年的十二月，驶近了则天女皇生命历程的终点。

女皇武则天

交出皇权，对于则天女皇来说，就等于抽去她生命的活力。但是，这团不屈的生命之火，就像一具摇曳晃动的风中残烛，依然顽强地燃烧了十个月。

十二月十七日，则天女皇静静地安卧在上阳宫仙居殿的龙床上。中宗李显、相王李旦、太平公主、上官婉儿和几位宰相肃立于卧榻之侧，有人在呜咽抽泣，有人在唏嘘流泪。老太监武壮双肩耸动，压抑不住要大放悲声，捂着嘴跑了出去。

弥留之际的则天女皇猛然睁开眼睛，面无表情地看看众人，然后徐徐说道："朕要走了。朕死之后，去……去帝号，称则天大圣皇……皇后。王、萧二家及褚遂良、韩瑗、柳奭等子孙亲属，受株连者，皆……皆赦其无罪……并复旧……旧业。"

这是最早的一批冤家。以后那些被冤杀者，在清算酷吏统治时多已平反。则天女皇在临走之时，不想再把今世的恩仇带到另一个世界。

喘息一阵之后，她又说道："将朕葬于乾陵，与先帝合墓。墓前所竖碑谒，无须镌文。朕一生功过，任由后人评说。"

说完，她又一次闭上了眼睛。

床前又响起了哭声，声音越来越大。可是，在则天女皇听来，这声音却像从遥远的天边传来，如同袅袅仙乐一般，在她的耳廓中萦绕。

她觉得自己的身体像在轻飘飘地起飞，穿行在一片片五彩缤纷、缥缈不定的云层里。忽然，她似乎又置身于上苑之中，皑皑白雪、凛冽朔风之中，一朵硕大的火红的牡丹花正昂首怒放，其他红的、黄的、绿的、紫的、白的各种花蕾，也随之展瓣舒蕊，次第绽放，姹紫嫣红，绚丽灼目。

她想起来了，几十年前她当皇后时，冰天雪地游上苑，曾见过这种景象。这是她一生中所创造的，无数空前绝后的奇迹中的一件，她为此感到无比的自豪。

她的脸上漾起一种满足的醉心的笑意，嘴角在轻轻蠕动着，像是在吟咏着什么。

别人都听不清楚，唯有上官婉儿却听得极其清晰，一字一句都像响雷般在她的心头滚过，还是那首腊日游上苑的诗：

> 明朝游上苑，
> 公急报春知。
> 花需连夜发，

莫等晓风吹。

直到生命的最后一刻，则天女皇还在为她这叱咤风云、号令天下的辉煌一生而骄傲。

醉心的微笑在则天女皇苍老的面颊上慢慢地凝固了，她历经八十二个春秋的生命，终于画上了一个圆满的句号。

神龙二年二月，则天大圣皇后的灵柩，在中宗皇上和文武百官的护送下运往长安。五月举行隆重的安葬仪式，按照她的遗诏，与高宗李治合葬于乾陵，墓前竖起了一座高大的无字碑。

八百多年以后，这座无字碑上终于有了字。明朝一位无名氏写的四句诗，被虔诚的人们赫然镌刻在了无字碑上：

> 乾陵松柏遭兵燹，
> 满野牛羊春草齐。
> 唯有乾人怀旧德，
> 年年麦饭祀昭仪。

有人说，这首小诗不仅刻在了无字碑上，更深深地刻在了老百姓的心头上。达官显贵、文人士子的毁誉无所谓，黎庶百姓的评价才最准确，最公允。

则天大圣皇后在九泉之下，又一次开心地笑了。